무한텍스트로서의
5·18

무한텍스트로서의 5·18

펴낸날 2020년 5월 18일

엮은이 김형중 이광호
펴낸이 이광호
주간 이근혜
편집 최지인 이민희 조은혜 박선우
펴낸곳 ㈜문학과지성사
등록번호 제1993-000098호
주소 04034 서울 마포구 잔다리로7길 18 (서교동 377-20)
전화 02)338-7224
팩스 02)323-4180(편집) 02)338-7221(영업)
전자우편 moonji@moonji.com
홈페이지 www.moonji.com

ISBN 978-89-320-3632-8 03300

이 도서의 국립중앙도서관 출판예정도서목록(CIP)은 서지정보유통지원시스템 홈페이지
(http://seoji.nl.go.kr)와 국가자료공동목록시스템(http://www.nl.go.kr/kolisnet)에서
이용하실 수 있습니다. (CIP제어번호: CIP2020018187)

# 무한텍스트로서의 5·18

김형중 이광호 엮음

문학과지성사

# 책을 엮으며

2020년은 5·18 40주기가 되는 뜻깊은 해이다. 5·18은 국가권력과 인간의 조건에 대해 근본적인 물음을 던지게 만드는 한국 현대사의 가장 강렬한 사건으로 그 의미화 작업이 아직 완결되지 않았다. 지난 40년간 5·18의 '진상'을 규명하기 위한 지난한 투쟁이 있었고, 그 투쟁은 아직 끝나지 않아서 드러내야 할 사실의 영역이 여전히 남아 있다. 다른 한편으로 5·18은 이제 사실의 영역을 넘어 인문학적 질문과 응답의 대상이 되었으며, 하나의 이념과 의미로 환원될 수 없는 고유하고 개별적인 '진실'의 영역에 진입하고 있다. '항쟁'의 기억을 둘러싼 재현은 계속되어야 하겠지만, '5·18'을 둘러싼 감당할 수 없는 부끄러움과 '다른 공동체'에 대해 성찰할 시간이 우리 앞에 다가왔다. 그래서 우리는 이 책에 5·18에 대해 아직 발설되지 않은 진실의 영역을 성찰하려는 한국 사회의 지적인 노력들을 담아내고자 했다.

이 책에서 우리는 그간 5·18을 명명해온 '항쟁' '민주화운동' 같은 개념들을 전면에 내세우지 않았다. 5·18이라는 중립적인 호명을 사용하는 것은, '국가·민족·민중'의 '역사'에 가려진 5·18의 다른 시간과 언어를 드러내고자 함이다. 아울러 5·18의 '주체'와 '공동체'에 대해서도 보다 근원적인 성찰이 요구된다. '민중-남성'이라는 5·18 주체의 대표성에 대해 의문을 던지는 논의들에 주목하는 것 역시 이런 이유에서다.

우리가 5·18을 '무한텍스트'라고 명명하는 것 역시, 5·18이 하나의 이름으로 환원될 수 없는 '무한히 열린' 텍스트이기 때문이다. 5·18의 의미를 고착화하는 '제도화'와의 싸움은 5·18의 급진적인 정치성을 다시 활성화하려는 시도이다. 5·18은 국가폭력에 대한 저항이면서, 동시에 어떤 의미화에 대해서도 '저항'하는 무한의 시간이다. 5·18을 둘러싼 완전하고 올바른 역사는 없으며, 5·18에 대한 새로운 언어들이 끊임없이 발명되어야 한다. 5·18을 대표할 수 있고 재현할 수 있다는 믿음이 무력해지는 순간이야말로, 5·18의 정치적인 상상력이 다시 시작되는 지점이다.

이와 같은 문제의식하에 우리는 이 책에 5·18을 사회과학적·인문학적으로 탐구한 글들과, 5·18을 다룬 문학작품과 영화 들에 대한 비평을 묶어, 인문사회과학과 문학이 교호하는 장을 만들고자 했다. 1부는 5·18을 둘러싼 사회과학과 인문학계의 그간의 중요한 성취들을 수록하고, 2부는 '국가주의'를 넘어서는 문제의식을 중심으로 5·18에 대한 새로운 통찰을 보여주는 글들을 수록했다. 3부는 5·18을 다룬 문학과 영화 텍스트에 대한 실제 비평들을 모았으며, 4부는 올해로 타계 30주기를 맞는 비평가 김현의 사유와 비평이 5·18과 어떻게 연관되어 있는지를 분석하는 글들을 수록했다. 이 책을 통해 5·18의 현재적 의미가 재구성되고 '5·18의 미래'에 대한 상상을 통해 정치적 삶과 언어에 대한 새로운 사유가 시작되기를 바란다.

2020년 5월
김형중·이광호

**일러두기**

재수록된 원고 일부는 편집 과정 중 저자에 의해 수정되어 저본과 상이한 경우가 있다.

기존 원고를 그대로 수록하는 경우에도 현행 국립국어원의 맞춤법과 외래어표기법을 따랐다.

차례

제1부　　부끄러움과
　　　　저항

# 저항의 논리

최정운

공수부대의 폭력이 광주 시민들을 자극하여 더 큰 규모의 저항을 야기하기 위한 것이었다고 볼 구체적 근거는 없다. 다만 시민들은 공수부대의 그러한 야만적 폭력을 도저히 감수하고 있을 수 없었다. 공수부대의 폭력이 인간의 존엄성이 파괴되고 그것을 보는 사람들의 존엄성마저 파괴한다고 느낀 근거는 어떤 정의(正義)의 원칙에 어긋난다는 판단이었다기보다는 폭력이 인간의 신체에 가해지는 모습에 대한 판단이었다. 공수부대가 인간의 신체를 가격하고 난자하는 모습이 광주 시민들에게 '개 패듯 팬다' '아무리 짐승에게라도 그렇게 잔인할 수 없다'라고 보였던 것이며, 이는 참을 수 없는 본능적 분노를 야기했다. 인간 존엄성의 첫번째 기준은 비록 우리가 그 기준을 명쾌하게 언어로 나열할 수 없다고 해도 인간의 신체에 대한 행위의 양태에 관한 것이다. 그러나 신체에 대한 행위는 일차적으로 인간의 존엄성이 파괴되는 부정적인 기준으로 나타난다.

나아가서 인간 존엄성의 다음 기준은 용기였다. 용기란 과연 인간들이 인간의 가치를 판단하는 동서고금의 보편적 기준이며 이 기준의 타당성은 5·18의 경우에 뚜렷이 드러난다. 시민들은 동료 시민의 신체적 존엄성이 파괴되는 것을 보았고 그들을 도와주지 못한 자신의 용기 없는 모습에서 비참함과 이중의 분노를 느꼈다. 시민들은 자신의 비참함을 느낀 순간 자신이 그간 가난이나 차별을 통해 느꼈던 한(恨)이 잠재의식에서 깨어나 자신의 비참함과 그에 대한 분노에 가세하게 되었다. 이러한 심리적인 내면적 과정을 통해 사회구조적 요인들이 비인간적 폭력에 대한 분노에 의해 동원되는 것이다.

그리고 시민들은 인간으로서의 최소한의 가치를 찾기 위해 용기를 내어 몸을 움직여 목숨을 건 항전에 임하게 되었다. 따라서 5·18의 광주 시민들의 저항은 분노와 이성, 비이성과 이성의 혼합이었다. 용기는 인간이 존엄해지는, '인간'보다 더욱 존엄해지는 적극적인 기준으로 나타난다. 용기는 곧 인간의 자기보존self-preservation의 본능을 극복하고 어떤 숭고한 가치에 스스로 목숨을 거는 데 있는 것이다. 이로써 인간은 죽음을 극복한, 시간의 한계를 극복하는 신의 속성을 지닌 존재로 다시 태어나는 것이다.

다음 단계에서 시민들은 길거리에서 목숨을 걸고 용감하게 싸우는 위대한 동료 시민을 만나 서로 위대한 인간끼리의 절대공동체를 형성하게 되었다. 이 절대공동체에서 시민들은 스스로 위대한 인간임을 확인하고 서로를 축복하고 모든 사회적 속박과 제약으로부터 절대해방을 경험했고 80만 광주 시민은 이 절대공동체에 합류했다. 모든 시민은 이 순간 '이젠 죽어도 좋다'라는 극도의 환희를 느꼈고 투쟁은 축제로 변했다. 절대공동체는 광주 시민들이 공수부대와의 목숨을 건 투쟁 과정의 산물이었다. 모든 개인은 오랜 사회적 속박의 그물망에서 최초로 해방을 맛보았고 절대평등의 공동체에서 용해되어버렸다. 시민들의 개인적 정체는 절대공동체로 흡수되어 모두 '무명용사'로 싸웠다. 아직도 망월동에는 11기의 무명용사들이 있듯이, '무명용사'는 5·18 특유의 전설이 되었다. 절대공동체의 경험은 '뜨거움' '뜨거운 투쟁'이라는 표현 이상의 언어로 표현된 일은 별로 없었으나 5·18 전설의 중요한 부분이었다.

절대공동체는 태초에 인간에게 정치공동체로서의 국가가 태어나는 과정이었다. 절대공동체가 이루어지자 시민들은 자신들에게 국가의 권위가 있음을 느꼈다. 그들은 자신들의 의사가 절대적으로 옳다는 확신을 느끼고 적과의 전쟁을 수행했다. 80만 전 광주 시민은 하나의 절대적 주체로 등장했고, 따라서 그들은 일상적 행위 기준을 벗어나는 행위들을 추호의 의문도 없는 정당한 것으로 확신했다. 그들은 각종 물자를 징발하고, 목숨도 징발하고, 서로의 희생을 요구하고, 죽은 자의 시신도 동원했다. 나아가서 악마와의 협상도 시도했다. 국가의 권위가 나타나자 절대공동체에는 '혁명의 냄새'가 나기 시작했다. 기존 사회에서 주변에 밀려나 있던 계급들은 절대평등의 상황에서 절대공동체의 중심을 차지했고, 기존 사회에서 스스로 지배자로 자처하던 계급은 절대공동체의 주변으로 밀려나 점차 위협을 느끼게 되었다. 세상이 뒤바뀐 것이다. 광주의 기존 공동체를 적으로부터 모든 시민이 나서서 지킨다는 자연스러운 논리는 기존 지배계층이 배신자로 전락하는 모순을 낳은 것이다.

'민중'의 등장은 투쟁 과정에서 나타난 절대공동체 형성의 산물이었다. 사회과학 개념으로서의 민중의 이론적 난제는 이들이 5·18 투쟁 이전 단계의 사회에서 하나의 주체성을 가지고 있었다는 점을 포착하는 것이었다. 민중은 투쟁 과정에서 나타난 현상이지만 이를 투쟁이라는 행위 이전부터 존재했던 투쟁의 주체로 이해하는 것은 곤란할 것이다. 물론 5·18에서 나타난 민중을 이전의 사회에서 차지하고 있던 계급적 위치를 역추적하여 분포를 밝혀내는 일은 가능하겠지만 그 계급들의 통일적이며 일관된 이해나 주체성을 밝히는 일은 결코 용이하지 않다. 민중이야말로 독재의 최대 피해자이며 민주주의를 가장 고대하던 사람들이라는 단언은 '민주화론'으로 경도된 초기 '민중론'의 사후적 해석에 불과하다. 나아가 민중의 일부로 나타나지 않았던 부르주아들이 과연 민중의 적이었던 신군부를 지지하고 있었는가도 전혀 쉽게 확언할 수 있는 문제가 아니다. 민중의 핵심을 차지하던 수많은 사람은 당시 전두환이 누구인지도 모르는 경우가 많았다. 부르주아들은 '의리 없는' 개인주의자들에 불과했는지 모른다.

민중의 등장은 5·18에서만 나타난 특이한 현상은 아니었고, 여러 나라의 많은 사회·정치적 투쟁의 역사에서 이미 나타난 현상이었다. 외국의 여러 경우에도 정치교리doctrine로서 민중주의populism의 실패는 민중을 현상으로 파악하지 못하고 주체로 이해하고자 했던 오류에서 비롯된 것이었다. 투쟁 과정에서 나타난 민중을 투쟁을 준비하는 과정에서 하나의 거대한 계급으로 인위적으로 결속시키려는 계획은 실패로 끝날 수밖에 없었다. 계급이란 정치가가 만들 수 있는 것이 아니다.

또한 혁명의 이론과 실천 측면에서 늘 문제시된 것은 1980년대에 제시된 민중의 협의(狹義)의 범위, 즉 사회 밑바닥의 '기층민'들이었다. 마르크스와 엥겔스도 '계급이 없는 프롤레타리아트'가 권력을 잡으면 '계급 없는 사회'가 될 것이라고 한때 이야기했던(K. Marx & F. Engels, 1973) 기층민들, '계급 없는 무산자들'은 그들의 기대와는 달리 결국 혁명의 전위대가 될 수 없음이 드러났다. 이들은 혁명을 촉발시키고 혁명 과정에서 어디선가 나타났다가는 어디론가 사라져버리는, 예를 들어 프랑스혁명의 상퀼로트[1]와 같은 혁명의 도깨비들인 것이다. 현대 서구

1  상퀼로트Sans culotte는 프랑스어로 '퀼로트를 입지 않은 사람'이라는 의미로, 당시 귀족

사회에서 민주주의의 안정화를 추구하는 사회민주주의적 지식인들이 문제 삼는 '탈계급 집단déclassés'도 유사한 종류의 기층민들을 지칭한다. 이른바 민중은, 광의로든 협의로든 사회·정치적 투쟁 과정에서 흔히 나타나는 집단임에는 틀림없지만 사회변동이나 개혁을 이끌고 갈 '주체'로 이해하는 것은 현실에 맞지 않다.

5·18을 논할 때 1980년대 이후 계속 강요되어온 '주체'의 문제에 대하여 김성국 교수는 다음과 같이 비판했다.

> 필자는 5·18에서 항쟁의 주체 설정은 어떤 면에서는 '반민중적' 뉘앙스를 풍기기도 하는 좌파 엘리트 혁명론의 잘못된 유산이라고 생각한다. 이른바 직업혁명가 혹은 혁명전문가의 지도성을 전제하고 여기에 혁명의 전위대로서, 그리고 '혁명의 주체로서 프롤레타리아의 역사적 사명'을 가정하는 계급혁명론의 결정주의가 5·18의 경우에도 초역사적으로 재차 적용되고 있는 것이 아닌가 싶다. 혁명이 전개되는 과정에서는 수많은 사람이 참여하거나 혹은 동원된다. 그러나 각자는 각 개인의 역할을, 각 계층·계급은 나름대로의 역할을 수행할 뿐이다. 그런데도 가장 열심히, 그리고 가장 적극적으로 싸운 사람들만을 따로 선별하여 이들을 특권적으로 등급화하는 역사적 관행은 좌우파를 막론하고 현실 권력 혹은 담론의 지배자들이 '체제유지용 불평등 논공행상 전략' 혹은 '분할 정복divide and conquer'책의 일환으로 활용하는 것이다. (한국사회학회 엮음, 1998, p. 122)

들이 입었던 짧은 하의 '퀼로트'를 입지 않은 계급들을 가리킨다. 혁명의 주축 세력이었으나 혁명 이후 여러 정파에 가담하다 분열되기도 했다.

주체론은 혁명주의의 도그마를 되풀이하고 있는 것에 불과할 수도 있다. 무엇보다 경험적인 차원에서 문제는 5·18을 통해 주체, 즉 싸우는 시민들이 '나는 무엇으로서 싸우고 있는가'에 대한 답이 과정을 통해 변화하고 중첩되어왔다는 사실이다. 물론 이 질문은 사후(事後)에 던져진 질문이며 당시에 거리에서 싸우는 시민들은 이런 생각을 할 겨를이 없었다.

광주 시민들이 항쟁에 목숨을 걸고 참가한 것은 일차적으로 어떤 명분을 의식하고 결정한 것은 아니었다. 의식(意識, consciousness)의 수준에서는 무엇보다 '도저히 참을 수 없어서'였다. 시민군 상황실장 박남선은 다음과 같은 말로 증언을 마친다.

정치적으로 이용하고 광주를 매도하고 광주 시민을 우습게 보는 모든 것에 거부한다. 우리는 단순히 지역감정이나 개인감정으로 일한 것이 아니다. 우리에게는 그러한 힘이 쏟아져 나올 때는 그만한 상황이 전제되어 있었기 때문이다. 누가 우리를 욕하고 나무랄 수 있는가. 백 번의 공부나 학습보다 한 번의 행동에서 체득한 그 어마어마한 사건! 나는 이것을 존중한다. 이것이 나에게는 생명으로 와닿기 때문이다. (박남선, 1988, p. 223)

우선 첫번째 단계에서 광주 시민들이 5·18 때 시위에 가담하고 투쟁한 것은 인간으로서였다. 즉 최소한의 인간의 도리를 다하기 위해서였다. 굳이 5·18의 투쟁의 주체를 논하자면 바로 '인간'이었다. 물론 이런 주장이 5·18 투쟁은 상황의 논리로 이해해야 한다는 뜻은 결코 아니다. 광주 시민들이 저항에 나서게 된 이유는 우리가 흔히 언어로 표현하지 않는 인간의 존엄성에 대한 가치 때문이었다. 반복해서 말하자면

5·18이 이러한 '인간'으로서의 투쟁, 이념이 결여된 순수한 항쟁이었기에 5·18은 우리의 위대한 역사인 것이다.

그러나 절대공동체가 등장하자 공동체의 경계(境界, boundary)가 의식되고 또한 시민들의 내면적 과정에서 한계 요인으로 작용했던 개인적 한이 절대공동체에서 새로운 공통의 의미를 찾으며 '전라도 사람' '광주 시민'이라는 더 협소하고 구체적인 정체가 나타난 것으로 보인다. 또한 이러한 이차적 정체의 형성에는 '경상도 군인이⋯⋯' 하는 '유언비어'도 큰 힘으로 작용했을 것이다. 그리고 다음 세번째 단계에서 절대공동체의 절대적 평등과 '세상이 뒤집히는' 상황이 벌어지자 계급으로서의 정체가 의식된 것으로 보인다. 그러나 이 계급이라는 주체는 노동자 계급 또는 기층민 계급이 부르주아에 대한 적대감을 느끼고 표출해서라기보다는 오히려 부르주아 자신들과 프티부르주아들이 기층민, 노동자들에 대해 공포심을 느낌으로써 외부로부터 먼저 형성된 것으로 보인다. 노동자 시민군들이 부르주아에 대해 적대감을 의식하게 된 것은 주로 해방광주에서였으며, 이에 대한 계기는 이전의 공동체에서의 원한이었다기보다는 이전 공동체에서 느꼈던 이질감을 배경으로 당시 공동의 투쟁에 대한 '의리'와 충성심의 문제였던 것으로 보인다. 특히 23일부터 본격적인 무기 회수가 시작되며 노동자, 기층민 출신의 시민군들은 '유지(有志)', 부르주아들에 대해 상당한 적대감을 표출하기 시작했다.

5·18 투쟁의 동기와 주체를 일차적으로 사회적으로 축적된 이해와 원한으로 보는 통상적인 사회운동론적인 시각은 경험적으로 맞지 않다. 사회구조적인 문제들은 이차적으로 작용한 한계 요인들이었다. 나아가서 지적되어야 할 문제점은 이러한 구조적 조건에 근거한 불만과 원한이 과연 5·18 같은 투쟁으로 해결될 수 있다고 5·18에 참가한 광

주 시민들 자신이 믿었겠는가 하는 점이다. 호남 차별에 대해서는 당시 군부는 광주 시민을 지역주의의 원흉으로 매도했고, 계급 차별에 대해서는 오히려 많은 참여자는 더욱 심한 고통을 당해왔음을 보고 있다. 호남 차별에 대한 원한이 5·18에 크게 작용해온 것은 사실이지만 과연 호남 차별을 느꼈던 사람들에게도 5·18의 투쟁이 호남 차별의 문제를 해결해줄 수 있는 합리적 방법이라고 생각하지는 않았을 것이다. 사회 계급적 원한으로 5·18을 설명하는 데 대해서는 노동자 계급은 5·18에서 자신들의 지위를 향상시키려는 목적을 가지고 싸운 것이라고 볼 수 없으며, 오히려 그들은 잃을 것이 없는 처지라서 마지막까지 싸웠다는 기존의 설명으로 충분히 반박될 수 있을 것이다.[2] 지역 차별의 문제나 계급 차별의 문제는 항쟁의 전개 과정에서도 나타나듯이 일차적인 요인이 아니라 그 과정에서 편승한 이차적인 요인으로 보아야 할 것이다.

21일 공수부대가 시 외곽으로 철수하고 시민들이 광주시를 장악했던 시대, 이른바 해방광주는 한마디로 일단 적이 눈앞에서 사라진 상황에서 어쩔 수 없이 맞이해야만 했던, 절대공동체의 취기에서 깨어나 서서히 현실로 돌아오는 괴로운 시간이었다. 전술했듯이 해방광주는 혁명의 시대는 아니었다. 시민군들이나 운동권 청년들이나 기존의 지배 계급과 지식인층의 지위를 완전히 부정한 일은 없었다. 일부 시민군들, 특히 '복면부대'가 과격한 투쟁일변도를 부르짖고 다녔다는 것은 여러 각도에서 지적되어왔다. 그러나 그들이, '복면부대'가 혁명적 노동자 계급이었다거나 계엄사의 '프락치'들이었기 때문이 아니라 그들은

---

2  여기에서 정도상의 소설 속 대사를 다시 논할 필요가 있다. "학생들은 배운 게 있어놓께 그저 그거 안 해도 지 목구녁은 채울 수 있응께 발라버린 것이고, 갸들은 못 가진 한도 있고 데모하나 안 하나 떼밀이는 떼밀이고 공돌이는 공돌잉께 싸우는 것이고, 무엇보다도 갸들이 의리 하나는 끝내중께"(정도상, 「십오방 이야기」, 한승원 외, 1987, pp. 316~17).

당시에 절대공동체와 기존의 광주공동체 사이의 변환 과정의 한가운데, 이를테면 문턱threshold에 자신들을 잠시 위치시켰던 리미널한 존재 liminal entity였기 때문이라고 이해해야 할 것이다.[3] 당시 계엄사와의 투쟁은 그 자체로 혁명적 의미는 없는 것이었다.

또한 이곳 해방광주에는 '국민주권'이라는 개념이 없었다. 주권은 절대공동체에서는 명쾌하게 존재했다. '광주 시민'은 당시 명쾌한 의지를 지닌 개체로 나타났고 그 개체는 전쟁 당사자였다. 그러나 해방광주에 이르면 절대공동체의 잔재와 분위기는 남아 있었지만 이 개체는 공식적으로 분해되었다. 해방광주에서는 '국민', 현실적으로는 시민들의 의사가 공동체의 삶의 문제를 결정한다는 정치제도도 없었고 그러한 사상도 사라져버린 이상 국민주권이 존재했다고 말할 수 없을 것이다.[4]

---

3  위에서 논의했듯이 '복면부대'는 절대공동체의 망령이었고 한편 자신의 정체가 밝혀질 것을 두려워하는 사람들이었다는 것은 그들은 곧 기존의 공동체로 돌아갈 기대를 하고 있는 사람들이었음을 보여준다. 따라서 그들은 두 공동체의 어느 책임 있는 자리에도 속하지 않은, 두 공동체 사이에서 당분간 특수하고 자유로운 지위에 있게 된 사람들이었다. 그들은 어느 쪽에도 자신을 위치 짓지 않은, 자유롭게 혹은 무책임하게 행동할 수 있는 존재였다.
   '리미널러티(liminality, 역치성)' 개념은 빅터 터너Victor Turner가 종교적 의식(儀式) 과정을 인류학적으로 분석하며 논의하고 있는 개념이지만 5·18의 상황에서도 제한적으로 적용될 수 있을지 모른다. 절대공동체의 상황은 시민들의 일상생활과 일상의 사회구조가 완전히 정지된 또 하나의 현실, 흡사 어떤 의식이나 드라마 같은 가상현실과 유사한 또 하나의 독자적 현실을 이루었던 상태였기 때문이다(Turner, 1969; 1974).

4  한상진은 해방광주를 분석하며 '국민주권'을 하나의 키워드로 제시했다(한상진, 「광주민주화운동에서 본 국민주권과 승인투쟁」, 한국사회학회 엮음, 1998, p. 60). 한상진은 5·18을 헤겔이 『정신현상학』에서 제시하여 최근 악셀 호네트 Axel Honneth가 전개시킨 '인정투쟁(struggle for recognition, Der Kampf um Anerkennung)'으로 설명하고 있다(Honneth, 1995). 인정투쟁의 개념은 대단히 포괄적이며, 따라서 특정한 사건에 적용하기에는 대단히 어색한 측면이 있다. 물론 5·18에는 인정투쟁적인 요소가 대단히 광범위하게 발견된다. 5·18을 인정투쟁으로 해석하는 문제와 이에 대한 비판은 이 책에서는 일단 회피하고 다음 연구로 미루는 것이 현명하리라고 본다.

해방광주의 어떤 권위체도 시민들의 '일상생활'을 결정짓는다거나 시민들을 시민군에 징집하는 권위를 의식하거나 행사한 적은 없었다. 군부와의 전쟁은 절대공동체에서는 공동체의 문제였지만 해방광주에서는 철저하게 개인의 선택 문제였다.

해방광주는 원칙적으로 기존 사회의 지도층과 투쟁의 아들인 시민군들의 공존과 협조를 원하고 있었고, 이 두 세력의 공존을 통해 그들의 삶과 투쟁의 진실을 모두 지키기를 원했다. 이 두 가지를 모두 지킬 수 있는 길은 현실적으로 외부의 도움밖에 없었고 절대다수의 광주 시민들은 광주 외 다른 지역에서의 봉기나 미국의 도움만이 그들이 원하는 것을 동시에 지킬 수 있다는 것을 알았다. 광주는 철저하게 고립되어 있었고, 미국은 광주 시민들을 지켜주는 역할을 공식적으로 거절했다. 군부의 강요로 광주 시민들은 삶과 진실 간의 '소피의 선택Sophie's choice'을 해야만 했다. 강요된 선택은 자신의 가슴에 못을 박는 일이었다. 외부의 도움으로 신군부가 타도되지 않는다면 광주 시민들은 당장 계엄군의 재진입을 맞아 생명과 진실의 양자 중 하나를 선택해야 했다.

한편 21일 광주를 포위하여 고립시킨 계엄군이 공공연히 협박했듯이 '고향이 황폐화'되고 '생업과 가정이 파탄되지' 않도록 광주 시민들은 자신들의 삶과 모든 시민의 생명을 지켜야 했다. 그러나 동시에 광주 시민들은 결코 자신들이 '폭도'가 아니라 선량한 시민이라는 사실을, 수많은 시민의 죽음이 결코 '개죽음'이 되지 않도록 모두의 명예를 지켜야 했다. 그들이 이것을 지켜내지 못한다면 광주는 영원히 '폭도'의 도시, '반역의 도시'로 그들의 자손들은 영원히 그 피맺힌 차별을 벗어나지 못할 것이다. 결국 이 선택은 두 가지 죽음 중 하나를 고르는 일이었고, 선택의 행위는 자신을 스스로 살인의 공범으로 만드는 것이었다. 나아가서 시민군들과 운동권 청년들이 생각한 투쟁의 진실은 '폭도'의 누명을 벗는 것 외에 절대공동체의 바람의 진실, 해방의 전설을 지키는 것이었다. 결코 원해서 간 길은 아니지만 투쟁 과정을 통해 피와 눈물로 느꼈던 절대공동체에서의 뜨거운 가슴의 기억은 결코 망각되어서는 안 될 소중한 것이었다. 이 절대공동체의 바람의 진실은 그날 광주의 그 거리에서 절대공동체를 숨 쉬어보지 않았던 사람들은 결코 이해할 수 없는 것이며 말로 아무리 설명해도 전달될 수 없는 것이기도 했다.

해방광주의 마지막에 이루어진 선택은 삶과 진실의 어느 한쪽을 버리지 않고 일부씩이라도 확보하는 길이었다. 수백 명의 젊은이를 희생의 제단에 올려놓아 그 악귀들에게 바치고 대신 시민들의 육체적 삶을 얻고, 그 젊은이들이 죽음으로 증언한 진실을 영원한 복수의 맹세와 함께 지키기로 한 것이었다. 이는 양자 간의 선택을 거부한 현실과 역사를 가로지르는 제삼의 선택이었고, 광주 시민들의 영혼을 말살하고 그들의 치부를 영원히 가리려는 군부에게서 승리를 빼앗은 것이었다.

그 젊은이들이 광주 시민들의 명예회복을 넘어 지키려고 했던 절대공동체의 경험, '바람의 진실'은 5·18 이후 우리의 사상과 정치 실천의 역사를 복잡하게 만들었다. 일부 운동권에 몸담게 된 그날의 투사들은 절대공동체의 투쟁 경험에서 카를 슈미트의 경우처럼 정치적 인간의 '진리'를 보았을 것이다. 적과 아를 구분하는 것은 정치적인 것의 본질이라는 것, 정치공동체는 동질성을 그 조건으로 하며 지도자는 결단으로 민족의 운명을 이끌고 가야 한다는 것이었다. 1980년대를 통해 조직 절대주의와 절대적 지도자를 옹립하고 그에 복종하는 운동권의 관행은 그들이 5·18에서 얻은 첫번째 교훈이었는지 모른다.

그러나 이들의 첫번째 교훈, 조직 절대주의는 5·18의 왜곡이었다.

절대공동체에는 조직도 없었고, 지도자도 없었다. 절대공동체는 모든 시민이 자발적으로 참여한 것이며, 그 안에서 모든 시민은 자유를 양도한 적이 없었다. 따라서 1980년대 운동권 조직은 5·18의 경험을 재현하고 있던 것이 아니라 베버적 의미에서 일상화(routinization, Veralltäglichung), 즉 절대공동체의 어떤 부분을 영속화하기 위해 다른 부분을 희생시킨 상태에 다름 아니었다(M. Weber, 1978, pp. 1121~48). 5·18 이후 우리와 광주 시민들은 투쟁을 계속해야만 했던 현실을 부정할 수 없다. 그러나 눈앞에서 공수부대가 사라진 상황에서 일상의 삶을 계속적인 투쟁을 위해 조직한다는 것은 무리가 따를 수밖에 없었다.

절대공동체는 잠시밖에 존재할 수 없는, '일상생활'이 정지되어 순수한 인간공동체로 존재했던, 한순간의 절대해방이었고 곧 다시 억압된 현실로 내려올 수밖에 없는 비일상적 현실이었다. 무엇보다 절대공동체에는 평화가 없었고, 생산 활동이 이루어질 수 없었다. 5·18과 같은 절대적 투쟁의 경험과 계속되는 투쟁의 현실은 우리가 스스로 그날의 적의 모습으로 우리의 모습을 바꾸게 되고 한때의 '진실'이 '진리'인 것처럼 착각하게 되는 대가를 치를 수밖에 없었다. '진실'을 '진리'로, 공동체를 위한 투쟁의 의무와 보람을 인류의 영원한 참모습으로 착각하고 일상생활의 세계로 돌아올 것을 고집스레 거부했던 슈미트는 이상적 파시즘으로 빠졌고 그 위험은 5·18의 후예들에게 상존하는 것이다.

절대공동체의 그 뜨거운 기억은 그 자체로 새로운 사회의 구체적인 청사진이라고 볼 수는 없다. 이 경험은 우리의 일상적 사회 현실과 대립되는 하나의 가능성의 영감이었을 뿐이다. 우리는 복수의 맹세와 더불어 이 영감으로 새로운 역사를 시작하게 되었다. 이때부터 우리의 역사는 목적론적teleological 실천의 연속이었고, 순례의 발걸음으로 인식되어 왔다. 순례의 목적지와 그 지명(地名)은 1980년대 중반부터 사상투쟁의 몫이었다. 뜨거웠던 절대공동체의 바람은 한때 '민족공동체'로 불렸고 또 한때는 '높낮이 없는 세상' '사회주의'로 불리기도 했다. 이 두 이름은 갈등도 했지만 서로 투쟁의 소중한 전우임을 고마워했다. 그러나 이 두 모델, 순례지는 서구인들의 성지이며 그들에게서 알려진 곳이었다. 더구나 이 성지들은 그 뜨거웠던 기억을 되살리기 위해 우리가 서구 역사에서 찾아낸 곳이 아니라 이미 우리에게 알려져 있던 곳이었다. 그곳의 성스러움은 5·18 이후에 비로소 느껴지게 되었다. 그러나 이 서구인들의 성지들도 그들이 한때 이르러 머물렀던 현실 속의 장소가 아니라 아직도 이름밖에 없는 곳이며 이제는 그들도 더 이상 열렬히 추구하지 않는 잊힌 성지에 불과한 곳이었다.

'민족공동체'는 일견 우리 자신을 말하는 것 같지만 서구의 사상이며 일단 '민족'이란 '상상의 공동체imagined community'에 불과한 것이다(B. Anderson, 1991). 우리 민족의 삶의 구체적 내용을 우리가 스스로 채워나가지 않는 이상, 이 '민족'이라는 말 자체는 공허한 껍데기에 불과할 뿐이다. 한때 그 말은 민족개조론을 의미하기도 하고, 국가주의를 뜻하기도 하고, 안보와 경제 발전을 지칭하기도 했음은 모두가 잘 아는 사실이다. 이 말은 우리 민족의 삶의 구체적인 모습, 우리 문화를 풍요롭게 담지 못하면 파시즘, 전체주의 등 사랑보다는 증오를 앞세운 삶을 파괴하는 정치로 나갈 위험을 안고 있다. 한편 사회주의는 오랫동안 서구 지식인들이 추구해온 이상 사회의 모습이었지만 이제는 현실성이 부정되고 사회주의는 자본주의하의 지식인들 —자본가들에게 지배자의 자리를 빼앗긴 사람들 —의 꿈에 불과했다는 사실은 이미 누구나 알고 있다. 사회주의는 이제 서구에서는 성지가 아니라 자본주의 사회를 하루하루 개량과 개혁을 통해 인간적인 곳으로 만들어가는 영감의 이름일 뿐이다. 민족공동체와 사회주의는 그 뜨거운 가슴의 기억의 이름이자, 순례의 목적지의 좌표 없는 이름뿐인 곳이었다.

그럼에도 이 뜨거운 영감에 인도되는 순례의 발걸음은 결코 끝나서는 안 된다. 그렇다면 우리의 순례는 '성지'라고 착각하는 곳을 성급히 밟고 멈추어서는 안 된다. 그렇다면 순례의 발걸음을 서두르는 것도 위험한 행동일 것이다. 또한 우리의 순례 자체는 목적지, 그 성지는 존재하지 않을지도 모른다는 것을 알면서도 자신을 속이며 느린 걸음으로 계속 나아가야 하는 '시시포스'의 운명일지 모른다. 그렇다면 이제는 특별한 배타적인 성지를 상상하고 그곳으로 매진하는 숨찬 순례의 발걸음보다는 지금 우리의 발걸음이 닿는 곳 그리고 한 발 앞에 닿을 수 있는 곳을 감사한 마음으로 바라보고 실수 없이 나아가는 '운명을 사랑하는' 지혜로운 순례를 해야 할지 모른다. 그렇다면 그 성지가 어디인가에 대한 사상투쟁은 결코 한때의 일로 끝나서는 안 된다. 이 투쟁은 모든 발걸음을 옮길 때마다 반복되어야 한다.

그 희생에 대한 복수와 구원의 기대 그리고 투쟁의 계절의 뜨거움의 기억으로 우리의 역사는 처음부터 다시 시작되었다. 우리의 5천 년은 다시 쓰이기 시작했다. 결국 이 뜨거움의 기억에서 무엇을 우리가 해석해낼 수 있고, 그것을 무어라 우리말로 이름 붙일 수 있고, 어떤 길을 찾아낼 수 있는가는 5·18의 후예들이 오랫동안 짊어져야 할 부담일 수밖에 없다. '칼레의 시민'들이 그 기억만을, 기억 그대로 부둥켜안고 간 것은 우리에게 더욱 풍요로운 교훈, 오랫동안 음미해야 할 교훈을 남기기 위해서였는지 모른다. 무엇보다 명심해야 할 것은 그 뜨거운 투쟁이 그토록 소중한 기억이었던 이유는 그 핵심이 사랑이었기 때문이다. 그러나 사랑은 우리 마음대로 되는 것이 아니다. 사랑을 하겠다는 의지는 늘 증오에 다다른다는 진부한 진리는 우리의 최근 역사를 복잡하게 만들어왔다. 우리는 이제 구애(求愛)만을 반복할 것이 아니라 묘방(妙方)

이나 묘약(妙藥)을 찾아야 할지 모른다.

[『오월의 사회과학』(오월의봄, 2012) 수록]

# 항쟁공동체와 지양된 국가

## —5·18공동체론을 위한 철학적 시도

김상봉

## 1. 5·18항쟁과 5·18공동체

5·18은 저항과 부정에서 독보적 사건이었지만, 동시에 형성에서도 비길 데 없는 사건이었다. 그것은 한편에서는 국가폭력에 대한 영웅적인 저항으로서 역사에 우뚝 솟아 있지만, 더 나아가 우리가 이루어야 할 세상의 모범이 될 만한 공동체를 형성해 보여주었다는 점에서 영속적 의미를 갖는 사건이다. 생각하면 역사에 특별한 의미를 갖는 항쟁들은 단순히 현존하는 국가 체제에 대한 부정으로 끝나지 않고 언제나 새로운 세상에 대한 형성의 계기를 같이 지니고 있었다. 이를테면 동학혁명이 폐정개혁안 12개조를 제시하고 집강소 통치를 통해 이를 구체적으로 실천하였다거나, 3·1운동이 대한민국임시정부 수립으로 이어진 것에서 볼 수 있듯이 현존하는 국가 체제에 대한 부정은 언제나 새로운 이상의 긍정과 그것의 실현을 위한 노력과 결합되어 있다.

이 점에서는 5·18도 마찬가지이다. 헤겔이 모든 부정은 규정적 부정이라 말했듯이(G. Hegel, 1986, p. 49), 한편의 부정은 반드시 다른 한편의 긍정을 수반하게 마련이기 때문이다. 하지만 5·18은 으레 그렇다는 의미에서가 아니라 보다 특별한 의미에서 긍정과 형성의 사건이었다. 그것은 새로운 세상을 위한 지향이었던 데서 그치지 않고 그것이 지향하는 새로운 세상을 열흘이라는 짧은 기간 동안 하나의 공동체 속에서 스스로 형성해서 보여주었다는 점에서 다른 모든 혁명적 봉기 및 항쟁과 구별된다. 이런 의미에서 5·18은 단지 항쟁일 뿐만 아니라 그 자체로서 공동체이다. 이 점에 관해 동학혁명에서부터 6월항쟁에 이르기까지 5·18에 비길 수 있는 항쟁은 없다. 우리는 4·19를 가리켜 4월혁명이라 부를 수는 있지만 4월공동체라 부를 수는 없다. 이런 사정은 6월항쟁의 경우에도 마찬가지이다. 그것을 6월공동체라 부를 수는 없기 때문이다. 오직 5·18에 대해서만 우리는 그것을 5·18항쟁이라 부르는 동시에 5·18공동체라 부를 수 있다. 그리고 바로 여기에 5·18의 비길 데 없는 가치가 있다.

항쟁이 형성 없는 저항으로 그친다면, 설령 외적으로 성공한다 하더라도 언제나 절반의 성공일 수밖에 없다. 이 점에서 4·19와 부마항쟁 그리고 6월항쟁이 마찬가지였다. 이들은 모두 기존의 지배 체제를 종식시켰다는 의미에서 성공적인 항쟁이라고 말할 수 있지만, 새로운 국가 형성의 원리를 제시하지는 못했다. 그런 까닭에 그것은 기존의 지배 체제를 무너뜨릴 수는 있었으나, 정말로 새로운 나라를 건설하지는 못했다. 그리하여 항쟁은 절차적 민주주의를 회복하는 데 머물거나, 더 나쁜 경우에는 군부독재로 퇴행하는 결과를 빚었다. 하지만 5·18은 다르다. 그것은 결과적으로 처절하게 패배한 항쟁이지만, 미래의 씨앗이 되었다는 점에서 80년 5월에 종결된 사건은 아니다. 이것은 단지 5·18이 6월항쟁에까지 이어지는 새로운 지속적 항쟁의 시작이 되었다는 뜻이 아니라, 5·18이 그 항쟁 과정에서 형성된 공동체 속에서 우리 모두가 꿈꾸어 온 새로운 나라의 어떤 이념을 계시해주었다는 점에서 훨씬 더 근본적인 의미에서 미래를 향해 열린 사건임을 의미한다. 그것이 언제이든, 이상적인 나라를 꿈꾸는 사람은 다시 5·18공동체로부터 우리가 이루어야 할 나라의 원형을 발견할 수 있다. 이런 의미에서 5·18은 무시간적 미래, 또는 같은 말이지만 영원한 미래이다.

## 2. 5·18공동체에 대한 이전의 연구들과 그 한계

생각하면 5·18의 비길 데 없는 가치가 5·18공동체에 있다는 것은 새삼스럽게 강조할 일은 아니다. 5·18이 일어난 직후부터 5·18이 형성해 보여준 공동체는 편견 없는 관찰자에겐 언제나 경이로운 전설이었다 (조대엽, 2007, p. 170). 5·18 열흘 동안 광주 시민들이 보여준 놀라운 도덕성과 질서 그리고 연대성은 5·18을 폭도들의 무법천지라고 매도했던 신군부의 거짓 선전을 일거에 반박하기에 부족함이 없는 공동체적 요소였다.

하지만 이런 요소들을 나열하는 것과 5·18공동체의 정체를 해명하는 것은 별개의 문제이다. 그리하여 여전히 우리는 그것이 무엇이었던 지 알지 못한다. 분명한 것은 5·18공동체가 5·18항쟁을 통해 생성된 공동체인 한에서 그것이 항쟁공동체라는 사실이다. 그러므로 5·18공동체가 무엇인지를 해명하기 위해서는 그 공동체의 존재를 항쟁과의 관계에서 해명할 수 있어야만 한다. 하지만 항쟁과 공동체 사이에 어떤 내적 연관성이 있는지는 아직 명확히 탐구되거나 알려진 것이 없다. 아니 그런 연관성에 대한 탐구는 차치하더라도, 5·18공동체를 그 자체로서 탐구한 연구 성과 역시 그렇게 충분한 것이 아니다. 항쟁으로서의 5·18에 대해 지금까지 쌓여온 연구 성과에 비하면 공동체로서의 5·18에 대한 연구와 해명은 상대적으로 늦게 시작되었으며, 그 성과 역시 아직 빈약하다.

공동체로서 5·18을 고찰한다는 것은 5·18을 하나의 전체상 속에서 해명하는 작업을 수반하는 것이므로, 단순한 실증적 연구만으로는 불가능하며, 5·18을 일종의 총체성 속에서 파악하는 어떤 철학적 해석을 동반하지 않을 수 없다. 왜냐하면 우리가 5·18을 참된 의미에서 하나의 공동체로 해명하기 위해서는 광주 시민들을 하나의 공동체라고 부를 수 있을 만한 전체로 결속하게 만든 어떤 내적인 형성원리가 무엇인지를 파악할 수 있어야만 하기 때문이다. 공동체의 내적 형성원리는 현상으로 나타난 공동체의 보이지 않는 이면이니, 실증적 관찰이 아니라 철학적 반성의 대상이다. 그러므로 우리는 5·18공동체를 특징짓는, 표면에 드러난 다양한 모습들을 하나로 묶어 적당한 이름을 붙이는 것이 아니라, 그 다양한 공동체적 양상들이 근거하고 있는 바탕의 원리를 해명함으로써만 5·18공동체를 온전히 해명할 수 있다. 5·18공동체가 무엇이냐 하는 물음은 오직 그 원리에 입각해서만 온전히 대답될 수 있는 것이다.

하지만 5·18공동체를 가능하게 했던 그 내적 원리가 무엇인지는 아직 온전히 해명된 적이 없다. 이를테면 공동체가 의식적 주체들의 모임인 한에서 공동체를 가능하게 하는 내적 원리는 명시적이든 암시적이든 어떤 이념 또는 이상(理想)을 통해 가장 분명히 표상될 수 있다. (물론 공동체의 형성원리가 이것으로 다 환원되는 것은 결코 아니다.) 엄밀한 철학적 구분을 도외시하고 일반적인 의미에서 말한다면, 여기서 이념이나 이상이란 간단히 말해 보편적 선의 표상이다. 단순히 자기만을 위해 좋은 것을 지향하는 것이 사사로운 욕망이라면, 자기뿐만 아니라 모두를 위해 좋은 것을 욕구할 때 그 보편적 좋음의 표상이 바로 이념이나 이상인 것이다. 그것이 단지 나만을 위해서가 아니라 너와 나 모두를 위해 좋은 것을 표상하는 까닭에 이념은 서로 다른 사람들을 하나로 결속하게 만드는 원리가 될 수 있다.

하지만 과연 무엇이 5·18 광주를 하나의 공동체로 묶어준 이상이었던가? 5·18을 공동체로 해명하는 일의 어려움은 다른 무엇보다 이 물음에 대해 간단히 대답할 수 없다는 데 있다. 이 점에 대해 최정운의 의견은 경청할 가치가 있다. 그에 따르면,

절대공동체에는 인권도 있었고, 자유도, 평등도, 국가도, 민주주의도, 모든 이상이 거기에 있었다. 문제는 이러한 단어들을 하나씩 떼어서 서양사상에서 이상을 대표하는 개념으로 5·18을 논하면 그 순간 그 개념들은 5·18의 정신, 특히 절대공동체의 정신을 배신하게 된다는 것이다. 절대공동체에는 그러한 이상들이 모두 얼크러져 하나의 이름 모를 느낌으로 존재했다. (최정운, 1999, p. 163)

여기서 최정운은 그가 절대공동체라고 처음 부른 5·18공동체를 이룬 이상이 서양의 어떤 특정한 이상으로 환원될 수 없는 "이름 모를 느낌"으로 존재했다고 말한다. 5·18을 공동체로서 해명하는 과제가 지닌 특별한 어려움은 5·18이 최정운이 이름했듯이 '절대'공동체라 부를 수 있을 만큼 독보적인 공동체성을 보여줌에도 불구하고 그것을 가능하게 한 내적 원리가 무엇인지가 분명치 않다는 데 있다. 그 까닭을 다시 최정운에 기대어 말하자면 5·18이 "서양의 이념들이 보여주지 못했던 전혀 새로운 현실"이었기(같은 책, p. 166) 때문이다. 그러나 그것이 아무리 어려운 일이라 하더라도 바로 이 모호함 속에 5·18의 새로움과 고유성이 숨어 있다는 것은 분명하다. 우리의 과제는 그 새로움의 정체를 해명하는 일이다.

생각하면 5·18공동체에 대한 연구의 과정에서 최정운의 특별한 공헌은 그가 5·18공동체를 절대공동체라고 이름 붙인 데 있다기보다는 5·18이 도리어 뭐라 이름 붙일 수 없는 공동체라는 바로 그 곤경을 정면으로 직시하고 명확하게 드러낸 데 있다. 하지만 그 곤경이 아무리 큰 것이라 하더라도 그것은 5·18의 독보적인 고유성과 새로움에 기인하는 것인 만큼 우리는 5·18을 그 자체로서 파악하고 해명하려는 시도를 포기하지 않아야 할 것이다. 하지만 그 이후 학자들의 연구들을 보면 최정운이 지적했던 5·18공동체의 고유성은 거의 주목을 끌지 못한 것으로 보인다. 그리하여 사람들은 다시 이러저런 서양의 역사나 이론에 기대어 5·18공동체를 규정해왔는데, 이를테면 조지 카치아피카스가 5·18을 파리코뮌과 비교한 것이 대표적 사례이다. 그는 "민주적 의사결정을 하는 대중조직의 자발적 출현"과 "아래로부터 무장된 저항의 출현" "도시 범죄 행위의 감소" "시민들 간의 진정한 연대와 협력" "계급, 권력 그리고 지위와 같은 위계의 부재" 그리고 마지막으로 "참여자들 간의 내적 역할 분담의 등장"이라는 점에서 파리코뮌과 5·18이 유사하다고 주장한다(카치아피카스, 2009, p. 319). 이런 비교가 비판받아야 할 까닭은 없다. 도리어 그것은 경우에 따라서는 5·18의 고유성을 드러내기 위해 필요한 일일 수도 있다. 하지만 카치아피카스는 이런 비교를 통해 5·18의 고유성과 새로움을 드러내는 데 기여하지는 못했다. 그는 "자유를 위한 본능적인 요구"(같은 글, p. 336) 정도를 5·18을 공동체로 만들었던 내적 원리로 제시했는데, 이것만으로는 5·18의 고유성이 전혀 설명되지 않는다는 것은 두말할 필요도 없다. 그럼에도 불구하고 그는 5·18을 파리코뮌과 같이 분류함으로써 결과적으로 단지 코뮌이라는 낯선 이름을 5·18과 결합시키고 5·18을 파리코뮌의 아류로 만들어 5·18의 고유힘과 새로움을 탈색시키는 데 지대하게 기여했다.[1]

그 후 5·18을 코뮌이라는 일반명사나 파리코뮌이라는 역사적 사건과 결합시켜 설명하는 것은 드물지 않게 보는 일이 되었는데, 정근식의 「5·18의 경험과 코뮌적 상상력」(정근식, 2003)이나 조희연의 「급진 민주주의의 관점에서 본 광주 5·18」(조희연, 2009)이 대표적인 경우이다. 특히 조희연은 카치아피카스에 적극적인 공감을 표시하면서 "1980년 광주에서는 정치와 사회의 괴리를 전제로 한 '정치의 국가화 대 정치의 사회화'의 각축을 뛰어넘어 마르크스가 파리코뮌에서 발견했던 코뮌적 형상이 실현되었다"(같은 글, p. 226)고 말한다. 그러면서 그는 5·18의 경우 "정치가 실종된 절대폭력 상황에서 민주주의의 원형이라고 할 수 있는 민중의 정치적 자치가 순수하게 출현했다"는 점에서 "광주 코뮌은 19세기 파리코뮌의 20세기적 모습"이라고(같은 글, p. 227) 주장하는 데까지 나아갔다. 이런 결론은 5·18의 고유성을 암묵적으로 부정하는 것과 같다. 물론 5·18이 근원적인 새로움도 고유성도 없으며, 파리코뮌의 복제에 지나지 않는 것일 수도 있다. 하지만 과연 그런지 아닌지를 판단하기 위해서는 먼저 5·18공동체가 무엇인지를 먼저 알아야 하며 이를 위해서는 그것의 내적 생성원리를 엄밀하게 탐구해야 할 것이다. 하지만 조희연은 그 작업을 생략한 채 몇 가지 표면적인 유사성에 기대어 5·18을 파리코뮌의 20세기적 반복과 복제라고 규정한다.

---

1 카치아피카스의 이 논문은 원래 『민주주의와 인권』 제2권 2호(전남대학교 5·18연구소, 2002)에 실렸던 것이다. 하지만 그는 이 글에서 영문으로 번역된 나간채의 논문 한 편을 제외하고는 5·18에 대한 한국인들의 연구성과를 전혀 참고하지 않은 채, 5·18을 파리코뮌과 결합시켰다. 한국 학자들의 다른 연구 성과들은 도외시한다 하더라도 최정운의 책은 1999년에 출판되었고 그 이전에 이미 절대공동체에 대한 논문들이 발표되었으나, 카치아피카스의 글에는 그것들을 읽은 흔적이 보이지 않는다. '절대적 공동체'라는 낱말이 따옴표 속에서 한 번 등장하는 것을 보면 최정운의 '절대공동체'를 들어보기는 한 것처럼 보이지만, 그 낱말이 어디서 왔는지 전거가 표시되어 있지 않으며, 내용적으로도 그것에 대해 단지 이름 외에는 아무것도 모르는 것처럼 보인다.

이진경과 조원광은 "코뮌주의의 관점에서"(이진경·조원광, 2009, p. 131) 5·18을 해석하면서 그것을 "집합적 신체"라거나 "흐름의 구성체"(같은 글, p. 134), "집합적 구성체"(같은 글, p. 143) 같은 특이한 이름을 붙여주었다. 더불어 그들은 5·18을 가리켜 "하나의 중심을 가지고 지위에 따라 역할이 부여된 유기적 공동체가 아니라, 특이점들의 분포가 집단의 성격을 규정하는 특이적 구성체"라는 설명도 덧붙였다. 여기서 그들이 5·18을 공동체라고 부르기보다 구성체라고 부른 것은 언급할 만한 가치가 있다. 그들은 최정운의 절대공동체 개념을 비판적으로 언급하면서 5·18을 공동체라고 부르기 어려운 까닭을 이렇게 설명한다.

> 좀더 난감한 것은 서로가 서로를 위해 자신이 가진 능력이나 소유물을 아낌없이 내주고 나누던 것이 사실이지만, 공수부대를 내쫓는다는 직접적인 목표 말고는 공유된 어떤 목적도 없었고, 지속 가능한 어떤 안정적 형태나 조직은커녕 어떠한 정체성도 외연적 경계도 없었으며 너무도 이질적인 요소들이 이질적인 채 그대로 연결되며 확장되고 끊임없이 변해가는 이것을 공동체라고 명명하는 것은 적지 않은 오해의 여지를 남겨두는 것처럼 보인다. 그것은 아마도 개인들 간의 구별이 사라지면서 개인들이 대중이라는 하나의 거대한 흐름 속에 동화되면서, 분리되어도 만나는 즉시 다시 결합하는 일종의 집합적 신체가 구성되었던 것이라고 해야 할 것 같다. (같은 글, p. 134)

여기서 이진경, 조원광은 지속 가능한 안정적 형태나 조직, 정체성이나 외연적 경계가 없었다는 까닭을 들어 5·18을 공동체로 규정하기보다 일종의 (집합적) 신체로 규정하려 한다. 하지만 그런 이유에서 5·18이 공동체가 아니라면, 형태도 조직도 외연적 경계도 없는 깃이 (아무리 비유라 하더라도) 어떤 의미에서 신체일 수 있는가? 더 나아가 앞에서 보았듯이 5·18이 유기적 공동체가 아니라는 말과 (집합적) 신체라는 말은 또 어떻게 양립할 수 있는가? 신체는 일반적으로 가장 탁월한 의미에서 유기체로 간주되기 때문이다. 이런 것을 생각하면 이진경 등의 5·18 해석은 5·18의 뜻을 그 자체로서 치열하게 묻지 않고, 특이점이니, 흐름이니, 집합적 신체니 하는 현대 철학자들의 개념들을 끌어와 5·18에 덧씌웠다는 혐의를 피하기 어렵다. 그러니까 그들 역시 5·18의 고유성에 대해서는 아무런 통찰도 없었다고 할 수밖에 없다.

이들이 이른바 코뮌주의적 관점에서 5·18을 해석하는 것과 달리 조정환은 "자율주의적 관점에서" 그것을 해석한다. 그는 한편에서는 5·18공동체를 "정치적 자치공동체"로 해석하면서 다른 한편 "초인들의 공동체"라고 부른다.

항쟁의 후기에 조직된, 살아남을 가망성이 거의 없었던 기동타격대는 더욱더 이들 가난한 사람들을 중심으로 꾸려진 잡색부대였다. 이들의 등장으로 인하여 지역공동체는 다른 유형의 공동체로, 현존하는 주권질서와 화해할 수 없는 공동체로, 요컨대 정치적 자치공동체로 변신하기 시작했다. 이제 시위와 항쟁은 자신의 존엄을 선언하기 위해 모인 다중들의 봉기(蜂起)로 변모한다. 존엄을 선언하는 투쟁에서 각자는 직업이나 신분을 벗어나며, 어떠한 이해관계에서도 자유로운 전인(全人)으로 태어난다. 혁명은 부르주아 사회가 강요하는 정체성을 지키는 행동이 아니라 그 주어진 경계들을 넘어서면서 공통됨을 구축하는 행동이었던 것이다. 이 순간에 각자는 바로 자신의 지도자이자 모든 사람에 대한 지도자이다. 이 순간에 각자는 법적 인간의 권리로서의 인권을 달성하는 데 머무르지 않고 초인을 달성한다. 이것이 만인들의 만인들에 대한 자기지배로서의 절대적 민주주의이자 초인들의 공동체이다. 초인들의 공동체는 특이성들의 절대적 협동체로서의 사랑에 의해 조직된다. (조정환, 2010, p. 76 아래)

여기서 그가 하는 말을 정확히 이해하기는 쉽지 않다. 하지만 이 글에서 우리가 부딪히는 어려움은 5·18이라는 사태 자체라기보다는 필자가 동원하는 개념과 이론이 어떻게 5·18과 연결되는가를 이해하는 일이다. 필자는 여기서 잡색부대나 다중, 전인(全人) 그리고 절대적 민주주의나 초인들의 공동체 등등의 개념을 마치 자명하고 자연스러운 일인 듯이 5·18에 적용하고 있으나 엄밀한 근거를 제시하지는 않는다. 이를테면 어떤 의미에서 5·18 시민군이 잡색부대요, 전인이며 동시에 초인인지 우리가 이해하기는 쉬운 일이 아니다. 그것들 하나하나가 엄밀한 검토를 필요로 하는 일인 데다가, 또한 이 개념들은 모두 유래가 다른 개념이어서 그렇게 간단히 뒤섞을 수 있는 것들이 아니기 때문이다.

지금까지 우리가 살펴본 것처럼 5·18을 공동체의 관점에서 해명하는 시도들은 전반적으로 두 가지 공통된 오류를 보여준다. 첫째로 그들은 모두 5·18을 공동체로 만들어준 내적 형성원리를 묻지 않고 표면적으로 드러난 공동체의 현상들에만 주목한다. 둘째로 최정운을 제외하면 (첫번째 오류의 결과로서) 그들은 5·18의 고유성을 그 자체로서 묻기보다는 다른 사건이나 현대 서양 철학자들의 이론들을 준거로 삼아 해명하려 한다.

## 3. 항쟁공동체와 지양된 국가

공동체로서 5·18의 뜻을 밝히기 위해 가장 먼저 우리는 그 공동체기 속하는 유개념을 확정해야 한다. 이는 토마토가 무엇인지 알기 위해 그 것이 채소인지 과일인지 또는 곡류인지를 먼저 규정해야 하는 것과 같다. 5·18공동체를 둘러싼 모든 논란도 이것이 불확실하기 때문에 야기된다. 그래서 누구는 그것을 구성체라 하고(이진경), 다른 이는 공동체라 하며(최정운), 또 어떤 이는 입법과 사법의 기능까지 갖춘 제헌권력이라(조정환) 말하기도 한다. 그렇다면 5·18공동체는 어떤 무리[類] 또는 어떤 범주에 속하는 공동체인가? 사실 이것은 그 자체로서는 분명치 않다. 그리고 그 모호함 때문에 우리는 5·18공동체가 무엇인지를 다시 물을 수밖에 없는 것이다.

그러나 모든 것이 불확실한 것은 아니다. 분명한 것은 5·18이 항쟁이었다는 역사적 사실이다. 5·18공동체는 그 항쟁 속에서 생성된 공동체이다. 5·18공동체가 항쟁공동체였던 까닭에 그것은 5·18항쟁을 통해 이해되고 규정될 수밖에 없다. 하지만 항쟁을 통해 공동체가 생성되었다는 그 사실 자체는 항쟁과 공동체의 필연적 연관성을 아직 아무것도 말해주지 않는다. 그러므로 이 연관성을 분명히 하고 5·18항쟁으로부터 5·18공동체를 해명하고 규정하기 위해서는 먼저 항쟁이 무엇인지 그리고 그것이 공동체와 무슨 상관이 있는지를 물어야 한다.[2]

그렇다면 항쟁이란 무엇인가? 그것은 민중이 국가권력에 맞서 싸우는 것을 의미한다. 그렇게 싸울 때 민중의 편에서 보자면 국가권력의 정

---

2  이것은 아직 철학적으로 철저히 탐구된 적이 없다. 왜냐하면 어떤 나라에서도 항쟁이 이 땅에서처럼 정치적 삶의 전통으로 굳어진 곳이 없기 때문이다. 그러므로 남의 철학을 아무리 뒤진다 하더라도 사람들은 항쟁이 무엇인지 알 수 없을 것이다. 오직 수백 년 동안 항쟁으로 점철된 이 나라의 피 묻은 역사 앞에 마주 설 때 비로소 우리는 항쟁이 과연 무엇인지 그것이 어떤 종류의 부정이며 어떤 종류의 대립인지 묻고 생각하는 법을 배울 수 있는 것이다. 이런 의미에서 5·18은 물론 이 나라의 민중항쟁사 전체가 이 땅의 철학에게는 이른바 '십자가의 시험exemplum crucis'과도 같다.

당성은 부정되고, 경우에 따라서는 현실적 효력 역시 정지된다. 5·18의 경우에는 이 두 가지가 모두 해당된다. 그 열흘 동안 기존의 국가기구와 권력은 항쟁이 일어난 광주에서는 효력 정지 상태에 있었다. 그런데 일반적으로 국가기구가 효력 정지 상태에 들어가는 것을 가리켜 사람들은 폭동이라 부른다. 그렇다면 항쟁은 폭동과 어떻게 다른가? 우리가 이렇게 묻는 까닭은 5·18 당시 신군부가 그것을 폭도들의 난동이라고 악선전했기 때문만이 아니다. 5·18항쟁을 영어로는 May 18 Uprising이라 번역한다. 그런데 영한사전을 보면 uprising은 반란, 폭동, 봉기 등으로 풀이되어 있다. 그러니까 미국이나 영국인의 관점에서 보자면 국가권력이 효력 정지된 상태는 폭동일 뿐이며, 폭동과 구별되는 항쟁이 과연 무엇인지는 분명치 않다. 한영사전을 보면 항쟁은 resistence로 번역되어 있는데, 이것은 너무 광범위한 표현이어서 5·18 같은 항쟁을 표현하기에 적합한 말이라 하기 어렵다. (또한 이것이 항쟁을 uprising으로 번역하는 까닭일 것이다.) 이것은 서양 나라들에 우리와 같은 항쟁의 전통이 없기 때문에 생기는 어긋남으로서 좋게 말하자면 한국의 민중항쟁의 고유성을 말해주는 것이지만, 그렇다고 해서 그 고유성이 항쟁과 폭동의 차이를 말해주는 것은 아니다. 그러므로 국가권력과 법질서의 효력 정지 상태를 수반한다면, 항쟁이 폭동과 어떻게 다른가 하는 물음은 여전히 남는다.

하지만 한국의 민중항쟁사를 전체적으로 살펴보면 우리는 이 물음에 관해 항쟁은 국가기구를 부정한다는 점에서는 폭동과 다르지 않지만 반드시 공동체를 지향하거나 형성한다는 점에서 폭동과 다르다는 것을 어렵지 않게 알 수 있다. **폭동**은 국가의 주권과 법질서를 일면적으로 부정할 뿐이다. 더 나아가 폭동은 현존하는 국가권력을 부정할 뿐만 아니라 다른 모든 공동체와 질서도 부정한다. 폭동은 공동체를 지향하지도 않고 형성하지도 않는다. 이런 의미에서 폭동은 단순한 야만으로서의 '자연 상태'를 드러낼 뿐이다. 하지만 엄밀하게 말하자면 공동체를 전적으로 결여한 그런 자연 상태는 존재하지 않는다. 그러므로 정확하게 말하자면 폭동은 참된 의미에서 순수한 자연 상태가 아니라 국가라는 문명 상태가 드리우는 그림자로서 국가가 없으면 있을 수 없는 자연 상태이다. 그것은 이런 의미에서 문명화된 자연 상태이다. 하지만 국가의 그림자가 국가의 기초를 뒤흔들 수는 없는 일이니, 폭동은 국가의 본질적 진리를 계시하지도 못하고 국가를 지양하지도 못한다.

하지만 항쟁은 다르다. 항쟁은 폭동이 아니다. 마찬가지로 항쟁의 전사들도 폭도들이 아니다. 공동체를 무차별하게 부정할 뿐 새로운 공동체를 낳지 못하는 폭동과 달리, 항쟁은 본질적으로 항쟁공동체로서 일어난다. 그것이 기존의 국가를 부정하는 까닭은 공동체를 부정하기 때문이 아니라 기존의 국가가 거짓된 공동체이기 때문이다. 그런 까닭에 항쟁은 언제나 참된 공동체를 위하여 일어난다. 그 공동체는 국가공동체이다. 항쟁이 현존하는 국가를 부정하고 그 효력을 정지시키는 것은 국가공동체 자체를 거부하기 때문이 아니라 새로운 국가를 욕구하기 때문이다. 5·18 당시 광주 시민들이 애국가와 태극기를 포기하지 않았던 까닭도 바로 여기 있다. 이런 의미에서 5·18항쟁공동체를 입법·사법 기능을 갖춘 제헌권력으로 규정하는 것이 과도한 것처럼 **아나키즘**을 투사하는 것도 마찬가지로 부적절한 일이다(김성국, 2009). 광주 시민들이 원했던 것은 국가 없는 세상이 아니라 새로운 국가였기 때문이다. 그러므로 항쟁은 일면적 부정이 아니라 형성이었던 것이다.

이런 점에서 항쟁과 공동체는 본질적으로 공속한다. 그 둘 사이의 관계를 구체적으로 규정하여, 우리는 항쟁이 항쟁공동체의 존재근거ratio essendi라면 공동체는 항쟁의 인식근거ratio cognoscendi라고 말할 수 있다.

항쟁공동체는 항쟁을 통해 존재하게 되므로 항쟁이 항쟁공동체의 존재근거라고 한다면, 항쟁이 폭동이 아니라 항쟁으로 인식되고 승인되는 까닭이 다름 아닌 공동체의 지향 및 형성 여부에 있으므로 공동체가 항쟁의 인식근거라 하는 것이다. 항쟁이 없으면 항쟁공동체가 생겨날 수 없지만, 공동체가 추구되지도 형성되지도 않는다면 항쟁은 한갓 폭동일 뿐 항쟁일 수 없다. 그런 까닭에 항쟁과 공동체는 본질적으로 결합되어 있다. 항쟁이 항쟁공동체를 형성하게 되는 까닭이 바로 여기에 있는 것이다.

이런 이치를 생각하면 5·18이 무장항쟁의 단계까지 이르렀다는 점에서 가장 치열한 항쟁이었음에도 불구하고 어떻게 공동체가 와해된 무질서로 치닫지 않고 도리어 일찍이 보지 못했던 하늘나라와도 같은 공동체를 형성할 수 있었던지 그 까닭을 비로소 이해할 수 있다. 폭동이 공동체에 대한 일면적 부정인 까닭에 폭동이 과열되면 과열될수록 사회가 폭력과 무질서의 늪에 더 깊이 빠져들겠지만, 이에 반해 항쟁과 공동체는 본질적으로 공속하기 때문에 항쟁이 치열하면 치열할수록 항쟁하는 씨올들의 공동체에 대한 열망도 강렬하게 분출할 수밖에 없다. 현존하는 국가권력에 대한 적개심이 강하면 강할수록, 참된 나라에 대한 간절하고도 강렬한 동경에 의해 항쟁이 추동되는 것이기 때문이다. 바로 이것이 5·18 당시 그 많은 총기와 무기 들이 거의 아무런 통제 없이 광주 시내에 널려 있을 때에도 질서와 평화가 유지될 수 있었던 까닭이다.

그러나 항쟁이 공동체적 요소 때문에 폭동과 구별되어야 한다고 하더라도, 이것만으로는 항쟁공동체가 어떤 종류의 공동체인지가 아직 다 밝혀지는 것은 아니다. 항쟁공동체는 현존하는 국가에 적대적으로 맞서는 공동체이다. 국가는 항쟁의 공동체를 인정하지 않고 폭력적으로 제거하려 하며, 항쟁하는 씨ᄋᆞᆯ들 역시 국가권력의 정당성을 더 이상 인정하지 않기 때문이다. 여기서 항쟁공동체와 국가공동체는 적대적 상호 부정의 관계에 있다. 하나는 다른 하나와 공존할 수 없다. 국가기구가 부정되든지, 아니면 항쟁공동체가 부정되든지 둘 중 하나는 반드시 부정되어야 한다. 이런 의미에서 항쟁공동체와 현실국가는 상호 모순적으로 대립하는 관계에 있다고 말할 수도 있다. 그러나 이런 상호 대립과 상호 부정이 항쟁공동체의 정체를 우리에게 더 잘 알려주는가?

앞서 말했듯이 항쟁공동체가 현존하는 국가기구를 부정하는 까닭은 모든 종류의 국가 자체를 부정하고 배척하기 때문이 아니라, 현존하는 국가가 타락한 국가 거짓된 국가이기 때문이다. 그런 한에서 항쟁공동체는 항쟁이 참된 국가를 지향하여 생성되는 공동체이다. 이런 의미에서 보자면 항쟁공동체는 막연하게 규정되지 않은 공동체가 아니라 본질적으로 국가와 동일한 존재론적 의미를 지닌 공동체이다. 생각하면 공동체에도 가족공동체에서부터 기업공동체, 종교공동체 등등 무수히 다양한 종류가 있다. 항쟁공동체는 가족공동체도 기업공동체도 종교공동체도 아니다. 하지만 그렇다고 해서 그것은 가족에 대립하는 공동체도 기업이나 종교에 대립하는 공동체도 아니다. 그런 한에서 긍정적으로나 부정적으로나 가족이나 기업 또는 종교의 층위에서 생성된 공동체가 아니다. 그것은 오직 국가공동체에 정면으로 대항하여 생성된 공동체였으니, 우리는 항쟁공동체의 존재론적인 지위를 표시하기 위해 그것을 다만 **부정된 국가**라고 부를 수 있을 것이다. 항쟁공동체는 국가의 부정을 통해서 생성된 공동체이기 때문이다.

하지만 여기서 항쟁 속에서 국가가 부정된다 할 때 그 부정의 의미가 무엇인가? 항쟁공동체의 의미를 규정하기 위해 우리는 그 부정의 의미를 보다 정확히 규정해야 한다. 항쟁공동체와 국가가 서로 양립할 수 없이 상호 배척하는 관계에 있다면 둘은 서로 모순 대립의 관계에 있다고 말할 수 있다. 그런데 모순적으로 대립하는 것은 반드시 동일한 제3의 것과 관계하게 마련이다. 다시 말해 논리적으로 말하자면 모순은 S=P와 S=~P가 동시적으로 정립될 때 일어난다. 여기서 서로 모순적으로 대립하는 것은 P와 ~P이다. 그런데 이 둘이 모순을 일으키는 까닭은 그것들이 모두 같은 S와 동일성의 관계 속에 있으려 하기 때문이다. 다시 말해 만약 A=P이고 B=~P라면 P와 ~P 사이에 모순 대립이 일어날 일은 없다. 이 둘이 같은 S와 동일성의 관계 속에 있으려 하기 때문에 모순이 생기는 것이다.

국가(P)와 항쟁공동체(~P)가 모순적으로 충돌할 경우에도 마찬가지이다. 그 둘이 모순을 일으키는 까닭은 그것들이 모두 같은 어떤 것(S)과 자기가 동일하다고 주장하기 때문이다. 그렇다면 이 같은 것(S)이 과연 무엇이겠는가? 그것은 국가의 본질적 진리 또는 같은 말이지만 참된 나라이다. 우리는 국가의 본질적 진리 또는 진리로서의 국가를 한갓 폭력기구로서 전락한 현실의 국가와 구별하기 위하여 나라라고 부를 수 있다.[3] 우리는 여기서 본질적 진리란 말을 플라톤의 이데아처럼 현실적 사물에 앞서 존재해야만 하는 어떤 전제가 아니라 도리어 궁극적으로 실현되어야 할 과제로서 이해한다. 이런 의미에서 본질은 아리스토텔레스에게서 헤겔까지 전통적 형이상학자들이 생각했던 것처럼 "무시간적 과거 존재das zeitlos vergangene Sein"(헤겔, 1989, p. 17)가 아니라

---

3  한국어에서 국가와 나라라는 두 낱말은 이처럼 정치적 공동체를 본질과 현상으로 나누어 지시하라고 마치 예비되어 있었던 것처럼 보일 만큼 이상적인 쿨레 개념이다. 국가는 언제나 현실의 주권국가로서 정립된 나라의 현실태이다. 반대로 우리가 고구려나 백제, 신라에서부터 고려, 조선을 거쳐 현재의 남한과 북한을 모두 통틀어 우리나라 또는 우리나라의 역사라고 말할 때 그때 지시되는 나라는 어떤 현실 국가도 아니라는 점에서 사물이 아닌 이념 속에서만 파악되는 국가의 본질이다.

거꾸로 영원한 미래이다. 하지만 우리가 국가의 본질적 진리인 나라를 국가의 전제로 이해하든 과제로 이해하든 현실에서 문제되는 것은 그 것이 아니다. 중요한 것은 현실의 국가기구는 그것의 본질적 진리로서 나라를 충실하게 표현하고 실현하는 한에서 그 정당성을 얻게 된다는 사실이다. 다시 말해 국가는 참된 나라인 한에서 그 정당성을 얻는 것이다.

이에 반해 현실 국가가 참된 나라의 이념을 정면으로 부정할 때, 국가는 자기 자신의 본질과 대립하게 된다. 하지만 그 대립이 언제나 현실적인 충돌로서 발생하는 것은 아니다. 아니 원칙적으로 모든 본질적 진리는 이념인 까닭에 그것 자체가 현실적 사태로 사물화되어 나타날 수 없다. 국가의 진리 또는 국가의 본질로서 나라 역시 마찬가지이다. 그런 까닭에 어떤 경우든 국가의 본질적 진리인 나라와 국가 자체가 동등한 존재의 지평에서 사물적으로 대립하거나 충돌할 수는 없다. 왜냐하면 본질과 현상은 같은 지평에서 두 개의 사물로 현전할 수 없기 때문이다.

하지만 현존하는 국가가 급진적으로 부정되고 지양되어 국가의 본질적 진리가 드러나는 예외 상태가 있는데 그것이 바로 **민중항쟁**이다. 민중항쟁이란 주권자로서의 민중이 그들이 속한 국가기구와 정치적 상태가 아니라 본질적 전쟁 상태에 진입하는 것을 의미한다. 여기서 전쟁이란 주권국가들 사이의 무력 충돌을 뜻하는 것이 아니라 국가기구와 민중 사이에 양립 불가능한 적대적 대립이 발생하고 그 결과 오직 폭력만이 그 대립을 해소하는 수단이 되기 때문이다. 그런 한에서 우리는 항쟁을 국가와 민중 사이의 본질적 전쟁 상태의 표출이라 부를 수 있다. 그러나 항쟁에서 폭력이 반드시 민중의 무장항쟁으로 나타나는 폭력만을 의미하는 것은 아니다. 도리어 항쟁을 항쟁이 되게 만드는 본질적 폭력은 국가폭력이다. 국가와 국민들 사이에 정치적 상태가 종식되고 전쟁 상태가 조성되는 결정적 이유는 국가가 국민들을 적으로 삼아 폭력을 행사하기 때문이다. 따라서 항쟁에서 민중이 동학농민전쟁에서처럼 무기를 들든, 3·1운동에서처럼 평화적으로 시위를 하든, 그 차이는 부차적이다. 민중은 언제나 처음에는 평화적으로 요구한다. 그런 한에서 정치적 상태가 이어진다. 하지만 그 평화적 요구를 국가가 적대시하여 폭력적으로 억압할 때 비로소 항쟁이 시작되고, 정치적 상태는 전쟁 상태로 전환되는 것이다. 따라서 항쟁이라 부르는 모든 사건에는 국가폭력이 전제되어 있다.

국가가 국민과 국가 사이에 일종의 상호 보호와 존중의 약속과(물론 이 약속이란 현실적인 계약이 아니라 규제적 이념에 지나지 않는다) 신뢰에 존립하는 것이라면, 국가와 국민이 전쟁 상태에 돌입하는 항쟁은 분명히 예외적 상태이다. 그런데 국가의 본질적 진리로서 나라는 오직 바로 이런 **예외적 상태**를 통해서만 계시될 수 있다. 왜냐하면 정상 상태에서는 오직 국가들만이 서로 이행하거나 대립할 뿐 결코 국가와 그것의 본질인 나라가 같은 차원에서 양립할 수도 대립할 수도 없기 때문이다. 현실 속에서 존재하는 것은 오직 국가뿐이다. 따라서 현실 속에서 국가가 부정되는 일도 시간적으로 하나의 국가가 다른 국가로 이행하는 것을 통해서 일어나거나 아니면 남한과 북한의 동시적 대립처럼 현실적 주권국가와 또 다른 주권국가가 동시적으로 대립하는 것을 통해 일어날 수 있을 뿐이다.

하지만 항쟁은 국가와 국가가 대립하는 것이 아니고 국가와 국민이 적대적으로 대립하는 상태이다. 현존하는 국가와의 적대적 대립 속에서 항쟁이 일어나면, 그것은 반드시 그 국가를 넘어 새로운 공동체를 지향하게 되고 더 나아가 그 공동체를 스스로 형성하게 된다. 왜냐하면 거짓을 부정한다는 것은 규정된 부정, 긍정을 전제한 부정으로서, 참된 것에 대한 자각과 지향 때문에 일어나는 부정이기 때문이다. 그러므로 항쟁은 단순하고 무차별한 현실 국가의 부정으로 끝나지 않고 언제나 보다 참된 나라의 현실태를 적극적으로 욕구하고 지향하게 된다. 이것이 이른바 항쟁공동체이니, 국가의 본질적 진리인 참된 나라는 항쟁공동체 속에서 지시되고 계시된다. 항쟁공동체와 현존하는 국가가 모순적으로 충돌하는 까닭이 바로 여기에 있다. 간단히 말하자면 국가도 자기가 진짜 국가라고 주장하고 항쟁공동체도 자신이 국가의 본질적 진리의 수호자라고 자처하기 때문에 모순적인 대립과 충돌이 발생하는 것이다.

하지만 여기서 우리는 이 항쟁공동체가 부정된 국가이기는 하지만 적극적인 의미에서 또 하나의 현실적 국가는 아니라는 것을 기억하지 않으면 안 된다. 항쟁이 할 수 있는 일은 현존하는 국가의 효력을 정지시키는 부정적 기능이다. 항쟁이 지속되는 한 이런 사정은 변하지 않는다. 그런 한에서 항쟁공동체의 역할은 그 속에서 참된 나라를 계시함으로써 현존하는 국가의 정당성을 부정하는 데 있다. 항쟁을 통해 국가기구와 씨ᄋᆞᆯ들이 서로 적대적으로 대립할 때, 그 대립은 참된 것과 거짓된 것의 대립이지만, 여기서 참된 것과 거짓된 것은 동등한 현실로서 대립하지 않고 도리어 현실적인 것과 가능적인 것으로서 대립하게 된다. 즉 여기서는 거짓된 것만이 현실로서 정립되고 참된 것은 오직 그 현실적인 것에 대한 대립과 항쟁 속에서 오직 가능적인 것으로서만 계시되는 것이다. 거기서 한 걸음 더 나아가 새로운 국가가 현실적으로 정립되는 것은 오직 항쟁이 종식된 뒤의 일이다. 그러므로 항쟁이 현존하는 국가기구에 대한 부정이라 해서 항쟁을 통해 생성된 공동체 곧 부정된 국가가 현실의 또 다른 국가라고 말한다면, 이는 옳지 않다. 항쟁은 다만 현존하는 국가의 효력을 정지시켜 국가 이전 상태 또는 국가 이후 상태로 되돌려놓는 예외 상태이다.

이런 의미에서 조정환처럼 5·18공동체를 가리켜 입법·사법 기능을 지닌 제헌권력 운운하는 것은 과도한 수사이다. 하지만 그렇다고 해서 항쟁하는 씨ᄋᆞᆯ들의 무리가 국가보다 존재론적으로 열등하다는 의미에서 국가 이전 상태에 있다고 말해도 안 된다. 바로 그 씨ᄋᆞᆯ들의 무리가 국민으로서 국가 주권의 원천이요, 주권의 정당성의 최종심급이라 한다면, 그들은 국가 아래에 있는 것이 아니라 도리어 국가 위에 있다는 의미에서 국가와 구별되기 때문이다. 게다가 항쟁하는 씨ᄋᆞᆯ들이 항쟁공동체 속에서 참된 나라를 계시하고 있다면 그것이 아무리 현실적이 아니라 가능적인 국가에 지나지 않는다 하더라도 그것은 현실의 국가보다 더 참되다는 의미에서 더 우월한 공동체라는 것은 분명하다.

하지만 이런 사정이 항쟁공동체가 현실 국가는 아니라는 사실을 바꾸지는 못한다. 그러므로 항쟁은 폭동이 아닌 것처럼 **전쟁**도 아니다. 전쟁은 하나의 국가와 또 다른 국가 사이에서 일어나는 적대적 충돌이기 때문이다. 그러나 항쟁은 국가와 국가 사이의 대립이 아니라 국가와 국민 사이의 대립으로부터 일어난다. 이처럼 국가와 국민 사이의 충돌이 항쟁인 한에서, 그것은 마찬가지로 국민의 일부와 다른 일부가 대립하는 **내전**과도 구별되어야 한다. 내전은 카이사르와 카토가 로마의 권력을 두고 서로 무력으로 다툴 때처럼 동일한 국가 내부에서 국민들이 분열하여 국가권력을 쟁취하기 위해 싸울 때 발생한다. 하지만 이와 달리 항쟁에서 적대적으로 대립하는 것은 일부든 전부든 국민과 국가기구이다. 이런 의미에서 항쟁은 내전과는 전혀 다른 종류의 대립이다.

그럼에도 항쟁은 국가를 부정하면서 필연적으로 공동체를 지향하거나 형성하게 마련이므로 그것은 단순히 국가와 단순한 아닌-국가의 대립이 아니라 보다 적극적인 의미에서 국가에 대등하게 맞서는 항쟁공동체와의 대립이다. 하지만 항쟁공동체가 국가에 대등하게 맞서면서도 또 다른 현실 국가가 아니라면 그것은 과연 어떤 공동체라 할 수 있겠는가? 5·18항쟁공동체가 출현하기 전까지 우리는 이 물음에 확고하게 대답할 수 있을 만한 현실적 준거를 가지지 못했다. 왜냐하면 어떤 항쟁도 5·18처럼 항쟁공동체를 명확하게 형성해 보이지 못했기 때문이다.

민중이 항쟁 속에서 현존하는 국가를 부정하고 참된 나라를 지향할 때, 그들이 그 나라에 어울리는 공동체를 욕구하고 가능하면 실현하려하는 것은 조금도 이상한 일이 아니다. 그리하여 항쟁하는 민중은 객관적 상황에 따라 다양한 방식으로 그들이 꿈꾸는 이상적 공동체를 현실 속에서 실제로 실현해 보이게 되는데, 동학농민전쟁기의 집강소 자치나 3·1운동 직후 창립된 대한민국임시정부는 대표적인 사례라고 할 수 있다. 하지만 이 두 공동체는 그 밀집도와 완결성에서 5·18항쟁공동체에 필적할 수 없다. 그런 까닭에 5·18이 출현하기 전까지 누구도 동학혁명과 3·1운동을 공동체의 관점에서 고찰하지 않았던 것은 지극히 당연하고 자연스러운 일이다.

그런데 역설적인 일이지만 항쟁이 성공적일 경우에도 항쟁공동체는 실제로 출현하지 않는다. 왜냐하면 항쟁이 성공하게 되면 즉시 새로운 현실 국가가 낡은 국가를 대신하게 되므로, 항쟁을 통해 국가로부터 국가로의 이행이 일어날 뿐, 항쟁 속에서 국가와 대립하는 어떤 본질적 공동체가 출현할 기회가 없기 때문이다. 4·19나 6월항쟁의 경우가 바로 그런 경우라고 할 수 있는데, 이 두 항쟁의 경우 상대적으로 빠른 시일 안에 결실을 맺어 새로운 국가 체제가 수립되었던 까닭에 현실 국가에 대립하는 항쟁의 공동체가 성립될 여지가 없었다.

이런 의미에서 5·18항쟁공동체는 비극이었지만 또한 기적이었다. 그것은 현실적으로는 패배한 항쟁이었지만, 후대를 위해 참된 나라가 어떤 것인지를 확고하게 계시해준 **항쟁공동체**를 형성할 수 있었기 때문이다. 완벽하게 고립된 열흘 동안 광주 시민들은 아마도 역사상 가장 폭력적인 국가에 대해 마찬가지로 역사상 가장 용감하게 저항했다. 이런 사정을 생각하면 현존하는 국가에 대한 부정이 가장 급진적으로 표출된 열흘 동안 그 영웅적 항쟁으로부터, 오랫동안 이 땅의 민중이 꿈꾸어왔던 참된 나라의 모습이 가장 온전한 공동체로 현현한 것은 조금도 이상한 일이 아니다. 대립이 극단적일수록 대비도 극단적이다. 국가의 악이 극단으로 치달을 때, 시민의 경이로운 용기와 덕성이 정반대의 극단을 향해 치솟았는데, 그 두 극단 사이의 열린 공간에서 우리가 일찍이 본 적 없는 나라가 계시되었던 것이다. 이 나라는 피 어린 항쟁 속에서 현존하는 국가를 부정함으로써 계시된 국가의 본질적 진리이니, 그렇게 항쟁 속에서 지양된 국가가 바로 5·18항쟁공동체이다.

## 4. 지양된 자유로서의 만남

요약하자면, 5·18항쟁공동체는 모든 공동체가 부정되는 폭동 상태도 아니고 국가권력의 부재로서 아나키적 상태도 아니지만 현실적 주권권력도 아닌 공간에서 생성된 공동체이다. 그것은 단순히 부정된 국가가 아니라 지양된 국가이다. 지양된 국가는 또 다른 국가가 아니라 참된 국가이다. 하지만 엄밀하게 말하자면 참된 국가 또는 국가의 진리는 현실에서 그대로 실현되지 못하는 이념이다. 이런 사정은 5·18항쟁공동체의 경우에도 마찬가지이다. 그것은 참된 국가가 현실에서 그대로 실현된 것이 아니라, 국가의 본질적 진리로서 참된 나라의 이념을 계시해준 매개체이다. 그리하여 지양된 국가로서 항쟁공동체를 통해 또 다른 국가가 창설되는 것이 아니라, 다만 국가의 본질적 진리가 계시되는 것이다. 그리하여 여기서 나타나는 것은 새로운 주권체가 아니라 감추어져 있었던 주권의 진리이며, 새로운 권력이 아니라 권력의 진리이다. 그리고 마찬가지로 시민적 권리 그 자체가 아니라 권리의 본질이 그 공동체에서 드러났던 것이다. 이런 의미에서 항쟁공동체는 국가 이전인 동시에 국가 이후를 드러내는 공동체이다. 다시 말해 그것은 국가의 기초와 전제가 무엇인지를 드러내는 동시에 국가의 궁극적인 목적이 무엇인지를 드러내는 공동체였던 것이다.

그렇다면 그 항쟁공동체에서 계시된 국가의 진리는 무엇인가? 이 물음은 5·18항쟁공동체를 가능하게 했던 내적 형성원리가 무엇인가 하는 물음과도 같다. 앞서 인용한 대로 최정운은 5·18항쟁공동체에 자유, 평등과 민주주의 같은 이상이 작용하고 있었지만 그 어느 것도 항쟁공동체의 근본 성격을 하나로 규정해주지 못한다고 주장한다. 그 까닭은 5·18공동체가 "서양의 이념들이 보여주지 못했던 전혀 새로운 현실"(최정운, 1999, p. 166)이었기 때문이다. 이에 반해 카치아피카스는 앞서 인용한 대로 "자유를 위한 본능적인 요구"(카치아피카스, 2009, p. 336)를 항쟁공동체의 생성원리로서 제시했다.

최정운이 5·18공동체를 가능하게 했던 내적 형성원리가 "이름 모를 느낌"으로만 존재했다고 고백한 까닭은 크게 두 가지이다. 하나는 5·18 공동체의 새로움이고 다른 하나는 어떤 근원성이다. 그것의 새로움을 최정운은 앞서 인용한 대로 "서양의 이념들이 보여주지 못했던 전혀 새로운 현실"이라고 표현했다. 그런데 그 새로움은 최정운에 따르면 어떤 새로운 이념이 아니라 도리어 어떤 이념에도 구속되지 않는 순수성에 존립한다. "말하자면 5·18이 이러한 '인간'으로서의 투쟁, 이념이 결여된 순수한 항쟁이었기에 5·18은 우리의 위대한 역사인 것이다"(최정운, 1999, p. 271). 이런 입장을 최정운은 다음과 같이 좀더 상세히 설명한다.

광주 시민들의 투쟁 동기는 결코 민주주의라는 근대의 정치이념이나 제도에 대한 요구로 귀착되지는 않는다. 인류와 공동체의 존재에 대한 가치는 동서고금의 인간의 가장 근본적인 것으로 굳이 글로 써서 알릴 필요도 없는 인간 본성 차원에 있는 것이다. 5·18은 민주화 요구에서 비롯되었다. [……] 그러나 인류와 공동체의 근본적 가치는 민주주의로 흡수되지 않으며 민주주의라는 정치제도가 해결할 수 없다. (최정운, 같은 책, p. 93 아래)

이렇게 말할 때 5·18의 투쟁 동기는 구체적 이념 이전의 순수한 인간 본성의 발로이다. 그러나 이 해석을 일관되게 추구한다면, 우리는 5·18을 국가폭력에 대한 단순한 반작용으로서 항쟁으로 이해할 수는 있겠지만, 그것이 어떤 의미에서 항쟁공동체를 능동적으로 형성한 사건이었는지를 항쟁 그 자체로부터 설명할 수는 없다. 어떤 공동체가 적극적인 형성원리가 되는 아무런 의식적 지향이나 동기도 없다면, 그것은 외부의 작용에 의해 형성되었다고 할 수밖에 없을 것이다. 이 경우 5·18이 형성했던 그토록 경이로운 항쟁공동체는 이미 항쟁 이전부터 존재하고 있었던 (가족공동체와 유사한) 전통적 공동체가 외부로부터의 폭력적 공격에 저항하는 과정에서 공고화되고 절대화되었다고 설명하는 것 외에는 달리 다른 설명이 있을 수 없다. 실제로 최정운은 종종 이런 방식으로 자신이 이름했던 절대공동체를 설명한다.

하지만 만약 뒤떨어진 산업화의 결과로 여전히 온존하고 있었던 유사 농촌공동체적 사회 속에서 살던 광주 시민들이 외부의 공격 앞에서 오로지 인간의 원초적 방어 본능에 입각하여 전쟁 상태라는 극한 상황에서 떠밀려 형성한 공동체가 5·18항쟁공동체라면, 그런 공동체로부터 과연 우리가 오늘날 계승하고 이어갈 어떤 가치를 발견할 수 있겠는가? 이런 경우라면 그런 공동체를 가리켜 지양된 국가로서 국가의 본질적 진리가 계시되었다는 우리의 해석은 한갓 허세에 지나지 않을 것이다.

앞의 인용문에서 최정운이 말하는 "인간의 가장 근본적인 것"이 아무런 이념도 지니고 있지 않은 이념 이전의 순수한 인간 본성을 의미한다면, 이는 다른 무엇보다 사실 자체와 부합하지 않는다. 5·18은 머릿속에 아무런 이념도 정치의식도 없는 야생의 자연인들이 외부의 폭력에 조건반사적으로 저항해서 일어난 항쟁이 결코 아니다. 5·18은 공동체의 관점에서 보자면 5월 18일 날 시작되었다고 할 수 있지만, 항쟁의 관점에서 보자면 그 이전에 이미 예비된 사건이었다. 그것은 그때나 지금이나 남한 사회에서 정치적으로 가장 각성된 지역이라 할 수 있는 광주의 시민들이 부마항쟁 이후 신군부 독재 권력의 등장에 능동적으로 대처하면서 당시 한국의 정치 상황을 앞에서 자기 나름으로는 선구적으로 이끌어가던 과정에서 일어난 사건인 것이다. 물론 5월 18일 이전까지 그런 운동의 흐름을 주도했던 세력들은 항쟁이 시작되었을 때 거의 아무도 광주에 없었다. 하지만 운동의 지도부 몇 사람이 도피했다 해서 5·18 이전의 광주의 다양한 정치적 흐름들이 5·18 이후 단절되고 광주항쟁이 무전제의 상태에서 자연 발생적으로 일어난 저항이었다고 믿는다면, 이는 사실을 심각하게 왜곡하는 것이다. 다른 무엇보다 18일 날 오전 전남대 정문 앞에서의 충돌 자체가 그날 우발적으로 일어난 사건이 아니라 16일 횃불집회 마지막 약속의 실현이었던 것을 우리는 기억해야 한다. 잘 알려진 대로 전남대 총학생회장 박관현은 16일 집회를 끝내면서 17일 하루 휴식을 취한 뒤 18일 시위를 계속하도록 하되 만약 그사이에 특별한 상황 변화가 있을 경우 18일 오전 전남대 정문 앞에서 모여 저항할 것을 요청했고 학생들은 그 부름에 응답했다. 18일 오전 전남대 정문 앞에서의 최초의 충돌은 학생들이 16일의 약속을 지켜 전남대 앞에 모였던 것이며, 그 약속에 따라 그냥 흩어지지 않고 저항함으로써 시작되었던 것이다. 마찬가지로 검거 대상이 되었던 학생운동의 지도부가 모두 도피했다 해서 당시 처음 저항을 이끌었던 학생들이 모두 운동과 무관한 자연인들이었다고 가정하는 것 역시 잘못이다. 도피할 필요가 없었던 학생들이나 시민사회단체의 활동가들 역시 충분히 각성되고 훈련된 사람들로서 이는 그 이후 들불야학과 녹두서점을 비롯하여 YWCA 같은 다양한 사회단체의 활동가들이 항쟁 과정에서 얼마나 중요한 역할을 했던가를 생각하면 쉽게 알 수 있다. 그러므로 5·18은 시간적으로는 부마항쟁 이후 이어져온 민주화운동의 전체적 흐름으로부터 생성된 것이며 공간적으로는 당시 가장 선진적이고 각성된 광주의 정치적 역량이 위기 상황에서 극대화되어 표출된 것이지 결코 무전제의 상태에서 인간의 원초적 본능에 따라 (그 본능이 무엇이든지 간에) 항쟁이 촉발되고 공동체가 형성된 것이 결코 아니다. 그리고 이런 의미에서 최정운이 말하는 "근본적인 것"이 이념 이전의 백지상태를 뜻하는 것이라면 이는 5·18에 대한 부당한 폄하이다. 도리어 5·18공동체의 참된 새로움은 (최정운 역시 다른 구절에서는 전혀 다르게 말하고 있듯이) 5·18이 기존의 이념에서 시작하여 기존의 모든 이념을 넘어간 것이라고 할 때에만 온전히 이해될 수 있다. 이렇게 생각하면 5·18공동체가 기존의 어떤 이념과도 합치하지 않는 까닭은 그것이 이념 이전이나 이하(以下)의 상태에 머물러 있었기 때문이 아니라 기존의 모든 정치적 이념을 지양하여 이념 이상(以上)의 지평을 개방하고 스스로 나아갔기 때문이다.

최정운이 "현재 우리 사회에서 5·18의 첫째 정신으로 합의되어 있는 민주주의는 그들이 요구한 최저선에 불과한 것"(최정운, 1999, p. 91 아래)이라고 말하는 것은 이런 의미에서 이해되어야 할 것이다. 5·18 당시 광주는 한국에서 가장 높은 수준의 정치의식을 지닌 도시였으니 그것이 자유든 아니면 민주주의이든 정치의식이 결핍되었다고 말할 수는 없었다. 하지만 5·18공동체의 독보적인 가치는 민주주의가 그들이 요구했던 최저선에 불과한 것이라 판단해도 좋을 만큼 기존의 정치적 이념들을 초월하여 이념의 피안의 지평을 열어 보였다는 데 있다. 그렇다면 그 이념 너머의 지평이란 과연 무엇인가? 그것은 한마디로 말하자면 자유의 피안 또는 지양된 자유이다.

지난 2백 년 한국의 민중항쟁사야말로 역사상 어디서도 찾아보기 어려울 정도로 지속적이고도 치열했던 항쟁의 역사였다. 그것은 한마디로 말해 자유를 위한 투쟁의 역사였다. 여기서 자유란 모든 노예 상태에 대한 부정을 의미하며 자기 형성과 자기 주인됨에 대한 욕구로서 모든 특수한 이념에 앞서는 근원적 이념이라 할 수 있다. 이런 의미에서 헤겔이 세계사를 자유의 확대를 향한 진보의 과정이라 보았다는 것은 잘 알려져 있는 일이지만, 우리의 민중항쟁사에 대해서도 그것이 다른 모든 구체적인 이념에 앞서 자유의 이념에 의해 추동되어왔다는 것을 남민전의 전사였던 김남주는 「자유를 위하여」라는 시에서 이렇게 간결하게 표현했다. ─ "오 자유여 봉기의 창끝에서 빛나는 별이여"(김남주, 2004, p. 31). 자유가 봉기의 창끝에서 빛나는 별이라는 말은 봉기를 이끌었던 이념이 다름 아닌 자유라는 것을 의미한다. 이런 의미에서 카치아피카스가 5·18공동체를 가리켜 "자유를 위한 본능적 요구"에 의해 추동되었다고 본 것은 잘못이 아니다. 5·18공동체 역시 항쟁공동체였던 한에서 명시적이든 암시적이든 자유를 향한 동경에 의해 추동되었음은 의심할 여지가 없다. 만약 5·18 당시 광주 시민들이 폭력적 억압 아래서 노예 상태를 받아들였더라면 희생은 있었을지 모르나 항쟁은 없었을 것이다. 항쟁은 억압적 노예 상태에 대한 반발에서 출발하는 것이니, 자유를 향한 열망에 의해 추동되는 것이다.

서양의 철학자들이 이런 자유를 국가의 이념적 기초로 삼았다는 것은 잘 알려진 일이다. 스피노자는 『신학-정치론』에서 "국가의 목적은 진실로 자유Finis ergo reipublicae revera libertas est"(B. Spinoza, 1979, p. 604)라고 말했으며, 헤겔은 『법철학』에서 "국가는 구체적인 자유의 현실태"라고 말했다(헤겔, 1990, p. 394). 마르크스 역시 그가 생각한 공산주의적 사회를 즐겨 "자유의 나라"(강신준, 2010, p. 231)라고 불렀다. 국가에 대한 구체적인 견해 차이에도 불구하고 자유를 인간의 정치적 삶의 최고 단계로 설정한 것에서 서양의 정치이론은 큰 차이를 보여주지 않는다. 그런데 5·18공동체가 기존의 모든 정치적 이념을 넘어갔다는 것은 한마디로 말하면 자유의 이념을 넘어갔다는 것을 의미한다. 여기서 넘어갔다는 것은 자유의 이념을 버렸다는 것을 뜻하지 않는다. 그것은 도리어 자유를 위한 목숨을 건 항쟁이 자유의 본질적 진리를 드러냈다는 것을 의미한다. 그렇다면 자유의 본질적 진리이지만 자유를 넘어 있는 그 지평이 과연 무엇인가? 이 물음에 대답하기 위해 우리는 서양 철학에서 자유의 이념이 근본에서 어떻게 이해되고 있는지 잠깐 살펴볼 필요가 있다. 모든 서양적 자유론에서 자유의 주체는 언제나 고립된 홀로주체로서 개인이다. 거기서 자유는 형식적으로 보자면 홀로주체의 자기관계로 이해되며, 내용적으로는 그런 홀로주체의 자족성autarkeia으로 이해된다. 그러니까 자유는 홀로주체가 누구의 침해도 받지 않고 자신의 자족성을 실현하는 것에 존립한다. 자유에 대한 다양한 정의와 규정에도 불구하고 이 두 가지 계기는 자유의 본질적 규정으로 남아 있다.

그런데 자유가 고립된 홀로주체의 자족성과 자기실현이라는 것을 부정적으로 표현하자면, 우리는 이렇게 말할 수 있다. 즉, 나의 자유를 실현하기 위해 너와의 만남을 필요로 하는 것은 아니다. 최정운으로 하여금 5·18공동체를 "서양의 이념들이 보여주지 못했던 전혀 새로운 현실"이라고 인정하지 않을 수 없게 만들었던 결정적인 어려움이 바로 이것이다. 왜냐하면 그것은 적어도 "고독한 개인으로부터 출발하여 만들어진 것은 아니었"(최정운, 1999, p. 164)기 때문이다. 항쟁공동체는 고립된 홀로주체들의 공동체가 아니었다.[4] 그러므로 자유가 홀로주체의 자기관계요 자기실현이라 한다면, 5·18공동체를 가리켜 자유의 표현과 실현이라고 말하는 것은 심히 부적절한 언사가 되어버린다. 왜냐하면 그것은 공동체성이 개인의 자의식을 지양해버린 것처럼 보일 정도로 모든 이기심과 개인의 권리 주장을 초월한 공동체였기 때문이다. 이 점에서는 최정운이 구분하는 절대공동체와 해방광주 기간 사이에는 근본적인 차이가 없다.

하지만 우리는 최정운처럼 정반대의 극단으로 치달아 항쟁공동체가 처음부터 "공동체의 그물망과 의무에서 벗어나지 못하는 개인으로부터 가능했던 것"(최정운, 같은 책, p. 164 아래)이라고 말한다면, 이는 정반대의 극단에서 항쟁공동체를 왜곡하는 일이다. 왜냐하면 이렇게 말할 때 항쟁공동체는 집단 속에서 자아를 아직 확립하지 못한 개인들, 즉 아직 자신의 주체성을 확립하지 못한 사람들의 획일적 결속에 지나

---

4  그리고 이런 의미에서 우리는 그것을 초인들의 공동체라고 말해서도 안 된다. 초인이란 가장 극단적인 홀로주체로서 개인을 표상하기 때문이다.

지 않게 되기 때문이다. 하지만 항쟁공동체에서 아무리 개인들 사이에 이기적 자의식이 공동체적 합일의 의식 속에서 사라졌다 하더라도 이 것을 주체성 이전의 단계 또는 자유 이전의 단계로 해석하는 것은 논리 적으로도 일종의 비약일 뿐만 아니라 사실과도 합치하지 않는다. 우리 가 항쟁공동체를 단 하루의 예외적 흥분 상태로 보지 않고 열흘 동안 이어진 항쟁의 과정 전체로 본다면, 그것은 충분히 명석한 개인의 자의 식과 주체성 그리고 이런 의미에서 자유로운 결단에 의해 유지된 공동 체였다고 판단할 수밖에 없다. 그것은 다른 무엇보다 항쟁공동체가 죽 음에 직면한 공동체였기 때문이다.[5] 죽음 앞에서 우리가 평소에 지니고 있었던 도덕은 간단히 해체되어버린다. 마찬가지로 죽음이 집단적으 로 한 사회를 엄습하면 이전까지 견고하게 유지되던 공동체 역시 와해 되어버린다. 전통적 공동체의 위계나 도덕 따위는 삶과 죽음의 기로에 선 사람들에겐 아무런 구속력도 가질 수 없다. 6·25 전쟁이 한국의 전 통적 공동체와 그 도덕을 얼마나 철저히 파괴하고 우리의 의식을 동물 적 욕망의 단계로 끌어내렸는지를 회상해보면 이는 너무도 분명한 일 이다. 죽음은 자기만의 일이다. 그러므로 죽음 앞에서 우리 모두는 좋 은 의미로든 나쁜 의미로든 고립된 자기에게 돌아가게 된다.

80년 5월 광주도 마찬가지였다. 그곳은 증언자들이 말하듯이 6·25보 다 더한 죽음의 도시, 학살의 도시였다. 그런데 어떻게 그곳에서 전통 적 공동체가 와해되지 않고 거꾸로 일찍이 우리가 보지 못했던 공동체 가 출현할 수 있었던가? 공동체 속에서 개인들이 자기를 잊었다고 말

---

5    하지만 그렇다고 해서 그 공동체를 단순한 전쟁공동체요, 맹목적인 적개심과 전우애에 의
     해 형성되고 지속된 공동체라 이해한다면 이는 잘못이다. 왜냐하면 그것을 일종의 전쟁이
     라 하더라도 모든 개인에게 그 전쟁은 피할 수 있는 전쟁이요, 결코 필연적으로 연루될 필
     요는 없는 전쟁이었기 때문이다.

하는 것은 전혀 설명이 아니다. 죽음 앞에서는 누구도 자기를 잊을 수 없기 때문이다. 개인은 도리어 죽음 앞에서 잊고 있었던 자기를 가장 선명하게 의식하고 누구와도 무엇과도 바꿀 수 없는 자기 자신에게로 되돌아가게 된다. (수많은 사람이 광주에서 싸우다 죽어갔지만, 또 얼마나 많은 사람이 더러는 숨고 더러는 광주를 떠났는지 생각해보라.) 죽음은 사람들을 공동체로부터 자유롭게 풀어내어 오로지 자기 자신과 마주하게 만드는 것이다. 그리하여 죽음은 우리 모두를 절대적인 고독 속에서 자유로운 상태로 풀어준다.

그런데 어떻게 그렇게 죽음 앞에서 모두가 고독한 자기에게 직면할 수밖에 없었던 그 상황에서 상상할 수 없는 공동체가 출현했던가? 광주의 신비를 해명하는 것은 오로지 이 물음에 어떻게 대답하느냐 하는 것에 달려 있다. 여기서 우리는 이 물음에 답할 수 없다. 그러나 하나의 방향은 분명히 제시할 수 있을 것이다. 그것은 주체가 가장 지극한 주체성의 극한에서 주체성을 초월하고 자유가 그 지극한 극단에 도달했을 때 자유를 넘어갔다는 것이다. 죽음 앞에서 자기 자신으로 퇴각한 자아의 의식이 자기 자신의 가장 깊은 내면성 속으로 돌아갔을 때, 자아는 오로지 자기 곁에 있다. 그렇게 자기 곁에 있음Bei-sich-sein이 자아의 진리요 또 자유이다. 그런데 그 순수 자아의 지평에 도달한 의식이 깨달은 자아의 진리는 과연 무엇인가? 죽음의 공포에 사로잡혀 고독한 자기에게 돌아간 자아가 타인의 부름에 목숨을 걸고 응답하고, 가장 선구적이며 급진적으로 표출된 자유와 권리에 대한 의식이 이기적 개인들의 외적 연대를 넘어 자기를 초월한 공동체적 만남을 낳은 이 기적을 우리는 어떻게 이해하고 설명해야 하겠는가?

그것이 설명 불가능한 불가사의로 남지 않으려면 가능한 답은 하나밖에 없다. 나는 고립된 나의 자기동일성이 아니라 너와 나의 만남 속에서 내가 되고 나로서 존재하게 되며, 자유는 홀로주체의 자기결정이나 자기형성이 아니라 너와 나의 만남 속에서 우리가 되는 데 있으므로 (이것을 가리켜 우리는 서로주체성의 진리라 불러왔다), 자아의 의식이 죽음의 터널을 통해 가장 정직하게 자기 자신의 진실 앞에 마주 서야 했을 때 고립된 자아의 한계를 초월하여 너의 부름에 응답하는 일이 일어날 수 있지 않았겠는가? 5·18항쟁공동체는 그렇게 자유의 극한에까지 치달은 자아의 의식이 자유의 본질적 진리가 고립된 자기의 권리 주장이 아니라 타자와의 만남에 있음을 증명한 사건이 아니었던가?

항쟁 마지막 날 저녁 더 이상 아무런 일도 할 수 없음을 절감한 조비오 신부가 흐르는 눈물을 주체하지 못하고 도청에서 빠져나올 때 시민수습위원회의 위원장이었던 이종기 변호사는 몸을 씻고 옷을 갈아입은 후 도리어 도청으로 들어왔다. 자기가 수습위원장으로서 제 역할을 다하지 못해 이제 젊은이들이 죽게 되었으니 그들 곁에서 같이 마지막을 맞겠다면서(한국현대사사료연구소, 1990, pp. 208, 217 등)! 그는 결코 죽을 때까지 무력으로 계엄군과 맞서 싸워야 한다고 주장하던 강경파는 아니었으니, 그들과 운명을 같이해야 할 아무런 합리적 이유도 없는 사람이었다. 그런데 왜 그 죽음의 자리로 스스로 찾아들어 왔는가? 항쟁공동체의 모든 신비는 이 물음에 담겨 있다.

## 5. "너도 나라"

이 작은 에피소드가 감추고 있는 신비, 비길 데 없는 의미를 이해하기 위해서는 먼저 이 작은 사건이 얼마나 학문적 상식에 어긋나는 사건인지를 생각할 필요가 있다. 비단 5·18뿐만 아니라 한국의 민중항쟁사를 연구하는 학자들이 어떤 항쟁을 탐구할 때 반드시 묻는 물음이 하나 있다. 그것은 그 항쟁의 주체가 누구였느냐 하는 것이다. 소박하게 말하자면 우리가 어떤 사건을 두고 육하원칙(六何原則)에 따라 질문할 때 누가 그 사건을 일으켰느냐 하는 것이 가장 먼저 물어야 할 물음이니 항쟁의 주체를 묻는 것도 당연한 일이겠지만, 단지 그 때문에 학자들이 항쟁의 주체를 묻는 것만은 아니다. 학자들이 항쟁의 주체가 누구인지를 특별히 세심하게 묻는 까닭은 항쟁의 주체가 누구냐에 따라 항쟁 자체의 성격이 본질적으로 달라진다고 생각하기 때문이다. 즉 어떤 항쟁의 주체가 부르주아 계급에 속하는 시민들이라면 그 항쟁의 성격도 부르주아적 혁명의 성격을 띠게 마련이고 그렇지 않고 항쟁의 주체가 프롤레타리아 계급에 속하는 기층민중이라면 항쟁의 성격도 프롤레타리아 혁명의 성격을 띠게 마련이라는 전제 위에서 학자들은 과연 어떤 항쟁의 주체가 누구였느냐를 묻는다. 경우에 따라서는 항쟁의 주체가 누구냐에 따라 항쟁의 가치가 달리 매겨지기도 하는데, 이를테면 시민 계급에 의한 민주화운동이면 아직 충분히 진보적인 항쟁이 아니지만 기층민중에 의한 계급투쟁이면 보다 진보적인 항쟁이라는 식의 잣대로 항쟁들을 평가하는 것이다. 5·18을 민주화운동으로 부르느냐 민중항쟁으로 부르느냐 하는 이름의 문제도 이와 무관하지 않다. 그리하여 각자 선 자리에 따라 5·18의 항쟁 주체들을 자기 방식으로 규정하고 그에 따라 다른 이름을 붙이며 항쟁을 그 이름에 따라 규격화하게 된다.

그런데 이처럼 항쟁 주체에 따라 항쟁의 성격을 규정할 수 있다는 학문적 믿음의 근저에는 아직 증명되지 않은(하지만 증명할 필요도 없이 자명하다고 생각되는) 하나의 미신이 가로놓여 있다. 그것은 인간의 사회적 행위는 계급적 이해관계에 의해 추동된다는 미신이다. 특히 개인이 아니라 5·18처럼 집단적으로 수행된 사회적 행위의 경우에는 그 항쟁을 주도적으로 이끌었던 집단적 주체가 자기 자신의 계급적 이익을 관철하기 위해 행위했으리라는 것이 항쟁 주체에 대한 물음의 이면에 가로놓여 있는 확신이다. 이 확신은 인간의 객관적인 존재 상황이 인간의 의식과 행위를 규정한다는 학문적 통념에 의해 강화된다. 프롤레타리아 기층민중은 기층민중의 이익을 위해, 그리고 부르주아 시민은 시민의 이익을 위해 움직이며 그 외의 행위 현상들은 모두 어떤 예외로 처리될 뿐이다.

그런데 이런 가설에 따르면 참된 나라, 또는 같은 말이지만 참된 정치적 공동체는 오직 존재 기반이 동일한 사람들로 이루어져 있을 경우에만 실현 가능하다. 왜냐하면 그렇지 않을 경우 공동체 구성원들의 계급적 이익이 끊임없이 충돌할 것이므로 상호 계급투쟁이 끊이지 않을 것이기 때문이다. 그런데 여기서 계급의 구분이란 다렌도르프R. Dahrendorf 이후 사회과학에서 상식이 된 것을 굳이 끌어오지 않는다 하더라도 마르크스K. Marx류의 고전적 사회과학이 생각했던 경제적 계급들만의 분화로 그치지 않는다. 다시 말해 인간의 존재 상황이란 단순히 경제적 계급만이 아니라 다른 기준과 조건에 따라서도 얼마든지 차별화되고 상호 대립할 수 있다. 그리하여 한 국가 내에서 경제적 계급에 따른 대립만이 아니라 성별과 인종 등등 갖가지 상이한 존재의 조건에 따라 사람들은 자기의 이익을 관철시키려 할 것인데, 만약 존재 상황이 의식과 행위를 지배한다는 가설을 받아들이고 나면 우리는 사실 그렇게 서로 다른 계급적 기반을 가진 사람들이 모여 어떻게 하나의 조화로운 공동체로서 나라를 이룰 수 있는지 그 가능성을 도무지 알 길이 없다.

5·18항쟁공동체가 우리에게 참된 나라의 가능성을 계시하는 것은 바로 이런 곤경을 넘어설 수 있는 가능성을 열어 보이기 때문이다. 5·18은 항쟁 주체를 규정함으로써 그 항쟁의 성격을 규정하려는 학자들의

의도를 충족시켜주지 않고 좌절시킨다. 5·18의 항쟁 주체는 누구라고 말할 수 없다. 어떤 특정한 계급이나 집단을 앞세워 한 가지 방식으로 항쟁 주체를 규정하려는 시도는 결코 성공할 수 없다. 왜냐하면 5·18은 당시 광주 시내에 거주하던 시민들 거의 모두가 그 계급이나 성별 또는 사회적 지위에 관계없이 각자의 방식으로 참여했던 사건인 까닭이다. 그리하여 우리는 그 가운데 어떤 특정한 집단을 강조하여 항쟁 주체라고 내세울 수 없으며, 이를 통해 그 항쟁의 성격을 한 가지 방식으로 규정할 수도 없다. 간단히 말해 학생들이 봉기의 시발점이 되었다 해서 학생들이 주체라고 말할 수 없으며 무장항쟁에 참여하여 사망한 시민군들 가운데 기층민중이 상대적으로 많다 하여 그들이 항쟁을 이끈 주체라고 말할 수도 없다. 마찬가지로 남자들이 거리에서 싸우고 여자들은 뒤에서 주먹밥을 만들었다 해서 여자가 아니라 남자들이 주체였다고 말할 수도 없으며, 끝까지 항쟁을 주장했던 사람들만이 주체였고 온건하게 수습을 주장했던 사람들이 객체였다고 말할 수도 없다. 학교에서 공부하던 학생들부터 죽어가는 자들을 위해 헌혈을 했던 거리의 여자들까지 그리고 기름밥 먹는 택시기사들부터 고상한 종교인들까지 당시 광주 시민들은 각자의 자리에서 각자의 방식으로 항쟁에 주체적으로 참여했다. 그 다양한 참여 주체들 가운데 누구는 부각시키고 누구는 배제하여 항쟁의 성격을 한 가지 방식으로 규정하는 것은 한마디로 불가능한 시도이다. 한 가지로 규정할 수 없는 참여 주체의 다양성이야말로 5·18의 고유성에 속한다. 5·18이 참된 나라의 진리의 계시한다고 말할 수 있는 까닭이 바로 여기에 있다. 그 공동체에서는 누구도 자신의 존재 기반 때문에 객체화되거나 주변화되지 않았기 때문이다. 모두가 그 공동체의 주인이요 주체일 수 있었던 공동체가 바로 5·18공동체이다. 그런 한에서 그것은 우리가 추구하는 가장 이상적인 국가의 진리를 계시한다.

하지만 그처럼 서로 다른 계급과 존재 기반을 지닌 상이한 주체들이 항쟁에 같이 참여하여 하나의 공동체를 이루는 것이 어떻게 가능했는가? 5·18공동체의 뜻을 온전히 이해하기 위해 여기서 우리는 그렇게 다양한 주체들이 항쟁에 참여할 수 있었던 까닭을 물어야 한다. 분명한 것은 학자들이 상정하듯이 각 주체가 자기가 속한 계급적 기반이나 각종 존재 기반을 벗어나지 못한 채 자기의 권리를 주장한 것이 5·18이었더라면 그렇게 다양한 주체들이 모여 서로 하나의 공동체를 이루는 것은 불가능했으리라는 사실이다. 왜냐하면 상이한 계급적 존재 기반을 가진 다양한 주체들이 서로 자기 주장만을 내세울 경우에는 그들이 모두 모래알처럼 고립된 홀로주체로 머물러 하나의 조화로운 전체를 이루는 것은 불가능한 일이기 때문이다. 그러므로 5·18공동체는 의식의 존재 구속성 또는 행위의 계급 구속성이란 고전적 원칙에 입각해서는 전혀 설명되지 않는다. 이런 사정은 비단 5·18뿐만 아니라 부마항쟁의 경우에도 마찬가지이다. 어떻게 서로 다른 계급에 속한 주체들이 사회적 집단 행위의 공동 주체가 될 수 있었는지가 설명되지 않는 것이다. 하지만 의식의 존재 구속성이라는 가설을 포기할 생각이 없는 학자들은 그 가능성을 설명하기 위해 부마항쟁이나 5·18에서 나타나는 계급적 존재 기반과 사회적 행위의 불일치를 일종의 탈구(脫臼) 현상이라고 설명하기도 하고 아직 계급의식이 충분히 성숙하지 않은 까닭에 일어난 어떤 한계로 간주하기도 한다. 하지만 이처럼 5·18이 이상적 기준으로부터의 일탈이나 결핍을 보여줄 뿐이라면 그로부터 우리가 하나의 이상적 공동체의 계시를 이끌어내는 것은 한갓 허세에 지나지 않은 것이다. 한계와 결핍과 비본래성이란 이상적 완전성과는 거리가 먼 것이니, 어떻게 그런 공동체를 두고 절대공동체 운운할 수 있겠는가?

하지만 우리는 이런 해석의 곤경이 이론의 곤경일 뿐 사실 그 자체와는 아무런 상관도 없음을 잘 알고 있다. 이론이 무엇이라 말하든 우리는 5·18공동체에서 우리가 상상할 수 있는 가장 이상적인 공동체로서 나라가 계시된 것을 보기 때문이다. 그렇다면 이론이 설명하지 못했던 그 공동체의 진리는 어디에 있는가? 이종기 변호사의 사례는 그 진리를 가장 또렷하게 보여주는 일이다. 그것은 한마디로 말하자면 자기가 속한 계급이나 자기가 속한 존재 상황으로부터 자기의 권리를 주장하는 주체, 다시 말해 자기동일성 속에서 자기를 확장하려는 주체가 아니라 정반대로 자기를 부정하고 자기와 다른 타자로 초월하는 주체를 보여준다. 이렇게 자기를 부정하고 초월하는 까닭은 바로 그 속에서만 너와 나의 참된 만남이 가능하기 때문이다. 그리고 바로 이런 만남 속에서 우리는 국가의 참된 본질을 발견한다.

일반적으로 국가는 가족공동체의 지양으로 성립한다고 말해진다. 가족공동체는 자연적 관계에 의해 결속된 공동체이다. 가족이 핏줄의 연속성에 의해 형성된 공동체인 한에서 가족공동체는 자연적 동질성에 입각한 공동체라고 말할 수 있다. 국가가 가족공동체의 지양을 통해 형성된다는 것은 바로 그런 동질성이 지양된다는 것을 의미한다. 그런 한에서 국가는 타자성의 총체이다. 그런데 이것은 단순히 핏줄에서만 타자적이라는 것을 뜻하지 않는다. 국가는 다른 모든 사회적 존재의 조건에서도 서로 타자적인 개인과 집단 들이 모여서 이룬 공동체이다. 이런 점에서 국가는 본질적으로 이질적 공동체이다. 하지만 그렇게 이질적이고 타자적인 주체들이 서로 결합하여 하나의 공동체를 이루기 위해서는 그들을 서로 결속해주는 원리가 있어야만 한다. 국가의 역사는 거시적으로 보자면 그런 결속 원리로서 국가 이념의 역사이기도 했다.

여기서 그런 국가 이념의 역사를 비판하는 것은 우리의 과제는 아니다. 그러나 분명한 것은 국가를 이루는 타자적 주체들이 (개인이든 집단이든) 자기동일성을 지양하고 타자성 속에서 자기 존재의 의미를 발견하고 긍정하지 못한다면, 국가란 참된 의미로는 성립 불가능한 공동체라는 사실이다. 그럴 경우 국가는 아예 존재하지 못하거나 아니면 참된 의미에서 타자성의 총체가 아니라 어떤 특정한 주체에 의해 도구적으로 장악된 권력기구에 지나지 않을 것이다. 이런 의미에서 보자면 현실 국가를 한갓 부르주아적 지배를 위한 도구로 인식했던 마르크스주의적 국가관이 마냥 잘못되었다고 할 수도 없을 것이다. 마르크스주의는 현실 국가 속에서 계급투쟁이 끊이지 않는 것을 정확히 인식했고 앞으로도 그런 타자적 주체들이 하나로 결속할 수 있으리라는 기대를 할수 없었으므로 더 이상 어떤 타자성도 존재하지 않는 동질적 공동체 곧동일한 하나의 계급만이 존재하는 사회를 꿈꾸었다. 그러나 설령 계급적 타자성이 해소된다 하더라도 인간의 삶의 세계가 타자성으로부터벗어나는 것이 아니라는 것을 고려하지 않았다는 점에서 마르크스주의는 가족주의적 홀로주체성으로의 퇴행이었다. 역사가 그렇게 퇴행하지 않으면서 국가의 이상을 온전히 실현하기 위해서는 오직 타자적주체들이 그 타자성을 유지하고 보존하면서도 서로를 억압하거나 배제하지 않고 결속할 수 있는 원리가 요구된다. 하지만 과연 그것이 무엇인가? 엄밀하게 말하자면 아직 인류는 그 물음에 대한 답을 찾지 못했다.

5·18의 비길 데 없는 가치는 우리가 아직 찾지 못한 국가의 이상적인 결속의 원리를 가장 순수한 형태로 계시해주었다는 데 있다. 이종기 변호사의 사례에서 전형적으로 나타나는 그 결속의 원리를 함석헌의 표현에 기대어 추상적으로 표현하자면 '너도 나'라고 할 수 있다. 함석헌은 나라의 본질적 진리를 한마디로 표현해 "너도 나"라고 말한 적이 있

다. 나는 나이고 너는 너가 아니라 너도 나라고 할 때 비로소 나라가 가능하다는 것이다.

> 나라는 너 나 생각이 없고 너도 '나'라 하는 데 있다. 모든 것을 '나'라 하는 것이 나라요, 나라하는 생각이다. (함석헌, 2권, 1993, p. 60)

이 말이 너도 없고 나도 없는 무차별적 상태를 의미하는 것은 아니다. 다시 말해 나라가 자기도 타자도, 아무런 주체도 없는 획일적 공동체일 수는 없다. 함석헌에 따르면 도리어 나라는 "모든 '나'들이 내로라, 사람 얼굴 들기 위해, 할 것을 하고 알 것을 알자 힘씀이 짜여서 하나로 된 것"이다(함석헌, 11권, 1993, p. 337). 이런 의미에서 나라는 어디까지나 남이 아닌 '나'들 속에 있다. "내[自我]가 곧 나라"(함석헌, 2권, 1993, p. 79)인 것이다. 그렇게 내가 나라가 되고 그 속에서 내가 사람 얼굴 드는 것이 곧 자유일 것이다. 그런데 함석헌에 따르면 그렇게 내가 나라 속에서 내로라하고 사람 얼굴을 들기 위해서는 반드시 "내가 네가 되고 네가 내가 돼야 한다. 그것은 나도 너도 아닌 동시에 또 나며 너다"(함석헌, 2권, 1993, p. 65). 그렇게 나도 너도 아닌 동시에 또 나며 너인 것이 바로 나라이다. 그 속에서 나는 네가 되고 너는 내가 된다. 이 지극한 만남의 공동체가 나라인 것이다.

내가 나일 뿐이고 너는 또 너일 뿐일 때, 우리 모두는 고립된 홀로주체로서 모래알처럼 흩어져 있을 뿐이다. 그때도 너와 내가 연대할 수는 있겠지만 그런 연대는 오직 나의 권리와 이익을 확장해주는 한에서만 유지되는 한갓 도구적 연대에 지나지 않는다. 하지만 그렇게 만남이 도구화된 곳에서 참된 나라는 불가능하다. 함석헌이 말했듯이 참된 나라는 오직 '너도 나'라고 우리가 서로에게 고백할 수 있을 때만 가능하다. 보다 정확하게 말하자면 모든 계급적 차이와 존재 기반의 차이에도 불구하고 '너도 나'라고 말할 때 비로소 참된 나라는 일어나게 된다. 이종기 변호사의 사례는 바로 그런 만남의 눈부신 모범이다. 그가 자기와 계급이나 존재 기반이 다르고 생각이 다른 젊은이들을 찾아 패배와 죽음이 예정된 순간에 자진하여 도청으로 돌아올 수 있었던 것은 그곳에서 죽어갈 젊은이들이 그 모든 차이에도 불구하고 그와 상관없는 남이 아니라 '너도 나'라고 말할 수 있는 존재였기 때문이다.

5·18공동체는 바로 그런 만남이 굳이 이 한 사례뿐만 아니라도 어디서나 일어난 결과 형성된 공동체이다. 하지만 그때 그곳에서 어떻게 나는 네가 되고 너는 내가 될 수 있었는가? 그것은 그들이 서로 타인의 부름에 응답했기 때문이다. 학생들의 부름에 시민들이 응답하고, 시민들의 부름에 기층민중이 응답하며, 광주 시민의 부름에 주위의 전남도민이 응답하며, 남자들의 부름에 여자들이 응답하고, 여자들의 부름에 다시 남자들이 응답했을 때, 그들은 서로에 대해 네가 내가 되고 내가 네가 되는 공동체를 이룰 수 있었다. 내가 타인의 고통스러운 부르짖음에 응답할 때 타인의 고통은 나의 고통이며 타인의 기쁨은 나의 기쁨이 된다. 80년 5월 광주는 바로 그런 응답하는 주체들의 공동체였다. 부르는 주체는 선구적으로 저항하는 주체인 동시에 그 저항으로 인해 고통받는 주체이다. 그 부름에 응답할 때 부르는 주체와 응답하는 주체는 자기의 존재 상황을 초월하여 참된 만남 속에서 서로주체가 된다. 그때 나는 너를 통해서 내가 된다. 나의 존재 의미는 너 속에 있으며, 나의 자유는 너를 통해 비로소 완성된다. 그리고 이런 자유야말로 만남 속에서 일어나는 참된 자유인 것이다.

[『철학의 헌정』(길, 2015) 수록]

# '부끄러움'과 '남은 자들'
## ─최후항전을 이해하는 두 개의 키워드

정문영


만물로 바치는 빵 반죽 덩이가 거룩하면 나머지 반죽도 거룩합니다.
뿌리가 거룩하면 가지들도 거룩합니다.
──「로마 신자들에게 보낸 서간」, 11장 16절
유언이 있는 곳에서는 유언자의 죽음이 확인되어야 합니다.
──「히브리인들에게 보낸 서간」, 9장 16절


## 프롤로그


**(1)**

1980년 5월 27일 새벽 내내 광주 시민들은 한 여학생의 처절하면서도 비감한 호소를 숨죽이며 들어야 했다. "시민 여러분! 지금 계엄군이 쳐들어오고 있습니다. 사랑하는 우리 형제, 우리 자매 들이 계엄군의 총칼에 숨져가고 있습니다. 우리 모두 계엄군과 끝까지 싸웁시다. 우리는 광주를 사수할 것입니다. 우리를 잊지 말아주십시오. 우리는 최후까지 싸울 것입니다. 시민 여러분, 계엄군이 쳐들어오고 있습니다"(황석영·전남사회운동협의회, 1985, p. 236; 황석영 외, 1996, p. 238; 정상용 외, 1990, p. 306). 죽음 같은 정적을 깨뜨리며 날카롭게 가슴을 파고든 그 목소리는 지금까지도 많은 사람에게 부끄러움shame으로 남아 있다. 비록 "우리 모두 계엄군과 끝까지 싸웁시다"라고 호소했지만 이 호소를 듣고 시민들이 나와 자신들과 함께 싸우리라는 기대를 했던 것 같지는 않다. "우리를 잊지 말아주십시오"라는 말은 그러한 기대가 무망한 것임을 자신들도 이미 깨닫고 있었음을 나타낸다. 그래서 이 호소의 핵심은 지금 모두 나와 계엄군에 맞서 싸우자는 것이 아니라 다만 '기억해달라'는 것이다. 이 '기억해달라'는 것이 바로 5·18의 유언이 된 셈이다. 그러나 이 유언의 의미는 결코 단순하지 않다.

### (2)

1980년 5월 26일 저녁부터 5월 27일 새벽까지 많은 사람이 전남도청에 남았다. 그런데 무엇 때문에 그들이 그렇게 했는지, 그 이유는 여전히 불분명하다. 그들은 될 대로 되라는 심정으로, 일종의 숙명론적인 '체념'으로 도청에 남았던 것일까? 그런데 이 사건을 숙명론적인 체념으로 본다면 그들에게 다른 선택의 여지가 없었는가 하는 점이 중요한 고려 대상일 것이다. 왜냐하면 숙명론fatalism이란 무엇보다도 상황의 불가피성에 대한 인정, 다른 선택의 여지가 없다는 객관적 상황 판단을 내포하기 때문이다. 5월 26일 '어떤' 사람들은 도청에 남았다. 하지만 우리가 눈여겨보아야 할 점은 도청에 '모든' 사람이 남지는 않았다는 사실이다. 이 사실의 명백한 의미는 이 '남았다'는 것이 모두에게 부과된 운명도 아니고 불가항력도 아닌 '선택'의 영역에 있었다는 것이다. '어떤' 사람들은 떠나기로 '선택'한 반면 '어떤' 사람들은 남기로 '선택'했다. 이러한 의사 결정을 어떻게 이해해야 할까?

사실 사람들의 의사 결정이 항상 합리적 선택의 토대 위에서 이루어지는 것은 아니다. 사람들이 때때로 합리석이고 합목적직인 결정을 힌다는 점에는 의심의 여지가 없지만 또한 많은 행동은 뚜렷한 목적 없이, 그 결과에 대해 전혀 모른 채 행해진다. 모든 상황에서 합리적 선택을 한다는 것은 어떻게 보면 피곤하기 짝이 없는 일이며 사실, 비록 위험risk은 증대할지언정 그저 관성에 따라 순응하는 편이 훨씬 편하고 비용도 적게 든다. 사람들은 의사 결정을 위한 객관적인 근거를 전혀 가지고 있지 않을 수도 있으며 따라서 무엇이 우선순위인지 판단하기도 어려울 수 있기 때문에 아예 결정을 하지 못하거나 아니면 그릇된 선택을 할 가능성이 항상 있게 마련이다. 또한 합리적 판단 능력이 모든 사람에게 똑같이 균등하게 주어진 것도 아니다. 조건이 같다고 할 때 어떤 사람들은 좀더 합리적 판단을 하는 반면 그렇지 못한 사람들도 있다. 5월 26일 도청에 남기로 결심한 사람들에게도 불충분한 정보로 인한 합리적 판단의 불가능성, 합리적 판단 능력의 편차가 분명 존재했다.

하지만 5월 26일은 시 외곽과 연락이 두절되고, 이른바 '해방광주' 기간에 시도한 명예로운 수습의 전망이 모두 사라진 상황이었기 때문에 현실적으로 농성(籠城)의 이유 또한 이미 사라진 터였다. 그럼에도 불구하고 어떤 사람들은 최후까지 도청을 떠나지 않았다. 이기심과 자기보존이라는 절대적인 기본적 전제 위에서 이루어지는 합리적 선택과는 전혀 다른, "죽으려고 환장"(한국현대사사료연구소,[1] No. 3017, 1990, p. 777)하지 않고서는 할 수 없는 선택, 이 어처구니없는 선택을 '합리적으로' 이해할 가능성을 어디에서 찾아야 할까? 이를 이해하기 위해서는 아마도 상당히 긴 우회로를 거쳐야만 할 듯하다.

---

1   이하 현사연.

68

# 교쿠사이 혹은 옥쇄

**(1)**

　말년의 루스 베네딕트Ruth Benedict라면 아마 문화의 차이에서 그 이유를 찾았을 것이다. 20세기 전반기 미국 문화인류학자로 문화 상대주의를 확립한 그녀가 1946년 『국화와 칼』이라는 책을 쓰게 된 것도 바로 미국인의 눈으로는 도저히 이해할 수 없는 일본군의 이상한 행동 방식과 '비합리적' 심리 때문이었다. 제2차 세계대전이 막바지에 접어든 1944년 6월 루스 베네딕트는 미 국무부로부터 일본에 대한 연구를 위촉받는다. 베네딕트는 이 책을 쓰게 된 저간의 사정을 다음과 같이 밝히고 있다.

　일본인은 미국이 지금까지 전력을 기울여 싸운 적 중에서 가장 낯선 적이었다. 대국(大國)을 적으로 하는 전쟁에서 이처럼 현격히 이질적인 행동과 사상의 습관을 고려해야 할 필연성에 직면한 적은 일찍이 없었다. [……] 일본인은 서양 여러 나라가 인간의 본성에 속하는 것으로 받아들였던 전시관례(戰時慣例)를 전혀 안중에 두지 않았다. [……] 적의 행동에 대처하기 위해 우리는 우선 적의 행동을 이해해야 했다. [……] 1944년 6월, 나는 일본에 대한 연구를 위촉받았다. [……] 그러나 6월이 되자 전황이 변하기 시작했다. 유럽에서는 제2전선이 전개되고, 최고 사령부가 2년 반에 걸쳐 유럽 전역에 두어 왔던 군사적 우선권은 이미 그 필요성이 없어졌다. 대독 전쟁의 종말이 눈앞에 보이고 있었다. 태평양에서는 미군이 사이판섬에 상륙했다. 이것은 일본의 종국적 패배를 예고하는 대작전이었다. 이로부터 미군 장병은 더욱더 접근하여 일본군의 얼굴과 마주치기 시작했다. 그리고 우리는 뉴기니, 과달카날,

미얀마, 애투, 타라와, 비악에서의 전투를 통해 얼마나 무서운 적과 싸우고 있는가를 잘 알고 있었다. 따라서 1944년 6월에는 우리의 적인 일본에 관한 수많은 의문에 답하는 것이 매우 중요해졌다. (R. Benedict, 1946[2005], pp. 1~20)

일본과 전쟁을 치르면서 미국인들의 눈에 가장 낯선 것, 무엇보다도 이해할 수 없는 것으로 비친 것은 일본군의 비투항주의, 이른바 옥쇄 전략이었다.

서양의 군인들은 최선의 노력을 다한 후에 중과부적이란 점을 알면 항복을 한다. 그들은 항복한 뒤에도 여전히 자기들을 명예로운 군인이라고 생각하며, 그들이 살아 있음을 가족에게 알리기 위해 그 명단이 본국으로 통지된다. 그들은 군인으로서도 국민으로서도 또 그들 자신의 가정에서도 모욕을 받지 않는다. 그렇지만 이 경우 일본인은 사태를 전혀 다른 식으로 규정한다. 일본인에게 명예란 죽을 때까지 싸우는 것이었다. 절망적 상황에 몰렸을 때에는 일본군은 최후의 수류탄 하나로 자살하든가, 무기 없이 적진에 돌격을 감행하여 집단적 자살을 하든가 해야지 절대로 항복해서는 안 된다. 만일 부상당했다든가 기절하여 포로가 된 경우조차도 그는 '일본에 돌아가면 얼굴을 들고 다닐 수 없다'라고 여긴다. 그는 명예를 잃었다. 그 이전의 생활에서 본다면 그는 '죽은 자'였다. (*ibid.*, p. 38)

이것이 일본이 미국의 전쟁 체험 세대들에게 각인시킨 최대의 이미지, 이른바 '교쿠사이(ぎょくさい)', 즉 '옥쇄(玉碎)'이다. 옥처럼 아름답게 부서진다는 뜻인 옥쇄는 원래 6세기에 편찬된 중국의 고전 『북제

서(北齊書)』의 「원경안전(元景安傳)」에 나오는 "대장부 영가옥쇄 하능 와전(大丈夫寧可玉碎何能瓦全)"이라는 글귀에서 비롯된 말이다. 대장부 라면 차라리 옥처럼 아름답게 부서질지언정 하찮은 기와가 되어 목숨 을 부지하지 않는다는 글귀는 곧 '대의나 충절을 위한 깨끗한 죽음'을 이르게 되었다. 하지만 제2차 세계대전 당시 일본 군부가 절망적인 상 황에서 집단 자결을 하도록 촉구할 때 이 용어를 채택하면서 새로운 의 미의 층위를 얻게 되었다. 적의 수가 아무리 많더라도 일본의 군인은 이에 굴하지 않고 끝까지 싸우다 죽든지 집단 자결, 즉 '교쿠사이'를 해 야지 포로가 되어 목숨을 부지해서는 안 된다는 것이다.

　제2차 세계대전 동안 '교쿠사이'는 모두 합쳐 열 번도 넘게 수행되 었고, 사이판이나 오키나와의 경우에는 군인뿐만 아니라 민간인도 포 함되었다. 이 용어가 군인의 희생을 미화하기 위해 사용된 가장 극적 인 예는 1943년 5월 30일 알류샨 열도 최서단에 위치한 애투섬에서 벌 어진 일본군의 집단 죽음이다. 1943년 5월 12일 약 1만 1천 명의 미군이 애투섬에 상륙했는데, 당시 이 섬을 지키고 있던 일본군은 총 2천 6백 여 명에 불과했다. 미군 함대에 완전히 포위되어 증원군을 보낼 수 없 었던 일본군 사령부는 애투섬을 포기할 수밖에 없었고 결국 대대장은 남은 150명의 병사에게 자살 공격을 하도록 명령했다. 포로가 된 29명 만 제외하고는 모두가 죽거나 자결했다. 당시 대본영(大本營)은 이 죽 음을 '애투 교쿠사이'라고 부르며 끊임없이 칭송하고 미화했다. 그들 의 죽음은 결코 미군의 압도적인 전력에 맞서 농성을 해보았자 증원군 을 기대할 수도 없고 탈출할 수도 없는 절망적인 상황에서 이루어진 개 죽음이 아니라 영웅적이고 거룩한 헌신과 자기희생이라는 것이었다 (E. Ohnuki-Tierney, 2002, pp. 114~15). 일본 정부는 전황이 자신들에게 이미 불리하게 돌아가고 있을 때 모든 일본인이 본받아야 할 모델로서 계속 이 '애투 교쿠사이'를 미화하고 활용했는데, 이 용어가 일본 대중의 마음속에 가장 구체적인 형태로 각인된 것이 이른바 '사이판 교쿠사이'였고, 그 결정판은 연합군의 최종 공격이 있을 경우 천황의 궁성 주변에 전 국민이 모여 옥쇄한다는 전략, 이른바 '이치오쿠교쿠사이(一億玉碎)'였다.

**(2)**

베네딕트는 적개심으로 가득 찬 미국의 독자들에게 일본이라는 도저히 불가해한 대상을 이해시키기 위해 각각의 국민을 서로 거울상으로 제시한다. 즉 "일본인의 삶의 곡선은 미국인의 삶의 곡선과는 정반대로 되어 있다"라는 것이다. 인생의 전성기에 가장 활발한 활동을 보장하기 위해 미국인은 나이가 들어감에 따라 개인적 선택의 자유를 증대시키는 반면, "일본인은 개인에게 가해진 속박을 최대화하는 것이 필요하다고 생각한다"(R. Benedict, 1946[2005], pp. 253~54). 미국인은 자유에 대한 신념을 중시하지만 일본인은 위계를 중시한다(*ibid.*, p. 43). 일본에서는 사소한 것에 집착하고 섬세한 것이 미덕이지만 미국에서 이러한 것은 '신경증적'인 것이거나 '사춘기적'인 특성으로 인식된다(*ibid.*, p. 108). 일본인이 자살이라는 테마에 열광하고 모종의 쾌감을 느끼는 반면, 미국인은 범죄라는 테마에 열광한다(*ibid.*, p. 153). 일본에서는 경쟁이라는 압박 속에서 개인의 수행 능력이 저하되지만, 미국에서는 경쟁이야말로 개인의 수행 능력을 자극하여 사회적으로 바람직한 결과를 산출해낸다(*ibid.*). 이러한 일본인과 미국인의 대립적인 표상들은 베네딕트가 제시하는 수많은 표상 중 아주 일부에 불과하지만 결론은 '일관성'이 미국인의 인생관에 뿌리박고 있듯이 일본인의 생활에서는 '모순'이 그들의 인생관 속에 깊이 뿌리를 내리고 있다는 것이다. 물론 이 모순은 미국인의 입장에서 봤을 때 모순이지 일본인들의 입장에서는 모순된 것이 아니다. 문화 상대주의자답게 베네딕트는 "일본인이 사용하는 범주와 상징에 관해 조금만 이해한다면 흔히 서양인의 눈에 비친 일본인의 많은 행동적 모순은 이미 모순이 아니"(*ibid.*, p. 197)라고 주장했다. 그는 모든 문화가 똑같을 수는 없으며 문화마다 각각 나름의 고유한 감정과 태도를 가지고 있으며, 이러한 에토스ethos나 형상configuration이라는 맥락 속에서만 어떤 문화에서 나타나는 특정한 관행과 행위를 이해할 수 있다고 주장한다. 따라서 미국인들의 눈에는 엄청난 비합리성 혹은 이상심리irrational psychology로 보이는 '교쿠사이'는 결코 기이하거나 비합리적인 것이 아니라 수 세기 동안 일본인들의 문화에 깊이 내장되어 있는 선택, 일본인들의 입장에서 봤을 때는 모순됨이 없는 온전히 합리적인reasonable 선택인 것이다.

위계 속에서 심리적 안정감을 누리는 일본인은 세밀하게 규정된 '기무(義務)'와 '기리(義理)'의 체계 속에서 살아왔고, 메이지유신 이래 일본의 정치가들은 '교육칙어(敎育勅語)'나 '군인칙유(軍人勅諭)' 등을 통해 이러한 '기무'와 '기리'를 천황에 대한 '주(忠)' 아래 편제시키려고 세심한 노력을 기울여왔다. 과거에는 다이묘(大名)에 대한 '기리'와 바쿠후(幕府)에 대한 '주'가 종종 선택을 진퇴양난에 빠뜨렸지만, 다이묘와 바쿠후가 사라지고 위계의 정점에 오로지 천황만이 존재하게 된 왕정복고로 인해 온갖 '기무'와 '기리'가 최고의 의무인 '주' 아래 편제된 이상 모든 의무는 '황은(皇恩)에 보답한다'라는 절대 의무 속에서만 그 의미를 갖게 되었던 것이다. 하지만 (비록 의무의 위계가 바뀌긴 했지만) 여전히 일본인은 '기무'와 '기리'라는 뿌리 깊은 행동 방침에 따르고 있는 셈이다. 그렇기 때문에 "1주일 전까지도 천황의 마음을 편안케 해드리기 위해서 죽창으로라도 오랑캐를 격퇴하기 위해 몸을 바치겠다"라던 일본인들이 천황의 입에서 항복이라는 말이 나오자마자 "천황의 마음을 편안케" 하기 위해 평화주의자로 돌변하여 수많은 인파가 점령군을 향해 환하게 웃으며 손까지 흔들었던 것이다.

오늘날 베네딕트의 문화론적인 설명은 더 이상 공감을 얻지 못하고 있다. 왜냐하면 베네딕트는 일본인의 국민성이라는 것을 제시하기 위해, 일본 문화를 마치 초역사적인 실체인 것처럼, 또 사회적 계급이나 개개인의 차이를 무시하고 일본인 모두를 똑같은 스테레오타입으로 묘사하면서 그러한 문화가 형성된 역사성을 보지 않고 있기 때문이다. 따라서 최근 '교쿠사이'나 그 일종인 '가미카제'에 대한 연구는 그것을 일본인의 심성에 뿌리 깊이 각인된 국민성으로 보기보다는 그러한 행위에 심리적 동기를 부여했던 역사적이고 정치적인 상황이나 구조를 드러내려는 방향으로 이루어지고 있다.[2] 물론 베네딕트의 지적 프로젝트가 일본인의 이상심리를 폭로하려는 것이 아니라 그가 활동하던 당시 미국인의 문화적 편견에 대항해 일본인을 그들 자신들과 똑같은 인간으로 보도록 하려는 것임을 말해두는 편이 공정할 것이다. 하지만 분명한 사실은 일본인에 대한 베네딕트의 묘사가 좋은 의도에서 출발한 것이긴 했어도 결과적으로 미국과 일본 양쪽에서 파괴적인 효과를 낳았다는 점이다. 미국에서는 한때 도저히 이해 불가능했던 일본인이라는 범주가 어느 날 갑자기 유리처럼 투명해져 일본의 무조건적인 항복과 미국으로 하여금 적의 생명을 최대한 살상하는 것만이 유일한 승리의 보증임을 확신시켜주었던 반면,[3] 일본에서는 끊임없이 역사 속에서

---

2　이러한 연구의 예로 오누키 에미코의 연구(E. Ohnuki-Tierney, 2002)를 들 수 있다.

3　에릭 홉스봄Eric Hobsbawm 역시 다음과 같이 지적한 바 있다. "민주주의 정부들은 자국 시민들의 생명을 구하기 위해서 적국 시민들의 생명은 마음대로 희생시킬 수 있는 것으로 다루려는 유혹을 뿌리치지 못했다. 1945년 히로시마와 나가사키에 원자폭탄을 떨어뜨린

'교쿠사이'의 연원을 찾아내어 그 덕을 일본사의 근간으로 정당화하고 신화화하려는 시도에 동기를 부여해주었던 것이다.

### (3)

하지만 베네딕트 덕분에 우리는 비록 서구인의 눈으로는 도저히 납득할 수 없는 극단적인 선택일지라도 그것은 일본의 문화 속에 그 가능성이 이미 마련되어 있었음을 이해할 수 있다. 다시 말해 서구인의 선택지 속에는 없던 선택이 일본인의 문화 속에는 가능성의 영역에 있었던 것이다. 그리고 이러한 이해의 연장으로 1980년 5월 26일 저녁 최후항전을 위해 끝까지 남은 사람들이 '죽으려고 환장'한, 한때의 격정으로 인해 판단이 마비되거나 이상심리를 지닌 사람들이 아니며, 또한 목숨을 '초개(草芥)'처럼 가볍게 여겼던 사람들이 아님을 이해할 수 있다. 그런데 이날 이들의 최후항전은 과연 '교쿠사이'와 얼마나 다른 것이고, 다르다면 어떻게 다를까? 그리고 오늘날 우리가 이 최후항전을 가리켜 '옥쇄'라고 할 때 과연 일본인들이 '교쿠사이'에서 느끼는 감정과는 얼마나 다른 감정일까?

물론 1980년 5월 26~27일의 최후항전을 일종의 '옥쇄'로 보는 것은 지금까지의 기록물들과 구술 자료들을 종합해보면 그리 일반적인 견해는 아닌 듯하다. 그렇다고 해서 이러한 관점이 극히 일부에 국한된 것이라고 보기도 어렵다. 예컨대 5월 26일 저녁 전남도청에서 있었던 마지막 수습위원회 회의에 참여했던 조비오 신부는 그 당시를 다음과 같이 회고한다.

것은 (당시 절대적으로 확실했던) 승리에 꼭 필요한 것이 아니라, 미국 군인들의 생명을 구하는 수단으로 정당화되었다"(E. Hobsbawm, 1994, p. 27; 에릭 홉스봄, 1997, p. 45).

사제인 나는 지금까지 시민의 피해를 가능한 한 줄여야 한다고 생각했기 때문에 솔직히 내심으로는 온건파의 의견에 가까웠다. 왜냐하면 모두가 옥쇄당하는 것이 명약관화한 일이기 때문이었다. 병력을 보충해도 막강한 화력을 지닌 정예 공수특전대를 당할 수 없을 것이라고 넌지시 말해보았으나 강경 입장을 돌릴 수는 없었다. 강경파의 주장이 원칙적으로는 옳은 말이었다. 그러나 현실적으로 비극을 초래할 수밖에 없는 운명을 피하기보다는 정면으로 부닥치겠다는 결의였던 것이다. 실로 용감하고 장하고 아까운 광주의 젊은이다운 기백이었다. 긴장과 두려움 속에서 서로의 의견은 정면으로 대립되었지만, 싸움은 없었다. [……] 싸움에 승산이 없다고 판단한 온건파는 이날 밤 도청을 빠져나갔다. (현사연, No. 1011, 1990, p. 193)

또한 브래들리 마틴Bradley Martin이 윤상원의 죽음과 최후항전에서 일종의 '상징적 자살symbolic suicide' 또는 최전선에서 적군에 포위된 채 저항을 계속하는 상황을 묘사하는 군사 용어인 'pockets of resistance'라는 표현을 떠올릴 때 그 또한 일종의 '옥쇄'와 같은 것을 머릿속에 그리고 있는 듯하다(B. Martin, 2000, pp. 101, 103).[4]

아무튼 난감한 지점은 『국화와 칼』을 오늘날 한국인의 입장에서 읽을 때, 1940년대 미국인들과 동일한 감흥으로 읽을 수는 없으며, 또한 그 감흥은 일본인이 이 책을 읽을 때의 감흥과도 같을 수 없다는 것이다. 그 차이는 적지 않을지언정 오랜 역사 동안 일본인과 동일 문화권

---

4 마틴의 해석과 관련해 '옥쇄'가 영어로는 흔히 '명예로운 죽음honorable death'이나 '영예로운 자폭glorious self-destruction'으로 번역된다는 점도 염두에 두어야 한다.

에 속해 있던 한국인으로서 본 『국화와 칼』에 묘사되어 있는 일본인은 마치 오랫동안 우리 주변에서 보아왔던 친숙한 이웃과도 같은 모습으로 나타난다. 더구나 이 책이 씌어진 1940년대라는 시대적 배경에 주목해보면 당혹스럽기까지 하다. 그 당시까지 한국은 일본의 식민지였던 것이다. 식민지를 경험한 국민들이 과거를 청산하고 자신들의 문화적 정체성을 회복하려고 시도할 때 보편적으로 경험하는 곤란이, 어디까지가 우리 것이고 어디까지가 외래의 것인지 구별하기 어렵다는 사실을 떠올리면 이 당혹감은 더욱 커진다. 하지만 지금 우리가 인정해야 할 것은 일본 문화와 한국 문화 사이에는 이러저러한 차이가 있고, 따라서 일본인의 국민성과 한국인의 국민성은 다르다고 선언할 필요는 굳이 없다는 것이다. 중요한 것은 아무리 비합리적으로 보이는 행동이라고 할지라도 그것은 그 문화 내부의 관점에서 보면 나름의 타당성을 갖추고 있다는 점을 이해하는 일이다. 그렇다면 결국 우리는 '교쿠사이'와 1980년 5월 27일의 최후항전 사이에는 본질적인 차이가 없다고 선언해야 하는 것이 아닐까? 그리하여 이 최후항전은 문화적 차이 속에서만 그 의미를 승인받는, 그저 문화에 구속되어 있는culture-bound 진실에 불과하게 되는 것은 아닐까?

## 부끄러움

**(1)**

다시 여기서 1980년 5월 26일로 돌아가 보자. 증언에 따르면 상당수 사람이 남아 있게 된 것은 (일부 지도부에 있었던 사람들을 제외하면) 어떤 대단한 각오나 결심을 거친 것이라기보다는 상당히 자연스러운 것이었던 듯하다. 들불야학 출신으로 5월 항쟁 내내 투사회보 제작과 범

시민궐기대회에 참여했던 나명관은 5월 25일 잠시 집에 돌아갔다가 다시 나와 26일 밤 전남도청 앞 YWCA에서 최후항전에 참여했다. 그는 다음과 같이 증언한다. "나는 이제 내 한 목숨 죽음으로써 한 알의 밀알이 되고자 한다, 뭐 이런 거창한 생각이 있었던 것도 아니고 그냥 우리 형제들이 거기 있고, 또 내가 해야 할 일이 거기 있기 때문에 난 당연히 그냥 가는 거예요. 그냥, 아무 생각 없이."[5] '자연스럽다' '당연하다'라는 것은 문화(혹은 에토스)의 가장 큰 특징이며 나명관의 진술은 이 점을 여실히 보여준다.[6] 다음의 진술 역시 이러한 점을 확인시켜준다.

아마 7시 30분쯤 되었을 때다. 나는 분수대에 앉아서 38구경 권총을 메고 말하는 박남선 씨의 말을 귀 기울여 들었다. 박남선 씨가 외쳤다.

5  2011년 5·18기념재단 구술사 프로젝트의 일환으로 행해진 필자와 나명관 씨의 면담에서 인용한 것이다.

6  사람들의 관념과 가치관은 문화적 경험을 통해 형성되고 구체화되기 때문에, 사람들은 그러한 관념과 가치관과 더불어 너무도 깊이 매립되어 있어서 그런 것이 있는지조차 인식하지 못하는 일련의 가정들(즉 세상이 돌아가는 방식에 대한 감각)을 지니고 살아간다. 부르디외는 이 공통 감각common sense을 아비투스habitus라고 부른다. 전통적이고 안정된 사회에서는 대개 이러한 가정과 신념들이 결코 의문시되지 않는다. 아비투스는 모두가 동의하는 공통의 진리로 배후에 머물면서 의례를 통해 재확인되지만, 어떤 의식적인 방식으로 의문시되는 경우는 없다. 부르디외에 따르면 이러한 상황에서 사람들이 '독사doxa'를 경험한다. 즉 사회 세계에 대해 사람들이 생각하는 방식과 세계가 실제로 구조화되어 있는 방식 사이의 일치를 경험하는 것이다. 사람들은 특별한 경우가 아니라면 경험들에 대해 굳이 되짚어 생각해볼 필요가 없는데 그러한 경험 자체가 자연 질서의 일부로서 이루어지기 때문이다. 대부분의 경험은 너무나도 자명하기 때문에 굳이 말할 필요가 없는 것이다 ["goes without saying, because it comes without saying" (P. Bourdieu, 1977, p. 167)—부르디외의 이 절묘한 표현에서 나명관의 진술과의 유사성을 발견하기란 그리 어려운 일이 아닐 것이다]. 그러므로 '독사'가 존재할 때는 선택이라는 것이 있을 수 없다. 사람들이 선택의 기회가 있다는 사실 자체를 모르기 때문이다. 물론 현대사회에서도 개인의 사생활은 상당한 정도로 '독사'에 의해 좌우된다는 점은 분명하지만 이에 의해 사람들의 삶이 완벽하게 장악된 경우를 떠올리기란 쉽지 않다.

"여기에 있는 사람 중에서 두렵거나 무서운 사람, 처자식이 있는 사람은 집으로 돌아가시오." 나는 이 말에 대해 생각해볼 여지조차 없었다. 두렵거나 돌아가고 싶은 생각이 들지 않았다. 죽음을 다해 광주를 지키고 시민의 생명을 구해야 한다는 것은, 5월 21일 이후 직접적인 활동을 하지는 않았지만 시민들의 상처와 시신을 보며 내 일처럼 생각하고 있던 바였다. 따라서 그 자리에 모인 시민들과 함께 도청과 광주를 지키기 위하여 힘을 모은다는 것이 내게 두려움이 될 수는 없었다. 계엄군이 다시 들어와도 최선을 다해 싸우는 것이 우리가 해야 할 일이라 생각하였다. 다만 '나는 여기서 죽게 되는구나'라는 생각이 언뜻 스쳐갔다. (현사연, No. 3107, 1990, p. 777)

26일 오후까지의 상황은 선명하게 기억나지 않는다. 집에서 나온 나는 도청을 접수하고 처음으로 맞은 해방의 첫날에 여러 곳을 돌아다녔다. [……] 그렇게 이리저리 돌아다니다가 26일 오후 4, 5시쯤 [……] 나도 뭔가 일을 해보자는 생각을 하고 YWCA로 갔다. [……] 도청에 들어간 우리들이 모여 있으니까 윤상원 대변인이 와서 우리들에게 당시 상황을 얘기하고는 "굳은 각오가 아니면 지금 상황을 헤쳐 나가기 어렵다. 굳은 각오와 결의가 없는 사람은 지금 나간다고 해도 말리지 않겠다"라는 내용의 말로 다시 한번 다짐을 주었다. 윤상원 대변인은 평상복 차림에 총기도 휴대하지 않았는데, 나갈 사람은 언제라도 나가라면서 붙잡지 않겠다고 말하니 갑자기 분위기가 으스스해지는 것 같았다. (현사연, No. 3109, 1990, pp. 785~86)

끝까지 남았던 상당수 사람에게 죽음에 대한 생각이 '언뜻' 스쳐가긴 했지만 그들을 완전히 사로잡지는 못했다. '각오와 결의'에 대한 다짐을 받은 후에야 조금 두려운 마음이 들었지만, 마지막 순간에 이르기 전까지 그들은 이런저런 얘기를 나누기도 하고 잠도 자는 등 극도의 긴장 상태에 놓여 있지는 않았다. 막상 총을 받아 쥐긴 했지만 "총을 쏜다는 생각도, 그리고 죽은 사람을 그렇게 많이 보았음에도 죽는다는 생각이 전혀 들지 않았다"(현사연, No. 3109, 1990, p. 786). 여기서 한 가지 주목해야 할 점은 최후항전에 참여한 사람들 중 상당수는 이른바 '기층민중' 출신이었거나 어린 학생과 대학생이었다는 점이다. 따라서 최후까지 남기로 결심할 당시까지만 해도 어린 학생들로서는 죽음의 공포가 현실감 있게 느껴지지 않았으며,[7] 이른바 '기층민중' 출신들로서는 '밑져야 본전'이고 '기껏해야 죽기밖에 더 하겠나'라는 생각이 지배적이었다.[8] 또한 최후까지 남았던 십대나 대학생 들의 증언에는 '친구 누구누구와 같이'라는 말이 반복해서 나타나는데, 이러한 점으로 미루어 이들에게 '의리'라는 덕목이 상당히 중요한 역할을 했을 것으로 짐작할 수 있다.[9] 물론 이 '의리'는 기층민중 출신에게도 중요한 역할을 했을

7  "솔직히 우리는 민주주의가 무엇인지도 몰랐고, 단지 우리는 계엄군의 만행을 더 이상 두고 볼 수가 없어 총을 들었던 것이다. [……] 총소리가 나기 전까지 모두 앉아서 장난을 치고 있었는데 나도 솔직히 죽는다는 것이 실감이 안 났다"(현사연, No. 2032, 1990, pp. 474~75).

8  1980년 5월 25일 도청에서 수습위원들이 무장 시민군들을 설득하여 총기를 회수하고자 할 때 무장 시민군 중 한 사람이 일어나 다음과 같이 말했다. "당신들은 총을 반납하고 돌아갈 집이라도 있지만 우리는 총을 반납하고 나면 돌아갈 집은커녕 밥 한 끼 얻어먹을 데도 없소. 그런데 이제 끝났으니 너희들은 돌아가라 하면 우리는 어디로 가야 합니까? [……] 솔직히 우리는 총을 가지고 있어야 밥이라도 한 끼 얻어먹을 수 있습니다. 오갈 데 없는 우리에게 총을 내놓으라는 말은 죽으라는 이야기와 같습니다. 차라리 죽으라면 싸우다 죽겠습니다"(윤영규, 1995, p. 114).

9  예컨대 당시 전남대 4년생이었던 정해민의 증언("나는 [……] 사범대생 문영기라는 친구와 같이 다녔다. [……] 영기와 나는 '지금 공수부대들이 너무 잔학하게 행동하고 있다. 하지만 죽더라도 도망가지 말고 이 역사의 현장을 끝까지 지켜보자'고 약속했다", 현사연, No. 1016, 1990, p. 212); 당시 19세로 27일 새벽 계엄군과의 총격전에서 총상을 입은 조성환의 증언

것이다. 왜냐하면 '의리에 죽고 의리에 사는' 것은 기층민중에게는 일종의 생활 방식, 에토스이기 때문이다. 5·18에 관한 기념비적인 성찰인 『오월의 사회과학』의 저자 최정운은 다음과 같이 썼다.

룸펜 프롤레타리아트의 경우는 가족이나 재산이 없고 또한 감정을 합리적으로 통제하는 데 익숙하지 않으며 더구나 개인이 아니라 공동체를 우선으로 생각하는, 이를테면 '의리라면 끝내주는' 생활 방식에 젖어 있어 갈등 없이 시위에 참여했을 것이다. 더구나 이들은 사회의 밑바닥 계급으로 인간의 존엄성을 말살하는 공수부대의 폭력에 누구보다도 분개했을 것이며 이들로서는 투쟁에 앞장서서 다른 계층들과

("그날 저녁 화도 나고 [……] 궁금하기도 해서 다시 시내에 나갔던 나는 앞당겨진 통금시간에 맞춰 들어오다가 화니백화점 앞에서 전대 농대에 다니는 친구를 만났다. 내가 5·18에 참여하게 된 것은 이 친구 때문이라고 할 수 있다. 나는 시위에 참여하고 싶기도 했지만 그때까지만 해도 '학생도 아닌데……' 하는 생각을 가지고 있었다. '재권이가 광주에 내려왔다가 공수부대에게 맞서서 집에 누워 있다는데 한번 가보자'고 친구가 말해 함께 갔다. 성균관대학에 다니는 재권이는 국민학교 5학년 때 내게 학용품도 나눠주고 도시락을 싸다주기도 했던 절친한 친구였다. 공부밖에 모르는 모범생인 재권이가 아파 누워 있는 모습을 보니까 울화가 치밀었다. 그때 '싸워야 한다'는 생각이 들었다", 현사연, No. 1040, 1990, p. 306); 당시 24세 자동차 정비공이었던 오억석의 증언("21일 아침에 서방에 사는 친구를 만나러 갔다. 서방시장을 막 돌아가는데 골목에서 친구가 나왔다. 친구는 도청으로 가는 길이라면서 같이 가자고 했다", 현사연, No. 3050, 1990, p. 644); 당시 17세 고등학생의 신분으로 최후항전까지 참여했던 이덕준의 증언("23일, 낮에 친구로부터 영진이가 죽었다는 전화가 왔다. 도저히 믿을 수가 없었다. 허탈감을 떨쳐버릴 수가 없었다. [……] 그날 밤 내내 이불을 뒤집어쓰고 울었다. 24일, 살아 있다는 것이 그렇게 부끄러울 수가 없었다. 다 죽었는데 '나는 지금 무엇을 하고 있는가, 이렇게 있을 수 없다'는 생각에 나가겠다고 어머니에게 말씀드렸다. 어머니는 인사불성이 되어 나가면 곧바로 죽는다고 하시면서 말렸다. 그러나 나는 어머님을 뒤로 하고 집을 나섰다", 현사연, No. 6045, 1990, p. 1177); 또한 당시 18세 고등학생으로 5·18 기간 중 행방불명된 김기운의 숙부 김형태의 증언("학교에 가지 않고 집에 있던 기운이는 20일 친구와 같이 시내를 돌아다니다가 들어왔다. 기운이는 옆방에서 자취하는 친구들에게, '광주 시민들이 정말 고생하더라. 도저히 보고만 있을 수 없다. 내일부터는 우리도 참여하자'고 했다. 21일 옆방에서 자취를 하고 있던 조정열이라는 친구와 함께 야구방망이를 들고 나갔다", 현사연, No. 7039, 1990, p. 1274).

동등한 공동체에 속한다는 것은 또한 커다란 보상이 아닐 수 없었다. [……] 나아가서 도시 룸펜 계층으로서는 투쟁의 일선에 나섬으로써 잃을 게 없으며 또한 그들로서 시민들의 환호와 성원을 받는 것은 '살 맛 나는' 일이었을 것이다. (최정운, 1999, pp. 81~82)[10]

**(2)**

하지만 그 자리를 모면했던 사람들에게 죽음의 공포는 지극히 현실적인 것이었다. 당시 이른바 '남동성당파' 수습위원으로 활동하다 5월 26일 결국 집으로 돌아간 윤영규는 그때 느낀 두려움을 다음과 같이 썼다.

도청 앞 광장에는 절망처럼 어둠이 내려앉고 있었다. 나는 문득 온몸의 힘이 쑥 빠져나가는 듯한 아득한 어지럼증을 느끼며 인도 위에 털썩 주저앉았다. 빨리 도청 안으로 가야 하는데…… 하면서도 몸을 일으킬 수가 없었다. 거리의 어둠은 갈수록 짙어져 멀리 수은등이 켜진 도청 정문만 푸르스름하게 돋아났다. 겨우 몸은 일으켰지만 나는 한 걸음도 떼지 못하고 그 자리에 붙박여 있었다. 공포가 밀려들고 있었다. 참을 수 없는 두려움이었다. 나는 자신도 모르게 도청으로부터 뒷걸음치고

---

10 또한 다음의 언급도 참조하라. "기존의 공동체의 관계에서 절대공동체에서도 타당한 유일한 관계는 친구였다. 시민군들은 우연히 친구를 만나면 뛸 듯이 기뻤고 같이 더욱 용감히 싸웠다. 친구에 준하는 학교나 고향 선후배 관계 역시 절대공동체의 투쟁의 상황에서는 큰 힘이었다. 동서고금에서 호연지기로 높이 평가한 친구 관계의 특이성은 바로 여기에서 드러난다. 세상이 어떻게 변하던 변치 않는 유일한 관계는 친구였고 시민군들은 친구 관계를 조직에 이용하곤 했다. 이런 상황에서 가족 없이 자신의 몸뚱어리와 친구 관계에 전적으로 의존해서 사는 기층민 시민군들은 '의리 하나는 끝내주는' 수밖에 없었고 끝까지 시민군으로 남아 있으려고 했다"(같은 책, p. 207).

있었다. 이윽고『전남일보』(현『광주일보』) 건물과 경찰국 별관 사이의 샛길에 들어선 후에는 달리다시피 도청에서 멀어졌다. 맹렬한 허기 같이 아귀아귀 달려드는 죽음에 대한 공포…… 이것은 너무도 비겁한 일이야…… 하는 참혹한 갈등 속에서도 나는 자꾸 집 쪽으로만 발길을 옮기고 있었다. 새벽 4시경, 온몸이 식은땀에 젖어 나는 [……] 집에 도착했다. 그날 끝내 도청에 들어갔다면 27일 새벽 진압군의 총에 맞아 죽었던지, 혹 살았더라도 크게 다쳤을 게 뻔하다. 어쨌든 나는 비겁한 도망자였다. 그날 이후 어언 15년이 흘렀지만 나는 한시도 그때의 부끄러움을 잊은 적이 없다. (윤영규, 1995, p. 120)

우리는 여기서 이 '부끄러움'이라는 문제에 유의하자. 하지만 이 '부끄러움'이라는 문제를 다루기에 앞서 우리는 '교쿠사이'와 같은 이러한 행동 방식은 더 이상 이상심리나 비합리성의 문제가 아니며, 문화 내적으로는 합리적인, 적어도 그 정당성이 의심되지 않는 사태임은 분명히 해둘 필요가 있다. 이때 문화가 굳이 국민성과 같은 것으로 환원될 필요는 없을 것이다. 우리는 특정 국민의 하위 집단, 이를테면 부르주아나 프롤레타리아, 회사원이나 농민 등에 대해서도 그들 나름의 특징적인 생활 방식, 문화에 대해 얘기할 수 있을 것이다. 또한 문화가 특정 집단의 영구불변의 고정형으로 여겨질 필요도 없다. 그것은 집단 간의 상호작용에 의해 언제든지 조정되고 변용될 수 있는 것이며 한때는 귀족의 문화였던 것이 이제는 부르주아 문화가 될 수 있으며, 역으로 한때는 흑인들의 하위문화로 여겨지던 것이 백인 중산층들의 문화의 일부로 귀속될 수도 있는 것이다.

그런데 그것이 민족의 문화든 계급의 문화든, 아니면 다른 하위 집단의 문화든 간에 특정 행위가 그 문화 내부의 관점에서는, 즉 그들 자신의 관점에서는 합리성과 정당성을 인정받을 수 있을지언정 그렇게 되면 그 행위는 그들만의 진실에 머물고 마는 것은 아닐까? 이를테면 미국인으로서는 '교쿠사이'에 대해 '그래, 그것은 일본 문화의 관점에서 보면 충분히 있을 수 있는 일이야'라고 '쿨'하게 수긍하면 그뿐 그것에 대해 아무런 감응affect을 느낄 이유도 없게 되는 것이다. 여기서 감응이라는 것이 중요해진다. 앞서 인용한 두 사람의 증언에 나타나는 차이점에 주목해보자. 한 사람은 도청에 남는 것에 대해 심각하게 생각하지 않고 자연스럽게 느끼는 반면, 다른 한 사람은 다리가 풀리고 온몸이 식은땀에 젖을 정도로 심리적 저항감을 느낀다. 그리하여 결국 한 사람은 도청에 남고 다른 한 사람은 집으로 돌아간다. 문제는 여기서 발생한다. 집으로 돌아가는 사람은 '부끄러운' 것이다. 문화나 에토스라는 관점에서 보면 남은 사람은 그의 에토스에 따라 남았을 뿐이고 돌아간 사람은 그 나름대로의 에토스에 따라 돌아간 것이므로 두 사람은 각자 서로의 에토스의 차이를 인정하면 그만일 텐데 돌아간 이는 부끄러움을 느낀다. 다음에 인용하는 홍성담의 진술에서는 이 부끄러움의 문제가 더욱 극적으로 표출된다.

1980년 5월 26일 [……] 나는 도청 시민군 본부에 들러 도청 수비대들에게 나의 칼빈총과 보관하고 있던 실탄 5발을 반납했다. 나의 총과 실탄을 접수하던 나이 어린 소년 전사가 계란을 받듯 소중하게 실탄을 두 손으로 받았다. 나는 이것이 왠지 부끄러웠다. 마치 그들을 놓아두고 집으로 도망가는 겁쟁이처럼 느껴졌던 것이다. [……] 나는 어둡기 전에 며칠간의 긴장과 피로에 다리를 절며 집에 들어왔다. 아니 마지막 학살의 현장을 도망치듯 슬그머니 빠져나온 것이다. 그날 자정부터 시작된 총소리는 새벽 희뿌연 하늘이 열릴 때까지 계속되었다. 도청의 시민군 전사들은 살육되거나, 철삿줄에 어깻죽지가 묶이고 등에는 매직으로 분류 번호가 쓰인 채 전우의 시체를 넘어서 어디론가 끌려갔다. [……] 나는 더욱이 그때 미국에 대한 기대감을 내용으로 하는 대자보를 제작했던 장본인으로서 그 부끄러움에 치를 떨지 않으면 안 되었다. 아니, 이 치욕스러움이 벗겨질 수 있다면 그 대자보 글씨를 썼던 나의 오른 손목을 싹둑 잘라 버려야 하는 것을. (홍성담, 1990, pp. 122~27)

이 부끄러움이 말해주는 것은 집으로 돌아간 사람들 또한 5월 27일 이른바 '최후항전'이 결코 개죽음이 아니라는 것, 이 '최후항전'에는 참여한 사람들의 신분이나 계급, 나아가 그들의 문화나 에토스로 그 의미가 환원되거나 그들의 배우고 못 배운 정도로 진실이 판가름될 수 없는 잉여 혹은 넘침이 있음을 승인하고 있었다는 것이다. 말하자면 집으로 돌아간 자들의 부끄러움은 '최후항전'이 남은 자들만의 내밀한 진실이 아님을, 계급에 구속되어 있는 진실이 아님을 가슴속 깊이 승인하는 감응이었다. 그래서 이 부끄러움의 고백에는 죽음이 개 같은 것이 아니라 삶이 개 같고,[11] 죽음이 자포자기가 아니라 삶이 자포자기라는 반전이 내포되어 있는 것이다.[12] 그러므로 부끄러움이라는 감응을 통해 삶

---

11  『봄날』의 작가 임철우는 다음과 같이 고백한다. "그 열흘 동안 나는 아무 일도 하지 못했다. 몇 개의 돌멩이를 던졌을 뿐, 개처럼 쫓겨 다니거나, 겁에 질려 도시를 빠져나가려고 했거나, 마지막엔 이불을 뒤집어쓰고 떨기만 했을 뿐이다. 그 때문에 나는 5월을 생각할 때마다 내내 부끄러움과 죄책감에 짓눌려야 했고, 무엇보다 내 자신에게 '화해'도 '용서'도 해줄 수가 없었다"(임철우, 1권, 1997, p. 9).

12  『맹자(孟子)』「이루(離婁)」편 상(上)에는 다음과 같은 구절이 있다. "스스로를 해치는 자와는 더불어 진리를 말할 수 없고, 스스로를 버리는 자와는 더불어 진리를 행할 수 없다. 말하자면 예의(禮義)를 비방하는 것을 스스로를 해치는 것[自暴]이라 하고, 내 몸이 인(仁)에 살고 의(義)를 따라 행하지 않는 것을 스스로를 버리는 것[自棄]이라고 한다. 인은 사람의 편안한 집이고, 의는 사람의 바른 길이다. 편안한 집을 비워 두고 살지 않으며, 바른 길을

과 죽음의 문제는 습속, 이른바 에토스ethos의 문제에서 윤리ethics의 문제로 치환된다.

**(3)**

5·18에 대한 참여 문제를 계급론적인 관점에서 해석하게 되면 우리는 이 '부끄러움'을 이해하기 어려워진다. 계급론적인 관점에서 보면 지식인의 범주에 속하는 이가 부끄러움을 느낄 이유는 전혀 없기 때문이다. 심지어 문화론적 계급론이라고 할 만한 부르디외Pierre Bourdieu의 해석 속에서도 계급의 문화가 작동하는 원리는 '구별 짓기distinction'이다. 서로 다른 계급들이 끊임없이 상호작용할지언정 그 영향은 '모방' '거부' '구별 짓기'라는 논리 속에서 이루어질 뿐 '감응'과 같은 것은 없다.[13] 이를테면 부르주아 계급의 경우 자신들의 취향을 '훌륭한' 것으로 정의하고 또 그러한 취향을 하위의 다른 계급들에게 부과하면서 자신들의 지위를 유지하려고 한다. 하지만 만일 그러한 실천들이 다른 계급들, 특히 프티부르주아 계급의 모방과 차용에 의해 자신들만의 변별력을 잃게 되면 지배계급의 구성원들만이 보유하는 다른 실천으로 그것을 대신하게 된다.[14] 그러므로 구별 짓기의 논리는 그러한 실천들 사이의 분명한 간격과 변별력을 유지하는 거리 두기의 논리이며, 이러한 논리 속에서는 '부끄러움' 비슷한 것이 생겨날 리 없다. 설령 그들 사이에 부끄러움 같은 것이 있다 하더라도 그것은 적어도 아래쪽(하위의 계

버리고 행하지 않으니, 슬프다." 그러므로 자포자기는 숙명론적 체념이기 이전에, 차라리 자신에 대한 배반, 곧 자신의 인격적 통합성integrity의 해체, 탈주체화의 경험이라고 할 수 있을 것이다(cf. 酒井直樹, 2007, pp. 191, 212 주 4).

13 이하의 계급 에토스와 관련된 논의는 부르디외의 논의(P. Bourdieu, 1984)를 참고하라.

14 이를테면 테니스의 대중화는 부르주아 계급이 이 스포츠에 대한 흥미를 잃는 현상을 동반했다.

급)에서 위쪽(상위의 계급)에 대해 경험하는 굴욕감이지(특히 프티부르주아 계급은 부르주아에 대해 이러한 굴욕감을 느끼기 쉽다. 왜냐하면 이 계급은 부르주아처럼 보이고자 하는 욕망에 의해 특징지어지며 자신이 혹시 '가짜' 부르주아처럼 보이지 않을까, 민중처럼 보이지 않을까, 다시 말해 '저속해' 보이지 않을까 늘 전전긍긍하기 때문이다[15]) 위쪽이 아래쪽에 대해 경험하는 굴욕감은 아니다. 5·18의 최후항전을 계급론적으로 이해하고자 할 때 생기는 곤란은 바로 (상위의 계급인) 지식인의 범주에 속하는 이가 느끼는 저러한 '부끄러움'을 해명하기 어렵다는 데서 생겨나는 것이다.

5·18 투쟁 과정에서 나타난 부끄러움과 모멸감이 계급적 기원을 가지고 있지 않다는 점은, 다시 말해 계급에 '앞서' 있음은 이미 최정운의 연구로 설득력 있게 제시된 바 있다. 이 뛰어난 성찰에 대해서는 이 자리에서 다시 한번 자세히 살펴볼 필요가 있다.

일단 폭력을 당한 사람들은 억울함, 불의에 대해 분노를 느꼈다.

---

15  사회적으로 하위에 있다고 여겨지는 사람이 상위의 계급에 속한 사람에게서 겪는 굴욕감의 예를 5·18 관련 증언들에서도 찾아볼 수 있으며 전자의 부류에 속한 사람에 의한 다음의 증언은 이를 매우 잘 보여준다. "사람들은 나를 이용, 사꾸라라고 규탄하는 모양이다. 그러나 [······] 변명하지 않고 지낸다. 심지어 운동권인 한 교수에게는 '니가 5·18을 말아먹었냐. 나 같은 상황을 겪어보았냐' 하는 심정으로 이젠 미워해버린다. [······] 6·29 선언 이후 9월 [······] 김대중 선생이 광주에 오시고 망월 묘지에 갔을 때였다. 그렇게 환영할 필요가 없다고 하던 사람들이 앞장서서 마이크를 잡고 떠드는 것을 보았을 때 인간의 양면성에 환멸을 느끼지 않을 수 없었다. 나란 사람은 운동을 하기 힘들겠구나 생각하면서 망월동에서 시내로 들어오는데 김대중 씨가 '부상자회 회장님이 왜 오픈카에 안 탔느냐'라고 했다. 오픈카에는 김대중 선생, 이희호 여사, ○○○ 교수, △△△ 유족회 회장 등이 타고 있었다. 내가 버스에서 내려 오픈카에 옮겨 타려고 하니까 한 교수가 일부러 비꼬아 말했다. '차 복잡한데 뭐 하러 타려고 하시오' [······]"(현사연, No. 7073, 1990, p. 1341). 이러한 상황에서 그가 느꼈을 굴욕감을 상상하기란 그리 어려운 일이 아닐 것이다.

[……] 다음 단계의 감정은 처참한 광경에 공포에 질려 우선 도망 온 후 느낀 자책감, 즉 자신의 무력함과 비참함에 대한 의식이었다. 이 심정은 불행한 동료에 대한 동정심을 넘어서는 것이었다. 이것은 인간의 존엄성을 짓밟는 행위에 대한 분노와 분노에 반응하지 못하고 폭력에 대한 공포에 떠는 자신의 비참함에 대한 수치와 분노였다. 공수부대는 인간을 짐승처럼, 짐승보다도 못하게 다루었을 뿐만 아니라 원래 그 폭력이 지향했던 그 폭력이 자신의 모습을 보여준 사람들 또한 인간 이하로 전락시켰다. 광주 시민들의 분노는 이중적인 것이었다. 자기 자신이 인간 이하라는 수치에 대한 분노 그리고 자신이 인간 이하임은 폭력에 대한 공포에서 비롯된다는 분노는 광주 시민들이 목숨을 걸고 공수부대와 싸워야만 했던 운명이었다. 광주 시민들이 투쟁한 것은 인간의 존엄성, '인간임'을 회복하기 위한 것이었다. (최정운, 1999, pp. 73~74).

'인간의 존엄성' '인간임'은 분명 계급의 진실에 구속되지 않으며 그에 앞서 있는 것이다. 왜냐하면 먼저 인간이 있고 계급이 있는 것이지 그 역은 성립하지 않기 때문이다. 이어서 최정운은 "폭력의 메시지는 폭력을 당하는 인간과 이것을 보는 인간, 나아가서 그 시대 그 땅의 모든 인간은 인간이 아니라는 것이었고, 광주 시민들은 이에 대한 분노로 이성을 잃고 사선(死線)을 넘었다. 그들은 투쟁의 대열에 참가함으로써 짐승의 수치에서 해방되어 존엄한 인간이 되었고 투쟁의 대열에 선 사람들은 모두 서로 존엄한 인간임을 축복했다"(같은 책, p. 74)라고 쓰면서 그 부끄러움을 '짐승의 수치'라고 말한다.[16] 그리고 '짐승의 수

16  사실 공수부대의 폭력 자체가 인간들 사이의 차이를 지워버리는 식의 폭력이었음은 여러 증언들에서도 확인된다. 남녀노소, 지위 고하를 불문하고 가해진 공수부대의 폭력은 바디우Alain Badiou식의 표현에 빗대어 말하자면 '차이에 대한 무차별indifference to

치'에서 벗어나기 위해서는, 다시 '인간임'을 주장하기 위해서는 '이성을 잃어야' 했다고 말한다.[17] 그런데 여기서 주목할 점은 '인간'에 대한 권리 주장을 위해서는 '이성'을 다시 갖추는 것이 아니라, '이성'으로 복귀하는 것이 아니라 역설적으로 '이성'을 잃어야만 한다는 것이다. 그러므로 최정운의 이 성찰 속에서는 인류의 인간됨, 즉 인류발생론anthropogenesis의 지배적 패러다임인 '이성의 인간homo sapiens'과는 전혀 다른 인류 발생이 암시되는 듯하다.

### (4)

지식인의 범주에 속하는 사람들 역시 공수부대의 무차별적인 폭력을 마주하고 저와 같은 공포와 분노, 그리고 모종의 부끄러움을 느꼈던 듯하다. 가톨릭 사제의 신분으로 시민수습대책위원으로 활동했던 조비오 신부는 5월 19일 공수부대원들이 시민들에게 가했던 무차별적인 폭력에 대해 증언하면서 이와 유사한 공포와 분노, 그리고 모종의 부끄러움을 암시한다.

---

difference'을 특징으로 하는 것이었으며, 그런 의미에서 '박애적philanthropic' 폭력이라고 할 만했다(cf. A. Badiou, 2003).

17  최정운에 따르면 공수부대의 진압 방식은 개인의 이기심과 자기보호본능에 초점을 맞춘 '전시적 폭력'이었다(같은 책, pp. 71~72, 123~24). 그는 이 점을 다른 글에서 다음과 같이 부연한다. "이 폭력은 제한된 숫자의 시위 가담자들뿐만이 아니라 모든 시민의 이기적인 자기보존본능에 초점을 맞춘 것이었다. 이러한 폭력을 목격한 시민들은 공포에 휩싸여 각자의 생명을 지키기 위해 도망가고 나아가서 자신들의 가족들마저도 시위에 가담은커녕 길거리에 못 나가도록 전 시가지에 공포 분위기를 조성하여 시위를 진압하기 위한 극단적인 방법이었다"(최정운, 2001, p. 319). 공수부대의 진압 방식이 그러한 한 그에 대한 저항의 정당성이란 필연적으로 '이성'에 대한 부정을 함축한다. 여기서 '이성'이란 바로 이기심과 자기보호본능에 따른 계산의 논리로서 '이성을 잃는다'라는 것은 그러한 계산속을 따르지 않는다는 것이다.

가톨릭센터에서 나와 계림동으로 가는데 동문다리 근처에 이르렀을 때, 대인시장 쪽에서 요란한 소리가 났다. 근처에는 군 트럭이 대기하고 있었고, 시장 내에서는 시위하던 학생들을 쫓아 들어간 공수부대원들이 시위대를 찾아낸다는 명분으로 온 시장을 뒤집고 다니면서 젊은 이들이라면 무조건 구타하여 끌고 와서 트럭에 실었다. 피투성이의 젊은이들이 트럭에 실리는 모습을 보고 온몸에 전율을 느꼈다. 마흔다섯, 젊지 않은 나이임에도 공수부대의 무차별한 만행을 목격한 나로서는 그들을 만류하기는커녕 나도 당할 수 있다는 공포 때문에 더 이상 지켜볼 용기가 없었다. 그 공수부대원들의 몽둥이가 나를 향해서도 날아올 것만 같아 겁을 집어먹고 서둘러 성당으로 돌아왔다. [……] 사태는 걷잡을 수 없는 심각한 상황으로 치닫고 있다는 것을 알면서도 아무것도 할 수 없는 자신의 한계를 뼈저리게 느끼면서 사제로서의 가책보다는 부담감이 훨씬 컸었다. (현사연, No. 1011, 1990, p. 187)

이 부끄러움은 어디에서 생겨난 것일까? 그것은 혹 육체적으로 감당하거나 맞설 용기가 없다는 데서 나오는 것일까? 이 사제의 고백 속에서 표면적으로 드러나는 것은 그러한 종류의 부끄러움인 듯하다. 그런데 이러한 종류의 비겁함cowardice의 의식이 이 지식인이 느낀 부끄러움에 대한 정확한 설명인지는 따져볼 문제이다. 사실 '육체적인 것' '남자다움'에 대한 강조는 민중 계급의 자존감을 특징짓는 것이었으며,[18] 그

18  이 점은 기층민 출신 시민군들의 증언에서도 쉽게 그 예를 찾아볼 수 있다. 일례로 다음의 진술을 보라. "20일 오후 거리를 달리는 차량은 시민군들로 가득 차 있었다. 그들은 차창 밖으로 '계엄철폐' '전두환 물러가라'의 글씨가 적힌 종이를 붙여놓고 각목으로 차를 두들기고 있었다. 그중에는 여자도 있었다. 여자는 항상 남자의 보호를 받아야 된다는 사고방식을 갖고 있던 터여서 위험한 상황에 뛰어든 여자들의 행동을 그대로 구경할 수만은 없다는 생각이 들었다. 더구나 남자인 내가 부끄럽게 말이다. 그래서 나는 차에 올라탔다"

러한 한 이는 곧 '저속한' 것으로 차라리 이에 대한 부정이야말로 언제나 지식인 집단의 에토스를 특징짓는 것이었다. 폭력과 육체적인 것에 대한 경멸은 지식인들이 오랫동안 문화적으로 내면화한 성향이고 그러한 그들이 이른바 민중 계급 에토스의 특징인 '남자다움'과 '육체적 용기'에 감응되기란 어려운 일이다. 그렇다면 저 사제가 자신의 부끄러움의 이유로 암시하는 듯한 육체적으로 맞설 용기가 없었다는 것, 비겁함에 대한 의식은 다른 종류의 부끄러움에 대한 의식의 기만 또는 무의식적인 알리바이일 것이다. 냉정히 말해 그는 "나도 당할 수 있다"는 생각에 더 이상 지켜보지 않았고, 그런 이유인지 '이성'을 잃지 않았다. 사실 이 사제처럼 대다수 지식인은 끝까지 '이성'을 잃지 않았다.

그런데 이 사제는 5월 26일 부끄러움과 같은 것을 또다시 경험한다. 계엄군이 광주 시내에서 퇴각한 이후 수습위원으로 활동하던 그는, 강경파와 수습파가 대립하던 26일 밤 막강한 화력을 지닌 공수부대와 맞선 싸움에 승산이 없다고 판단하고 저녁 8시 45분경 도청문을 나섰다. '싸움에 승산이 없다'라는 판단에 대한 호소는 사실 힘으로 맞서는 저 힘을 이길 수 없다는 논리, 즉 물리적·육체적 논리의 연장이다. 하지만 이 시점에서는 이미 '싸움의 승산'은 전혀 문제가 되는 것이 아님이 분명했다. 아니 애초에 5·18항쟁은 싸움의 승산 따위와는 무관한 것이었다. 끝까지 항쟁을 주장했던 이들 역시 조금만 더 버티면 다른 지역의 국민들도 들고 일어서리라는 '기대'와 '희망'을 품었을지언정 '승산'과 같은 계산적 논리에 입각해 그러한 주장을 편 것은 아니다. 그는 사실 내심 강경파였다("강경파의 주장이 원칙적으로는 옳은 말이었다").[19]

(현사연, No. 2020, 1990, p. 408).
19   이와 관련하여 최정운의 해석(최정운, 1999, pp. 228~29)을 참조하라.

그런데도 이 사제는 이 논리에 반복적으로 호소한다. 아마도 이러한 논리에 대한 반복적인 호소는 계산과 엄정함에 대한 집착을 특징으로 하는 지식인 계급 에토스의 간섭 효과였을 것이다. 바로 이런 이유로 그는 (수습의 입장에 있던 다른 이들과 마찬가지로) 승산이 없다는 명확한 판단이 섰음에도 강경파의 주장이 '원칙적으로 옳은' 것이라고 승인하는 두 마음을 경험했고 도청을 나설 때 알 수 없는 부끄러움에 휩싸이며 알 수 없는 눈물을 흘린 것이리라. "도청 정문을 나설 때, 한편으로는 비겁하게 나 혼자만 살기 위해 빠져나가는 것 같은 심정과, 또 한편으로는 저 많은 젊은이들이 아까운 목숨을 잃을 운명의 밤일지도 모른다는 생각이 들어 눈물을 흘리기 시작했다. 닦아도 닦아도 눈물은 걷잡을 수 없이 자꾸만 흘러내렸다"(현사연, No. 1011, 1990, p. 193).

그렇다면 이 사제가 느끼는 부끄러움의 원인은 필경 다른 곳에 있음에 틀림없다. 조비오 신부의 이 부끄러움은 앞서 인용한 윤영규와 홍성담의 부끄러움과 닮아 있다. 이러한 부끄러움에는 남은 이들의 죽음이 개죽음이 아니라는 내밀한 부정의 감정, 다시 말해 죽음이 개 같은 것이 아니라 삶이 개 같고, 죽음이 자포자기가 아니라 삶이 자포자기라는 반전이 내포되어 있으며, 이것은 일종의 자신에 대한 배반과 인격적 통합성의 해체와 같은 것의 경험인 것이다.[20] 그리고 이 부끄러움은 곧 최후항전의 진실이 '남은 자들'만의 진실, 그들의 계급에 구속되어 있는 진실이 아님을 증언한다. 그래서 이 지식인들은 그들의 '선택'을 결코

---

20  5월 21일 성직자들이 나서달라는 시민들의 빗발치는 요구 속에서 조비오 신부를 비롯한 몇 명의 사제는 '장백의'를 입고 플래카드를 들고 시민들과 계엄군이 대치하고 있는 도청 앞 분수대 앞으로 나가 중재를 시도해보자는 결의를 한다. 물론 실현되지는 못했다. 그들이 입고 나가고자 한 장백의는 아마도 그들이 느낀 인격적 통합성의 해체를 그나마 가려줄 가면과도 같은 장치였을 것이다.

'쿨'하게 수긍할 수 없는 것이며 그들에게서 부끄러움을 느끼는 것이다. 최후항전의 진실이 계급에 '앞서' 있음은, 적어도 계급과는 '부차적으로만' 관련된 것임은 분명하다.

## (5)

통상적인 견해에 따르면 죄책감feeling of guilt이란 개인주의적인 감정으로 여기서는 내면적 성찰과 양심의 가책이 문제인 반면, 부끄러움은 무엇보다도 사회적인 감정으로 공통의 신의에 대한 위반, 곧 타인의 기대를 저버리는 것과 관계 있다. 다시 말해 죄책감에서는 내면의 자아의 시선이 문제가 되는 반면, 부끄러움에서는 타인의 시선이 문제가 된다. 또한 죄책감과 부끄러움은 때론 문명을 가르는 기준이 되기도 하는데, 그중 가장 유명한 것이 바로 베네딕트의 '죄의 문화guilt culture'와 '수치의 문화shame culture'의 구별이다(R. Benedict, 1946[2005], pp. 222~24). 아무튼 이 양자에서 공히 문제가 되는 것은 그것이 타자의 시선이건 내면의 자아의 시선이건 이 '시선'이 문제가 된다는 점이다.

부끄러움의 경험은 분명 타자의 시선에 드러나는 것, 벌거벗음의 경험과 유사한 데가 있다. 하지만 그러한 드러남은 타자의 시선에 드러남만은 아니며 또한 내면의 시선에 드러남이기도 하다. 레비나스Emmanuel Levinas는 이 점을 예리하게 인식한다. 그래서 그는 벌거벗음과 관련된 부끄러움에 대해 "벌거벗음의 부끄러움에서 문제가 되는 것은 그저 몸의 벌거벗음만은 아니다. [……] 벌거벗음의 부끄러움의 궁극적 의미는 무엇일까? 그것은 바로 우리가 타자로부터 숨을 곳을 찾을 뿐만 아니라 자기 자신으로부터도 숨을 곳을 찾는다는 것이다"(E. Levinas, 2003, p. 64)라고 쓰고 있다. 앞에서 잠깐 언급했듯이 부끄러움의 경험은 일종의 인격적 통합성의 해체를 내포한다. 그렇기 때문에 부끄러움 속에서 실존은 변명을 찾는 것이다["결국 부끄러움이란 변명을 찾는 실존이다"(같은 책, p. 65)].

아감벤Giorgio Agamben은 『아우슈비츠의 남은 자들』의 「부끄러움, 혹은 주체에 관하여」라는 장에서 레비나스의 분석을 심화시킨다.

부끄러움을 느낀다는 것은 곧 감당이 안 되는 어떤 상황에 놓인다는 것을 말한다. 하지만 감당이 안 되는 것은 어떤 외부적인 것이 아니다. 오히려 그것은 우리의 고유한 친밀함에서 나오는 것이다. 그것은 우리 속에서 가장 친밀한 것(예컨대 우리 삶의 생리적인 부분)이다. 그러므로 여기서 '나'는 자신의 수동성에 의해, 가장 고유한 감성에 압도되지만 이러한 박탈과 탈주체화는 이 '나'의 그 자신에게로의 극단적이고도 환원 불가능한 현전이기도 한 것이다. 그것은 마치 우리의 의식이 붕괴되고, 사방으로 달아나려고 하면서도 동시에 자신의 체면 손상에 당면하게 하는, 가장 고유한 것의 박탈에 당면하게 하는 거부할 수 없는 명령에 따라 동시에 소환되는 것과 같다. 따라서 주체는 부끄러움 속에 자신의 탈주체화밖에는 다른 내용을 갖지 않으며, 자기 자신의 부조리, 주체로서의 자신의 완벽한 소멸에 대한 증인이 된다. 주체화이기도 하고 탈주체화이기도 한 이 이중 운동이 부끄러움이다. (G. Agamben, 1999, pp. 105~06)[21]

---

21  따라서 부끄러움을 베네딕트의 도식에 따라 굳이 '동양적'(혹은 '일본적')인 것으로 볼 이유는 없다. 익히 알려진 바와 같이 베네딕트는 서양의 문화를 '죄의 문화'로, 동양(특히 일본)의 문화를 '수치의 문화'로 규정하지만, 아감벤에 따르면 차라리 사법적 범주와 윤리적 범주의 혼동, 다시 말해 죄와 부끄러움(수치)을 구별하지 못하는 것이 서양 문화의 특징이었다.

하지만 부끄러움에서 다시 문제가 되는 것은 그 드러남이 통합된 자아, '나'라는 확실성을 지닌 자아의 시선에 드러남은 아니라는 점이다. "인간의 마음 깊은 곳에서 두려움을 불러일으키는 것은 자기 안에 있는 짐승과 비슷한 것이 자기를 알아보지 않을까 하는 막연한 의식이다"(W. Benjamin, 1996, p. 448). 혐오감Abscheu에 대한 벤야민Walter Benjamin의 이 짧은 아포리즘에서 암시되듯, 이를테면 나를 보기 위해 거울을 들여다보지만 그 거울 속에는 익히 나라고 알고 있는 그 나가 비치는 것이 아니다. 거울 속에 비치는 것은 내가 모른다고 부인하는 낯선 것('나-타자')이며 내가 보고 있는 이 낯선 것에 의해 나 자신이 증인으로 취해지고 있는 것이다. 그러므로 내면을 들여다본다는 이 능동적인 '봄'의 운동 속에는 들여다보는 나의 '나-타자'의 시선에 드러남이라는 수동적인 '보임'의 운동이 함께 일어난다. 그러므로 부끄러움이란 감당될 수 없는 '나-타자'와의 회피될 수 없는 마주함이다.

다시 광주의 5월로 되돌아오자. 조비오 신부는 5월 26일 밤 계림동 성당에서 미사를 드리기 위해 도청을 나선다. 남은 자들의 죽음을 예감한 그는 미사에서 다음과 같이 강론한다.

아벨의 무고한 피로 인하여 카인은 하느님의 징벌을 받고 광야를 헤매는 생활을 해야만 했다. 국민의 세금으로 양성된 군인들이 무고한 시민을 죽인 동족상잔의 비극은 비참하게 끝나는 것이 아니다. 영문을 모르고 죽어간 시민들의 목숨과 불의에 항거한 젊은이들의 피는 광주뿐만 아니라 우리나라의 역사를 도탄에서 구할 수 있는 의로운 피가 될 것이다. 의인의 억울하고 애통한 죽음과 그 피는 하늘에 사무쳐서 하느님께서는 우리의 염원을 꼭 들어주실 것이다. (현사연, No. 1011, 1990, p. 193)

도청에 남은 이들에 대한 '공감'과 안타까움이 드러나는 이 강론에서 다른 누구도 다른 무엇도 아닌 아벨의 형상이 언급되고 있음은 예사롭지 않다. 그리스도교 전통에서 아벨은 무엇보다도 '무고한 죽음' '무죄한 죽음'을 상징하며 이 강론에서 아벨은 "영문을 모르고 죽어간 시민들의 목숨"과 "불의에 항거한 젊은이들의 피"의 은유임은 자명하다. 그렇다면 이 강론에서 카인은 곧바로 '아벨'을 죽인 장본인, 곧 '무고한 시민들을 죽인 군인들'을 가리키는 듯하다. 그런데 문제는 그리 간단치 않다.

『구약』에서 카인과 아벨이 등장하는 대목(「창세기」, 4장 1~16절)을 보면 카인이 자기 아우 아벨을 죽인 이유는 아벨에 대한 질투와 시기심 때문인 듯하다. "주님께서는 아벨과 그의 제물은 기꺼이 굽어보셨으나, 카인과 그의 제물은 굽어보지 않으셨다. 그래서 카인은 몹시 화를 내며 얼굴을 떨어뜨렸다"(「창세기」, 4장 4~5절). 「창세기」에는 하느님께서 카인의 제물을 가납하지 않으신 이유가 명확히 밝혀져 있지 않다. 농부가 된 카인은 '땅의 소출'을 하느님께 제물로 바쳤고 양치기가 된 아벨은 '양 떼 가운데 맏배들과 그 굳기름'을 바쳤다고 되어 있을 뿐 두 사람의 제물 가운데 어떤 이유로 아벨의 제물이 더 나은지, 아니면 카인의 제물을 거절한 다른 이유가 있었는지는 설명되지 않는다. 다만 하느님께서는 낙담한(얼굴을 떨어뜨린) 카인에게 (이를테면 질투에 눈이 멀어) 죄의 유혹에 빠지지 말라는 경고만 하실 뿐 그의 낙담에 대해 아무런 위로도 설명도 하지 않으신다.[22] 다시 말해 『구약』의 문맥에서

---

22 "너는 어찌하여 화를 내고, 어찌하여 얼굴을 떨어뜨리느냐? 네가 옳게 행동하면 얼굴을 들 수 있지 않느냐? 그러나 네가 옳게 행동하지 않으면, 죄악이 문 앞에 도사리고 앉아 너를 노리게 될 터인데, 너는 그 죄악을 잘 다스려야 하지 않겠느냐?"(「창세기」, 4장 6~7절).

는 카인이 무고한 아벨을 죽였다는 사실만 드러날 뿐 무고할 따름인 아벨이 어떤 점에서 의인인지 아무런 질적(혹은 윤리적) 규정도 제시되지 않으며 올바로 행하지 않은 자, 얼굴을 들지 못하는 자인 카인과의 대비 속에서 다만 무고한innocent 자, 얼굴을 들고 다니는 자, 올바로 행하는 자, 그저 떳떳한 자임이 암시될 뿐이다. 마찬가지로 '올바로 행함' 또한 그것이 제물의 격식을 '제대로' 갖추는 것을 의미하는지 아니면 제물을 드리는 그 의도가 '좋음'을 의미하는지 아무런 규정도 제시되지 않는다.[23]

그런데 『신약』에 이르면 아벨과 카인의 형상은 『구약』에서와는 달리 사뭇 구체적으로, 그런데 다소 특수한 상황인 예수께서 율법학자들과 바리사이들을 꾸짖는 맥락에서 재등장한다(「마태오 복음서」, 23장 1~36절; 「루카 복음서」, 11장 37~54절). 예수께서는 그들, 즉 '높은 자리를 좋아하고' '스승이라고 불리기를 좋아하는' 율법학자와 바리사이들을 일컬어 '말만 하고 실행하지는 않는 위선자들'이라고 꾸짖는다.

---

23 아마도 이 모호함이 이후 바리사이들의 형식과 엄정함에 대한 강박을 낳았을 것이다. 또한 이 모호함이 베버Max Weber가 프로테스탄티즘의 기원으로 제시한 '종교적 불안' — 즉 자신들이 선택받은 자인지 아닌지 확인할 수 없다는 불안—과 닮아 있음은 우연이 아니다. 다만 「창세기」의 이 대목에서 눈여겨보아야 할 점은 아벨과 카인의 서로 다른 운명이 하느님의 예정과는 아무런 관련이 없다는 점이다. "네가 옳게 행동하면 얼굴을 들 수 있지 않느냐?"(「창세기」, 4장 7절)라는 하느님의 다정한 경고 속에서 드러나듯 카인에게도 분명 '옳은 일을 행할 능력' 혹은 '죄를 짓지 않을 능력'이 주어져 있었다. 카인의 저주받은 운명은 하느님의 예정에 따른 것이 아니라 그가 능히 할 수 있었음에도 하지 않았던 데서, 혹은 능히 하지 않을 수 있었음에도 했던 데서 비롯된다. 다시 말해 카인의 불행은 그가 아벨의 의인됨의 가능성을 필연성으로 환원하여 해석한 데서, 그리하여 자신의 가능성조차 예단하여 부정한 데서 비롯되고 있는 것이다. 한나 아렌트Hannah Arendt는 유대인 대학살이라는 범죄에 있어 아돌프 아이히만Adolf Eichmann이 유죄라고 보았는데, 이는 그가 대학살을 저지른 조직에 직접적으로 참여했고 그토록 잔인한 체계에서 자기 일을 수행하는 데 가치를 두었으며, 무엇보다 그렇게 행동하지 않을 수도 있었는데 그렇게 행동했기 때문이다. 아이히만은 달리 행동할 수 있었던 것이다(H. Arendt, 1994; cf. I. Young, 2011).

심지어 예수께서는 그들을 의인들을 죽인 자들의 자손이라고 규정하며[24] 그들에게 다음과 같은 저주를 퍼붓는다. "너희 뱀들아, 독사의 자식들아! [……] 의인 아벨의 피부터, 너희가 성소와 제단 사이에서 살해한 베레크야의 아들 즈카르야의 피에 이르기까지, 땅에 쏟아진 무죄한 피의 값이 모두 너희에게 돌아갈 것이다"(「마태오 복음서」, 23장 33~35절). 이러한 맥락에서 보면 아벨을 죽인 자는 '은유적으로' 율법학자들과 바리사이들이기도 하다. 아마도 이 사제의 강론에서 카인은 딱히 무고한 시민들을 죽인 군인들이기만 한 것은 아닐 것이다. 어쩌면 카인은 이 사제 자신을 가리키기도 한 것이며 아벨의 피의 울부짖음(「창세기」, 4장 10절), 아벨의 복수(히브리어에서 '피의 울부짖음'이란 '복수'를 뜻한다)의 칼끝은 이 사제 자신을 향하고 있는 것이기도 하다. 다시 말해 이 강론에 나타난 카인과 아벨의 형상은 '나는 위선자가 아닌가?' '나는 아벨이 아니라 카인이 아닌가?'라는 사제 자신의 자책과 부끄러움의 표상인 것이며, 자신 안의 타자인 카인과의 마주함, 자신 안의 '카인'의 그 자신에게로의 현전이자 그로부터의 탈출 불가능성이다. 이 강론에서 우리가 읽어야만 하는 것은 '무고한 시민들'과 '불의에 항거한 젊은이들'의 대한 '공감sympathy' 속에서도 사제는 그들과의 인격적인 '일체화identification'에 실패하고 또 그러한 실패 속에서도 사제가 여전히 그들에게 '공감'하고 있다는 점이다. '아벨'에 대한 공감 속에서 그에게로의 인격적 일체화의 실패이자 그러한 실패 속에서의 공감, '아벨'일 수도 '카인'일 수도 없음이자 있음, '아벨'됨과 '카인'됨의

---

24 "불행하여라, 너희 위선자 율법학자들과 바리사이들아! 너희가 예언자들의 무덤을 만들고 의인들의 묘를 꾸미면서, '우리가 조상들 시대에 살았더라면 예언자들을 죽이는 일에 가담하지 않았을 것이다' 하고 말하기 때문이다. 그렇게 하여 너희는 예언자들을 살해한 자들의 자손임을 스스로 증언한다"(「마태오 복음서」, 23장 29~31절).

무구별indistinction, 이 둘 사이의 분리 불가능한 친밀함intimacy이 바로 이 사제의 부끄러움이다.

**(6)**

「히브리인들에게 보낸 서간」(이하 「히브리서」)의 저자에 따르면 아벨의 의인됨은 믿음(faith; [G] pistis; [L] fides) 때문이다.[25] "믿음으로써, 아벨은 카인보다 나은 제물을 하느님께 바쳤습니다. 믿음 덕분에 아벨은 의인으로 인정받고, 하느님께서는 그의 예물을 인정해주셨습니다" (「히브리서」, 11장 4절). 다시 말해 「히브리서」의 저자는 의로움을 믿음과의 관계 속에서 정의하며 이때 의로움은 믿음의 결과이자 믿음은 곧 의로움의 보증이라는 것을 명확히 한다. 아벨이 의인이라는 점은 이미 보았듯이 그의 형상이 재등장하는 「마태오 복음서」 23장에서도 확인된다. 하지만 여기에서는 믿음과 의로움의 관계가 곧바로 분명하게 드러나지는 않는다.

믿음과 의로움의 관계와 관련하여, 예수께서 율법학자와 바리사이들을 꾸짖는 이 문맥에서 우선 눈여겨보아야 할 것은 예수께서는 율법학자와 바리사이 들의 위선hypocrisy의 증후로 무엇보다도 언행의 불일치, 말과 행동의 불일치("그들은 말만 하고 실행하지는 않는다", 「마태오 복음서」, 23장 3절)를 들고 있다는 점이다. 그런데 이 문맥에서 위선인가 아닌가의 관건이 다만 언행의 일치인 것만은 아니다. 예수께서는 이내 잔(「루카 복음서」에서는 잔과 접시)의 겉과 속의 비유를 들어 두 가지 종류의 실행, 곧 '보이기 위한 실행'("그들이 하는 일이란 모두 다른

---

25  여기서 '믿음'이란 고전 그리스어로는 'pistis', 라틴어로는 'fides'로서, 이 말들은 공히 믿음belief, 신의faith, 신뢰trust, 신용credit, 충실함(faithfulness, fidelity)을 뜻한다는 점을 염두에 두자.

사람들에게 보이기 위한 것이다", 「마태오 복음서」, 23장 5절)과 '의로움과 자비와 신의(pistis; fides)의 실행'[26]을 구별하며 이 후자가 "율법에서 더 중요한 것들"이라고 규정한다. 그러므로 위선이냐 아니냐의 관건은 언행의 일치 여부이며, 언행일치에서 관건은 말의 실행이 '보이기 위한' 실행이냐 아니면 '의로움과 자비와 신의(=믿음)'의 실행이냐의 여부이다. 아무튼 이 복음서에서는 의로움과 믿음(=신의=충실성) 사이의 인접성은 나타나지만 그럼에도 불구하고 그 구체적인 관계는 다소 모호한 채로 남아 있다.

그런데 이 문맥에서, 잔의 겉과 속의 비유는 곧 말과 마음의 은유라는 점은 이 복음서 여러 곳에서 확인된다. 이를테면 "입에서 나오는 것은 마음에서 나오는데"(「마태오 복음서」, 15장 18절)라는 구절이 그 한 예다. 「마태오 복음서」 12장 34~37절의 "독사의 자식들아, 너희가 악한데 어떻게 선한 말을 할 수 있겠느냐? 사실 마음에 가득 찬 것을 입으로 말하는 법이다. [······] 네가 한 말에 따라 너는 의롭다고 선고받기도 하고, 네가 한 말에 따라 너는 단죄받기도 할 것이다"라는 말씀도 그러한 예 중 하나인데, 여기서는 의로움과 믿음의 관계가 좀더 구체화된다. 종합하면 결국 언행일치란 말이 마음에서 나오는 한, 말과 (겉으로 드러나는) 행위의 맞물림이 아니라 마음과 행위의 맞물림이며 의롭다는 것은 마음과 행위의 맞물림으로서의 언행일치이다.

의로움과 믿음의 관계에 대한 좀더 명확한 표현은 아마도 「로마 신자들에게 보낸 서간」(이하 「로마서」)에서 사도 바오로의 다음과 같은

---

26 "불행하여라, 너희 위선자 율법학자들과 바리사이들아! 너희가 박하와 시라와 소회향은 십일조를 내면서, 의로움과 자비와 신의처럼 율법에서 더 중요한 것들은 무시하기 때문이다. 그러한 십일조도 무시해서는 안 되지만, 바로 이러한 것들을 실행해야만 했다"(「마태오 복음서」, 23장 23절).

진술에서 찾을 수 있을 듯하다. "사람은 율법에 따른 행위와 상관없이 믿음으로 의롭게 된다고 우리는 확신합니다. [……] 그렇다면 우리가 믿음으로 율법을 무효가 되게 하는 것입니까? 결코 그렇지 않습니다. 오히려 율법을 굳게 세우자는 것입니다"(「로마서」, 3장 28~31절). 이 구절에서 사도 바오로는 의로움이란 믿음(=신의=충실성)의 효과effect이고 믿음(=신의=충실성)이 의로움을 규정하며, 그러한 한 믿음 자체가 의롭다는 점을 분명히 한다. 그런데 바오로의 진술은 사실 예수의 「마태오 복음서」 5장 17~20절의 말씀, 곧 "내가 율법이나 예언서들을 폐지하러 온 줄로 생각하지 마라. 폐지하러 온 것이 아니라 오히려 완성하러 왔다. [……] 너희의 의로움이 율법학자들과 바리사이들의 의로움을 능가하지 않으면, 결코 하늘나라에 들어가지 못할 것이다"라는 말씀을 약간 달리하여 표현한 것이다. 달리 말해 사도 바오로의 '믿음으로 의로워짐'은 예수의 '의로움으로 의로움을 능가함'과 등가의 의미를 지닌 표현인 셈이다. 이러한 맥락에서 보면 믿음(=신의=충실성)이란 의로움을 넘어선 의로움, 곧 최고의 의로움righteousness par excellence이 된다. 결국 「마태오 복음서」에 나타나는 믿음(=신의)과 의로움 사이의 인접성의 구체적인 의미는 바로 '율법의 완성'이라는 테마에서 찾아져야 하는 것이다. 그러면 율법의 '완성'—여기서 완성plērōsai이란 '충만plērōma하게 함'을 의미한다—이란 과연 어떠한 것일까? 그것은 이를테면 율법의 부족한 부분, 율법에 결핍된 부분을 보완하고 채우는 것, 다시 말해 율법의 강화 또는 유신(維新)을 의미하는 것일까?

물론 이 완성이란 율법의 무효화 또는 폐지가 아니며 또 그것의 부정도 아님은 성경 말씀에 나타난 바다. 예수께서는 율법학자와 바리사이들을 전적으로 부정하지도 않으며[27] 마찬가지로 '보이기 위한 실행'을 전적으로 부정하지도 않는다.[28] 그러면 이 '완성'은 혹 저 높은 곳으로의 상승을 위한 위장된 부정, 헤겔적인 어법으로는 '지양(sublation; Aufhebung)'과 같은 것을 의미하는 것일까? 그러나 우리는 예수의 '의로움으로 의로움을 능가해야 한다'라는 말씀 속의 '능가함'이란 다만 '위로 흘러넘침' 곧 충만임을 기억할 필요가 있다(이 점은 그리스어 성경에서나 라틴어 성경에서나 공히 확인된다). 이 '능가함'은 '지양'이 아니며 그 어떤 '너머'를 가리키지 않는다. 그렇다면 믿음은 의로움 '너머'에 있는 어떤 새로운 의로움이 아닐 것이다. 정확히 말해 믿음의 의로움은 율법의 틀에 갇히지 않는 의로움이며, 율법이라는 그릇으로 담을 수 없는 의로움이다. 이렇게 보면 믿음(의 의로움)은 율법(의 의로움)보다 윤리학적인 의미에서는 '위에pleion' 있는지 몰라도 존재론적인 차원에서는 '앞에' 있는 의로움이다.[29]

믿음(=신의=충실성)은 율법의 부정이 아니며 그러한 한 분명 율법에 대한 충실성(fidelity; pistis; fides)을 내포한다. 하지만 '율법의 완성(=율법을 족히 채우고도 흘러넘침)'이라는 테마 속에서 그 의로움은 주는 만큼 받고 받는 만큼 주는 계산적 정의도 아니고("너희가 자기를 사랑하는 이들만 사랑한다면 무슨 상을 받겠느냐? 그것은 세리들도 하지 않느냐?", 「마태오 복음서」, 5장 46절) 율법학자나 바리사이 들처럼 율법

---

27　"율법학자들과 바리사이들은 모세의 자리에 앉아 있다. 그러니 그들이 너희에게 말하는 것은 다 실행하고 지켜라"(「마태오 복음서」, 23장 2~3절).

28　"그러한 십일조도 무시해서는 안 되지만"(「마태오 복음서」, 23장 23절). 또한 다음 구절도 참조하라. "내가 진실로 너희에게 말한다. 하늘과 땅이 없어지기 전에는, 모든 것이 이루어질 때까지 율법에서 한 자 한 획도 없어지지 않을 것이다. 그러므로 이 계명들 가운데에서 가장 작은 것 하나라도 어기고 또 사람들을 그렇게 가르치는 자는 하늘나라에서 가장 작은 자라고 불릴 것이다. 그러나 스스로 지키고 또 그렇게 가르치는 이는 하늘나라에서 큰사람이라고 불릴 것이다"(「마태오 복음서」, 5장 18~19절).

29　이 관계에 대해서는 후기 하이데거(특히 『철학에의 기여』)의 'Ereignis'(생기, 일어남)와 'Sein'(존재)의 관계에 유비시켜 생각해볼 수도 있을 것이다.

의 자구 하나하나를 꼼꼼히 지키는 축자적인 정확함도 아니다. 또한 그러한 의로움은 예컨대 '지양' 같은 어떤 '작위'를 통해 궁극적으로 이르게 될 그러한 의로움도 아니다. 믿음은 그 자체로 충만한 의로움이며 결국 '의로움을 넘어선 의로움'이란 사실상 '의로움 앞에 있는 의로움'인 것이다. 이로써 『구약』에 나타나는 아벨의 형상과 『신약』에 나타나는 아벨의 형상 사이의 일관성이 드러난다. 아벨의 의로움은 차라리 '무위(無爲; désœuvrement)'의 의로움이며, 그렇기 때문에 다만 무죄함 innocence이나 '떳떳함'(=‘얼굴을 듦’)으로 나타나는 의로움인 것이다.

예수께서 율법학자들과 바리사이들을 꾸짖는 맥락에서 또 하나 눈여겨보아야 할 것은 맹세의 남용이 문제시된다는 점이다.[30] 발화 행위 speech act로서, 본질적으로 언어 사건인 맹세란 무엇보다도 말의 진실성을 수행적으로performatively 보증하는 말이다. 말하자면 발언의 당사자, 곧 화자를 그 발언에 묶어두기 위해 말해지는 말이다. 그렇다면 맹세의 남용이란 사태는 무엇보다도 말의 진실함과 신뢰성(pistis; fides)이 위기에 처해 있음을 역설적으로 드러내는 것이라고 할 수 있다(부연하자면 우리는 왜 맹세가 남발될 수밖에 없었는가를 생각해보아야 할 것이다). 다시 말해 맹세의 남용이 문제가 되는 것은 그것이 맹세 자체가 아니라 맹세에 속하는 어떤 고유한 경험, '더 중요한 것' 곧 '의로움과 신의(=믿음)'의 위기를 표상하기 때문이다. 맹세의 남용이라는 범

---

30 "어리석고 눈먼 자들아! 무엇이 더 중요하냐? 금이냐, 아니면 금을 거룩하게 하는 성전이냐? 너희는 또 '제단을 두고 한 맹세는 아무것도 아니지만, 제단 위에 놓인 예물을 두고 한 맹세는 지켜야 한다'고 말한다. 눈먼 자들아! 무엇이 더 중요하냐? 예물이냐, 아니면 예물을 거룩하게 하는 제단이냐? 사실 제단을 두고 맹세하는 이는 제단과 그 위에 있는 모든 것을 두고 맹세하는 것이고, 성전을 두고 맹세하는 이는 성전과 그 안에 사시는 분을 두고 맹세하는 것이며, 하늘을 두고 맹세하는 이는 하느님의 옥좌와 그 위에 앉아 계신 분을 두고 맹세하는 것이다"(「마태오 복음서」, 23장 17~22절).

례적인 위선의 사례에서도 역시 문제가 되는 것은 말과 행위의 불일치라기보다는 말과 마음의 불일치이다. 그렇다면 거꾸로 말해 참다운 맹세 곧 맹세를 맹세답게 함이자 맹세의 완수란, 말과 마음의 일치일 것이다. 사도 바오로가 「로마서」 10장 9절에서 "입으로 고백하고 [……] 마음으로 믿으면 구원을 받을 것입니다"라고 말하며 의로움이란 곧 말이 우리에게 가까이 있음, 말이 우리의 '입'과 '마음'에 있음이라고 규정할 때의 '고백(confession, profession; [G] homologia)'이라는 표현 역시 같은 맥락에서 이해할 수 있다(「로마서」, 10장 5~11절).[31] 언행일치란 결국 말과 행위의 일치라기보다는 차라리 말과 마음의 일치이고 그런 의미에서 그것은 '입'과 '눈'의 맞물림이라기보다는 '입'과 '마음'의 맞물림이며, 이때 의로움이란 무엇보다도 '마음'에 대한 충실성으로 그러한 것으로서의 믿음이 곧 의로움이다. 이러한 의로움 속에서는 믿는 자는 "부끄러운 일을 당하지 않"[32]을 것이며 또 그러한 한 의로움은 곧 '부끄럽지 않음'이다.

(7)

계엄군의 만행에 대한 광주 시민들의 저항은 애초부터 바리사이적 pharisaic 의로움과는 거리가 먼 것이었다. 차후에 이것저것 따지기는 했을지언정 그 시작은 공수부대의 짐승 같은 폭력에 대해 '사람으로서 그럴 수는 없다'라는 너무나도 당연한 분노였고 그러한 한 그 의분은 '이

---

31 '고백'으로 번역된 그리스어 'homologia'는 본래 '고백'과 '맹세' 둘 다를 의미하는 말이다 (cf. G. Agamben, 2011, p. 58).

32 "그대가 예수님은 주님이시라고 입으로 고백하고 하느님께서 예수님을 죽은 이들 가운데에서 일으키셨다고 마음으로 믿으면 구원을 받을 것입니다. 곧 마음으로 믿어 의로움을 얻고, 입으로 고백하여 구원을 얻습니다. 성경도 "그를 믿는 이는 누구나 부끄러운 일을 당하지 않으리라" 하고 말합니다"(「로마서」, 10장 9~11절).

성을 잃은' 의로움, '무구한innocent' 의로움으로 나타났던 것이다. 지식인들은 광주 시민들의 무고함, 그들의 의로움을 철저히 끝까지는 신뢰하지는 못했고 그렇기 때문에 '수습'이라는 중립적인 제스처 속에서 드러나듯 신군부의 양시론 또는 양비론에 취약했다. 하지만 항쟁의 계속을 주장했던 이들에게 '수습'이란 사실상 이 양시양비론에 대한 굴복을, 다시 말해 광주 시민들이 항쟁 과정 속에서 보여준 의로움에 대한 배반을 의미하는 것이었고, 그렇기 때문에 그 의로움에 대한 믿음은 항쟁 속에 '남음'이라는 형식을 취할 수밖에 없는 운명이었다.

이제 우리는 5월 26일 윤상원이 말한 '항쟁의 완성'이라는 표현의 의미에 대한 하나의 해석을 시도해볼 수 있을 듯하다. 26일 저녁 YWCA에서 일부 재야 수습위원들이 젊은이들의 회생을 안타까워하며 도청을 나가라고 설득하자 그는 다음과 같이 말한다.

물론 우리들은 패배할 것입니다. 죽을지도 모릅니다. 그러나 그냥 이대로 전부가 총을 버리고 아무 저항 없이 계엄군을 맞아들이기에는 지난 며칠 동안의 항쟁이 너무도 장렬했습니다. 앞으로 우리 시민들의 저항을 완성시키기 위해서는 누군가가 여기에 남아 도청을 사수하다 죽어야 합니다. (황석영·전남사회운동협의회, 1985, p. 207; 황석영 외, 1996, pp. 209~10; 정상용 외, 1990, pp. 304~05)

윤상원의 말대로 결국 '전부'가 아닌 '누군가'가 남았다. 그런데 이 '남은 자들remnants'은 누구인가? 여기서 윤상원은 특별한 조작을 도입한다. '남은 자들'이 '우리 시민들'에 속하는 것은 분명하다. 하지만 윤상원은 이내 '우리'("우리 시민들")에 속하지만 그 '우리'와 합치시킬 수 없는 '누군가'를 제시한다. 하지만 또 이 '누군가'는 딱히 시민들 가운데서 분리된 일부와 일체화될 수도 없다. 바로 삼인칭이 아닌 일인칭의 '우리 시민들'이라는 표현 속에서 '누군가'는 '우리'이기도 하기 때문이다. 다시 말해 이 구별은 일종의 이중 부정의 형식(*not* not A)을 취하고 있는데, 아감벤식으로(혹은 사도 바오로식으로) 이를 표현하면 이 '누군가'는 '광주 시민이 아니지 않은 자들'이며 이러한 이중 부정의 조작을 통해 그는 신군부가 시도한 '양민'과 '폭도'의 분할을 무위로, 광주 시민 가운데에서 폭도를 구별하는 것이 작동되지 않도록 만들었던 것이다. '남은 누군가'란 신군부의 언술 속에서는 '폭도'이지만 '우리 시민들'의 의로운 저항의 연속이자 완성이라는 테마 속에서는 '양민이 아니지 않은 자'로서, 결국 윤상원이 '누군가는 남아야 한다'라고 했을 때 제시했던 것은 최종적으로 전부(전체)로도 일부(부분)로도 일치시킬 수 없는, 또 폭도로도 양민으로도 일치시킬 수 없는 불가능성의 가능성이었던 것이다.[33] 그러므로 이 속에서는 '남은 자들'이 폭도라면 모든 광주 시민들이 폭도여야 하며 광주 시민들이 양민이라면 이 '남은 자들'도 양민이어야만 하게 된다. 이 조작을 통해 윤상원은 결과적으로 광주 시민 전체를 폭도로 몰지 않는 한 전체를 양민으로 인정할 수밖에 없으며 전체를 양민으로 인정하지 않는 한 전체를 폭도로 몰 수밖에 없는 딜레마를 신군부에 안긴 것이다. '남은 자들'은 결국 '우리 시민들'이고 남은 자들로서의 우리는 그 '맏물(premise; [G] aparchē)'인 것이다. "맏물로 바치는 빵 반죽 덩이가 거룩하면 나머지 반죽도 거룩합니다. 뿌리가 거룩하면 가지들도 거룩합니다"(「로마서」, 11장 16절).[34]

---

33 '남은 자들remnants'과 관련해서는 아감벤의 논의(특히 G. Agamben, 2005, pp. 44~58)를 참조하라.

34 인용한 성경 구절은 한국천주교주교회의에서 펴낸 『성경』의 번역에서 취한 것이며, 『공동번역 성서』에는 이 구절이 다음과 같이 되어 있다. "떡 반죽에서 떼어낸 첫 부분을 하느

물론 이 가능성이 현실화되기 위해서는, 이 조작이 작동되기 위해서는(또는 달리 말해 신군부의 구별이 무위가 되도록 하기 위해서는) 누군가는 광주 시민들의 의로움에 대한 믿음에 끝까지 충실해야만 했고 계산 없이 그 맹세를 완수해야만 했으며, 의로운 저항 속에 남아야만 했고 결국 봉헌되어야 했다. 그들은 끝까지 광주 시민들의 저항의 의로움에 대한 믿음을 저버리지 않았으며, 이러한 믿음 속에서의 '남음'은 너희의 의로움이 아무리 클지언정 그 의로움은 광주 시민들의 의로움만 못하며 그러한 한 너희의 의로움은 거짓된 의로움임을 증명하기 위한 '맏물'됨이었다. '항쟁의 완성'이라는 말은 항쟁의 어떤 결핍이나 부족함을 채움을 의미하지 않는다. 광주 시민들의 항쟁과 그 항쟁의 의로움은 그 자체로 이미 충만한 것이었고 '남은 자들'은 광주 시민들의 의로움을 넘어 어떤 숭고함으로 나아가고자 한 것이 아니며, 다만 그들의 '맏물'이고자 한 것이었다. 그들의 '남음'은 자신들의 의로움으로써 광주 시민들 각자가 견뎌내야 할 의로움의 시험을 받게 하지 않으려는 것이었고, '누군가'로의 분리는 다만 자신들이 광주 시민들과 다르지 않음을 주장하기 위한, 다만 그들로 되돌아가기 위한 분리였다. '남은 자들'은 광주 시민들 가운데 특별한 일부가 아니다.[35] 아벨의 의인됨은 그

님께 드리면 그 반죽덩어리 전체도 거룩합니다. 또 나무 뿌리가 거룩하면 그 가지도 다 거룩합니다." 여기서 '맏물'이라고 이른 그리스어 'aparchē'는 영어로는 'first fruits' 또는 라틴어 전통에서 유래한 'premise'(곧 prae-missus, '미리 보내진 것')로 번역된다. 떼어낸 일부가 봉헌되면 어떤 의미로 나머지 전체도 봉헌되는 것이다. 여기서 '거룩하다'는 라틴어 성경인 『불가타성서』의 'sanctus'에 대응하는 말로 이는 '축성(祝聖)하다, 바치다, 봉헌하다'라는 뜻의 동사 'sanciō'의 과거분사형이다. 따라서 이때 '거룩하다'는 것은 어떤 윤리적 성스러움이 아니라 봉헌됨으로써 생겨난 '하느님과의 특별한 관계', 곧 '하느님께 소속됨'을 뜻한다. 그리고 '맏물 봉헌물'은 바로 이어지는 다음 문장의 '뿌리'처럼, 하느님께 충실한 '남은 자들'을 가리킨다.

35  우리는 여기서 '바리사이pharisee'란 무엇보다도 일반 대중으로부터 '분리된 자들'이란 의

저 무고함과 떳떳함('부끄럽지 않음')이다. 그의 의인됨에는 어떤 '영웅됨'이나 숭고함의 계기도 내포되어 있지 않으며 그의 믿음에는 아무런 계산도 내포되어 있지 않다. 그러므로 우리가 최후항전의 '남은 자들'에게 '영웅됨'이나 '신적인 위대함', 어떤 '숭고함'의 색조를 드리워 그들을 특별한 소수로 만드는 것은 '남은 자들'에 대한 예의가 아닐 것이다. 오히려 '남은 자들'에게 바쳐야 할 우리가 상상할 수 있는 최고의 헌사는, 우리 부끄러운 자들로서는 한없이 약소할 뿐인 '믿음으로 의롭다'일 것이다.

## 에필로그

**(1)**

1980년 5월의 광주를 유럽의 '코뮌'과 비교하려는 시도가 종종 있었지만 그중 코뮌이 무엇보다 '맹세에 의한 결사'라는 점에 주목한 예는 없었던 듯하다.[36] 다른 경험과 사회문화적 배경을 지닌 곳에서 발전된 개념을 차용할 때는 항상 그 개념이 지닌 역사성이 간과될 수 있다는 점에 주의하면서 일단 '코뮌'이라는 개념이 하나의 메타포로서 유용하다는 점을 인정한다면, 우리는 1980년 광주의 5월에서도 맹세가 두드러진 역할을 했음을 증언 곳곳에서 확인할 수 있다. 물론 이러한 관찰에서 맹세라는 말을 반드시 일정한 의례적 형식을 갖춰서 행해지는 경

미임을 기억해야만 한다(cf. G. Agamben, 2005, p. 45).

36  중세 유럽의 코뮌에 관한 고전적 연구에서 프티-뒤타유Charles Petit-Dutaillis는 코뮌에 대해 "코뮌을 구성하는 데 족한 한 가지 요소를 들자면 그것은 그 주민들을 하나로 묶어주는 맹세"이며 "맹세로 맺어진 결사가 없었다면 코뮌도 없었으며 이러한 결사야말로 코뮌의 충분조건이었다. '코뮌'이란 말은 곧 '공동의 맹세'와 같은 말이다"라고 밝히고 있음을 상기할 필요가 있다(C. Petit-Dutaillis, 1947[1978], pp. 16, 20).

우만으로 한정할 필요는 없을 것이다.[37] 맹세는 특히 5월 21일 이후 소위 '해방광주'의 상황에서 두드러진다. 5월 21일 이후 수없이 이루어지고 수없이 관찰되는 '결의' '맹세' '각오' '결심' '약속' '다짐'은 무엇보다도 광주 시민들이 투쟁 속에서 모종의 종교적 합일과 같은 것을 경험했던 이른바 '절대공동체'가 분열되어가고 있는 증후였을 것이다. '절대공동체'의 경험이란 무엇보다도 마음과 행위가 맞물리는 경험이었을 것이기 때문이다. 그러므로 맹세가 늘어났다는 것은, 곧 말이 많아졌다는 것은 마음과 행위의 분열의 조짐이었다고 할 수 있을 것이며, 그러한 한 맹세의 '남발'은 곧 말과 마음과 행위의 맞물림으로서의 맹세의 '퇴락'에 상응하는 것이다.

아감벤은 『언어의 성사』[38]에서 오늘날 맹세가 퇴락하고 있다는 현실에 주목한다. 서양 정치사의 주요 장면마다 뚜렷한 역할을 했던 맹세가 퇴락하고 있다는 것은 곧 오늘날 말이 말 같지 않아지고 빈말만이 공허하게 우리 삶을 지배하고 있다는 것으로, 아감벤은 이를 ─ 파올로 프로디Paolo Prodi를 따라 ─ '정치적 존재로서 인간의 존재 자체가 걸린 위기'라고 규정한다. 그런데 과연 맹세가 무엇이기에 그 퇴락이 곧 저러한 위기를 표상하는 것일까? 역으로 말해 그는 왜 "말하는 존재자이자 정치적 동물로서의 인간의 본성 자체를 의문에 부치는 전망 속에 놓일 때에만"(G. Agamben, 2011, p. 11) 맹세라는 저 수수께끼 같은 제도가 해명될 수 있다고 보는 것일까?

---

37 일정한 의례적 형식을 갖춰 행해진 맹세의 예로는 아마도 기동타격대의 경우가 유일한 듯하다. "어느 정도 기동타격대의 편성이 끝나자 우리는 기동타격대 선서를 했다. 나는 아주 의연한 마음으로 목숨 바쳐 싸울 것을 다짐했다. 기동순찰대 활동을 했던 것보다 아주 뿌듯한 감이 들었다"(현사연, No. 2038, 1990, p. 497).

38 Giorgio Agamben, *The Sacrament of Language: An Archeology of the Oath*, Stanford UP, 2011.

물론 맹세에 관한 기존의 해석들에 따르면 맹세의 쇠퇴란 필연적일 뿐더러 자연스러운 현상일 것이다. 기존의 해석들은 '성스러움의 원초성'이라는 사의적 전제(아감벤은 이를 '과학적 신화소'라고 부른다)에 기대어 맹세라는 제도를 거짓 맹세를 처벌함으로써 맹세의 효력을 보증하기 위해 개입하는 신적인 힘 또는 종교적인 힘 들과 관련시켜왔다. 다시 말해 맹세의 기원을 인간이 신의 복수나 처벌을 정말로 두려워했던 인간 역사의 '주술-종교적' 단계에서 찾았던 것이다. 그러한 한 오늘날 우리가 목도하는 맹세는 그러한 원시적 단계의 잔존물로 보이는 것이며, 종교적 믿음의 쇠퇴와 더불어 '원초적 무구별 상태'(프로디)에서 벗어나 그 기능이 각각 법과 종교, 그리고 과학으로 분화되어 전문화되는 역사 시기를 거치면서 필연적으로 쇠퇴할 수밖에 없는 제도로 나타나는 것이다.

그러나 우리가 역사적 인간을 관찰해보면 그것은 결코 '종교의 인간 homo religiosus'을 대체한 '이성의 인간homo sapiens'이기만 한 것은 아니다. 현실의 인간은 반드시 이성적이기만 한 것이 아니며 고전들에 나타나는 인간도 반드시 종교적이기만 한 것이 아니다. 그러므로 아감벤은 차라리 맹세를 있는 그대로, 말하자면 굳이 '성스러움의 원초성'이나 '선사(先史)'라는 패러다임을 끌어들일 필요 없이 역사적 기록에 나타나는 그대로 받아들이자고 제안한다. 그러면 맹세는 주술, 종교, 법 등 어느 하나로 환원될 수 없는 미분화된 통일체, 다시 말해 동시에 종교적이고 법적이고 도덕적이고 사회적인 제도로 나타나며, 맹세가 주술-종교의 영역에서 나온 것이 아니라 역으로 종교와 법, 논리와 과학이 맹세에서 배태된 것으로 나타난다. 그렇다면 종교, 법, 그리고 논리와 과학의 분화는 맹세에 속하는 어떤 고유한 경험의 위기에 대응하기 위한 반작용일 것이다.[39]

그런데 맹세에 고유한 경험이란 과연 어떤 것일까? 역사적 증거들에 입각해, 다시 말해 맹세를 '있는 그대로' 보게 되면(물론 본질적으로 언어 사건인 맹세에 대해 언어 밖에서 설명을 추구하는 신화적 정의들을 제쳐둔다면) 맹세란 어떤 말의 진실성에 대한 보증의 역할을 하는 발화 행위이다. 맹세의 형식들, 이를테면 '나는 [……] 맹세한다' '나는 [……] 약속한다' '나는 [……] 선언한다' 등의 발화 행위는 그 자체로는 아무런 의미론적인 내용을 지니지 않으며 또 어떤 사물이나 사태를 지시하지도 않는다. 저러한 발화 행위 사이를 메우는 어떤 사실이나 결심을 나타내는 발언dictum — 아감벤의 예시를 취하면 '나는 어제 아테네에 있었다' '나는 트로이인들과 싸우지 않겠다' 등등 — 이 오지 않는다면 그것은 곧 공허하고 헛된 말, 빈말이 되고 마는 것이다. 따라서 맹세의 '의미'는 의미론적인 것도 아니고 지시적인 것도 아닌 그러한 발화로 인해 현실화되는 수행적인 의미인바, 맹세의 중심 기능은 말의 진실함과 신뢰성을 수행적으로 확언하는 데 있다. 그러나 맹세가 항상 분명한 언표로만 말해지는 것은 아니다. 이를테면 우리는 항상 '나는 어제 아테네에 있었다고 맹세한다'라거나 '나는 트로이인들과 싸우지 않겠다고 약속한다'라고 말하지 않으며, 다만 '나는 어제 아테네에 있었다' '나는 트로이인들과 싸우지 않겠다'라고만 말한다. 그러므로 맹세는 저와 같은 선언이나 약속의 진실함과 신뢰성을 보증하기 위해 이미 기입되어 있는 말, 말해지지 않아도 잠재적으로 말해지는 말, 비트겐슈타인Ludwig Wittgenstein식으로 말하자면 '게임의 규칙'과 같은 것이다.

---

39 종교와 법은 무엇보다도 언어의 '진실 말하기' 차원veridictional aspect을 감독하는 장치이고, 논리와 과학은 언어의 선언적 차원assertorial aspect을 감독하기 위한 장치인바, 이러한 장치들의 전문화·특수화는 곧 로고스의 파열에 해당된다. 왜냐하면 '진실 말하기veridiction'와 '선언assertion'은 로고스(곧 말)의 두 가지 공기원적 양상이기 때문이다.

이렇게 보면 모든 말(곧 모든 선언과 약속)은 이미 맹세를 전제하는, 아니 말한다는 것은 곧 맹세하는 것이다.

이러한 이해를 전제로 하면 맹세는 생명체와 언어의 결합, 행위와 말의 결합이 필연적으로 주어져 있는 것이 아님을, 그 둘 사이에는 끊임없는 어긋남, 메울 수 없는 틈이 있음을 역설적으로 증언한다. 왜냐하면 그 둘 사이에 어긋남이 없다면 맹세란 애당초 필요치 않았을 것이기 때문이다. 달리 말해 인간을 '언어를 가진 생명체zōon logon echōn'(플라톤)라고 할 때 이 '가짐echōn'은 신의 섭리에 따라 보장되어 있지 않으며 말하는 '나'는 생명과 언어 사이의, 말과 행위 사이의 틈 속에 유예되어 있는 것이다. 그러므로 말을 하는 존재자로서의 인간에게는 끊임없이 어긋나는 그 둘 사이를 맞물리게 해야만(그럴 때만 '주체'와 같은 것이 존재할 수 있다) 하는 임무가 존재론적 숙명처럼 주어져 있는 것이며, 따라서 맹세는 "말하는 동물에게 어떤 의미로건 결정적인 요구, 즉 말하는 동물이 언어에 자신의 본성을 걸고 말과 사물(사태)과 행위를 윤리적이고 정치적인 차원에서 하나로 묶어야만 하는 절박한 요구를 표현"(G. Agamben, 2011, p. 69)하는 것이다. 또 그렇기 때문에 오늘날 맹세의 쇠퇴는 곧 '인간의 존재 자체가 걸린 위기'인 것이며, 그리하여 오늘날 유례없는 말의 성찬 속에서 ─ 그리고 이와 짝을 이루는 유례없는 '법의 힘' 앞에서 ─ 다시금 맹세가 문제인 것이다.


**(2)**

5월 26~27일 최후항전은 아마도 '말이 많아짐' 속에서 어긋나기 시작하고 있던 마음과 행위의 맞물림을 다시금 맞물리게 하려는 시도였으며 그러한 한 이는 다시 맞물림의 사건, 다시 말해 말과 마음과 행위가 다시 맞물렸던 순간이라고 할 수 있다. 이 맞물림의 사건이 오늘날 우리에게 남긴 유언은 과연 무엇일까? 우리는 윤상원의 '항쟁의 완성'이라는 표현에서 모종의 구원의 변증법이 작동하고 있음을 확인할 수 있다. 그렇다면 혹 우리는 그들의 '남음'으로 일종의 죄 사함을 얻기라도 한 것일까? 분명한 것은 최후항전의 '남은 자들'로 인한 구원 — 그것이 구원이라면 — 은 역사적이고 정치적인 수준에서 일어난 구원이었지, 이를테면 그리스도의 죽음처럼 신학적이고 보편적인 차원에서 일어난 구원은 아니었다는 점이다. 다시 말해 이 사건은 그리스도의 죽음처럼 단 한 번 죽음으로써 완수되어 그의 죽음의 의로움과 부활을 믿는 자들에게 "예수님은 주님이시라고 입으로 고백하고 하느님께서 예수님을 죽은 이들 가운데에서 일으키셨다고 마음으로 믿으면"(「로마서」, 10장 9절) 부끄럽지 않게 되는 그러한 종류의 구원에 이르게 하는 사건은 아니었다. 오히려 이 사건은 '남은 자들'의 의로움을 고백하고 승인하는 것이 부끄러움을 낳는 그러한 종류의 사건이었다. 그러므로 "유언이 있는 곳에서는 유언자의 죽음이 확인되어야 합니다. 유언은 사람이 죽었을 때에야 유효한 것으로, 유언자가 살아 있을 때에는 효력이 없습니다"(「히브리서」, 9장 16~17절)[40]라는 「히브리서」 저자의 진술은 최후항전의 맥락에서 다음과 같이 바꿔 말해야만 할 듯하다. "유언이 있는 곳에서는 살아남은 자의 부끄러움이 확인되어야 합니다. 유언은 살아남은 자들이 부끄러울 때에야 유효한 것으로, 살아남은 자의 부끄러움이 없을 때에는 효력이 없습니다." '남은 자들'로 인해 의로움은 입었지만 죄 사함에는 이르지 못한 우리에게 다행스러운 것은 아직 우리에게 부끄러움이 남아 있다는 사실이다. 이 부끄러움이 남아 있는 한

---

40  이 구절에서 '유언will'의 의미로 사용된 그리스어 'diathēkē'는 '계약covenant'을 의미하는 단어이기도 하다. 그러므로 이 구절에서는 예수의 죽음은 곧 새로운 계약, 새로운 구원의 약속을 보증하는 유언임이 암시된다.

유언은 아니 기억될 수 없을 것이다. 그리고 이 부끄러움은 살아남은 자에게 말과 행위, 말과 마음을 다시금 맞물리게 해야만 한다는 과제를 안긴다.

[『민주주의와 인권』 12권 2호 (전남대학교 5·18연구소, 2012) 수록]

# 부끄러움과 전향

## ─오월 광주와 한국 사회

이영진

우리의 피를 원하신다면 하느님, 이 조그만 한 몸이 희생되어 자유를 얻을 수 있다면…… 양심이 무엇이길래 이토록 고통스럽습니까…… 하느님, 하느님, 도와 주소서!

─박용준, 유고일기에서(그는 1980년 5월 27일 광주 YWCA에서 사살되기 직전, 이 일기를 남겼다).

## 1. 들어가며

2015년 4월 16일 세월호 1주기를 맞이하는 팽목항에 걸려 있던 한 현수막의 문구가 계속 뇌리를 떠나지 않는다. "당신 원통함을 내가 아오. 힘내소, 쓰러지지 마시오." 5·18 엄마가 4·16 엄마에게 건네는 위로의 말이었다. '오월'에서 '사월'로 이어지는 이 짧막하고 압축적인 두 문장 속에 우리가 찾고자 하는 오월의 '마음'이 오롯이 담겨져 있을지도 모른다는 생각이 어렴풋이 들었다. 하지만 막상 "우리에게 지금 오월이란 무엇일까"라는 물음을 던졌을 때, 명쾌하게 떠오르는 이미지는 없었다. 오히려 이 "슬퍼할 자유마저 없는 나라"에서 '박제가 되어버린' 오월의 운명을 사월(세월)이 되풀이할지도 모른다는 불길한 징후들이

# 세월호 2주기가 지난 우리 사회 곳곳에서 이미 나타나고 있다.[1]

1 이 글을 썼던 시기는 2016년 5월, 봄이었다. 당시 사회의 분위기를 떠올려보면, 숨이 턱턱 막힐 정도의 폐색, 그 자체였다. 마치 구한말의 '신소설적 풍경'이 다시 도래한 듯이 홉스적 야만이 횡행하는 사회! 그리고 이러한 현실에 대해 인문사회과학 전공자들은 본업인 사회 분석을 방기한 채 무기력함에 빠져 있었다. 2014년 4월 16일의 '세월호 참사'가 상징적으로 보여주듯 그 당시 한국 사회는 사회적 안전망이 붕괴되고 아무도 서로를 믿을 수 없는 사회, '관(官)'이라는 공간은 부패로 찌들어 있는, 그리고 사회 곳곳은 썩어 문드러져 참을 수 없는 냄새가 나는 사회였다. 하지만 잠깐의 애도 정국과 감정적 고양기를 끝으로 세월호에 대한 사회적 관심은 급격히 사그라졌다. 보수언론과 정치가들은 유족들이 '시체 팔이'를 한다는 폭언을 거리낌 없이 해대기 시작했고, 광화문 광장 한쪽에서 이루어지던 단식 농성을 비웃듯이, 다른 한쪽에서는 '폭식 데모'라는 상상할 수 없는 행동을 하는 사람들도 있었다.

(물질적으로든 정신적으로든) 상대적으로 풍요로웠던(비록 IMF 사태로 종식되었지만) 1990년대 한국 사회에서 이십대를 보냈던 필자에게 그런 스산하고 살풍경한 한국 사회의 모습은 가히 충격적인 것이었다. 그렇다면 1990년대의 풍요는 하나의 '환상'에 불과했다는 말인가. 경제적으로는 조금 더 윤택해졌을지 모르지만, 정신적으로 우리는 19세기 구한말의 지옥과 같은 상황에서 여전히 한 걸음도 벗어나지 못하고 있다는 것인가라는 자괴감이 엄습해오곤 했다.

이런 패배감에 젖어 있던 어느 날 다시 광화문 광장에 촛불이 켜졌다. 그리고 그해 겨울 '1백만' '2백만'이라는 믿기 힘든 숫자의 사람들이 모인 현장에서 다시금 떠올랐던 것이 망각의 심연 속으로 점차 가라앉고 있던 '세월호'였다. 2년 6개월이 넘는 시간 동안 진상 규명은커녕, 거리에 내몰린 유족들에게 눈길 한번 주지 않은 채 전횡만을 일삼던 박근혜 정부가 서서히 무너져 내리고 있었다. 1979년 10·26의 본질이 무엇이었든, 그날의 사건과 독재자의 죽음이 안타깝게도 이후 한국 현대사에서 '노스탤지어' 미학에 의해 '비극', 그리고 '신화'로 자리매김되었다면, 2016년 11월, 실이 얽혀 꼼짝달싹 못 하는 꼭두각시 공주의 모습은 너무나 '희극'적이었다. 그리고 실제로 광장에서 꿈이 현실이 되는 경험까지 했다.

그렇다면 2016년의 원고에 썼던 "불길한 징후들이 우리 사회 곳곳에서 이미 나타나고 있다"라는 이 문장은 이제 폐기되어야 하는 것일까. 2017년 이후 현재까지의 한국 사회를 돌이켜보면 전망은 여전히 부정적이다. 그날 광장에서 그렇게 꿈꿨던 더 좋은 사회의 이상은 현실 정치에 계속해서 발목이 잡혀 있고, 소위 '진보'와 '보수'라는 양 진영 간의 적대와 분노의 골은 너무 깊이 패어 소통 자체가 불가능한 상황이다. 그리고 지금 이 순간에도 세월호의 유가족들은 현실의 절망을 이겨내지 못하고 하나둘 스스로 이 땅의 삶을 포기하고 있다. 오월 광주 40주년을 맞이하는 시점에 여전히 이런 무기력과 우울의 언어를 남겨야 한다는 것, 그리고 2016년 당시 무기력감에 빠져 썼던 이 글의 문제의식이 여전히 유효할 누군가는 "아직도 그 이야기냐" "국가기념일로 지정되었고, '반듯한' 묘지도 생겼고, 보상금도 받지 않았느냐"라고 이야기할지도 모른다. 물론 내전과 학살로 점철된 한국 현대사에서 오월 광주는 그나마 국가가 자신의 잘못을 '부분적이나마' 인정하고 기념화 사업에 나선 희유의 사건이다. 그리고 40년이 지난 지금 오월 광주에 대한 자료 수집이나 학술적 연구도 꽤나 축적되어 있는 것이 사실이다. 명확하고 선의로 가득한 말들이 오월 광주는 해결해야만 하는 문제라고 정의해왔다. 또한 이 언어는 정치로, 또 정책으로 모습을 바꾸면서 유통되어왔다. 하지만 일본 사상가 도미야마 이치로가 '오키나와 문제'의 구성을 거론하며 지적하듯, 문제화한다는 것은 단지 대상을 분석하고 해설하는 작업이 아니다. 다시 말하면 아픔과 관련한 경험을 한정된 사람들에게 숙명처럼 떠맡기고는 양심이나 연민에 근거해서 혹은 때로 정치적 슬로건과 함께 아픔을 이야기하는 이 구조 자체, 즉 '~문제'의 구성 자체를 문제시해야 하는 것이다(도미야마 이치로, 2015, p. 17).

이 글에서는 '오월 광주'를 1980년 이후 한국 현대사에서 하나의 '불멸'의 시공간으로 만들었던 5월의 그날들, 특히 5월 26일 밤과 27일 새벽으로부터 출발해서, 그 상흔이 남긴 트라우마가 어떻게 망각되고 소멸되어가는가를 추적할 것이다. 오월 광주를 분석하고자 하는 많은 사회과학적 시도가 있었음에도 불구하고, 여전히 해결되지 못하는 의문 하나는, 계엄군의 최후통첩 이후 죽음이 예정된 26일 밤과 27일 새벽 전남도청에 사람들이 남은 이유는 무엇인가의 문제였다. 이른바 역사의 영점(零點)과 같은 순간. 누군가 말했던 것처럼 "반만년 역사에서 가장 긴 새벽"(한홍구, 2014, p. 420) 도청을 흐르던 그 뼈가 시릴 정도의

수 있다는 사실에 대한 안타까움을 재수록에 대한 감상으로 남겨두고자 한다.

적막과 공포, 한숨, 그리고 그 죽음의 순간을 그들은 어떻게 맞이했을까. 그들은 어떻게 자신들을 엄습해오던 '절대 공포'("내 인생에서 그렇게 공포스러웠던 적은 한 번도 없었어요!", 「5·18 33주년 다큐멘터리 기억을 기억하라」)를 억누르면서 도청에서 새벽을 맞이할 수 있었던 것일까. 승리에의 확신? 순교자로서의 각오? 같이 싸운 친구들에 대한 의리? 아니면 죽어간 자에 대한 부끄러움? 도청에 남았던 전사들 각각의 개인사들과 10일간에 걸친 항쟁의 공통된 경험이 빚어낸 그 기적 같은 사건에 대해 제대로 이야기해줄 수 있는 이는 아무도 없었다.

하지만 아쉽게도 이 문제에 대해 명확한 해답을 찾기란 불가능하다. 아무리 사료 전집을 뒤적여보아도 그들이 왜 싸웠는지, 그리고 그들이 왜 도청에 남았는지에 대해 객관적인 자료를 찾을 수도 없고, 또 논리적인 인과관계를 도출해낼 수도 없기 때문이다. 죽은 자는 말을 할 수 없는 법이다. 또 그 현장에서 살아남은 사람들도 자신이 겪었던 체험을 온전히 이야기해줄 수 없었다. "그들이 겪은 현실에 비해 언어가 갖는 싱거움과 왜소함"(최정운, 1999, p. 28)을 누구보다 뼈저리게 느꼈을 이들이 바로 그들이었다.

그날 밤으로부터 18년의 세월이 흐른 후 소설가 임철우는 오월 광주 10일간의 항쟁을 다룬 기념비적 작품 『봄날』에서 자신의 선배이기도 했던 윤상원 열사가 항쟁의 마지막 날 도청에서 자신의 동료들에게 남긴 말을 다음과 같이 기록했다.

"물론 오늘 밤 우리는 패배할 것입니다. 아마 죽게 될지도 모르지요. 그러나 우리 모두가 총을 버리고 그냥 이대로 아무 저항 없이 이 자리를 넘겨줄 수는 결코 없습니다. 그러기엔 지난 며칠 동안의 항쟁이 너무 뜨겁고 장렬했습니다. 이제 도청은 결국 이 싸움의 마침표를 찍는 자리가 된 셈입니다. 시민들의 그 뜨거운 저항을 완성시키고 고귀한 희생들의 의미를 헛되게 하지 않기 위해서는 누군가가 이곳을 마지막까지 지켜야만 합니다. 저는 끝까지 여기에 남겠습니다. 물론 다른 분들은 각자의 결정에 따르도록 하십시오." (임철우, 5권, 1998, p. 391)

이 문장을 읽을 때마다 가슴이 먹먹해지곤 했다. 소설가 자신이 도망친 바로 그 현장에 마지막까지 남아 27일 새벽 스러져간 그가 남긴 마지막 말, 아마 현장에서 직접 그의 육성을 들었던 사람들의 기억을 제외하고는 확인할 수 없는 그 유언(遺言)과도 같은 말을 소설가는 어떤 심정으로 적고 있었을까. 하지만 동시에 이 문장은 여전히 픽션의 언어이고, 항쟁지도부 대변인으로서 공식적인 성격이 지나치게 강하다. 그렇다면 아래의 '증언'은 어떠한가.

이미 1시 반 정도 되니까 사방 군데서 막 총소리가 다 들리잖아요. 그라고 상황이 점점 암울해져 가요. 아예, 끝나부렀다, 인생 끝나. 끝나는 걸로 마무리가 되가. 그래 갖고 나와 가지고 전일빌딩을 돌아서 고개를 숙이고 꼭 도둑놈 도둑질하러 가는 듯이 엎져[엎드려] 갖고 도청 앞까지 가죠. 가가지고 이제 내가 세번째 줄을 섰어. 한 명 두 명 딱 내 차례가 됐는데 우리 윤상원 열사가 떡 버티고 있는 것이, 아까 말씀드렸지만. '총 쏠 수 있냐?' '뭔 소리 하고 있어. 총 못 쏘는 사람이 어디가 있다요. (방아쇠를) 땡기믄[당기면] 나간디, 진짜. 주쇼.' 긍께 안 줘요 진짜. '아, 왜 그요?' 내가 제일 마지막에 총을 가지러 갔다면은 아마 한참을 더 실갱이[실랑이]를 했을 것이야. 근데 내 뒤로 또 한 열댓 명 있고 하니까 본인도 난감하지. 이걸 줘야 되냐, 말아야 되냐 이거. 그런 인간적인 갈등 하는 모습들이 순간 얼마 안 되지만은 나는 느낄 수가 있잖아요. 형님의 눈빛하며 얼굴 표정들이. 그래서 내가 정확히 말씀드리면은, 아! 여기서 더 이상은 안 되겠다. 더 진지하고 더 심각해지기 전에 내 특유의 장난기가 발동됐죠. '주쇼, 이 양반아. 걱정하지 말고 줘라. 안 죽을랑께. 성이나 조심하쇼. 아, 성이나 조심해. 나 갈랑께.' 총을 내가 채서 뺏었어요, 채서. 긍께 시민군 총사령관이 진짜 개인적인 모든 생각은 접어놔야 되고 오로지 전략적으로만 판단하고 전략적으로 행동을 해야 돼. 그때 상황에는. 완전 비상 시기니까. 또 그런 부분에 있어서는 아주 냉철하신 분이고 평소에. 개인적인 일과 공적인 일은 정확히 나누는 사람이여. 윤상원 열사가. 근디 그 상황이 되니까 총을 못 주는 거예요 나한테. 나는 그걸 당연히 느끼죠. 아, 우리 형님이 왜 총을 이렇게 잡고 있는지 다 알잖아요. 그때쯤 되면은 이제 다 내려놨어 이제. 비상 걸리고 뭐 여성들 대피시켜라 하고 총 받아 오라 항께 끝나 브렀재. 그 정도 되면은 다 포기여. ……그래서 더 기억이 나. 표정이 아직도 생각이 나죠. 30년이 넘었어도. 이글이글 불타오르고. 원래 그 눈이 큰 편이에요. 적은 편이 아니야. 거기다가 딱 힘주면 아주 눈에서 불이 막 훨~ 타오르는. 이 멘트가 뭔 그분을 미화시키기 위해서 하는 말이 아니라, 진짜 근다니까. 딱 일이 있을 때 눈을 마주치면 웬만한 사람들은 기가 죽을 수밖에 없어. 화르르 타오르는 그런 느낌 있잖아요. 그런 눈의 느낌 속에서 '왐마 이놈은 군대도 안 갔고 나이도 어린 놈이 죽으믄 안된디.' 이런 생각 때문에 총을 주거니 받거니 할 때 그 표정이나 눈빛의 변화가 어땠겠어? 캄캄한 밤중이지만. 나 지금도 기억이 나. 그 눈이. 캄캄한 밤중이라도 눈빛은 다 보이잖아요. (나명관 씨 생애사 구술면담 기록, 5·18기념재단, 2011)

'들불야학'의 일원으로 27일 새벽 도청에 남았던 한 전사가 30여 년

이 지난 후 남긴 이 회고는 우리를 27일 새벽 도청의 현장으로 바로 인도한다. 최후항쟁을 앞둔 도청 앞에서 총기를 둘러싸고 야학 교사와 학생이 옥신각신하는 정경. 언어 자체가 성립하기 어려운 상황에서 이루어지는 마음과 마음의 이어짐. 아직 정리되지 않은, 아니 정리하기 어려운, 하지만 바로 여기에 그날 "남은 자들"의 마음이 오롯이 담겨 있는 듯했다. 이 마음이 이어지지 못하고, 한 사회의 기억의 지형도에서 사라져갈 때 오월은 박제가 된 기념·신화의 영역으로 포섭되어버릴 것이다.

안타깝게도 이 마음의 영역에 대한 탐구는 사회과학에서는 아직 본격적으로 이루어진 적이 없다. 여기에는 엄밀한 의미에서 이 주제가 '과학'이라 보기 어렵다는 주류 사회과학계의 뿌리 깊은 편견이 자리하고 있다. 주지하다시피 고전적 사회과학은 객관성, '가치중립value free'이라는 미명 아래 사회적 사실들social facts을 중시하면서 사회 구성원들이 느끼는 자연스러운 그리고 강렬한 감정들을 배제시켜왔다.[2] 동시에 '사회구성체론'을 위시한 1980년대의 저 도저한 '사회과학주의'는 사람들의 '마음'의 문제 따위에는 신경을 쓸 여유조차 없었다. 하지만 그 결과 사회과학은, 그리고 인류학마저도 사람들의 '과거를 향하는 마음'으로부터 스스로를 배제시키면서, 그 마음들과 마주하는 방법 자체를 잃어버린 것은 아닐까. 홍희담의 「깃발」이 "오월의 사회과학"(김형중, 2002, p. 265)의 한 전형이라는 식으로 사회과학의 영역이 축소되어서는 안 된다. "박제가 되어버린" 오월을 앞에 두고 우리가 다시 마음에

---

2  심지어 인간에 대한 탐구를 본업으로 하는 인류학 역시 민족지적 현재the ethnographic present라는 미명 아래 사회생활을 하나의 공유되고 틀 지어진 절차로 묘사하기 위해 현재 시제를 사용해야 하며, 객관성을 부여하기 위해 일정한 거리를 확보해야 한다는 불문율을 유지해왔다(레나토 로살도, 2000, p. 98).

귀를 기울여야 하는 이유도 여기에 있다.

## 2. '짐승의 시간'을 통과하는 여정들

어쩌면, 이 도시 전체가 정체를 알 수 없는 거대한 힘에 의해 외부와의 접촉이 오랫동안 철저하고도 완벽하게 차단되어버리고 만 듯한 답답함, 그리고 그 폐쇄되고 압축된 공간 속에 포위된 채 무엇인가 점점 저마다의 목구멍을 죄어들어 오고 있는 듯한 엄청난 절박감에 짓눌려 사람들은 제각기 필사적인 몸짓으로 허둥대고 있는 것은 아닐까. ……우리들은 지금껏 그토록 무엇에 굶주려온 것일까. 그 어떤 힘이 이 도시 사람들을 한꺼번에 굶주리게 하고 스스로도 이해할 수 없는 적의와 분노에 가득 찬 유독한 언어들과 때로는 허망한 소문들까지도 게걸스럽게 먹어치우도록 만들고 있는 것일까. (임철우, 「死産하는 여름」)

학살 이후 한국 사회를 드리우고 있던 것은 침묵의 장막이었다. 물론 이 침묵을 죄의식이나 부끄러움과 바로 연결시킬 수는 없다. 오히려 한국 사회는 신군부가 자행한 이 무자비한 속도의 학살 이후 성립된 전두환 정권에 대해 지지를 보냈다. 전두환 정권의 탄생이야 '체육관 선거'의 작품이라 치더라도, 그 정권의 법적 토대가 되었던 '제5공화국의 신헌법'은 '국민투표'에 붙여진 결과, 말 그대로 국민들의 '압도적 지지'로 통과되었다. 이 사회 전반의 '놀라운' 지지를 어떻게 이해해야 할까. 무력감과 공포 때문일까. 나치 치하의 독일 국민들처럼 "우리는 정말 몰랐던 것일까." 아니, 반공주의와 근대화주의와 속도주의가 '3종의 신기(神器)'처럼 결합되어 있는 대한민국이라는 '국체(国体)', 즉 한국적 근대의 국가이성에서 이는 당연한 것이 아니었을까. "폭력에 (대한) 무감각과 무지, 아니 폭력에 대한 감수성 자체가 결여된 대중의 사회적 심성이 1980년 5월의 광기와 폭력을 불러들였던 것은 아닌가"(문부식, 2002, p. 79).

하지만 군사정부의 검열 아래 조합된 무수한 신문 활자로도, TV 뉴스 아나운서들의 가식적인 멘트로도 당시 거리에, 그리고 도청 계단에 떨어진 핏자국을 지울 수는 없었다. "먹으로 쓴 거짓이 피로 쓴 진실을 가릴 수는 없는" 것이다. 그리고 "피의 빚은 반드시 같은 것으로 갚아야" 했다(루쉰,「꽃 없는 장미」). 그래서였을까. 그해, 아니 1980년 이후 매해 여름이 되면 대한민국의 많은 거리들은 "망자의 혀로 넘쳐흘렀다." 그리고 "책과 검은 잎들을 질질 끌고 다니는" 땅바닥을, 그리고 "접힌 옷기지를 펼칠 때마다 흰 연기가 튀어나오던" 그 도시의 거리들에서, 사람들은 "내 잎 속에 악착같이 매달린 검은 잎"을 두려워하면서도, "더 이상 대답하지 않으면 안 된다"라는 어떤 강렬한 감정에 사로잡혔다. "침묵은 하인들에게나 어울리는" 것이었기 때문이다(기형도,「입 속의 검은 잎」).

무엇보다 광주를 "영원한 혁명의 도시"로 만든 것은 27일 새벽 도청이라는 우연적이면서도 운명적인 힘들로 만들어진 '제단'이었다. 그날 새벽 도청을 지키기 위해 소수의 젊은이가 스스로 남겠다고 결단하면서, 오월은 '불멸'이 될 수 있었다. 그것은 "항쟁의 완성"(황석영 외 기록, 1985)이자, "희생의 제단"(최정운, 1999)이었다. "마지막 순간 문명을 구한 것은 항상 소수의 전사"라는 슈펭글러의 말은 항상 오용(誤用)되어왔지만, 분명히 어떤 진실을 내포하고 있는 것이다(하비에르 세르카스,『살라미나의 병사들』). 실로 현대 한국의 민주주의를 구해낸 이들은 1980년 오월의 거리에서, 그리고 무엇보다도 27일 새벽 도청에 남았던 그들이었다. 그들이 어떤 마음으로 도청에 남았는가는 여전히 이해 불가능의 영역으로 남아 있지만, 적어도 그 행동이 갑오농민전쟁이나 민란 등 과거 역사적 민중봉기들에서 나타나는 환상적·주술적 차원과는 거리가 먼, 더 넓은 사회적 시야와 역사적 사고에 기반한 철저히 이성적이고 합리적인 것에 가까운 것은 분명하다. 따라서 그들의 "피 어린 항쟁이 결국 광주의 진실을 지켜냈다"라는 정치학자 최정운의 해석은 '결과론적으로 본다면' 1980년 이후 한국 현대사에서 27일 새벽이 갖는 의미를 가장 적절하게 표현한다고 할 수 있을 것이다.

철저하게 포위된 절해의 고도(孤島)에서 그들이 세상과 교신하는 방법은 시간의 차원을 통해서만 가능하다는 것을 알았고 그들은 스스로 까만 화석(化石)이 되어 이 땅의 진실을 지금, 그들을 핍박하던 자들이 다 재가 되어버린 지금 자유로 부활하여 우리 후손들에게 웅변하고 있다. 어쩌면 그들이 그 어떤 다른 길을 선택했더라도 ─ 몇천 명의 예비군을 동원했더라면 ─ 또는 모두 살아남기 위해 총을 버리고 도청을 비워줬더라면 지금 우리에게 남겨진 5·18의 유산은 이만 못했을 것이다. (최정운, 1999, p. 231)

그리고 이 '제단'이라는 메타포는 1980년대 한국 사회의 민주화운동의 역사에서 가장 강력한 힘을 발휘하는 상징이었다. 도청이 계엄군의 손에 의해 무자비하게 함락된 직후인 6월 2일 『전남매일신문』에 계엄당국에 의해 많은 시행이 삭제된 채 게재된, 김준태의 「아아, 광주여 우리나라의 십자가여!」는 지라르R. Girard(1993)적 의미의 '희생양scapegoat'이자, "어떤 식으로든 반응하지 않고서는 살 수 없는" 원죄의식의 장소로서의 의미를 이 도시에 부여한 최초의 시였다.

아아, 광주여 무등산이여

죽음과 죽음 사이에

피눈물을 흘리는

우리들의 영원한 청춘의 도시여

[……]

죽음과 죽음을 뚫고 나가

백의의 옷자락을 펄럭이는

우리들의 영원한 청춘의 도시여

불사조여 불사조여 불사조여

이 나라의 십자가를 짊어지고

골고다의 언덕을 다시 넘어오는

이 나라의 하느님 아들이여


"이 나라의 십자가를 짊어지고" "피눈물을 흘리는" 도시 앞에서 "살아남은 사람들은 모두가 죄인처럼 고개를 숙일" 수밖에 없다. "살아남은 자의 부끄러운 입으로 너를 위대한 도시라 찬양하기엔 아직도 우리의 입술이 무겁기"(문병란, 「광주에 바치는 노래」) 때문이다. 그날 이후 살아남은 자들의 시간은 어느 시인의 말처럼 "헤매 본 자만이 아는 짐승의 시간들"(임동확, 「너희들의 조사와 애도를 거부한다」)이었다. 그렇다면 그 짐승의 시간들을 살아남은 사람들은 어떻게 통과했던 것일까. 짐승이어야 할 시간, 짐승이기를 거부했던 사람들의 삶의 결을 읽어내기 위한 하나의 방법으로 여기서는 소설가 임철우의 초기 작품을 잠깐 언급하고자 한다. 임철우가 그 당시 사람들이 겪어야 했던 방황의 연대기의 가장 충실한 작성자라는 점에 이견의 여지는 그다지 없을 것이다.[3]

임철우의 소설, 특히 『아버지의 땅』(1984), 『그리운 남쪽』(1985)으로 대변되는 초기작의 주인공들은 대개 '살아남은 자들'이다. "시상에 이놈의 땅덩어리 생긴 뒤로 언제 어느 때 한 번이라도 난리 없이 지난 세월"이 있을까 싶지만, 한국전쟁에서 1980년 오월 광주에 이르기까지 유독 비극적인 사건으로 점철된 현대사에서 살아남은 사람들은 도대체 어떻게 살고 있을까, 또 어떻게 살아가야 할 것인가라는 문제가 임철우 소설의 주된 모티프를 이룬다. 그들은 물론 "강하기 때문에 살아남았다." 하지만 삶을 위한 선택이 남긴 상처는 쉽게 치유되지 못하는 듯하다. 그 상처 입은 인간들은 크게 세 가지 인물군으로 형상화된다.

첫번째는 자신이 저지른 배신 때문에 괴로워하는 사람들이다. 인민군이 된 친구를 배신한 '을석'은 정신을 놓은 채 몸져누워 있고(「뒤안에는 바람 소리」), 5월 27일 새벽 자기 집 문을 두드리던 친구의 다급한 애원을 외면했던 '상주'는 산속 기도원의 음침한 골방에 틀어박혀 "벌거벗은 채 제 손으로 살가죽을 저며내고 있다"(「봄날」). 그것은 분명 "검붉은 핏빛 배신의 냄새"이다. 두번째 유형은 무기력한 소시민들이다. 그들은 자신들에게 부당하게 내려진 정의롭지 못한 처사에 응당 쌍심지를 켜들고 분연히 일어서야 마땅함에도 무기력하고 김빠진 태도(「그물」)로 일관하고 있을 뿐이다. 그리고 마지막으로 그들 산 자들의 세계를 배회하는, 하지만 의사소통마저도 불가능한 미친 자, 즉 광인들이 존재한다(「불임기」「死産하는 여름」).

3   놀랍게도 임철우의 첫번째 단편집 『아버지의 땅』(1984)을 제외하고, 광주문제를 다루었던 그의 초기 대표작인 『그리운 남쪽』(1985), 『달빛 밟기』(1987) 등은 현재 대부분 절판이며 쉽게 구할 수 없다. 지금까지 계속 꾸준히 작품집을 내고 있는 한국의 대표작가이자 그의 문학적 성취를 생각한다면, 초기 문학의 이러한 '부재'는 분명 문제적이다. 혹시 그 부재가 광주를 잊어가는/잊고 싶어 하는 한국 사회의 현주소인 것은 아닐까.

『그리운 남쪽』에 실린 「불임기」라는 작품은 이렇듯 자신들을 짓누르는 폭력에 저항하지 못한 채 살아가는(살아남은) 사람들의 삶에 대한 이야기이다. 어느 봄날 새벽 아이들이 갑자기 (다리 건너의 누군가에 의해 끌려가) 사라져버리고 난 후 불모/불임의 땅이 되어버린 한 마을에 혓바닥이 뭉툭하게 잘려진 두 명의 아이가 찾아오는 것으로 시작된다. 이 소설은 "혓바닥이 뭉툭하게 잘려 말을 하지 못하는" 두 명의 아이를 통해 '이 말함의 불가능성'을 형상화한다. 그 아이들을 찾아낸 것은 한 노파였다. 하지만 다리 건너에서 온 그 아이들의 존재를 눈치 챘을 때 마을 사람들은 다리 건너에서 아이들을 찾으러 '그들'이 올지도 모른다며 두려움에 떨면서 집 안으로 도망쳐 숨는다.

> 별안간 계집아이의 눈이 커다랗게 벌어졌다. 그와 동시에 상체를 벌떡 일으켜 세웠다. 어디에 아직 그런 힘이 남아 있었을까. 일어나 앉은 계집아이가 겁에 질려 입을 잔뜩 벌린 채 우우우 소리를 토해내기 시작했다. 비명을 지르고 있는 것이었다. 충혈된 눈을 부릅뜨고, 펼쳐진 노파의 손바닥을 쏘아보며 아이는 까마귀처럼 연신 입을 열었다 닫았다 하고 있었다. 하지만 노파는 우우, 하는 소리밖에 알아들을 수 없었다. [……] 계집아이의 몸이 스르르 무너져 버렸다. 다시 의식을 잃은 모양이었다. 노파는 아직 자신의 팔을 움켜쥐고 있는 사내아이를 돌아다보았다. 이쪽을 쏘아보는 겁에 질린 두 개의 눈과 마주쳤다. 그녀의 그 눈 속에서 타오르고 있는 엄청난 적의와 증오의 불길을 확인해야만 했다. 그것은 막다른 굴까지 쫓겨 온 한 마리 작은 들짐승의 모습이었다. (임철우, 1985, p. 193)

노파는 아이와 의사소통을 할 수 없다. 그날 새벽 "문 두드리는 소리.

소리. 불을 꺼. 창문을 닫아요. 발소리. 굽 높은 구두와 쇠사슬 소리. 비명 소리. 손톱과 뼈의 머리카락이 타는 냄새. 저예요. 문 좀 열어주세요" 하는 냄새, 소리를 어른들이 외면했기 때문이다. 그 아이가 유일하게 의사소통을 시도한 이는 같은 날 새벽, 아이를 잃어버리고 실성해버린 어느 한 여인이지만, "연신 입술을 붕어처럼 폈다 오므렸다 하면서" 소리를 내려고 하는 아이의 입에서 나오는 소리라고는 의미를 알 수 없는 "어브브브……"라는 의성어일 뿐이다.

그 의성어는 분명 아우슈비츠의 생존자이자 증언자이며, 작가였던 프리모 레비P. Levi가 아우슈비츠에서 들었던 '후르비네크Hurbinek'의 입에서 나온 유일한 소리, 즉 '불구의 언어'로서의 '마스-클로' '마티스클로'를 연상시킨다. 아우슈비츠에서 태어나 말을 하지 못했던 하반신 불구이면서도, "가장 순결한 어린아이"였던 후르비네크는 결국 아우슈비츠 해방 후 수용소에서 "자유롭지만 진정 구원받지는 못한 채" 죽었다고 레비는 기록한다. "그에 대한 건 아무것도 남아 있지 않다. 그는 나의 이 말을 통해 증언한다." 이 말함의 불가능성 속에서 주체는 극도의 탈주체화를, 자신의 몸 안에서 단순히 생명을 지닌 존재living being로서의 자기와, 말하는 존재speaking being로서의 자기 사이의 환원 불가능한 틈을, '조에zoē'와 '비오스bios' 사이의 분열을 목격-증언하게 된다. 작가author는 그런 점에서 '증언자auctor'이기도 하다.[4]

물론 임철우는 프리모 레비처럼 "나는 무셀만을 위하여, 그들을 대

---

4  아감벤에 따르면 author의 어원인 라틴어 auctor는 후견인이라는 뜻이다. 여기에 '증인'이라는 의미도 들어 있다(조르조 아감벤, 2012, pp. 218~19). 다시 말하면 auctor는 곧 "연소자나 어떤 이유로건 법률적으로 유효한 행위를 정립할 능력을 갖추지 못한 사람의 행위에 개입해 유효성을 보완해주는 사람" "그의 증언이 항상 (그보다 먼저 존재하며 또 사실성과 효력이 반드시 검증되거나 확인되어야만 하는) 무언가(어떤 사실, 어떤 사태, 또는 어떤 말)를 전제하는 한에서"(같은 책, p. 222) 증인이다.

리하여 증언한다"라고 당당하게 말할 수 없었다. 후르비네크과 함께 아우슈비츠의 체험을 공유했던, 생환자이자 오디세우스로서의 레비가 가졌던 '완전한' 체험이 결여되어 있다는 자의식이 그를 계속해서 짓누르기 때문이다. 1980년 5월 27일 새벽 거리에서 스피커로 울려 퍼지던 그 애절한 목소리 ─ "시민 여러분, 지금 계엄군들이 쳐들어오고 있습니다. 시민 여러분, 우리 시민군을 도와주십시오. 우리를 잊지 말아주십시오"를 외면한 채, 이불을 덮고 부들부들 떨고 있었다는 죄의식에 대해 그는 이미 지면 곳곳에서 피력한 바 있다. 다만 그는 함께 살아남은 자들에게 그날을 잊어서는 안 된다고, 우리의 부끄러움을 잊어서는 안 된다고, 거듭 되뇌인다. 평론가 김현은 "(임철우의 텍스트에 나타나는) 불안은 그 폭력이 자신의 삶을 어떻게 만들어 가버릴지 알 수 없다는 데서 생겨나는 심리적 반응이며, 부끄러움은 그 폭력에 대항하지 못하는 데서 생겨나는 심리적 반응"이라고 지적하며, 그의 작품 세계를 "아름다운 무서운 세계"라고 적절하게 명명하고 있다(임철우, 1984, pp. 264~65).

　하지만 임철우의 소설이 우리에게 깊은 울림을 주는 이유는 자신의 신체에 아로새겨진 그 '상처'를 외면하지 않고 직시하면서, 그 자리를 계속해서 다른 언어들로 확보해냈기 때문이다. 그것은 초기작에서 직설적으로 표출되는 공포(『아버지의 땅』)나 전율(『그리운 남쪽』)이기도 하고, 조금은 더 거기서 물러서서 타자를 감싸 안는 공감(『달빛 밟기』)의 언어이기도 하다(임철우, 1987, p. 283). 그리고 그는 "수많은 원혼들과 함께 잠들고 먹고 지내면서" "고통스러운 기억의 반복 체험"을 거듭한 결과(임철우, 1권, 1997, p. 17), 마침내 『봄날』(1997~98)이라는 대작을 완성해냈다. 죄의식과 부끄러움에 괴로워하면서도 10여 년에 걸쳐 1980년 오월 그 도시에서 일어났던 사건들의 전체사를 재구성하고,

나아가 현장에 있었던 많은 사람에게 고유명과 그에 걸맞는 개성을 부여해준 것만으로도, 임철우가 걸었던 길은 한국 문학사의, 나아가 한국 정신사의 소중한 자산이다.

### 3. 부끄러움의 전염

'부끄러움shame'이란 무엇일까. '죄의식'과 비교해서 종종 '결여'의 감정으로 간주되어왔던(루스 베네딕트, 2012; 作田啓一, 1967) 부끄러움에 대한 새로운 성찰이 이루어지게 된 계기는, 제2차 세계대전 이후, 그리고 인간이란 무엇인가를 근원적으로 되돌아보게 하는 사건이었던 홀로코스트와 아우슈비츠의 경험이었다. 프리모 레비는 아우슈비츠의 경험에 대한 끈질긴 회고 작업을 통해 부끄러움을 하나의 사상의 영역으로까지 끌어올렸다(조르조 아감벤, 2012).

너는 누군가 다른 사람 대신에 살아남은 것이라는 부끄러움을 느끼지 않는가. 훨씬 너그럽고 감수성이 예민하고, 총명하고 일도 잘해서 너보다 훨씬 살아 있어야 할 가치가 있는 누군가를 대신해서 살아남은 것은 아닌가. (프리모 레비, 2014, p. 95; 번역 일부 수정)[5]

5 레비의 마지막 에세이집인 『가라앉은 자와 구조된 자』(1986)의 「부끄러움」이라는 장에 실린 대목이다. 레비는 이보다 앞서 제2차 세계대전 당시 유대인 빨치산들의 활동을 그린 자전적 소설 『지금이 아니면 언제?』에서 빨치산 대장인 게다레의 입을 빌려 아우슈비츠의 생존자가 갖는 부끄러움의 의미를 다음과 같이 말하고 있다. "말로 설명하기가 쉽지는 않지만, 확실히 그런 것 같아요. 나의 생존이 마치 누가 내 대신 죽은 대가라는 죄의식이 강박감처럼 나를 짓누르고 있으니까요. 죽음을 빚진 사람 같단 말예요. 살아 있다는 게 결코 죄가 아님에도 불구하고 지금은 살아 있다는 것 자체가 이미 부끄러움이고 죄지요. 그게 참으로 안타까울 뿐이에요."(프리모 레비, 2010b, p. 392).

레비의 증언은 전쟁에서 살아남은 많은 사람의 가슴을 짓누르고 있는 어떤 감정의 일단을 잘 보여준다. 그것은 "살아남은 것으로서의 부끄러움"이자, "인간이라는 사실에 대한 부끄러움"이다. 브레히트B. Brecht의 유명한 시(「살아남은 자의 슬픔Ich, der Überlebende」, 1944)가 노래하듯, 홀로 살아남았다는 사실에 대한 부끄러움은 인간이 갖는 고귀한 감정일 수 있다. 하지만 살아남은 자로서의 부끄러움, 그리고 죽은 자들과의 교감이라는 원리는 현 사회의 위선을 폭로하는 강력한 힘이 될 수 있지만, 그 체험이 특권화되었을 때의 한계 역시 전후 사회에서 나타나는 일반적인 풍경 ── 죽은 자의 권위에 기대 자신의 행동을 정당화하는 ──에서 확인할 수 있다.

레비의 사유는 이러한 "살아남았다는 사실"에 대한 부끄러움을 넘어 "세상에 대한 부끄러움", 나아가 "인간이라는 사실에 대한 부끄러움"의 문제를 시사하고 있다는 점에서 주목을 요한다. 그는 독일의 패전이 임박할 무렵 아우슈비츠 수용소에 찾아온 소련군 정찰병들이 수용소에 수감된 유대인들을 보면서 느꼈던 부끄러움에 대해 다음과 같이 쓰고 있다.

그들은 인사를 하지도, 미소를 짓지도 않았다. 음울한 광경에서 시선을 떼지 못하게 하고 입을 봉해버리는, 감히 무어라 할 수 없는 혼란스러운 감정이 동정심과 더불어 그들을 짓누르고 있는 것 같았다. 그것은 우리가 익히 알고 있던 바로 그 부끄러움이었다. 가스실로 보내질 인원 선발이 끝난 뒤, 그리고 매번 모욕을 당하거나 당하는 자리에 있어야 했을 때마다 우리를 가라앉게 만들던 그 부끄러움, 독일인들은 모르던 부끄러움, 타인들이 저지른 잘못 앞에서 올바른 자가 느끼는 부끄러움,

그런 잘못이 존재한다는 것에, 그런 잘못조차 존재하는 이 만물의 세상 속에 돌이킬 수 없이 자신이 끌어들여졌다는 것에, 그리고 자신의 선한 의지는 아무것도 아니거나 턱없이 부족하고 아무런 쓸모도 없었다는 것에 가책을 느끼게 만드는 바로 그 부끄러움이었다. (프리모 레비, 2010a, pp. 19~20)

여기서 나타나는 것은 자신들이 아닌 타인들이 저지른 잘못 때문에, 그리고 자신들이 거기에 '연루(連累)'되어 있다는 생각 때문에 사람들이 느끼는 가책과 부끄러움이다. "이는 인간 종, 곧 우리는 엄청난 고통을 만들어낼 수 있는 잠재력을 가지고 있으며, 그 고통은 어떤 비용이나 노력도 필요치 않은, 무에서 생겨나는 유일한 힘이라는 것을 증명한다. 보지 않고, 듣지 않고, 아무것도 하지 않는 것만으로도 충분한 것이다(프리모 레비, 2014, pp. 101~02)." 이렇듯 부끄러움의 감정은 자아가 받아들일 수 없는 수동성으로 인도되는 것에서 기인하는 일종의 자기촉발적인 존재론적 감정이며, 그것은 인간존재에서의 주체화와 탈주체화라는 이중의 운동에서 발생하는 감정이기도 하다(조르조 아감벤, 2012, pp. 157~68 참조; 번역 일부 수정). 나아가 방관자였던 자신이 가해자인 인간들과 같은 인간이라는 종(種)에 속한다는 사실이 주는 부끄러움, 따라서 이 부끄러움은 "인간으로서 부끄럽다"라는 인간주의적 언표를 초월한 하나의 극한limit의 언표가 되며, 어떤 고유문화적 속성이 아닌, "보편"적인, 굳이 말하자면 "보편"적 이상의 "보편"성을 넘어서는 무엇이 될 수 있는 가능성으로 화한다(우카이 사토시, 2001, pp. 41~47).

1980년 오월의 참상을 뒤늦게나마 접하게 된 많은 사람이 자신들의 나라, 바로 옆 동네에서 절대로 일어나서는 안 되는, "돌이킬 수 없는"

사건이 일어나버렸다는 사실에 대해 느꼈던 감정 역시 이러한 부끄러움에 가까운 것이었다. 하지만 그들의 부끄러움은 앞서 레비가 언급한 소련군들의 그것처럼 그렇게 순진무구할 수만은 없다. 왜냐하면 그들역시 저 가공할 폭력과의 '연루'에서 자유롭지 못하기 때문이다. 그들은 1980년 오월 그 도시가 한국 사회에 발신했던 SOS[6]를 모른 척하거나 아니면 애써 외면했다. 그들은 "우리는 그 당시 아무것도 몰랐어요"라고 순진하게 이야기할 수 없었다. 1980년 이후 광주가 한국 현대사에서 김현이 이야기했던 것처럼 "일종의 숙명적 원죄의 장소"가 되었던까닭도 여기에 있다.

1980년대는 광주와 죽음-죽임의 연대이다. 그 연대는, 한국의 지식인에게는, 1940년대 후반의 아우슈비츠와 유대인 학살을 상기시키는, 아니 그것을 실제로 느낄 수 있었던, 불행한 연대이다. 처음에는 분노와 비탄과 절망, 그리고 침묵으로 점철되었던 광주는, 그 뒤에는 일종의 원죄 의식으로 변화하여, 그것에 어떤 식으로든 반응하지 않고서는 살 수 없는, 물론 육체적으로는 살 수 있겠으나, 정신적으로는 살기 힘든, 그런 장소가 된다. 그곳은 더구나 오랫동안 소외되어온 곳이어서 역사적 숙명론의 흔적 ── 흔적? 차라리 실체가 아닐까? ── 까지 보여준

6  임철우는 5월 27일 새벽 계엄군의 총소리가 들려오는 도청 상황실에서 최후를 맞이하는 윤상원의 심정을 픽션의 언어를 통해 다음과 같이 적고 있다. "아아, 지금 이 순간 당신들은 도대체 무얼 하고 있는가. 왜 이 도시를 잊어버렸는가. 우리는 이렇게 죽어가고 있는데. 지금 그대들의 잠자리는 평안한가. 당신들이 꾸는 꿈은 아름다운가. 아아, 그대들과 우리들은 이 순간 얼마나 아득하게, 아득하게 멀리 떨어져 있는 것인가"(임철우, 5권, 1998, pp. 398~99). 그 다급함과 외면에 대한 안타까움은 시인 임동확이 타전하는 「긴급송신 (S.O.S)」에서도 잘 나타난다. "오, 난파당한 조국이여/아직도 우리는 애국가를 부르고 있음./바다에 빼앗기지 않은 시신을 싣고/바람의 궐기를 기다리고 있음./어떤 배도 근처를 지나지 않음……"

다. (김현, 1992, p. 294)

1982년 '부미방 사건'(부산 미문화원 방화사건)의 주모자인 문부식은 법정 최후 진술에서 "만일 광주가 없었다면 나는 이 자리에 서 있지 않았을 것이다"라고 말했다. 무엇이 신학을 전공하는 한 청년에게 그렇게 엄청난 일을 저지르게 했는가. 그 시기를 회상하며 문부식은 계속 쓴다. "나의 기억 속에는 지금도 20년 전 부산 송도의 바닷가 한쪽 구석에 쭈그리고 앉아 울던 초라한 신학생 하나가 있다. 높은 역사의식이 있었던 것도 아니고, 그 시대의 여느 대학생들에 비해 비판적 사회의식이 확고한 것도 아니었던, 그저 평범한 신학생에 불과한 내가 그때 왜 그렇게 몸살을 앓고 있었던 것일까? 아마 1980년대의 많은 영혼이 그러했으리라. 비록 한 번도 가본 적 없는 곳이지만 내가 살고 있는 나라의 한 도시에서 수많은 사람이 억울하게 죽어갔다는 사실 앞에서, 나 또한 깊은 상처를 받았기 때문이다"(문부식, 2002, p. 35). 언젠가부터 그의 정치적 행보에 대해 많은 논란의 소리들이 들리지만, 적어도 이 진술이 갖는 진정성을 외면할 수는 없다.

반공주의와 근대화주의와 속도주의가 지배적인 사회 내에서도 이러한 부끄러움의 언설들은 이심전심으로 일군의 사람들의 마음을 울리는 "공감sympathy"의 구조를 만들어낸다. 여기서 공감의 구조란 1980년 이후 한국 사회라는 사회적 현실에 뿌리내려embedded 있고, 개개인의 감정에 앞서 구조화된, 하지만 동시에 개개인의 감정의 유의미한 원천으로서 상호 관련을 맺으면서도 동시에 긴장 관계에 있는 특정한 내적 연관을 지닌 "집합적이고 시대적인 감응의 양식"을 의미한다(이상 羽賀祥二, 1994, pp. 363~67 참조). 나아가 부끄러움은 1980년대 한국 사회에서 사회적 실천들을 발생시키며, 그 실천을 통해 작동(생산, 표현, 사용, 소통)하며, 그 실천의 효과들을 통해 항상적으로 재구성되는 인지적/정서적/의지적 행위 능력agency의 중요한 원천적 감정의 하나로 작동했다는 점에서, 사회학자 김홍중이 제안하는 "마음의 레짐"이라는 틀도 참고할 만하다. 여기서 마음의 레짐이란, 마음의 작동과 마음가짐의 형성을 가능하게 하고 조건 짓는 사회적 실정성의 특정한 배치를 의미한다(김홍중, 2009; 2014).

그렇다면 도대체 무엇이 이러한 이심전심, 즉 공감을 가능하게 했을까. 여기에는 자유민주주의 체제를 수호한다는 '국군'이 자유민주주의를 요구하는 자국민들에게 총을 겨눠 수많은 희생자를 낳은 5·18이 갖는 사건사적 무게와 함께 이 사건을, 그리고 숨진 희생자들의 죽음을 기억하면서 새로운 세상을 열망했던 사람들의 마음에 대해, 무력/즉 폭력violence을 제외하고는 아무런 저지선을 갖지 못한 한국 사회의 "무사상(無思想)의 구조"(최정호, 1989)가 자리하고 있다.[7] 적어도 1980년대 한국 사회에서 '부끄러움'이 촉발시키는 사회적 힘에 맞설 수 있는 대안적 사상이라는 것은 존재하지 않았던 것이다.[8] 하지만 무엇보다 그

7  꽤 보수적인 어조이긴 하지만, 최정호의 글 「무사상(無思想)의 사회, 그 구조와 내력: 현대 한국의 정신적 상황에 관하여」(1989)는 1980년대 말 한국 사회의 정신사를 분석한 거의 유일한 논고이다. "아마도 이들 새로운 세대들이 느끼고 있는 오늘의 현실은 노동문제, 분배문제 등을 포함해서 산업사회가 제기한 여러 문제를 극복하기 위해 이 땅에는 두 개의 이념이 대립되고 있다기보다도 하나의 〈이념〉과 〈무이념〉이, 하나의 〈이데올로기〉와 〈무이데올로기〉가 대치되고 있는 것으로 보인다고 해도 무리가 아닐 것이다. 두 개의 사상이 아니라 〈사상〉과 〈무사상〉이 대치하고, 두 개의 소리가 아니라 〈소리〉와 〈침묵〉이, 〈발언〉과 〈무언〉이 대치하고 있는 것처럼 보이는 이러한 현실은 우리에겐 불온서적이 곧 이념서적이 되고 사상운동은 곧 좌경운동으로 이해되고 있는 사실이 상징적으로 증명하고 있다"(최정호, 1989, p. 49).

8  하지만 그때의 공감이 셸러M. Scheler가 말한 것처럼 "타인을 사랑하려는 의지로 타인의 감정을 감성적으로 이해하는 주체의 능동적 움직임"인지, 아니면 후지타 쇼조가 비판하는 것처럼 "세상의 관습에 의해 사전에 정해지는 명확히 규칙화되지 않은 의식"(후지타 쇼조,

러한 공감을 가능하게 했던 것은 최후통첩 이후 27일 새벽 도청 앞에 들이닥친 계엄군의 강렬한 서치라이트에도 불구하고, 도청 시민군들의 마음속의, 미약하지만 꺼지지 않은 미광(微光, lucciole), 즉 반딧불의 이미지(조르주 디디-위베르만, 2012)가 사람들의 마음속에 전해졌기 때문이 아닐까. 어쩌면 그 반딧불의 미광이야말로 1980년대라는 어두운 시대의 사람들에게 부끄러움을 촉발시키며, 독재 치하의 사회 현실을 '감히 알려고 하는Sapere aude' 용기를 주었던 것이 아닐까.

물론 1980년대 전반 한국 사회의 마음의 풍경에 대한 이상의 서술은 하나의 가설이자 신화이지만, 지금까지 살펴본 것처럼 적어도 많은 문학작품과 1980년대 사회운동가들의 증언에서 되풀이되고 있다는 점에서 도달해야 할 이상이자 수행해야 할 윤리로서의 힘power을 가지고 있었다는 점만은 부인할 수 없다. 만약 우리가 그것을 '마음의 레짐'(김홍중, 2014)이라고 부를 수 있다면,[9] 그 레짐은 분명 한 시기 한국 사회에서 강력하게 작동하고 있었다. 하지만 레짐은 결코 고정불변하는 것이 아니며, 어떤 일정한 계기로 변화를 겪거나 붕괴 혹은 대체될 운명에

---

2007, p. 33)에 불과한 것이었는지에 대해서는 깊이 있는 성찰이 필요할 것 같다. 후지타는 일본 사회에서 공감, 즉 상식이란 실은 시의에 따라 울고 웃는 것에 지나지 않으며, 이러한 공감에 대한 반항의 시도가 자연주의였지만, 이 노선은 도중에 무너진 채 더욱이 지금에 이르기까지 성공하지 못했다고 지적한 바 있다. "그것을 붕괴시킨 것은 두말할 나위도 없이 천황제 파시즘이었다. 천황제 파시즘이 잇달아 작은 전쟁을 일으키고 대외적 위기를 양성하면서, 공동체 국가관을 강화시켜나가는 과정은 국가를 지배 메커니즘이라 파악하는 국가기구적 사고방식을 점차 분해·흡수해가는 과정이고, 동시에 감성의 개별성을 말살하여 일본적 공감을 확대 재생산하는 과정이었다. 전향은 여기서 발생한다"(후지타 쇼조, 2007, pp. 32~33). 전향의 문제에 대해서는 4절에서 좀더 본격적으로 논의하기로 한다.

9　김홍중은 '마음의 레짐'에 대해 "마음의 작동(생산, 표현, 수행, 소통)과 마음가짐의 형성을 가능하게 하고 조건 짓는 사회적 실정성들의 배치이자, 이 각각의 작동들을 가능케 하는 장치apparatus, 습관habitus, 이념ideology, 풍경imaginary의 이질적 요소들의 네트워크로 구성된다"(김홍중, 2014, pp. 198~201)라고 정의한다.

처하게 된다. 다음 절에서는 마음을 생산하는 다양한 테크닉들의 총체(같은 글, p. 198)로서의 장치에 주목하면서, '오월 행사'의 의례적 변화를 추적하고자 한다.

## 4. 마음의 레짐과 그 변화: '전향'이라는 문제 설정

인류학에서 '의례ritual'는 한 사회문화의 광범위한 분위기와 동기가, 다른 한편으로는 광범한 형이상학적 개념이 결합된 "문화적 연기cultural performance"(클리퍼드 기어츠, 1998, p. 142)의 장이자 동시에 연령, 성별, 계급, 인종, 성적 경향에 따른 차이에 기인한 독특한 여러 가지 사회 과정들이 교차하는 지점ritual as a busy intersection(레나토 로살도, 2000, pp. 53~54)으로서 중요한 연구 대상이 되어왔다. 감정의 인류학이라는 관점에서 본다면 이는 의례가 "정확하게 해석해야 하는 단순한 문화적 텍스트가 아니라 감정을 조형하기 위한 집단적 청사진"(윌리엄 M. 레디, 2016, p. 99)임을 의미하는 것이다.

특히 오월 희생자들에 대한 집단적인 제사 자체가 금지되었던 1980년대 초 망월동에 묻힌 죽은 자들에 대한 사적인 제사로부터 시작된 '오월 행사'는 망자에 대한 한국 사회의 전통적인 제사의 장이자, 광주의 희생자들을 폭도의 죽음으로 치부하고 애써 지우려고 했던 정권의 시도에 저항하며, 제사를 통해 자신들의 행위의 정당성을 확보하려는 성스러움을 둘러싼 상징투쟁의 장이기도 했다. 일찍이 뒤르켐이 지적한 것처럼 "신성한 존재와 관련된 집합의식을 재생하는 유일한 방법이 표상을 종교생활의 원천 그 자체 속에서, 다시 말해 모인 집단 속에서 다시 담금질하는 것"(에밀 뒤르켐, 1992[1912], p. 387)이라고 했을 때, 1980년대 초기의 오월 행사는 바로 그러한 집합적 감정을 재생하려는 시도 그 자체였다.

많은 연구자가 지적한 것처럼 1981년 5월 1주기 위령제(비록 정부 당국의 방해와 회유로 무산되었지만)를 시작으로, 오월 행사는 '숨겨진 사본hidden transcript'에서 공개적으로 선언된 저항으로, 범시민적 의례로, 그리고 1995년 이후로는 국가가 인정하는 공식적인 축제로 변모해왔다(정문영, 1999; 정근식, 1999; 정호기, 2001). 하지만 이러한 변화shift가 아무런 갈등 없이 일관되게 이루어진 것은 아니었다. 그 안에는 5·18의 해석을 둘러싼 중앙과 지방, 그리고 지역 사회 내부의 여러 계급과 집단 간의 변화하는 정치적 힘들이 경합하고 있었다.

여기서 마음의 레짐의 변화와 관련하여 우선 우리가 눈여겨보아야 할 시점은 오월이 공적public 담론의 영역으로 흡수되기 시작한 1987년 6월 항쟁 이후이다. 이는 단순한 문제가 아니다. 왜냐하면 이 시기는 5·18담론이 과거의 절대적 지위와 정당성을 상실하고 하나의 가능한 입장, 즉 상대적 지위로 격하되었으며, 동시에 오월에 대한 언급이 공적인 토론의 대상으로 전환되면서 정치적인 대상일 뿐만 아니라 실제로 무슨 일이 있었던가라는 실증적 규명의 대상으로 바뀌는 시기였기 때문이다. 5·18담론은 비단 전문 사회과학자들뿐만 아니라, 새로워진 분위기를 틈타 슬며시 '무임승차'한 무수한 비판적 언어들과도 새로운 전투를 치러야 했다.[10] 나아가 이러한 전환이 초래한 또 다른 파장은 '언어의 시

---

10  이러한 변화가 갖는 함의를 정문영은 다음과 같이 정리하고 있다. 첫째, 5·18담론이 과거의 절대적 지위와 정당성을 상실하고 하나의 가능한 입장, 즉 상대적 지위로 격하되었다는 점이다. 둘째, 5·18에 대한 언급이 공적인 토론의 대상으로 전환됨에 따라 그것은 정치적인 대상일 뿐만 아니라 실제로 무슨 일이 있었던가에 대한 실증적 규명의 대상으로 전환되었다는 점이다. 마지막으로 5·18담론의 생산과 이용은 전문 사회과학자들로 하여금 광주라는 지방 사회의 의제를 형성할 수 있는 사회적·정치적 행위자로 나설 수 있게 했다(정문영, 1999, 3장 참조).

장'이라는 새로운 환경에 적응하기에는 교육 수준이 낮았던, 이전 시기 '진정성'의 주요한 담지자였던 기층민중 출신의 많은 '투사들'을 점차 주변화시키고 급기야 낙오되었다는 사실이었다(정문영, 1999, pp. 75~83 참조).

1990년대 중반부터 본격화된 오월 행사의 축제화("투쟁에서 축제로")는 오월 광주에 대한 이러한 변화된 목소리들이 가시화되는 계기가 되었다. 오월 광주가 공식적으로 민주화의 성지가 되었지만, 동시에 '상품화'(같은 글, p. 111)되기 시작한 것도 이 시기였다. 물론 성화(聖化)와 상품화는 서로 배치되는 기제가 아니다. 지라르적인 의미에서 본다면, 성화를 주도하는 사람들의 마음속에는 자신들이 그러한 폭력에 연루되어 있다는 사실을 숨기고자 하는 욕망이 깃들어 있으며, 이는 쉽게 상품화와 결합될 수 있다. 나아가 성화된 기억은 결코 위험하지 않으며, 또한 그 과정은 실제의 기억들을 지우는 과정이기도 하다(문부식, 2002, p. 82).[11] 임철우는 그 변화를 다음과 같이 씁쓸하게 적고 있다.

17년이라는 세월이 흐르는 동안 그날을 바라보는 세상의 눈길도 많이 바뀌었다. 처음 7년은 다만 맹랑한 유언비어 혹은 과장된 전설이었고, 다음 3, 4년은 텔레비전 속의 제법 요란한 국회 청문회 연속극 같은

---

11 항상 그렇듯이 이러한 변화를 가장 먼저 민감하게 감지하는 이는 시인들이다. 그래서 임동확은 다음과 같이 쓴다. "헤매 본 자만이 아는 짐승의 시간들/그 화난 자유의 조건이 무효화될 때까지/나는 객관의 거리를 확보한 자의 기도나/너의 교활함과 변신을 변호해줄 세월과/피 묻은 흰 손으로 바치는 꽃 타래를 사절한다/능숙하고 매끄러운 문장의 조사를 거부한다… 내 너희들의 조화와 방문을 거부한다/내 너희들의 행동과 공격을 응시한다"(임동확, 「너희들의 조사와 애도를 거부한다」). 상실이라는 사건이 갖는 의미를 추구하기보다는 죽은 자들을 이 세계로 불러들임으로써 현재의 세계를 정당화하는 데 그 목적이 있는 '거짓 기념'에 반대하며, 애도를 거부하는 시인의 몸짓은 가장 인간적이며 숭고한 행위인 것이다.

것이 되더니, 이제는 너나없이 이쯤 해서 역사 속의 해묵은 일지 정도로 정리되어지기를 바라고 있는 듯하다. 많은 사람이 이제는 거리낌 없이 말한다. 오늘 우리들 눈앞에 흐르는 저 강은 그때의 강물이 아니라고. 그 폭풍의 강은 아주 오래전에 흘러가 이제는 돌이킬 수 없는 먼 과거의 바다로 흘러 들어갔노라고. (임철우, 1권, 1997, pp. 9~10).

그런 점에서 5·18이 국가에 의해 민주화운동으로 인정되고, 정부 주도의 공식 기념식이 치러지기 시작한, 그리고 구묘역과 신묘역의 분리가 이루어진 1997년 이후는 오월 광주가 이제는 더 이상 한국 사회를 위협하지 않는 하나의 '길들여진' 상징으로 정착하는 분기점이었다. 이 시기는 묘역이 점차 '메모리얼memorial'에서 '모뉴먼트monument'로 화하기 시작한 시기, 즉 '기념비화monumentalization'가 진행되던 시기이기도 하다. 죽은 자들의 개개의 이름을 새김으로써 그들의 희생을 기리고, 또 그 희생의 의미를 담아내는 '메모리얼'에서, 기념 가능한 것을 현창하고 기원의 신화를 체현하는 익명적인, 순수한 상징적 성격을 갖는 장대한 '모뉴먼트'로의 변화(マリタ·スターケン, 2004, p. 91). 그것은 1980년 오월의 기억을 지우고 변형시키는 과정과 다르지 않다.[12]

더욱이 신묘역의 등장은 국가의 이름 아래 지난 오월의 죽음의 성격을 규정하는 장이 출현했음을 의미한다는 점에서 문제적이다. 누가 신묘역에 들어가고 누가 구묘역에 남는가. 그 죽음들을 심의하는 자는 누구인가. "5·18의 진상규명과 책임자 처벌을 요구하는 등 민주화 실현을 위한 운동에 참가해 숨진 뒤 망월묘역에 묻혀 있는 자를 심의를 거쳐 국립5·18묘지에 안장할 수 있다"(정호기, 2001, p. 792에서 재인용)

12  메모리얼과 모뉴먼트의 차이에 대해서는 졸저(2018), pp. 287~88 참조.

는 조례나 '유공자법'으로 모든 것이 충족될 수 있을까. 우리 사회는 이를 심의할 수 있는 누군가를 사회적 '합의'로 만들어낼 수 있는가Who watches watchman! 이상의 의문들에 답할 수 없다는 점에서 망월동 신묘역, 그리고 그 입구 정면에 우뚝 버티고 서 있는 우람한 비('5·18민중항쟁 기념탑)는 유령들spectres의 현실로의 틈입을 원천적으로 봉쇄하는 구조물이다.

1980년 오월을 둘러싼 기념 의례에서 나타나는 이러한 변화와 단절은 1980년대 이후 한국 사회의 마음의 레짐을 단순히 진정성 레짐의 소멸과 생존주의라는 마음의 레짐의 대체로 파악하는 기존의 서사(서영채, 2005; 김홍중, 2009; 2014)가 가진 한계를 드러내준다. 다시 말하면 '87년 체제'(박명림, 2005; 윤상철, 2005; 김종엽, 2013)라는 가설의 성립 가능성의 여부는 논외로 하더라도, 한국 사회의 진정성의 에토스(레짐)가 1980년대 이후 형성되어 386세대의 세대의식의 핵심을 구성했고, 이것이 1990년대까지 헤게모니를 유지하다가 1997년 IMF 이후, 즉 신자유주의의 도래 이후 급격하게 퇴조했으며, 그 뒤를 '생존주의'라는 마음의 레짐이 대체했다는 식의 서사로는 1990년대 이후 '마음의 레짐'을 온전히 읽어낼 수 없다.[13] 주체들의 마음/영혼spirit의 영역까지 자유로이 유린하고 횡단하는 가공할 신자유주의의 통치성(미셸 푸코, 2011)의 위력이 아무리 가공할 것이라 하더라도, 모든 변화를 이러한 외인론으로 설명할 수는 없기 때문이다.

13 물론 김홍중은 진정성 레짐의 내적 모순으로 자기 자신과의 관계에 기초한 내성적이고 사적인 '윤리'의 계기로서의 윤리적 진정성과, 사회와의 관계에 기초한 참여적이고 공적인 '도덕'의 계기로서의 도덕적 진정성이 서로 갈등을 일으킬 수 있는 위험성을 지적했다. 하지만 적어도 97년 체제가 본격화되기 이전까지 이 두 진정성은 한국 사회의 전반적인 시대정신의 결속력하에서 결합되어 있었다고 이 논의를 서둘러 봉합해버린다(김홍중, 2009, pp. 36~38).

실제로 한국 사회가 신자유주의를 '껴안은embracing' 시기는 아이러 니하게도 1980년대 민주화운동의 결산이었던 국민의 정부와 참여정부 시절이었다는 점에서, 한국 사회가 신자유주의를 적극적으로 받아들 이는 것을 가능하게 했던 정치경제적 현실에 대한 분석(지주형, 2011) 과 더불어 감정의 구조—그것이 문부식이 말했던 반공, 근대화, 속도 주의의 결합이 만들어낸 감성이든, 아니면 구한말의 홉스적 자연 상태 (최정운, 2013) 이래 100여 년 동안 계속된 '위기' 담론이 만들어낸 것이 든—에 대한 보다 면밀한 고찰이 요구된다.

오히려 1980년 오월이라는 경험이 낳은 '부끄러움의 레짐'은 그 자 체로 한국 현대사에서 예외적인 상황으로 보는 것이 더욱 타당하다. 물 론 1960년대나 1970년대의 문학에서도 간혹 '부끄러움'이 중요한 소재 로 등장하기는 하지만—김승옥의 「무진기행」 혹은 박완서의 「부끄러 움을 가르칩니다」 등—그것은 어디까지나 속물적인 삶에 대한 개인 적 자의식에 머무르고 있을 뿐 한 사회의 지배적 감성이라 부르기는 어 려웠다. 부끄러움이 한 시대의 지배적 감성이 되었던 것은 앞서 3절의 논의에서 밝힌 것처럼 역시 1980년 오월 이후라고 해야 한다. 그렇다면 남는 문제는 이러한 부끄러움의 장막이 서서히 걷히기 시작한 시기는 언제인가, 그리고 그 계기는 무엇인가에 대한 규명 작업일 것이다. 그 시대의 변화를 가장 예리하게 관찰했던 문부식은 자신의 소회를 다음 과 같이 기록한다.

광주에서만 오월 광주가 사라진 것은 아니었다. 과거 같으면 말끝마 다 광주를 들먹였을 1980년대 운동권 출신들도 언젠가부터 자신들을 '광주세대'라 부르지 않고 '386'이라는 숫자로 부르기 시작했다. 나이 와 학번과 출생 연도를 조합해서 자기 세대를 설명하려는 한심한 무리가 세계 어느 곳에 또 있을까 싶지만, 운동권을 떠나 정치권에 입학하려는 그들이 과거를 연상시키는 광주를 굳이 들먹이지 않는 심정은 이해 못할 바도 아니었다. 광주는 더 이상 우리를 묶어주는 공동의 기억이 아니다. 기억의 끈을 스스로 놓아버린 우리에게 그것은 서로를 불편하게 만드는 거추장스러운 기억일 뿐이다. (문부식, 2002, p. 20)

물론 문부식이 이 글을 쓴 시점은 1999년이다. 하지만 이미 1992년 문민정부 출현 이후 이러한 변화의 조짐은 곳곳에서 나타나고 있었다. 아니, 앞서 언급한 것처럼 1987년 유월항쟁 이후 광주를 둘러싼 담론장의 변화에서 그 조짐을 찾아볼 수도 있을 것이다. 그렇다면 '광주세대'에서 '386세대'로의 변모를 가능하게 한 원인은 무엇인가. 그리고 '광주세대'와 '386세대' 사이에 놓여 있는 공백 지대의 마음의 지형도는 과연 어떠한 모습을 띠고 있는가. 물론 폭력적인 권력과 싸워나가는 와중에 그들 역시 권력의 힘에 유혹되고 오염되어버린 것은 아닌가라는 아주 '소박한' 니체적인 대답은 가능하다. 하지만 그러한 '절대반지론'이 문제를 설명해주지는 못한다.

이 문제를 고려하는 과정에서 우선적으로 앞서 서론에서 언급한 것처럼 전후 일본 사회의 진보 진영에서 오키나와 문제가 구성되는(담론이 만들어지는) 방식에 대해 문제를 제기했던 사상가 도미야마의 지적에 다시금 귀를 기울일 필요가 있다. "아픔과 관련된 경험을 한정된 사람들에게 숙명처럼 떠맡기고는 양심이나 연민에 근거해서 혹은 때로는 정치적 슬로건과 함께 편할 때만 선택적으로 자신의 경험이나 아픔을 이야기하는 구조"(도미야마 이치로, 2015, p. 17)가 바로 그것이다. 이 구조는 어떤 '문제의 구성'이라는 방식으로 담론장이 만들어질 때 그 담론장을 지배해온 하나의 규칙과 같은 것이다. 특히 1987년 이후 외부에서 광주를 문제화하는 방식, 즉 '한(恨)의 고장' '혁명의 도시' '민주화의 성지'라는 이름에는, 저항을 그들에게 떠넘기고 자신의 일상은 거기서 분리하고자 하는 안온함이 깃들어 있는 것이 아닌가.

두번째로 '전향(転向)'이라는 문제에 대한 근원적인 성찰이 필요하다. 한국 사회에서는 금기시된 주제이지만, 전향 문제는 전후 일본 사회를 중심으로 많은 논의가 이루어진 바 있다. 특히 쓰루미 슌스케(鶴見俊輔), 후지타 쇼조 등을 위시한 '사상의 과학 연구회(思想の科学研究会)'(이하 연구회)라는 일군의 진보적 지식인 집단이 5년의 세월에 걸쳐(1958~62) 기획, 편찬한 전 3권 1천 5백여 페이지에 이르는 『공동연구전향(共同研究転向)』은 전시기인 1933년부터, 전후 1950년대에 이르는 시기에 일본 사회의 지식인들에게서 나타나는 전향의 양상과 그 특징을 상세히 규명한 노작이다. 전후 1960년대 일본 사회에서 이러한 거대한 공동연구가 이루어진 배경에는 전시기 일본 사회 지식인들에게서 대규모적으로 일어났던 사상적 전향이라는 문제에 대해, 어떤 방식으로든 개입해서 이해하고자 하는 (전향 체험이 없는) 전후 세대 지식인들의 다급한 요청이 자리하고 있었다. 발기인인 쓰루미 슌스케가 서문에서 썼듯, "자신들이 전혀 경험한 바 없는 중요한 체험에 대하여 추경험하려고 노력하는 것은 사상사로서의 전통적인 방법이며 또 백 년의 근대사 가운데서 전향 체험의 퇴적이야말로 가장 중요한 광맥을 내포하고 있는 부분이기 때문이다"(鶴見俊輔, 1978, p. 6). 나아가 여기에는 이러한 전향에 대한 성찰이 없었기 때문에, 패전 이후에도 아무런 자각 없이 계속 전향이 이루어지고 있는 일본 사회에 대한 비판적 개입의 의도도 깔려 있었다.

물론 1930년대, 혹은 1960년대 일본의 지식인들이 처한 상황을 1990년대 한국의 지식인들의 그것과 기계적으로 비교하는 것은 심각한 무리가 따른다. 하지만 연구회뿐만 아니라, 그와는 다른 방식으로 1960년대 일본 사회의 전향의 문제를 고찰한 사상가 요시모토 다카아키(吉本隆明, 1990)의 지적처럼 "사고 자체가 결코 사회의 현실 구조에 대응하지 않고, 논리 자체의 기계적 행위automatism에 의해 자기 완결되는" 일본적 모더니즘이 지배하는 가운데 "이론(사상)과 현실의 유리/괴리에 대한 진지한 고민이 없었기 때문에 현실이 하나의 '실감'으로 자신들에게 엄습하는 상황에 직면해 대규모의 전향이 나타났던"(ibid., pp. 300~03) 전후 일본 사회의 정신사적 풍경은 1990년대 이후 한국 사회의 그것과 많은 부분 겹쳐진다는 점에서, 한국 사회의 정신사적 변화를 읽어내는데 여전히 유효한 참조점을 제공해준다.

그렇다면 우선, '전향'의 개념적 정의 문제로부터 논의를 시작해보자. 일본 사회에서 전향은 일반적으로 "일본 근대사회의 구조를 총체적인 비전으로 포착하는 데 실패했던 지식인(인텔리겐치아)들 사이에 일어난 사고 변환"(ibid., p. 286)으로 이해되어왔으며, 앞서 언급했듯이 많은 연구는 1930년대 초반 엄혹한 군국주의 치하에 일어난 마르크스주의자들의 대규모 집단 전향에 초점이 맞춰져 있었다. 하지만 반드시 억압적이고 물질적인 폭력하에서만 전향이 이루어지는 것은 아니다. 후지타 쇼조의 지적처럼, 패전 직후 일본 사회에서 이루어진 대규모 전향은 권력에 대한 굴복이라기보다는 오히려 '막다른 상황을 타개'하기 위한 하나의 선택이자, 환멸'이나 '좌절' 혹은 '성숙'의 결과로서의 측면도 아울러 가지고 있기 때문이다. 따라서 전향이라는 행위 자체에 대해 섣부른 도덕적 판단이나 이를 금기시하는 태도는 바람직하지 않다. 오히려 전향이라는 말이 "타인의 입장 변화나 식언에 대한 도덕적 비난을 행하는 경우에는 잘 쓰이면서도 자기 자신의 '자유로운 이동'에 대해서는 쓰이지 않는"(후지타 쇼조, 2007, pp. 168~70 참조) 현실 자체가 문제적이 된다.

나아가 전향과 관련하여 좀더 본질적으로 숙고해야 할 문제는 정치의 포기로서의 '전향'은 있어도 전향에 대한 사회 내부의 알레르기적 혐오와 그에 대한 본능적 두려움 때문에, 전향을 솔직히 고백하고 성찰하는 문화가 결여되어 있다는 것이다. 사상가 다케우치 요시미(竹內好)는 전향과 비슷해 보이지만 저항에 매개된다는 점에서 전향과 다른 회심(回心)의 중요성을 지적하며, 그 회심을 가능하게 하는 것은 부끄러움이라고 지적한 바 있다(다케우치 요시미, 2004[1948], pp. 53~54). 그 부끄러움은 좀더 구체적으로 말한다면, 예전 그가 중국의 문호 루쉰에 대한 자신의 첫 평론집의 서문에서 썼듯이 누군가에 대한 "속죄의 마음"(다케우치 요시미, 2003[1944], p. 11)일 것이다.[14] 1960년대 이후 일본 사회에서 "전쟁체험의 사상화/일반화"라는 과제에 대해 다케우치가 계속 집착해온 것 역시 바로 이 부끄러움, 즉 속죄의 마음을 체험의 영역에서 사상의 영역으로 전화시키고자 하는 고뇌의 산물이었다(이

14 패전의 그림자가 짙게 드리운 1943년 12월, '제국 일본'의 일개 병사로 징집되어 생환을 장담하기 어려운 중국 전장으로 떠난 다케우치는 유서를 쓰는 심정으로 지우(知友)에게 맡기고 간 책 『루쉰魯迅』의 서문에 「죽음과 삶에 대하여」라는 제목을 붙이면서, 루쉰의 문학을 다음과 같이 정리하고 있다. "나는 루쉰의 문학을 어떤 본질적인 자각, 적당한 표현이 없지만 억지로 말하자면, 종교적인 죄의식에 가까운 것 위에 두고자 하는 입장이다. 내가 볼 때 루쉰에게는 확실히 그러한 억누를 수 없는 어떤 것이 있었다. [……] 이 '종교적'이라는 표현은 애매한데, 루쉰이 에토스ethos의 형태로 잡았던 것은 무종교적, 아니 오히려 반종교적이기조차 하지만, 그 틀어잡는 방식은 종교적이었다는 정도의 의미다. [……] 그는 선각자가 아니었던 것처럼 순교자도 아니었다. 그러나 구현 방식은 나에게 순교자적으로 보인다. 루쉰의 근저에 있는 것은 누군가에 대한 속죄의 마음이 아니었을까 하고 나는 상상한다. 누구에 대한 것인지는 루쉰도 확실히 의식하지 못했던 듯하다. 단지 그는 깊은 밤에 때로는 그 무엇인가의 그림자와 대좌(對坐)했을 따름이다(산문시집 『들풀[野草]』및 기타). 그것이 메피스토펠레스Mephistopheles가 아니었던 것은 분명하다. 중국어의 '구이(鬼)'가 그것에 가까운 것일지도 모른다"(다케우치 요시미, 2003[1944], pp. 11~12; 강조—인용자). '속죄의 마음'과 '구이', 즉 귀신과의 연관성에 대해서는 졸고(2014) 참조.

상 졸고, 2014, pp. 41~48 참조).

다케우치의 이러한 사유는 단순한 체험, '~의 체험'이 아닌 그 자체 체험을 넘어서는 혹은 체험에 앞서는, 즉 더 이상 체험론적이지 않는 어떤 것을 함축하는, 진정한 의미의 체험(戸坂潤, 1967[1953], p. 187)이라는 문제를 환기시킨다. 후지타는 한 걸음 더 나아가 체험과 경험을 구별하면서, "경험이 고형의 물체가 될 때, 그것은 더 이상 경험이 아니라 경험의 소외태이며, 사고가 완결적인 물체가 될 때 그것은 더 이상 사고가 아니라 사고의 소외태"(후지타 쇼조, 2013, p. 188)라고 규정한다. "'경험'이 여러 차원과 연관성을 포함하기에 넓은 가능성을 갖는다면, '체험'은 제도적 압박 속에서 은밀히 스스로의 존재를 주장"하기에, "'경험'이 소멸한 시대에야말로 '체험'담이 다발한다"(같은 책, p. 201)는 것이다.[15]

이상의 논의를 종합한다면 1990년대 이후 한국 사회의 정신사를 이해하는 데 다음과 같은 문제 설정이 가능하다.

(1) 1980년대의 권위주의적 군사정권에 대해 승리를 거두었지만, 1990년대 이후 자본주의, 혹은 '발전주의'(김종엽, 2013)[16]라는 현실이

---

15  체험과 경험의 구분은 한병철의 저작 『심리정치』에서도 중요하게 다루어진다. 그는 체험과 반대로 경험은 비연속성을 바탕으로 하며, 변신을 의미한다고 말하면서 그 차이를 다음과 같이 부연했다. "어느 대담에서 푸코는 니체, 블랑쇼, 바타유가 말하는 경험이란 "주체를 그 자신에게서 떼어내어 주체가 더 이상 주체 자신이 아니게 되거나, 주체가 자신의 파괴 또는 해체로 내몰릴 지경에 이르게 하는" 어떤 것이라고 지적한다. 주체로서 존재한다는 것은 예속되어 있다는 것을 의미한다. 경험은 주체를 예속 상태에서 벗어나게 한다. 경험은 신자유주의적 심리정치가 주체를 예속 상태 속에 더 깊이 빠뜨리기 위해 이용하는 체험 또는 기분과 정반대이다"(한병철, 2015, p. 109).

16  김종엽은 박정희 체제로부터 탈피하려는 보수파의 자유화 프로젝트나 민중 부문의 민주화 프로젝트 모두 체제의 한 축인 권위주의에 대해서는 각각 다른 방식으로 도전하지만 다른

회피할 수 없는 형태로 쇄도했을 때, 한국의 지식인 사회는 왜 적절한 비판적 기능을 수행해내지 못했는가. 1990년대 한국 사회에 회자되었던 "사회가 바뀌었다"라는 식의 공감은 일종의 '환상'으로, 그것은 실로 "시의(時宜)에 따라 울고 웃는 것에 지나지 않는 것"이며, 이러한 "공감에 대한 반항의 시도의 결여야말로 전향이 발생하기 쉬운 환경"(후지타 쇼조, 2007, p. 30)을 만들어갔던 것은 아닐까.

(2) 1990년대 이후 한국 사회에 등장한 체험의 신화, 즉 봇물처럼 터져나온 체험담의 홍수를 '사악한' 권력과의 가열찬 투쟁 속에서 만들어진 그 체험이 하나의 사상으로 승화되지 못한 채, 물화되어버린 하나의 결과라고 한다면, 이러한 현상 즉 뒤틀림이 발생하게 된 기원을 찾기 위해 우리는 어느 지점까지 거슬러 올라가야 하는가. '후일담 문학'의 서사와 '불패의 애국대오'라는 수식어로 요약되는 "천박한 승리주의"(문부식, 2002, p. 113) 서사의 공존이 의미하는 것은 무엇인가.

(3) 살아 있는 인간들의 몸과 마음속에 각인된 공포나 상처(트라우마)에는 별다른 관심도 두지 않은 채, 현실로부터 공중부양된 추상화된, 그것이 민주주의 정신이건, 공동체 정신이건, 대동 정신이건, 평화사상이건, 인권 사상이건 관계없이, '정신'과 '사상' 들만이 난무하는, 그리고 오월 단체 내부의 분열에 '피로감'을 느끼면서 국가기념일 지정이나 보상 등에 의해 오월은 청산되었다고 자족하고 있는 지금의 사회에서 오월 광주를 어떻게 다시금 상기하는 것이 가능한가. 지금의 기념

한 축인 발전주의(또는 성장주의)에 도전하지 않았다고 지적하면서, 그 이유를 민주파도 보수파도 발전주의의 헤게모니 아래 있었기 때문으로 진단한다(김종엽, 2013, pp. 477~78).

화, 축제화가 1980년 오월이라는 '사건'을 한국 사회에 자리매김하는 데 실패하고 있다면, 그와는 다른 어떤 기념, 기억의 방법들을 만들어 낼 수 있는가.

이러한 방식의 문제 설정은 '시대에 동떨어진' 혹은 '너무 가혹한' 것인지도 모른다. 하지만 1990년대 중반 "'근대화 세력과 민주화 세력의 연합'에 의한 민족 통합과 재도약이라는 그저 혼돈이 내포된 망라주의"(문부식, 같은 책, p. 112), 즉 '애매한 동거'가 출현하게 된, 그리고 이러한 '망라주의'가 별다른 저항 없이 현재까지 지속되고 있는 지금의 한국 사회의 정신사적 상황을 규명하려는 시도가 아직까지 부재하다는 점에서 이 같은 문제 제기는 낡았지만 여전히 신선하고 또 반드시 필요한 것이다. 그리고 이러한 고찰의 과정에서 1980년 오월의 경험이 왜 하나의 체험을 넘어서 '일반화' '사상화'에 이르지 못한 채 유산되고 말았는가, '광주세대'와 '386세대' 사이에 놓여 있는 공백 지대의 마음의 지형도는 과연 어떠한 모습을 띠고 있는가라는 물음에 대한 답도 밝혀질 수 있을 것이다.

한국 사회에서 지금까지 '전향'의 문제는 도덕적 잣대로 평가되고 터부시되어왔다. 하지만 지금까지의 논의를 종합해본다면, '전향'은 사상사적 차원에서 파악되어야 하며, 이를 위해서는 1980~90년대 한국 사회의 정신사에 대한 계보학적 재구성이 절실히 요청된다. 그리고 이 거대한 작업은 전후 일본의 선례에서 보듯 학계 안팎의 다양한 사람의 공동연구 형태가 가장 적절할 것이다. 그런 점에서 이 문제들은 미래의 영역에 속한다.

# 5. 나가며

왜일까? 거기에 가봤자 또 속으로 유세차로부터 시작해서는, 약소하지만 흠향하소서 하고는 상—향으로 끝내는 식이 될 텐데, 그래선 안 될 것 같아. 생각할수록 귀신들에게 얼마나 죄송한 일이야? 지고 또 지고, 맨날 제사문이나 씨부렁거리며 쏘다닐 거냐고? 패배한 몰골로. 그러니 자네부텀 가라고. 아직 패배의 책임을 짊어질 세대가 아닌 당신이 이번엔 앞서서 가보라구. 그래서 뭔가 희망의 연대가 이어지고 있음을 보여주라고. (김소진, 「임존성 가는 길」)

1990년대 한국 사회를 관통해온 이들이라면 소설가 김소진이라는 이름에서 자신들만의 어떤 내밀한 기억들을 떠올릴 것이다. 김소진은 요절한 작가이다. 그는 37세의 나이에 세상을 떠났고, 그가 소설가로 활동한 햇수는 불과 만으로 6년뿐이었다. 하지만 그가 남긴 작품들이 지금까지도 여전히 기억되는 이유는 요절 때문이 아니라, 1980년대의 이상과 열정이 남겨놓은 잔해들, 그리고 눈이 부실 정도의 전향 혹은 변절의 궤적들을 앞에 두고 일상을 살아가는 사람들이 느끼는 '부끄러움'의 의미를 모색해갔던 그의 성실성 때문이다. 마르크스가 말했던 것처럼 부끄러움이 혁명적 정서라고 한다면, 그는 혁명이 사라진 시대에 자기 나름의 혁명을 계속 추구해나갔다.

김소진의 소설에 등장하는 인물들의 한 축은 1990년대라는 '변해버린' 현실에 압도되어 비틀거리는 지식인의 모습이다. 1980년대의 혁명 이론가에서 '선진한국' '유치한 후진국놈들'을 입에 달고 다니는 외교관으로 변신한, 더구나 옛 동지의 연인을 가로채서 결혼까지 해버린 과거 운동권 선배를 우연히 (프랑스) 혁명 기념식장 파티에서 만난 가난한 소설가는 술에 잔뜩 취해 만삭의 아내에게 기대 몸속의 것들을 토해 낸다(「혁명기념일」). 또 취재차 임존성에 가는 기차 안에서 한 선배 기자는 후배에게 다음과 같은 말을 남기고 기차에서 홀로 내린 후 실종된다. "결국 문제는 치사량에 달린 거겠지. 난세를 살면서 그것에 기꺼이 다다르면 먹물 구실을 원 없이 해보는 게고 훨씬 못 미치면 속물에나 떨어지는 게고. [……] 그 차이라고나 할까? 먹물과 속물이란. 그러고 보면 먹물의 궁극적 무기이자 최대의 극치는 자해가 아닐는지 몰라"(「임존성 가는 길」). "먹물의 궁극적 무기이자 최대의 극치는 자해"라는 대목에서 누군가는 박관현을, 신영일을, 박효선을, 그리고 친구들을 버리고 홀로 살아남았다는 트라우마에 시달리며 1980년 오월 이후 자신의 몸을 돌보지 않고 싸우다 요절했던 많은 사람을 떠올릴지도 모르겠다.

대다수의 후일담 소설에서도 부끄러움이라는 감정은 공통적으로 나타난다. 하지만 김소진의 작품이 여타 후일담 소설과 다른 독특함은 이러한 비틀거리는 지식인의 모습을 그리면서도 동시에 "개홀레꾼" 아버지, "이 씨를 말릴 함경도 종자들아"라고 호통을 치면서도 무능력한 아버지와 아들을 따뜻하게 품어 안았던 어머니 철원댁, 그리고 "고아 떤 뺑덕어멈"의 삶과 교감하면서 조금은 정상에서 비켜나간, 하지만 그럼에도 세상과의 싸움을 놓치지 않는 새로운 인물들의 이야기를 담아냈다는 것이리라. 그 이야기들은 마치 더 이상 지식인의 부끄러움을 토로하기 어려워진 시대에 그 순수한 부끄러움을 어떻게든 보호하기 위해 소설가가 만들어낸 '갑주(甲冑)'처럼 느껴진다.

물론 그는 자신의 문학의 두 세계인 지식인과 일반 민중의 세계를 어떻게 접목할 것인가라는 과제를 해결하지 못한 채 일찍 세상을 떠났다. 그것은 이 시대를 살아가는 우리들에게 남겨진 과제이다. 그리고 그 과제는 임존성 가는 길에 사라져버린 기자의 실종을 단순한 '체념'이 아닌, "유세차로부터 시작해서는, 약소하지만 흠향하소서 하고는 상—향으로 끝내는 식"의 기념식전적인 애도를 거부하면서 과거의 실패를 기억하는 것, 명확히 유토피아적 — 즉, 문자 그대로 비(非)장소non-place라는 의미에서 — 인 의례화된 기억을 고수하며, 유포되는 애도에 대한 '타협 없는 저항'(M. Jay, 2003, p. 18)으로 읽어낼 가능성을 만들어내는 자리이기도 하다.

오월 행사에 대한 관심은, 비록 지금은 변질되고 말았지만, 그것이 여전히 1980년대 한국 사회의 정신적 자산인 부끄러움을 계승할 수 있는 가장 유효한 장치로서의 힘을 가지고 있지 않은가라는 문제의식에서 비롯된 것이었다. 그리고 이를 위해서 오월 행사가 목표로 해야 할 가장 중요한 것은 1980년 오월 광주가 남긴 소중한 이미지들을 보존하고 전승하며 '감각할 수 있게 하는rendre sensible' 작업일 것이다(조르주디디-위베르만, 2014, p. 141). 그 이미지들은 금남로에서 계엄군과 대치하던 시민군들의 외로운 싸움을 독려하기 위해 어디선가 헤드라이트를 켠 채 경적을 울리며 나타난 시내버스들의 행렬일 수도 있고, 해방된 도청 앞 분수대 광장에서 매일같이 많은 시민이 자발적으로 모여 치러냈던 시민궐기대회의 모습일 수도 있다. 하지만 오월 이후 우리들의 부끄러움을 촉발시켰던 잊힐 수 없는 이미지는 27일 새벽 도청을 겹겹이 에워싼 계엄군의 강렬한 서치라이트 불빛 앞에서도 도청을 떠나지 않았던 전사들이 공포를 극복하고 서로를 격려하면서 피웠던 담뱃불과 같은 꺼지지 않는 미광이 아닐까. 이 반딧불과 같은 미광은 승승장구하던 1980년대 군부독재의 밤에도 파괴되지 않은 채, 하나의 '잔존하는 이미지'로서 오월 광주를 기억하는 많은 이의 가슴속에 부끄러움의 기억과 함께 남았다.

물론 그 이미지는 섬광처럼 순식간에 지나가버린다. 그것은 복원할 수 없는 과거의 이미지이며, 각각의 현재가 자신이 그 이미지에 의해 의도되어 있음을 인식하지 못한다면, 그 이미지는 그 현재와 더불어 사라질 위험에 놓이게 된다(발터 벤야민, 2007, pp. 333~34). 1980년 이후 오월 행사가 걸었던 방황과 좌초의 길은 그 이미지를 붙잡고 전승해가는 것의 어려움을 생생하게 반영하고 있다. 하지만 이렇듯 경험이 소외태가 되어 '이용의 소재'로 화하는 현 상황이야말로 소외태라는 '태고의 화석' 속에 태고의 살아 있는 모습을 재형성하는 인식론적 전회를 새로이 모색해야 하는 시기이기도 하다(후지타 쇼조, 2013, p. 189). 왜냐하면 이미지 자체는 결코 파괴될 수 없기 때문이다. 그것은 어쩌면 "과거가 '원래 어띠했는가'를 인식하는 것이 아니라 위험의 순간에 섬광처럼 스치는 어떤 기억을 붙잡는 것"이며, "위험의 순간에 역사적 주체에게 예기치 않게 나타나는 과거의 이미지를 붙드는 일"(발터 벤야민, 2007, p. 334)이라는 역사적 유물론의 전통을 다시금 상기하는 것이기도 하다.

[『민주주의와 인권』, 16권, 2호(전남대학교 5·18연구소, 2016) 수록; 일부 개고]

제2부

국가를
넘어서

# 무상(無想) 무상(無償)

## ―5·18이라는 사건

박준상

## 1. 무덤의 웅변, 침묵의 절규

적지 않은 사람들이 이제 5·18은 과거의 일이 되어버렸다고 말한다. 이 나라의 17대 대통령으로 당선된 이명박은 최근 대통령직 인수위원장에 전두환의 제5공화국 출범 당시 국가보위입법회의 입법의원이었던 이경숙을 임명한 후 주위의 반대 의견에 답하면서 "그 정도 흠이 없는 인물이 있겠냐" "이미 20여 년 전의 일이 아니냐"라고 반문을 던졌다.[1] 그러나 국가보위입법회의는 1980년부터 1981년까지 전두환 군부 독재정권의 틀을 짜는 입법부의 기능을 했고, 따라서 그 정권의 탄생에 결정적으로 정당성을 부여한 기구였다. 5·18 당시 수많은 광주 시민을 학살했던 책임자이자 불법적으로 국가권력을 찬탈한 인물에게 '적극적으로' 협조했던 것이 왜 '크지 않은' 흠에 불과한 것일까? 5·18민주유공자유족회가 구술한 것을 엮어 2006년과 2007년에 각각 간행한 『그해 오월 나는 살고 싶었다』(전 2권)과 『꽃만 봐도 서럽고 그리운 날

1  『한겨레신문』, 2007년 12월 26일 자.

들』(전 2권)²을 보면 한 아들, 한 딸, 한 아버지, 한 어머니를 잃어버리는 고통이 한 세대를 넘어 지금까지 계속되고 있다는 사실을 분명히 알 수 있다. 심한 종류의 어떤 고통은 시간이 지나도 아물지 않는다. 더욱이 5·18로 인해 가족을 잃어버린 자들의 고통은 단순히 심리적이거나 관념적인 것이 아니라 현실의 절실한 고통, 즉 갑자기 생계를 책임져야 했던 고통, 자식을 교육시킬 수 없었던 고통이었고, 폭력으로 인해 치명적인 병을 얻었던 가족을 지켜보고 돌보다 결국은 떠나보낼 수밖에 없었던 고통, 또한 아무 죄도 없이 끊임없이 감시와 차별의 대상이 될 수밖에 없었던 고통이었다.

1980년 광주의 5·18은 1980년대 중반이 되어서야 겨우 대학에서나마 공론화될 수 있었다. 오랜 기간 우리는 5·18에 대해 잘 몰랐거나 하나의 폭동으로 치부했거나 알고서도 국가권력이 두려워 말하지 못했거나, 특히 5·18 유가족들의 경우, 피해 당사자들임에도 불구하고 마치 죄인처럼 지내야 했다. 독재정권의 하수인들은 5·18의 흔적들을 제거하기 위해 유가족들에게 시신을 이장하도록 강요했다. 그러나 그들의 감시 대상이었던 사람들은 "내 나라를 사랑한 죄로 죽어야 했고, 그 시신마저 죄인이 되어야 했고, 가족도 그들의 총에 움츠러들어야 했다."³

---

2  『그해 오월 나는 살고 싶었다』(전 2권)(5·18민주유공자유족회 구술, 5·18기념재단 엮음, 한얼미디어, 2006)은 5·18 당시 사망했던 시민들의 가족들이 남긴 기록이고, 『꽃만 봐도 서럽고 그리운 날들』(전 2권)(5·18민주유공자유족회 구술, 5·18기념재단 엮음, 한얼미디어, 2007)은 5·18 당시 행방불명되었던 시민들의 가족들이 남긴 기록이다.

3  이성자(5·18 사망자 이경호의 누이)의 증언(『그해 오월 나는 살고 싶었다 1』, pp. 226~27). 또한 김영춘(5·18 사망자 김명철의 아들)의 증언을 들어보자. "유족들에 대한 그간의 탄압이란 이루 말로 다 할 수 없다. 무슨 일이 있을 때마다 기동대에 끌려가 하루 이틀 잠자고 나오는 것은 아무 일도 아니었다. 납치, 연금 또는 관광을 빙자해서 무작정 끌고 가 아무 데나 내려놓는 등 가증스럽기 짝이 없는 행동들을 일삼아 왔다. 이장을 하면 취직시켜주겠다, 생활비를 대주겠다는 등 온갖 유혹의 말로 분열시키고 뒷조사와 미행을 자행한 저들

가해자들(있을 수 없는 폭력을 휘둘렀던 자들)은 여전히 높은 위치에서 명령하고 통제하며 또 다른 폭력들을 재생산했고, 피해자들(인간 이하로 전락해서 수모와 폭력을 겪었던 자들)은 여전히 비참한 낮은 위치에서 모욕을 받으며 또 다른 폭력들에 지속적으로 노출되었다. 왜 이러한 불균형이 발생하는가?

　광주민중항쟁은 전체적(전체주의적) 관념 또는 집단적 이데올로기를 전유하고 통제할 수 있던 자들과, 오직 몸만 남아서 몸으로만 모든 것에 부딪칠 수밖에 없었던 자들 사이의 충돌이었다. 그것은 손에 피를 묻혀서 실제로 몸에 폭력을 가했던 자들과 오직 몸으로만 저항해서 스러질 수밖에 없었던 자들 사이의 전쟁이 아니었다(그 폭력이 아무리 잔인하고 끔찍한 것이었다 하더라도 그렇다). 그것은 전체주의적 관념 또는 이데올로기에 몸이 쓸려 나가는 사건이었다. 그렇기 때문에 우리는 5·18에 투입되었던 공수부대 병사들을 법정으로 소환하지 않았던 것이며, 나아가 어떻게 보면 그들도 피해자들이라고 말하기도 하는 것이다. 5·18은 어떤 이데올로기를 답습해서 극단적인 폭력을 정당화할 수 있었던 자들('이데올로기의 전적인 답습', 즉 숭미주의, 극우반공이데올로기, 국가주의, 지역주의의 반복, 그렇기 때문에 5·18은 결코 우발적 사건일 수 없는 것이며 이 나라의 문제들과 모순들과 부조리들이 집약되는 장소일 수밖에 없는 것이다)과, 이데올로기는커녕 제대로 구성된 저항담론도 없이 다만 몸으로, 피와 뼈로, 절규와 눈물로, 결국 죽음으로 맞설 수밖에 없었던 자들, 그 양자 사이에서 벌어진 충돌의 사건이었다. 전남대학교 총학생회장이었던 박관현도, 마지막까지 전남도청에 남아 영웅적 항전을 감행했던 윤상원도, 사회운동가이자 들불야학의 지

이었다"(같은 책, p. 87).

도자였던 김영철도 신군부의 구태의연하고 진부하지만 '절대적'인 이데올로기에 대립할 수 있는 대항담론을 당시 만들어낼 수 없었다. 물론 이는 그들의 개인적 역량의 한계가 아니었고 이 나라의 역사적 한계이자 당시의 시대적 한계였다. 분명 5·18 직전 1980년 5월 14일부터 16일까지 전남도청 앞 광장에서 벌어진 광주 지역 민족민주화성회에서도, 그리고 5월 18일 이후 27일까지 항쟁 당시에도 '군부독재 종식' '민주주의 회복' 또는 '계엄철폐'와 같은 정치적 관념들이 존재했고, 그에 따르는 정치적 담론들이 표명되기도 했다. 그것들은 물론 5·18의 중요한 가치를 담고 있는 요소임에 틀림없고 다시 상기해야만 하는 부분임이 분명하지만, 엄밀히 말하자면 5·18을 이끌고 갔던 가장 중요한 추동력은 아니었으며 지금까지도 우리에게 충격을 주고 있는 '5·18 자체'는 아니었다.

5·18에는 당시 그러한 정치적 관념들 또는 담론들에 관심이 없거나 그 역사적·사회적 배경을 잘 이해하지 못했던 사람들조차 투쟁에 뛰어들지 않을 수 없게 했던 요인이 있다. 즉 M16 총알로 한순간 동물의 두부로 변한 헤집어진 인간의 얼굴, 바깥으로 흘러내리는 내장, 철심이 박힌 검은 진압봉에 맞아 으스러진 두개골, 몇 번이나 수의를 갈아입혀 시체를 다시 뉘여도 관을 다시 붉게 물들이는 피, 관을 쪼갤 정도로 부풀어진 보랏빛 시체들, 개당 2천 원이라는 꼬리표를 단 리어카에 실려 겹쳐 넣은 시체들, 인간의 몸들, 생명이자 죽음, 생명이지만 죽음…… 거기에 5·18의 실재가 있다. 낭만성이 어떤 관념이 자아를 확인시켜주고 긍정하게 만들 때 확보되는 것이라면, 5·18의 실재는 어떠한 관념성과 낭만성—설사 그것들이 혁명적이라 하더라도—을 통한 접근도 허락하지 않는다.[4]

생명 또는 죽음, 5·18의 실재는 낭만적 관념의 접근뿐만 아니라 원칙적으로 모든 관념의 접근을 거부한다. 애초에 5·18이 동등한 관념과 관념의 대결로 전개되지 않았으며, 하나의 절대적·전체주의적 관념에 무력한 몸이 부딪쳐 모든 것이 날것으로 드러나는 장소였기 때문이다. 그렇기 때문에 5·18 가운데에는 말로 하기 힘든 점이, 글로 쓰기 고통스럽게 만드는 점이, 말하기 이전에 좌절하게 만드는 것이, 침묵으로 유혹하는 힘이 존재한다. 여기서 다시 윤상원을 떠올려본다. 그에 대한 평전이나 증언을 살펴보거나 그의 지인들의 말을 들어보면,[5] 그는 어떤 관념을 신봉하는 경직된 투사가 아니라 인간에 대한 보편적 이해력을 갖춘 온화하고 섬세하며 유머 있는 사람이었다. 대학 시절 초반 연극에 빠져 있었던 그는 투사라기보다는 창도 잘하고 춤도 잘 추며 늘 좌중을 즐겁게 만들었던 '순정파' 스타일의 청년이었다. 사실 그는 운동권의 핵심에 있던 인물이 아니었으며, 요주의 리스트에 올라 있었던 운동권 주동자들이 거의 모두 광주에서 빠져나갔을 때 5·18의 한복판에서 '홀로' 그것을 맞이했다. 그의 영정을 바라보고 있으면 이러한 이미지가 떠오른다. M16 앞에, 탱크와 장갑차 앞에, 나아가 신군부와의 합의

---

4  작가 홍희담(홍희윤)은 자신이 겪었던 5·18에 대해 다음과 같이 말하고 있다. "우리가 쫓아다녔던 게, 그것이 어떻게 보면은 굉장히 낭만적이었던 것 같애. 낭만적 혁명이고 사상이라구 해야 하나? 내 개인적으로두 보면 그게 80년 전인데 굉장히 근사한 거야. 하여튼 낭만적 혁명이 주는 그런 것. 가슴 아리게 하는 그런 것들이 있잖아요. 모택동, 중국 혁명. 이상한 환상인데 그런 것과 더불어서 사람들을 고양시키는 그런 것들이 있었는데 80년 사건으로 이제 눈앞에 막 터진 거잖아요. 이거는 혁명도 아니고 잔악한 그런 것들이. 우리가 갖고 있던 후회지, 후회. 막연히 갖고 있던 낭만적 혁명이 확 벗겨지고 자기 실체를 들여다보는 거고. 그나마 갖고 있었던 허위의식 요것들의 감수성이 다 깨져버린 거예요"(홍희윤, 「옥바라지로 변혁운동을 돕다」, 『5·18항쟁 증언자료집 IV』, 전남대학교출판부, 2005, pp. 32~33).

5  박호재·임낙평, 『윤상원 평전』, 풀빛, 1991, 2007(복간); 블레들리 마틴, 「윤상원 그의 눈길에 담긴 체념과 죽음의 결단」, 『5·18 특파원리포트』, 풀빛, 1997. 특히 박병기 선생님께 감사드린다.

하에 부산항에 정착해 있었던 미 항공모함의 중무장 속에 감추어져 있었던 위선과 허위를 발가벗기는 발가벗겨진 몸, 생명이자 죽음, 생명이기 때문에 죽을 수밖에 없는 것, 죽음으로써만 생명을 증거할 수 있었던 것……

문병란 시인은 5·18에 대해 말한다는 것이 어려움을 넘어서 거의 불가능하다는 사실을 윤상원에게 바친 시에서 다시 확인해준다.

> 그대의 무덤 앞에 서면
> 벌써 우리의 입은 얼어붙는다
> 말은 실천을 위해 있을 때 말이지
> 말은 말을 위해 있을 때는 말이 아니다
> 그대의 무덤은 우리에게 남은 5월의 부채
> 갚을래야 갚을 길 없는 생존자의 큰 빚이다
> 죽음은 말이 필요 없는 위대한 종교
> 그대는 무덤으로써 웅변하고
> 그대는 침묵으로써 절규한다
> [……]
> 그대는 나에게 하나의 채찍 가책이다
> 그대를 죽인 살인자들 틈에 끼여
> 또 하나의 작은 살인자 되어
> 지식을 팔고 논리를 팔고
> 나의 무능 나의 비겁 합법화시키며
> 가식의 꽃다발을 얹는 털 난 손들과 손을 잡는
> 나의 손은 또 하나의 더럽혀진 손……
> 이 손으로 드리는 기도를 경계한다

이 손으로 바치는 꽃다발을 경계한다.[6]

문병란의 이러한 말은 하나의 말이라기보다는 윤상원의 몸의 절규와는 또 다른 절규, 그의 절규에 응답하는 최고의 형식으로서의 말일 것이다. 우리는 이 시의 진정성에 대해 의심하지 않아야 하며 의심하지 않는다. 그에 대해 의심한다는 것은, '윤상원'으로 대변되는 광주민중항쟁에 참여해서 스러져갔던 수많은 익명의 '우리'에 응답하려는 또 다른 익명의 우리를 믿지 않는다는 것이기 때문이다. 「그대 무덤 앞에 서면」에서 시인은 아마 정치적·윤리적 차원에서 스스로 행동하지 못했던 점에 자책하면서, "가식의 꽃다발을 얹는 털 난 손들과 손을 잡는/나의 손은 또 하나의 더럽혀진 손……/이 손으로 드리는 기도를 경계한다/이 손으로 바치는 꽃다발을 경계한다"라고 고백한다. 우리 모두의 5·18에 대한 부채의식을 아마 정확히 대변하고 있는 시인의 이러한 고백은 5·18에 대한 필연적인 응답의 한 방식이다. 그러나 5·18에 대한 부채의식은, 나아가 그에 따르는 죄책감은 시인을 비롯해 누구든, 설사 죽음을 스스로에게 부과하는 행위를 제외하고 할 수 있는 가장 극단적인 행동을 실천에 옮겼다 할지라도, 완전히 제거할 수 없는 종류의 것일 수 있다.

여기서 5·18과 관련해 반드시 기억되어야만 하는 또 다른 중요한 인물 김영철의 경우를 생각해보자.[7] 1948년생(당시 32세)인 김영철은 세 살 때 아버지가 작고한 후 어머니가 고아원 보모로 일하게 됨에 따라

---

6    문병란, 「그대 무덤 앞에 서면: 다시 불러보는 부활의 노래」, 박호재·임낙평, 『윤상원 평전』, pp. 5~6.
7    이후 김영철에 대한 기록은 다음을 참조해서 작성했다. 김영철, 「광주여, 말하라」, 『광주오월항쟁사료전집』, 한국현대사사료연구소 엮음, 풀빛, 1990, pp. 218~24.

어린 시절을 원생들과 함께 보냈고, 군 복무 중 이번에는 어머니가 돌아가셨고 그 후 신문배달원·청과물장수·목장 잡부·우산팔이 등의 노동으로 생계를 이어갔다. 그는 그러한 경험을 바탕으로 사회에서 소외당하는 사람들을 깊이 이해하게 되고 그들과 함께하는 삶을 실천해나갔다. 그는 6·25 직후 피난민들과 부랑자들을 위해 지었다고는 하지만 너무 낡고 관리를 하지 않아 동굴과 같았던 광주 광천동 시민아파트를 거주자들을 설득하고 그들의 협조를 얻어 깨끗하고 살 만한 거주지로 만들어놓았으며, 5·18 이전 광주 YWCA 신용협동조합 직원으로 일할 당시에는 윤상원·임낙평·박기순·임희숙·최기혁·박관현·신영일 등이 강학으로 참여하고 있었던 들불야학의 실질적인 지주로서 모든 후원을 아끼지 않았다. 5·18의 한복판에서는 들불야학과 협력해서 투사회보를 발행했다. 김영철은 광주민중항쟁 마지막 날 새벽까지 윤상원·이양현 등과 함께 전남도청을 끝까지 사수하다가 윤상원과는 달리 '살아남았고', 그 이후 상무대에 끌려가 차라리 도청 현장에서 죽었던 것이 백번 나았을 것이라는 후회를 명백하게 만들어줄 모진 고문을 받게 된다(그는 도청을 끝까지 사수했던 시민군들보다 훨씬 나이가 많았고 게다가 대학생이 아니었기 때문에 북한의 간첩이자 항쟁의 주동자로 몰려 상상할 수 없을 만큼 심한 고문을 받았다). 그러나 주목해야 할 점은, 5·18 현장 한복판에서 그리고 그 이전에도 아마 민중을 위해 최선을 다했을 그가 "들불야학에서 함께 활동했던 윤상원·박용준 등의 사망소식을 접하고 죄책감을 견디다 못해 상무대 영창 안에서 자살을 기도"[8]했고(그가 택했던 방법은 화장실 콘크리트 벽에 있는 힘을 다해 머리를 찧어버리는 것이었다), 아마 그것이 이유였겠지만 석방 후에는 정신이상이 되어 "대

8  같은 책, p. 218.

낮에 하늘을 보고 '하느님, 용서해주세요'라고 울부짖는가 하면, 심지어는 알몸으로 일신방직 앞까지 달려가고……",⁹ 그러한 상황에 빠져 있었다는 것이다. 그는 결국 정신이상에서 빠져나오지 못하고 1998년 삶을 마감했다.

김영철은 광주민중항쟁의 실재를 증거하는 또 다른 인물이다. 윤상원은 죽음이라는 희고 순결한 수의 위에 놓여 있는 광주의 영광이며 영예의 몸이며, 이는 하나의 부인할 수 없는 진실이다. 광주의 빛도 진실이지만, 살아남았던 자의 '죽음보다 못한 삶', 광주의 꿰뚫고 지나갈 수 없는 어둠 또는 벽, 그것도 광주의 또 하나의 진실이다. 윤상원은 살아남은 자의 고통을 떠맡지 않았으며 — 못했으며 —, 우리는 그를 죽음 위에 놓인 영광의 삶으로 승화시켜 그에게 응답했다. 반면 김영철은 죽은 자와 산 자의 모든 고통을 껴안지 않을 수 없었다. 그는 죽은 자와 산 자 모두의 고통 그 자체이다. 어떻게 보면, 그는 아무런 보답 없는 절대적 무(無)로 내려갈 수밖에 없는, 또는 한 번의 지옥이 아니라 영원히 계속되는 지옥과 마주할 수밖에 없는 깎아지른 듯한 광주의 비극을 대변한다.¹⁰

김영철과 같이 해야 할 모든 것을 다한, 겪을 것을 모두 겪은 인물조차 5·18에 대한 죄책감과 그에 따르는 절망에서 벗어나지 못했다. 이는 5·18에 대한 우리의 부채의식을 정당화하고 거의 필연적인 것으로 만들며, 그에 따라 광주민중항쟁의 실상을 우리에게 알려준다. 5·18은 단

---

9   같은 책, p. 223.
10  문병란은 김영철의 영결식장에서 낭독된 조시에서 "여기 한 사나이는/무너진 도시/컴컴한 절망을 안고/18년을 앓으며 살았다/18년을 죽으며 모질게 살았다 [……] 당신은 조금씩 죽어가며/광주의 죽음을 온몸으로 울었다"(문병란, 「오월의 죽음: 故 김영철 동지 영전에」, 『인연서설』, 시와사회, 1999, pp. 127~28)라고 고백하면서 그를 기렸다.

순히 정치적인 관점이나 윤리적인 관점에서 파악될 수 없다. 엄밀히 말해 그것은 정치적·윤리적 지평에서 먼저 이해되어져서는 안 되며, 그 정치적·윤리적 중대성을 말하기 위해서 우리는 먼저 다른 지평에 들어가야만 한다. 5·18은 정치적 차원에서 대단히 중요한 의미를 갖는— 가령 1987년 6월항쟁으로 이어져 군부독재의 종식을 가져온 출발점이 된—사건일 수만은 없으며, 윤리적 차원에서 심오한 가능성의 비전을 보여준—가령 그 혹독한 상황에서도 광주 시민들이 공동체의 최고의 현실을 보여주었다는—사건일 수만도 없다. 그것은 무엇보다 먼저 이 세상의 것이 아닌 것이, 지옥 또는 날것의 '자연'이, 이 세상에 내려앉아 이 '사회'를 뒤덮어버리는 존재론적 사건이었다. 바로 그렇기 때문에, 즉 5·18이 '사회'에서 교육받아 구성된 우리의 정치적·윤리적 입장과 의식을 무차별적으로 상대화시키고 우리의 살과 피와 뼈에 파고드는 사건이었기 때문에, 그 정치적·윤리적 의의의 명백한 진정성이 확보될 수 있는 것이다. 그러나 바로 그렇기 때문에, 즉 그것이 위대한 정치적 또는 윤리적 사건이기 이전에 '절대'의 사건이었기 때문에, 그것에 우리가 '문화적' 의식 내에서 '사회적' 언어로 접근하는 데에 필연적으로 어려움을 겪게 되는 것이다. 5·18은 몸(죽어간 몸)과 의식(우리의 의식) 사이의, 죽음과 관념 사이의, 자연과 문화 사이의, 지옥과 사회 사이의, 실재와 언어 사이의 메울 수 없는 거리에 놓여 있다. 거기에 5·18을 정치적·윤리적 차원에서 아무리 적극적으로 옹호한다 하더라도, 그것을 아무리 강한 관념·의식·언어로 지지한다 하더라도 우리가 아포리아에 빠지게 되는 이유가 있다. 거기에 신군부가 총칼 이전에 이데올로기적 관념들(극우반공이데올로기, 질서와 사회체제를 무조건적으로 정당화하는 관념)로 광주 시민들을 죽였듯이, 우리가 말을 통해 구성될 수밖에 없는 어떤 관념으로—그것이 무엇이든 간에—그들을 다시 죽이지나 않을까, 언어를 통해 절대적 사건을 관념적으로 일반화하고 절대적 시간을 평균적·일반적 시간으로 변질시키지는 않을까라는 두려움을 갖게 되는 이유가 있다. 그러나 여기서 우리는 왜 말할 수 없는 것에 대해 다시 말하는가, 왜, 어떠한 권리로 다시 쓰는가? 이것은 여기서 하나의 물음으로 남을 수밖에 없다.

## 2. 정치적 관념의 자기증식

"6월항쟁은 바로 '광주의 전국화'였다."[11] 1980년의 광주민중항쟁에서 표출되었던 저항의 움직임은 1987년 전국으로 확대되었으며, 그에 따라 군부독재가 종식되었고 우리에게 적어도 형식적·절차적 민주주의가 주어졌다. 이는 현재 많은 사람이 받아들이고 있는 보편화된 견해이다. 그러나 광주의 무엇이 오늘의 '우리'를 있게 했는가? 이 물음에 대해 생각해보기 위해 먼저 1980년 광주로부터 1987년 전국으로의 이행 과정을 되돌려 생각해보자.

그 과정에 노동자들로부터 학생들까지, 회사원들로부터 지식인들까지, 기층민들로부터 정치인들까지 전국에서 전 국민이 참여했다. 하지만, 그 과정에서, 광주의 피와 눈물과 절규와 광주의 반항과 투쟁이 모든 이의 것들이 되게 만들었던 과정에서 기지 역할을 했던 자들은 학생과 지식인 들이었다. 1980년대 중반부터 대학 곳곳에 광주의 참사를 알리기 위한 격문들과 사진들이 붙어 있었으며, 민주화를 위한 집회와 시위의 장소들에서 광주는 거부와 저항과 비판의 근거로 나타났다. 광주

---

11  김동춘, 「5·18, 6월항쟁 그리고 정치적 민주화」, 『5·18민중항쟁과 정치·역사·사회 5』, 이홍길 엮음, 5·18기념재단, 2007, p. 216.

는 부당하게 억압받는 자들의 고통의 상징이자 마찬가지로 부당하게 사회의 상층부에 오른 기득권 세력에 대한 분노의 상징이었다. 바로 학생들과 지식인들이 그 광주라는 상징을 모든 이의 것이 되도록 만드는 데 중심 역할을 했다. 그들은 광주에서 발원한 민주라는 가치, 인간과 자유와 평등이라는 가치, 공동의 기쁨과 공동의 고통이라는 가치를 보장하고 전파하기 위해, 또한 군부 세력과 그 세력과 결탁한 기득권 계층의 무지와 폭력과 부정의를 고발하기 위해, 수많은 경우 자신들에게 보장된 사회적 가치들(가정·지위·직업)을 포기했다. 그들은 각자 나름대로의 방식으로 광주에 응답했고, 한국이라는 사회가 민주화를 향해 과거보다 나은 방향으로 나아가게 하는 데 기여했다.

우리는 그 사실을 부정할 수 없다. 그럼에도 불구하고 광주에 응답하고자 했던 학생들과 지식인들의 행보 가운데 어떤 관념적·가상적(假象的) 요소가 동시에 있었다는 사실을 지적하지 않을 수 없다. 문제는 그들이 80년대 민주화운동을 이끌어가면서 견지했던 사상들인 마르크스주의와 레닌주의와 주체사상이다. 이 사상들과 5·18은 어떠한 연관을 갖고 있는가?

사실 80년대의 민주화운동은 이념적 차원에서 5·18에 대한 반성에서 시작되었다. 80년대 초 민주화라는 문제를 두고 볼 때 5·18을 분수령으로 본 일군의 학생들은, 그것을 한편으로는 위대한 저항의 운동으로서 거대한 정치적 잠재력을 담고 있는 사건으로 생각했다. 그러나 그들은 그것을 다른 한편으로는 70년대 운동의 한계를 전적으로 노정한 계기로 생각했다. 그들에게 5·18의 실패는, 즉 저항의 흐름이 전국적으로 확산되지 못하고 전남도청의 함락과 더불어 끝나버렸던 것은 바로 1970년대 운동의 여러 문제를 단적으로 보여주는 증거였다. 조희연은 그 문제를 다섯 가지로 정리하는데, 그것들은 첫째 소시민적 운동관에 입각해 있었던 70년대까지의 사회운동에는 국가권력과 경제적 불평등에 대한 양심적·도덕적 비판만 있었을 뿐 정치권력의 획득이나 경제체제 자체의 변혁에 대한 전망과 의지가 없었다는 것, 둘째 사회체제를 변혁시킬 목적의식을 가진 혁명적 전위가 없었다는 것, 셋째 기층민중과 노동계급의 정치화가 없었다는 것, 넷째 반외세(반미)에 대한 의식이 부족했다는 것, 다섯째 지배권력의 파쇼적 폭압성에 대한 의식이 부족했다는 것이다.[12]

이러한 70년대까지의 운동의 문제들에 대한 인식으로부터, 또는 그것들을 인식하게 해주었던 준거점으로서 80년대 초 레닌의 전위당론이 급속도로 도입되어 유포되었다. 또한 이후 반미주의와 민족주의의 흐름과 더불어 우리의 상황을 주체적으로 파악하자는 요구와 함께 80년대의 움직임에 더 크게 영향을 준 주체사상이 유입되었다. 마르크스주의·레닌주의·주체사상 모두 너무나 폭압적이었던 지배세력의 이데올로기에 대항하기 위한 강력한 이데올로기가 필요했기 때문에 수용되었을는지도 모르고, 운동권 내부에서 결집력을 확보하는 데 일정 부분 기여했을는지도 모른다. 그러나 그것들 모두는 어떠한 여과도 없이 여기에 그대로 — 단적으로 말해 스탈린주의적으로 — 수용되었고, 그에 따라 그 현실성 또는 적합성이 문제가 될 수밖에 없었다. 80년대의 경우, 시대적으로 보았을 때 노동자들이 19세기식으로 스스로를 혁명의 주체들 또는 프롤레타리아들이라고 규정하고 계급혁명을 원했었던 것은 아니며, 공간적으로 보았을 때 시민들이 스스로를 민족해방의 전위라고 규정하고 남한이 북한과 같은 공산주의 사회로 전환되기

---

12  조희연, 「광주민중항쟁과 80년대 사회운동」, 『5·18민중항쟁과 정치·역사·사회 5』, pp. 108~09.

를 원했었던 것도 결코 아니다. 따라서 1980년대 사회운동에 적극적으로 개입했던 일군의 학생들과 지식인들이 너무나 많은 경우 자신들이 속해 있었던 그룹 바깥에서, 즉 현실 사회에서 발판을 마련하지 못하고 이후에 급히 중산층의 삶으로 편입되기를 원했고 또 편입되었던 것은 우연이 아니다. 문제가 되는 것은 '변절'한 그들의 양심이라기보다는 하나의 이데올로기를 현실의 맥락을 떠나서 그대로 받아들이는 관념성이다. 그들은 도덕적 측면에서 '변절자'이기 이전에, 즉 자기를 속이기 이전에 관념의 자기증식(이데올로기적 자기증식)에 속았을 뿐이다. 관념이 관념에게 속았을 뿐이다.[13]

80년대 초반 학생들은 분명 광주민중항쟁이라는 전대미문의 사건을 바탕으로 사상적으로 실천적으로 저항세력을 재구축했다 ─ 그로부터 유명한 무림-학림 논쟁, 야비-전망 논쟁이 이어졌다. 그러나 엄밀히 보아 그때마저도 광주라는 사건을 중심으로 정치적 노선이 재정비되었다기보다는 어떤 전체적 관념들을 중심으로 정치적 프로그램이 구성되었으며, 그 이후에는 말할 것도 없다. 가령 80년대 중반에 이르러 당시 운동의 주도 세력이었던 민주화운동청년연합은 80년 5월의 광주 시민들이 경제적 평등을 실현하기 위해(물론 5·18이 일어나게 되었던 배경에 한 지역에 가해졌던 경제적 불평등이 없었다고 말할 수는 없

---

13  김동춘은 80년대 운동의 관념성을 이렇게 지적한다. "6월항쟁 당시 대다수가 중간층인 학생들이 자신의 출신계급의 구속성을 뛰어넘어 계급해방을 자신의 과제로 한 것은 매우 놀라운 일이었기는 하나, 기실은 이들의 현실 인식상의 관념성을 그대로 보여주는 것이기도 했다. 즉 이들이 관심을 기울인 것은 구체적인 노동자의 삶, 앞으로도 노동자로 살아갈 수밖에 없는 민중들의 삶과 정치, 사회, 문화적인 규정성이었다기보다는 '혁명의 주체'로 '예정되어 있는' 프롤레타리아였기 때문이다. 따라서 관념에서의 프롤레타리아와 실제 온갖 보수적이고 부정적인 모습을 지닌 개인 '노동자' 간의 괴리를 심하게 느꼈을 때 이들은 자신의 활동에 회의를 느끼고, 그와 전혀 반대되는 삶을 살아가기도 하였다"(김동춘, 「5·18, 6월항쟁 그리고 정치적 민주화」, p. 219 각주).

지만, 경제적 평등이 5·18의 목적이라고 말할 수는 없다) 일어섰다고 분명히 함으로써 5·18을 계급적 차원에서 해석했다.[14] "말하자면 광주항쟁과 80년대의 민중주의는 직접적인 사실상의 인과관계를 갖는다기보다는 '해석적 연관'을 가지는 것으로 볼 수 있다."[15] 즉 5·18이 80년대의 운동을 직접적으로 촉발했다기보다는, 그 운동에서 5·18이 필요에 따라 이데올로기적 차원에서 깊이 없이 (재)해석 또는 번역되었다고 말할 수 있다. 1980년대 5·18은 다만 참혹한 사진들과 대자보들과 구호들에 등장하는 상징이었을 뿐 실제로 모색과 탐구의 대상은 아니었다. 5·18 그 자체는 한 번도 우리의 정치적 담론에 본격적으로 개입한 적이 없다. (다만 마르크스주의·레닌주의·주체사상은 사상체계로서 연구의 대상이 되지만 5·18은 하나의 사건이기에 그럴 수 없었던 것인가. 아니면 1980년대의 시대 상황 때문인가.)

80년대 일군의 학생들과 지식인들의 행보가 분명 5·18에 대한 하나의 응답 방식이었다는 사실을 부인할 수 없다. 그들은 5·18에서 희생되었던 수많은 익명의 민중과 마찬가지로 사회 상부의 폭압적인 권력과 맞서 싸웠고 기층의 억압받는 자들의 위치에 내려가 '혁명적' 세력을 구축했다. 그러나 그 '혁명적' 세력의 특성에 대해 주목해보아야 한다.

---

14  "80년 5월의, 독재를 타도하려 했던 '민주'는, 외세를 배격하고 통일을 외치던 '민족'은, 경제적 평등을 실현하려 했던 '민중'은 5월 광주의 기억 속에 생생히 살아 있다"(민주화운동청년연합, 「아, 5월이여! 광주여! 영원한 민주화의 불꽃이여!」, 『80년대 민중·민주운동 자료집 II』, 민주문화운동협의회 엮음, 민중문화운동협의회, 1984, p. 428; 조대엽, 「광주항쟁과 80년대의 사회운동문화」, 『5·18민중항쟁과 정치·역사·사회 5』, p. 184에서 재인용). 여기서 "독재를 타도하려 했던 '민주'"는 타당한 표현이라고 볼 수 있지만, 5·18은 외세(미국)에 대한 새로운 비판적 인식을 가능하게 했던 최초의 사건이었을 뿐 당시 반미주의는 매우 생소한 것이었으며, 5·18의 원인들 가운데 하나가 경제적 불평등이었을는지는 모르나 항쟁의 목적이 경제적 평등은 아니었다.

15  조대엽, 「광주항쟁과 80년대의 사회운동문화」, p. 184.

그것은 궁극적으로는 현실을 떠나 어떤 관념적 구도에 따라 형성된 방향으로 나아갔다. 그에 따라 5·18은 1980년대 운동의 한 축에서는 거의 전적으로 계급투쟁의 사건으로 이해되었고, 다른 한 축에서는 민족해방을 위해 제국주의 세력과 투쟁했던 사건으로 받아들여졌다[그 두 축은 각각 '민중민주' PD와 '민족해방' NL으로 불리며, 1980년대 이후 한국의 진보정치 그룹임을 자임해왔지만, 현재 그 기반의 가상성(假象性)이 노출되고 있다]. 계급투쟁, 프롤레타리아 해방 그리고 민족해방 등을 가리키는 관념들 속에서 정치·사회·경제·윤리·문화의 모든 문제가 이해되었고, 또한 그 답들이 손에 확실하게 주어졌다. 80년대 학생들과 지식인들의 혁명적 운동이 봉착했던 아포리아는 '형이상학적' 아포리아였다. 설사 그들이 가졌던 사상이 내용의 측면에서 아무리 유물론적이었다 하더라도 그렇다.

말하자면 우리는 어떤 과학적이고 자기정합적이라고 여겨지는 관념들이 전체를 포착할 수 있고 규정할 수 있으며 나아가 전체를 예상할 수 있다는 독단론적 믿음 위에 서 있었던 것이다. 우리는 내일이라도 당장 혁명과 해방이 이루어질 것이라고 기대하고 있었던 것이다. 하지만 그러한 관념들은 민중과의 관계에서 형성되지 않았으며, 민중에게 광범위하게 공유되지도 않았고, 다만 일군의 학생들과 지식인들에게 전파되고 유포되었을 뿐이다. 그것들은 그들에게 사회·공동체의 지평과 역사·미래의 지평에서 정합성을 확보하고 있다고 여겨졌고, 그들 안에서 전체의 포착과 결정을 원하는 이성의 요구를 만족시켰다. 관념의 자기긍정, 관념의 자기확장, 분명 그것이 80년대 사회운동의 특성을 결정하는 중요한 요인이었다. 자신의 타자(현실, 상황, 타인들, 관념이 가리키는 외부와 관념이 수신되는 타인들)를 무시하는 관념들은 자기후퇴를 모르고 일종의 가상의 자유공간에서 끊임없이 증폭된다. 80년대 진보 그룹의 경우 그러한 관념들에 기초하고 있는 담론은 사실 그 타당성의 근거가 초월성(하나의 관념이 현실 너머 또는 배면에서 작동할 수 있다는 믿음에 전제되어 있는 초월성)에 있었으며, 당시 우리는 담론이 오직 인간들로부터 나와서 타인들에게 전해지며 우리 '사이'에 소통될 수밖에 없다는 운명을 지녔다는 사실을 망각했다.

 정치적인 것은 일부 지식인들이 먼저 포착해서 일반 민중에게 전달되지 않는다. 정치적인 것은 전대미문의 무엇도 아니며, 근본적으로 본다면 사회 바깥에서 내부로 주어지는 어떤 급진적인 것, 탁월한 것, 혁명적인 것도 아니다. 그것은 미래에 완전하게 현전해야만 할 어떤 것도 아니며, 여기에 이미 언제나 도래해 있는 것이며, 우리 모두가 어떤 형태로든 이미 공유하고 있는 것이다. 다만 보이지 않게, 드러나지 않게, 즉 관념으로 명확하게 정식화되지 않은 채로. 그것은 언제나 '평범한 선(善)'[한나 아렌트Hannah Arendt가 평범한 악(惡)을 타인이 시야에 들어오지 않기에 타인의 입장에 서지 못하고 타인의 고통을 감지할 수 없는 무능이라고 지적했다면, 평범한 선이란 타인으로 열릴 수 있고 타인과의 관계를 놓지 않을 수 있는 능력이라고 말할 수 있다]에 기초하고 있으며, 따라서 모두가 접근할 수 있는 것일 수밖에 없다. 거기에 진정한 의미에서의 데모크라시(민주주의)가 있을 것이다. (따라서 누구나 정치에 대해, 평범한 선에 기초한 정치에 대해 동등하게 알고 있다고 가정해야 하며, 거기에 민주주의의 기반이 있다. 우리는 흔히 스스로에게 또는 타인들에게 '정치를 아는가'라고 묻는다. 지금 여기서 문제가 되는 광주항쟁의 경우를 생각해보면, 사실 당시의 최고 정치권력자보다 정치에 대해 더 몰랐던 자는 없었으며, 정치에 대해 가장 잘 알고 있었던 사람들은 지식인들도 학생들도 아니었고, 흔히 신문이나 교과서에서 말하는 '민주주의'를 대부분 이해하지도 못했던 익명의 다수였다. 이를 새삼 강조할 필요도 없을 것이다.)

여기서 다시 윤상원을, 즉 80년 5월, 보이지 않게, 드러나지 않게 사라져갔던 광주의 익명의 한 시민을 생각해본다. 그는 물론 끝까지 전남도청에 남아 '영웅적' 투쟁을 전개했지만, 한때는 서울 주택은행 봉천동 지점의 한 은행원이었고 가족을 염려하고 친구들과 어울리기를 좋아했던 어디에서나 볼 수 있는 '이웃 청년'이었다. 그는 영웅이 아니라 다만 영웅적으로 행동할 수밖에 없었던 당시의 익명의 한 시민이었을 뿐이고, 익명의 시민들을 대변하는 한에서 의미가 있을 뿐이다. 그는 80년 5월 27일 새벽 전남도청에서 총상과 화상으로 사망한 후 트럭(정확히는 쓰레기차)에 실려가 묘지에 묻혔고, 80년대 내내 학생운동권 내부에서도 거의 잊힌 채로 남아 있었다.

## 3. 몸의 정치 또는 무상(無想)의 정치

김동춘은 5·18을 염두에 두고 "민주화를 추동하는 힘이 민주화라는 이념과 그것의 보편성이라고 보는 것은 하나의 이상적인 관념에 불과"하다고 보면서, 그것이 우리의 역사에서 그토록 큰 파장을 불러일으킬 수 있었던 가장 중요한 요인을 "우리 사회에 최초로 형성된 공공pulic의 윤리, 집단적 도덕성"[16]에서 찾고 있다. 그러나 어떠한 윤리가, 어떠한 도덕성이 광주에서 드러났으며 전국적으로 퍼져나갔는가?

그 윤리는 지배계급의 이데올로기에 봉사하고 그것을 공고히 하기 위한 도구(마르크스)에 지나지 않는 것이 아니었고, 사회 내에서 자기를 보존하고 자신의 권력을 잃어버리지 않기 위한 근거(니체)에 불과한 것이 아니었다. 간단히 말해, 그것은 단순히 '사회적'(또는 체제적·체제

---

16　김동춘, 「5·18, 6월항쟁 그리고 정치적 민주화」, p. 216.

지향적) 윤리가 아니었다. 5·18 당시 그리고 그 이후 익명의 시민들은 자기보존이나 권력의 옹호나 질서의 보존과 같은, '사회적' 윤리 배면에 감추어져 있는 계산된 명목들 너머에서 그 윤리를 긍정했다. 5·18의 윤리는 우리의 사회적·문화적 의식을 깨뜨리는 자연적인 것들(죽음·피·절규·눈물)에 기초한다. 5·18 자체가 '이 세상'의 것일 수 없는 지옥과 같은 자연이 이 사회를 뒤엎는 사건이었고, 지배계급의 사회적·문화적 이데올로기에, 오직 날것의 몸만으로 부딪칠 수밖에 없는 사건이었다. 문병란은 윤상원을 기리는 시에서 "총구멍 난 가슴으로 가르쳐 준 진리" "한 아름 쏟아 놓은 창자로 깨쳐 준 진리"를 기억하면서, "그대 마지막 한 방울의 피까지/생명의 대지에 되돌려줄 때/그대 썩은 살더미 속에 자라는 자유/그대 썩은 핏줄기 속에 엉그는 대지/우리들의 사랑은 그대의 피를 마신다/우리들의 자유는 그대의 살덩이를 씹는다"[17]라고 고백한다. "총구멍 난 가슴" "한 아름 쏟아 놓은 창자" "한 방울의 피" "썩은 살 더미" "썩은 핏줄기" "살덩이" 그것들이, 그 자연적인 것들이 5·18의 실재이다. 물론 문병란은 그것들을 이런저런 언어들로 표현했지만, 80년 5월의 광주 시민들은 그것들을 언어 너머에서 날것으로 경험했고, 그 경험이 5·18의 핵심적 경험이다. 그들은 그것들을 언어 너머에서, 또는 언어(관념)에 사물을 종속시키는 문화 내에서의 일상의 경험이 아니라 언어가 깨지는 경험으로, 즉 그 조건이 언어의 한계일 수밖에 없는 경험으로 겪어냈다. 그 자연적인 것들에 비하면, 모든 관념은, 당시에 또한 지금까지 이 사회 내에서 긍정적으로 받아들여지고 있는 '독재 타도' '민주화' '공동체의 이념' '저항과 희생의 정신'과 같은 정치적·도덕적 관념들조차 부차적인 것에 지나지 않는다.

17　문병란, 「그대 무덤 앞에 서면: 다시 불러보는 부활의 노래」, pp. 7~9.

어떤 윤리는 말할 수 없는 것과 마주해서 현시되며, 말로 표현되기를, 아니 말 자체를 거부한다. 그것은 사회의 테두리를 벗어나 자연 앞에 놓여 있다. 그 윤리는 사회의 기준 내에서 파악될 수 없는 존재론적 경험을 전제하고 있으며, 그렇기 때문에 언어와 적대적인 관계에 놓여 있다. 반면 '사회적' 윤리는 그 안에 아무리 좋은 내용들과 이념들을 담고 있다 할지라도 사회체제를 유지하고 강화하는 기능과 분리될 수 없기 때문에 말로 표현되어야 하고 전수되어야 하며 가르쳐져야만 한다. 그것은 언어와 분리되면 무용지물이 되며 체제의 비호를 받는 이데올로기적 언어와 전체성 내에서 결합되면 파시즘에 이를 수 있다. 5·18에서 드러났던 윤리 그리고 5·18이 지금 우리에게 호소하고 있는 윤리는 근본적으로 그러한 '사회적' 윤리의 반대편에 놓여 있다.

윤상원의 몸은, 즉 80년 5월 광주에서 스러져간 익명의 한 인간의 몸은 문화나 사회의 지평이 아니라 자연의 지평에서 우리에게 정치적인 것의 진실을 가르쳐준다. 우리는 광주를 발판으로 삼아 전체를 설명할 수 있는 전체적 관념들을, 더 나쁘게는 전체주의적 관념들을 소유했고 따라갔다. 그러한 관념들의 속성은, 정치·사회·역사라는 큰 지평을 위에서 조감할 수 있도록 해주며, 자기에게 자아를 확인시켜줄 뿐만 아니라 자기를 확증(의식의 자기현전)시켜주고, 나아가 자아가 확대된 형태로서의 이념적 공동체의 모습과 미래와 미래의 프로그램들을 제시해준다는 데에 있다. 우리는 1980년대에도 그랬고 지금도 그러한 관념들을 제시하는 것 가운데, 그리고 그것들 안으로 타인들을 포섭하는 데 정치가 있다고 믿을 수 있다(우리는 지금까지 혁명적인 것, 급진적인 것, 강하고 센 것을 지나치게 사랑해왔다). 그러나 광주의 이름 없는 한 시민이 죽음을 통해 침묵 속에서 우리에게 알려준 정치적인 것은, 관념의 제시와 확증과 관념을 통한 동일화와 같은 고도의 문화적·의식적 계기들의 반대편에 있다. 그것은 자연의 현시, 문화의 익명적 바깥의 현시, 말하자면 몸을 내어줌이다. 타자로의 익명적(비개인적)인, 익명적일 수밖에 없는 열림, 왜냐하면 몸은 우리의 개인적(개체적) 자기의식이 구성되는 장소인 문화·사회 이전이며 그것들 너머 또는 그 이하이기 때문이다. 그 익명적 내어줌과 열림만이, 나아가 시민들 사이의 몸에 뿌리내린 소통만이 문화적·의식적 더 나아가 경제적 사회체제를 넘어섰으며, 5·18을 '혁명적'인 것으로 만들었다. 어떠한 이념도 이데올로기도 우리를 그렇게 하도록 이끌지 못한다. (따라서 광주민중항쟁을 몸에 기초한 정치, 몸의 정치라고 볼 수 있다면, 광주민중항쟁 자체가 익명적이다. 그것은 광주에도 광주정신 — 만일 그러한 것이 있다면 — 에도 귀속되지 않는다. 그것은 모두의 것이지만 특정 누구의 것도 아니며, 모든 지역의 것이지만 어떠한 특정 지역의 것도 아니다.)[18]

김상봉은 광주의 고통을 기억하는 한 자리에서 "육체에서 일어나는 고통은 엄밀하게 말하자면 고통의 외적 원인일 뿐 고통 그 자체가 아니다"라고 말하면서, "타자적 주체의 자리에 나 자신을 위치시키고 그와 나를 상상력 속에서 일치시킬 때에만 비로소 나는 그의 고통과 만나게 되며, 이를 통해 그를 온전히 인격적으로 만날 수 있는 것이다"[19]라고 덧붙였다. 그러나 5·18의 고통은 전적으로 몸의 고통, 즉 죽음의 고통(이유 없이 칼에 난자당하고 총알에 머리가 관통당해 죽어갈 수밖에 없는 고통), 폭력과 고문의 고통(밤낮없이 가해지는 구타에 몸을 내맡겨 놓

---

18 5·18과 관련해 근래 광주에서 생산되고 있는 담론들이 광주라는 지역의 자기긍정(나르시시즘)을 위해 봉사하고 있다는 비판에 대해 살펴보기 위해 박구용, 「문화, 인권 그리고 광주정신」, 『민주주의와 인권』, 7권, 1호, 전남대학교 5·18연구소, 2007, pp. 154~55 참조.

19 김상봉, 「그들의 나라에서 우리 모두의 나라로: 두 개의 나라 사이에 있는 5·18」, 사회와 철학연구회 하계 심포지엄 '5·18의 철학적 해석'(2007년 8월 24일, 전남대학교) 발표문집, p. 26.

을 수밖에 없는 고통), 가난의 고통[상이자(傷痍者)의 아내와 자식으로 서 고된 노동을 하고도 배고플 수밖에 없었던 고통]일 수밖에 없다. 그것 은 의식적·관념적 고통 또는 실존적 고통을 비롯한 그 모든 고통이 몸 의 고통에 비하면 부차적이고 파생적인 것이라는 사실을 증명하는 고 통이다. 그것은 사회적 권력을 가지고 합당하게 사회적 의식에 호소할 능력을, 사회적으로 용인된 관념의 힘을 소유하지 못한 기층 시민들의 고통, 당시 광주의 많은 시민뿐만 아니라 지금도 여기에 있는 이름 없 는 자들의, 말할 권리를 빼앗긴 몸밖에 없는 인간들의 고통이다. 그것 은 "인격적" 차원에서 "상상력"을 통해 이입될 수 있는 정신적 주체들 의 고통이 아니라, 우리의 정념을 직접적으로 건드리는, 거기에 단도직 입적으로 호소하는 자연적이고 비의식적(익명적)인 고통, 간단히, '동 물'의 고통이다.[20] "육체적 고통은 순수성이 더욱 높다. 따라서 민중의 고귀함도 더욱 높아진다"라는 시몬 베유Simone Weil의 말을 되새겨봐야 만 한다.[21] 5·18의 고통을 이념의 지평에서 정신적 고통으로 해석하는 것은, 나아가 5·18을 "우리 모두의 나라"를 위한 국가적 이념으로 끌어 올리려는 시도는, 설사 그 공동체적 이념의 내용이 아무리 선하고 이상 적이라 할지라도, 여전히 상부 관념의 자리 또는 관념의 상부 자리에서

---

20   시민수습위원회의 대변인이었던 김성룡 신부가 1980년 5월 25일 계엄사 부사령관을 찾아 가서 한 말을 들어보자. "앞으로 우리는, 아니 도민은 네 발로 기어 다녀야 한다. 우리는 짐 승이다. 공수부대는 우리 모두를 짐승처럼 끌고 다니면서 때리고 찌르고 쏘았다. 공수부 대의 만행은 말하지 않아도 다 아는 사실이 아닌가?"(『광주오월민중항쟁사료전집』, p. 106). 5·18은 정신적 또는 인격적 주체들의 만남을 통해 일어났던 사건이 아니라, 홍윤기가 본 대로 익명적 인간들이, 동물의 수준으로 추락했던 인간들 또는 "단지 인간이기만 했던 인 간들"이 벌였던―벌일 수밖에 없었던―"주체 없는 항쟁" "주체 없는 사건의 전형"이었 다(김상봉의 앞의 발표문에 대한 논평, 홍윤기, 「5·18은 끝났다. 5·18이여, 영원하라!」, 사회와 철학연구회 하계 심포지엄 '5·18의 철학적 해석', p. 11).

21   시몬 베유, 『사랑과 죽음의 팡세』, 민희식 옮김, 문예출판사, 1980, p. 108.

이루어지고 있으며, 여전히 기층 시민들을 정치의 장에서 고려하지 못하고 밑바닥에 있는 정치적인 것의 핵심을 간과하게 되는 결과를 가져온다.

정치적인 것의 핵심은 정신적·정치적으로 '비범한' 인간들이 구성하는 이념의 상부가 아니라 모든 인간이 속해 있을 수밖에 없는, 특히 이름 없는 평범한 데모스demos의 것인 익명적 몸 가운데 있다. 5·18을 비롯해 모든 중요한 정치적 사건은, 상부의 이념이나 정신의 문제가 아니라 반드시 익명적 민중의 몸의 문제(배고픔·노동·착취·감금·죽음, '유물론적'이지 않을 수 없는 문제들)에서 촉발되고 그러한 한에서 정당화되며 중대한 의의를 가질 수 있다.[22] 한 사건 또는 한 사상을 바탕으로 구성된 국가적 이념은 내용의 수준에서 무엇을 말하든 형식의 수준에서 헤겔주의(상부의 한 정신적 이념에 기초한 보편통합주의)에서 벗어나지 못한다 ─ 그 자체로 선하고 이상적이지 않은 국가적 이념이 어디에 있는가. 광주민중항쟁에서 분명해졌던 것은, 상부의 어떤 이상적인 총체적 국가 이념이 필요하다는 것이 아니라, 모든 국가 이념은 상대적이라는 것이고, 가르치고 주입시킬 수 있는 국가 이념 배면에, 그 이하에 보이지 않고 규정될 수 없는 하부의 공동체('광주 코뮌')가 언제나 있다는 것이며, 그 사실이 바로 하나의 국가 이념과 국가주의 자체를 거부하는 민주주의의 조건이라는 것이다.

**관념이 우리의 모든 현실에 개입하고 있는 이상, 관념이 정치의 현실에서 중요하지 않다고 말할 수 없다.** 또한 5·18이 폭압적 권력의 이데올로기와 벌거벗은 몸 사이의 전쟁이었다는 것도, 80년 당시 여기의 정치적

---

22  5·18 당시보다 분명 상대적으로 평안한 지금도 한미FTA 문제, 비정규직 문제, 장애인 문제, 외국인노동자 문제, 대학과 교육의 문제 같은 정치적으로 중요한 문제들은 이념이나 정신의 문제이기 이전에 민중의 몸의 문제이다.

한계와 더불어 당시의 저항세력의 한계를 드러내 주는 것이 사실이다. 우리에게는 당연히 지배 이데올로기에 대항하는 정치적 관념들이 필요했고 지금도 필요하다. 그러나 관념은 그 현실적·구체적 타자가 상정될 경우에만 의미가 있다. 하나의 정치적 관념은 어떤 구체적인 문제점을 지적하거나, 어떤 구체적 제도의 개혁을 목표로 삼거나 권력의 분배와 권력 구조의 재정비를 요구할 때에만, 또한 그것이 익명의 사람들이 공유하거나 공유할 수 있는 '공적'이고 '실증적' 문제들의 장에 놓일 때, 가상이라는 위험을 최대한도로 줄이면서 유의미한 것이 될 수 있다. 그렇지 않고 그것이 다만 이념이나 이데올로기의 수준에서 '정신'의 자기긍정만을 위해 쓰일 때, 한 집단이나 한 공동체나 한 국가의 자기동일성을 강화시키는, 그에 따라 안과 밖 사이에 금을 긋는 계기로만 작동할 수 있을 뿐이다(한 개인의 자기긍정, 한 집단의 자기긍정, 양자는 밀접하게 연관되어 있다). 어떤 정치적 관념이 이념의 수준으로 격상되어 한 공동체를 정당화하거나 그 정당성을 보장해주는 데 사용될 때 그 공동체는 이미 전체주의의 유혹과 마주하고 있는 것이다.

## 4. 5·18: 몸의 현전 또는 침묵의 현전

80년 5월 광주에서 쓰러진 시민들의 몸 가운데 윤상원의 몸을 발견할 수 있다. 그 몸은 무력한 몸이다. 그랬기 때문에 그 몸은 당시에 관념의 힘과 결합되어 효과적으로 사회에서 제도와 권력의 수준에서 개혁을 가지고 오지는 못했으며, 거기에 5·18의 한계가 있다. 윤상원은 죽음의 자리에 들어가기 전 "오늘 우리는 분명 패배할 것이다. 그러나 역사는 우리가 승리자였음을 말해줄 것이다"라는 말을 남겼다. 그러나 그가 진정한 승리자일 수 있다면 역설적으로 그가 무력했기 때문이다.

그가, 그의 몸이, 그의 시체가 궁극적으로는 사회적·문화적, 나아가 정치적 권력의 빈 곳을 가리키고 있고 그것과 무관한 것으로 남아 있기 때문이다. 그 몸은 무력했기 때문에 역설적으로 더 큰 어떤 진실을 드러낸다. 그 몸은 침묵했었고 지금도 침묵을 지키고 있으며, 그로부터 어떠한 형태로든, 좋은 형태로든 나쁜 형태로든 권력을 얻어내고자 하는 노력은 '이 세상'의 일로 남는다. 그렇기 때문에 어떠한 방식으로든 5·18에 대해 관념과 언어로 접근하는 데에 어려움이 있는 것이며, 현재 광주에서는 어디에서든 5·18에 대해 자신 있게 말하기 힘든 것이고, 꼭 좋은 태도는 아닐지라도 그것에 대해 말하지 말자고 권유하는 사람들이 있는 것이다. 5·18은 '이 세상'에서 일어나는 여러 정치적 사건 가운데 하나가 아니며, '이 세상'과 '이 세상' 너머 또는 그 이하가 한 지점에서 조우하게 되는 사건이자 양자 사이의 간격이 분명히 드러나는 사건이었고, 그러한 한에서만 그것은 정치적 사건일 수 있다. 여기서 말하는 '이 세상' 너머 또는 그 이하는 어떤 초월적 이데아나 하느님의 나라 또는 이념의 나라가 아닌 적나라한 몸들의 현전이다. 자연의 현전, '이 세상'의 드러나지 않는 토대인 생명의 현전. 그 몸은 우리에게 정치적인 것의 핵심이 관념의 제시가 아니라 타자에게 자신을 열 것을 요구하는 생명에 대한 감지라는 것을, 또는 모든 정치적 관념에 선행되어야 할 조건이 바로 그 생명에 대한 감지라는 것을 말한다.

그 몸의 현전, "삶이 죽음이 되고 죽음이 삶이 되는"[23] 역설이 하나의 사실로 드러나는 몸의 현전은 자연이기에 침묵했고 침묵한다. 거기에 보답 없는 무(無)로 내려가는 단호함이 있고[**무상(無償)**], 변증법을 거부하는 절규가 있으며, 눈으로 볼 수 없고 명제들로 규정할 수 없는 드

---

23  문병란, 「그대 무덤 앞에 서면: 다시 불러보는 부활의 노래」, p. 9.

러나지 않는 어떤 것이 있다[무상(無想)]. 그 현전이 과거에 단순히 억압적인 정치 상황 때문에 침묵했던 것은 아니며, 사실은 과거에도 스스로 침묵했고 지금도 스스로 침묵한다. '이 세상'의 것이 아닌 것의, 그러나 드러나지 않을 뿐 가상이 아닌 자연의 침묵의 현전. 그러나 그것이 어떠한 정치적 관념이나 이데올로기나 정치사상보다도 5·18의 현실이었으며, 지금도 우리가 가감 없이 받아들일 수밖에 없는 5·18의 '현재'를 구성하고 있다. 어떤 관념이, 어떤 이데올로기가 아니라 바로 그 침묵의 현전이 지금 우리에게 전해지고 있으며, 오늘의 '우리'를 만들었다. 왜냐하면 그것이 묵언 가운데 있지만 우리의 내면에서 가장 믿을 만한, 적어도 어떠한 관념보다도 믿을 만한 '음악'으로 울리고 있기 때문이다. 죽어간 한 시민의 몸이 정치적인 것은 관념이나 이데올로기의 지평이 아니라, 태어나서 병들고 죽는다는 사실이 공동의 것이자 모두의 것이 될 수밖에 없는 자연의 지평에 개입한다는 사실을 몸으로 지금도 증명하고 있기 때문이다. '나'에게, 지금 쓰고 있는 '나'에게 5·18에 대해 쓸 자격도 권리도 없다는 억압이 전해진다. 그것은 진실의 억압일는지 모른다. 그러나 어떤 몸이, 어떤 타자가, 관념적으로 말하지 않고 몸으로 말하는 몸이 누군가를 쓰는 데에로 유도한다. 그 몸이 특정 개인이 아니라 모두의 것이기에 '나'는 아마 쓸 수 있을는지 모른다. 하지만 문제는 하나의 글쓰기가 몸의 음악을 연주하는 한 방식이거나, 보다 단순하게, 그 음악을 듣는 방식일 수는 없는가라는 데, 즉 더 쓰지 않는 데, 더 말하지 않는 데 있다.

[『빈 중심』(그린비, 2008) 수록]

# 국가의 적이란 무엇인가?[1]
## ─광주의 기억과 국립묘지

김항

## 1. 매장하여, 적과 동지를 구별하라

한편, 6·25전쟁으로 발생한 많은 전사 장병 처리를 위해 지금까지 군인 위주로 이루어져 왔던 군묘지 안장업무가 1965년 3월 30일 국립묘지령으로 재정립되어 애국지사, 경찰관 및 향토예비군까지 대상이 확대됨으로써 국가와 민족을 위해 고귀한 삶을 희생하고 아울러 국가 발전에 커다란 발자취를 남긴 분들을 국민의 이름으로 모시게 되어 그 충의와 위훈을 후손들에게 영구히 보존, 계승시킬 수 있는 겨레의 성역으로서 국립묘지 위상을 갖추게 되었다.[2]

국립5·18묘지는 1980년 5·18민주화운동 당시 정권 찬탈을 기도하던 일부 정치군인들의 강경진압에 맞서 우리나라 민주주의를 지키기 위해

---

1    이 글은 『말하는 입과 먹는 입』(새물결, 2009)에 수록된 글을 저본으로 소폭 수정되었으며, 집필 시기 이후 국립5·18묘지 및 전남대학교 5·18연구소 홈페이지 등의 개편에 따라 일부 인용은 2020년 4월 현재 원문을 열람할 수 없다.
2    국립서울현충원 홈페이지(http://www.snmb.mil.kr, 2020년 4월 9일 방문).

싸우다 산화하신 분들과 부상 등 희생되신 분들이 영면하고 계시는 성스러운 영역입니다 이 홈페이지는 우리나라 민주화운동의 한 중심에서 정신적 지주가 되었던 5·18민주화운동의 이념을 구현하고 이 땅의 민주화를 위해 희생하신 오월영령들을 영원히 추모하고자 개설되었습니다. 우리 관리소 종사원은 이곳 묘역을 묘지의 차원이 아닌 추앙과 현충의 열린 공간으로 구축해내겠습니다.[3]

국방부 관할의 국립현충원에는 주로 순직한 군인이 매장된다. 그 수많은 비석 중에는 "1980년 5월 00일 광주에서 전사"라고 씌어진 것이 있다. 물론 이 비석 밑에 영면하고 있는 병사도 "국가와 민족을 위해 고귀한 삶을 희생하고 아울러 국가 발전에 커다란 발자취를" 남겼기에 "국민의 이름으로 모시게" 된 것이리라. 그런데 국가보훈처 관할의 "국립5·18묘지" 홈페이지에 따르면 그때 광주에서는 "우리나라 민주주의를 지키기 위한 싸움"이 일어났고, 군의 진압으로 "산화"하고 "희생"된 이들이 "추앙"받을 "영령"으로 안치되어 있다고 한다. 즉 이 병사가 전사한 전쟁은 이 민주주의를 위한 싸움을 지시하는 것이고, 국가의 영원한 추도 대상인 "오월영령"은 이 병사, 즉 국가를 위해 생명을 희생했다고 하는 이 병사에게 "적"이었던 셈이다.

한편에는 병사가, 다른 한편에는 병사에게 죽임을 당한 이가 똑같이 "국가"를 위해 생명을 "희생"했다고 하며, 똑같은 "국민"의 "현충" 대상으로 "성역"에 모셔져 있다. 이때 이 병사와 죽은 이가 목숨을 바친 "국가"는 과연 동일한 것일까? 그리고 그들의 충성을 현창(顯彰)해야 하는 "국민"은 단일한 것일까? 이렇게 물음을 던지는 순간 한국의 공

---

3 국립5·18민주묘지 홈페이지(http://518.mpva.go.kr, 현재 개편).

적·역사적 기억은 "단일한 이야기/역사eine Geschichte"로 묶일 수 없는 듯하다. 왜냐하면 국가의 추도가 "적/동지"의 구분을 허공에 매다는 suspending 것처럼 보이기 때문이다.

근대 국민국가nation state가 역사적 기억을 재생산함으로써 스스로의 연속성을 확보해왔다는 것은 주지의 사실이다. 이때 국가에 의한 추도 시설은 강제된 죽음을 현창의 논리로 바꿔치기함으로써 역사적 기억을 재생산하는 역할을 담당해왔다.[4] 그리고 이 기억에는 근원적으로 primordially "적과 동지"의 구분이 가로놓여 있다.[5] 일례로 일본의 야스쿠니 신사는 "보신(戊辰)전쟁"의 관군 측 사망자만을 국가의 추도 대상으로 삼고, 적 즉 막부 편에서 싸웠던 사망자를 배제함으로써, 근대 일본의 역사적 기억을 단일한 이야기로 성립시켜왔다.[6] 즉 근대 일본의 역사적 기억에서 "적"은 배제되기 위해 요청된 것이었으며, 동지의 죽음을 추도함으로써 "적과 동지"가 구별되었고, 이 구분이 역사적 기억의 근원을 형성해왔던 것이다.

1980년 앞서 언급한 병사는 광주에서의 "전쟁"에 참전했고, 국가를 위해 목숨을 바쳤기 때문에 국립묘지에 안장되었다. 이렇게 함으로써 광주의 "폭도"들은 "적"이 되었던 것이다. 하지만 2002년 대통령령에 따라 "국립5·18묘지"가 설립됨으로써 이 병사는 "적"이 될 수밖에 없다. 22년의 세월이 국가의 기억을 형성하는 "적과 동지"의 구분선을 이동시킨 것일까? "오늘날 5·18 광주는 '승리의 역사'로 부활했습니다. 5·18 광주에서 시작된 민주화의 뜨거운 열기는 1987년 6월항쟁으로 계

---

4 다카하시 데쓰야, 『국가와 희생』, 이목 옮김, 책과함께, 2008.
5 국가와 전쟁 기억의 관계에 관해서는 Michel Foucault, *Society Must Be Defended*, David Macey trans., Picador, 2003[1976], pp. 23~42, 87~115 참조.
6 이러한 사정은 서구 근대국가에서도 마찬가지였다. 다카하시 데쓰야, 같은 책 참조.

승되었고, 드디어 평화적 정권교체를 이룩할 토대가 되어 오늘의 정부를 탄생시켰습니다. 이 정부는 그야말로 5·18 광주의 숭고한 희생이 만들어낸 정부입니다."[7] 여기에는 분명히 하나의 이야기가 "민주화운동"의 "승리의 역사"에 의해, 즉 "적과 동지"의 싸움(구분)을 따라 성립되어 있다. 그렇다면 국립현충원에 안장된 병사는 적인가, 아니면 그 충의와 유훈을 계승할 동지인가? 아니 도대체 국가의 적이란 무엇인가? 국가가 죽은 자를 추도함으로써 배제하고자 하는 적이란 무엇인가?[8]

## 2. 작전명, 화려한 휴가[9]

1979년 10월 26일, 5·16쿠데타로 정권을 찬탈했던 대통령 박정희가 중앙정보부장의 손에 암살되었다. 이로써 18년간의 독재정권은 막을 내렸다. 국가의 권한을 독점했던 대통령의 죽음이라는 비상사태에 직면하여 각 정치파벌, 학생운동진영, 군부 등은 각각 상이한 시나리오를 갖고 대응했다. 선수를 친 것은 군부 내의 정치색이 짙은 세력이었다. 그들은 계엄령하의 최고책임자인 육군참모총장을 구속하고, 하극상에 의한 쿠데타를 감행했다(12·12쿠데타). 이로 인해 최규하 대통령대리는 실권을 상실했고, 신군부의 리더였던 전두환이 정권을 장악하기 위

---

7  2003년 노무현 대통령 5·18광주민주화운동 23주년 기념사.

8  이하에서는 이 물음을 "국립5·18묘지"를 중심으로 살펴본다. 하지만 이미 1997년 "4·19 묘지"가 국립화되면서 이 문제는 선명하게 드러났다. 국립현충원에 매장된 독재자 이승만과, 목숨을 던져 그 독재를 붕괴시킨 젊은이들이 똑같이 국립묘지라는 이름하에 추도되어 있기 때문이다. 물론 좀더 거슬러 올라가면 무장독립운동 지도자들과 그 토벌에 앞장섰던 일본제국 관동군 장교들이 똑같은 장소(국립현충원)에 '모셔져' 있는 사실부터가 이러한 문제를 계속 야기해왔다고 보아야 한다.

9  이 절의 5·18 사건 일지는 김정, 「80년 5월 광주와 그 후사에 대한 하나의 해석」, 『광주민중항쟁 17주년 기념 논문집』, 5·18기념재단, 1997에 크게 의존했다.

한 공작에 착수하게 된다. 이 쿠데타 이후 학생과 시민에 의한 민주화 운동이 격화되자, 신군부는 민주화운동의 상징적 인물이었던 김대중을 구속했다. 이 조치로 인해 더욱 격렬해진 민주화운동을 진압하기 위해서 1980년 5월 18일 0시를 기해 계엄령이 전국으로 확대된다.

이날 오전 1시 전남대학교와 조선대학교에 공수부대가 투입되어 학교를 점거한다. 오전 9시 전남대학교 학생들은 교문을 사이에 두고 공수부대와 대치하기 시작한다. 3백 명 가까이로 불어난 학생들이 교문 봉쇄에 항의하자, 10시 30분 공수부대가 곤봉으로 진압을 시작했다. 이 것이 이후 10일간 광주를 피로 물들이게 될 참극의 시작이었다. 그 후 전남도청에 진출하려는 학생들과 경찰/공수부대 사이에 격렬한 충돌이 일어났고, 오후 1시 드디어 육군본부는 광주 교외에 대기 중이던 공수부대를 시내로 출동시켜 작전명 "화려한 휴가"를 개시한다. 이후 하루 동안 곤봉과 총검으로 무장한 공수부대원들이 시민과 학생을 도살하게 된다.

19일 오전 11시, 이미 교통이 차단된 금남로에 시민들이 모여들자 공수부대는 탱크를 앞세워 침입해 들어왔다. 오후 1시, 시민들의 수가 5천 명으로 늘어나자 오후 3시에는 시민들을 해산시키기 위해 공수부대가 진압을 시작했다. 잠시 후 이 장소에서 6구의 시체가 발견되었다. 도청 앞에는 2천 명이 모여 있었는데, 공수부대는 이를 해산시키기 위해서 화염방사기를 사용했고, 4시 50분 다른 장소에서는 장갑차가 등장하여 최초의 발포가 자행되었다. 이 일련의 과정 속에서 많은 학생과 시민들이 두들겨 맞고 속옷 차림으로 모욕을 당했다.

20일 오후 4시, 시민들은 또다시 금남로에 집결했다. "계엄령 철회하라" "김대중을 석방하라"라는 그때까지의 주된 주장은 19일의 정부 공식 발표 이후 "살인마 전두환을 찢어 죽여라"로 격화되었고, 그 와중에도 공수부대의 도살은 계속되었으나, 데모는 진정될 기미를 보이기는커녕 왜곡된 정보만을 방영하던 방송국이 방화되기에 이른다. 오후 11시, 도청 앞에서 집단 발포가 자행된다. 표적을 겨냥한 조준 사격과 기관총에 의한 무차별 사격이 시작된 것이다.

21일 오후 10시, 도청을 지키는 공수부대원들에게 실탄이 열 발씩 지급된다. 10만 명 가까이 되는 시민들이 도청 앞에 집결했고, 10시 30분에는 계엄사령관이 시민들의 자숙을 요청하는 담화문을 발표했다. 하지만 11시가 되자 도청 앞에는 30만 명가량의 시민이 모여들었다. 12시 50분, 데모대의 전선에서 버스가 발차하여 공수부대의 저지선을 돌파했다. 저지선을 돌파당한 공수부대는 오후 1시에 집단 발포를 개시했다. 기관포, 장갑차, 헬기, 모든 총구에서. 도망가는 시민, 쓰러진 시민, 구출하는 시민, 모든 시민을 향해 발포가 자행되었다. 한국군 중에서 가장 잘 훈련된, "적을 죽이는" 일이 유일한 임무인 정예부대가 무방비한 시민을 상대로 군사계획에 기초한 작전을 발동한 순간, 광주의 시민들은 더 이상 한국 국민이 아니었다. 그 순간 광주는 한국 지도상에서 사라졌다. 그곳은 이미 "국내"가 아니라 "적과 동지"만이 존재하는 전장일 뿐이었다.

저항이 강제되었듯이 시민들의 무장 또한 강제된 것이었다. 오후 2시에는 시민들이 학살의 현장인 도청 앞에서 벗어나 가까운 경찰서를 습격하여 무기를 손에 넣는다. 무장한 시민들은 도청 앞에 다시 모여들었고 긴장은 높아져만 갔다. 이때 공수부대는 광주 외곽지역으로 퇴각했다. 하지만 이 퇴각이 시민의 승리를 의미하는 것은 아니었다. 이미 이날 아침 계엄사령부는 새로운 작전계획을 세우고 있었기 때문이다. "시내에 주둔해 있던 부대를 외곽지역에 재배치시켜, 외곽지역을 철저하게 봉쇄하여 광주를 고립시킨다. 이후 고립무원의 광주에 재진군하여 데모대를 일소한다"라는 작전을. 21일부터 26일에 걸쳐 광주는 "해방구"가 된다. 하지만 시민들의 "해방 기간"은 계엄군의 "일소 준비 기간"과 다름없었다. 따라서 "포위된 잔치"도 오래 지속되지 못했다. 5일간의 해방 기간에 타협을 주장한 "사태수습대책위원회"도, 최후까지 투쟁할 것을 주장한 "민주시민투쟁위원회"도 계엄군의 이러한 작전을 몰랐다. 27일 오전 0시 "충정작전"이라고 명명된 계획으로 도청을 점거하고 있던 시민군은 5시간 만에 진압되었다. 작전명 "화려한 휴가"는 이렇게 끝났다.

### 3. "사태"에서 "민주화운동"으로

박정희가 죽은 뒤 이른바 "80년의 봄"으로 불리는 서울에서의 대규모 집회는 이후의 정권이 민주적 과정에 따라 구성되어야 한다는 시민들의 합의를 보여주는 것이었다. 하지만 신군부의 정권 찬탈은 전혀 다른 방향으로 진행되었다. 신군부는 "다단계 쿠데타multi-stage coup"를 통한 정권 찬탈을 주도면밀하게 계획했고, 이 계획하에서 수많은 저항을 무력으로 진압했다.

이런 배경하에서 벌어진 광주에서의 잔학한 진압은 이후 13년 동안 지속된 군사정권을 가능하게 한 '원-폭력'이었음과 동시에, 이 정권에 대한 시민의 '원-저항'의 원천이기도 했다. 그러므로 1980년 이후의 민주화운동은 광주의 기억에서 비롯되어 그 부활을 목표로 이루어졌다고 해도 과언이 아니다. 그리고 그 과정은 한마디로 "사태에서 민주화운동으로"라고 요약될 수 있다.

1980년 5월 27일 진압부대의 작전이 압도적인 물리력으로 막을 내린 뒤, 신군부는 계엄사령부 명의로 "광주사태"라는 담화를 발표한다.

5월 18일 광주시내 대학생 시위에서 발단하여 5월 27일 진입되기까지 광주시 일원에서 발생하였던 폭동사태는 국가안보를 위태롭게 하고, 국정의 정상적 수행을 저해하였을 뿐 아니라 국민 여러분에게도 큰 불안과 깊은 염려를 끼치게 한 유례없는 비극이었다.[10]

이렇게 시작되는 담화는 이 사태를 "무장폭도의 난동으로 광주시 일원을 무법천지 하게 된 것"으로 규정하면서 다음과 같이 끝난다.

광주사태는 그 발단과 동기가 무엇이었고 시비곡직이 여하했든 간에 다시는 이와 같은 불행한 사태가 발생하여서는 아니 되며 [……] 또한 군이 이번 사태의 와중에서 현지 시민들과의 융화에 다소 문제점이 있었으며, 이에 대한 적절한 조치를 강구 중임을 알려드리고 심심한 유감의 뜻을 다시 한번 표하면서 국민 여러분께서는 이번 광주사태의 귀중한 교훈을 반성과 자제의 계기로 삼아 난국 극복에 정진하시기를 당부드리는 바이다.

진압되어야 할 폭도들이 일으킨 사태, 그 발단과 동기의 시시비비를 가릴 수 없는 사태, 앞으로의 반성과 자제의 계기가 될 사태, 광주 일대를 무법천지로 만든 사태. 이것이 1980년 5월 18일부터 27일까지의 사건에 대한 최초의 자리매김이었고, "광주사태"는 여기에 붙여진 최초의 공식 명칭이었다. "사태"란 말은 빨리 수습되어 잊혀야 할 사건을

---

10 『중앙일보』 1980년 5월 31일 자 "광주사태 계엄령발표 전문" 참조(https://news.joins.com/article/1538037, 2020년 4월 9일 방문).

일컫는다. 신군부에게 광주는 그러한 "사태"였던 셈이다. 그리고 그것이 광주시 일대라는 한정된 지역에서의 사태였던 한에서, 그 기억은 그 외부에서 상기되어서는 안 되며 수습은 어디까지나 당사자들만의 몫이었다.

광주 이후 한국의 반체제운동은 어떻게 이 "사태"로부터 광주를 구해내느냐, 어떻게 광주를 공적 기억으로 부활시켜내느냐, 어떻게 학살자를 처벌하느냐 등의 문제를 중심으로 전개되어왔다. 그리고 이 전개 속에 민주화 요구가 응축되었음은 말할 필요도 없다. 1987년의 헌법개정(대통령직선제)은 이 민주화운동의 가시적 성과였다. 물론 대선에서는 민주화 세력의 분열로 신군부의 노태우가 당선되었다. 하지만 신정권에게 광주문제는 피할 수 없는 것이었다. 1988년 1월 신정권은 "국민화합분과위원회"를 구성하여 광주의 진상규명에 나선다. 이 위원회는 광주항쟁이 계엄군의 잔학한 진압에 따라 발생한 것을 인정했지만, 희생자에 대한 금전적 보상만으로 해결을 보려고 했다. 피해자 단체의 주요 요구였던 진상규명, 책임자 처벌, 명예회복, 배상, 기념사업은 단순한 보상 수준으로 묵살되었던 것이다.

1988년 12월에는 "광주청문회"가 국회에서 열렸다. 이 청문회에서 진압군에 의한 잔인한 폭거가 어느 정도 알려진다. 과잉 진압이 신군부의 쿠데타 계획으로 말미암아 필연적이었다는 사실, 그 잔인한 진압의 실상, 시내나 교외에서 자행된 양민 학살 등이 만천하에 드러난 것이다. 여기서 사망자 163명, 행방불명자 166명, 부상자 3,139명이라는 공식 집계가 처음으로 발표되었다(물론 그 이전에도 군이나 시민단체를 중심으로 집계가 발표되어왔으나, 여전히 정확한 피해자의 규모를 알 수는 없다). 하지만 실질적인 수사권을 가지고 있지 않은 청문회에서는, 당시 여전히 신정권의 중추를 이루던 실질적인 책임자에 대한 추궁이나 증거 확보가 난항을 겪어 진상규명 및 명예회복 등은 미루어졌다.

이 위원회와 청문회를 거쳐 1990년, "광주민주화운동 관련자 보상 등에 관한 법률"이 제정되었다. 신정권은 이 법률로 신군부의 원죄였던 광주문제를 마무리 지으려 했던 것이다. 하지만 이 법안은 국가에 의한 배상이 아니라 보상으로 광주문제를 처리하고자 했다. 국가에게 법적 책임이 없다고 주장한 셈이었다. 이 법률에 의거해 이후 피해자 신청(1990년, 1993년, 1998년 세 차례에 걸쳐 이루어졌다)과 관계 기관의 심사에 기초하여 보상이 이루어진다.

그 후 1992년, 대통령 선거에서 당선된 김영삼은 "오늘날의 문민정부는 광주민주화운동의 연장선상에 있는 민주정부"라고 신정권을 위치시켰다. 이것은 1990년 신군부인 여당과 손을 잡고 대통령이 된 자신의 부채를, 군사정권과의 차별화를 통해 불식시키고자 한 제스처였다. 그런데 1993년 5월 13일 김영삼은 "5·13특별담화"를 발표하여, "광주의 진상규명이 어두웠던 시대의 치욕을 다시 한번 파헤쳐 갈등을 재연하려는 것도, 누군가를 처벌하고자 하려는 것도 아닌 이상, 충분하지 못한 부분은 후세의 역사에 맡기는 것이 도리"라고 발언했다. 그리고 "5·18기념일"을 광주시의회의 조례로 제정하도록 권유함으로써 이른바 "광주의 광주화"를 추진하려고 했다. 이것은 광주문제를 광주 시민만의 문제로 축소시키려는 시도였으며, 자신이 기댈 수밖에 없었던 과거 신군부 세력과의 타협이기도 했다.

이러한 정권의 태도로 인해 1994년, 그때까지 검찰에 계류 중이던 쿠데타와 광주항쟁 관련 소송이 검찰의 공소권 없음 결정에 따라 기각되었다. 이에 여러 시민단체가 맹렬하게 반발했고, 1995년에는 노태우 전 대통령이 "중국 문화대혁명 시대에는 수만 명의 사람들이 희생되었다. 거기에 비하면 광주는 아무것도 아니다"라고 발언하여 전국 규모의 대중집회가 연일 개최되었다. 이러한 정세와 정국의 변화로 김영삼 대통령은 1995년 11월 "5·18특별법"의 제정을 지시한다. 이로 인해 1996년 전두환·노태우 두 전직 대통령이 구속되고, 1997년 대법원 최종 판결에 따라 각각 무기징역과 징역 17년을 선고받았다(6개월 이후 두 사람은 사면을 받게 된다). 이로써 광주의 학살 책임자에 대한 처벌은 "상징적"으로 막을 내리게 된다.

이후 2002년 1월이 되어 "광주민주유공자 예우에 관한 법률"이 제정되었다. 이 법률은 위에서 말한 일련의 과정을 거친 후의, 국가에 의한 광주항쟁에 대한 최종 처리라고 할 만한 것이었다. 이 법률은 "5·18민주화운동과 관련하여 공헌하거나 희생한 자와 그 유족 또는 가족에 대하여 국가가 응분의 예우를 함으로써 민주주의의 숭고한 가치를 널리 알려 민주사회의 발전에 기여함"을 목적으로 하여, "우리 대한민국의 민주주의와 인권의 발전에 기여한 5·18민주화운동은 우리들과 우리들의 자손들에게 숭고한 애국/애족정신의 귀감으로서 항구적으로 존중되고, 그 공헌과 희생의 정도에 대응하여 민주유공자와 그 유족 또는 가족의 영예로운 생활이 유지/보장되도록 실질적인 지원이 이루어져야" 함을 그 이념으로 삼고 있다.

이 법률에 따라 "국립5·18묘지"가 설립되었다. 광주에서 학살당한 이들은 1980년 5월 30일 교외에 있던 "망월동 묘지"에 안치되었다. 그리고 1980년대의 민주화 투쟁에서 사망한 많은 사람이 이곳에 묻혔고, 이 묘역은 "민주화의 성지"로 불렸다. 이 묘지에 묻힌 사람들 중 광주에서 학살당한 이들 가운데 희망자들만이 새롭게 건립된 "국립5·18묘지"로 이장되었던 것이다. 이 묘지에는 2005년 12월 현재 436명이 안치되어 있다. 이로써 광주문제를 둘러싼 국가의 보상, 법적 처벌, 역사적 자리매김은 일단락되었다. 즉 "광주사태"는 "광주민주화운동"으로 역사적 변모를 이룩한 것이다.

## 4. 광주의 에티카: 지울 수 없는 사태

법적으로도 역사적으로도 광주는 더 이상 "사태"가 아니다. 현재 한국에서 "광주사태"라고 부르는 일은 드물다. 광주가 금기였던 것, 그 기억을 말하는 일이 곤란했던 것이 현재로서는 먼 옛일이 되고 말았다. 이것이 5·18국립묘역 건립 당시 노무현 대통령으로 하여금 "승리의 역사"라고 말하게 한 시간의 흐름일지 모른다. 하지만 이 승리는, 많은 사람의 죽음 위에 세워진 역사는, 누구에 대한 승리이며 누구의 역사인 것일까?

노무현 대통령은 당시 정권이 광주의 "숭고한 희생이 만들어낸 정부"라고 하면서, "5·18 영령 앞에서 머리 숙여 감사"한다고 했다. 그다음 해 그는 똑같은 장소에서 "고통과 분노, 증오와 원한도 이제 뛰어넘어야 합니다. 용서하고 화해해서 하나가 됩시다"라고 호소했다.[11] 하지만 이 희생자에 대한 "감사", 그리고 "용서"는 불가능하다.

감사한다는 것은 사의(謝意)를 느끼는 것이다. 사의란 무언가를 감사의 대상에게 빚졌을 때 발생하는 것이다. 그러므로 이 국가는 "희생자"에게 무언가를 빚지고 있는 셈인데, 희생자에게 빚지는 것은 죽음밖에 없다. 그리고 그는 "용서와 화해"를 호소했다. 용서란 부채(죄)로부터 사람을 구하는 것이다. 그렇다면 누가 용서되고 누가 용서받는 것일까? 서로가 서로를 용서하는 것(화해)이다. "그리하여 모든 국민이 하나가 될 때 비로소 5·18 광주정신은 완성될 것입니다."[12] 이때 광주의

---

11  2004년 노무현 대통령 5·18민주화운동 24주년 기념사.

희생은 완전히 되갚아질 수 있다. 즉 희생자에 대한 완전한 감사, 그리고 용서가 완성되는 것이다.

하지만 희생자에게 죽음을 빚진 국민이 서로를 용서하고, 그것이 완성되는 일은 불가능하다. 왜냐하면 그들에게는 용서할 능력이 없기 때문이다. 부채를 짊어진 자들이 서로를 용서한다고 하더라도, 희생자에게 무언가를 갚는 것이 아니라, 채무자들 사이를 부채가 빙글빙글 돌 뿐이다. 그리고 원래 "희생"에 "감사"하는 것은 불가능하다. 왜냐하면 "누구도 다른 이를 대신해서 죽을 수는 없기" 때문이다. 따라서 죽은 이들에 대한 감사는 불가능한 일이며,[13] 누구도 타인의 죽음에 감사할 수 없다.

이렇듯 국가에 의해 죽은 이들에 대한 감사와, 국민 서로 간의 용서와 화해에는 근원적인 불가능성이 가로놓여 있다. 그러므로 광주를 "승리의 역사"로 기억하고, 희생과 감사와 용서의 논리를 통해 그 정신을 완성시키고자 하는 것은 이 불가능성에 대한 망각이다. 따라서 "승리의 역사"에서 승리하는 것은 "국가의 역사" 그 자체라고 할 수 있는데, 이 때 과연 국가의 역사는 무엇과 싸워 승리를 거둔 것일까?

17년이란 세월이 흐르는 동안 그날을 바라보는 세상의 눈길도 많이 바뀌었다. 처음 7년은 다만 맹랑한 유언비어 혹은 과장된 전설이었고, 다음 3, 4년은 텔레비전 속의 제법 요란한 국회 청문회 연속극 같은 것이 되더니, 이제는 너나없이 이쯤 해서 역사 속의 해묵은 일지 정도로 정리되기를 바라고 있는 듯하다. 많은 사람이 이제는 거리낌없이 말한

12  같은 기념사.
13  Jacques Derrida, *The Gift of Death*, David Wills trans., Chicago UP, 1995[1992], p. 42 참조.

다. 오늘 우리들 눈앞을 흐르는 저 강은 그때의 강물이 아니라고. 그 폭풍의 강은 아주 오래전에 흘러가 이제는 돌이킬 수 없는 먼 과거의 바다로 흘러 들어갔노라고. 그러나 한 가지, 그들은 잊고 있다. 총구 옆 혹은 뒤편에 비켜나 있었던(물론 그것은 누구의 탓도 아니다) 사람에게 그것은 단지 하나의 중요한 역사나 사건의 항목으로 어렵지 않게 정리될 수 있을지 모르지만, 한번 총구 앞에 세워졌던 사람들에겐 그것은 영원한 악몽이거나 좀처럼 치유되기 어려운 생채기라는 사실을.[14]

광주를 역사화할 수 있는 이들은 죽은 이들이나 생채기를 짊어진 이들이 아니다. 누구도 그들의 죽음과 생채기에 대해 무언가를 갚을 수는 없다. 그들에게 광주는 "영원한 악몽이거나 좀처럼 치유되기 어려운 생채기"이기 때문이다. 단지 총구 옆이나 뒤편에 있었던 이들, 즉 감사와 용서를 한다고 하는 이들만이 "역사"를 만들어낸다. 짊어질 수 없는 부채를 완전히 변제한 듯 행세한다. 그러나 그 역사화는 "악몽과 생채기"를 치유할 수 없다. 1980년 5월 광주에서 펼쳐진 사태를 기억할 수 없다. 왜냐하면 그때 광주 시민들은 "고립무원"의 상태에서, 아무도 들어주지 않는 상황 속에서 "이렇게 살고 싶지 않다"라고 외쳤던 것이기 때문이다. 그렇기에 이 외침은 하나의 윤리, 즉 '에티카Ethica'이다. 에티카란 행복을 위한 실천을 의미하는 것으로, 지금과 다른 삶의 가능성을 여는 말과 행위를 일컫는 개념이기에 그렇다.[15]

더 기겁을 할 일은 수류탄을 차고 다니는 꼴들이었다. 안전핀 고리를

---

14  임철우, 『봄날 1』, 문학과지성사, 1997.

15  Giorgio Agamben, *Remnants of Auschwitz: The Witness and the Archive*, Daniel Heller-Roazen trans., Zone Books, 1999, pp. 22, 24 참조.

그게 그렇게 차고 다니는 고린 줄 알고 그 고리를 줄래줄래 꿰어 달고 다니고 있었다. 그게 뽑히는 날에는 떼죽음이 벌어질 판이었다. 그리고 총 파지법을 모르기 때문에 대작대기 들 듯 들고 휘젓고 다니는데 식은 땀이 날 지경이었다. 나는 수류탄부터 모두 회수하라고 했고 총 파지법을 가르치라고 했다. 그런데 모두가 오합지졸이었으므로 누구 말을 들을 것 같지도 않았고 모이라 한다고 모일 것 같지도 않았다. [⋯⋯] "다 죽을 때까지 싸워야 해. 수습이 뭐야, 수습이?" 바로 턱밑에 총구를 들이대고 밀어 올리며 악을 썼다. 턱밑 오목한 데로 총구가 들어가 버려 목을 돌리면 총구도 따라 돌아왔다. 방아쇠를 당기기만 하면 턱으로 해서 머리통이 박살 날 판이었다. "야, 새끼야! 지금까지 죽을 만큼 죽었어. 이제 살자. 네 어미 생각도 안 하냐, 이놈의 새끼야." 나는 총구에 고개가 쳐 들린 채 악을 썼다.[16]

광주 시민들은 신군부와 달리 아무런 시나리오도 가지고 있지 않았다. 그들의 비극은 강제되어 무장한 데다 자신들의 총구가 스스로를 향했다는 데 있다. 아무런 전략도 전술도 몰랐던 그들은 역사가 말하는 승리를 목표로 한 것이 아니라, 그저 살육에 대한 분노와 죽어간 이들에 대한 슬픔만을 거름으로 하여 "이렇게 살지 않기 위해서(즉 이렇게 죽지 않기 위해서)" 싸웠을 뿐이다. 해방구가 된 광주에서 지도부의 노선이 갈린 것은 이데올로기나 전략의 차이로 인한 것이 아니다. 지도 따위는 이미 불가능했기 때문이다. 이러한 싸움이 민주화 요구나 독재 종식 등의 구호로 집약되었다고 하더라도 그 근저에 깔려 있던 것은 지도될 수 없는 "에티카"였다.

16  송기숙의 증언(전남대학교 5·18연구소 홈페이지, 현재 개편).

이 사건은 학생들이 촉발시키기는 했지만 학생들은 이미 19일 거의 광주를 빠져 나가버렸고 실제로 총을 들고 싸운 사람들은 밑바닥 시민들이었다.[17]

이런 이들이 5월 27일의 진압 후 "상무대 합동수사본부"에 끌려가 "영원한 악몽"으로 남을 고문을 받게 된다. "나는 갈수록 몸이 나빠져 움직이기가 어렵고 가족을 부양할 돈을 벌지 못하고 있다. 아내는 조산소 파출부 일을 하며 나의 약값을 대고 있다. 죽지 못해서 할 수 없이 사는 것뿐이고 아내에게 미안해 미칠 노릇이다." "귀에서는 계속 진물이 났고 날씨가 조금만 궂어도 온몸이 쑤셨다. 허리에도 통증이 왔다." "나는 지금도 진통제와 수면제를 먹으면서 잠을 자는데 앞으로 어떻게 살아가야 할지 답답하기만 하다."[18]

이렇듯 그들의 에티카는 승리의 역사로 부활하기는커녕 고통과 악몽의 연속 속에서 끝나지 않는 싸움으로 남았다. "사태"에서 "민주화운동"으로 변모했어도, 그 사태는 지워지지 않았던 것이다. 이미 죽은 이들도, 현재 생존해 있는 부상자들도, 그 죽음과 악몽과 상처를 누구에게도 감사받을 수 없다. 그리고 그들의 죽음과 악몽과 상처는 역사 속에서 이야기되지 않고 망각의 늪으로 내몰리고 있다. 1980년 5월이 그랬듯이 그들의 외침은 누구에게도 "말"로서 닿지 못한다. 국가가 아무리 민주화운동으로서, 승리의 역사로서, 영광의 기억으로서 감사하고 용서를 완성시키려고 해도 이 외침, 이 사태는 지워지지 않는 것이다.

---

17  같은 증언.
18  고문 피해자 천순남, 위종희, 김승철의 증언. 물론 이들은 1993년도 이후 부상자 신청에 따라 금전적 보상을 받을 수 있었을지 모른다. 개개인의 사정은 확인할 수 없다.

나는 기독교인입니다. 그러나 종교의 차원을 떠나서 신화를 이야기 하겠습니다. 여러분은 곰이 인간이 되기 위해서 얼마나 많이 참고 견디었는지 잘 알 것입니다. 여러분들도 힘들겠지만 모범을 보여주십시오.[19]

단군신화에는 곰이 사람이 되기 위해 백 일간 마늘과 쑥만으로 동굴 속에서 살았다는 이야기가 나온다. 다른 삶을 열어젖히기 위해 총으로 무장할 것을 강제당하고, 발가벗은 상태state of bare life로 폭력 앞에 내던져진 후 곰이 되어버린 이들. 이들의 에티카는 승리의 역사로 향하는 것이 아니라, 무엇보다도 먼저 "인간"이 되는 것이었으리라. 그리고 이때의 "인간"이야말로 1980년대를 통해 한국의 시민들이 목표로 한 것이었다. 하지만 과연 곰에서 인간이 된 자가 "승리의 역사" 안에 있는 것일까?

## 5. 국가의 적이란 무엇인가?

서두의 병사로 이야기를 되돌려보자. 이 병사는 누구와 싸워서 현창되는 것일까? 광주가 "사태"가 아니라 "민주화운동"으로 자리매김되고 그곳에서 학살당한 이들이 영령이 된 이상, 이 병사의 적은 더 이상 국가의 적이 아니다. 그렇다면 이 병사는 더 이상 현창되지 않는 것일까? 그렇지는 않다. 희생과 감사와 용서와 화해의 논리는 이 병사도, 광

---

19 명노근의 상무대 안에서의 발언. 명노근은 전남대학교 교수였고, 진압 이후 지명수배당해 자수하여 합동수사본부에 수감되었다. 이 발언은 수사본부에서 극한 상황에 처한 수감자들을 향해 이루어진 것이었다.

주에서 학살당한 자도 똑같이 현창한다. 왜냐하면 그들은 국가의 적이 아니라 동지이기 때문이다. 단 그들이 역사가 되는 한에서. 역사를 가지지 못하는 것들, 그것이야말로 "적"이기 때문에.[20]

국가의 사망자 추도와 기억의 근저에는 "적과 동지"의 근원적 구분이 가로놓여 있다고 말했다. 하지만 죽은 이도 죽인 이도 모두 현창되어야 할 희생자라면, 즉 동지라면, 국가의 적은 누구란 말인가? 그것은 "광주의 에티카"이다. 역사화나 이야기화나 기억화가 불가능한 것이다. 그것은 말을 가지지 않고 외치는 것이다.

희생의 논리란 애초에 불가능한 죽음의 증여를 가능하게 하는 장치라고 할 수 있는데, 광주의 에티카는 그런 논리가 불가능함을 여실히 보여주었다고 할 수 있다. 광주에서 학살당한 이들의 죽음에 대해 무언가를 갚을 수는 없다. 누구도 그 죽음과 악몽과 생채기를 떠맡을 수 없다. 따라서 그것은 역사나 기억이 완성시키고자 하는 이야기에서 남을 수밖에 없는 무언가이다. 이 잔여물이야말로 국가의 추도와 희생의 논리 근저에 가로놓여 있는 "적"인 셈이다.

이렇듯 국가의 추도와 희생의 논리는 타국과의 전쟁에서 말미암은 것에 국한되지 않는다. 현존하는 국가에 정당성을 부여해주는 역사는 모두 이 논리 위에 성립되어왔다고 해도 과언이 아니다. 앞에서 언급한 광주나 4·19 등의 민주화운동에도 이 논리는 관철되어 있다. 그런 저항을 기억하는 데에서도 국가의 희생과 감사와 용서의 논리, 그리고 그 위에 성립하는 승리의 역사는 멈출 줄 모른다. 하지만 그 논리와 역사가 아무리 완벽하게 스스로를 과시하더라도, 역사가 남길 수밖에 없는

---

20 유럽에서 "적"의 "비-역사"를 논한 것으로는 Gil Anidjar, *The Jew, the Arab: A History of the Enemy*, Stanford UP, 2003 참조.

무언가를 완전히 말소해버리는 일은 불가능하다. 왜냐하면 에티카는 이 남은 것, 즉 곰의 외침을 통해서만 생겨날 수 있는 것이기 때문이다.

아마 인간이 되고자 한 저 곰은 동굴에서 아직 탈출하지 않았으리라. 그렇다고 포기한 것은 아니다. 저 곰은 동굴로부터의 탈출을 되풀이할 뿐이다. 이 반복이야말로 광주의 에티카이며, 역사적 기억에서 결코 국가가 완전하게 승리를 거둘 수 없는 "적"인 셈이다.

# 봉기와 애도

— 광주항쟁과 세월호 참사 사이에서 공동체를 생각하다

한보희

## 1. 세월호, 의문사와 애도 불가능성

2014년 4월 16일 이후 우리는 날짜를 헤아리는 지극히 불행한 역법 (曆法) 하나를 갖게 되었다. '세월호 이후 몇 일'이라는 시간 감각이 생겨난 것이다. 대한민국이 세월호 이전과 이후로 나뉘게 되었다고 말하는 이들도 있다. 나는 그 말에 반만 동감한다. 그 말로 세월호 참사의 충격을 강조한 것은 옳다. 하지만 '세월호 이후의 대한민국'이란 말에는 고개를 가로젓게 된다. '세월호 이후의 대한민국'이란 것은, 적어도 아직까지는 존재하지 않기 때문이다. 또 참사가 일어난 이후 이 나라의 시간은, 흐르지 않고 맴돌이하는 것처럼 느껴지기 때문이다. 의식은 자꾸 그날 그때의 진도 앞바다로 되돌려진다. 그리고 꼬리를 무는 의문들을 괴롭게 퍼 올린다. '세월호는 왜 짙은 안개 속에서 무리한 출항을 했는가? 왜 수상쩍은 항적을 보였는가? 무슨 이상을, 언제 처음 감지했는가? 왜 정상적인 구조 신호를 보내지 않았는가? 진도 관제센터와는 어떤 교신을 했기에 교신 내용 원본을 공개하지 않았는가? 왜 선장과 일등항해사는 "움직이지 말라"라는 어처구니없는 지시를 10여 차

레나 내보낸 후 자기들만 탈출했는가? 청해진해운에서 가장 먼저 연락을 받았다는 국정원과 청와대는 도대체 어떤 조치를 취했는가? 해경은 왜 선내에 진입하지 않았는가? 구조를 못 한 것인가, 안 한 것인가? 왜 인명구조가 아니라 인양업체인 '언딘'을 불러놓고 군이나 민간의 자발적 구조 노력을 가로막았는가? 왜 주요 언론들은 엉터리 보도로 국민을 호도했는가? 왜 이토록 진상규명이 더딘가? 진상규명은 시늉만 하면서도 유족을 압박하거나 추모 군중을 '사회불안세력'으로 몰아붙이는 일에는 왜 그리 열심인가? 이 정부에 도대체 진실을 밝히려는 의지가 있기는 한 것인가?' 의혹투성이다. 세월호 참사 이후, 오래 잊고 지냈던 단어 하나가 기억 속에서 먼지를 털고 뚜벅뚜벅 걸어 나왔다. **의문사! 304명의 의문사!**

때때로 죽은 아이들이 다그치는 것 같은 환영에 사로잡힐 때면, 도무지 다른 생각을 할 수가 없다. "왜 그랬지? 그렇게 하지 않을 수도 있었는데, 왜 그랬지? 왜 그래야 했지?" 도저히 납득이 안 되고, 용납이 안 된다.


## 광주, 애도와 봉기의 기억

이런 일련의 심정들은 느닷없이, 그러나 이유가 없는 것은 아니게도, "1980년 5월 광주 이후" 한국 사회가 겪었던 집단적 외상후증후군Post-Traumatic-Syndrome을 환기시킨다. 그것은 단순한 장애나 질병의 이름이 아니라 1980년대 내내 한국이라는 정치체가 겪었던 변혁의 몸살이었다는 것을 우리는 알고 있다. 폭도로 몰렸던 광주 시민들의 의문사, 그 죽음의 진상을 규명하고 명예를 회복하고 책임자를 처벌하기까지 걸린 20여 년의 세월은 **애도가 봉기이고 봉기가 곧 애도인 시간들**이었으며, 5·18의 학살에서 5·27 최후의 항전 사이에 광주에서 벌어졌던 일을 전국적인 수준에서 반복하고 재연하는 과정이었다. 광주항쟁은 계엄군의 총칼에 무자비하게 학살당한 형제와 이웃에 대한 애도가 오직 봉기의 스크럼 속에서, 해방된 광주의 바리케이드 안에서만 가능했다는 것을 가르쳐준다.[1]

1 가령 임철우의 소설 『봄날』에 묘사된 다음과 같은 장면을 보자.
"노랫소리. 불현듯 어디서부터 시작했는지 모를 애국가가 입에서 입으로 번져나가기 시작했다. [……] 무석의 눈에 그 모습은 얼핏 거대한 장례식의 추모 행렬처럼 보였다. 그들의 입에서 흘러나오고 있는 노래는 만가의 가락처럼 들렸다. 한없이 엄숙하면서도 처절한 장례식. 추모객들은 갈수록 늘어가고, 행렬은 영원히 멈추지 않고 이어질 것만 같다. [……] 무석은 조금 전 그들을 보고 장례식의 추모 행렬 같다고 느꼈던 자신의 생각을 수정했다. 이제 보니, 그것은 열기에 들뜬 한바탕 축제의 행렬 같기도 했다. 분명 이 순간 뭔가 강렬하고 불가사의한 것이 그들을 지배하고 있었다. 놀랍게도 그 수많은 사람의 얼굴엔 공포의 흔적은 거의 보이지 않았다. 구호를 따라 외치고, 손뼉을 치고, 노래를 부르고…… 그러다가 와르르 웃음을 터트리기도 하는 시민들의 모습에서는 어떤 여유 같은 것마저 보인다…… 어떻게 된 일일까? [……] 지금 시민들의 얼굴엔 힘이 넘치고 있었다. 불덩이처럼 뜨겁고 강렬하면서도 엄청난 폭발력을 감추고 있는 듯한 그 어떤 힘…… '그것이 무엇일까. 그 힘은 어디서 온 것인가. 무엇이 하룻밤 사이에 이 수많은 시민들을 전혀 달라 보이게 만들고 있는 것인가.' ……무석에게 그것은 수수께끼만 같았다"(임철우, 『봄날 3』, 문학과지성사, 1997, pp. 134, 137~38).
최정운은 폭력과 사랑이 중첩되고 애도가 봉기로 전환되는 이 대목에서 '절대공동체'를 발견한다.
"모든 시민은 하나됨을 확인하였고 시위는 전(全) 시가에 걸쳐 걷잡을 수 없이 거세어졌다. 길거리에는 시민들이 김밥, 주먹밥, 음료수, 수건, 담배 등을 가지고 와 나눠주며 시위를 도왔다. 모든 광주 시민이 하나로 뭉치고 수많은 사람이 시 외곽으로부터 몰려왔다. 이처럼 삽시간에 전 시민이 하나로 똘똘 뭉쳐지는 과정을 합리적인 언어로 설명할 방법은 없을지 모른다. 이심전심으로 유사한 시간에 모든 시민들은 공포를 극복하고 시위에 합류하였다.
5월 19일부터 20일 오전까지 광주의 공동체는 거리에서 싸우는 각 시민에게 내재해 있는 것이었다. 전통적 공동체가 없었다면 이 싸움은 시작되지도 못했을 것이다. 하지만 [……] 그것은 전통적 공동체와는 다른 절대공동체였다. [……] 절대공동체는 군대와 같이 누군가 투쟁의 목적을 위해 개인들을 억압하여 만든 조직(組織)이 아니었다. 그것은 폭력에 대한 공포와 자신에 대한 수치를 이성과 용기로 극복하고 목숨을 걸고 싸우는 시민들이 만나 서로가 진정한 인간임을, 공포를 극복한 용기와 이성 있는 시민임을 인정하고 축하하하지만 세월호를 "학살"이라 부를 수 있을까? 국가폭력의 한 사례로 등록하게 될까? 그런 의문조차 너무 심한 말이 될까? 어쨌든 의심은 말끔히 지워지지 않는다. 박근혜 정부가 참사 이후 보여준 일련의 행태들은 마치 그런 의심을 자극하거나, 적어도 방치하려는 것처럼 보이기까지 한다. 생명권력에 대한 푸코의 명제는 여기서, 원래의 맥락과는 상관없이, 기묘한 예언성을 드러낸다. 주권권력이 "죽이거나, 살게 내버려 두는" 힘이었다면, 생명권력은 "살리거나, 죽게 내버려 두는" 것을 자신의 전략으로 삼는다고 그는 말했다.[2] 신군부가 광주에서 과시한 것이 주권권력의 폭력성이었다면, 이명박에서 박근혜로 이어지는 신자유주의적 생명권력은 정확히 후자의 경우에 속한다. 세월호 참사야말로 "살리거나, 죽게 내버려 두는" 힘의 과시가 아니고 무엇이겠는가. 그것은 단순한 무능이 아니라 소위 "부작위(不作爲)에 의한" 집단 살상에 가깝지 않은가. 게다가 그 부작위 살인의 주체도, 책임 소재도 모호하기만 하다. 해경(국가)인가, 청해진해운(자본)인가, 아니면 둘 다인가? 혹은 아무도 아니거나 우리 모두인가?

사정이 이러하다 보니 '애도하는 봉기'이자 '봉기하는 애도'가 끊이지 않던 '광주학살 이후'의 상황 — 예컨대 박종철과 이한열의 죽음에 대한 애도적 봉기인 6·10항쟁 — 과 '세월호 이후'의 대응 양상도 사뭇

고 결합한 절대공동체였다. 시민들이 공포를 극복하고 투쟁하며 추구하던 인간의 존엄성은 이제 비로소 존엄한 인간들끼리의 만남 그리고 바로 이 공동체에서 서로의 인정과 축하를 통해 객관화되었다. 절대공동체에서 시민들은 인간으로서의 정체성identity을 찾았고 그들은 다시 태어난 것이다"(최정운, 『오월의 사회과학』, 풀빛, 1999, pp. 139~40).
절대공동체는 죽음이 생명으로 전환되고, 죽은 자들과의 일체감이 죽음의 공포에 대한 초월과 "다시 태어난 것" 같은 정체성의 확인(부활)으로 이어지는 과정 속에서 현현한다. 그런데 여기서 다시 태어난 것은 누구일까? 살아 있는 자들일까, 아니면 살아 있는 자를 통해 부활한 죽은 자들일까?

2   미셸 푸코, 『성의 역사 1: 지식의 의지』, 이규현 옮김, 나남, 2010, 5장 참조.

다를 수밖에 없을 것처럼 보인다. 우리는 어떻게 세월호에 갇혀 죽어간 아이들과 이웃들을 애도할 것인가? 봉기나 항쟁이란 것은 (적의 실체는 고사하고 적의 행위조차 모호한 이 시대에는) 그저 흘러간 옛 노래에 불과한 것인가?

하지만 우리는 분명하게 심중의 고통을 느낀다. 억눌린 자의 답답함을 느낀다. 슬픔과 분노로 잠을 설친다. 원인이 캐물어지지 않는다면, 이 슬픔은 애도가 아니라 우울증으로 심화되고 냉소와 자학과 무기력증으로 변질될 수밖에 없을 것이다. 길을 찾아야 한다. 5월 광주라는 **공동체**는 그런 슬픔의 길 내기, 애도와 봉기의 길트기라는 난제에서 어떤 지침이나 이정표가 될 수 있을까?

## 정지 상태의 대한민국

대한민국 역사의 시계는 세월호 이후 정지 상태다. 세월호가 세월을 삼킨 채 가라앉아 버린 것 같다. 이 정지 상태가 무엇을 의미하는지는 지방선거 이후 본격화될 경제적 파국 속에서 좀더 분명해질 것이라고 어둡게 말하는 사람들도 있다. '지난 한 세대 동안 민주주의가 죽든 말든, 인류가 황폐해지고 인정이 메마르든 말든, 오직 그것만 살면 만사가 오케이일 것처럼 난리를 떨던 경제가 지금 깊은 수렁에 빠져 있다. 이승만이 건국하고 박정희가 기틀을 잡은 후 전두환이 지켜줬고 그 후론 삼성과 대기업들이 꽃을 피워냈다는 저 위대한 대한민국 신화의 살아 있는 증거인 경제가 지금 혼수상태의 나락에 떨어졌다. 김대중과 노무현이 종북 좌빨들과 함께 죽일 뻔했지만 이명박이 가까스로 구해내 이제 박근혜가 창조적으로 키워내려고 한다는 그 대한민국 경제는 지금 모 그룹의 총수와 같은 처지다. 얼마나 깊은 잠인지, 언제 깨어날 수 있을지 아무도 모른다. 미국의 본격적 금리 인상과 중국의 부동산 거품 붕괴를 시그널 삼아, 그 잘난 경제에 대한 온갖 미사여구와 사기성 약속들이 망명정부의 지폐처럼 날아갈 것이다. 부채로 인한 부도와 파산이 속출하고 주식과 아파트값이 곤두박질치기 시작하면, 그때서야 사람들은 거품 같은 부(富)로 가려왔던 대한민국의 정신적 펀더멘털을 돌아보게 될 것인가. 아니 그때 가서도 못 볼 것이다. 북한의 굶주린 인민들과 김정은의 핵폭탄이 모든 걸 덮어줄 테니까. 그저 원자력발전소에서 수습 불가능한 사고가 터지지 않기나 바랄 뿐이다……'

모르겠다. 부정부패의 과적 상태인 데다 소통은 엉망이고 정치적 평형수는 바닥을 드러낸 대한민국호(號)가 세월호처럼 침몰할지, 이 나라의 선장과 선원들은 "가만히 있으라!"라는 명령을 내려놓고 자기들만의 탈출을 모의하고 있는지, 아니면 이 모든 게 그저 과대망상에 불과한 것인지 알 수가 없다. 그러나 분명한 게 있다. 침몰하는 배에 갇힌 채 속절없이 죽어간 아이들과 승객들의, 저 **소리 없는 말들**에 우리가 묶여있다는 것 그리고 그들과 우리를 묶고 있는 침묵의 말들, 한 맺힌 언어들을 풀어내지 못한다면, 대한민국은 한 발짝도 나갈 수 없으리라는 것이다.

4월인지 5월인지, 봄인지 여름인지도 모르게 계절이 흘러가고 있다. 역전과 광장들마다 노란색 리본들이 포도송이처럼 매달려 있다. 사람들은 리본에 애도의 글귀를 적어 매어놓는다. 옷이나 가방에 노란 리본을 매달고 다니기도 한다. 애도의 물결이 거리에 흘러넘친다. 하지만 이 애도는 세월호 트라우마에 대한 또 다른 회피이고 억압일지도 모른다. 아니 그 정도는 아니더라도, 그것은 우리의 정신에 가해진 이 치명적 상처에 대한 진정한 치료 작업을 지연시키는 알리바이로 쓰일지도 모른다. '지켜주지 못해서 미안하다.' 우리가 그 말을 그저 변명으로 써먹지 않으려면, 다른 무언가가 필요하다. 상처로 하여금 말하게 해야 한다. 우리 자신이 그 상처가 되어야 한다. 아니, 우리는 저 트라우마적 물음—"왜 그랬지? 왜 그래야만 했지? 내가 물에 잠기는 게 보이지 않아?"—과 함께 이미 그 상처이다.

## 세월호에서 우리는 무엇을 잃었나

세월호는 애도되지 않는다. 우리가 무엇을 상실했는지 아직 명확하지 않기 때문에, 애도 즉 상실된 것과의 이별이라는 길고 고통스러운 작업은 아직 시작되지도 않았다. 세월호 참사로 우리는 도대체 무엇을 상실한 것인가? 무엇이 우리를 이토록 큰 충격에 빠뜨린 것인가?

물론 유가족들은 사랑하는 자식과 형제를 잃었다. 하지만 세월호 희생자들을 애도하는 국민들은 무엇을 잃은 것일까? 잃은 것이 없나? 다만 유족들의 고통과 슬픔에 공감하고 조의를 표하는 것일까? 아니다. 유족들은 물론이고 국민들이 받은 충격은 엄청나다. 이웃집 아이의 뜻밖의 부고를 접한 이가 갖게 되는 마음과는 다른 것이다. 세월호 참사에는, 그 규모와 인명 피해의 정도와는 별개로, 일반적인 사건 사고의 잣대로 측량할 수 없는 어떤 것이 있다. 한 언론사 간부가 세월호 사건을 교통사고에 비유했다가 자리에서 물러나야 했던 사실을 떠올려보자. 그런 생각—세월호는 많은 사람이 죽은 대형사고일 뿐이다—을 가진 사람들과 그런 말에 분노하는 사람들의 차이는 뭘까? 일단은, 세월호 참사가 자신과 깊이 결부된 사태라는 점을 인지하느냐 마느냐의 차이, 그것을 '내 일, 우리 일'이라고 여기느냐 마느냐의 차이인 것처럼 보인다. 세월호 참사가, 비록 그 규모가 크고 사연이 안타까운 것이긴 하지만 뭐가 그토록 위중한 것인지—왜들 '미개하게' 난리 법석들인지 — 알지 못하겠다고 푸념하는 사람들은 그것이 자신의 일이나 자신과 관련된 일이라고 생각하지 못하는 사람들이다. 그런 태도는 일견 마땅한 감각처럼 보이기도 한다. 내가 세월호에서 죽거나 다친 것도 아니고, 내 가족이나 친지가 그런 것도 아니라는 점은 '사실fact'이기 때문이다. 하지만 인간은 '팩트'로만 구성되는 존재가 아니다. 만약 그런 것이라면, 인간에겐 자기의식이란 것, 즉 앞서 말한 의식에서 나, 내 가족, 내 친지 등을 규정하는 '나'라는 것이 애초에 성립할 수도 없다. '나' '우리' '자기' 이런 것들은, 그 말들이 가리키는 지시물이 확실해 보이기에 엄연한 '사실'인 것처럼 여겨지지만, 실상은 '팩트'가 아니라 '허구'들이다. 적어도 절반의 허구가 도와주지 않으면 '나'나 '우리' 같은 것은 있을 수가 없다. 그러니 세월호 참사를 다른 사건, 사고와 다르게 각별히 '나'의 일, '우리'의 참사로 느낄 때, 문제는 팩트가 아니라 다시 한번 그 '허구'인 것이다. 그 허구는 나를 '나'이게, 우리를 '우리'이게, 사람을 '인간'이게 하는 허구이며, 내가 지어낸 허구가 아니라 '나'를, '우리'를, '인간'을 지어낸 허구이다. 우리는 그런 근원적 허구 — 라캉이라면 '본(本)환상fundamental fantasy'이라고 불렀을 어떤 것 — 를 '언어'라고 부를 수 있을 것이다. 하지만 그 언어는 어학 수업을 통해 배울 수 있는 언어가 아니며, 우리 입을 통해 발화되거나 이렇게 문장으로 쓰일 수 있는 언어도 아니다. 그것은 발화의, 청취의, 글쓰기의 가능성의 조건이 되는 언어이다. 세월호 참사로 치명적 타격을 입은 것은 바로 이 **'언어 이전의 언어'**이다. 모든 사실을 의미 있거나 없는, 가치 있거나 없는, 참이거나 거짓인 어떤 것으로 만들어주는 **어떤 지평을 여는 허구** 말이다. 그것이 왜 세월호 참사에서 치명적인 타격을 입었다고 하는가? "살려주세요!"라는 비명, 인간의 마지막 몸부림이 아무렇지도 않게 외면되는 장면을, 그것도 다름 아닌 국가와 정부, 기업처럼 우리 생활의 기초를 이룬다고 여겨왔던 것들에 의해 무시되는 장면을 목격했기 때문이다. 공자가 제자인 자공에게 국가의 처음이자 마지막 입지점이라고 지적했던 것, 즉 "무신불립(無信不立)"의 "신(信)"이 거기서 산산조각 났다.[3]

### 저 불가능한 공유, 죽음의 공유를 할 수 없다면……

똑같은 광경을 보고도, 세월호 참사가 해난 사고의 하나일 뿐이라고 여기는 자들, 죽은 아이들을 그저 사망자 수로만 셈하려는 자들이 내뱉은 말을 들어보자. "가난한 집 아이들이 수학여행을 경주 불국사로 가면 될 일이지, 왜 제주도로 배를 타고 가다 이런 사달이 빚어졌는지 모르겠다"라고 그들이 말할 때, 우리 귀엔 그것이 더 이상 말로 들리지 않는다. 그 말 아닌 말을 내뱉은 목사의 변명도 마저 들어보자. "친지가 자동차를 타고 지방으로 여행 가다 사고가 나면 '기차 타고 갔으면 좋았을 텐데' 하고 생각하듯, 바다 건너 배를 타고 제주도를 가다 사고가

---

3　이것은 1980년 5월 18일 도심 곳곳에서 공수부대의 잔혹하기 그지없는 폭력에 노출되었을 때, 광주 시민들에게 일어났던 어떤 붕괴와, 비록 그 강도는 다를지라도, 동질적인 것이다. 그것은 물리적 폭행이기만 한 것이 아니라, 어떠한 소통도 거절되고 어떤 말들도 그 앞에서 무효로 취급되는 문명 이전 상태의 급습이었다. '절대공동체'가 전경(前景)이라면 그 배후에 도사린 것은 국가가 자연과, 군인이 야수와 구별되지 않는 '절대폭력'의 지대(地帶)였다. 사람들을 짐승처럼 취급하는 야수들의 등장과 함께 국가가, 그리고 국가라는 정치적 공동체 안에서 말과 결합된 존재—언어를 가진 동물—로 살아가는 인간이 무참히 파괴되었고, 거기에 사람들을 경악케 하는 어떤 지평, 문명도 아니고 그렇다고 본래적 자연이라고 할 수도 없는 어떤 '예외 상태의 비-식별역in-discernable zone'이 나타났던 것이다. 어쩌면 그것이야말로 주권권력이 그 안에서 자신을 발견하게 되는, 그래서 권력자들이 의식적, 무의식적으로 그런 지대를 창출하려고 애쓰는 '예외(비상) 상태의 법의 지대'인지도 모른다. 다시 말해 권력이 어떤 목적을 달성하기 위한 '수단'으로서가 아니라 오직 자기 자신을 확인하기 위한 '목적으로서의 폭력'을 휘두르는 곳, 테러와 절멸 자체가 목적이었던 곳이 바로 5·18의 광주에서 지옥문처럼 입을 벌렸던 것이다(조르조 아감벤, 『호모 사케르: 주권 권력과 벌거벗은 생명』, 박진우 옮김, 새물결, 2008, 1부 참조).

나니 안타까운 마음에 목회자이자 국민의 한 사람으로서 한 말이다."[4] 여객선 침몰로 자식을 잃은 친지를 조문 와서 "없는 살림에 버스 태워 경주나 보낼 일이지 왜 제주도를 보낸다고 난리를 피워서 나를 조문까지 오게 하나. 귀찮게시리……"라고 말하는 자를 당신은 친지라고, 이웃이라고 여기겠는가. 아마 분노의 저 밑바닥에서 이런 말들이 올라오리라. "너는 너고 나는 나다. 네가 죽든 말든, 네 자식이나 가족이 죽든 말든, 이제 나랑은 아무 상관도 없다." 그렇다, **우리는 죽음을 공유하는 한에서 말도 공유할 수 있다. 죽음이라는 근원적 허구—현실보다 더 깊은 실재—를 공유하는 한에서 믿음도 공유할 수 있다.** 2천 년이 넘도록 예수에 대한 애도를 끝내지 못하고 있는 멜랑콜리의 종교가 기독교가 아니던가. 죽은 예수를 공유함으로써만 비로소 참삶을 시작할 수 있다고 말해온 것이 교회 아니던가. 입으로는 믿음과 사랑을 설파하면서, 바로 그 믿음과 사랑의 파괴로 인해 고통받는 세월호 유족들에게 "대통령이 울 때 같이 울지 않으면 백정"이라고 말하는 자를 목사라고 할 수 있을까. 그래, 아마 그는 기독교인일 것이다. 다만 그의 기독교는 십자군 원정을 충동질하고 면죄부를 팔아 치부하던 부패한 시대의 기독교일 것이다.

### ……우리는 없다

세월호 참사는 대한민국을 그 이전과 이후로만 나누는 것이 아니다. 그것은 앞서와 같은 방식으로 대한민국을 둘로 쪼갠다. 언어, 믿음, 공동체, 모두가 둘로 갈린다. 지극히 위태롭다 하지 않을 수 없다. 왜냐하

---

4  한국기독교총연합회 부회장 조광작 목사가 2014년 5월 20일에 열린 한기총 긴급임원회의에서 한 발언과 그에 대한 해명으로 『한겨레신문』(2014년 5월 23일 자)에 보도되었다.

면 그것은 하나의 국가 안에서 한쪽의 국민과 다른 쪽의 국민 사이의 의견의 분열이 아니라, 하나의 **국가를 국민과 비국민으로, 사회를 인간과 비인간으로** 갈라놓는 끔찍한 경계선의 드러남이기 때문이다. 양편 모두 상대를 그런 식으로 비-국민, 심지어 비-인간으로 보게 된다. 그러면 한편의 인간들은 다른 편의 비인간들의 비인격적 삶은 물론이고 비인간적 죽임(죽음)에 대해서조차 눈 하나 깜짝하지 않게 될 수 있다. 그것은 프리모 레비가 아우슈비츠 수용소에서 독일인 장교 판비츠 박사를 보며 느꼈던 시선, 혹은 판비츠가 레비를 마치 수족관의 물고기처럼 볼 때 레비가 느꼈던 그 섬뜩하고 이해 불가능한 시선gaze으로 우리가 서로를 바라보게 된다는 뜻이다.[5]

그런데 곰곰이 생각해보면, 세월호 참사가 벌어질 수 있었던 것은 이미 그런 끔찍한 경계선이 한국 사회를 오래전부터 둘로 갈라놓고 있었기 때문이 아닌가. 정규직과 비정규직, 위너와 루저, 애국 시민과 종북 좌빨 기타 등등. 우리가 소통이니 불통이니 떠드는 문제들은 바로 저 **근본적 적대**를 둘러싼 문제들을 순화시켜 표현한 것에 지나지 않는 것이 아닐까.

### 트라우마의 자리의 공동체

세월호 참사에서 우리가 받은 외상적 충격은 세월호 참사로 자식과 가족을 잃은 사람들의 고통이나 슬픔과의 동일시가 아니며, 공감이나

---

5 아우슈비츠의 생존자 프리모 레비는 수용소에서 만난 독일군 화학장교 판비츠 박사를 이렇게 묘사했다. "그가 뭔가를 쓰고 나자 눈을 들어 나를 보았다. [……] 그 시선은 두 명의 인간 사이에 흐르는 시선이 아니었다. **전혀 다른 세계에 사는 두 존재 사이에 놓인, 수족관의 유리를 통해서 바라보는 것 같은 그 시선의 성질을** 속속들이 설명할 수 있다면, 나는 제3제국의 그 거대한 광기의 본질도 설명할 수 있을 것이다"(프리모 레비, 『이것이 인간인가』, 이현경 옮김, 돌베개, 2007, p. 162).

연민도 아니다——그런 것에 관해서라면, 나는 내가 그걸 느끼느니 마느니 하는 말조차도 못하겠다. 어찌 감히 안다고 말할 수 있으랴. 짧은 애도의 말과 침묵으로 조의를 표할 수 있을 뿐이다. 하지만 세월호 참사에서 우리가 이 사건의 주체가 될 수밖에 없고, 되어야만 하는 연유는 다른 데 있다. 세월호가 나와 우리의 일일 수밖에 없는 이유는 이런 것이다. 참사의 트라우마는 우리가 자신을, 아무런 구조의 손길도 받지 못한 채, 도움의 손길은커녕 무심한 외면 속에서, 저 깊고 어두운 바닷물 속에, 수장된 것이나 다름없는 방식으로, **죽어간 아이들과 동일시할** 때 발생한다. (그것의 진리치나 참됨이 사실적 관계의 확인을 통해서가 아니라 타자에 대한 주체의 맹세와 충실성을 통해서만 보장되는, 이 입증) **불가능한 동일시!** 그것은 슬픔이기 이전에 공포이고 혼란이고 분노이다. 세월호가 가라앉고 아무런 구조자도 생환하지 못하는 것을 보면서, 마치 내가 물에 잠긴 듯 숨이 막히고, 어째서 이런 말도 안 되는 일이 벌어지는 것인지 분통이 치밀고, 머릿속이 아연해질 때, 그때 **우리 안에서 몸부림치는 자는 '내'가 아니라 '죽어가는 아이들'이다.** 바로 그것이, **우리 안의 죽어가는 타자**가 우리를 둔중한 괴로움과 지극한 수치심으로 몰아붙인다. 세월호 이후로 때때로 산 것인지 죽은 것인지, 현실인지 꿈인지, 일상인지 비상인지 헷갈리는 현기증에 사로잡히는 것도 그 때문이리라.

## 애도는 종결될 수 없다

애도는 무덤을 만들고 묘비를 세우는 일이다. 산이나 납골당이 아니라 무엇보다 마음에 죽은 자의 집을 마련하는 일이다. 여기서도 (죽은 자의) 존재의 집은 언어이다. 애도는 기억의 언어를 짓는 것이다. 지금 세월호의 주검들 위에는 너무나 많은 의문과 더러운 추문들이 덮여 있다. 치워야 한다. 진상규명과 특검은 그런 애도 작업의 시작이고 일부일 뿐이다.

징용된 조선인들을 전범들과 함께 야스쿠니에 묻을 수 없듯이, 이 참사의 희생자들이 영면할 수 있는 곳도 그들을 죽음으로 몰아넣은 야수 같은 마음과 비정한 국가일 수는 없다.

세월호는 노란 리본과 슬픈 촛불로는 애도되지 않는다. 그럼 짱돌과 화염병을 들어야 할까? 아니, 그보다 훨씬 더 치명적인 것을 움켜쥐어야 한다. 그것은 울음이 아니라 물음이다! 리본과 촛불은 그 물음의 한 표현일 뿐이다. 끝까지 물어야 한다. 그것이 우리 자신의 가슴팍을 겨눌지라도. **"우리를 왜 죽였나요?"**

철학자 김진석은 『한겨레신문』(2014년 5월 11일 자)에 쓴 칼럼에서 "세월호 침몰과 구조 실패는 한국인의 트라우마로 영원히 남을 것"이라고 썼다. 같은 맥락에서 이렇게 말할 수 있을 것이다. "세월호에 대한 애도의 작업은 제주 4·3사건, 보도연맹 학살 그리고 광주 5·18과 독재 시대의 모든 의문사와 마찬가지로 대한민국이 존재하는 한 끝나지 않을 것이다. 대한민국이란 국가와 국민은 (국민 안에서, 국가 아래서 희생된 비-국민, 즉 '그냥 인간man as such'의 말 없는 죽음들에 대한) 그러한 애도를 수행할 수 있는 한에서만 **괴물**로 전락하지 않고 **인간**으로 남을 수 있을 것이다."

이제 우리는 그러한 **애도의 작업들**이 어째서 **봉기와 결부될 수밖에 없는지**, 봉기의 문제를 (광주의 해방공동체 ── 죽음이라는 재난을 공유하는 언어적 공동체 ──에 대한 해석을 지렛대 삼아) 새롭게 짚어봄으로써 이해해보자.

## 2. 봉기의 시그네이처

봉기(蜂起)라는 말은, 직역하면 '(인민들이) 벌 떼처럼[蜂] 일어난다 [起]'는 뜻이다. 이는 봉기하는 사람들의 무리가 벌 떼처럼 보인다는, 그 외관이나 기세의 유사성에서만 선택된 비유analogy는 아닐 것이다. '왜 개미 떼나 승냥이 떼나 송사리 떼가 아니라 굳이 벌 떼일까?'

### 봉기는 초-개체적 생명의 일어남이다

벌 떼는 위험하다. 매년 벌들의 공격으로 사망하는 사람들이 나오며 맹수조차 벌 떼를 두려워한다. 하지만 벌들이 떼를 지어 '봉기'하는 것 은 자신들이 큰 위험에 처했다고 판단할 때로 한정된다. 벌들은 침을 쏘면 대개 죽는다. '봉기'는 공격하는 다수의 벌에게 '자살 테러'와 같 다. 벌 떼의 봉기는 위험에 처한 벌들이 자신을 (안전 쪽으로가 아니라, 도리어) 극단의 위험 쪽으로 내몰면서 벌이는 위험한 몸짓이다. 그런 삼중의 위험을 가로지르는 벌들의 봉기는 무엇을 위한 것일까? 벌집을 지키기 위해서, 벌집 안의 여왕벌과 꿀 그리고 알들을 지키기 위해서, 좀더 본질적으로는 개체를 넘어서는 '종(種)의 생명'을 지키기 위해서 라고, 우리는 알고 있다. 종의 생명을 위해 개체의 생명을 내던지는 벌 들의 '봉기'는 살신성인의 희생이라고 할 만하지 않은가. 그렇다면 봉 기의 핵심은 바로 이것이다. 개체를 넘어서는 생명trans-individual life! 개 체의 생명이 아니라 개체를 초과하는 생명이 위기에 처할 때, 그러한 초-개체적 생명을 위해 자신의 생명을 내던져 싸우려는 개체들의 무 리와 그들의 행동이 '봉기'라면, 봉기의 진정한 주체는 개체도 아니고 개체들의 총합도 아닌 바로 그 초-개체적 생명이라고 할 수 있다. 봉기 란 개체를 초월하는, 그러나 개체 없이 따로 독립해 존재할 수 있는 것은 아닌 생명의 일어남(깨어남)이다. 그런데 아이러니하게도 그런 초-개체적 생명은 봉기하는 벌 개체들의 입장에서는 일종의 '치사적 인자 lethal factor'로 작용할 수밖에 없다.[6] 죽음을 통해 생명을 지속한다는 이 봉기의 역설에 걸린 문제들은 이런 것이다. '개체적 생명과 초-개체적 생명은 다른 생명인가? 초-개체적 생명 ─ 개체의 입장에서 말하자면, 죽음 너머의 생명 ─이란 것은 어떤 존재론적 위상을 갖는가? 개체적 생명에서 초-개체적 생명으로 이행하는 봉기의 자리는 정확히 어디이며 그것이 지닌 뜻은 무엇인가? 봉기라는 집합적 행위, 개체의 자기희생적이고 자기초월적인 이 행위의 주체이자 목적인 초-개체적 생명이란 도대체 무엇일까? 인간의 경우 그러한 생명의 이름은 신이나 왕 혹은 공동체, 사회, 민족, 국가, 이념이나 대의(大義) (최근에는 자본) 등등으로 불려왔다(재현·대표되어왔다). 그러나 개체를 초월하는 이 생명의 정체를 확정하거나 고정시킬 수가 있을까? 특정한 이름으로 그것을 재현하고 대리하게 할 수 있을까? 덧붙여 오늘날─2008년 촛불시위 이후 최근 세월호 참사에 대한 슬픔과 분노에 이르기까지─한국인들에게 그러한 봉기의 가능성(잠재력)이 있을까? 우리가 1980년 5월의 광주에서 목도했던 것과 같은 **초-개체적 생명의 일어남(깨어남)**은 다시

6   정문영은 1980년 5월 27일 전남도청에 남은 자들의 투쟁을 "이기심과 자기보존이라는 절대적인 기본적 전제 위에서 이루어지는 합리적 선택과는 전혀 다른, '죽으려고 환장'하지 않고서는 할 수 없는 선택"이라고 말한 후, 이 치사적인 최후항전을 이해하는 두 개의 키워드로 "남은 자들remnants"과 "부끄러움shame"을 꼽았다. 그 부끄러움은 도청에 "남은 자", 도청에서 죽어간 자들 앞에서 살아-남은 자가 느끼는 수치심이기만 한 것이 아니라, "남은 자"들이 죽음을 통해 남긴 유언을 옮기는 증언의 힘이자 기억의 통로가 되었다. "이 부끄러움이 남아 있는 한 유언은 아니 기억될 수 없을 것이다." 나는 이런 유언(遺言)과 전언(傳言)의 흐름, 죽음과 생명의 만남에 의한 **초-생명의 전이(轉移)**를 봉기의 핵심으로 이해해보고자 한다. 이때 봉기는 무장투쟁이나 집단적이고 열광적인 시위 등과 무관하지는 않겠지만 반드시 그런 행위들을 필요조건으로 수반해야 하는 것은 아니다.

## 단속되는 생명운동, 혹은 생명-권력

봉기가 일어나는 방식이 앞서와 같다면, 그것을 막는 방식 또한 개체가 개체를 넘어서 다른 상태로 이행하거나 다른 개체와 이어지지 못하게 막는 것이 될 수밖에 없다. 하지만 개체들 사이를 완전히 단절시킨다면 사회 자체가 허깨비처럼 사라지게 된다. 사회라는 것도 초-개체적 존재 혹은 초-개체적 생명의 한 (유사) 형태이기 때문이다. 그렇다면 개체와 다른 개체들 사이의 직접적 소통과 교류를 일단 끊고[斷], 그 다음으로 그것이 언제나 권력의 요구에 따라서만 이어지도록[續] 만들어야 한다. 즉 개별화하면서 전체화하는 전략을 구사해야 한다. 이것이 권력 — 자신을 초-개체적 생명으로 (참)칭(僭稱)하는 힘 — 이 생명의 개체적/초개체적 작동을 자신에게 응용하고 착취하는 방식이다. 여기서 문제는 개체가 자신을 무엇이라고 여기는가이다. 정체화identification 혹은 주체화는 초-개체적 생명의 위상을 독점한 권력에게는 (생명운동을 관리하고 이용하는 전략 및 실천들 일체의) 사활이 걸린 사안이다.

자신을 '벌'이라고 생각하지 않는 벌이 있다면, 그는 다른 벌들과 함께 봉기하지 않을 것이다. 자신이 민족의 일원이라고 생각하지 않는 개인이 있다면, 그에게는 민족(의 해방)적 봉기 따위가 관심의 대상조차 될 수 없을 것이다. 개체의 '자기정체성'에 대한 의식 — 나는 무엇인가, 나는 무엇의 일원인가, 나는 무엇과 더불어 내가 되는가 — 은 통제하는 권력과 봉기 모두에서 핵심적 관건인 셈이다. 자연은 모든 개체에게 이러한 정체성을 고정시켜놓았다. 이를테면 벌은 벌로 태어나 벌로 죽는다. 하지만 인간은 예외다 — 그는 돌연변이 종(種)이거나 항상적 돌연변이이다. 인간은 자기동일성이 비어 있기 때문에 자기가 무엇인지를 묻는다. 그리고 그러한 물음의 과정이나 결실로서 자기의식, 자기정체성이라는 것을 갖게 된다. 자기의식이나 정체성은 개체의 (자연적) 자기동일성이 해체된다는 조건에서만 나타난다. 자기정체성에 대한 의식이나 앎은 그의 자연적 자기동일성이 파국에 처한 대가로 얻어진 것이다. 따라서 정체성에 관한 인간의 이 '물음'과 그에 대한 허구적 구성으로서의 '대답'은 인간이 자연의 경로course에서 벗어나 있음dis-을 반증한다.[7]

## 벌의 봉기와 인간의 봉기

여기에 인간의 봉기가 벌의 봉기와 구분되는 핵심적 차이가 있다. 벌의 봉기는 기성의 초-개체적 생명(자연이 부여한 자기동일성)을 보존하기 위한 것이지만, 인간의 봉기는 초-개체적 생명으로 간주되어오던 기성의 것을 허물고(혹은 그런 것들이 스스로 허물어질 때) 그 자리에서 자신에게 본래적으로 주어졌던 파국 ── 영도(零度)의 자연 ── 과 다시 만난다.

개체의 생명을 초월하고 그러한 초월성을 통해 개체의 생명을 회

---

7   이것이 인간이 담론discourse이란 것을 지니게 된 이유일 것이다. 담론이란 벗어나dis- 달리는 것currer이며, 이러한 '궤도를 벗어난 경주'는 (참된) 궤도에 대한 물음과 대화를 통한 이해, 추론, 사유의 과정이다. 아감벤은 '담론'에 대해 이렇게 말한다. "담화-사건의 절대적 현재 속에서는 주체화와 탈주체화가 매 순간 일치하므로 살아 있는 구체적 개인도 또 언표화의 주체도 완전히 침묵한다. 표현을 달리하면, 말하는 것은 개인이 아니라 언어라고 할 수도 있을 것이다. 그런데 이는 바로 말하기의 불가능성이 말하기를 장악했음을 ── 어떻게 그렇게 했는지는 모르지만 ── 의미한다. 따라서 말하기에 내포되어 있는 이 내밀한 이질성을 마주한 시인들이 책임과 부끄러움 같은 것을 느낀다고 해도 놀랄 만한 것은 아니다"(조르조 아감벤, 『아우슈비츠의 남은 자들』, 정문영 옮김, 새물결, 2012, p. 176). 이제 우리는 봉기가 어떻게 '주체화와 탈주체화의 순간의 일치'라는 모순성을 지닌 담론(담화-사건)과 같은 성격의 사태인가 보게 될 것이다.

귀적으로reflexively 규정하는 초-개체적 생명을 다시 세우는 것이 혁명 revolution이라면, 혁명은 신, 군주, 국가, 민족, 인류, 자본 등등의 이름으로 채워져왔던 어떤 빈자리 —— 인간의 본래적 자리 —— 를 되찾는 것에서 시작될 수밖에 없다. 봉기는, 인간이 스스로 천명(天命)을 다시 쓰는 과업 —— 즉 혁명(革命) —— 이 이루어질 터전(공백)과 만났을 때, 인간들이 벌이는 혹은 인간들에게 벌어지는 어떤 사태들이다. 벌들의 봉기가 벌에게 주어진 천명을 확인하고 수행하는 솔성(率性)의 자리라면, 인간의 봉기도 형식적으로는 그런 천명의 수수와 솔성의 행위이다. 다만 문제는, 인간에게 주어진 천명이 아무것도 씌어 있지 않은 백지의 편지처럼 도착한다는 점이다. 혹은 인간이 전혀 읽을 수 없는 기호(sign, 암시)로 이루어져 있다는 점이다. 어떤 면에서 혁명은 봉기라는 이름으로 받아든 백지 또는 해독 불가능한 천명(또는 자연)의 기호들을 읽어내는 작업인지 모른다.

아무튼 이로부터 인간의 봉기가 갖는 중요한 특성이 따라 나온다. 사실 인간의 봉기는 다른 종이나 외적의 침입에 대항해 일어나는 것만은 아니다. 봉기는 오히려 내전(內戰)과 상관적이며, 지배에 대한 저항의 형태로 나타난다. 봉기한 자들이 싸우게 될 적은 이전까지 '자기'라고 생각했던 것, 동일시했던 것이기 때문에 벌들의 봉기처럼 즉각적이지 않고 반성적인réflexive 성격을 띠게 된다. 봉기란 인간의 (집단적) 자기동일성이 해체되고 재구성되는 그 분열의 과정 자체이며 거기에 수반되는 몸살이므로, 의식적이고 합리적인 형태로만 이루어질 수는 없다.[8] 이 반성 작업은 주체(개체적 생명)와 타자(초-개체적 생명)의 형상

8   작가 임철우는 최근 5·18과 관련한 대담에서 이렇게 말했다. "만약 5·18을 신화라고, 전설이라고 표현할 수 있다면, 그 모든 비밀, 수수께끼가 바로 그 사흘 동안에 벌어졌던 것이다. 그건 단지 정리해낸 생각이 아니라, 내 체험, 5·18 당시부터 가졌던 내 확신이었던 거

이 교체되는 것(이를테면 죽음과 부활 같은 사건)을 수반하게 된다. 자기 변신과 타자 변화, 그 둘은 하나의 과정의 양면이다. 자아의 정체성에는 자아의 상관물인 타자의 정체성이 동시에 '전제'되므로, 자아가 붕괴되는 가운데 '타자'의 형상도 붕괴하며 그 기능 또한 일시 정지 상태에 빠진다(역으로 먼저 상징계를 지탱하던 '타자'가 무너지면서 믿음의 붕괴 속에서 자아가 이른바 '멘붕'에 빠져들 수도 있다).

그런데 이러한 붕괴의 폐허에서 주체가 보이는 첫번째 재건(再建)의 몸짓은, 아이러니하게도 타자와 자신이 하나임을, '자신이 곧 타자임'을 선언하는 것이다. 언뜻 보기에는 이미 돌이킬 수 없이 파괴된 과거의 안정된 관계로 되돌아가려는 보수적인, 그리고 불가능한 몸부림처럼 보인다. 하지만 심층에서는 전혀 다른 일들이 일어나고 있다. 즉 봉기의 주체가 '내(우리)가 누구이고 무엇인지에 관한 결정이 이루어지는 타자(초-개체적 생명)의 자리를 다른 누군가─기성의 권력─의 손아귀에서 되찾아오는 일'이 벌어지고 있는 것이다. 2008년 5월에 촛불시위대는 "대한민국은 민주공화국이다. 모든 주권은 국민에게서 나온다. 내가 바로 그 주권자다. 내가 대한민국이다"라고 외쳤다[1980년 5월의 광주항쟁이나 1987년 6월항쟁 때도, 봉기자들은 애국가와 태극기를 자신들의 상징으로 가져왔다. 그들이 들었던 태극기는 관공서에 매달린 채 수시로 경례를 강요하던 그 태극기와 외견상 같은 것이지만, 그 내포(의미)는 전혀 다른 태극기다]. 이때 타자(초월적 생명)는 국가와 같은 기성의 타자("대한민국")로 호명되지만, 더 이상 주체의 자아를 규정하는

다. 초반 사흘, 18일 아침부터 20일 밤, 21일 새벽까지 광주 시민들에게 일어난 그 엄청난 변화, 그러니까 그 어떤 이론이나 설명을 동원하더라도 다 담아낼 수 없는 거대한 변화가 일어난 것이다"(최정운·임철우, 「절대공동체의 안과 밖: 역사, 기억, 고통 그리고 사랑」, 『문학과사회』 2014년 여름호, p. 349).

상위의 초월자는 아니다. 그것은 주체 안에서 아래로부터 올라온 초-개체적 생명을 표상하게 된다.[9] 이처럼 새로운 타자는, 그와 짝을 이루는 새로운 주체와 함께 우선은 기성의 주체-타자 관계의 외양을 하고서 나타난다. 마르크스가 말했듯이 낡은 의상과 가면을 다시 주워 입는 것이다. 그것은 물론 유행 따라 새 옷을 입는 것보다 훨씬 더 근본적인 차이를 가져온다. 여기서 새로움이란 단지 '이전의 것과 다름'을 뜻하지 않는다(사용된 것은 똑같은 "대한민국"이고 똑같은 "태극기"였다). 새로운 것은 이름이나 깃발의 외양이 아니라, 그것을 다루는 주체의 마음과 행동이다. 그 마음과 행동 속으로 근원적인 것의 재래가 함축되어 있다. 중요한 사실은 그러한 봉기가 혁명의 초기에 나타나는 한 예비적 단계가 아니라는 점이다. 마치 프랙털 구조처럼, 이미 봉기 안에 이후 혁명의 몸체를 이룰 것들 — 혁명의 본질과 이상 — 이 담겨 있다. 재난의 폐허에 재래하는re-volute 근원적인 것은 바로 **공백** — 말하는 입(구멍)과 듣는 귀(구멍) — **을 공유하는 코뮌**commune, 즉 **언어의 공동체(空洞體)**이다.

9  "지금 생각하면 꿈같다. 내가 정말 꿈을 꾼 것이 아닌가, 헛것을 본 것 아닌가. 그 사람들, 그 표정들, 그 모습들, 그때의 힘들을 떠올려보면 과연 이게 사람인가, 진짜 사람들이었나 하고 말이다. 김준태 시인의 시 중에 「나는 하느님을 보았다」라는 시가 있는데, 나는 그 의미를 백분 이해한다. 우린 그날 사람들에게서 하느님의 모습을 본 것이다. 그것은 극한적인 어느 한순간에 불쑥 튀어나왔다가는 다시 한순간에 팍 사라진다. 제정신이 들면 순간 이기적인 자기로 후퇴해버리고 만다. 그런데 자기로부터 튀어나오는 그 순간에 하느님의 모습이, 어떤 신의 모습이 딱 보이는 거다. 저는 아직 그 수수께끼를 절대 풀지 못한다. 죽는 날까지 그럴 거다. 그날 밤, 그곳에는 신과 악마, 인간과 짐승이 뒤엉켜 있었던 거다. 그것이 내가 말하는 5·18 초반 3일의 참된 비밀, 핵심 중의 진짜 핵심이다. 인간성이라는 그 엄청난 불가사의, 그 신비가 그야말로 일순간에 우리 눈앞에 현현한 거다. 그걸 목격했는데, 내 눈으로 똑똑히 봤는데, 어떻게 예전의 나로 돌아갈 수 있겠나. 그 순간만 생각하면 지금도 막 눈물이 솟구친다"(같은 대담, p. 356).

## 재난, 혹은 근원에서 만나는 이웃

2008년 봄의 소위 '광우병 촛불시위'를 생각해보자. 그것이 개인의 생명과 안전, 삶의 질을 위한 시위였다고 여긴다면, 그것은 봉기가 아니라 국가의 정책에 반대하는 시민들의 의사 표시 ─ 직접 민주주의적 방식의 요구 ─ 로서만 인식될 것이다. 하지만 촛불시위의 핵심에는 '안전한 먹을거리'에 대한 요구와 그러한 요구를 배반한 정부에 대한 비난만 있었던 것이 아니다. 시민들의 어떤 총체적 자기-갱신, 자기-변신의 몸부림이 그 안에 있었다. 시위대의 심부에 책임과 의무의 네트워크, 자산과 권리의 체제 속에서 '정상적 시민'으로 간주되지 않아 왔던 자들 ─ 청소년에서 동물(의 이미지)까지 ─ 이 들어 있었던 까닭이 거기 있다. 우리는 거기서 '시민' '국민'으로 호명되어왔던 주체의 분열과 그 분열의 틈새에서 솟아 나온 존재를 보아야 한다.[10] 나는 그러한 틈새를 국가(에 대한 신뢰)가 붕괴된 자리라고 보았고, 그러한 폐허ruins에 처한 자들을 '난민들'에 비유했었다.[11]

레베카 솔닛R. Solnit은 "대재난 속에서 피어나는 혁명적 공동체에 대한 정치사회적 탐사"라는 부제가 붙은 저서 『이 폐허를 응시하라』에서

---

10  이러한 시각이 생겨날 수 있게 만들어준 것은 무엇보다 광주항쟁의 공동체였다. 최정운은 다음과 같이 쓴다. "시민들은 남녀노소, 각계각층, 특히 예상치 못했던 계층의 사람들, 예를 들어 황금동 술집 아가씨들, 대인동 사창가 여인들이 공동체에 합류하는 모습에 환희를 느꼈다. 어두워질 무렵 어디에선가 하얀 한복 차림의 농민들 50여명이 쇠스랑, 괭이, 죽창을 들고 타임머신에서 나온 동학농민전쟁 용사들처럼 금남로에 출현했다. 시민들은 열렬한 박수로 환호했다. 흡사 딴 세상에 와있는 느낌이었다"(최정운, 같은 책, p. 141).

11  나는 촛불시위의 주체를 '주권자'나 '국민'이 아니라 '난민(이라는, 새로운 탈-국가적, 탈-주권적 공동체의 주체)'으로 보려는 시도를 2008년 '광우병' 촛불시위와 2016년 '탄핵' 촛불시위를 경험하며 두 번 제출했었다. 졸고, 「합법, 불법, 무법 그리고 법 없이도 살 사람들이 사는 법」, 『그대는 왜 촛불을 끄셨나요: 당비의 생각 02』, 당대비평기획위원회 엮음, 산책자, 2009; 「난민의 나라, 문학의 입헌」, 『작가들』 2016년 겨울호 참고.

1906년 샌프란시스코 대지진 당시 애나 아멜리아 홀스하우저라는 평범한 중년 여성 —— 그 자신도 지진으로 살 곳을 잃은 난민이었다 —— 이 운영했던 무료 급식소에 대해 다음과 같은 이야기를 들려준다.

재앙이 닥쳤을 때, 낯선 사람들은 친구가 되고 협력자가 되며, 물건을 자유롭게 공유하고, 즉석에서 새로운 역할을 맡아서 해낸다. 돈이 그다지 큰 역할을 하지 않는 사회를 한번 상상해보자. 사람들이 서로를 구조하고 서로를 보살피는 사회, 먹을 것을 나눠주고 대부분의 시간을 집 밖에서 함께 보내는 사회, 사람들 사이의 오랜 벽이 무너지고 아무리 가혹한 운명이라도 함께 공유함으로써 한결 가벼워지는 사회, 좋은 쪽으로건 나쁜 쪽으로건 한때 불가능하다고 생각했던 것이 가능해지거나 실재하는 사회, 현재의 순간이 너무나 급박해서 예전의 불평과 근심이 달아나 버리는 사회, 사람들이 세계의 중심에서 어떤 중요성과 목적의식을 의식하는 그런 사회를 상상해보자. 이런 사회는 본성적으로 지속될 수 없고 곧 사라지게 마련이지만, 이따금 마치 번개처럼 예전의 형식을 부숴버리기도 한다. 그것은 많은 이들에게 유토피아 그 자체로, 끔찍한 시간 동안 아주 짧게 등장하는 유토피아다. 사람들은 그 속에서 서로 모순되는 감정인 기쁨과 슬픔을 동시에 느낀다.[12]

---

12  레베카 솔닛, 『이 폐허를 응시하라』, 정해영 옮김, 펜타그램, 2012, p. 34. 이 책의 원래 제목은 "지옥에 세워진 낙원A Paradise Built in Hell"이다. 나는 그것을 '공백 위에 세워진 공동체A Community Built in the Void'라고 부르고 싶다. 허공에 지어진 집, 그것은 언어의 집이 아닌가. 재난의 공동체는 언어를 닮은 공동체가 아닌가. 물론 이때의 언어는 가장 근원적인 언어, 발화와 청취와 글쓰기의 '가능성의 조건'으로서의 선험적 언어이다. 그것은 의식적으로 가르치고 배우는 경험적 언어의 무의식적 층위에 놓여 있는 언어이기도 할 것이다.

이러한 서술은 촛불시위대에 대한 조정환의 묘사와 아주 흡사하다.

시위가 종합예술이 되고 밤에 이루어지는 거대한 소비활동이 새로운 삶을 빚어내는 용광로가 되며 앞섰던 자들이 뒤서고 뒤에 섰던 자가 앞서며 가르치던 사람이 배우는 사람이 되고 지금까지 내내 배우기만 했던 사람이 가르치는 사람이 되며 이른바 '지도자'들이 훼방꾼으로 기능하고 이른바 '열패자'들이 투사가 되며 지식인이 무지의 나락으로 추락하고 대중이 지성의 불을 내뿜으며 다중이 주인공이 되고 늘 주인공 역할을 했던 정치가들이 다중의 행동을 뒤따르거나 그것을 생중계하는 매개자로 되는 총체적 역전과 융합(퓨전)의 드라마가 연출되고 있는 것이다. 촛불봉기의 이 매혹 때문에 촛불이 타오를 때는 그 열기에 잠들지 못하는 사람들이 촛불이 잠잠해지면 안타까움과 불안 때문에 잠들지 못한다.[13]

재난disaster을 자연의 필연적 질서, 천체의 조화로운 코스모스astre에서 벗어난dés- 상황으로 볼 수 있다면, 인간의 존재 자체가 재난désastre의 상황에 놓여 있으며, 인간 자신이 하나의 재난인지도 모른다. 그런 맥락에서 인간의 공동체는 본질적으로 재난의 공동체이며, 일상이 무너진 재난 상황에서 간헐적으로 나타나는 공동체의 얼굴은 사회나 국가라는 상징계적 질서에 의해 덮이고 가려졌던, 타자-지향성이라는 인간의 민얼굴이 재래한 것이다. 솔닛은 다음과 같이 썼다.

부(富)의 축적과 보안 출입문, 스톡옵션은 불안과 증오의 세상을 가

---

13 조정환, 『미네르바의 촛불』, 갈무리, 2009, p. 88.

리는 보호막에 불과하며, 뿌리 깊은 문제에 대한 단편적 해결책일 뿐이다. 때로는 더 나은 사회라는 이상적 개념보다 주택 개조가 더 우선시되는 것처럼 보인다. 때로는 그렇다. 그러나 유토피아는 원대한 희망과 꿈이 있는, 세상의 다른 곳에서 불타오른다. [……] 유토피아라는 개념이 확대되고 있다. 그 지도를 조금 더 넓혀 재난공동체를 포함시킬 필요가 있다. 전기 공급이 끊어지면 기계가 초기 설정으로 돌아가듯, 이 놀라운 사회에서는 사람들이 이타적이고, 공동체적이고, 융통성 있고, 상상력이 풍부한 원래의 모습으로 되돌아간다. 이런 모습이 바로 우리가 이미 알고 있는 인간의 모습이다. 천국의 가능성은 이미 초기 설정값으로 우리 안에 있다.[14]

솔닛이 "초기 설정값"이라고 부른 것이 나타나는 **폐허**는 하이데거가 '근원ursprung'이라고 부른 것과도 유사하다. 하지만 하이데거는 거기서 '유토피아'만을 보지는 않는다. '근원'에는 대지Erde와 세계Welt의 간극, 존재와 존재자의 분리가 빚어내는 '투쟁'이 있다. 그는 「예술작품의 근원」에서 이렇게 썼다.

세계와 대지의 대립은 어떤 하나의 투쟁Streit이다. 물론 우리는 투쟁의 본질을 반목과 불화와 혼동함으로써 결국 그것을 교란과 파괴로만 생각하여, 투쟁의 본질을 오인하는 경우가 너무나 흔히 있다. 그러나

---

14 레베카 솔닛, 같은 책, pp. 35~36. 5월 광주의 절대공동체에 대한 최정운의 서술은 레베카 솔닛이 재난공동체의 유토피아라고 부른 것과 매우 흡사하다. "절대공동체는 자연스럽게 삶과 죽음을 개인을 넘어 공동체 단위로 정의했다. [……] 그리고 이 생명의 나눔은 헌혈을 통해 피를 나눔으로써 구체화되었다. 이곳에는 사유재산도 없고, 생명도 네 것 내 것이 따로 없었다. 물론 이곳에는 계급도 없었다. 이제는 웃을 일도 심심치 않게 생겼다"(최정운, 같은 책, p. 142).

본질적 투쟁 속에서는 투쟁하는 것들이 (서로를 파괴하는 대신에) 각자 서로의 상대가 자신의 본질을 스스로 주장할 수 있도록 고양시킨다. 이 러한 본질의 자기주장은 (어쩌다가 우연히 취득한 자신의) 어떤 우연한 상태를 강력히 고수함이 결코 아니라, 오히려 고유한 자기존재가 유래 하고 있는 은닉된 근원성에로 자기를 넘겨주는Sichaufgehoben 태도이다. 투쟁 속에서만 각자는 (각자를 지탱할 뿐만 아니라) 자기를 넘어서 서로 의 상대를 지탱해준다. [……] 투쟁이 한층 더 격해지면 격해질수록, 투 쟁하는 것들은 그만큼 강력하게 단순한 자기귀속의 긴밀함(Innigkeit, 내밀성) 속으로 해방된다.[15]

재난의 공동체가 '협력하고 연대하는 사랑의 공동체의 갑작스러운 현시'라면, 그것의 이면은 자기(우리)라고 불리던 것을 지양하는 투쟁 이다. 공동체가 나타나는 때는 단지 불의의 외적 재난에 직면했을 때가 아니다. 그러한 재난이 우리 안의 본래적 재난—자기부정과 자유의 몸짓이 나타는 공백—을 상기시킬 때이다. 재난공동체는 그런 공백 (폐허이자 근원)에서 울리는 초-개체적 생명의 울림을 공유하는(공명 하는) 자들의 공동체이며, 봉기란 이웃들을 그러한 공동체로 불러오는 몸짓이고 외침이다.

벌 떼의 일어남과 인간의 봉기의 차이는, 자연사의 불연속(지질학 적 대격변이나 기후환경의 급격한 변화, 진화론적 단절이나 돌연변이 등 장 등)과 역사의 불연속(혁명)과의 차이에서도 나타난다. 혁명(革命)은 천명(天命)과 다른 것이다. 혁명은 천명—자신이 무엇인지에 관한, 신

15 마르틴 하이데거, 『숲길』, 신상희 옮김, 나남, 2008, p. 67.

226

또는 자연의 명(命) — 을 스스로 다시 재단하고 마름질하는[革] 것이다. 인간은 하늘이나 자연을 (종래의 방식과는 다르게) 다시 연다. 시각을 바꿔 말하자면, 신이나 하늘이나 자연은, 인간이라는 존재를 통해, 또한 혁명이라는 인간들의 행위를 통해 자신을 '다시' 연다[開天]. 혁명은 인간이라는 열린-터(현존재da-sein)를 통한 천명cosmos의 자기분열(과거의 천명/미래의 천명)이며 자기변신인지도 모른다. 이러한 혁명에서 인간도 이전과 같은 것으로 남아 있을 수 없다. 예컨대 인간은 기존에 인간이라고 간주되어온 어떤 것들과 더불어 봉기하지 않을 수도 있다. 인간은 자신이 벌의 이웃이라고 생각하는 한에서 벌과 더불어 봉기할 수 있고, 자신이 죽어가는 소의 이웃이라고 생각하는 한에서 소와 더불어 봉기할 수도 있다. '나는 풀이다'라고 시적으로poetic 인식하는 인간-개체는 풀과 함께 초-개체적 생명의 몸짓(봉기)을 보일 수도 있다. 때문에 우리는 봉기를 역사와 자연, 언어와 사물이 함께 열리는 현상, 그 둘의 산술적 결합이나 적당한 뒤섞임이 아니라 화학적 결합, 즉 그 만남 가운데 두 실체 모두가 이전과 다른 것으로 전환transition되는 어떤 변곡점으로 이해해야 하는지도 모른다.

## 봉기의 시그네이처

시그네이처signature는 서명이나 봉인, 표시를 가리키는 말이다. 신용카드를 쓰는 우리들은 적어도 하루에 서너 번 이상 이 말을 듣는다. '고객님, 사인(서명) 부탁드립니다.' 이때 사인은 일종의 맹세이며 주체의 흔적이자 자기 존재 증명이다. **'사인 또는 서명'**, 즉 시그네이처를 통해 우리는 사인된 어떤 것이 무엇인지 — 발생과 유래 — 를 그것의 독특성singularity과 함께 인식할 뿐만 아니라, 그것이 어디에 귀속되어야 하는지도 확인할 수 있게 된다. 사인이 없는 카드 사용 내역이 무효가 될 수 있듯이, 시그네이처를 지니지 않은 사물이나 기호는 무의미한 것 —인식될 수 없는 것—이 되고 만다. 조르조 아감벤은 2008년에 출간된 『사물의 표시 *Signatura rerum*』에서 이 보통명사를 자신의 방법론의 중심어휘로 제시한다.[16] 단지 우연이고 서툰 착시에 지나지 않겠지만, 나는 이 'signature'라는 단어에서 'sign(기호)'이라는 말과 'nature(자연)'라는 말이 포개져 있음을 본다. 어원상 아무런 근거도 없지만, 나는 시그네이처를 '기호와 자연, 말과 사물이라는 이질적인 두 차원의 중첩이자(기호-자연) 양자가 갈리는 문턱(기호/자연)'으로 읽어보고 싶다. 이렇게 하는 것은 그 단어의 어원과 관련해서는 우스꽝스런 짓이 될 테지만, 아감벤의 '시그네이처'론(論)을 이해하는 데는 꽤 유용한 방식이 될 수 있다고 생각한다.[17] 왜냐하면 아감벤의 '시그네이처'론('표시'론)은 기호론과 의미론 사이의 간극, 더 나아가 말과 사물 사이의 간극 자체를 겨냥하기 때문이다. 표시(시그네이처)가 위치하는 곳은 기표와 기의 '사이', 기호와 사물 '사이'이다. 아감벤은 이 '시그네이처'론을 통해 '언어-존재론으로서의 고고학 archeology(즉 근원 arche에 관한 학 logy)'을 제시할 수 있었다. 기호와 사물, 인간과 자연, 역사와 자연사를 가르면서 잇는 저 '간극(사이)'은 근원 arche적인 것이며 (언어학을 넘어서서 초월적인 것을 다루는 제1철학인) 존재론의 영역이기 때문이다.

시그네이처는 기호의 세계와 사물의 세계, 혹은 문명과 자연을 분절 articulate하는 중간 영역이다. 하지만 시그네이처는 독립된 하나의 세계

---

16　조르조 아감벤, 『사물의 표시』, 양창렬 옮김, 난장, 2014.

17　signature는 보통 '시그너처'로 발음되거나 표기되지만, 논의 전개상 필요하여 '시그네이처'로 옮겼다. 이 단어는 원래 '인장을 찍어 봉인하는 행위'를 뜻했던 라틴어 signare의 과거 분사형 signatus에서 유래한 단어로, 어원상 nature(natura)와 관련된 사항은 없다.

가 아니라 각각의 기호들에 비(非)-기호로서, 또한 각개의 사물에 비(非)-사물로서, 일종의 **공백**처럼 들러붙어(이웃해) 있다. 모든 기호는 무언가의 표시(시그네이처)인 한에서 언어로 작동할 수 있으며, 모든 사물도 그것이 표시(시그네이처)를 갖는 한에서 기호, 즉 말해질 수 있고 인식될 수 있는 어떤 것이 될 수 있다. **시그네이처는**, 그런 맥락에서 **'기호-자연'이면서도 그 자체로는 기호도 아니고 자연도 아닌 공백(빈자리)의 운동**이다. 나는 '봉기'가 정확히 이 시그네이처의 성격을 갖는다고 생각한다. '봉기'라는 말이 벌 떼의 일어남(자연적 사태)을 가리키면서 동시에 사람들의 일어남(역사적 사태)을 가리킬 수 있는 것도 그 때문일 것이다. '봉기'는 인간과 동물들이 공유하는 초-인간적, 초-동물적 사태, 자연 안에 '구성적 타자'로 들어 있는 초-자연적 힘, 생명 안에 '구성적 타자'로 들어 있는 초-생명적 힘, 즉 **사랑의 약동**이기 때문이다. **(봉기라는) 시그네이처의 '사이'를 지니게 하는, '사귀게' 하는 힘**이 사라진 곳에서 사람과 사물 들은 더 이상 이해할 수 없고, 인지될 수 없는 괴물들처럼 나타난다. 그리고 언어는 한낱 기호들의 더미나 자동기계 같은 것으로, 혹은 (소통이 아니라) 기만과 억압의 악한 수단으로 변한다. 세월호 참사에서 우리는 기만하면서 동시에 억압하는 어떤 기괴한 말을 들었다. "가만히 있어라!" 참사 후 이어진 기득권층의 각종 망언도 결국 그 말의 다른 표현일 뿐이다. "가만히 있어라!" 즉, 봉기하지 마라!

사람들이 아무 때나 봉기하지는 않는다. 흔히 먹고살기 힘들면 봉기한다고 하지만, 그건 일면적인 관찰이다. 사람은 그저 먹고사는 동물이 아닐뿐더러, 그저 먹고사는 동물은 봉기라는 것을 알지도 못한다. 벌 떼조차도, 우리가 '자연'이라 부르고 '동물'이라 부르는 것들에 대한 (우리 시대의 저속한) 관념에 비춰보자면, 비-동물적이고 비-자연적인 동기를 품고서만 '봉기'한다. 역사 속의 허다한 봉기, 무엇보다 1980년 광주의 봉기자들이 우리에게 가르쳐준 사실은 그것이 더 많은 밥과 더 좋은 옷을 목표로 일어난 것이 아니라는 점이다. 봉기자들은 자신이 누구인지, 자신들이 무엇인지 증명하기 위해서 (죽음을 무릅쓰고) 일어난다. 그리고 자신이 '무엇임'을 선언하는 그 행위에는 (기도하는 행위가 존재하지 않는 신을 곧장 그 손 위에 깃들게 하듯이) 이미 초-개체적 생명으로서의 타자가 새로운 세계의 지평으로서 전제되고 함축되어 있으며, 봉기자는 자신이 바로 그 초-개체적 생명임을, 자기를 넘어 운동하는 생명으로서의 사랑임을 자신의 몸으로 선언하고 자신의 언어들로 실천한다. 그럼으로써 그러한 세계(도래하는 공동체)를 증명하고 부활시킨다. 그리고 그 안에는 죽음의 공유, 죽어간 자들의 침묵의 언어의 공유가 놓여 있다.

### 3. 공동체(空洞體), 언어를 닮은 인간존재의 형식

1980년 5월 18일은 언어가 한계에 도달하는 지점이다. 더 이상 어떤 말도 소용이 닿지 않고 무슨 말을 하더라도 부조리한 것이 될 수밖에 없는 지점, 죽음 앞에 선 언어, 죽이는 자와 죽어가는 자 앞에서 말해야 하는 자의 자리…… 그러나 뒤집어보면, **언어가 끝나는 그곳은 (아마도 부조리 속에서) 언어가 시작된 지점**이기도 할 것이다.

사물은 말하지 않는다. 동물도 말하지 않는다. 다만 소리를 내고 신호를 보낼 뿐이다. 인간의 말이란 도대체 무엇일까. 바로 그 말 아닌 소리와 신호, 모양과 색채, 행위와 동작 들에서 의미를 지닌 말들을 읽어내는 것이 아니라면 말이다. 아무 소리도 들리지 않는 곳, 이를테면 밤하늘의 별들에게서 이야기를 듣는 것이 아니라면 말이다. 무엇보다도 없는 것, 죽은 것, 사라진 것이 걸어오는 말과 그런 것들에게 전하는 말이 아니라면, 말이란 도대체 무엇이겠는가. 죽어가는 자와 죽은 자에게 우리가 영혼을 담은 어떤 소리들, 즉 말(언어, 노래)이란 것 말고 달리 무엇을 줄 수 있겠는가. 말이 아니고서야 그들이 우리 곁에 어떻게 남아 있을 수 있겠는가. 그처럼 죽은 자와 없는 자들이 누리는 생명이 없다면, 말이란 것은 도대체 무슨 소용이 있겠는가. 산 자들과의 관계에서는 언제나 말보다 행동, 말보다 실물이 중요하지 않던가. 말이 마음을 형성하고 마음을 움직이고 마음에 상처를 입힐 때, 마음이란 우리 육체에 가장 깊이 달라붙어 있는 말이 아니고 달리 무엇일까.

신군부와 계엄군들은 광주의 시민들과 바로 이 말(언어 이전의 언어)을 공유하려 들지 않았다. 그들은 말과 말로서 존재하는 영혼과 그 영혼이 붙어 있는 육체를 한꺼번에 파괴하려고 했다. 그들이 같은 나라의 말, 같은 민족의 언어를 공유했던 자들이기에 충격은 훨씬 더 큰 것이었으리라. 그런데 역설적으로 보일 수도 있지만, 5·18의 광주에서 가장 강력하게 실존했던 것은 어쩌면 말이었고 노래였다. 해방광주라는 공동체의 가장 강력한 실존은 말의 실존이었는지 모른다. 그것은 단지 선동의 언어나 합창을 뜻하는 게 아니다. 분노의 구호만도 아니다. 도청 앞 광장에서 쏟아져 나왔을 성토의 말들과 연대의 호소만도 아니었다. 그것은 무언의 말이었고, 말해진 어떤 내용이라기보다 말이라는 인간 존재의 형식 그 자체였다. 더불어 말할 수 있는 자들, 말이 통하는 사람들, 말에 귀 기울이고 응답하는 행위들. 그것들을 위해서라면 재산도, 명예도, 피와 목숨마저도 내놓을 수 있었다. 광주의 시민들은 마치 언어처럼 존재했던 것 같다. 인간의 시작이자 끝인 언어, 세계의 바닥이자 하늘인 언어, 공동체 그 자체인 언어. 아마도 그것이 광주를 영원하게 하는 힘일지도 모른다. 봉기란 바로 그런 언어적 존재의 일어남인지 모른다.

그 언어는 신체와 사물을 건너고, 사람과 사람을 건너고, 거리와 공간을 건너고, 세대와 시대를 건너며 울려 퍼진다. **초-개체적 생명은 언어적 생명이다.** 그리고 그 언어적 생명은 인간의 생물학적 생명을 건너간다. 마치 염주의 구슬과 구슬이 구멍을 통해 이어지듯이 유기체의 한정된 신체에 (결핍의) 구멍을 내고, 그런 구멍과 구멍을 관통해 이어지는 무형의 실처럼, 공명(共鳴)처럼 이어지는 이 언어적 존재는 우리 개개인을 '넘어서 가는 자Übermensch'이며 일상의 동물적 우리를 '이기고 살아남는 sur-vive 자'이다. 나와 너 '사이에 사는' 이 인간은 내가 파괴되어도 네가 사라져도 파괴되지 않는 자—왜냐하면 나는 없는 너를 향해, 너는 부서진 나를 향해, 그 파괴될 수 없는 인-간을 부르고 듣고 말할 것이므로—이며 말과 사물을 잇고, 말과 생명을 잇고, 사람과 사람을 이웃하게 하는 비(比)의 언어로서 존재하는 인간이다. 그것은 명령하는 법의 언어도, 정렬하는 과학(지식)의 언어도 아닌, 문학의 비유적 언어처럼 존재하는 인간이다. 어디에나 있지만 아무 데도 없는 이 인간이야말로 공동체 바로 그것이 아닐까. 이것이 5·18 광주의 공동체가 우리에게 전하는 (어떤 특정한 내용이 아니라 어떤 내용이 그 위에서 비로소 의미 있게 되는 지평으로서의) 신비스러운 공동체가 아닐까.

어제의 촛불시위 그리고 오늘 세월호 참사의 와중에 나타나고 있는 현상으로서의 '봉기의 시그네이처'는 그렇게, 우리의 세계가 직면한 파국, 일상적 삶과 우리의 신체를 통해 점점 더 깊고 크게 확대 재생산하고 있는 죽음의 체제에 대한 저항과 갱신의 몸짓이다. 광주항쟁의 봉기

자들이 애도와 봉기를 자신의 몸과 말로 이었을 때 우리에게 전해준 가르침도 바로 그것이 아니었을까 생각한다. 우리는 다가올 혁명의 지도와도 같은 이 봉기의 넓이와 깊이를 아직 다 알지는 못한다. 그러나 과거라는 열매의 풍유한 과즙 속에 쓰디쓴 씨앗처럼 들어 있는 역사적 봉기들 안에 우리의 미래가 들어 있음은 안다.[18]

[5·18민주화운동 34주년 기념 학술대회 '5·18민주화운동과 5월 운동 그리고 그 현재성'(2014년 6월 10일, 전남대학교 5·18연구소) 발표문; 일부 개고]

---

18  이제 봉기 없이는 참사 속에 죽어간 이들에 대한 애도조차 불가능하다. 애도가 죽은 이가 있어야 할 자리를 마련해주는 것이고 우리 삶의 곁-자리에 그들을 모시는 일이라면, 구조의 기다림 속에 죽어간 세월호의 아이들에게 우리가 응답해야 할 곳, 그리하여 산 자와 죽은 자가 만나야 할 곳은 이 부작위 살인의 체제나 강요된 망각의 무덤이 아니라, 봉기하는 생명의 터일 수밖에 없기 때문이다.

# '5·18 광장'의 기억과 '여성'의 목소리

김영희

## '공동체의 깃발' 너머로 사라진 목소리들

기억의 사회적 구성에 천착한 모리스 알박스Maurice Halbwachs는 개인의 기억이 사회적 환경에 의존하기에, 개인이 자신이 속한 공동체를 이탈하게 되었을 때 기억하는 능력도 같이 잃어버릴 수 있다고 말한다. 그에 따르면 기억의 구성에 개입하는 사회적 조건에는 사회적 관계, 집단 내에서의 역동, 권력의 지형과 일상적 의사소통 양상 등이 포함된다(M. Halbwachs, 1992). 한국에서 발생한 '국가폭력'[1]의 기억 또한 지

---

1   김동춘은 물리적이고 직접적이고 가시적인 폭력 외에 비가시적이고 간접적이고 상징적인 폭력을 포괄하는 폭력이, '국가의 공식 정책과 방침, 제도와 법, 이데올로기에 의해' 자행될 때 '국가폭력'이라고 말할 수 있다고 주장한다(김동춘, 2013). 이런 관점을 따를 때 군대나 경찰에 의해 자행되는 물리적 폭력 외에도 사법 제도나 행정 권력, 언론과 교육, 각종 상징체계의 기제들을 동원한 폭력이 모두 '국가폭력'에 포함된다. 불공정한 사회적 장치들, 파시즘이나 권위주의 같은 지배 체제하의 문화적 장치들, 고도의 상징체계를 활용한 구조적 폭력structural violence들이 국가폭력의 핵심 기제로 설명된다. 차별과 배제를 정당화하는 기제나 이에 대한 광범위한 사회적 동화 구조, 내면화를 촉진하는 시스템들이 모두 국가폭력의 핵심적 도구라고 할 수 있다. 국가는 태생적으로 이처럼 제도화된 폭력의 기제들을 시스템 내부에 갖추고 있으며, 때로는 국가 자체가 이와 같은 폭력에 기반

역에 따라, 시대에 따라, 세대나 계층에 따라 다르게 구성되어왔다. 이 과정에서 어떤 기억은 다른 기억보다 더 권위를 가지며 역사로 등재되기도 하고, 또 어떤 기억들은 지독한 망각의 폭력에 묻혀버리기도 했다.

기억의 사회적 구성을 둘러싼 정치적 지형은 마치 과거의 사건들에 스포트라이트를 쏘는 것과 같아서, 빛을 받은 사건들 혹은 그 사건들에 대한 해석은 주목을 받고 다른 사건들은 어둠 속에 묻힌 채 지워진다. 스포트라이트의 강렬한 빛은 어둠에 갇힌 기억뿐 아니라 그 빛이 어디선가 발사되고 있다는 사실을 은폐한다. 누가 어디서 어떤 목적으로 어떤 대상들에 빛을 쏘고 있는지 질문할 수 없게 되는 것이다. 질문의 봉쇄는 표면적 금지의 형태로 드러나는 것이 아니라 애초에 질문할 수 없는 상태를 조장하여 어떤 사건과 기억 들을 망각의 어둠 속으로 몰아넣는 일에 사회 구성원들이 자발적으로 참여하게 만든다. 망각의 어둠으로 들어가는 이들은 사실상 자신이 무엇을 잊고 있는지, 아니 무엇인가를 잊고 있다는 사실을 자각하지 못한 채 살아가는 것이다.

하여 형성된 것으로 이야기되기도 한다. 한국에서는 '분단국가'라는 상황과 오랜 세월 모든 사회적 시스템을 장악해온 '반공'의 국가적 이념이 이와 같은 폭력의 확산과 심화에 기여해왔다. 특히 '분단'과 '반공'은 한국 사회를 지속적으로 '비상사태'('예외상태': 조르조 아감벤, 2009)로 내몰면서 폭력을 정당화하는 기제를 작동시켜왔다. 사실상 한국에서 '분단'은 국가폭력을 정당화하는 명분이자 폭력을 말할 수 없게 만드는 사회적 기제였다. 분단 체제는 국가가 하는 모든 일을 정당화하거나 개인의 생명과 권리보다 국가를 더 우위에 두어야 하는 가장 핵심적인 근거가 되기도 했다. '분단'을 정당화의 근거로 삼아 '반공'을 이데올로기로 내세운 국가주의는 폭력을 자행하면서도 손쉽게 이 폭력을 은폐할 수 있었으며, 이 과정에서 국가폭력의 피해자들은 말문을 닫은 채 오히려 '자신들이 '빨갱이'가 아니고 '북한'과 무관하다'는 사실을 끊임없이 증명해야 했다. 이처럼 분단 체제는 이념이나 정치적 지향을 넘어서 일상생활을 조형하는 가장 핵심적인 담론 틀matrix로 기능해왔으며, 이것은 국가폭력——침묵을 강요하며 폭력을 정당화하는——을 지속시키는 중요한 요인 가운데 하나였다.

한국 현대사는 무수히 많은 국가폭력의 기억으로 얼룩져 있다. 그중에서도 1980년대 이후 지금까지 가장 중요한 국가폭력으로 다루어지고 있는 사건은 1980년 광주에서 발생한 '5·18'[2]이다. 이 사건은 여전히 시민을 향한 발포 명령의 책임 소재가 명확하게 밝혀지지 않았고 사건의 정치적 의미 또한 논쟁 중이다. '5·18' 당시 발생한 '성폭력'에 대한 고발은 이제 겨우 시작 단계에 접어들었을 뿐이다. 그럼에도 불구하고 다른 국가폭력에 비해 '5·18'은 가장 많이 기술되고, 최근까지 가장 많은 사람의 사회적 기억에 영향을 미친 사건이라고 할 수 있다. 그러나 이 기억의 장에서도 여전히 소외되고 주변부화된 목소리들이 존재한다. 40년 가까운 시간이 지난 지금에서야 당시 군인들이 자행한 '성폭력'을 경험했던 '여성'들의 발언이 사회적으로 등장하기 시작한 오늘의 상황이 이와 같은 정황을 대변한다.

'5·18' 관련 폭력은 분명 '국가'에 의해 자행되고, 정당화되고, 은폐되었지만 기억의 정치적 장에서 이와 같은 폭력만 존재했던 것은 아니다. 물리적 폭력 이후에도 지속되었던 더 중요한 폭력 가운데 하나는 '망각'의 압력이었다. 수많은 사건 가운데 오직 일부만이 '실제로 일어

---

2   '5·18'에 부기되는 공식 명칭은 '민주화운동'이지만 이것은 이 사건의 의미를 충분히 드러내지 못한다. 이 사건의 의미를 어떻게 확장해나갈 것인가 하는 문제는 여전히 논쟁 중이다. 어떤 이들에게 이 사건의 의미는 이미 확정된 어떤 것일지 모르나 항쟁에 참여했던 이들에게, 혹은 이 사건을 과거가 아닌 '현재' 속에서 새롭게 기억하고자 하는 이들에게 사건의 의미는 과거에 제도화된 '국가 기념'의 공식 명칭에 고착되어 있지 않다. 1980년 5월 광주에서 일어난 사건을 '민주화'를 향한 '운동'으로만 의미화할 때 저항 운동에 개입된 어떤 지향과 의지 들은 처음부터 배제된다. 이와 더불어 항쟁에 참여했던 어떤 이들의 기억역시 처음부터 존재하지 않았던 것처럼 지워져버리기 쉽다. '5·18'이라는 사건을 하나의 의미에 가두지 않기 위해, 그리고 이와 같은 동일성의 의미화가 어떤 이들의 기억을 지우거나 뒤덮는 폭력이 되는 일을 경계하기 위해 이 글에서는 '5·18'에 다른 명칭을 부기하지 않기로 한다.

났던 일'이라는 권위를 부여받아 '역사'로 등재될 수 있었고, 이 일부를 제외한 나머지 일들은 망각된다는 사실조차 인지되지 않은 채 기억 저편으로 사라져야 했다. 누군가 이처럼 인지되지 않는 '망각'의 압력에 저항하여 '기억'을 향해 질주하는 순간 이와 같은 '기억'은 또 다른 '폭력'을 부르는 빌미가 되곤 했다.

그러나 이와 같은 '망각'의 폭력이 '국가폭력'을 자행한 군대나 정치 집단에 의해서만 자행된 것은 아니었다. 폭력을 고발하고 이에 저항하는 흐름 안에서도 어떤 일들은 여전히 기억되지 못한 채 잊혀야 했고, 이를 기억하려는 모든 행위는 부정당하거나 커다란 억압에 직면해야 했다. 역사적 흐름에 따라 '국가폭력'이 고발과 저항의 장에서 담론화될 때 어떤 기억의 서사들은 대안의 역사로 등재되며 '저항'과 '변혁'을 표상하는 대표성을 획득할 수 있었다. 그러나 이처럼 대표적 표상의 권위를 획득한 기억의 서사가 '신화적 역사'가 되고 이를 통해 집단 내 성원들을 결집시키는 '공동체의 깃발'로 기능하게 되는 바로 그 지점에서, 스포트라이트의 조명을 받지 못한 무수한 기억들이 더 깊은 어둠 속으로 가라앉았다.[3]

기억 속의 과거는 현재의 위치에서 소환된 사건들로 구성되기에, 기억에서 가장 중요한 요소 가운데 하나는 과거 사건들을 소환하고자 하는 시선의 위치다. 현재의 해석적 지평과 틀에 따라 선별되고 해석되고 배치된 결과에 따라 과거에 대한 기억이 구성된다고 할 때, 바로 이 시선의 위치가 선별과 해석과 배치에 영향을 미치는 가장 주요한 요소이기 때문이다. 기억은 담론의 장discursive field을 통해 형성되는데, 어떤 층

---

3    이와 같은 이유로, 이른바 '진상규명'이 어둠에 묻힌 기억을 소환하는 모든 작업을 포괄하는 것은 아니다. '진상규명'과 이에 뒤따르는 공식화된 역사 서술의 변화는 기억의 정치적 장에서 중요한 의미를 지니지만 이것으로 소위 '기억 투쟁'이 완결되는 것은 아니다.

위에서 형성된 기억이 다른 기억과는 다른 위상을 갖게 되는 동시에 대표적 표상성을 획득하고 공식화·신화화되는 과정 역시 이 담론장에서 일어나는 사건이다. 문제는 담론장 내부의 자원, 다시 말해 발화의 권리, 발화의 비중, 발화에 대한 해석, 표현 수단의 소유, 비언어적 의사소통을 포함하는 담론 자원discursive resources이 담론의 장 내에서 언제나 불균등하게 배분된다는 사실에 있다.[4] 기억의 구성에 공동체가 관여한다고 할 때 담론 자원의 비대칭성에 따라 누군가의 목소리는 언제나 이 '기억'의 형성 과정에서 배제되거나 주변부화될 수밖에 없는 것이다.

담론 자원의 비대칭성은 기록의 영역에서 더욱 명확하게 드러난다. 특정한 기억만이 '역사적 기록'에 등재될 수 있을 뿐 대부분의 기억은 비가시화된 공간으로 사라져 어떤 일들은 누군가의 기억 속에 틀림없이 존재하면서도 역사적으로는 존재하지 않는 일로 간주된다. 기록에 비해 구술은 담론장의 비대칭적 굴곡이 비교적 완만한 매체로 인식되곤 한다. 구술은 특정 소수에게 독점되지 않은 영역으로 인식되며, 기록의 영역에서 배제된 기억들이 틈입해 들어올 여지가 많은 공간으로 간주된다. 주변부화된 목소리가 담론장 내로 진입하고자 할 때 구술의 영역은 기록의 영역에 비해 상대적으로 더 큰 가능성을 열어두는 공간으로 인식된다.[5]

---

4    사이토 준이치는 공공 영역의 담론 층위 내에서 '담론 자원'의 비대칭적 불균형이 존재한다는 사실을 지적한 바 있다. 여기서 '담론 자원'은 언어를 매개로 이루어지는 의사소통을 포함한 헤게모니 기제를 의미하며, 문화의 지배적 코드를 습득하고 있는지 여부가 곧 '담론 자원'의 우열을 규정하는 것으로 설명된다. 이때 장(場)의 성격에 부합하는 어휘를 사용하고 그에 어울리는 주제를 선택하며 담론 공간 안에서 승인될 수 있는 말하기 방식을 채택하는 것 등이 모두 '담론 자원'을 구성한다(사이토 준이치, 2009, pp. 31~34).

5    그러나 사실상 구술 영역 내에서도 담론 자원의 비대칭성은 엄연히 존재한다. 구술 역시 일상생활을 포함하는 사회정치적 담론의 장에서 이루어지기 때문이다. 구술 기억의 영역에서도 '여성'의 목소리는 최근까지 주변부적 위치를 벗어나지 못했다.

'국가폭력'을 정당화한 과거 역사 기술을 비판하며 대안적 역사 구성을 목표로 하는 최근 일련의 흐름 속에서 구술 작업의 필요성이 점차 증대하는 것 또한 같은 맥락 위에 있다. 구술 작업의 확대는 역사 서술의 획일성을 비판하고 다양성을 추구하며 역사 서술 내부의 목소리를 다성적(多聲的)으로 구축해가려는 새로운 지향과 긴밀하게 연결되어 있다. 그리고 이와 같은 구술 작업의 확대는 역사적 사건에 대한 사회적 기억을 구성하는 과정에서 상대적으로 소외되었던 '여성'의 목소리를 적극적으로 끌어들이는 효과를 만들어냈다. '국가폭력'에 관한 과거의 다른 기술들에서도 '여성'의 목소리는 거의 다루어지지 않은 경우가 많았다. 대부분의 경우 '여성'은 서술의 주체가 되지 못한 채 폭력이 전시되는 장소, 혹은 폭력을 증거하는 재현 대상으로 치환되었다.

이에 따라 국가폭력의 주요 사건에 관한 사회적 기억의 장에서 '여성'은 저항의 주체로 등장하기보다는 폭력을 고발하는 신체적 이미지로 치환되었고, 이 폭력을 고발하는 신체의 이미지 또한 '여성' 자신의 목소리가 아니라 '남성 지식인'으로 대표되는 재현 주체에 의해 선별적으로 제시되었다. 그러나 사회적으로 기억을 구성하는 해석적 관점이 한층 확대되고 입체화되어야 한다는 문제의식이 공유되는 상황에 맞물려, 한국 사회 '여성'의 리터러시literacy가 문자나 영상 등 다양한 매체로 확대되고 '여성' 스스로 발언하고자 하는 사회적 의지가 확장되면서 '여성'의 구술 기억과 이를 통해 구축된 '서사'에 대한 관심 또한 증대되었다. 여러 사회적 기억이 분기하고 각축하는 담론장에서 '여성' 구술의 영역이 본격적으로 확대되기에 이른 것이다.

'국가폭력'을 고발하고 이에 저항하는 사회적 기억의 지형 내에서 '여성'이 어떤 이미지로 동원되거나 소환되었는지 살펴보기 위해 이 글에서 주목하는 것은 '5·18'이다. '5·18'은 1980년대 이후 지금까지 '국가폭력'을 대표적으로 상징하는 사건이면서 이에 대한 '저항'의 서사가 원형적으로 구축된 '사회적 기억'의 구심에 자리 잡은 사건이기 때문이다. 또한 '5·18'은 폭력과 저항의 기억 서사에서 망각되거나 소거된 부분들을 복원하는 '기억 투쟁'이 가장 먼저, 가장 격렬하게 일어났던 사건이며, 이후 저항 운동에서 반복해서 등장하는 가치와 상징의 계보가 구축되기 시작한 출발점의 서사이기도 하다. 그러나 '5·18'의 서사에서 '여성'들은 훼손된 신체 이미지를 통해 '국가폭력'을 고발하고 증명하는 장소로 동원되거나, '대동(大同)'의 정신을 구현하는 저항공동체의 표상을 구축하는 과정에서 특정 젠더 역할gender role에 고착된 채 파편적인 이미지를 재현하는 대상으로만 가시화되었다. 그러나 최근 항쟁에 참여했던 '여성'들의 구술은 이와는 다른 결의 서사를 제시함으로써 '5·18 광주'의 서사를 이전과는 다른 방식으로 입체화하고 있다.

'여성' 구술은 '여성'이 '폭력'과 '저항'의 기억을 어떻게 서사화하고, 또 자기정체성을 어떤 방식으로 재기술하는지 보여준다. 그러나 무엇보다 '여성' 구술은 공식화된 역사 기록이나 제도화된 기억의 범주 내에서 '여성'들이 존재하면서도 존재하지 않는 듯 유령처럼 떠돌며 목소리를 드러낼 수 없었던 현실을 고발한다. 또한 미미하게나마 가시화되었던 '여성'의 목소리마저 굴절된 형태로 매개된 것에 불과하고, '여성'의 이미지 또한 타자화된 형태로 고착된 것이었음을 보여준다. 구술 기억은 말할 수 없는 것들을 소환해내며 공적 영역으로 가시화하는 정치적 실천이기에, '여성' 구술은 폭력과 저항에 관한 사회적 기억을 새롭게 재배치하는 효과를 만들어낼 수 있을 것이다.

'여성'의 목소리를 적극적으로 드러내는 것은 사회적 기억의 담론장에 어떤 '파열'을 만들게 될 것이다. 이 때문에 '여성'의 목소리를 가시화하는 일은 필연적으로 다른 목소리들을 이 담론장 안으로 불러들인다. '여성'의 발화만이 아니라 담론장 밖으로 배제되거나 사회적 기억의 장에서 지워졌던 수많은 목소리와 기억을 불러들이는 출발점이 되는 것이다. 그리고 이것은 한 목소리가 다른 목소리를 지우거나 덮어쓰는 과정이 아니라 하나의 목소리 위에 다른 목소리를 겹쳐 쓰는 과정이 될 것이다.

## 국가폭력을 전시하고 고발하는 장소로 치환된 '여성의 몸'

'5·18' '오월 광주'는 1980년대 이후 한국 사회에서 '국가폭력의 부당함'을 고발하고 '민중항쟁'의 가능성을 예고하며 '민주'와 '평등'과 '분단 극복'을 말하고 실천하려는 모든 사람에게 '시작점'이자 궁극적인 '도달점'으로 인식되었다. 민주화와 분배 정의 실현, 노동 해방과 분단 극복 등을 지향하며 저항을 실천하는 이들에게 '5·18'은 여전히 '살아 있는 역사'이자 '생동하는 시대정신'이었고 이후의 수많은 '투쟁' 속에서 '부활'하는 '역사'였다. 어떤 이들은 2016년 가을 거리에서 촛불을 들고 대통령을 탄핵한 시민들의 서사 또한 '5·18'의 시대정신이 부활한 결과라고 말하기도 한다.

김상봉은 '5·18'에 대해 "아무리 죽이고 또 죽여도 죽지 않는다"라고 말하면서 '5·18'을 '악령으로부터 선량한 사람들을 지키는 방패이자 대문의 빗장'으로 표현했다. 그는 '5·18'이 "미쳐 날뛰는 군대 마귀들을 이 땅에서 몰아내고 이 땅의 민중들을 구원하고 해방한 사건"이며 "패륜적인 군대 마귀들을 향해 이 선을 넘지 말라고 박아놓은 헤라클레스의 기둥"이라고 비유했다. 또한 그는 '5·18'이 "시작이 아니라 완성된 사건"이라고 말한다. 1894년 동학농민전쟁에서 시작된 새로운 나라에 대한 동경이 완성된 사건이라는 것이다. 그리고 여기에 덧붙여 그는 "1980년 5월의 열흘에 비하면 오늘날 우리가 사는 시대는 타락하고 때 묻은 시대"라고 서술하기도 했다(김상봉, 2015).

'5·18'은 한국 사회에서 가장 대표적인 '국가폭력' 사건이자 이 폭력에 대항한 시민들의 저항이 가장 찬란하게 드러난 사건으로 의미화되곤 한다. 또 국가폭력 중에서도 가장 풍부한 재현의 역사를 지닌 사건이라고 할 수 있다. 그러나 '5·18'의 서사에서 '여성'의 목소리가 드러나기 시작한 것은 비교적 최근의 일이다. 최근까지도 '여성'은 '5·18'의 서사에서 '국가폭력이 전시되고 고발되는 장소'로서의 신체 이미지로 치환되어 드러나는 경우가 많았고, 본격적인 저항의 주체로 의미화되기보다는 '오월 광주'가 표상하는 '민중공동체'의 한 구성 요인으로 서술되는 경우가 많았다.

> 꽃잎처럼 금남로에 뿌려진 너의 붉은 피
> 두부처럼 잘려나간 어여쁜 너의 젖가슴
> 오월 그날이 다시 오면
> 우리 가슴에 붉은 피 솟네
> [……]
> 오월 그날이 다시 오면
> 우리 가슴에 붉은 피 피 피
> (「오월의 노래 2」 1절)

> (여보 당신을 기다리다가
> 문밖에 나아가 당신을 기다리다가
> 나는 죽었어요
> 왜 나의 목숨을 빼앗아 갔을까요

셋방살이 신세였지만

얼마나 우린 행복했어요

난 당신에게 잘해 주고 싶었어요

아아 여보!

그런데 나는 당신의 아이를 밴 몸으로

이렇게 죽은 거예요. 여보!

미안해요, 여보!

나에게서 나의 전부를 빼앗아가고

나는 또 당신의 전부를

당신의 젊음 당신의 사랑

당신의 아들 당신의

아아 여보! 내가 결국

당신을 죽인 것인가요)

(김준태, 「아아 광주여! 우리나라의 십자가여!」 부분, 5·18 광주 의거 청년동지회 엮음, 1987)


조선대생 김종배는 21일 도청 앞 시위 대열에 섞여 있었다. 그는 여고생 한 명이 위에는 교복을, 아래는 흰 체육복을 입고 지나가다 총탄을 맞고 쓰러지는 것을 목격하였다. 총성이 멈추고 한참 지난 뒤에야 쓰러진 여학생을 홍안과로 데려가 살펴보니 이미 숨진 후였다. 마음속 깊은 곳에서 분노가 치솟으면서 자신도 모르게 울음이 터져 나왔다. 천진한 소녀가 그의 눈앞에서 바람에 지는 꽃잎처럼 붉은 피로 물든 채 쓰러져 갔다. 그는 그날 오후부터 두려움을 떨쳐내고 시위대에 적극 동참하였다. (황석영 외, 2017, p. 209)

건설자재 사업을 하던 박남선(26세)은 양동 복개상가 앞에서 계엄군이 흰 블라우스와 검정 치마를 입은 여고생의 가슴을 대검으로 희롱하는 것을 목격했다. 그 광경을 보고 격분한 시민들이 '그러지 말라'고 항의하고, 할머니 한 분이 '내 새끼를 왜 이러느냐'고 하자 공수들이 군홧발로 할머니를 걷어찼다. (같은 책, p. 109)

그 순간 총에 맞은 듯 여학생 한 명이 가로수 아래 픽 쓰러졌다. 급히 차에서 내려 상처를 지혈하고 학생을 차에 태워 적십자병원으로 옮겼다. 박금희(전남여상 3학년)는 이날 오후 기독교병원에서 헌혈을 마치고 막 나오다 헬기에서 쏜 총탄에 맞아 사망하였다. (같은 책, pp. 209~10)

차 안에는 여자 4명을 비롯하여 학생과 청년으로 보이는 남성 14명 이상이 타고 있었다. 남자 5명은 칼빈 소총으로 무장을 했고 무전기도 있었다. [……] 갑자기 요란한 총소리와 함께 차를 향해 총탄이 쏟아졌다. [……] 총을 가진 청년들도 총구를 내밀고 응사하기 시작했다. 그러자 더 많은 총탄이 날아왔다. 잠시 후 도저히 안 되겠다고 판단했는지 한 청년이 더 이상 총을 쏘지 말고 각자 높이 들어 항복하자고 했다. 남자들은 총을 흔들었고, 여학생들은 양손으로 손수건을 흔들며 쏘지 말라고 외쳤다. 그러나 총탄은 멈추지 않았다. 총알이 차의 앞부분과 뒷부분에 집중적으로 쏟아졌다. 뒷좌석에 앉아 있던 홍금숙은 중간으로 이동해 의자 밑에 엎드렸다. 귀청을 찢는 총성, 살려달라는 비명, 신음, 총알이 차에 맞고 튀는 소리 등으로 차 안은 삽시간에 아수라장이 되었다. 맞은편의 남자는 내장이 터져 차 바닥으로 쏟아진 채로 살려달라고 비명을 질렀다. 홍금숙은 눈을 꼭 감고 죽은 듯이 엎드려 있었다. 총소리가 멈추고 사람들의 신음소리도 거의 들리지 않았다. [……] 홍금숙과 남자 2명 등 생존자 3명은 경운기에 실려 산속으로 갔다. 홍금숙이 어디로 가느냐고 묻자 공수대원이 대검을 들이대며 '너도 유방이 잘리고 싶냐?'고 위협했다. [주남마을 미니버스 총격 사건 생존자 홍금숙 씨(당시 여고 1학년, 17세) 증언, 같은 책, pp. 263~64]

부상자를 싣고 기독병원에 도착하니 많은 사람들이 웅성거리며 울부짖는 소리가 들리잖는가. 웬일인가 싶어 가보니 어느 여학생이 머리에 정통으로 총을 맞아 즉사한 것이다. 아니! 나는 너무 놀라 다리가 휘청거렸다. 그 여학생은 조금 전 내가 실어다 준 헌혈하겠다던 그 여학생이 아닌가. 그 학생은 헌혈을 하고 걸어서 집으로 가다가 공수부대의 총탄에 쓰러졌던 것이다. 내가 병원으로 실어다 주지 않았더라면 그 학생은 죽지 않았을 거라는 생각에 8년이 지난 지금도 나는 괴로워하고 있다. (이광영 외, 1990, p. 27)

임신 8개월째이던 가정주부 최미애는 결혼 후 친정집 바로 곁에 세들어 살고 있었다. 고등학교 교사인 남편은 학생들 걱정 때문에 아침부터 시내에 나갔다. 그녀는 정오까지 들어오겠다던 남편이 돌아오지 않자 걱정이 돼 골목에 나서서 기다리던 중이었다. 그녀는 전남대 정문에서 평화시장으로 들어가는 골목의 맨홀 뚜껑 위에 홀로 서 있었다. 시위대를 추격하던 공수대원이 쏜 총에 맞아 그녀가 쓰러졌다. 식구들이 뛰어나갔을 때 그녀는 피를 흘리며 이미 숨이 끊긴 상태였다. 식구들이 그녀를 집으로 옮긴 후에도 배 속의 태아가 한참 동안 격렬하게 움직였다. 태내의 아이라도 살려보려고 인근 병원에 연락했으나 병원에서는 전화를 받지 않았다. 오후 4시경 남편이 집에 돌아왔을 때 태아는 더 이

상 움직이지 않았다. (황석영 외, 2017, pp. 218~19)

'5·18' 관련 기억 서사나 '5·18'의 폭력 참상을 고발하는 재현에서 가장 많이 등장하는 것은 폭력이 자행된 '여성'의 신체 이미지다. 가장 많이 언급되는 것은 '공수부대의 대검에 의해 잘려 나간 유방' '남편을 기다리다 형체가 일그러진 시신으로 남은 임산부와 그녀의 배 안에서 아직도 살아 있다 끝내 숨져야 했던 태아' '피로 얼룩진 교복 입은 여고생의 시신' '헌혈하고 돌아가다 총에 맞은 여고생' 등이다. 국가폭력이 자행된 장소를 고발하고 증명하는 '여성'의 신체는 그들을 '지키지 못한 남성'들의 공분을 자아내고 이들을 저항의 전선에 뛰어들게 만드는 기폭제가 된 것으로 서술된다. '5·18' 관련 '남성' 구술에서 많은 이들은 '여고생의 시신'이나 '유방이 잘려 나간 여성의 시신' '임산부의 죽음' 등을 계기로 총을 들게 되었다고 말한다.

'5·18'에 참여했던 시민군들만이 아니라 이후 1980년대 사회운동에 뛰어든 많은 이들에게도 폭력에 훼손된 '여성'의 신체는 분노와 실천을 이끌어내는 기폭제가 되었다. 천유철은 '오월의 문화정치'를 분석하면서 항쟁 이후 광주민중항쟁을 형상화한 시들이 "사회적 약자인 여성을 피해자로 부각하면서 비극을 심화하는 데 주력"했다고 서술한 바 있다.

광주의 참상을 클로즈업하기 위해 '젖가슴이 잘린 여학생' '대검에 찔려 죽은 만삭의 임산부' '헌혈 후에 귀가하다 총상을 당한 여학생의 모습' 등의 훼손된 여성의 신체를 통해 살상의 장면을 극대화하는 데 초점을 두는 것이다. 예컨대 이도윤은 〈오월이 살아〉에서 '옥례의 스무살 젖가슴에 꽂힌 대검의 오월'이 '이리도 모질게 살아' '굳센 주먹이

되고 단단한 돌멩이가 되고 이 땅의 함성이 됐다'는 사실을 지적했고,
(천유철, 2016, pp. 72~73)


김준태의 시에서는 남편을 기다리다 총에 맞아 죽은 임산부가 화자로 등장하여 남편에게 영혼의 말을 건네고 있는데, 그 내용은 슬픔과 더불어 '남편의 아이를 지키지 못한 죄책감'을 중심으로 서술된다.[6] 국가폭력에 희생된 임산부의 신체는 폭력의 참상을 고발하면서 이를 접하는 이들에게 가장 극명한 분노의 감정을 이끌어낸다. 국가폭력을 고발하는 서사에서 가장 많이 등장하는 것 가운데 하나는 '생명을 잉태한 여성'인 '임산부'를 향한 폭력이다.[7] 이것은 서사를 접한 사람이라면 누구라도 국가폭력에 분노하지 않을 수 없게 만드는 파토스적 힘을 가진 이미지이지만, 이 이미지에 가장 강력하게 자극받는 이들은 '자신이 지켜야 할 대상'인 '우리들의 생명을 이어갈 새로운 생명'과 '그를 잉태한

---

6  당시 사망한 임산부의 어머니는 다음과 같이 증언한 바 있다. 시에 등장한 '임산부의 죽음'과 다음 증언에 등장한 '죽음' 사이에는 일정한 거리가 있다.
"사람들 틈으로 보니까 우리 애기 옷이 남색에 붉은 바닥이 놔진 무늬의 임신복을 입었는데 그놈이 벌렁 누워 있더라고요. 그래서 이것이 무슨 일이냐고 소리를 지르면서 보니까 왼쪽 귀밑에 피가 어린 것이 한 되 정도나 되는 것이 뭔 혹한 것이 나와 있어요. 뭐 보리밥 같은 것이. 그러면서 그것을 보면서 애기를 놓고 머리를 드니까 손이 머리 속으로 푹 들어가버리드라고요. [……] 거실에다 뉘어놓으니까 그때는 떨어졌어도 애기가 배 속에서 뛴지 어떤지 몰랐어요, 그 상황에서는. 그런데 집에 갖다 거실에다 뉘어놓으니까 탁 배에 달라붙어 있는 임신복 속에서 애기가 천길만길 뛰는 것 있지요. 저희들도 애기를 많이 낳아봤습니다마는 그렇게 뛰지를 않아요"[1989년 2월 22일 광주특위 제28차 회의 청문회 김현녀 씨(최미애 씨 어머니) 증언; 정상용 외, 1990, pp. 224~25].

7  제주 4·3항쟁의 서사에서도 '폭낭에 매달린 채 창에 찔려 죽은 임산부(항쟁지도부의 아내)'의 이미지는 당시 자행된 폭력의 가장 극명한 장면으로 등장하곤 하는데 '아이를 가진 여성의 신체에 가해진 폭력'은 '제주 4·3' 관련 서사에서 가장 많이 반복되는 주제 가운데 하나다(강갑생 외, 2010; 김인근 외, 2010; 강천송 외, 2010; 문철부 외, 2010; 제주 4·3연구소, 2013).

여성'을 지키지 못한 '남성'이다.[8]

　이덕준이 탄 차가 남평을 통과했을 때 남선연탄 2.5톤 트럭에 가마니에 덮인 채 시체 7구가 누워 있는 모습을 목격할 수 있었다. 트럭에는 피가 흥건했고 아주머니 한 사람이 적재함 밖으로 나와 있는 발을 붙들고 정신 나간 사람처럼 '내 새끼야 내 새끼야' 하면서 처절하게 울부짖고 있는 장면을 목격했다. 이덕준이 탄 버스에는 남자 열댓 명과 여자 열 명 정도가 함께 타고 있었다. 차가 달리는 동안 남자들은 창밖으로 총을 겨누고 있었고, 시체를 목격한 여성들은 공포에 질린 채 긴장하여 통로에 앉아 있었다. 잠시 후 서서히 달리는 차 속에서 여자들이 울면서 찬송가를 부르기 시작했다. '죽음으로 가는 길, 용기를 주라'는 내용이었다. 조용히 시작한 노랫소리가 점차 커져갔다. 이덕준은 찬송가를 들으면서 밖을 바라보았다. 그 순간 두려움이 사라지고 마음이 솜털처럼 가벼워지는 것을 느꼈다. 죽음이 가까이 와 있다는 것을 실감했다. 하지만 두렵다는 느낌이 서서히 가시면서 이상하리만치 차분해졌다.
(황석영 외, 2017, p. 251)


　'5·18'의 서사에서 '여성'의 신체는 폭력의 참상을 드러내는 고발의 장소로만 등장하지 않는다. '5·18' 서사에서 시민들을 항쟁에 나서게 했던 것은 '훼손된 여성의 신체'만이 아니라 '자식이나 남편을 잃고 오열하는 어머니의 울부짖는 목소리'와 '시민군에 동참할 것을 호소하며 울부짖는 여고생의 목소리', 그리고 가두방송으로 흘러나오는 '애절하

---

8　이때 '남성'은 책임을 다하지 못했다는 죄책감 외에도 무언가를 잃어버리거나 빼앗겼다는 상실감이나 박탈감을 경험하게 되며, 이와 같은 정서적 역동은 '남성' 개인이 아니라 '남성' 집단 속에서 더 강력한 효과를 발휘한다.

고도 호소력 짙은 여성들의 목소리'였다. 찬송가를 부르는 '여성'의 목소리와 더불어 동참할 것을 촉구하는 가두방송이나 슬픔을 이겨내지 못하고 토해내는 '여성'의 울부짖음은 '남성'들을 거리로 나서게 하는 기폭제가 되거나 죽음을 앞둔 이들의 용기를 북돋우고 마음을 다잡게 하는 계기가 되었던 것으로 서술된다. 19일 밤에 시작되어 20일과 21일에 본격화되었던 전옥주(전춘심)와 차명숙의 가두방송이나 26일 밤과 27일 새벽 사이에 계엄군이 진군하고 있으니 도청으로 와서 시민군을 지켜달라고 외치던 여성의 목소리는 '투쟁의 선전, 선동 효과를 위한 정동적 동원에 높은 효용 가치가 있는 소리'(천유철, 2016, p. 261)였다.[9] 시민군들의 증언뿐 아니라 당시 계엄군이었던 '남성'의 회고담에서도 이들 '여성'의 목소리가 자신들의 마음을 가장 울리는 것이었다고 서술된 바 있다.

'5·18'의 기억 서사에서 오래도록 '여성'의 신체는 국가폭력을 고발하고 전시하는 장소이자 저항의 계기를 만드는 매개로 재현되었다. '여성'의 신체를 매개로 한 메시지의 발신자나 수신자가 사실상 '시민군'과 '시민군'의 계승자로서 사회운동에 참여한 '남성' 주체였다는 사실은 주목할 필요가 있다. '여성'의 신체를 매개로 한 메시지의 발신과 수신은 '여성'이 아닌 '남성'을 저항의 주체로 설정하고 '여성'은 저항의 주체가 아니라 저항의 계기를 만드는 매개적 존재로 상정한다. '여성'의 신체를 통해 발신되는 메시지는 '남성' 동성 집단 내부에서 교류되는 것일 뿐 '여성'은 발신과 수신의 주체로 명료화되지 않는 것이다.

'5·18' 이후에도 '여성의 신체'는 부당한 폭력을 고발하고 증거하는

---

9    천유철은 이를 '감성과 감수성이 사회적으로 공명을 일으키고 증폭되는 현상이 인간 신체의 재매개 과정으로 강화된 것'이라고 분석하고, 이 소리가 군중을 결집시키고 '민심의 진작'을 일으킨 가장 효과적인 정치적 도구였다고 서술한 바 있다(같은 책, pp. 261~64).

장소로 동원되었다. 1992년 기지촌 여성 윤금이 씨가 주한미군에 의해 살해당하는 사건이 발생했는데, 이 사건은 주한미군의 지위와 우방으로 인식되었던 미국의 의미, 분단국가에서 미국이 갖는 권력 등을 비판적으로 제기하는 주요한 계기가 되었다. 당시 사건에 대한 선전은 대부분 심각한 형태로 훼손된 윤금이 씨의 시신 사진을 중심으로 이루어졌다. 여성의 시신을 훼손한 사진 이미지가 각 대학과 공공장소에 전시되고 이와 더불어 '우리의 누이를 우리가 지키지 못했다'라는 인식이 주한미군 주둔의 부당성과 함께 폭로되고 공유되었다. 이 과정에서 미군들을 향해 '너희는 너희 나라로 돌아가 너희 나라 여성들을 강간하라'라는 내용의 플래카드가 붙기도 했다.[10] 2002년 여중생 두 명이 귀갓길에 미군 장갑차에 치어 사망하는 사건이 발생했을 때도 '우리의 누이를 우리가 지키지 못했다'라는 레토릭은 고스란히 반복되었다. 이 사건은 광화문을 중심으로 한 광장 촛불 시위가 대규모로 촉발된 첫번째 계기가 되었다.

훼손당한 '여성'의 신체가 '지키지 못한 남성의 책임'을 촉구하는 메시지가 되는 과정에서 폭력이 자행된 '여성'의 신체가 경험하는 구체적

10 정희진은 '5·18'의 '반미'를 조명하면서 '5·18'이 미국의 존재를 새롭게 인식하게 된 계기가 되었음을 서술한 바 있다. 그는 이 글에서 1992년 미국이 자행한 기지촌 여성 윤금이 씨 살해 사건을 언급한 바 있는데, '기지촌 여성' 윤금이는 살아서는 가장 경멸받는 존재였지만 남성 민족주의의 이해에 따라 죽은 후 '민족의 누이, 순결한 딸'이 되었다고 서술했다. 그는 윤금이 씨 사건을 두고 한낱 기지촌 여성의 죽음으로 경시되었을 사건이 한미동맹에 균열을 만드는 사건이 된 것은 '5·18'을 계기로 주한미군에 대한 인식에 균열이 생겼기 때문이라고 서술하고, '성판매 여성의 희생은 불가피하다는 기존의 친미 우익 세력에 대항해 자국 여성이 외국 남성에 의해 더럽혀졌다는 수치심을 갖는 민주화, 자주화 세력이 등장한 사건'으로 의미화했다(정희진, 1999; 정희진, 2009, pp. 95~127). 그는 같은 맥락에서 2002년 미군 장갑차에 희생된 여중생 효순·미선 사건을 다룬 바 있다. 이 사건들에서 폭력이 자행된 '여성'의 신체는 남성 주체에게 '우리가 지키지 못한 우리의 누이'라는 표상으로 각인되었다.

인 고통의 감각은 언급되지 않거나 주변화되었다. 가두방송을 했던 전 옥주(전춘심) 씨는 26일 시민들 속에서 튀어나와 그녀를 '간첩'으로 지목한 사람들과 그들에 동조한 이들에 의해 보안대로 끌려가, '본인이 간첩 모란꽃이라는 사실을 자술하라'는 강요를 받으며 오랜 기간 고문을 받아야 했다. 그녀가 '간첩'으로 오인받은 이유 중 하나는 '여자치고는 너무 말을 잘했기' 때문이다.[11] 그는 1990년에 자신이 상무대에서 받았던 고문에 대해 증언한 바 있는데, 이 증언은 '5·18'을 재현하거나 기억하는 서사에서 거의 20년 가까이 다루어지지 않았다.

26일 시신을 옮기고 도청 쪽으로 오는데 어떤 사람이 '저 여자가 교유을 받고 온 간첩이다. 간첩이 아니고는 저렇게 말을 잘 할 수가 없다. 저 여자가 독침을 쑤셨다'고 소리쳤다. [……] 그들은 여자로서 차마 들을 수 없는 욕지거리와 고문을 자행했다. 31년간의 성장 과정을 쓴 자술서에 남자와 커피를 마셨다는 것이 나오자 '이 똥갈보 같은 년아 너는 서방이 몇 개여, 네가 처녀인지 아닌지를 봐야겠다'라더니 옷을 벗겨 알몸으로 만들었다. 그리고 몽둥이로 음부를 마구 쑤시고 때리고…… 정말, 인간으로서, 한 여자로서는 당할 수 없는 비참한 고문이었다. 그뿐이 아니었다. 무릎을 아홉 군데나 송곳으로 쑤셔 내 엉덩이

---

11　김상봉을 비롯한 많은 이들은 이 사건을 '5·18' 과정 중의 가장 안타까운 장면으로 꼽기도 한다. 관련 내용은 '5·18' 관련 기술에 종종 등장하는데, 과거에는 그다지 주목받지 못하다가 최근에 다수의 서술에서 언급되었다. 이 사건은 흔히 시민군 내부에 존재했던 프락치를 증명하는 일로 언급되었다. 그러나 이 사건은 '5·18'항쟁의 주체들이 '5·18을 북한과 연계된 폭도들이 일으킨 사건으로 규정한 국가와 언론에 대항하여 스스로를 북한과 무관한 반공 애국주의자들로 천명해야 했던' 정치적 상황을 여실히 보여준다. 그러나 이것은 다른 한편 '오월 광주'의 공동체가 어떤 균열들을 내포하고 있었는지 보여주는 사건이기도 하다.

살이 모두 터져버렸다. […] 광산서에서도 수치스러운 것은 마찬가지였다. 30명의 여자들이 있었기 때문에 항상 생리대가 필요했는데도 그들은 생리대를 한꺼번에 주지 않았다. 우리들은 화장실에 갈 때마다 '생리대 하나 주세요'라고 해야만 했다. (이광영 외, 1990, pp. 42~45)

　　그는 고문 이후 오랫동안 하혈에 시달렸고 그 후유증으로 나팔관이 손상되면서 임신을 할 수 없는 몸 상태가 되었다. 그는 무수히 많은 구타 속에서 골절을 입었고, 수사관들이 총을 겨눈 가운데 그들 앞에서 용변을 보아야 했다. 그는 2012년 발간된 구술자료집에서 출소 후 돌아온 집에서 진짜 고문이 시작되었다고 말했다. 집에 돌아온 후 그는 한동안 음식을 입에 대지 못했고 정신이상자처럼 생활하면서 심리적 외상과 육체의 고통을 견뎌냈다고 말했다(광주전남여성단체연합, 2012, pp. 141~70).

　　폭력이 전시되는 장소로서 '여성'의 신체가 타자화된 이미지로 재현될 때와 달리 '여성' 구술이 확장되면서 그들의 '목소리'를 통해 드러나는 폭력의 증언은 매우 이질적이고 기괴한 신체 이미지와 감각적인 고통의 언어로 구성된다.[12] 이때 '여성의 몸'은 신체 특정 부위가 훼손된 이미지로만 치환되지 않고, 생활의 경험과 고통의 지각, 좌절과 자기혐오의 감정 속에서 살아 움직이는 감각 속에 재현된다. '여성'들이 구

---

12　이와 유사하게 제주 '4·3' 관련 구술자료집에서도 '여성'들은 자신들이 경험했던 참혹한 고통을 구체적인 언어로 구술했다. '여성'들은 아이를 동반한 채 고문을 당했던 경험이나 임신 중에 수용소에서 지내야 했던 경험 등을 상세히 구술했다(강갑생 외, 2010; 김인근 외, 2010; 강천송 외, 2010; 문철부 외, 2010; 제주 4·3연구소, 2013). 제주 '4·3항쟁'의 경우에도 『이제야 말햄수다』가 나왔던 1989년에 비해 최근 2010년 이후 구술 자료에서 '여성' 구술이 눈에 띄게 확장되었는데, 이들의 서사에서는 자신들이 경험한 폭력의 고통이 몇 가지 단편적 이미지가 아니라 구체적 언어로 기술되었다.

술을 통해 '말하는' 것은 단순한 폭력의 경험만이 아니라 그 속에서 자신이 느꼈던 인간으로서의 한계와 어떻게든 살아내겠다고 품었던 삶의 의지, 살아내기 위해 견뎌야 했던 남루한 현실에 대한 격렬한 인식 등이다. 한강의 소설 『소년이 온다』에는 폭력을 경험한 여성의 다음과 같은 발언이 나온다.

> 기억해달라고 윤은 말했다. 직면하고 증언해달라고 말했다. 그러나 그것이 어떻게 가능한가. *삼십 센티 나무 자가 자궁 끝까지 수십 번 후벼들어왔다고 증언할 수 있는가? 소총 개머리판이 자궁 입구를 찢고 짓이겼다고 증언할 수 있는가? [……] 몸을 증오하게 되었다고, 모든 따뜻함과 지극한 사랑을 스스로 부숴뜨리며 도망쳤다고 증언할 수 있는가? 더 추운 곳, 더 안전한 곳으로. 오직 살아남기 위하여.* (한강, 2014, pp. 166~67)

'잘려진 유방'이나 '교복 위로 피 흘리는 여학생'이 아니라 그들은 모두 살아 있음의 감각으로 '삶'을 살았던 이들이며 그들과 함께했던 이들은 여전히 살아 '말한다.' 이들의 말은 청문회장이나 재판장에서 요구받는 '증언'의 언어를 넘어선다. 이들의 목소리는 증언의 형식으로는 드러날 수 없는 '외부'를 포함한다. '여성'들이 자신이 경험한 폭력을 말할 수 없는 것은, 아니 말하지 않는 것은 폭력을 경험한 것이 수치스러워서가 아니라 자신들의 기억이 '여성'을 타자화하는 어떤 신체 이미지로 치환되는 또 다른 폭력을 경험했기 때문이다.

이와 같은 폭력이 지속되는 한 그들은 '침묵'으로 응답할 것이다. 말하지 않음으로써 그들의 말문을 닫게 만든 '폭력'이 여전히 지속되고 있음을 고발하는 것이다. 그들은 분명히 기억하고 있다. 말문을 열어

떠올리고 싶지 않은 그 기억들을 말로 옮겼을 때 그들의 이야기를 들었던 이들이 어떤 반응을 보였는지 또렷하게 기억하고 있다. 그리고 이 반응이 그들로 하여금 다시금 말문을 열지 않겠다고 결심하게 만든 새로운 계기가 되었다.

증언의 형식을 벗어난 말들, '객관적이지도 않고 수치화할 수도 없고 매번 진술 내용이 달라지는' 그들의 '말'은 처음부터 배제되었다. 그러나 고통의 언어는 증언의 말이 될 수 없고, 증언의 말이 되지 못한다고 해서 고통의 경험이 사라지는 것은 아니다. 폭력을 증언하기 위해서는 자신의 상처를 드러내 보여야 한다는 사실을, 점점 더 강렬한 상처를 드러내 보일수록 폭력을 경험했다는 사실을 더 쉽게 입증하고 승인받을 수 있다는 사실을 사회적으로 학습하는 것은 아직 말문을 열지 않은 이들의 입을 더욱 굳게 막는다. '왜 증언하지 않았느냐'라고 묻기 전에, '왜 오래도록 여성들 스스로 말하지 않았는가'를 질문하기 전에 그들의 말을 듣기 위해 우리가 무엇을 준비했는지, 어떤 자세로 이 '말'을 듣고자 했는지 질문해야 하는 이유가 여기에 있다.

## '대동 세상'이라는 경계의 외부

폭력에 관한 서사는 폭력의 고발에만 머무르지 않고 언제든지 저항의 장면들로 이어진다. 국가폭력을 고발하고 이에 저항했던 이들의 기억이 사회적으로 구축되는 과정에서 '여성'의 목소리는 2000년대 초반에 이르기까지 거의 드러나지 않았다. 저항의 역사는 말 그대로 '남성'에게 전유되었으며 '여성'은 그들의 동반자로서 등장할 뿐이었다. 그리고 이들의 동료이자 동지로서 '여성'은 조직 활동이나 저항운동 과정에서 '여성'에게 기대되는 특정한 젠더 역할gender role을 수행하는 것으로 그려지곤 했다. 특히 역사 기술이나 소설, 영화 등 재현 서사의 텍스트에서 이와 같은 양상이 더욱 명확하게 드러났다.

저항공동체의 가장 대표적인 이상은 '오월 광주'의 공동체에서 시작된다. '오월 광주'는 1980년대 이후 오늘에 이르기까지 가장 이상적인 저항공동체의 표상으로 읽히면서 '민중 세상' '해방 세상' '대동 세상' 등을 상징한다. '5·18'을 '민중항쟁'으로 의미화하는 작업은 1987년 6월항쟁과 그 성과로 나타났던 1988년 국회 광주 청문회 이후 본격화되었는데 그 결과물들이 1989년에서 1990년 사이에 쏟아져 나왔다. 항쟁에 참여했던 이들과 이후 광주정신의 계승을 천명하며 학생운동과 사회운동에 매진했던 이들이 각종 증언과 1988년 국회 청문회 자료를 모아 공동 저술한 책에서, '5·18'은 '광주민중항쟁'으로 명명되고 이 항쟁은 '민중의 자발적이고 역동적인 힘이 폭발적으로 분출되어 억압체계를 무너뜨리고 새로운 질서를 만들어낸' 사건으로 평가되었다(정상용 외, 1990, p. 272). '우리끼리 뭉치지 않으면 모두 몰살당하고 말 것이라는 위기의식이 시민들을 똘똘 뭉치게 만들었'고, '희생정신을 바탕으로 절대공동체의 정신적 연대의 기반이 자연스럽게 만들어졌다'라는 것이 이들의 설명이었다(같은 책, p. 273).

이들은 '광주민중항쟁'이 5월 21일까지는 자기방어적 항거로서의 한계를 지녔으나 22일부터는 시민들이 자체적으로 질서를 정비하며 '해방의 공동체' '민중의 공동체'를 만들어나갔다고 서술하였다. 매점매석 방지, 쌀과 담배 제한 판매, 이유 없는 파괴행위 금지 등이 시민들의 자율적인 활동 속에 수행된 가운데, 시민군 차량이 교통 편의를 제공하고, 식품점, 슈퍼마켓, 약국 등에서 음료수, 빵, 드링크를 무상 제공했으며, 상인, 학생, 주부, 농민 너나없이 공동체를 위해 헌신하고 서로를 돕기 위해 노력했다는 것이다. 시민들은 자발적으로 도청 앞 광장에서 토론에 나섰고 이 토론을 통해 중요한 일들을 결정했는데, 이와 같은 장면들을 근거로 '5·18' 당시 가장 이상적인 민주주의가 실현되었다는 평가가 나오기도 하였다(같은 책, pp. 241~45).

『죽음을 넘어 시대의 어둠을 넘어』를 비롯하여 '5·18'의 기억을 서술하는 대부분의 책에서 반복된 것은, 자율적으로 질서를 유지하는 시민과 도청 앞 광장에서의 민주적 토론 장면이었다. 그밖에도 '오월 광주'의 공동체를 가장 뚜렷하게 표상하는 이미지는 도청을 마지막까지 사수했던 구두닦이, 넝마주이, 고아 들의 의연함, 나이와 계층과 출신 지역을 따지지 않고 서로 평등하게 만나고 서로를 신뢰했던 시민군들의 관계, 골목마다 솥을 걸고 밥을 해다 시민군들에게 날라다 주었던 어머니들의 모습이었다. 이것은 말 그대로 공동체를 향한 헌신의 이데아가 만들어지는 순간이었다.

한편 이날 오전부터 주택가의 부녀자들을 중심으로 솥을 걸고 밥을 짓기 시작했다. 주월동 주부 김경애(51세)는 시내에서 계엄군이 학생들을 죽도록 때리는 것을 목격하고 집에 돌아온 뒤 문을 걸어 잠근 채 바깥출입을 삼갔다. 두려웠다. 그녀는 2~3일을 그렇게 두문불출하다 곰곰이 생각해보니 자식 키우고 사는 사람이 이래서는 안 되겠다 싶었다. 같은 동네 사는 아주머니들에게 이야기해서 쌀을 모아 밥을 짓기 시작했다. 라면상자에 비닐을 깔고 주먹밥을 만들었다. 전남대 의대 앞으로 가서 시위 차량이 지나가면 차에다 주먹밥을 올려주면서 몸조심하라고 격려했다. 목숨 걸고 공수부대와 싸우는 젊은이들이 모두 자식 같았다. 이런 과정을 통해 광주 시민 모두는 한 가족처럼 공동체로 동화되어가고 있었다. (황석영 외, 2017, pp. 193~94)

나주 지역 청년들은 계엄군의 나주 진입을 막기 위해 스스로 총기를 들고 주요 지점에 가서 경계를 서기 시작했다. 식당 주인들과 술집 여종업원들은 자발적으로 식사와 주먹밥을 제공하였다. (같은 책, p. 249)

밥의 공동체는 홍성담의 그림과 판화를 통해 시각화되면서 '오월 광주'의 공동체 정신을 상징하는 가장 대표적인 이미지가 되었다(홍성담, 「대동세상」, 목판화, 1984). 이와 같은 공동체의 이미지에서 강조된 것 또한 '여성'이었다. 밥을 해다 나르는 어머니뿐 아니라 자발적으로 성금을 걷어 주먹밥을 만들어다 준 양동시장의 상인들, 시민군들을 위해 마스크를 만들어다 준 도청 근처 빌라의 부녀회 주민들, 부패하기 시작한 시체를 정성스레 수습한 '여성'들, 썩어 문드러진 시신들의 발에 한 켤레씩 새로 산 흰 양말을 신겼던 '술집 여종업원', 헌혈을 하기 위해 교실을 뛰쳐나온 여고생들이 '오월 광주'의 공동체 정신을 구현하는 표상들로 구성되었다.

여성 노동자를 비롯하여 다양한 계층의 여성들이 '5·18항쟁'에 참여하였으나(5월 여성연구회, 1991), '오월 광주'를 재현하는 서사에서 호명된 것은 '여고생(딸)' '어머니' '아내' '가정주부' '술집 여종업원'이었다. 항쟁에서 주도적인 역할을 했던 '여성'들은 '윤상원' 등 '남성' 활동가들의 이름이 역사를 통해 인구에 회자되었던 것과 달리 대부분 이름조차 알려지지 않았다. '송백회'나 'YWCA'를 제외한 '여성' 단체나 조직은 항쟁의 서사에서 거의 드러나지 않았다. 그리고 항쟁의 서사에서 이들이 수행했던 역할로 그려진 것은 대체로 '지원' '독려' '돌봄'에 국한된 것들이었다. 또한, '순진무구한 여고생'과 '순박한 어머니'의 이미지는 그 자체로 항쟁 주체였던 시민들의 '순수성'과 '순결함'을 상징하는 표상들이었다. '5·18'공동체의 정신을 표상하는 장면에서 가장 많이 반복된 것 중 하나는 교복을 입고 항쟁의 대열에 들어선 여고생과 시민군을 자식처럼 보듬었던 어머니의 이미지였다.

'오월 광주'의 공동체가 누구에게도 닫혀 있지 않고 모두에게 열려 있었으며 민중이 너나없이 용광로처럼 녹아든 공동체였다는 것을 증명하는 근거로 종종 언급된 것은 '날품팔이, 구두닦이, 일용직 노동자, 고아 등이 항쟁의 지도부나 마지막 도청 사수 대열에 참여하고 있었다'는 사실이었다. 그러나 이보다 더 많이 언급된 것은 '술집 여종업원' '술집 접대부'들이 항쟁에 참여했다는 사실이었다. 『죽음을 넘어 시대의 어둠을 넘어』에만 최소 10여 차례 이상 이들에 관한 언급이 나온다. 이들의 이미지는 대체로 이와 같은 여성들마저 항쟁에 참여하여 시민들을 숙연하게 했다는 방식으로 서술되었는데, '여성 노동자' 등이 단 한 차례도 강조되지 않았던 데 반해 이들이 반복 언급되었던 사실은 '오월 광주'의 공동체를 둘러싼 표상적 이미지에 개입된 시선을 짐작하게 한다. 이들의 이미지는 '오월 광주'의 공동체가 평등하고 순수한 공동체였으며, 모든 개인이 자발적으로 헌신하며 녹아든 절대적 의미의 공동체였음을 입증하기 위해 동원되었다.

그중에서도 가장 많이 언급되는 것은 가족이 아니면 가까이 가기도 어려운 시신 수습 등을 정성껏 수행하거나, 주먹밥을 만들고 시민군들에게 필요한 물품을 보급하는 일에 참여하는 장면들이다. 또 헌혈한 피가 넘쳐 나서 더 이상 헌혈자를 받지 않겠다는 적십자병원의 간호사를 향해 술집 종업원들이 항의하는 장면 또한 종종 언급된다. 이들은 간호사들을 향해 '창녀들의 피는 피가 아니냐'라고 외쳤다고 하는데, "비록 술집에서 온갖 사내들의 지문을 속살에 발라가며 웃음을 팔아 생계를 이어갈지언정, 그들의 마음은 순결하고도 고운 박꽃이었다"(황석영 외, 2017, pp. 57~59)라고 서술하기도 했다.

그러나 실제로 이들이 도청 앞 광장이나 도청 내 토론 과정에서 발언하는 모습은 등장하지 않는다. 논쟁과 다툼이 이어졌던 항쟁지도부 내에서 사회운동이나 학생운동에 참여하고 있던 '여성'들이 어떤 주장을 펼치고 어떤 입장을 취했는지에 대해서는 거의 알려진 바가 없다. 이후 증언과 구술에서도 '술집 접대부'나 '술집 여종업원'이 직접 등장하지 않는다. 이들 외에도 1970년대 말부터 이미 노동운동과 반유신 저항운동을 전개하던 '여성' 노동자나 여성 활동가 들의 발언이 최근까지도 거의 드러나지 않았다. 다만 유가족으로서 분노하고 오열하는 '어머니'들이나 항쟁의 참상을 목격했던 당시 여고생들의 증언 등이 간헐적으로 드러날 뿐이다.

1991년에 발간된 『광주민중항쟁과 여성』이라는 책에서 광주·전남지역의 '여성' 활동가들은 '오월 광주'의 기록과 서사가 항쟁 주체였던 '여성'을 제대로 다루지 않았다는 사실을 일찍이 지적한 바 있다(5월여성연구회, 1991). 이들은 '가부장제와 성적 차별에 맞서 싸우던 '여성'들이 광주항쟁 기간에도 저항의 대열에 동참했으며, 이들의 저항 활동이 이전부터 지속되어왔던 반독재 활동이나 노동운동, 여성운동의 연장선상에 있는 것임'을 명확히 했다. 또한 이 책에서는 광주항쟁 당시 '여성'들이 경험하고 보여준 '연대'에 주목하였다. 가정의 울타리를 벗어나 광장으로 나와 사회적 연대를 실천하고 경험한 '여성'들에 주목한 것이다. 이 책은 밥을 짓거나 시민군을 지원하는 등의 활동에 국한되지 않았던, 항쟁 당시 '여성'들의 활동을 구체적으로 서술하고 전후에 이어진 '여성' 조직과 단체의 역사를 서술했다. 또한 그간 광주항쟁의 역사에서 언급되지 않았던 개별 '여성' 활동가들의 이름을 밝히고 그들의 구체적 활동 내용을 상세히 기술했다. 그러나 2012년에 광주항쟁에 참여했던 '여성'들의 구술자료집이 발간되기까지 20년이 넘는 시간 동안

'여성'들의 활동은 여전히 망각의 어둠 속에 묻혀 있었다.

항쟁에 참여했던 '여성'들의 증언을 참조할 때 '오월 광주'의 공동체에서 '여성'들의 활동은 제한적이었던 것으로 보인다. 항쟁을 이끌고 협상에 나선 이들은 대부분 '남성'들이었다. 이십대의 '남자' 대학생들이 지도부를 구성하고 협상에 나설 때조차 한두 사람을 제외한 여성들은 다년간의 노동운동과 사회운동 경험을 갖고 있었음에도 불구하고 주도적 역할에 나설 수 없었다. 그러나 이것은 '여성'들이 필요한 역할을 수행할 만한 역량을 갖추고 있지 않았기 때문이 아니라 당시 '오월 광주'의 공동체의 젠더 인식이 여기에 머물러 있었기 때문이다.[13] '여성'들은 투석전이 벌어지는 곳에서는 투석에 나서고 도청 안 사람들이 밥을 굶고 있다는 소식을 들으면 밥을 지었다. 투사회보를 비롯한 선전물을 제작해서 배부하기도 하고, 시민들을 향해 메가폰을 들고 '항쟁' 소식을 전하기도 했다. 도청 앞 분수대에서 시민들을 향해 '항쟁'이 나아갈 방향에 대해 발언하기도 하고, 시민들이 모여드는 장소에서 진행을 맡거나 시민들의 의견을 '항쟁'지도부에 전달하기도 했다. '여성'들은 지도부가 요청하는 일을 성실히 수행하기도 했지만, 자신이 서 있는 장소에서 스스로 필요하다고 생각하는 일들을 직접 찾아 능동적으로 '항쟁'에 나서기도 하였다(광주전남여성단체연합, 2012; 김영희, 2019).

조직이 아니라 개인으로 항쟁에 참여하여 열성적인 활동을 펼치다

---

13 그러나 '5·18'의 역사 기술에서 '오월 광주'는 평등하게 하나되는 공동체의 이상을 실현한 가장 전형적인 사례로 서술되었다. 예를 들어 최정운은 '오월 광주'의 공동체를 '절대공동체'로 묘사하고 증언 등을 근거로 그 구체적 의미를 분석한 바 있다(최정운, 1999). 그러나 최근 이와 다른 견해를 드러내는 연구자들이 등장하기 시작했는데, 김정한은 '먼 옛날에 정의로운 인간들의 아름다운 공동체가 있었다'는 신화가 구축되는 동안 오히려 '5·18'의 궁극적 원인이었던 국가폭력과 계급 모순이라는 문제와 정면으로 맞서 사유하는 길은 봉쇄되었다고 평가했다(김정한, 2013).

가 시민들에 의해 간첩으로 고발되어 직접 상무대에 넘겨졌던 전옥주(전춘심)와 차명숙의 사건은, 몇몇 사람이 언급한 대로 '시민들이 그들에게 자행될 고문과 그들의 순수한 진실을 알지 못했기 때문에 비롯된 일'(김상봉, 2015)이거나 '시민군 내부에 침투한 프락치 때문에 발생한 일'(황석영 외, 2017)이라고 할지라도 다수의 시민과 시민군, 항쟁 지도부가 지켜보고 방관하는 가운데 벌어진 사건이라는 점에서 '오월 광주' 공동체 내부의 균열을 짐작하게 한다. 북한과 연계된 폭도로 오인받는 상황에서 '빨갱이'도 아니고 '북한군과도 아무 상관이 없다'는 사실을 증명하는 일이 시민군과 시민들에게 긴요한 일이었을 것이라는 점은 재론의 여지가 없다. 그러나 이들이 반공 애국주의, 혹은 반미 애국주의를 지향하는 가운데 결속하고 있었다는 사실 또한 이론의 여지가 없을 것이다. 군인들에게 희생당했지만 시신들은 태극기에 싸였고 시위대는 애국가를 불렀으며 시민들은 간첩들을 경계해야 한다고 말했다. 그리고 항쟁 당시 다수의 시민은 계엄군을 반란군으로 지목하는 동시에 스스로를 '애국자'로 정체화했다.

'반공'은 항쟁의 주체를 '북한 괴뢰도당의 사주를 받은 빨갱이 집단'으로 몰아가는 국가폭력에 대항하는 방어 전략이기도 했지만 항쟁 주도 세력의 자기정체화 내용과도 긴밀하게 연관된 것이었다. 한강의 소설 『소년이 온다』에서 시신을 수습하던 십대 소년은 함께 일을 하던 여성 노동자에게 "왜 군인들에게 총 맞아 죽은 사람들의 시신을 태극기로 덮냐"라고 묻는다(한강, 2014). '5·18' 관련 증언과 기록에는 항쟁에 참여한 시민들이 스스로를 진정한 애국자라 칭하고 자신들에게 총을 쏜 군인들을 반란자로 인식, 규정했다는 언급이 자주 등장한다. 이는 자신들의 항쟁을 '반란'으로 몰아간 국가폭력의 논리를 전복적으로 전유하여 되돌려준 논리였지만 사실상 항쟁 주도 세력의 시대 인식과 자

기정체화 내용에 따른 결과이기도 했다.[14]

항쟁에 참여한 이들은 함께 '애국가'를 부르며 정서적으로 고양되었으며, 항쟁 과정에서 죽음을 맞이한 이들의 몸을 감싼 것은 태극기였다. 시민들에게 '국가'는 부정할 수 있는 대상도 아니고 윤리적으로 배제할 수 있는 대상도 아니었다. 그들에게 국가는 결코 '나쁘지 않고 나쁠 수도 없는 존재'였던 것이다. 이 때문에 이들은 자신들을 향해 총을 쏘는 군인을 '반란군'으로 규정함으로써 '국가가 나쁜 것이 아니라 일부 군인이 나쁜 것이며, 오히려 우리 시민들이 저 반란군들로부터 국가를 지켜야 한다'는 생각을 공유했던 것으로 보인다.[15] 그리고 이와 같은 애국의 주체는 '남성'으로 표상되었다.

## '오월 광주'의 젠더화된 기억과 지워진 '여성'의 장소

'남성'들이 주도한 '5·18' 서사에서 가장 강조되는 것 가운데 하나는 '무력 저항'을 둘러싼 다툼과 구체적 싸움의 내용들이다. 예를 들어 '시민군'은 말 그대로 시민들의 자발성에 기초한 '저항군'의 표상을 지닌다. '5·18'을 둘러싼 1980년대 논쟁과 기억 서사의 핵심 내용 가운데 하나는 '무력 저항'의 정당성이었다. '5·18'의 항쟁 주체는 '시민군'으로 표상되었으며 이 '시민군'은 '반란군'으로부터 내 가족과 시민을 지

---

14  항쟁 이후 전남대학교에서 발행한 책자에는 '5·18'을 '애국'이라는 깃발 아래 똘똘 뭉쳐 파쇼 정권에 대항한 사건으로 규정하고, '애국'을 '자기 조국에 대한 순결한 동경과 아름다운 사모와 상념의 의식화된 표현'으로 개념화한 대목이 나온다. 이 책에서 '오월 광주'는 애국의 공동체로 의미화되었다(전남대학교 총학생회 학술부 및 각 단대 학술부연합 엮음, 1988, pp. 55~68).

15  사실상 이들에게 자신들이 경험하는 일은 '국가폭력'으로 인식되지 않았던 것으로 이해할 수 있는데 이에 대해서는 다음 기회에 상론하기로 한다.

키는 대안적이고 저항적인 무력을 상징하는 존재가 되었다. 그리고 이들의 주축은 의무병제도가 정착된 분단국가인 한국에서 군인으로 훈련받은 경험을 가진 군필 성인 남성으로 의미화되었다. 총을 잡아본 경험이 있고 총을 쏘아본 경험이 있으며 군대와 같은 조직을 직접 경험한 이들이 시민군의 구성과 조직, 무기 탈취, 무기 배분, 무기 사용 교육에 관여했다. '5·18항쟁' 기간 전체에서 가장 커다란 쟁점으로 부각되었던 '무기 반납' 여부를 둘러싼 갈등 역시 이와 같은 배경하에 발생한 일이었다.

권김현영은 '여성'이 언제나 '보편의 특수'로 존재해온 반면 '남성'은 '노동자, 시민, 유권자, 청년'으로 불리며 '보편'을 대표해왔다고 기술한 바 있다(권김현영 외, 2017, p. 13). 같은 맥락에서 정희진 역시 "남성성은 맥락적이고 역사적인 요소로서 편재partial한다"고 말한다(같은 책, p. 31). 정희진에 따르면 "남성은 국가를 대표"하며(같은 책, p. 41), 문화적으로 국기는 종종 "남성성"을 상징적으로 표상한다(같은 책, p. 63).[16] '5·18'의 서사에서도 항쟁의 주체는 종종 '시민군'으로 상징되며 이는 곧 저항의 주도성을 '보편'으로서의 '남성'에 두는 것으로 이해할 수 있다. '5·18' 관련 기록과 구술이 최근까지도 전적으로 '남성'에 의존했던 것 역시 같은 맥락에서 이해할 수 있을 것이다.

이와 같은 맥락에서 국가폭력에 희생된 '여성'은 스스로를 시민군으로 정체화한 '우리'가 '지키지 못한 누이나 아내'로 의미화된다. '여성'

---

16  정희진은 '종군 위안부' 문제를 '여성을 보호하지 못한 남성'의 문제로 바라보는 것이나, '미군에 의한 성폭행 피해 여성'의 문제를 '미국 여성을 강간하는 것'으로 대응하자는 논리 역시 같은 맥락 위에 서 있다고 보았다. 또한 정희진은 B급 영화에서 '태극기'가 남성의 성기를 상징하는 사례를 들며 문화적으로는 국기가 한국 남성의 성기를 상징하는 예가 다수 존재함을 논증하기도 했다(같은 책, pp. 61~63).

이 항쟁의 주체나 주도적 세력으로 기술되기보다는 폭력의 희생자이자 지키지 못한 존재, 항쟁을 목격한 존재 등으로 기술되는 것이다. 또한 '항쟁'에 임해 '여성'들이 수행했던 역할 역시 '가장'을 보필하는 '아내'의 역할처럼 저항의 핵심 세력인 '시민군'을 지원하는 역할로 의미화되었다. 이는 '5·18'에 관한 역사 기술과 문화적 재현에서 사회적 기억이 젠더화된 형태로 이어져 왔음을 보여준다. 저항의 주체가 누구이고 그들이 무엇을 했는가를 둘러싼 기억의 장에서 '보호자'인 '남성'과 '보호 대상'인 '여성', 혹은 '가장'인 '남성'과 보조 지원자인 '여성'이라는 젠더 역할 규범의 이분법적 분할이 여전히 유효하게 작동해왔음을 보여주는 것이다.

'5·18' 서사가 '남성'을 저항 주체로 의미화하면서 '여성'을 제한된 장소에 배치하는 효과를 만들어낸 것은 1987년 이후 발간된 각종 증언록에 나타난 '남성'의 목소리를 통해서 확인할 수 있다. 1990년대 초반까지 '5·18' 관련 증언과 구술은 대부분 '남성'들의 목소리를 드러냈으며 나머지 '여성'의 목소리 부분을 채운 것은 '자식을 잃은 어머니'들의 증언이었다. '남성'들의 증언은 폭력에 대한 기술 외 항쟁의 서사에 집중되었다. 특히 이 과정에서 드러난 것은 굴욕감이나 패배감이 아니라 '분노'와 '자부심'이었다(5·18 광주 의거 청년동지회 엮음, 1987). 특히 항쟁의 마지막에 임박하여 죽음을 앞두고 의연한 태도를 보였던 '시민군'에 대한 증언은 '5·18' 서사의 대미를 장식하는 대표적인 장면 가운데 하나였다. 그리고 이후 '5·18'을 주제로 한 여러 문화 콘텐츠에서 자부심과 의연함, 비장한 결의와 동료애, 의로운 분노와 자기희생적 헌신은 서사적 재현의 가장 중요한 요소이자 가치로서 부각되기에 이르렀다.

광주전남여성단체연합이 기획하고 실행한 '5·18항쟁' 참여 여성들의 구술자료집인 『광주, 여성: 그녀들의 가슴에 묻어 둔 5·18 이야기』는 1990년대 초반부터 꾸준히 제기되어왔던 '5·18 서사의 남성중심적 젠더 편향성'에 대한 비판적 문제의식에서 시작된 일이었다. 이 구술자료집 말미에는 철학자 김상봉의 사회로 기획에 참여한 이들과 관련 분야 전문가들이 모여 좌담을 나눈 기록이 덧붙어 있다(광주전남여성단체연합, 2012, pp. 331~72). 1차 좌담에서 사회자 김상봉이 5·18을 "승리한 역사"로 평가하며 "역사에 대한 자부심"과 "사건의 경악성보다는 그것이 만들어냈던 경이로움에 대해 말할 단계"라고 언급하자 이에 대해 소설가 이화경은 "승리한 역사, 자부심, 이런 언어들이 남성주의적"이라는 견해를 내놓기도 했다(같은 책, p. 348). 정신분석학자 정혜신은 국가폭력을 경험한 이들이 말하는 트라우마를 "피해자의식"으로 규정하는 것 역시 "남성중심적인 지식인 담론"이라고 평가하면서 "장렬하게 전사했다"는 표현 자체가 문제라는 지적을 했다. 어떤 사람도 국가폭력의 잔혹함 속에서 "장렬하게 전사할 수 없으며", 상황이 이런데도 공포와 불안을 안고 죽어간 이들의 마지막을 "장렬하게 전사했다"라고 정리함으로써 살아남은 이들에게 "비겁하게 살아남았다"라는 죄의식을 갖게 한다는 것이다(같은 책, pp. 349~50). 그는 5·18의 서사적 기억이 이와 같은 패턴으로 완성되어 고착될 때 오히려 여전히 고통 속에 살아가는 이들의 말문을 닫게 하고 국가폭력의 트라우마를 더 깊게 만들 수 있다고 경고한다.[17]

---

17  이 말에 이어서 김상봉은 "5·18에 대해 이것저것 따지기 전에 자랑스럽고 경이로운 역사"라는 사실을 다시 한번 강조하며 "5·18의 미래를 위해 꼭 짚고 넘어가야 한다고 생각하기 때문에 집요하게 말하는 것"이라는 언술을 덧붙이기도 했다. 또한 해당 구술 작업의 의의를 평가하며 김상봉이 "5·18을 온전하게 보여주고 증언해주는 책"이라는 평가를 하자 이에 대해 이화경은 "자꾸 온전하게 보여주고, 완벽하게 보여줘야 된다는 표현들이 불편하다"는 말을 내놓기도 했다(같은 책, 2012, pp. 352~56).

2차 좌담에 참여한 김경례는 2000년대 초반 5·18기념재단이 주도한 구술 채록에 참여했던 경험을 언급하면서, 구술 대상자들이 모두 지역 사회에서 명망 있는 남성들에 국한되었던 현실을 지적했다. 그는 이 '남성'들의 발화가 최근 경험한 '여성'들의 발화와 확연하게 달랐다고 하면서 '남성'들이 자신들의 고통을 "영웅담으로 승화시켜 이야기"하는 것과 달리 '여성'들은 "여러 가지 감정과 정서, 삶 자체를 말하는" 것이 인상적이었다고 말했다. 또한 '남성'들이 "지역에서 자신들이 어느 정도 사회적 위치를 갖고 있는 것도 당시 역사적 과정에서 그런 역할을 했기 때문에 가능한 일"이라는 내용의 말을 하는 것과 달리 '여성'들은 "당시에 연민을 품었던 이들을 지금이라도 꼭 한번 다시 만나고 싶어 하면서 그때 그 사람들에 대한 이야기를 했다"라고 언급하였다(같은 책, pp, 364~65). 그는 다음과 같은 말을 덧붙이기도 했다.

　　선생님 말씀을 들으면서 남성중심적이고 가부장적인 구조를 빼놓고는 여성의 경험을 제대로 들을 수 없겠구나 하는 생각을 계속 했어요. 여성이기 때문에 정치적으로 훨씬 더 휘둘렸다는 생각도 들고요. 사실 남성들은 그때 당시에 활동상이 좀 미약했다 하더라도 자신들이 갖고 있던 사회적 지위나 인적 네트워크 같은 사회적 자본을 통해서 얻는 부분들이 있었거든요. 그런데 정작 여성들은 주도적으로 활동을 했음에도 지금은 대부분 사적인 공간에 들어가 있는 거예요. 몇몇 분들은 생협 같은 시민운동 분야로 가서 활동하고 계신데, 오히려 5·18 당사자들에 대한 분노를 갖고 있어요. 그때 그렇게 열심히 했는데도 제대로 평가받지 못하고 있는 데다, 자신의 삶이 그 경험으로 파편화되어버렸다는 분노 같은 것이었어요. 이게 비단 그분들의 문제만은 아닌 것 같아요. 5·18 당사자 내부에서도, 남성과 여성 간에도, 또 여성들 간에도 그런 부분들이 읽히는 것 같아요. [……] 2000년 초 재단에 구술 작업을 신청할 때도 저희 팀은 여성들을 대상으로 해보고 싶었는데 당시 재단에서 1차적으로 남성들, 특히 지역 사회에서 명망있는 분들을 우선 정리해나가는 게 좋겠다는 결론이 났거든요. 사정이 이렇다 보니, 정작 당시에 활동했던 여성들의 목소리는 계속 묻힐 수밖에 없는 거죠. 이렇게 우리가 갖고 있는 5·18의 풍부한 자산이 남성 중심의, 명망가 중심의 규격화된 공식사 속에 갇혀버리게 되면, 오히려 더 많은 것들을 잃을 수 있다는 생각이 들어요. 앞으로 정말 할 게 많은 것 같아요. (같은 책, pp. 368~70)

1차 좌담에 참여했던 이화경 또한 '5·18' 기억 투쟁과 서사 구축 과정에서 '여성'이 배제되거나 주변부화되었던 상황들에 대해 언급한다. 특히 '5·18' 서사가 "총을 들고 항쟁한 남성"을 초점화할 때 자연스럽게 '여성'은 주변부화될 수밖에 없으며 '여성'들이 했던 일을 '모성'이라는 젠더 역할로 의미화할 때 항쟁 주체로서 '여성'은 다시 휘발될 우려가 있음을 지적하고 있다.

저는 이전에 5·18기념재단에서 나왔던 구술집들을 읽으면서 내심 불편했던 것이 있었습니다. 주로 열흘 동안의 항쟁과 그 항쟁 주체가 5·18의 중요한 지점으로 계속 부각되고 있는데, '그럼 그 항쟁이란 것이 뭐냐'라고 했을 때, 필연적으로 언급되는 것이 목숨을 내려놓고 총을 들었다는 사실이죠. 이때 마치 총을 든 사람만이 항쟁 주체가 되어버리는 모순이 발생합니다. 그럼 그때 누가 총을 들었는가를 따져 물었을 때, 남성들이 들었거든요. 이런 방식으로 밀어붙이면, '항쟁 기간에 여성의 역할은 뭐였나' 하는 질문이 남게 되죠. 주먹밥 싸고, 시신 수습하고, 이런 역할을 했거든요. 그런데 여성들의 이런 역할이 과연 5·18의 여성성과 구분될 수 있는지 의문입니다. 항쟁 당시 여성들의 역할이 있었음에도 불구하고, 5·18 담론이 총을 든 남성 주체 중심으로 진행되면서 여성의 역할은 주변화될 수밖에 없었죠. 총을 든 주체만이 기념화, 영웅화, 초점화된다면, 5·18은 폐쇄 담론으로 들어갈 수밖에 없다는 것이 제 생각입니다. [……] 주먹밥 싸주고, 시신 수습하고 했던 것들은 응당 인간이기 때문에 가질 수밖에 없는 마음 때문에 한 것들인데, 이게 마치 어머니는 위대하다는 식의 모성 신화로 읽히면 어떡하나 하는 걱정이 들었죠. 이런 방식으로 읽히면, 여성의 역할이라는 것이 남성 가부장제 이데올로기를 떠받치는 역할로 축소, 왜곡될 수밖에 없다는 거죠. 이 책은 그런 부분들을 극복하는 동시에 여전히 그 부분에 종속되어 있습니다. 그 간극을 극복하는 데 상당한 시간이 걸리겠지만, 이런 지점에 대해 여성주의적 입장에서 진지하게 얘기해봤으면 좋겠다는 생각입니다. (같은 책, pp. 342~43)

여러 해 동안 '5·18항쟁' 당시 참여자였던 여성들을 인터뷰하여 「외롭고 높고 쓸쓸한」이라는 다큐멘터리 영화를 만든 김경자 감독은 자신이 만났던 인터뷰이들에 대해 '하고 싶은 말이 너무 많지만 오랫동안 말할 기회를 갖지 못해 억눌려 있다가 한꺼번에 말을 쏟아내는 사람들'이라는 말로 표현했다. 제목을 '외롭고 높고 쓸쓸한'이라고 설정한 이유 역시 5·18이 역사적으로 조명을 받는 동안에도 내내 소외된 채 '외로웠고', 그 뜻은 여전히 '높지만' 여전히 고통과 아픔 속에 살아가는 '쓸쓸한' 삶이기 때문이라고 말했다.

제가 그분들 곁에 긴 시간에 비해서는 많이는 있지 않았지만, 늘 그

분들 아니 그 그분들 곁에서 혹은 뒤에서 이렇게 함께 있을 때, 경험을 이렇게 어느 순간 인제 내가 느낀 거를 정리해봤을 때, 결국은 그분들이 상대적으로 고생했던 것에 대해서 고생한 것만큼 대접을 못 받았기 때문이라고 저는 생각해요. 제목을 '외롭고 높고 쓸쓸한'이라고 지은 게, 물론 이제 김수영 시에 나오는 말이기도 하지만, 저는 그분들이 외롭고 쓸쓸하다고 생각해요. 상대적으로 광주에서 같은 오월을 경험한 남성분들에 대해서, 뭐 편 가르기가 아니라. 제가 경험한 바로는 외롭고 쓸쓸한데, [……] 또 이렇게 또 높은 지점이 있어요. 그래서 결국은 상대적으로 이렇게 그만큼 고생한 그만큼 주목받거나 대접받지 못해서도 큰 거 같아요. 물론 인제 다른 것도 있겠지만. (김경자 감독, 다큐멘터리 영화 「외롭고 높고 쓸쓸한」 연출)[18]

'5·18' 관련 '여성' 구술에서 여러 사람이 지적한 문제 가운데 하나는 항쟁에 참여한 여성들을 '어머니'로 국한하는 태도의 문제다. 실제로 1차 좌담에서 정경운은 '5·18' 관련 여성 구술의 의미를 '모성적 가치'와 '원초적이고 감성적인 언어'로 언급하기도 했는데(광주전남여성단체연합, 2012, pp. 334~35), 이는 '5·18' 서사에 등장하는 '여성'에 대한 가장 일반적인 평가 가운데 하나이기도 하다. 김현경은 남성 중심 사회에서 '여성'은 비가시화된다고 말하며 오로지 '남성 연대'와 '남성 권력'이 승인하고 허용한 장소만이 '여성'에게 허용된다고 지적한 바 있다(김현경, 2015, p. 73~80). 다시 말해 '여성'은 '남성 동성 집단'이 승인한 장소가 아닌 곳에서는 가시화될 수 없으며 허락되지 않은 장소에서

---

18 김경자 씨(여, 1972년생) 구술, 2018년 10월 5일 연세대학교 젠더연구소. 김경자 씨는 5·18항쟁에 참여했던 여성들의 구술 인터뷰를 중심으로 제작된 다큐멘터리 영화 「외롭고 높고 쓸쓸한」을 기획하고 연출한 감독이다.

'여성'은 자신의 목소리를 드러낼 수 없다. 그렇다면 '5·18' 서사를 통해 드러나는 '여성'에게 허용된 '장소'는 무엇일까? 여러 사람에 의해 지적된 바와 같이 '5·18' 서사에서 '여성'은 폭력의 피해를 증명하고 전시하는 신체로 치환되며, 지킬 수 없어서 안타깝고 지키지 못한 자신을 질책하게 만드는, 울분을 자아내는 대상으로 구성된다. 다른 한편 항쟁 주체로서 '여성'에게 허용된 장소는 '어머니'다. '남성'이 주도하는 '5·18' 기억 서사에서 반복적으로 등장하는 항쟁 주체로서의 '여성'은 '어머니'의 이미지다. 주먹밥을 만들고 시신을 수습하고 시신 앞에서 울부짖으며 끝끝내 증언하고 진실을 밝히라 외치며 투쟁하는 '어머니', 바로 이것이 '5·18항쟁'의 서사가 주목하는 '여성' 이미지인 것이다.

앞서 살펴본 구술 발화들은 '어머니'가 아닌 항쟁 당사자로서의 '여성'이 '5·18' 기억 투쟁의 과정에서 국가폭력에 의해서뿐만 아니라 저항을 의미화하는 대안적 움직임 속에서 다시 한번 비가시화되는 존재였음을 분명하게 보여준다. '5·18'의 서사가 저항의 기억으로 의미화될 때 '여성'의 장소는 이처럼 '어머니' 혹은 '누이'로 국한되면서, 다른 '여성'의 장소는 지워진다. 그리고 이것은 국가폭력을 고발하거나 이에 대한 저항을 서사화하는 대부분의 시도에서 반복되는 전략이기도 하다.[19] 국가폭력이 개인이 아니라 민족이나 특정 계층, 특정 집단의 고통

---

19 김성일은 광장에 섰던 시민, 혹은 대중의 존재를 계보학적으로 탐색하면서 광장에서 이루어지는 대규모 시위에 '여성'들의 참여가 확장된 계기를 2008년 미국산 쇠고기 수입반대 촛불집회로 들고 있다. 그리고 이와 같은 현상에 대해 '생활정치'의 영역으로 광장의 정치적 관심이 확장되면서 먹거리나 기타 양육 및 생활과 관련된 이슈에 관심이 많은 '여성'들의 참여가 늘어난 것으로 분석했다. 또한 이를 모성의 사회적 실천으로 의미화하기도 했다. 이는 '여성'의 정치적 활동과 저항운동을 젠더 경계 내로 국한하여 해석하는 전형적인 경향을 보여준다(김성일, 2014, pp. 161~66).

으로 치환될 때 이 공동체의 경계에서 '여성'의 자리는 언제든지 젠더 정치의 효과에 따라 제한적으로 만들어진다.[20] 기억의 담론장에서 지워진 '여성'의 장소를 회복하는 것은 '여성'만이 아니라 '5·18항쟁'의 역사가 '동일' 서사로 반복·확장되는 사이 지워졌던 수많은 장소와 목소리를 복원하는 일이 된다. 기억 서사를 구축하는 담론의 장에 틈새를 만들어 새로운 이들을 위한 발화 장소를 확보하기 위해, 그 첫걸음으로 '여성'의 '말하는 입'과 그 '입'에서 흘러나오는 '말'들에 주목하려는 것이다.

## '말하는 여성의 입'과 정체성의 재기술

저항의 역사가 '남성'의 기억으로 전유될 때 '남성'과 더불어 폭력에 저항한 '여성'들의 구술은 저항의 역사 기술 과정에서 지워진 존재를 인식하고 이를 가시화하는 작업이 된다. 구조적으로 강제된 망각에 저항하며 기억되기 위해 싸워야 하는 현실은 저항의 담론 지형 내에서도 발생하는 문제인 것이다. 이 과정에서 '여성' 구술은 단순한 폭력의 피해자가 아닌 저항의 주체로 스스로를 정체화하고 사회적 기억 속에 자리매김하고자 하는 '여성'들의 의지가 드러난 결과로 이해할 수 있다.

'여성' 구술자들은 특정 사건의 실체적 진실이나 사회역사적 의미를 묻는 질문에 답하며 연대기적으로 사건을 나열해가는 방식의 구술보다는, 자신이 살아온 과정을 자유롭게 이야기해나가는 자기 서사 구성 방식의 구술에서 더 적극적이고 능동적인 태도를 드러내는 경우가 많

---

20 린다 맥도웰은 "장소는 경계를 규정하는 규칙들을 구성하는 권력관계를 통해 만들어진다"고 말하고 "이러한 경계들은 경험의 위치나 현장뿐만 아니라 누가 어떤 공간에 속하는지, 누가 제외되어도 괜찮은지 등을 정해준다"라고 역설한다(린다 맥도웰, 2010, p. 25).

다. 또한 자신의 경험이 공식적인 역사에 등재될 수 있도록 그에 적합한 '증언'의 형식을 취하기보다는 오히려 이런 문제에 전혀 주의를 기울이지 않으며, 구술에 임하는 자신의 발화 동기와 이야기를 듣는 청중의 태도에 집중한 채 자신이 하고 있는 '말'과 '이야기'에 몰입하는 경향이 강하다. 구술을 통해 자기 서사를 구성해나가는 '여성'들은 질문자가 관심을 기울이고 있는 '5·18' 등의 특정 사건에 대해서만이 아니라 '자신이 살아온 이야기'를 발화하고자 한다. 그래서 특정 사건의 시점에 대해 말하는 것이 아니라 자신의 어린 시절과 성장 과정, 그리고 사건을 경험한 이후 지금까지 살아온 여정을 구술하는 것이다. 이 과정에서 '여성' 구술자들이 주목하는 것은 언제나 사건이 발생한 '당시' 혹은 '과거의 그때'가 아니라 자신이 살아가고 있는 '현재'다.

'5·18'에 참여했던 '여성'들의 구술에서도 이와 같은 경향이 드러난다. '여성'들은 '5·18'에 참여하게 되었던, 혹은 참여할 수밖에 없었던 저항의 동기를 자신의 성장담을 통해 드러내려 한다. 어려서부터 드러난 어떤 자질들, 예를 들면 불의를 참지 못했다든지, 약자에 공감했다든지, 자기주장이 강하고 주체성이 강했다든지, 역사의식이 투철하고 사회적 감각이 특별했다든지 하는 등에 관한 에피소드로부터 이야기를 시작하거나 '딸'이라서 받아야 했던 억압과 제약을 극복해나가는 과정을 자기 서사 구성의 출발점으로 삼는 것이다. 이들은 한국 사회에서 '딸'로 태어나 배움의 기회를 가질 수 없었던 현실, 가난의 한계를 극복하고 자기 앞길을 스스로 개척하며 살아온 여정 등에 초점을 두고 구술을 이어간다. 이 과정을 통해 젠더 위계와 규범의 한계를 뛰어넘어 성장해온 그들의 이야기가 자연스럽게 부각된다. 때로는 구술 참여가 자기 서사를 젠더 관점에서 재정립하는 새로운 성찰의 계기가 되기도 한다.

우리 아버님이 절대, 여성의 교육을 반대하십니다. 절대, 여성이라는 것은 시집을 잘 가면 그걸로 아주 팔자가 늘어진다. 그러니 좋은 신랑을 만나서 가문 좋은 데로 시집을 가는 것이 아주 현명하고 좋다. 그렇게 이야기를 하시면서 옛날에는 길쌈을 하는 거야. 무명을 잡고, 막 삼베를 몰고 이런 기초적인 여성 훈련을 우리 아버지가 시킬려고 하는데, 나는 아~ 천만의 말씀. 나는 이렇게 살다가는 또 강한 군인들이 와서 언제 우리를 이렇게 그 정말, 죽여버릴지도 모른다. 그러기 때문에 어째서 우리가 이렇게 당하는가에 대한 원인을 나는 좀 공부해가지고 알아야 되겠다, 그런 생각을 어렸을 때 많이 한 것 같아요. [……] 우리 아버님이 아주 여자가 직장생활을 한다고 하는 것은 큰~ 흠이라는 거야. 고집 세고 자아가 형성되면 남편들이 휘어잡들 못하니까 저런 여자들하고는 결혼 안 하려고 한다 해가지고 막 난리를 쳐가지고. (안성례 구술, 2006, pp. 102~03)

'5·18항쟁'에 참여하여 간호사로 활동했던 이 구술자는 1970년대 반유신 활동에도 참여하고 YWCA에도 참여했던 인물이다. 그는 어린 시절에 "안두희 선생이 김구 선생을 시해했다는 소식을 듣고 초등학교 4학년 때 같은 종씨의 사람이 애국자를 살해했다는 사실이 너무 창피해서 변소에 가서 울었다"라고 말하기도 했는데 이것이 자기 서사의 가장 앞선 첫머리에 해당하는 사건이었다. 그는 어려서 전쟁으로 어머니를 잃고 여성은 배워서는 안 된다고 말하는 아버지의 뜻을 어겨가면서 학교에 진학했던 일을 이어 구술했는데, 가부장적 규범의 틀 내에서 '여성'의 역할과 자질을 강조하는 아버지에 대한 반발을 반복해서 언급했다. 그는 진학, 취업, 결혼 모두 전형적인 유림의 선비였던 아버지의 뜻을 따르지 않았다고 말했다.

　아버지가 엄청 반대했어. 기집애들 공부해봤자, 시집가서 친정에
다 편지 쓰고, 못 살겠다고 오고, 그러면 안 되니까 그만해라 막 그랬어
요. 어머니는 그래도 지가 배우겠다고 저러고 다니는디 한 자라도 배우
게 놔두제, 왜 못하게 하냐고 그러고. 그것으로 둘이 싸움도 많이 했어.
[……] 데모도 했제, 월급 올려달라고. 그때 박인천 씨가 사장님이었어.
회사에 못 들어가게 문 앞에서 다섯 명이 지켰어, 우리가. 그렇게 데모
를 하다가 사장님이 나와서 '다 먹고살자고 하는 짓인디 자네들이 이렇
게 하면 쓰겠는가. 쬐끔은 올려줌세.' 그래갖고 마당 10원씩 올라갔어.
[……] 시댁에서 구박을 많이 받았어요. 시어머니가 '아무개 마누라는
도라꾸로 두 개를 해갖고 왔는데, 너는 뭣이냐?' 그러믄서 이루 말할 수
없이 구박을 해. [……] 걸어서 갔더니, 시어머니가 그 짜잔한 가시내
낳으면서 산파를 불러서 낳았다고 소문을 내쌓고 그랬어. 우리 시동생
도 어찌나 욕을 하던지, 애기를 업고 떨어져 죽을라고 팔각정에 올라갔
어. 비는 부슬부슬 내리는디, 밑에를 요롷고 내려다보니까 못 죽겠어,
무서워서. [……] (이후 5·18 당시 사건 구술) 그때는 어른이고 애들이
고 차를 타고 다녔잖아요. 사람이 죽으면 막 기냥 태극기 덮어갖고 막
시위했잖아요. 근디 애들이 막 굶고 댕겨. 그래서 양동시장 사람들이
'물하고 밥이 우선이다' 해서 우리 동네 언니들이 밥을 했다 안 허요. 학
생들한테 주먹밥 해다 줘야 쓰겠다고. 옛날에는 가마솥에다가 불을 때
서 밥을 했잖애. [……] 5·18 이후 서울 가서 많이 싸웠제. 주로 택시 기
사들하고. [……] '아저씨 우리가 그렇게 다 빨갱이로 보여요?' 내가 그
랬어. [……] '그 나쁜 놈 시끼들, 언젠가는 역사가 있을 것이오. 앞으로
10년만 바라보고 삽시다. 10년 후에는 어딘가 다 나올 것이오.' [……]

5·18 얘기가 나왔는디, 그때 형부가 다 빨갱이라고 하는 거야. 그래서 '뭣이 어째? 좆만 한 것이 말 같은 소리를 해라'라고 욕을 해부렀어. 그 랬더니 왜 그러냐고 그래. '광주사태 와 봤어? 당신 자식이나 마누라 나 동생이 나가서 죽으면 가만히 방구석에 자빠져 있겠어? 다 나가봐 야제. 도청 앞으로 나가서 서서라도 있고 손이라도 흔든 사람들이 광주 시민이야'라고 내가 그랬어. (박수복 구술, 광주전남여성단체연합, 2012, pp. 52~64)

갈수록 시집살이가 더 심해지더라고. 내가 못 살겠다 하고 안 살라 한께 시어머니가 점을 보러 가자 그래. [……] 요새 처녀들이 결혼 안 하고 혼자 살라 하는디, 그것이 편하제. 결혼한 날부터 여자는 불행이 야. 내 자유도 없고. 결혼이 좋은 여자도 있겠제만은 그래도 자유스러 운 맛이 없제. 시집살이가 힘들고 그랑께 처음에는 많이 울었어. [……] 그때는 내 자식 같고 이녁 동생 같고 그랑께 참말로 협조해주고 싶어도 무서우니께 그도 못하고 있었제. 그러다가 인자 밥도 못 먹고 배고프 니께 슈퍼에서 뭐 사다가 도로까지 가서 주고, 사과도 주고, 저짝 안에 골목에서 주먹밥도 해서 갖다주고 그랬제. 주먹밥 지어서 김에다 싸서 띵겨주믄, 학생들이 도로에서 데모하다 받아서 먹고 그랬어. [……] 여 자로 태어나서 사는 것은 만족이 안 되제. 내가 남자로 태어났으믄, 배 워갖고 이렇게는 안 살고, 뭣이든 해보고 살았음 쓰겠다, 그런 마음으 로 꽉 차 있어요. 여자로 태어나서 제일로 한이 된 것이 못 배운 거. 그 때는 다 그랬는데, 그래도 하도 억울해서, 무시기 해서 나이를 이만큼 먹었지만, 장사도 장사지만, 좀 배워보자 해서 한양학원이라는 데를 한 두 시간씩 다녔어. (김동심 구술, 광주전남여성단체연합, 2012, pp. 68~73)

우리 아버지가 딱 한 번 사람 봐 가주고 나를 여워 붓네. 엄마도 못 봤어. 아버지 친구 아들이었어. [······] 결혼할라고 날을 받아놓응께 내가 엄청 아파부렀어. 열병이 걸려 부렷는가 봐. 시집을 가믄 밥을 못 먹을까 봐 우리 어머니가 겁나게 고민을 했어. [······] 남동생은 공부만 하라고 해도 않드만. 한문을 그놈만 가르쳤어. 그럼 나는 부엌에서 천자문 그런 거를 혼자 들고 부지깽이로 막 써보고 그랬어. 나도 공부 좀 하믄 좋겠는디 아들만 하라 했어. 집안 오빠들이 저것이 머리가 좋응께 나를 시켜야 한다고 그래도. [······] 젊은 놈이 오기만 하믄 다 감춰주고. 돈이 문제가 아니었어. 아무라도 배고프믄 살려야 돼. 돈은 본전만 찾으믄 돼, 본전만. 문 열어놓고 장사도 못 해. 문은 한 짝은 열어놓고, 한 짝은 닫아놓고. 요렇게 함석으로 된 문. 총이 날라오믄 안 맞을라고 판자도 더 대놓고. 그래 봐야 다 뚫고 나오제. 사람들이 배고픈 거 같으믄 누구든지 밥도 줘불고, 시장에서도 다들 김밥 싸서 주고 그랬어. 그때는 누가 '계란 몇 판 주라' '어디 차에 있는 몇 명이 먹어야 된다'고 하믄 다 갖고 가라 그래. 우리 아저씨는 오도 안 하니께 저녁에는 나 혼자 고양이마냥 오그리고 자. 옆집에는 서방식당이라고 있었는디, 할머니가 밥을 해서 다 줘. 누구든지 와서 먹어. 그라고 김밥도 해서 막 나가서 모다 퍼주고. 언제 아침에는 아가씨가 광주 시민 다 모이라고 외창을 하드만. 나중에는 그 아가씨 갈가리 찢어져 부렀다 해. 응, 그날 아침에 그 아가씨가 그렇게 외창을 했어. 아, 우리도 금방 죽을 거 같애. 그랑께 아깝지를 않드라고. 돈이믄 돈, 밥이믄 밥, 누구든지 다 줘부러, 시장 사람들이. 안 아까워. [······] 그 아가씨가 외치는 소리가 지금도 내 귀에 들려. 광주 시민 다 나와서 도와달라고. 근디 그 아가씨가 죽었당께. 아조 얼마나 슬프게 했는지 몰라, 웅변같이. 내가 여기서 다 겪었제. (곽근례 구술, 광주전남여성단체연합, 2012, pp. 78~86)

시장에서 물건을 팔거나 아이들을 키우며 평범하게 지내던 '여성'들이 '5·18'에 참여한 계기는 대부분 '사람'이었다. 이름과 얼굴을 알지 못하지만 같은 지역 안에서 함께 생활하던 사람들이, 그것도 자식뻘의 젊은이들이 죽고 다치는 현장을 목격하면서 자신들이 할 수 있는 일은 무엇이라도 팔을 걸어 나섰다. 그런데 이들은 '5·18' 당시 자신들의 행동을 영웅적으로 묘사하지 않고 자신들의 행동에 대단한 역사적 의미를 부여하려 하지도 않았다. 이들은 오히려 자신들이 어렸을 때부터 '딸'로 자라면서 느껴야 했던 설움과 배움에 대한 열망, 시집살이의 설움 등 '여성'으로 살아온 삶의 조건을 서술하는 맥락 위에서 '5·18'의 기억을 서사화했다. 당시 '여성'들이 했던 주요 활동에는 험하게 일그러진 시신을 수습하고 직접 염을 하여 관을 정비하는 일도 포함되어 있었다.

우리 현관에서부터 저기 밑에 있는 양림동까지 학생들이 전부 줄을 섰어요. 체중이 모자라면 그냥 가라고 했거든요. 그중에 춘태여고 학생이 있었는디 애기가 커요. 그래서 금방 피를 빼고 보냈어요. 근디 한 시간도 안 돼갖고 그 애가 딱 총 맞아 죽어서 왔어요. 우리가 얼마나 애통할 것이에요. 금방 피가 식기도 전에 그 애가 와가지고, 교복을 입고. [……] 제가 시체 염도 다 했어요. 내 손으로 15구 시체를 싸서 줬는데, 어떤 사람은 완전히 이렇게 걸력지(걸레)가 돼갖고, 정말로 걸력지예요. 다리 따로, 귀 따로, 그것을 모으는데 정말 분하죠. 또 뭐가 있냐면, 완전히 흙이 묻어가지고 왔어요. 그걸 깨끗이 해서 저기 상무관에다 보냈잖아요. 그것이 정말로 너무너무 어렵데요. 무서워서 누가 할라고 하질 않으니까. (정순자 구술, 광주전남여성단체연합, 2012, pp. 186~87)

전대병원에 들어간께 가마니때기에다 학생들을 싸서 여그다 저그다 모두 밀어 넣어 놨어. 열어 보니까 여름이라 쥐가 막 버글버글해. 가마니때기를 열어놓고, 둘이 수건에 물을 묻혀다가, 땅에 빠진 창자에 버글버글한 피를 털어서 닦아 지자리에다 넣고, 가잿배(하얀색 면 손수건)를 꼭꼭 꿰매서 넣고, 옷 입혀갖고 입관을 해놓고는…… 기가 막혀 죽었어. 어쩌케 울면서 했는지.

눈이 빠져서 땅에 떨어져 죽은 놈, 어깨가 빠져서 죽은 놈, 하나 해서 내놓으면 누가 가져갔는지 모르게 가져가불고, 우리가 염을 해놓으면 다 가져가부러. 다 하고 나와서 어디가 있는가 볼라고 사방을 뚤레뚤레 봐도 어따 갖다 둔 데가 없어. 그래서 들어가서 본께 마당에다가 모다 놨어, 입관한 놈을. (방귀례 구술, 광주전남여성단체연합, 2012, p. 198)

앞의 구술에서 첫번째 구술자는 '5·18' 당시 간호사였고 두번째 구술자는 '전업 주부(비취업 기혼 여성)'였다. 두 사람은 모두 자신이 한 일에 대해 크게 의미를 부여하기보다는 당시의 절박했던 상황을 전달하는 데 주력했다. 그리고 그 자리에 있었다면 누구라도 그렇게 하지 않을 수 없었으리라는 말을 덧붙였다. 이들은 자신들을 '5·18항쟁'의 주역으로 의미화하거나 자신들 또한 역사적 평가와 적절한 보상을 받아야 한다고 생각하지 않았다. 이들은 이런 문제에 전혀 관심을 두지 않았고, 다만 자신들이 그와 같은 일을 행했던 개인적인 동기와 당시의 감정을 드러내는 데 초점을 두고 구술을 이어나갔다. 첫번째 구술자는 자신의 행동이 간호사로서의 사명감과 직업의식에서 비롯된 것임을 은연중에 드러냈는데, 항쟁 이후 우울증 등으로 고생했다는 관련 기록이 덧붙어 있다. 두번째 구술에는 구술자가 항쟁 때의 경험에 이어서 이후로도 빈민이나 독거노인의 시신을 수습하는 봉사 활동을 이어오

고 있다는 기록이 덧붙어 있다.[21]

국가폭력을 고발하거나 사회 저항 운동에 참여했던 기억을 구술하는 '남성'들의 서사에서는 연대기적 구성에 주목하는 태도나 공식적인 역사 서술을 지향하는 의식, 혹은 역사 구성에 참여하고 있다는 자의식 등이 드러나는 데 반해 '여성'들의 구술 서사는 대체로 '보편'의 '역사'보다는 '자기 서사 구성'에 초점을 두고 구성되는 경우가 많다. 어려서부터 자신이 어떤 아이였는지 서술하고, 이어서 '5·18'이라는 역사적 사건에 참여하게 된 개인적인 계기, 그리고 자신이 행동에 나서게 된 동기, 그 과정에서 만난 사람과 그 사람들과의 일화, 행위 과정에서 느꼈던 감정들과 발화 당시까지 지속되는 정동을 드러내는 데 초점을 두고 구술을 이어가는 것이다. 이에 대해 이화경은 "항쟁 주체가 사소하게든 극적으로든 어떤 질적 변화를 겪었는가 하는 것들을 일관되고 서사적인 맥락에서 보여준 것"(광주전남여성단체연합, 2012, p. 342)이라고 평가하기도 했다.

'5·18항쟁'에 참여했던 '여성'들을 인터뷰하고 이를 다큐멘터리 영화로 만든 김경자 감독 역시 '여성'들의 구술에서 이와 같은 점에 주목한다. 이 다큐멘터리에 등장하는 여성들은 자식을 잃은 '어머니'가 아

---

21 구술 가운데 오경자 씨 역시 간호사로서 환자들을 돌보고 시신을 수습했다. 그는 한국전쟁 당시 아버지가 인민군의 총에 맞아 죽은 기억을 갖고 있었는데, 5·18 당시 총에 맞은 시신을 보면서 그때 기억이 떠올라 안정제를 먹지 않고는 잠들 수 없었다는 말을 구술하기도 했다. 결혼한 후 시댁에 묶여 며느리와 아내로서의 역할만을 수행할 수는 없다고 생각하여 '노라의 인형의 집' 같은 곳을 나와야겠다고 생각하여 가출을 감행한 바 있으며 이를 통해 간호사의 길을 걸어왔다. 그는 구술 내내 간호사로서의 직업의식과 사명감을 강조했으며 이를 '여성의 모성적 역할'에 결부시켜 서술하기도 했다. 그는 '간호는 행동'이라고 말하며 '자기 마음에서 저절로 우러나오는 모성이 간호의 기본'이라는 언술을 덧붙이기도 했다(오경자 구술, 광주전남여성단체연합, 2012, pp. 225~41).

니라 본인 스스로 항쟁에 참여했던 '여성'들이다. 이들 가운데 상당수는 1970년대 후반부터 광주와 인근 지역에서 노동조합운동을 했던 노동자들이고 또 다른 인물들은 지역사회에서 시민사회운동과 여성운동을 주도하는 단체 활동을 했던 '여성'들이다. 또 우연한 계기로 항쟁에 참여했던 시장 상인들도 몇몇 포함되어 있다. 영화(「외롭고 높고 쓸쓸한」) 속에서 '여성'들은 '5·18항쟁' 당시뿐만 아니라 살면서 마주치는 모든 문제에 적극적이고 능동적으로 대응하는 태도를 보여준다. 또한 이들은 '5·18' 문제만이 아니라 세월호나 제주 강정 해군기지 건설 반대운동과 같이 오늘날 대두되는 여러 사회문제에 관심을 갖고 있으며, 이들 운동에 참여하고 있는 이들에게 공감하고 연대하는 실천적 면모를 드러낸다.

근데 인제 오월에 있어서는 약간 특수한 게, 우리 오월 당사자 선생님들은 다들 똑똑하시거든요. 그리고 내가 보기에는 다 정말 잘나셨어요. [······] 그, 이렇게 전부는 아니지만 내가 만난 여성들의 일부는 되게 살아남은 자로서 이런 얘기를 내가 해야 한다는 게 미안한······ 이런 덩어리가 하나 있는 거 같고. 또 한 덩어리는, [······] 이렇게 막, 말을 많이 하시려고 해요. [······] 어느 순간 그런 걸 느끼면서 '아 이게 그동안에 다른 데서 말씀을 못하셔서, 그럴 기회가 없으셔서 계속 이러시구나.' 끊임없이 막, 촬영분이 되게 많죠. 그래서 실은, 그리고 힐링캠프에서도, 이렇게 처음 그때 이제 처음 말씀하신 분도 많았지만, 이렇게 막 한번 터지면 끊임없이 말을 서로서로 많이 하시려고. 미안해하실, 또 이쪽에 미안해하면서도 막 말씀하시려고 해요. [······] 그랬고 또 다 그러진 않을 텐데, 내가 만난 여성들은 일단 영화를 보시면 알겠지만 노동자 조직이라든지, 송백회라든지, 관련한 활동 하신 분들이 이제 오월을 경험한 걸 이야기하시기도 하지만, 또 우연히 맞닥뜨려서 오월을 당해서 하신 분들도 있는데, 기본적으로 어떤 사회적 관심과, 어떤 본인이 조금 나은 날을 추구하는 경향성들이 있는 분들이에요. 제가 봐서는. (김경자 구술, 다큐멘터리 영화 「외롭고 높고 쓸쓸한」 연출)[22]

김경자 감독은 최근 광주에서 구술에 참여했던 '여성'들의 위상이 달라졌다고 말했다. 말 그대로 이들의 '장소'가 변화한 것이다. 이것은 한편으로 해당 '여성'들의 주도적 실천 ─ 구술을 포함하는 ─ 을 통해 스스로 '장소'를 만들어온 결과인 동시에 사회 전반적으로 '여성 연대'를 밑거름 삼아 구축된 새로운 '운동'의 성과이기도 하다. 2018년 초부터 시작된 '미투 운동'의 지속과 '젠더 이슈'의 사회적 확산이 '5·18' 기억과 담론의 장 내에서 이들 '여성'의 위치를 변화시키는 효과를 만들어낸 것이다. 역사적 사건에 대한 사회적 기억이 서사로 구성되고 그 기억 서사가 당대적 관점에 따라 선별되고 해석되고 배치된 결과물이라면, '5·18' 서사 내 '여성'의 자리를 만들어낸 것은 오늘날 '여성'의 장소가 과거와 달라진 변화에 기인하는 것이라고 볼 수 있다.

그러나 이와 같은 변화는 외적인 조건의 변화, 곧 시대적 환경의 변화만으로 만들어질 수 있는 것이 아니며 이와 같은 조건의 변화가 새로운 계기를 만들어내는 것 역시 축적된 운동의 성과와 맞물렸을 때이다. 이런 의미에서 광주를 중심으로 '5·18' 기억 서사에서 '여성'이 주변부화되거나 배제되었다는 사실에 대해 꾸준한 문제 제기가 있었다는 사실은 중요하다. '5·18' 서사가 '남성'에 의해 주도적으로 재배치되고 이와 같은 서사가 하나의 '신화'가 되는 과정에서 '5·18'은 과거

---

22 김경자 씨 구술, 2018년 10월 5일 연세대학교 젠더연구소.

의 역사적 사건이며 현재는 종결된 어떤 것으로 규정되기도 하고, 트라우마에 대한 치유 역시 완료되어 역사적 의미화 단계에 접어든 사건으로 인식되기도 했다. 그리고 바로 이와 같은 과정 속에서 '여성'의 고통은 여전히 현재진행형임에도 불구하고, 더구나 아직 단 한 번도 제대로 발화된 적조차 없음에도 불구하고 여전히 말할 수 없는 어떤 것으로 남을 수밖에 없었다. 이미 완료되어 역사적 성화(聖化)의 단계에 접어든 사건에 대해 '트라우마'를 말하고 개인적 동기와 계기를 말하는 것 자체가 지극히 '사소하거나', 다음 단계로 나아가려는 '역사적 발걸음'에 장애를 초래하는 것으로 인식되어왔기 때문이다. 이 과정에서 '여성'의 기억은 가시화된 적도 없이 봉쇄되거나 삭제될 위기에 처했다.

그러나 다양한 형태로 항쟁에 참여하거나 이를 목격했던 여성들, 또한 지역 사회 안에서 '5·18' 관련 기억 투쟁에 참여해왔던 여성들이 1990년대 초부터 꾸준히 이에 대한 문제를 비판적으로 제기해왔다. 이와 같은 문제 제기의 성과로 '5·18 광주'의 현장에 있었던 '여성'들의 증언이 1991년에 『광주민중항쟁과 여성』이라는 책자로 간행되기도 했다. 이 책은 항쟁에 참여했던 '여성'들을 조명하기 위해 각계각층의 '여성'들이 항쟁 전후와 항쟁 기간에 어떤 활동을 전개했는지 그 역사를 서술하고, 당시 참여했던 '여성'들의 증언을 채집하여 기록한 내용을 담고 있다. 이 책의 후미에 수록된 증언은 참여자들의 구술 발화를 직접 녹음하여 전사한 것은 아니지만 항쟁 11년 후에 조사된 자료라는 점에서 중요한 의의를 지닌다. 광주·전남 지역 여성단체 구성원들이 공동으로 기획하여 조사한 기록을 정리한 이 책은, 1990년대 초에 이미 "여성의 활약상이 남성에게 자칫 개인 영웅주의나 남성의 그늘에서 나약하고 소극적인 방어 자세에 머물러버린 인상으로 각인되어서는 안 될 것"(5월여성연구회, 1991, p. 268)이라는 비판을 남긴 바 있다. 이 자료집은 '남성' 위주로 서술되어온 '5·18'의 역사를 비판하고 '여성'의 활동과 역할을 정당하게 평가해야 함을 강조하는 한편, '여성'에게 자행되었던 폭력을 단순히 이미지가 아니라 좀더 구체적으로 조명해야 한다는 사실을 강조했다.

이 책은 당시 참여했던 '여성'들의 증언을 통해, 항쟁 이후에도 고문과 투옥, 강압적인 수사, '항쟁' 참여 '여성'에 대한 주변의 억압적 시선, 가정 내 물리적 폭력과 심리적 압박 등이 지속되었음을 고발한다. 이들의 말은 '항쟁'에 참여한 여성이라서 겪어야 했던 남편의 물리적 폭력과 시댁의 부당한 대우, 성적 폭력을 비롯한 국가폭력이 만들어낸 심각한 트라우마 등에 대해 구체적으로 그려낸다. 이것은 폭력에 희생당한 훼손된 신체의 이미지가 아니라 고통에 대한 구체적 진술로 그려지며, 이들이 '항쟁' 기간, 혹은 그 이후에 겪어야 했던 폭력이 '여성'에게 가해진 젠더 폭력의 일환이었음을 여실히 증명한다. 그러나 사실상 이 책에서 잠깐 고개를 내밀었던 '여성'의 목소리는 이후 다시 주목받지 못했으며, 그로부터 20년이 넘는 시간 동안 '5·18'의 서사에서 다시 등장하는 일이 없었다.[23]

'여성'들의 목소리는 1991년 『광주민중항쟁과 여성』 이후 '5·18' 관련 담론장에서 사라졌다가 2012년 출간된 구술자료집을 통해 다시 세상에 드러났다. 이 자료집에는 기존의 증언집에서 목소리를 들을 수 없

23  최근 언론을 통해 주목받은 '여고생이 당한 성폭력'이나 항쟁 이후 참여자들이 경험해야 했던 '성적 고문' 등에 대한 진술이 이미 이 책에서 언급된 바 있다. 그러나 1991년 이후 이에 대한 조사와 구술 인터뷰 작업 등은 시행되지 않았으며, '5·18'이 국가적 기념과 애도의 대상이 되고 '국가폭력'에 대한 피해를 보상하는 문제에 대한 논의가 진행되는 와중에도 '여성'들의 목소리는 대체로 소외되었다. 또한 최근 '여성'들의 구술을 참조할 때 이들은 '5·18'에 대한 '보상' 위주의 담론이나 '5·18'을 국가적 기념 대상으로 삼아 정치화하는 문제 등에 대해 기존의 논의를 주도해온 '남성'들과는 다른 견해를 가졌던 것으로 보인다.

었던 '여성'들의 발언이 다수 담겼다(광주전남여성단체연합, 2012). 이 책은 광주 지역에서 '여성운동'을 주도하거나 이에 참여했던 이들의 꾸준한 제안과 노력을 통해 결실을 맺은 성과라고 할 수 있다. 2000년대 초반까지도 지역 사회 내에서 '항쟁' 참여 '여성'의 구술 작업이 필요하다는 문제 제기에 공감하는 이들은 많지 않았다. 그러나 꾸준한 노력이 결실을 맺어, 뜻을 가진 '여성'들이 직접 구술 인터뷰에 나섰고 수년간의 성과를 모아 자료집을 간행하기에 이른 것이다.

군인들이 도청 앞 상무관을 싹 둘러싸고 있었어. 도청 안에 가니께, 민원실에서 사람들 몇이 나와서 민원을 보드만. 우리가 가서 책상을 다 엎어버리고 그랬어. '이 개새끼들아, 형제끼리 싸워서 사람 죽여놓고 느그들 민원 보면 뭣하냐?' 그라믄서 싹 엎어부렀어. (박수복 구술, 광주전남여성단체연합, 2012, p. 61)

5월 27일 우리가 마지막 밤까지 밥을 해주다가, 끝내는 그 애리디애린 것들이 여자를 보호한다고 우리한테 "누군가는 살아남아서 이 소중한 역사에 대해 증언을 해야 되지 않겄냐"고 무슨 선지자 같은 얘기를 하면서 우리더러 가라는 거야. [⋯⋯]

우리가 입을 함부로 열 수 없었던 것이 다 그것 때문이제. 그 어린 것들이 우리한테 그렇게 하고 즈그들은 죽었으니까. 근디 많이 아는 자들, 기득권자들은 끝까지 책임을 안 지드라고. 광주가 너무 가슴 아팠던 것이⋯⋯ 소위 지식인이라는 사람들은 즈그 새끼들은 전부 끄집어 내 가고, 넝마주이가 다 죽었네 어쨌네 하는데, 사회에서는 한 번도 알아준 적 없던 이름 없는 자들의 희생 위에 우리 광주의 역사가 꽃을 피운 거제.

나는 감히 자기반성들을 해야 한다고 생각하거든. 과연 그렇게 말할 자격들이 있는가 싶어. 정말 우리는 말할 자격이 없다고 생각하지. 우리는 살아 있는 자로서 말을 안 하려고 한 거야. [……]

우리는 후유증을 다 겪을 수밖에 없었어. [……] 우리 노동 쪽 친구들이나 오면은 같이 망월동에 가만히 가고 그러제. 행사하면 광주 사람들이 한풀이하고, 그때만 되면 우르르 몰려와서 뭣이 어쩌고 저쩌고 하다 가불고. 정신이라는 것은 그런 것이 아니거든. 광주 역사는 개개인이 어떤 의식이 확 들어 있어서 그런 것은 아니지만, 우리 참여로 만들어 낸 숭고한 역사제. [……] 내 밑바탕에 아무것도 없지만은, 내 정신만큼은 항상 자존심을 걸고 살았제. 내 자리를 챙겨본 적도 없고. 그렇게 또 살아야지만 먼저 간 친구들한테 조금이나마 보답하는 길이고. (윤청자 구술, 광주전남여성단체연합, 2012, pp. 116~19)


'여성' 구술자들의 서사는 기존의 증언록에 담긴 말들과는 다른 결을 보여준다. 이들은 '살아남은 자'의 관념적 책임과 죄의식을 말하는 것이 아니라 항쟁 당시의 저항적 활동과 항쟁 이후 역사적 책임을 자기 성찰 속에서 풀어내고 있다. '살아남은 자로서, 목격한 자로서의 사명과 책임'은 '기억하는 것'에 있다는 것이다. 그들에게 이와 같은 '기억하기'는 자기 상실을 애도하는 과정이면서 죽어간 많은 넋들을 애도하는 작업이며, 존재를 드러낼 수 없었던 이들을 대신하여 끊임없이 그 존재를 가시화하는 것이다.

오키나와에서 자행된 전쟁과 폭력을 성찰해온 도미야마 이치로는 "폭력으로 인한 죽음을 가장 가까이서 목격한 자야말로 그 폭력이 남긴 가장 커다란 공포에 휩싸인 채 살아가게 된다"고 말한다(도미야마 이치로, 2002). 죽음을 목전에 둔 자가 아니라 지금 막 죽음을 목격한 자가 가장 큰 공포를 안게 된다는 것이다. 죽음을 기억하려는 '여성'들은 '죽음'의 공포를 극복하고 '삶'을 살아내는 의지를 키워가는 일이, 또한 살아남은 자로서 그들의 죽음을 기억하고 증언하는 동시에 그 죽음을 애도하는 일이 자신들 몫의 책임이라고 말한다.

구술 작업을 통해 저항의 주체로 스스로의 정체성을 재기술하는 '여성'들은 이 과정에서 자신의 젠더 위치를 재확인하고 젠더적 관점에서 자기정체성을 재구성하기도 한다. 또한 이 과정에서 사회적으로 규범화된 젠더 역할의 범주를 회의하거나 비판하기도 하고 사회적으로 허용되지 않거나 가시화된 적 없는 '여성 연대'의 가능성을 재발견하기도 한다. 최근 각종 사회운동에서 발견되는 '여성 연대'의 가능성과 탈규범적 재사회화의 장면들은 이와 같은 정체성 재기술의 가능성을 예고한다(김영희, 2017a; 김영희, 2017b).

저항 주체로서의 '여성' 서사는 성장 서사로 기술되기도 한다. 자기 삶의 한계나 범위를 가정 내 국한시켰던 이들이 이와 같은 경험을 통해 사회적 문제에 눈뜨거나 사회적 연대의 경험들을 성취하는 과정에서 자기정체성을 새로이 발견하는 내용으로 서술되는 것이다. 구술 작업은 정체성 재기술의 과정이라는 점에서 새로운 정체성을 구성해나가는 수행적 계기가 되기도 한다.[24] 구술을 통해 자기 서사를 재구성하고

---

24  김연숙 등은 여성의 글쓰기가 자서전적인 성격을 갖는 것은 여성적 자아의 재발견이라는 내적 욕망이 숨어 있기 때문이라고 언급한 바 있다(김연숙·이정희, 1997, p. 194). 일찍이 김성례는 '여성'의 자기 생애 구술이 정체성 기술의 작업이며 이것이 '여성성'을 구성하는 한 과정임을 논증한 바 있다(김성례, 1991, pp. 7~43). 또한 윤택림은 여성의 자기 서사 구술을 자기 치유의 과정으로 분석하기도 하였다(윤택림, 2011, pp. 97~131). 여성 구술에 주목한 여러 연구자는 구술을 통해 '여성'들이 자기정체성을 재기술하는 장면에 주목하였다. 차경희와 김경신은 지역 여성 활동가들의 구술을 통해 이들의 정체성이 '여성주의적'으로 전환되는 과정에 주목하였다(차경희·김경신, 2017, pp. 191~225). 한편 이성숙은 '여성'의 기억이 '남성'의 기억과 매우 다른 양상에 대해 "여성은 자신의 개인적 업적에 대해

이 과정을 통해 기존의 서사에 덧입혀 새로운 정체성의 내용을 기술하게 되는 것이다. 또한 이런 수행적 과정을 통해 현재적 관점에서 자기서사가 새로이 성찰, 재구성되기에 이른다. 그리고 이와 같은 구술 작업과 구술 결과물의 사회적 공유(출판 등)는 정체성 수행에 더해 사회적 승인과 확산의 계기를 열어준다. '여성' 구술은 망각의 어둠 속에 묻혔던 목소리를 복원하는 과정인 동시에 구술을 수행하는 주체에게 새로운 정체성 수행의 단초를 마련하는 일이 되는 것이다.

## 도청 앞 광장의 '여성'들

어느 날 '5·18' 당시 광주의 '장면'들을 담은 사진을 살펴보다 문득 깨달은 사실이 있다. 도청 앞 광장에 모인 시민들이 자유롭게 발언하고 서로의 말을 경청하는 모습을 담은 사진이었는데 빼곡하게 자리를 잡고 앉은 시민들 가운데 대부분은 '여성'이었다. 다음 사진에서도, 그다음 사진에서도 광장을 가득 메우고 있는 것은 나이 든 고령의 시민들과 절대다수의 '여성'이었다. 이 광장의 '여성'들은 모두 어디로 사라진 것일까. 그들은 어디서 어떤 삶을 살고 있을까. 그들은 '5·18'에 대해 무엇을 말하고 싶을까. 왜 우리는 40년의 시간이 흐르는 동안 그들의 목소리를 들을 수 없었던 것일까.

국가폭력은 1980년 5월 광주에서 시작되어 같은 해 광주에서 끝났던 것이 아니다. 40년간의 침묵은 국가폭력이 그 시간만큼 지속되었음을

말하는 것을 꺼리며 개인적인 능력을 숨기는 경향이 강한 것으로 나타난다"라고 서술한 바 있다(이성숙, 2006, pp. 1~24). 그러나 이것이 '여성' 구술 일반의 특질인지에 대해서는 재론할 필요가 있다. 특히 모든 '여성'이 동질화될 수 없는 것과 마찬가지로 '여성' 구술 역시 내부의 이질적 결 없이 동일한 평면으로 가정될 수 없다.

증명한다. 분명 광장에 '있었으나' 지금은 그 흔적을 찾을 길 없는 이들의 '부재'가 그들의 '존재'를, 그 존재의 의미를 분명하게 드러낸다. '부재'와 '침묵'은 폭력의 증거다. 말할 수 없었다는 것, 말할 수 없게 말문을 막았다는 것이 폭력의 지속을 입증한다. 무엇보다 존재의 부정은 국가폭력이 만들어낸 궁극의 결과가 무엇인지 여실히 보여준다. '5·18'에 참여했다는 사실이 또 다른 폭력의 이유가 되었던 시절은 그렇다 치더라도 왜 '5·18'이 국가 기념의 대상 사건이 된 이후에도 이들은 '말할' 수 없었을까. 이들의 말문을 닫게 한 것은 군부독재 정권뿐이었을까. 군부독재가 종식된 이후에도 이들의 말문을 막은 폭력은 무엇이었을까. 그 폭력에 '내'가, 혹은 '우리'가 동참한 것은 아니었을까.

침묵하던 '여성'들이 미투운동 이후 목소리를 드러낼 수 있었던 것은 우연이었을까.[25] '5·18항쟁'에 참여했던 '여성'들을 인터뷰한 사람들은 대부분 "처음에는 말하기 주저했지만 일단 말문을 열고 나선 봇물 터지듯 말들이 흘러나왔다"라고 말했다. 침묵은 처음부터 이들이 의도하거나 '선택'한 일이 아니었던 것이다. '5·18'을 둘러싼 사회적 의제들이 반독재 민주화, 반미 자주화, 민중권력 실현, 평등 사회 구현 등으로 이동하는 사이에도 '젠더'는 말할 수 없는 것이거나, 최소한 '지금은 말

---

25  '5·18항쟁'에 참여했던 여성 가운데 어떤 이들은 침묵하던 '여성'들이 말할 수 있는 장소를 갖게 된 배경에 2018년 '미투'운동이 존재한다고 말한다. 또 '페미니즘 리부트' 세대로 불리기도 하는 20대 여성들은 '강남역 10번 출구' 사건을 계기로 '5·18'의 문제를 다시 생각하게 되었다고 발언하기도 하였다. 이와 같은 '연대'가 '여성 발화'의 장소를 만들어내는 정치적 효과를 창출할 수 있다는 점에 대해 주목할 필요가 있다. 다만 '강남역 사건'을 자기 세대의 사회적 기억을 구성하는 주요 사건으로 인식하는 이들이 '5·18'의 역사성을 탐색하고 이를 둘러싼 정동에 공감하는 데 반해 '5·18'을 자기 세대의 핵심 사건으로 인식하는 이들이 '강남역 사건'에 대해 어떤 이해와 공감을 갖고 있는지에 대해서는 별도의 성찰이 필요하다[김영희, 「'5·18 광장'의 여성과 '애국시민'의 경계」, 『5·18 연구의 계보학』, '5·18기념재단 학술대회'(2019년 11월 15일, 5·18기념문화센터) 발표자료집 참조].

할 수 없는 것'으로 규정되었다. 언제나 더 중요하고 우선적인 일들이 있었기 때문이다. 그러나 40년 가까운 시간이 흐르는 동안 '애국시민'이 수많은 문제를 해결하고도 또다시 소환되는 시간이 흐르는 동안에도 '애국시민'의 외부는 사유되지 않았다. 어떤 고통이 더 중대한 것인지, 누가 먼저 말할 수 있는지, 누가 진짜 항쟁의 주체인지 이 위계와 순서를 만드는 것은 누구일까. 누가 이런 권한을 정당화할 수 있을까.

그러나 사람들의 기억 속에는 내게 주먹밥을 만들어 건넨 '여성'이 존재했다. '5·18'을 다루는 다큐멘터리에 종종 등장하는 장면은 시민군이었던 한 사람이 자신에게 '밥'을 건넨 '여성'을 떠올리며 그를 만나고 싶다고 말하는 장면이다(김상우 감독, 「김군」, 2019; 김태일 감독, 「오월愛」, 2011). 시민군이었던 그는 이 '밥'이 자신이 하는 행동이 정당하다는 것을 말해주는 것 같았다고 말한다. 또 이 '밥'을 통해 '우리가 모두 연결되어 있다는 감각'을 느낄 수 있었다고 말한다. 그리고 언젠가는 맛있는 밥상을 차려 자신에게 밥을 만들어주었던 이들을 모두 초대하여 함께 즐겁게 음식을 나누는 풍경을 상상하곤 했다고 말한다.

꽤 오랫동안 '5·18'의 폭력과 저항을 다룬 서사에서 '여성'은 폭력의 최종 수신처이자 폭력이 구현되는 장소로서의 신체 이미지로 치환되었다. 또한 저항의 서사에서 '여성'은 '자식을 잃은 어머니' '주먹밥을 만드는 어머니' '헌혈에 나선 여학생' '애절하게 울려 퍼지는 목소리' '공동체의 하나됨을 증명하는 술집 접대부' 등의 '이미지'로 표상되었다. 그러나 '여성' 구술을 통해 구축된 사회적 기억 속에서 이들은 폭력이 구현된 신체가 아니라 '말하는 목소리'를 가진 '살아 있는 존재'로 새롭게 등장했다. 이들은 자신의 고통을 구체적 언어로 표현하고, 저항의 '동기'를 말하고자 했으며, 폭력과 저항의 기억이 '지금'의 자기 자신을 구성하는 데 어떻게 작용했는지 해석하고자 했다. 이와 같은 정체성 재기술의 과정 속에서 '여성'은 저항공동체의 일원으로 자신을 재발견하기보다는 그와 같은 공동체의 경계가 자신에게 어떤 의미였는지 비판적으로 고찰하고 '여성'이라는 젠더적 위치를 재발견하기도 했다.

권김현영은 여성성 연구의 주요 방법 가운데 하나가 "잊힌 목소리를 복원하고 발굴하고 재해석하는 것"이라고 말한 바 있다(권김현영 외, 2017, p. 13). 여성 구술은 '여성'의 목소리를 발굴하고 재배치하는 페미니즘적 성취 외에도 '역사' 서술에서 '여성'의 장소를 새롭게 만들어내거나 재배치하는 효과를 거둘 수 있으며 이를 통해 젠더 정치의 기획과 효과를 다른 방향으로 전환하게 하는 계기를 마련할 수 있다. 그리고 이와 같은 효과는 '여성' 구술을 통한 목소리의 확장을 통해서도 가능하지만, 다른 한편으로는 사회적 장 내에서 젠더 정치의 역동 변화가 목소리 확장을 이끌어내기도 한다. 오늘날 한국 사회에서 '젠더' 이슈가 확장되고 '여성' 목소리에 대한 관심이 증대되면서 '여성'의 구술이 새로운 국면에 접어들게 된 것 또한 이와 같은 맥락에서 해석할 수 있다.

폭력을 전시하는 신체로 재현되는 것이 아니라 폭력을 경험한 입을 통해 폭력이 고발될 때 우리는 비로소 국가폭력이 만들어낸 결과들에 직면할 수 있게 된다. 폭력을 경험한 신체가 단지 울분을 자아내는 대상이 아니라 고통과 상처를 고스란히 경험해내는 살아 있는 존재라는 사실을 인지하게 되기 때문이다. 그리고 그 고통과 상처의 경험은, 살아 있는 존재에게는 지나간 과거나 신화적 역사가 아니라 여전히 지속되는 '현재'이다. 재현된 신체가 아니라 '말하는 입'을 통해 고통의 언어가 발화될 때 우리는 비로소 '국가폭력'이라는 것을 관념이 아닌 '구체적 경험'으로 인식하게 된다. 그리고 이와 같은 '경험의 공유'가 '국가폭력'에 대한 구체적 성찰을 이끌어내는 것이다.

하지만 '말하는 입'에는 '말할 수 있는 장소'가 필요하며 이 장소를 만드는 것은 담론장 내에서의 정치적 역동이다. 1980년에 일어난 성적 폭력이 40년 가까운 시간이 지난 오늘에 이르러서야 비로소 언어화되는 것은, 이 경험을 '말할 수 있는 장소'가 우리 사회 담론장 내에 그동안 존재하지 않았기 때문이다. 오늘의 이 '장소'는 오래도록 성적 폭력을 사회적 담론장에서 발언하고 공유하기 위해 싸워온 이들이 만들어 낸 것이며, 2018년 미투운동이 만들어낸 성과라고도 할 수 있다. 그러나 무엇보다 이 '장소'를 만든 것은 멈추지 않고 말해온 '여성'들의 '목소리'이며 그 목소리가 들려준 '이야기'들이다.

사실상 경험은 '이야기' 혹은 '이야기하는 것'을 통해 전승되고 공유된다. 사회적 기억이 만들어지는 가장 중요한 매개 가운데 하나가 '이야기'인 까닭이 여기에 있다. 노에 게이치는 인간을 '이야기하는 동물'이라고 말한다. "무자비한 시간의 흐름을 이야기하는 행위를 통해 멈춰 세우고 축적된 기억과 역사의 층 속에서 자기 확인을 거듭하며 살아가는 동물"이 인간이라는 것이다. 그에게 '이야기'는 "경험을 전승하고 공동화(공유)하는 언어 장치"이며, '이야기행위'는 "지각적 체험을 해석학적 경험으로 변용시키는 조작"이다(노에 게이치, 2009). 이런 관점을 따르면 사실상 역사란 결국 해석학적 변형 과정을 통해 여과되고 침전된 공동체의 기억과 같은 것이라고 할 수 있다.

기억에서 과거의 사건은 '묘사'되는 것이 아니라 '구성'된다. 일회적인 개인적 체험은 경험의 네트워크 안에 들어가서 다른 경험과 조합됨으로써 구조화되고 공동화되어 기억할 만한 가치를 지니게 된다. 역사적 사건들은 결국 해석학적으로 재구성된 것, 곧 이야기하기의 결과물인 것이다. 이야기행위는 시간적으로 떨어진 복수의 사건을 지시하고, 그들을 시간적 질서에 따라 배치하는 언어 행위라고 할 수 있는데 이때 이야기적 인과성을 만드는 것은 시선과 문맥이다. 결국 역사로 등재된 기억은 선택과 해석의 결과라고 할 수 있다. 이 선택과 해석은 사회적 조건과 환경에 따라 이루어지고 어떤 기억은 다른 기억에 대해 끊임없이 외부로 축출당하거나 공적 영역에 등재되지 못한 채 삭제된다.

벤야민은 "역사가 승자의 편이라면 기억은 억압받는 자들의 편에 서 있다"고 말한다. 사회적으로 구조화된 왜곡과 망각으로 인해 의식의 저편으로 사라졌던 것들을 소환하는 것이 기억 투쟁이라는 것이다. 이 것이 기억이 정치적 실천의 함의를 지닐 수밖에 없는 이유이다.[26] 왜곡 과 망각으로 인해 의식의 저편으로 사라졌던 것을 다시 소환하는 것이 기억이라면 기억은 그대로 정치적 실천 행위라고 할 수 있다.

기억하는 것은 금지되었던 목소리를 소환하는 일이다. 또한 목소리 를 소환하는 것은 유령처럼 떠돌던 존재를 가시화하는 일이다. 이것 은 역사에 억압되었던 잉여적 존재들을 기억을 통해 불러내는 일이 된 다.[27] 폭력이 있었고 그 폭력은 잊혔다. 오랜 시간이 지나 폭력을 기억 하는 이들이 나타나기 시작했지만 그때조차도 목소리를 드러낼 수 없 었던 이들이 있었다. 이제 이들의 목소리를 통해 유령처럼 떠돌던 존재 들이 기억의 저편에서 모습을 드러내기 시작하고 있다. 기억하는 것은 저항을 지속하는 일인 동시에 개인적으로나 사회적으로 폭력이 만들 어낸 수많은 '상실'을 애도하는 일이 될 것이다. 그러나 중요한 것은 어

---

26  벤야민은 "우리가 비상사태를 보는 곳에서 억압받는 자들은 상례를 본다"라고 말했다. 억 압받는 자들에게 역사는 '비상사태'의 연속이며 이 연속의 사슬을 끊기 위해서는 무엇보 다 정신의 깨어 있음이 요구된다. 벤야민은 역사가 승자의 편이라면 기억은 억압받는 자 들의 편에 서 있다고 말한다(최성만, 2014).
27  트라우마는 폭력에서 시작되지만 이를 가중시키는 것은 구조화된 망각의 기제들이다. 잊 어야 하고 말할 수 없는 상태로 머물러 있는 것들이 존재하는 것이다. 기억을 형성하거나 매개하는 것은 고도의 사회적 기제, 일종의 매트릭스matrix라고 할 수 있다.

떻게 기억하느냐의 문제이며, 서로 다른 서로의 기억을 나누기 위해 어
떤 태도로 서로를 맞이하고 서로의 말에 귀 기울일 것인가 하는 문제라
고 할 수 있다. 어떤 기억의 방식은 다른 기억을 억압하며 오히려 또 다
른 '상실'을 만들 수도 있기 때문이다.[28]

[『페미니즘 연구』, 18권, 2호(한국여성연구소, 2018) 재수록; 일부 개고]

---

28 '여성' 구술을 통한 사회적 기억의 재구성은 '존재하면서도 존재할 수 없었던' 모순적 위
치의 목소리를 복구하는 작업이다. 원인을 알 수 없는 통증을 유발하는 '여성'의 히스테리
가 트라우마에서 비롯되는 것처럼, 국가폭력과 저항의 기억 속에서 '여성'은 지워진 존재
로 망각의 폭력이라는 트라우마에 갇혀 있는 상태라고 할 수 있다. 국가폭력과 저항의 서
사에서 기억되지 않는 '여성'은 상실을 애도할 수 없는 우울에 갇힌 존재다. 따라서 '여성'
구술은 상실을 애도하고 자기 서사를 재구성하는 작업이라고 할 수 있다. 새로운 자기 발
견과 정체성의 재기술, 트라우마의 자기 발견과 사회적 승인의 과정인 것이다. 구술을 통
해 정체성 재기술의 수행을 성취하는 것은 사회적 기억 내 표상성을 획득하는 과정이기도
하다.

# 도래하(지 않)는 5·18

— 5·18의 언어와 정치적 잠재성

이광호

## 1. 미래의 기억으로부터

어떤 기억은 과거가 아니라 미래에 속한다. 그 기억은 아직 오지 않은 잠재적인 것이기 때문이다. 기억은 아무것도 약속하지 않으면서 다른 시간이 올지도 모른다고 말한다. 1979년과 1980년, 재래식 고등학교 교복을 입는 마지막 세대로서의 숨 막히는 시절이 지나가고 있었으며, 어떤 진실도 알려주는 곳이 없었다. 1980년 5월의 KBS「9시 뉴스」에서는 무표정한 표정을 한 남성 앵커가 광주에서의 '소요 사태'에 대해 전하고 있었다. 십대의 모호한 불안과 이름을 알 수 없는 갈증은 어떤 출구도 찾지 못했고, 불투명한 예감에 사로잡혀 있었다. 1979년 10월의 광화문 거리에서, 대통령의 죽음을 슬퍼하는 군중들과 초저녁 무렵 라이트를 켜고 움직이는 군용 트럭의 대열 속에서 한 시대의 이미지가 만들어졌다. 그때 광화문 사거리의 기이하고 날카로운 공기의 감각을 완전하게 떠올리는 것은 불가능하다.

1982년 봄 대학에 입학하고 제도권 교육의 모든 지식이 허위인 것처럼 여겨질 때, '광주'에 대한 공부는 다시 시작되어야 했다. 제도교육의 언어들과 매스컴의 정보들 바깥의 엄청난 세계가 있었고, 그 세계는 무서운 폭력과 뜨거운 분노, 낯설고 날카로운 개념들로 가득했다. 치욕과 부끄러움은 십대 시절의 무지에 대한 혹독한 대가였다. 초등학교 때 떠나온 출생지에 성인이 되어서도 방문하지 못한 것처럼, 한동안 광주에도 가지 못했다. 광주는 '뜨거운 상징'이었지만, 너무 뜨거워서 두려운 상징이기도 했다. 그 상징들을 만드는 것은 5·18을 둘러싼 이미지와 언어 들이었다.

이를테면 이런 언어들, 처음 듣는 사회과학의 용어들, '파쇼' 같은 이질적인 뉘앙스의 개념들. 함께 노래를 부를 때 학생운동권 공동체의 동질감을 감각적으로 경험했으며, 그 시절의 가장 강렬한 언어들은 그 노래 속에 있었다. "앞서서 나가니 산 자여 따르라"와 같은 가사의 과장된 비장함에 피부가 떨리기도 했지만, 「5월의 노래 2」의 정서적 충격보다 더한 것은 없었다.

꽃잎처럼 금남로에 뿌려진 너의 붉은 피
두부처럼 잘려나간 어여쁜 너의 젖가슴
오월 그날이 다시 오면
우리 가슴에 붉은 피 솟네[1]

5·18 당시 계엄군이 자행한 무차별적인 폭력, 특히 여성들에게 가해진 잔혹한 폭력에 대해서는 적지 않은 증언이 있다. 이 노래의 표현이 '실제로' 벌어진 사건을 다루고 있다고 하더라도, 이 재현의 언어는 다

---

1  이 구전 가요의 멜로디는 1971년 프랑스 가수 미셸 폴나레프Michel Polnareff가 작곡한 「누가 할머니를 죽였는가Qui a tue grand-maman?」에서 빌려왔다고 알려져 있다.

른 5·18의 담론들을 압도할 만큼 강렬하다. 훗날 전옥주는 이와 유사한 경험, 자신이 목격한 여성의 시신에 대해 "봄이라 옷을 이렇게 입었는데, 이 가슴에 피가 한강이 돼 있었어요"[2]라고 구술한다. 타자의 '죽음-몸'에 대한 1인칭 '이 가슴'과 2인칭 '어여쁜 너의 젖가슴'의 호명의 간격, 두 호명의 차이야말로 언어의 첨예한 정치성이다.[3] 저 이미지의 무거움에 짓눌려서 노래의 '성정치학'에 대해 생각하지 못했다. 이를테면 5·18의 희생자를 2인칭 '너'로 호명하고, '너'를 훼손된 여성 신체로 대상화하는 것은 '정치적으로 올바른가?' 여기에는 민중을 대표하는 '남성 주체'가 바라보는 훼손된 여성 신체라는 시선의 위계가 작동하고 있는 것은 아닌가?[4] 하는 질문 말이다. 잔악한 폭력을 폭로하기 위해 동

---

2  "방송하면서 광고(광주고등학교) 있는 데로 갔습니다. 여학생의 유방을 도려냈다는 방송을 저는 하지 않았습니다. 딱 가니까, 봄이라 옷을 이렇게 입었는데, 이 가슴에 피가 한강이 돼 있었어요. 그래서 제가 다른 남자한테 "웃옷을 벗어서 그분한테 덮어주십시오. 그리고 빨리 시신을 병원으로 옮기십시오"라고 했죠. 그리고 저는 방송으로 "사랑하는 제 동생을 잃었습니다. 가슴을 난자해 죽였습니다"라고 했습니다. 피투성이가 돼서 볼 수가 없으니까 저는 난자당했다고 표현할 수밖에 없었어요"(전옥주 구술, 「모든 시민들은 도청 앞으로 나와 주십시오」, 광주전남여성단체연합 기획, 『광주, 여성』, 이정우 엮음, 2012, p. 153).

3  5·18의 기록 가운데는 어린 여성 신체의 훼손에 대해 '순결성'의 이미지를 부각하는 것이 적지 않다. "그는 여고생 한 명이 위에는 교복을, 아래는 흰 체육복을 입고 지나가다 총탄을 맞고 쓰러지는 것을 목격하였다. 총성이 멈추고 한참 지난 뒤에야 쓰러진 여학생을 홍안과로 데려가 살펴보니 이미 숨진 후였다. 마음속 깊은 곳에서 분노가 치솟으면서 자신도 모르게 울음이 터져 나왔다. 천진한 소녀가 그의 눈앞에서 바람에 지는 꽃잎처럼 붉은 피로 물든 채 쓰러져 있었다"(황석영 외 기록, 『죽음을 넘어 시대의 어둠을 넘어』, 광주민주화운동기념사업회 엮음, 창비, 2019, p. 209).

4  "'5·18'의 기억 서사에서 오래도록 '여성'의 신체는 국가폭력을 고발하고 전시하는 장소이자 저항의 계기를 만드는 매개로 재현되었다. '여성'의 신체를 매개로 한 메시지의 발신자도 수신자도 사실상 '시민군'과 '시민군'의 계승자로서 사회운동에 참여한 '남성' 주체였다는 사실은 주목할 필요가 있다. '여성'의 신체를 매개로 한 메시지의 발신과 수신은 '여성'이 아닌 '남성'을 저항의 주체로 설정하고 '여성'은 저항의 주체가 아니라 저항의 계기를 만드는 매개적 존재로 상정한다"(김영희, 「'5·18'의 기억 서사와 '여성'의 목소리」, 『페

원된 언어들의 잠재적인 폭력성은, 폭력과 재현과 언어에 대한 또 다른 사유를 요구한다.[5]

그리고 죽음의 이미지들이 있었다. 1980년대 초 몰래 보던 5·18 사진들은 캠퍼스에서 사복형사들이 철수한 1980년대 후반에는 도서관 앞에 '전시'되기에 이르렀다. 짓이겨진 얼굴과 훼손된 신체의 흑백사진들은 지각의 충격을 가져왔다. 캠퍼스의 그 지나치게 환한 햇살과 여린 연둣빛 속에서 처참한 흑백사진을 본다는 것은 무엇인가? 인간의 참혹은 '전시'될 수 있는가? 캠퍼스에 흐르는 일상적 시간들과 두려운 사진들의 시간이 교차하면서, 그 장소는 다른 곳으로 변형되었다. 그 사진들은 국가폭력의 잔혹함을 직접적으로 증명하는 것이었지만, '전시'와 '본다'는 행위의 억압적인 측면을 또한 드러내 주었다. 잔혹한 폭력의 희생자를 재현하는 사진은 그 자체로 '시각의 폭력'에 해당한다. 본다는 것은 무력한 수동성을 띠는 것처럼 느껴진다. 놀라운 것은 저 사진 앞에서의 시작되는 자기혐오와 윤리적 무능함이었다.

1990년대 이후 5·18 사진들을 미디어를 통해 쉽게 접할 수 있게 되었을 때, '타인의 고통'은 '일종의 스펙터클'로 소비될 수 있었다. 연민과 분노는 타인의 고통에 대한 무력함과 무고함을 증명해주는 알리바이가 될 수 있다.[6] 타인의 고통에 '내'가 연루되어 있다는 감각은 사진

---

미니즘 연구』, 18권, 2호, 한국여성연구소, 2018, p. 163).

5   최윤의 「저기 소리 없이 한 점 꽃잎이 지고」에서 '남자'는 소녀의 훼손된 육체를 다음과 같이 묘사한다. 여기에서 소녀의 신체를 '순결성'으로 규정하는 것은 불가능하다. "예쁘거나 추하다거나 하는 느낌조차를 무화시키는 다른 어떤 것이 무어라고 말로는 되어 나오지 않지만, 이 작은 몸뚱어리가 머물러 있는 세상은 남자가 알고 있는 그것과는 전혀 다른 곳이리라는 결정적인 느낌이 그의 본능적인 방어적 근육들을 수축시켰다"(최윤, 『저기 소리 없이 한 점 꽃잎이 지고』, 문학과지성사, 2018, p. 245).

6   수전 손택, 『타인의 고통』, 이재원 옮김, 이후, 2004, p. 154.

을 보는 '최초의 자극'만으로는 오지 않는다. 거기에는 두 개 이상의 죽음이 내재되어 있다. 피사체로서의 저 죽음의 신체가 먼저 있다면, 최초의 충격과 분노는 시간이 지나면 납작해진다. 이미지들의 덧없는 범람 속에서 사진의 증언은 점점 경험과 격리되고 증언 자체의 소멸을 향한다.

저 사진들이 진짜 말하지 못하는 것이 있을 것이다. 재현되는 이미지들은 재현되지 못하는 시간들 위에서 돋아난다. 그 훼손된 신체와 얼굴이 한 가지를 의미한다고 할 수 있을까? 그 이미지들은 나를 무력하게 만들고 나는 그 이미지들의 완전한 의미를 규정할 수 없다. 저 사진을 통해 무언가를 기억하기 위해서는 '상상'해야 한다. '모든 것을 무릅쓰고 상상'해야 한다.[7] 그 이미지들은 나에게 어떤 윤리적 순간을 경험하게 하지만, 동시에 어떤 것으로 환원될 수 없는 타자의 '익명성'과 '무한'을 대면하게 한다. 나는 타자의 고통을 보았다고 '안다고' 할 수 있는가? 그때 타자는 내가 알 수도 호명할 수도 없는 무한한 미지의 존재이다. 5·18을 둘러싼 불투명한 기억의 심부에는 '죽음-몸'에 대한 응시, 어떤 언어로도 재현되지도 요약되지도 않는 저 '죽음-몸'의 무한에 대한 대면이 있다. 완전히 고독한 '죽음-몸'에 대한 기억은 과거에 속하지 않고 '미래'에 속한다.

## 2. 5·18의 '언어'는 어디에 있는가?

5·18을 어떻게 부를 수 있을까? 모든 호명은 호명되지 못하는 영역,

---

7  조르주 디디-위베르만, 『모든 것을 무릅쓴 이미지들: 아우슈비츠에서 온 네 장의 사진』,
   오윤성 옮김, 레베카, 2017, p. 64.

호명될 수 없는 것들에 대한 배제에 기초한다. 완전하고 정확한 호명이 없다는 것은, 사건의 '잠재성'을 정확하게 명명하는 언어는 없다는 의미이다.[8] 5·18을 간첩에 의한 폭동이라고 왜곡하는 세력이 이 국가에 존재하고 있다는 것은 절망적인 일이지만, 국가와 정치세력이 만든 그 반대편의 호명이 완전한 것은 아니다. 가령 5·18을 '광주민주화운동'이나 '5·18민중항쟁'이라고 부를 때, 이 용어들은 5·18의 정치적 잠재성을 국가와 민중[9]의 이름으로 환원한다. 5·18은 다만 국가의 사건이거나 민중의 사건인가?

공식화된 호명들은 5·18의 몸과 죽음들, 어떤 이름으로도 환원 불가능한 개별자들의 고독을 집단의 역사 속에 수렴한다. 그 죽음을 '열사'로 규정하고 민주주의의 밑거름이라고 추앙하는 것으로 개별자들의 삶과 죽음은 정리되고 구원되는 것인가? 5·18은 민중 혹은 기층민중이라는 개념으로 호명되지 않고는 주체화될 수 없는 것인가? 5·18이 국가의 역사로 편입되면서 '역사를 갖지 못한 것들'은 '국가의 적' 혹은 잔여물로 남게 된다.[10]

---

8  여기서 사건이란 "환원 불가능한 개별성"이다(알랭 바디우, 『윤리학』, 이종영 옮김, 동문선, 2001, p. 57).

9  "5·18의 수행 주체를 '민중'이라는 잠정적인 이름으로 설정할 수 있겠지만, 그 민중은 원래부터 존재했던 역사 발전의 실체적인 '주체'로 설정하는 것은 관념적이다. 민중은 투쟁 과정에서 나타난 현상이지만 이를 투쟁이라는 행위 이전부터 존재했던 투쟁의 주체로 이해하는 것은 곤란할 것이다"[최정운, 『오월의 사회과학』, 오월의봄, 2012(개정판), p. 317].

10  김항은 국립현충원에 5·18 당시 '전사'한 군인들이 묻혀 있는 것과 국립5·18묘지에 희생자가 안치되어 있는 모순을 통해 다음과 같이 사유한다.
    "죽은 이도 죽인 이도 모두 현창되어야 할 희생자라면, 즉 동지라면, 국가의 적은 누구란 말인가? 그것은 '광주의 에티카'이다. 역사화나 이야기화나 기억화가 불가능한 것이다. 그것은 말을 가지지 않고 외치는 것이다.
    희생의 논리란 애초에 불가능한 죽음의 증여를 가능하게 하는 장치라고 할 수 있는데, 광주의 에티카는 그런 논리가 불가능함을 여실히 보여주었다고 할 수 있다. 광주에서 학살

2017년 '5·18문학상'을 둘러싼 논란은 5·18의 언어와 정신을 어떻게 구성할 것인가에 대한 날카로운 질문을 던져주었다.[11] 문제의 핵심은 심사의 공정성 같은 것이 아니라, '5·18 정신'이 무엇인가 하는 것이다. "5·18정신이 세계의 고통을 함께 앓는 연대의 정신에 다름이 아니고, 또 좋은 문학작품을 쓴다는 일이 항상 '언어'를 통해 세계의 고통을 전하고 확산하는 일과 다르지 않다면, 김혜순 시인의 『피어라 돼지』는 그들이 온전히 결합하는 광경을 목도하고 있는 셈이다"가 심사위원(황현산·김진경·임철우·나희덕·김형중)들의 선정의 이유라면, 이에 대한 논란은 그 수상이 5·18정신과 거리가 멀다는 것이다.[12]

여기서 수상을 둘러싼 찬반 논쟁을 다시 반복할 필요는 없다. 문제는 5·18정신을 무엇이라고 규정할 수 있는가? 혹은 5·18정신을 규정하는 주체는 누구인가? 하는 근본적인 질문들이다. 5·18의 정신과 가치는 '역사의 재단' '민족' 같은 거대한 프레임과 등식을 이루는 것인가? 『피어라 돼지』의 언어는 5·18의 언어와 무관한 것인가? 돼지의 상상력은 5·18의 언어가 될 수 없는가?

당한 이들의 죽음에 대해 무언가를 갚을 수는 없다. 누구도 그 죽음과 악몽과 생채기를 떠맡을 수 없다. 따라서 그것은 역사나 기억이 완성시키고자 하는 이야기에서 남을 수밖에 없는 무언가이다. 이 잔여물이야말로 국가의 추도와 희생의 논리 근저에 가로놓여 있는 '적'인 셈이다"(김항, 「국가의 적이란 무엇인가?: 광주의 기억과 국립묘지」, 『말하는 입과 먹는 입』, 새물결, 2009, p. 314).

11  5·18문학상의 심사위원들이 김혜순 시집 『피어라 돼지』를 수상작으로 정했을 때 심사에 대한 일부의 문제 제기가 있었다. 논란이 일자 시인이 수상을 정중히 사양하는 사태가 벌어졌다.

12  시인이 "민주화 투쟁을 위한 역사의 재단에 피를 한 방울이라도 흘렸는지"와 '친일문학상'인 '미당문학상 수상자'라는 것이 반대의 논리였다(https://m.cafe.daum.net/poemory/H3jb/1835).

훔치지도 않았는데 죽어야 한다
죽이지도 않았는데 죽어야 한다
재판도 없이
매질도 없이
구덩이로 파묻혀 들어가야 한다

검은 포클레인이 들이닥치고
죽여! 죽여! 할 새도 없이
알전구에 똥칠한 벽에 피 튀길 새도 없이
배 속에서 나오자마자 가죽이 벗겨져 알록달록 싸구려 구두가 될 새
도 없이
새파란 얼굴에 검은 안경을 쓴 취조관이 불어! 불어! 할 새도 없이
이 고문에 버틸 수 없을 거라는 절박한 공포의 줄넘기를 할 새도 없이
옆방에서 들려오는 친구의 뺨에 내리치는 손바닥을 깨무는 듯
내 입 안의 살을 물어뜯을 새도 없이
손발을 묶고 고개를 젖혀 물을 먹일 새도 없이
엄마 용서하세요 잘못했어요 다시는 안 그럴게요 할 새도 없이
얼굴에 수건을 놓고 주전자 물을 부을 새도 없이
포승줄도 수갑도 없이
[……]
시퍼런 장정처럼 튼튼한 돼지 떼가 구덩이 속으로 던져진다
(김혜순, 「피어라 돼지」 부분)[13]

---

13   김혜순, 『피어라 돼지』, 문학과지성사, 2016, pp. 45~46.

이 시의 상상력은, 구제역으로 생매장당하는 돼지에 가해지는 폭력은 인간이 인간에 가하는 고문과 같은 잔혹한 폭력과 등치된다는 것이다. 돼지에게 가해지는 폭력은 여성, 사회적 소수자, 육체에 갇힌 사람들이 처해 있는 폭력적인 현실과 다르지 않다. 인간이 인간에게 행하는 폭력은 '포승줄, 수갑, 고문'이라는 제도화된 폭력이지만, 돼지에게는 그 과정조차 생략된 생매장의 방식을 쓴다. 왜 시인은 인간의 폭력적 현실을 재현하는 것 대신에 돼지의 상상력을 도입하는가? "고통받는 인간은 동물이고, 고통받는 동물은 인간이다."[14] 인간의 '동물-되기'는 폭력적인 현실에 대한 시적 증언과 애도이다. 인간이 동물이 된다는 것은 인간 내부의 격렬한 두려움의 영역이다. 인간이 동물과 같이 고깃덩어리에 불과하다는 것은 공포스러운 진실이다. 동시에 그것은 '존재론적 닮기'를 통해 인간존재가 자신의 잠재성을 개방하는 예술의 존재방식이기도 하다. 완결되지도 분리되지도 않은 비결정성의 영역으로서 인간과 동물 사이를 상상하는 것은 예술적 창의력이다. 그것은 퇴행이 아니라 '벌거벗은 생명하기'이다.[15] '돼지-되기'는 폭력적 현실에 처해 있는 '벌거벗은 생명-되기'이며, 시 쓰기로서의 '동물-하기' '생명-하기'에 속한다.

---

14　신체의 동물적 변형을 그린 프랜시스 베이컨의 그림에 대해 들뢰즈가 분석한 것은 인간과 동물이 구분되지 않는 영역이다(질 들뢰즈, 『감각의 논리』, 하태환 옮김, 민음사, 1995, p. 47).

15　"짐승하기는 퇴행이나 미성숙이 아니다. 일탈이나 (역)진화가 아니다. 내가 쥐를 썼다고 해서 내가 쥐로 퇴행하거나 쥐의 미성숙을 다루는 것이 아니다. 이것은 나 아닌 존재와의 모든 '하기'이다. 벌거벗은 생명하기이다. 스스로 그러하기, 우리가 알아보지 못하는 우리라는 두 겹(인간짐승)의 이미지하기. 짐승하기는 정서적인 유대다. 짐승하기는 짐승으로 취급하기, 인간 이하로 보기와의 자리 바꾸기이다. 나는 짐승하기를 통해 사람과 짐승 혹은 유령 사이의 어딘가에 있게 된다. 나와 짐승이 서로 흐릿해져서, 어떤 비인칭 지대를 만들고 다시 그곳을 우리가 통과해 간다"(김혜순, 『여자짐승아시아하기』, 문학과지성사, 2019, p. 19).

문학의 정치성은 단순히 사태를 재현하는 데 있지 않고 사태로부터 다른 '삶-언어'의 잠재성을 여는 데 있다. 「피어라 돼지」는 그런 관점에서 첨예하게 정치적이며 또한 급진적이다. 그것은 생매장당하는 돼지처럼 말하지 못하는 증언자의 공백과 침묵으로부터 출발한 언어이다. 시인은 '나'로서 말하는 것이 아니라 말하지 못하는 존재를 대리한다. 그럼 다시 묻자. 동물의 참혹에 대해 쓴 시는 5·18의 언어와 상관이 없는가? 여기서 돼지의 언어와 5·18을 둘러싼 여성들의 구술 언어를 비교해보자.

전대병원에 들어간께 가마니때기에다 학생을 싸서 여그다 저그다 모두 밀어 넣어 놨어. 열어 보니까 여름이라 쥐가 막 버글버글해. 가마니때기를 열어놓고, 둘이 수건에 물을 묻혀다가, 땅에 빠진 창자에 버글버글한 피를 털어서 닦아 지자리에다 넣고, 가잿배(하얀색 면 손수건)를 꼭꼭 꿰매서 넣고, 옷 입혀갖고 입관을 해놓고는…… 기가 막혀 죽었어. 어쩌케 울면서 했는지.
눈이 빠져서 땅에 떨어져 죽은 놈, 어깨가 빠져서 죽은 놈, 하나 해서 내놓으면 누가 가져갔는지도 모르게 가져가불고, 우리가 염을 해놓으면 다가져가부러. 다 하고 나와서 어디가 있는가 볼라고 사방을 뚤레뚤레 봐도 어따 갖다 둔 데가 없어. 그래서 들어가서 본께 마당에다가 모다(모아)났어, 입관한 놈을. (방귀례 구술, 「저놈들 다 죽었다 싶은께 그걸 했제」)[16]

구술 언어는 문자 문법 이전의 구어적인 생동감을 보여준다. 몸에서

16 『광주, 여성』, p. 198.

터져 나오는 소리는, 문법 이전의 '비명'과 '소리'로서의 시의 언어와 가깝다. 여성들의 구술 언어를 '아카이빙'하는 것은 "여성이 보이지 않았던 곳, 역사가 여성을 보려고 하지 않았던 곳"에서 여성을 가시화하는 작업이다.[17] 그곳에서 '역사화'되지 않는 5·18의 언어가 나타날 것이다. 구술 언어는 주변화된 목소리들이 5·18의 담론장에 진입할 수 있는 더 많은 가능성을 열어준다.[18] 여성들의 구술 언어는 역사와 민족 같은 거대 서사 이전 혹은 그 너머에서 삶의 시간과 몸의 경험에 대해 말한다.

5·18을 경험한 여성들의 구술 언어의 두드러진 것 중의 하나는 신체적 감각에 대한 증언이다. 신체에 대한 묘사들은 몸이 경험한 형언할 수 없는 고통의 감각을 이질적이고 돌발적인 언어로 드러낸다. 5·18의 시기 잔혹한 국가폭력 앞에서 인간은 동물이거나 고깃덩어리에 불과한 존재로 취급되었다.[19] 여성들은 그 훼손된 몸에 대한 감각을 증언한다. 참혹하게 훼손된 시신은 인간존재를 고깃덩어리와 "땅에 빠진 창자"와 "파리약 위의 파리"[20]와 같은 사물의 차원으로 추락시킨다. 시신

17 아를레트 파르주, 『아카이브 취향』, 김정아 옮김, 문학과지성사, 2020, p. 44.
18 "구술은 특정 소수에게 독점되지 않은 영역으로 인식되며, 기록의 영역에서 배제된 기억들이 틈입해 들어올 여지가 많은 공간으로 간주된다. 주변화된 목소리가 담론장 내로 진입하고자 할 때 구술의 영역은 기록의 영역에 비해 상대적으로 더 큰 가능성을 열어두는 공간으로 인식된다"(김영희, 같은 글, p. 153).
19 5·18시민수습위원회 김성룡 신부는 다음과 같이 말했다고 증언했다. "앞으로 우리는, 아니 도민은 네 발로 기어 다녀야 한다. 우리는 짐승이다. 공수부대는 우리 모두를 짐승처럼 끌고 다니면서 때리고 찌르고 쏘았다"(『광주오월민중항쟁사료전집』, 한국현대사사료연구소 엮음, 풀빛, 1990, p. 106).
20 "앰불런스를 타고 들어가는데 도청 식당 쪽으로 구름다리 같은 것이 있고, 그쪽에 시체들을 줄줄이 눕혀놨더군요. 정말 잊을 수 없는 것이 교련 , 검은 운동화, 하얀 러닝샤쓰 같은 옷을 입은 시체예요. 신문지로 얼굴을 가리고 조그만 돌을 올려놨죠. [······] 어떻게 존엄성을 가진 인간을 저렇게 무참히 죽일 수 있을까. 파리약 위의 파리처럼 죽어 있었어요"

을 수습하는 활동을 한 여성들에게 그 작업은 인간의 존엄을 빼앗긴 신체를 애도하고 그 존엄을 보전하려는 싸움이다. 그 싸움은 '인간의 동물됨'을 대면하는 공포스러운 싸움이면서, 다른 한편으로 '인간됨'을 다시 구제하려는 투쟁이다. 인간이 동물로 취급되는 상황에서 다시 인간을 회복하는 일은, 역설적으로 인간이 동물임을 인정하거나 인간이 스스로 동물의 지위로 내려가는 일이었다.[21]

이런 경험은 '모성 신화' 이데올로기로 포섭될 수 없다.[22] 5·18 담론의 여성 이미지는 순결한 희생자로서의 '여학생', 순박한 모성을 지닌 '어머니'로 전경화되어 있다.[23] 시신을 수습하는 활동은 민족이나 민중이라는 이념적 형식 이전의 원초적인 투쟁에 해당한다. 이런 투쟁들은 민중의 이름으로 남성 주체화된 5·18의 거대 서사에서는 주변화된다.[24]

(오경자 구술, 「간호사 나와라 우리는 국군이다」, 『광주, 여성』, pp. 235~36).

21  "'짐승의 수치'를 벗어나기 위해서는, 다시 '인간임'을 주장하기 위해서는 '이성을 잃어야' 했다고 말한다. 그런데 여기서 주목할 점은 '인간'에 대한 권리 주장을 위해서는 '이성'을 갖추는 것이 아니라, '이성'으로 복귀하는 것이 아니라 역설적으로 '이성'을 잃어야만 한다는 것이다"(정문영, 「'부끄러움'과 '남은 자들': 최후항전을 이해하는 두 개의 키워드」, 『민주주의와 인권』, 12권, 2호, 전남대학교 5·18연구소, 2012, pp. 13~14).

22  5·18 공동체에서 여성의 역할에 대한 기록들은 여성의 모성적 역할을 두드러지게 묘사한다. "그녀는 2~3일을 그렇게 두문불출하다 곰곰이 생각해보니 자식 키우고 사는 사람이 이래서는 안 되겠다 싶었다. 같은 동네 사는 아주머니들에게 이야기해서 쌀을 모아 밥을 짓기 시작했다. 라면상자에 비닐을 깔고 주먹밥을 만들었다. 전남대 의대 앞으로 가서 시위 차량이 지나가면 차에다 주먹밥을 올려주면서 몸조심하라고 격려했다. 목숨 걸고 공수부대와 싸우는 젊은이들이 모두 자식 같았다. 이런 과정을 통해 광주 시민 모두는 한 가족처럼 공동체로 동화되어가고 있었다"(황석영 외 기록, 같은 책, p. 194).

23  "그리고 또한 이들의 존재, 특히 순진무구한 여고생과 순박한 어머니들의 이미지는 항쟁의 주체였던 시민들의 '순수성'과 '순결함'을 그 자체로 상징하는 표상이었다. '5·18'공동체의 정신을 표상하는 장면에서 가장 많이 반복된 것 중 하나는 교복을 입고 항쟁의 대열에 들어선 여고생들과 시민군들을 자식처럼 보듬었던 어머니들의 이미지였다"(김영희, 같은 글, p. 170).

24  "5·18 담론이 총을 든 남성 주체 중심으로 진행되면서 여성의 역할은 주변화될 수밖에 없

민중적 영웅들의 '장렬한' 투쟁과[25] 희생을 '숭고한' 역사로 의미화하는 과정에서, 역사가 되지 못하는 이름 없는 경험과 언어 들은 등기되지 못한다.[26] 『피어라 돼지』의 언어들과 5·18을 둘러싼 여성들의 증언은, 인간과 동물이 구별되지 않는 시간 속에서 말할 수 없는 것들을 말하려는 격렬한 신체의 언어이다. 5·18의 공적 담론들을 지배하는 역사·국가·민족·민중 등의 개념들은 저 이질적이고 뜨거운 몸의 언어들에 비하면 공허할 수 있다. 이제는 더 근본적인 질문으로 들어갈 수 있다. 5·18을 '5·18문학상'이라는 '국가'의 제도 속에서 현창하는 방식의 문제, 그리고 진짜 증언의 주체는 누구인가 하는 것들 말이다.

### 3. 5·18 증언의 주체는 누구인가?

5월 27일 우리가 마지막 밤까지 밥을 해주다가, 끝내는 그 애리디애린 것들이 여자를 보호해야 한다고 우리한테 "<u>누군가는 살아남아서 이 소중한 역사에 대해 증언을 해야 되지 않겠냐</u>"고 무슨 선지자 같은 애

---

였죠. 총을 든 주체만이 기념화, 영웅화, 초점화된다면 5·18은 폐쇄 담론으로 들어갈 수밖에 없다는 것이 제 생각입니다"(이화경 구술, 『광주, 여성』, p. 342).

25 "아까 총을 든 남자들이 '장렬하게 전사했다'는 표현을 하셨는데, 저는 장렬하게 전사한 사람은 하나도 없다고 생각해요. 한 인간으로 돌아가서 생각하면 얼마나 무서웠을까, 얼마나 공포스러웠을까, 얼마나 불안했을까 하는 생각이 먼저 들죠. 그런 공포와 불안 속에서 죽은 건데, '장렬하게 전사했다'로 정리되는 거죠. 문제는 그런 표현이 역으로 살아남은 사람들에게 죄의식을 심어준다는 거예요"(정혜신 구술, 『광주, 여성』, 2012, pp. 349~50).

26 총을 든 시민군들의 경우도 거대한 명분보다는 많은 경우 '인간'이고자 하는 싸움에 가까웠다. "민주주의니, 자유니, 정의니 하는 거창한 주제 따위를 생각해본 적은 별로 없어. 난 다만 이 추한 현실을 용서할 수 없을 뿐이야. 인간이 인간에게 이렇게까지 할 수는 없다는 것. 사람이 이렇게 개나 돼지처럼 처참하고 비루하게 죽임을 당할 수는 없다는 것. 그래서 나도 모르게. 정말 어쩌다 보니까 총을 들게 되었을 뿐이지"(임철우, 『봄날 5』, 문학과지성사, 1998, p. 404).

기를 하는 거야. 설득을 하면서 우리더러 가라는 거야.

[······] 우리가 입을 함부로 열 수 없었던 것이 다 그것 때문이제. 그 어린 것들이 우리한테 그렇게 하고 즈그들은 죽었으니까. 근디 많이 아는 자들, 기득권자들은 끝까지 책임을 안 지드라고. 광주가 너무 가슴 아팠던 것이······ 소위 지식인이라는 사람들은 즈그 새끼들은 전부 끄집어내 가고, 넝마주이가 다 죽었네 어쨌네 하는데, 사회에서 한 번도 알아준 적 없던 이름 없는 자들의 희생 위에 우리 광주의 역사가 꽃을 피운 거제. 나는 감히 자기반성들을 해야 한다고 생각하거든. 과연 그렇게 말할 자격들이 있는가 싶어. 정말 우리는 말할 자격이 없다고 생각하지, 우리는 살아 있는 자로서 말을 안 하려고 한 거야. 그 중심에 있었던 사람들은 말을 안 해. 할 수가 없어.

우리는 후유증을 다 겪을 수 밖에 없었어. 지금도 그것이 악몽인 거야. 살아 있는 사람이 산 것이 아니고, 정신적인 상처가 찌꺼기처럼 항상 남아 있제. (윤청자 구술, 「이 애래디애린 것들이 우리 여자를 보호한다고」)[27]

5·18을 몸으로 통과한 사람들은 과연 말할 수 있는가? 5·18의 희생자들은 이미 말할 수 없는 사람들이며, 살아남은 사람들조차 말하기 어렵다. 증언은 역설적으로 '말할 수 없는 자'의 '말할 수 없음'에 대한 증언이 된다. 이것은 5·18 증언의 '진정한' 주체는 누구인가?라는 근본적인 질문을 제기하게 만든다. 이 증언에서 도청에 남은 젊은 남성들이 "이 소중한 역사에 대한 증언"을 부탁했지만, 살아남은 여성들은 오히려 '말할 수 없음'에 대해 말한다. 5·18의 희생자들은 이미 말할 수 없

27 『광주, 여성』, p. 117.

는 존재들이고 살아남은 사람들은 그 희생자를 대리해서 말하는 존재이다. 하지만 살아남은 사람들은 부끄러움과 죄의식 때문에 차마 말할 수 없는 존재이다. '살아남아 있음'이 죄가 되는 상황에서 5·18은 도저히 감당할 수 없는 사건이며, 시간조차도 부끄러움일 것이다. '말할 수 없음'은 부끄러움과 죄의식과 단절할 수 없는 존재와 언어의 무능력에 기인한다. 부끄러움은 자신의 무능함을 감출 수 없다는 측면에서 자신을 드러내는 일이면서, 동시에 자기를 잃어버리는 일이기도 하다. 부끄러움의 드러냄은 말하지 못하는 방식으로 말하는 '잔여들'의 증언이다.[28]

"살아 있는 사람이 산 것이 아"닌 존재는 인간과 비인간의 경계에 있는 생존자라고 할 수 있다. '비인간'은 말하지 못하고 쓰지 못하기 때문에 증언의 주체가 될 수 없다. 죽은 자와 비인간은 사건의 한가운데 있었지만, 증언의 불가능성에 머물러 있다. 증인은 말할 수 없는 자를 위해 말하는 자이다. 증언은 말을 못 하는 자가 말을 하는 자에게 말하게 만드는 곳이며, 침묵하는 자와 말하는 자, 인간과 비인간의 구별이 불가능한 지대이다.[29] 완전하고 통합된 의미에서의 '증언의 주체'는 없다.

구술의 언어들은 말할 수 없는 자, 쓸 수 없는 자의 언어를 대신 기록하는 것이다. 시의 언어는 어떤 개념으로도 환원될 수 없는 신체의 감

---

28  "주체는 부끄러움 속에서 자신의 탈주체화밖에는 다른 내용을 갖지 않으며, 자기 자신의 부조리, 주체로서의 자신의 완벽한 소멸에 대한 증인이 된다. 주체화이기도 하고 탈주체화이기도 한 이 이중 운동이 부끄러움이다"(조르조 아감벤, 『아우슈비츠의 남은 자들: 문서고와 증인』, 정문영 옮김, 새물결, 2012, p. 159).

29  "증언은 말을 못 하는 자가 말을 하는 자에게 말하게 만드는 곳에서, 말을 하는 자가 자신의 말로 말함의 불가능성을 품는(견디는) 곳에서 발생하며, 그렇게 침묵하는 자와 말하는 자, 인간과 비인간은 주체의 위치를 세우는 것이 불가능한 무구별의 지대, '나'라는 '상상의 실체'와 (그와 더불어) 참된 증인을 식별하는 것이 불가능한 비식별 영역에 들어가게 된다"(같은 책, p. 181).

각에서 출발하는 비명의 소리이자 그 리듬이다. 구술의 증언과 시의 언어들은 '내가 말할 수 있다'라는 확신이 무력해지는 바로 그 장소에서 시작된다. 그 언어는 살아 있는 자가 죽은 자를 대리하거나, 죽은 자가 살아 있는 자를 대신하는 언어이다. 5·18의 정치적 잠재성은, 등기되고 의미화된 언어들이 아니라 아직 말하지 못한 미지의 언어들 속에 있다. 그 언어들은 '말할 수 없음'을 증언하는 언어이며, 증언 주체의 '부재' 속에서 겨우 시작되는 증언이다. 그 언어들은 국가의 역사와 공적 담론 속에 편입되지 않는 잔여로 남아 있기 때문에 급진적이다.

## 4. 5·18은 '국가의 역사'에 속하는가?

법은 만인에게 평등하다고 하잖아요. 근데 제가 거기에도 정말 많이 실망했어요. <u>법이 정말 있을까.</u> 그전에는 완전히 나쁜 사람이 교도소를 가는 줄 알았어요. 근데 제가 5·18을 겪고 교도소 면회를 가서 '아, 이것은 아니다'라는 것을 거기서 느꼈어요. 그때 정신적인 혼란으로 엄청 힘들었죠. (정숙경 구술, 「5·18이 내 청춘을 다 가져갔어」)[30]

5·18 당시 국가권력의 폭력은 '법치'의 이름을 자행되었다. 대낮에 계엄군이 민간인들을 향해 무차별적인 공격을 자행했을 때, 그것은 "법이 정말 있을까"라는 근본적인 질문을 던지게 만들었다. 1980년의 신군부 권력은 시위하는 시민들을 폭도라고 규정하고 잔혹한 진압 작전을 합법적인 공권력의 행사라고 선전했다. 15년이 흐른 뒤 1995년 '문민정부'는 '5·18특별법'을 만들었고, 국가폭력은 다시 법의 심판

---

30 『광주, 여성』, p. 249.

을 받았다. 5·18은 '폭동'과 '사태'의 이름을 뒤로하고 국가가 인정하는 '민주화운동'의 역사로 편입되었다. 국가 체제는 '예외적인' 폭력을 자행하고, 한편으로는 스스로 저지른 폭력에 대해 법의 심판을 내렸다. 2002년 제정된 '광주민주유공자 예우에 관한 법률'은 "5·18민주화운동과 관련하여 공헌하거나 희생한 자와 그 유족 또는 가족에 대하여 국가가 응분을 예우를 함으로써 민주주의 숭고한 가치를 널리 알려 민주사회의 발전에 기여함"을 목적으로 한다. 국가는 국가권력이 국가의 적으로 규정했던 폭도들을 국가 발전의 '유공자'로 예우하게 되었다. 항쟁의 참여자들은 '폭도'로 몰리는 그 당시 상황에서도 '애국의 주체'로 스스로를 정체화하려고 했다.[31] 5·18에 대한 국가의 이러한 모순된 태도는 국가권력을 담당한 정치집단의 변화에 기인하는 것이지만, 기본적으로 국가와 법 그리고 '예외상태' 자체의 아포리아와 연관되어 있다.

1980년 신군부가 국가의 공권력을 시민들에게 무차별적으로 행사할 수 있는 법적인 근거는 '계엄령'이었다. 계엄령은 국가의 비상한 예외적인 상태에서 시민들의 기본권을 제한할 수 있는 것이다. 문제는 국가가 법치의 이름으로 설정하는 예외상태의 근본적인 모순이다. 예외상태란 법률의 힘을 정지시키는 것인데, 그것은 법치의 이름으로 행해진다. "법률 없는 법률의 힘"[32]이라는 예외상태의 모순은 현대의 민주주

31 "시민들에게 '국가'는 부정할 수 있는 대상도 아니고 윤리적으로 배제할 수 있는 대상도 아니었다. 그들에게 국가는 결코 '나쁘지 않고 나쁠 수도 없는 존재'였던 것이다. 이 때문에 이들은 자신들을 향해 총을 쏘는 군인을 '반란군'으로 규정함으로써 '국가가 나쁜 것이 아니라 일부 군인이 나쁜 것이며 오히려 우리 시민들이 저 반란군들로부터 국가를 지켜야 한다'는 생각을 공유한 것으로 보인다. 그리고 이와 같은 애국의 주체는 '남성'으로 표상되었다"(김영희, 같은 글, p. 174).
32 조르조 아감벤, 『예외상태』, 김항 옮김, 새물결, 2009, p. 79.

의 국가도 내재한 항구적인 '통치술'이다. 예외상태는 법질서의 바깥에 있는 것도 아니고 안에 있는 것도 아닌 구분 불가능한 영역 속에 있다.[33] 국가는 조건만 갖추어진다면 민주주의를 지키기 위해서 민주주의를 정지시키고, 법 체제를 수호하기 위해 법을 정지시키는 모순을 실행할 수 있다.[34] 5·18의 국가폭력은 근대국가에서 유례를 찾기 힘든 것이기는 하지만, 그것의 정당성을 만든 예외상태라는 장치는 통치술의 역사 속에 이미 내재해 있다.[35]

내가 대학생이었을 때, 언더서클 하시는 분들을 좀 알고 지냈어요. 그 선배들하고 망월동 묘역에 몰래 들어갔죠. 그때는 망월동 묘역에 못 가게 항상 지키고 있었어요. 버스도 없어서 걸어 걸어서 망월동까지 간 기억이 나네요. 해마다 갔죠. 무슨 행사 있으면 빠지지 않고. 길을 아는 사람이 나밖에 없으니까. 근데 신묘역 생기고 국가 저기(국립묘지)가 되면서부터는 안 가요. 그전에는 거기를 알려 주고 안내할 사람이 없었는데, 지금은 다 전문가들이고 5·18정신은 국가권력에 대항하는 거라고 생각하거든요. 희생자나 유족들을 위해 하는 건 좋은데…… (정미례 구술, 「아줌마들이 움직여야 변화가 생겨요」)[36]

---

33  "현대의 전체주의는 예외상태를 통해 정치적 반대자뿐 아니라 어떠한 이유에서건 정치 체제에 통합시킬 수 없는 모든 범주의 시민들을 육체적으로 말살시킬 수 있는 (합)법적 내전을 수립한 체제로 정의될 수 있다. 이때부터 항구적인 비상상태의 자발적 창출이 (반드시 그렇게 한다고 선언하고 있는 것은 아니지만) 현대국가의 본질적 실천이 되었다. 물론 소위 민주주의 국가까지도 포함해서 말이다"(같은 책, pp. 15~16).

34  "독재와 예외상태는 예외적 상황으로 느닷없이 현현하는 것이 아니라, 정상적이고 안정적이라 생각되는 국가의 법치상태에서 항시적으로 내재되어 있는 근원적 아노미인 것이다"(김항, 「예외상태와 현대의 통치」, 김상중 외, 『예외』, 문학과지성사, 2015, pp. 254~55).

35  2017년 2월 박근혜 대통령의 탄핵 정국 당시 기무사가 계엄 문건을 만들었다는 논란은 '87년 체제' 이후에도 '예외상태'가 통치에 내재되어 있음을 보여준다.

망월동 묘역이 '국립5·18'묘지가 된다는 것은 5·18이 '기념비화 monumentalization'되는 것을 의미한다.[37] 그것은 5·18이 국가의 통치 체제안에 편입된다는 것이다. 통치술은 저항을 폭동으로 규정할 수도 있지만, 그것을 정의나 규범으로 환원하여 고상하고 숭고한 국가 이념으로 순치시킨다.[38] 이 통치의 바깥에는 무엇이 있는가? 통치의 바깥에 있는 다른 정치적 삶을 상상하는 일은 가능한가?

## 5. 도래하지 않는 '절대공동체'

최정운의 '절대공동체'[39]는 5·18의 공동체를 둘러싼 강력한 개념 중

---

36  『광주, 여성』, p. 325.

37  "5·18이 국가에 의해 민주화운동으로 인정되고, 정부 주도의 공식 기념식이 치러지기 시작한, 그리고 구묘역과 신묘역의 분리가 이루어진 1997년 이후는 오월 광주가 이제는 더 이상 한국 사회를 위협하지 않는 하나의 '길들여진' 상징으로 정착하는 분기점이었다. 이 시기는 묘역이 점차 '메모리얼memorial'에서 '모뉴먼트monument'로 화하기 시작한 시기, 즉 '기념비화monumentalization'가 진행되던 시기이기도 하다. 죽은 자들의 개개의 이름을 새김으로써 그들의 희생을 기리고, 또 희생의 의미를 담아내는 '메모리얼'에서, 기념 가능한 것을 현창하고 기원의 신화를 체현하는 익명적인, 순수한 상징적 성격을 갖는 장대한 '모뉴먼트'로의 변화. 그것은 1980년 오월의 기억을 지우고 변형시키는 과정과 다르지 않다"(이영진, 「부끄러움과 전향: 오월 광주와 한국 사회」, 『민주주의와 인권』, 16권, 2호, 전남대학교 5·18연구소, 2016, p. 112).

38  "비극적으로 스스로 몸을 불사른 자들을 민주주의를 위해 희생한 열사로 추앙하는 한, 그들이 꿈꿨던 정치는 언제나 통치로 귀속된다. 국가의 역사나 민주주의의 숭고한 승리가 그들의 정치와 꿈과 죽음을 착취하는 것이다"(김항, 『종말론 사무소』, 문학과지성사, 2016, p. 33).

39  "5·18이 우리 근대사뿐만 아니라 인류 역사에서 갖는 의미의 핵심은 이 절대공동체의 체험일 것이다. 그곳에는 사유재산도 없었고, 목숨도 내 것 네 것이 따로 없었고, 시간 또한 흐르지 않았다. 그곳에는 중생의 모든 분별심이 사라지고 개인들은 융합되어 하나로 존재했고 공포와 환희가 하나로 얼크러졌다. 그곳은 말세의 환란이었고 동시에 인간의 감정과

의 하나가 되었다. '해방광주'의 짧은 시간에 찾아온 절대공동체는 사유재산과 목숨의 분별이 없고 계급도 없는 완전히 평등한 공동체이다. 여기에는 광주 지역 특유의 공동체적인 성격[40]이 작용했으며, 공수부대의 무자비한 진압 방식이 인간 존엄의 파괴에 대한 집단적 분노와 저항의 결속력을 강화했다고 볼 수 있다. 이 절대공동체에서 개인의 삶과 공동체의 삶은 전혀 분리되지 않았으며, 개인은 인간 존엄의 가치에 몸과 생명을 바칠 수 있었다.

절대공동체를 이루자마자 시민들은 그 공동체에 '국가의 권위'를 부여하기 시작했고, 물품을 '징발'하고 '적'과도 정치적 협상을 벌일 수 있었다.[41] 하지만 절대공동체는 그 안에서 이미 균열을 예비하고 있었다. "절대공동체가 국가로 변환되어 그의 무력을 갖추어 완성되었을 때 공동체는 금이 가기 시작"[42]했다. 절대공동체 안에도 미묘한 계급은 존재했고, 무기를 든 자와 그렇지 않은 자는 서로 다른 존재였다. 절대공동체는 "짧은 시간에서만 존재할 수 있는 국가"[43]였다. '원초적이고

이성이 새로 태어나는 태초의 혼미였다. 그런 곳은 실제로 이 땅에 있었고 많은 사람이 거기에 있었다"(최정운, 같은 책, p. 123).

40 "광주 지역은 상공업의 발달이 뒤져 외지 인구의 유입이 거의 없는 가운데 오히려 많은 사람들이 타 지역으로 이주했기 때문에 주민들의 동질성이 유지되고 있었다. 따라서 광주 시민들은 흔한 말로 '한 다리 건너면 다 아는 처지'였고, 그들은 '광주 바닥'의 공동체적 성격을 의식하고 있었다"(같은 책, p. 148).

41 "'절대공동체'를 이룬 시민들은 애국가를 부르며 태극기를 흔들고 국가의 권위를 주장하기 시작했다. 그 마귀 같은 공수부대를 보낸 신군부는 타도의 대상이며, 따라서 진정한 대한민국은 광주 시민들이 대표해야 한다는 것이었다. 이는 시민 스스로의 싸움을 '거룩하다'고 느낌으로써 자연스럽게 이루어진 것이었다. 이제 공수부대와의 싸움은 애국이었고 시민들은 국가의 권위를 행사했다. 시민들은 전투에 필요한 모든 물품들은 강제로 '징발'하기 시작했다"(같은 책, p. 176).

42 같은 책, p. 188.

43 "5·18의 절대공동체와 그곳에서 도출된 국가는 대한민국의 상징을 이어받았지만 현세의 대한민국과는 너무나 공통점이 없는, 짧은 시간에서만 존재할 수 있는 국가였다"(같은 책,

예외적인 순수성'으로서 절대공동체는 해방광주가 국가의 권위를 가지려는 순간, 필연적으로 균열되기 시작한다. 다른 방식으로 말한다면, 절대공동체가 국가의 '통치'를 시작하자 공동체는 더 이상 억압 없고 절대적인 것이 될 수 없었다.

절대공동체는 해방이 실현되고 자발적인 시민들에 의한 (유사) 국가의 통치가 시작되기 전의 '멈추어진 시간'에 아로새겨져 있었다. 이런 질문이 이어질 수 있다. 절대공동체의 공간이 지역적인 구체성을 갖고 있다고 하더라도, 그 '혁명적 순간'은 '영원한 정지' 속에서만 존재한 것이 아닐까? 그것은 역사의 시간이 아니라 일상적 현실과 기존의 국가권력의 작동이 잠시 멈추는 '혁명적인 정지'의 시간이 아닐까?[44] 그것은 실현된 역사라기보다는 역사 바깥의 시간이 아닐까? 절대공동체는 역사 속에서 하나의 대안적인 국가 체제로 실현될 수 없는 것이 아니었을까? 그것은 다른 정치적 시간에 대한 상상력과 감수성을 촉발시키는 '무한한' 사건이다.

순수하고 자발적인 공동체라고 하더라도 이름과 이념과 조직이 주어지면 억압적인 것이 될 수밖에 없다. 동일성과 전체성으로 환원되지 않는 공동체의 형상은 가능한가? 모리스 블랑쇼는 공동체의 부재와 불가능성으로부터 어떤 목적도 없는 '부정(否定)의 공동체' '어떤 공동체도 이루지 못한 자들의 공동체'의 가능성을 죽음·문학·사랑의 공동체

---

p. 201).

44 "절대공동체는 잠시밖에 존재할 수 없는 '일상생활'이 정지되어 순수한 인간공동체로 존재했던, 한순간의 절대해방이었고 곧 다시 억압된 현실로 내려올 수밖에 없는 비일상적 현실이었다. 무엇보다 절대공동체에는 평화가 없었고 생산 활동이 이루어질 수 없었다. 5·18과 같은 절대적 투쟁의 경험과 계속되는 투쟁의 현실은 우리가 스스로 그날의 적의 모습으로 우리의 모습을 바꾸게 되고 한때의 '진실'이 '진리'인 것처럼 착각하게 되는 대가를 치를 수밖에 없었다"(같은 책, p. 325).

로부터 찾았다.[45] 조르조 아감벤은 블랑쇼의 문제의식을 가져오면서 "옹호해야 할 아무런 정체성도, 인정받아야 할 아무런 사회적 귀속도 갖지 않는" '임의적 특이성'에 대해 말한다. 공동체를 둘러싼 '도래할 정치'에 대해서 "더 이상 국가의 정복이나 통제를 쟁취하는 투쟁이 아니라 국가와 비국가(인류) 사이의 투쟁", 그리고 "임의적 특이성과 국가조직 사이의 극복할 수 없는 괴리"에 대해 말한다. 국가는 어떤 정체성도 확언하지 않으며, '대표/재현'될 수 없는 공동체를 용인할 수 없다.[46]

전체성의 억압이 없는 공동체가 다시 도래할 수 있다면, 그것은 국가가 그 정체성을 파악할 수도, 수용할 수 없는 '말할 수 없는 공동체'여야 한다. 이 공동체는 이상적인 국가의 모형이 아니라, 국가의 이념 자체를 거부하는 것[47]이어야 했겠지만, 해방광주는 짧은 시간 국가로서의 권위와 정체성을 갖고자 했다. 그것은 오류가 아니라, 인간의 존엄과 공동체의 안위를 보존하려는 '목표'를 포기할 수 없는 5·18 절대공동체의 피할 수 없는 조건이었다.

5·18을 국가의 역사로부터 건져 올려 재정치화하는 것은, 지배가 아닌 정치의 영역 속에서 삶을 상상하는 일이다. 그 상상은 국가의 담론에 포섭될 수 없는 임의적인 '삶-언어'의 발화이기도 하다. 5·18의 정

---

45  모리스 블랑쇼·장-뤽 낭시, 『밝힐 수 없는 공동체, 마주한 공동체』, 박준상 옮김, 문학과 지성사, 2005, p. 48.

46  조르조 아감벤, 『도래하는 공동체』, 이경진 옮김, 꾸리에, 2014, p. 120.

47  "광주민중항쟁에서 분명해졌던 것은, 상부의 어떤 이상적인 총체적 국가 이념이 필요하다는 것이 아니라, 모든 국가 이념은 상대적이라는 것이고, 가르치고 주입시킬 수 있는 국가 이념 배면에, 그 이하에 보이지 않고 규정될 수 없는 하부의 공동체('광주 코뮌')가 언제나 있다는 것이며, 그 사실이 바로 하나의 국가 이념과 국가주의 자체를 거부하는 민주주의의 조건이라는 것이다"[박준상, 「무상(無想) 무상(無償): 5·18이라는 사건」, 『빈 중심』, 그린비, 2008, p. 203].

치적 잠재성은 국가 제도 안에서 납작해진 개념들 사이에서 아직 말하지 못한 미지의 '삶-언어'들 속에 있다. 시인들의 언어와 이름 없는 사람들의 구술 언어가 만나는 장소가 그곳에 있다. 절대공동체는 다시 찾아오기 어렵겠지만, 5·18은 끊임없이 도래하는 다른 '정치-시간'의 잠재성이다. 지금 도래하지 않는 것은 도래하는 것의 잔존이며, 도래하는 것은 아직 도래하지 않는 것의 미래이다. 5·18은 도래하(지 않)는 미래의 이름이다. 5·18이라는 '미래의 기억'은 어떻게 오는가? 문제는 5·18을 어떻게 재현하는가도, 대안적인 주체의 정체성을 확보하는 것도 아니다. 권력과 통치의 장치들이 중단되는 우연하고 임의적인 시간을 삶 속에서 발명하는 일. '당신'과 함께, 바로 지금 이 시간을 멈추는 것이다.

제3부

# 5·18,
# 무한텍스트

# 광주 오월시의 문학사적 위상

황현산

> 당신의 살기와 당신의 세례.
> 당신의 야유와 당신의 사랑.
> 당신의 치욕과
> 당신의 무기.
> ─김정환, 「철쭉꽃, 5월에」에서

## 말머리

지난 세기에, 5월의 광주가 있기까지 우리가 겪었던 민족사적 사건이라고 한다면, 우선 일제강점기하에서 겪었던 식민지 체험, 조국광복, 남북분단과 한국전쟁, 그리고 4·19를 꼽아야 할 것이다. 광주민주화운동의 장거와 그 처절한 비극은, 20세기에 겪었던 이 민족사적 사건들과 함께, 또는 어느 사건에 못지않게, 한국의 시문학사에 깊고 넓고 긴 선을 그었다. 식민지 시대의 한국 시는 억눌린 민족의 언어에 그 정서적 역량을 드높이는 일에 무엇보다도 진력하였다. 주권을 잃은 존재들의 맥없고 주눅 든 말들 하나하나에 특별한 모양새를 주어 그것을 공교로운 시 형식 속에 끌어들이는 일 자체가 죽은 듯 침묵하는 삶을 더듬어 민족생명의 가닥을 면면하고 예민하게 풀어내어 보전하는 일이나 같다. 그러나 자신의 미래를 자신이 설계할 수 없는 이 노예의 시대에 시인들의 정체성이 자주 흔들려 시로 역사적 상상력을 소명하는 일에서도, 자아의 실존을 규명하는 일에서도 넘기 어려운 장애를 수없이 겪어야 했던 것이 사실이다. 조국광복은 언어가 해방되는 계기이기도 해서, 억압된 언어가 봇물처럼 쏟아지는 시절이 왔다. 오장환이나 이용악 같은 시인에게서 해방 이전의 시와 이후의 시를 비교해본다면 민족해방이 어떻게 민족 언어의 해방이었는가를 매우 극적으로 느낄 수 있다. 그러나 불행하게도 이 기간은 짧았다. 분출된 언어를 예민하고 생산적인 미학으로 정리하기도 전에 남북이 분단되고 골육상잔의 전쟁이 터졌다. 분단과 전쟁은 온 겨레의 가슴에 결코 해소될 수 없는 한을 쌓고 깊은 상처를 내었지만, 시가 이 한과 상처를 훌륭하게 통찰하였다고 말하기는 어렵다. 오히려 시의 언어는 그 슬픔에 압도되어 역사적 거리를 확보하지 못했으며, 게다가 냉전 체제와 폭압적 권력은 민족의식과 시의식의 중요한 부분을 마비시켰다. 1950년대의 시에 민족전쟁을 소재로 삼은 시들은 적지 않지만, 지금 고찰해보면 난독증 환자의 독서처럼 역사적으로 통합된 전망도 미학적 균형도 부족하다.[1] 4·19가 왔다. 4·19혁명은 한국의 현대사에서 민중이 능동적으로 역사에 참여하여 소기의 성공을 거둔 최초의 사건으로 시의 언어에서도 또 한 번의 해방을 불러왔다. 그러나 거기에 목숨을 걸고 참여하였던 사람들 스스로도 놀란 이 혁명은 관념의 언어를 양산했다. 어쩌면 신화와 전설을 낳기 마련인 미증유의 사건은 그 자체가 관념의 몫이라고 말해야 할지도 모르겠다. 신동엽 같은 시인이 "껍데기는 가라"고 외칠 때, 이 껍데기 가운데 가장

---

1  민족분단, 또는 한국동란과 관련하여 조정래의 『태백산맥』과 같은 대작이 5월의 광주 이후에 출간될 수 있었다는 사실을 염두에 두어야 한다.

먼저 타기해야 할 것은 필경 이 관념이었을 것이다.[2] 게다가 뒤이은 군사독재 권력의 등장과 횡포는 이 관념이 육체를 얻을 기회를 철저히 봉쇄하였다.

그리고 5월의 광주가 있다. 5월의 광주와 그에 따른 시의식과 창작상의 변화는 현대 한국 시사의 관점에서 볼 때, 민족의 시어를 다져온 이 역사적 사건들과 동일한 위상으로 나란히 놓이기만 하는 것이 아니다. 광주의 영광과 비극에서 탄생한 시들은 저 좌절된 희망들과 그 슬픔을 계승하였으며, 민족의 운명을 가름하는 사건들에 대해 항상 부족하였던 통찰의 거리를 확보할 수 있는 계기를 마련하였으며, 껍데기로 남아 있던 관념을 현실과 결합시켰으며, 주눅 든 시어에 생명을 넣어 그 힘의 깊이와 폭을 넓혔다. 5월의 광주는 민족사의 저 여러 고비에서 시의 언어 앞에 얼핏 내비쳤던 전망들을 한데 아울러 그것들을 새롭게 해석하고 증폭시키고, 어느 정도는 완성하기까지 했다.

## 관념적 사고의 지양

5월 광주의 시가 어떻게 관념의 언어를 극복하였는가를 이해하기 위해서는 그 직전인 유신시대에 어렵게 발표되었던 정치적 성향의 시들에 고개를 돌려보는 것으로 충분할 것이다. 이 군사독재시대에도 정치적 성향의 시를 쓰는 훌륭한 시인들이 있었다. 강력한 국가 공권력 앞에서 신경림·김지하·조태일·고은·김남주 같은 시인들이 조국의 민주화를 염원하는 시에 자신의 문학적 운명을 걸었다. 그러나 김지하의

---

2  신동엽이 "껍데기는 가라./동학년(東學年) 곰나루의, 그 아우성만 살고/껍데기는 가라"라고 말할 때, '동학년 곰나루의 아우성'은 어떤 특정한 역사적 사건만을 가리키지 않는다. 그것은 삶의 직접적인 체험, 그리고 그 분노와 희망을 말한다.

풍자시 『오적(伍賊)』은 발간과 동시에 극심한 탄압을 받았다. 조태일의 시집 『국토』는 발간이 중단되었으며, 김남주는 감옥으로 끌려갔다. 이런 탄압은 물론 시인의 각성된 시의식을 민중으로부터 격리시키기 위한 조치였다. 시인들은 역사를 말하면서도 그 역사의 실체인 민중을 만날 수 없었으며, 민중의 준동하는 힘을 확인할 수 없었다. 관념의 언어가 여기서부터 탄생한다. 시에서 관념의 언어란 시인 자신의 각성된 의식을 굳건히 지키면서 동시에 현실의 힘을 회의하는 언어이기 때문이다. 이 관념의 언어 속에 현실이 나타난다고 하면 그것은 절망의 형식을 빌려서이다. 박정희 치하에서 발간된 신경림의 『농무』가 그 좋은 예일 것이다.

그런데, 절망의 현실 속에서 시인이 자신의 꿈과 각성된 의식을 오래도록 유지한다는 것은 지극히 힘든 일이어서, 어둠 속에 고립된 섬처럼 떠 있는 자신을 그는 불행한 의식이라고 여기게 마련이다. 이 시대에 이 불행한 의식을 위로하고 시인들을 견디게 해주었던 것은 일종의 섭리에 대한 기대였다. 섭리란 밤이 가고 새벽이 오며, 겨울이 가면 봄이 오듯이, 끝내는 정의가 승리하고 언젠가 좋은 세상이 오도록 이미 정해진 이치라는 뜻 이외에 다른 것이 아니다. 이 시대의 시에 '겨울의 사랑'이라든지 '어둠 속의 약속' 같은 표현들을 자주 발견하는데, 이런 표현들은 본질적으로 은유라기보다는 알레고리에 해당한다. 하나의 체계를 요구하는 은유는 바로 그 요구에 의해 시인의 상상력에 감정적이거나 감각적인 실체를 형성하지만, 알레고리는 생각의 파편을 만들어낸다. 이 파편의 자리가 바로 부재하는 민중의 자리이다. 이 섭리의 알레고리들은 역사적 언어와 사회적 언어가 들어서야 할 자리를 자주 자연순환론으로 대신했다. 그러나 광주는 자연이 피 묻은 칼날에 절단되고, 헛된 말들의 장막이 돌이킬 수 없이 찢어진 자리였다. 김남주는 「학살 1」(『나의 칼 나의 피』, 인동, 1987)의 마지막 두 연을 다음과 같이 써서 그 정황을 요약한다.

밤 12시
하늘은 핏빛의 붉은 천이었다
밤 12시
거리는 한 집 건너 울지 않는 집이 없었고
무등산은 그 옷자락을 말아 올려 얼굴을 가려버렸다
밤 12시
영산강은 그 호흡을 멈추고 숨을 거둬버렸다

아 게르니카의 학살도 이렇게는 처참하지 않았으리
아 악마의 음모도 이렇게는 치밀하지 못했으리


광주의 사람들은 역사의 민얼굴을 보았다. 민얼굴은 그 민얼굴의 언어로만 말할 수 있다는 것을 광주는 그때 절감했다. 5월의 광주는 현대시사에서 고립된 관념에 민중적 실체를 마련해주고, 시의 머리에 현실의 육체를 달아준 획기적인 모멘트였다. 광주민주화운동은 한국 현대사에, 말의 정확한 의미에서 최초로 각성된 민중이 그 절대적 성원을 구성했던 운동이다. 거기 참여한 것은 학생이나 지식인이나 성직자에 불과한 것이 아니라 도시 전체였다. 그것도 부화뇌동하는 군중으로서가 아니라 죽음의 위협 앞에서 자기 결단을 감행한 시민으로서였다.

이 처절했던 투쟁은 조국의 민주화를 앞당겼지만 한국 시의 의식을 변화시키는 데도 결정적인 이바지를 했다. 이제까지 생각 속에서만 있던 것, 이제까지 말일 뿐이었던 것이 바로 민중들 속에서, 그것도 매우 강력한 형태로 발견되었기 때문이다.

구두 닦던 손에는
총이 들려 있었다
그가 닦아주던 구두를 신은 사람들이
모두 도망가 버리고 없을 때
살고 싶었다
인간답게 착하고 성실하게
무등산에 안개 짙게 드리워져
도시는 인적조차 끊기고
죽음만 있는 곳
아! 그 거리에서 나는
도망칠 수가 없었다
상처 입고 쓰러져 용기를 잃었을 적에
거리의 여자들이 먹을 것을 가져다주었다
금남로 거리에서
한 번도 닦아본 기억이 없는
검은 구두 신은 사람들이
구두통을 무참하게 깨고 지나났다.

박살 난 구두통은 이름 없는 팻말이 되고
망월동 망우리 구두를 닦고 있다

『분단시대』 동인지 제1집(1983)에 발표된 김창규의 시 「구두 닦아
요」의 전문이다. 이 시가 주는 감동은 한 구두닦이가 5월 광주에서 "구

두 닦던 손"에 총을 잡고 민주화 투쟁에 참여하여 거기에 목숨을 바치게 된 전말을 말해준다는 데만 있지 않다. 이 거리의 노동자는 그가 "닦아본" 구두와 "한 번도 닦아본 기억이 없는" 구두로 사람들의 삶과 그들의 성격을 알아낸다. 그에게 민주주의와 그것을 위한 싸움은 그 노동과 삶의 연장이다. 그에게 잃어버린 용기를 다시 북돋아주는 것은 "거리의 여자들"이다. 어떤 정치적 이데올로기나 전망이 여자들을 그 자리에 서게 한 것은 아니다. 그러나 이 여자들은 민주주의 같은 말을 최초에 세상에 탄생시킨 열정이 무엇이었는가를 우리에게 알려준다. 그 여자들에게도, 광주의 다른 시민들에게 그렇듯이 어떤 뜻을 품기 이전에 건강하고 인간다운 삶에 대한 생각이 먼저 있었다. 핍박의 시대에, 특별하다고까지 말해야 할 삶이 자신들의 삶 안에 벌써 웅크리고 있는 것을 발견한 사람들이 죽음의 두려움을 삶의 용기로 바꾼다. 5월의 열정과 희생이 말의 진정한 의미에서의 역사적 생산성을 확보할 수 있게 된 것도 이 때문이다. 이도윤의 시 「오월이 살아」의 뒷부분을 시집 『너는 꽃이다』(창작과비평사, 1993)에서 인용한다.

> 죽순 같은 어린 눈망울로
> 우리를 한없이 울렸던 천호도 자라
> 이제 커다란 오월이 되어가고 있다
> 광주는 이리도 모질게 살아
> 종철이가 되고 한열이가 되었다
> 광주는 순백의 처녀가 되어
> 백발의 해맑은 노인이 되어
> 신부가 되어 평양을 다녀오고
> 오월은 살아 굳센 주먹이 되고

단단한 돌맹이가 되고
이 땅의 뜨거운 함성이 되었다
보아라 사람의 눈물을
보아라 너의 가슴에 움터오는
이 피투성이 오월을

정치적 억압도 남북분단도 이제는 더 이상 운명이 아니다. 광주의 5월 이후, 시인들은 섭리를 말하는 대신에 미래에 대한 인간의 계획을 말할 수 있게 되었다. 이제부터 시인들은 자연을 말하는 대신에 역사를 말할 수 있게 되었다. 역사가 바로 그 민중 속에 있었기 때문이며, 시의 언어가 그것을 확인할 수 있었기 때문이다.

## 언어와 주제의 확장

관념과 섭리가 민중적 실체와 역사로 바뀐 결과이기도 하지만, 5월의 광주는 한국 시어의 운용에도 중대한 변화를 가져왔다.

한국 시어의 형성에는 서양에서 이입된 '포엠poem'의 개념이 강한 영향을 미쳤다. 일제강점기에는 프랑스의 상징주의적 순수시의 영향이, 광복 이후에는 영미시의 주의주의적 영향이 컸다. 그러나 고립어인 한국어는 서양의 포엠에서와 같은 각운 체계를 사용할 수가 없어 말을 연하고 부드럽게 만들고 주부와 서술부의 균형을 염두에 두어 낭송하기에 쾌적한 박자를 찾아냄으로써 산문과의 구별을 시도했다. 게다가 일제치하에서는 물론 광복 이후에도 지식인 시인들이 민중과 유리되어 자기정체성을 튼튼하게 붙잡지 못한 가운데, 자신의 꿈과 희망을 민중의식의 발전과 함께 성장시키기보다 현실이 닿지 않는 곳에 보존하려

했기 때문에 언어를 걸머지는 시의 그물이 강력한 힘을 얻지 못했다. 시의 말을 현실의 말과 어렵사리 갈라놓는 이 약한 그물 속에서는 비속한 낱말이나 기술용어가 하나만 들어와도 시가 깨어지게 마련이다. 서정주 같은 시인이 『질마재 신화』(일지사, 1975)에서 비속한 언어를 많이 사용한 것이 사실이지만, 그것은 시를 산문화시키고 동화적 구조와 장난기 서린 어조로 '신화'를 치장함으로써만 일단의 성공을 얻을 수 있었다는 점이 그 반증이 될 것이다.

서정의 개념에 대한 혼란도 우리 시를 연약하게 만드는 한 요인이었다. 본래 서정시의 '서정'은 '시'에 붙어 형용사적 기능을 하는 말이다. 그러나 단독으로 명사가 되기도 하고 동사가 되기도 하는 이 말은 '감정을 펼친다'는 본래의 뜻을 넘어서서 '서정'이라는 이름의 특별한 마음의 상태가 따로 존재한다는 생각을 부지불식간에 강요한다. 산업화된 한 사회의 날카로운 물질적 외관을 가볍게 덮어주기도 하고, 어떤 보편 영혼의 핵처럼 그 외관의 껍질 아래 감추어진 채 존재할 것 같기도 한, 어쩌면 정신 그 자체라고 불러도 좋을 이 특별한 마음의 상태는 그것을 생각하는 것만으로도 어떤 감동과 위안을 준다. 소월 같은 사람이 '시혼' 같은 말에 자신의 문학의 운명을 송두리째 걸었을 때도, 그에게는 이 특별한 감정에 대한 어떤 추측이 있었을 것이다. 번뇌에서 시작하지만 번뇌에서 저만큼 벗어나고, 갈등에서 태어나지만 모든 갈등의 피난처가 되는 이 심정 상태는 한 무더기의 언어를 빛나게 해주기에 충분하고, 그래서 시가 동경하고 천착하여 그 주제로 삼는 것도 권장할 만한 일이 될 수 있다. 그러나 이렇게 독립되어 떠돌아다니던 말이 그 신비롭기도 하고 모호하기도 한 의미를 그대로 지닌 채 다시 '시'에 붙는 형용사가 되어 되돌아오게 되면 그 억압의 폐해는 만만한 것이 아니다. 더구나 극단적 배제의 원리를 지닌 '순수' 같은 말이, 그 원리조차 망각된 채 어떤 막연한 느낌만을 싣고 와서, '서정시'에 모자를 씌운다. 실제로 '순수서정시'가 서정시를, 다시 말해서 시를, 대신하는 말이 되어 거대한 영역을 지닌 한 장르 전체의 성격을 규정하려 드는 사태는 우리에게 낯선 일이 아니었다. 그 협소한 성격 규정과 지시 아래서는 몇 가지 제한된 주제와 손때가 묻은 몇 가지 빈약한 수사법을 이리저리 조합하는 수고 이외에 할 수 있는 일이 별로 없다.

5월의 광주는 한국의 현대시에서 시가 되는 말과 시가 되지 않는 말의 구분을 없애고 시적 주제의 범위를 넓힘으로써 '서정'에 새로운 깊이를 부여하였다. 총칼 앞에서는 모든 말이 희망의 말이었고 분노의 말이었으며, 죽음 앞에서는 모든 말이 생명의 절규였고 역사적 진실일 수밖에 없다. 그 말들은 어떤 시보다도 더 강한 미학적 감동을 불러일으키기 마련이었다. 광주는 이렇게 긴 정치적 연설을 통해서나 짧은 외마디 비명을 통해서나 일상의 비근한 언어들이 높은 시하(詩荷)를 지니는 심미적 언어가 되는 체험을 했다. 터져 나온 말들은 시의 약한 그물을 찢고 훨씬 더 튼튼한 새 그물을 형성했다. 이후 한국 시는 어떤 비천한 말이 들어와도 찢어지지 않을 수 있었다. 광주민주화운동 직후 이영진은 "단 한 줄의 시도 쓸 수가 없다"라는 제목으로 한 편의 시(『6·25와 참외씨』, 청사, 1985)를 썼다. 전반부를 인용한다.

노란 장미여
나는 이제 단 한 줄의 시도 쓸 수가 없다.

도려낸 유방의 그 낭자한 핏구덩을 빨아대며 울부짖는
사내들 앞에서

피에 젖은 쓰레기통, 불에 그을린 시체더미 속에서

얼굴마저 없어진 어린것들의 흩어진 뼛조각을 찾아 헤매는
애처로운 어미들 앞에서

도대체 우리는 무슨 말을 할 수 있는가
써야 될 무슨 진실이 남아 있단 말인가

아, 하늘이여

머뭇거리는 나의 면상 앞으로
기운차게 날아드는 주먹과 돌멩이여

그래도 나는 아직 죽지 않았다고 외쳐야 하는가

이 역설의 시는 처절한 현실의 모퉁이 하나도 움켜쥐지 못하는 서정의 허약한 그물을 찢고 새로운 언어가 어떻게 분출될 것인가를 암시한다. 그 5월의 피와 분노를 통해 한순간의 외마디 소리까지 시의 위의를 얻은 광주의 언어는 그 거친 숨결 속에 통곡의 동굴과도 같은 혼의 깊이를 누리며 곧바로 한국 시의 언어가 되었다. 윤재걸의 시 「오월곡(五月哭)」(『금지곡을 위하여』, 청사, 1985)의 중간 부분을 인용한다.

거리거리 저자마다 객지귀신 지천이니
원통타 분통타 개명천지간에 이런 변고 시상에 또 어디가 있단 말요
니것 내것 없이 어깨춤 추던 그날 그 시상

우리 살아생전에 꿈만은 아닐 터이니

흙짐일랑 그만 쐬고 장승처럼 곤두서서

말해보소 말해보소 속 시원히 말씀이나 해보시소

당신이 누우신 곳 어데이며 잠드신 곳 어데라요

꽃 됴코 물 좋은 이놈의 새 시상에

오월이 저 혼자만 또 왔으닝께

흙고물 피고물 툭툭 털고 벌떡 일어나

꽃 피고 새 우는 새날 새 시상을

어디 한번 구경이나 해보시소

이 시에서 전라도 사투리와 타령조와 낡은 옛글을 무심하게 흉내 내
는 말들은 슬픔과 분노의 내면화를 증명하면서 동시에 입에 붙은 말들
과 현실의 괴리를 고발한다. "꽃 됴코 물 좋은 이놈의 새 시상"은 죽은
자들이 그 몸으로 이룩한 것이지만, 이제 그들은 "장승처럼 곤두서"지
도 못하고, 구경할 눈을 열지도 못한다. 그러나 시는 그들에게 삶과 함
께 주어졌던 언어, 삶을 버리면서 완성했던 바로 그 언어로 읊어진다.
장효문은 「몇 가지 속담과 민요로 대신하는 박관현 추모시」(『신의 눈
물』, 청사, 1985)에서 오래된 세상의 말로 그 비극을 이야기했다. 역시
중간 부분을 인용한다.

우리들은 산길을 오르며

우리들은 산길을 내려오며

몇 사람이 손을 잡고 얼굴을 부비며

저마다 나팔꽃 모양으로 입을 벌려서

세상을 향해 나팔을 불었다

관현이를 위하여 속담풀이를 하면서
거리를 걸었다
아니 땐 굴뚝에 연기 날까
닭 잡아먹고 오리발 내놓네
바늘도둑이 소도둑 된다는데
시원찮은 귀신 아이 잡아먹고
하룻강아지 범 무서운 줄 몰라
콩 심은 데 콩 나고
팥 심은 데는 반드시 팥 나는 법
콩으로 메주를 쑨다 하여
그 누가 곧이듣겠는가


광주민주화운동이 일어났던 2년 후, 박관현이 내란중요임무종사 혐의로 체포되어 모진 고문을 받고, 50일간의 옥중 단식투쟁 끝에 세상을 떠난 사실을 우리는 알고 있다. 그 죽음을 애도할 말이 이 세상에는 없다. 어쩌면 그를 애도하는 일 자체가 어떤 식의 독성행위처럼 여겨질 수도 있다. 속담과 민요만이 그 애도의 말을 대신하여 낡은 '서정'을 비웃고, 시를 쓰는 존재의 밑바닥에서 낡은 지혜와 새로운 용기로 역사의 천라지망을 짜는 강력한 마법의 언어를 준비한다.

지난 1980년대 한국 시를 지배하던 언어, 이영진의 시어를 다시 빌리자면 "기운차게 날아드는 주먹과 돌멩이"로 무장했던 언어는 바로 이렇게 광주에서 탄생했다. 군사독재와 맞선 민주화 투쟁의 과정에서 여러 편의 서사시가 발표되고, 운문시가 서사성과 산문성을 띠는 새로운 경향이 나타났지만, 그런 작품들이 거두게 되는 일단의 성공은 응축된 감정이 언어를 밀고 터져 나와 그 자체로 시적 감동을 지니게 되는 이 광주의 경험을 그 배경으로 삼았기 때문에 가능한 것이었다. 한국 시는 5월의 광주를 시발점으로 삼아, 공교로운 말에 의해서 시적 상태를 창출하는 것이 아니라 마음의 시적 상태를 통해 언어가 시로 바뀌는 창작 실제를 터득하게 되었다.

## 시적 자아의 정체성

그해 5월 광주에서는 많은 사람이 피를 흘리고 죽었다. 살아남은 사람들은 죄책감에 시달려야 했으며, 시대의 비극에 책임을 느끼는 여러 시인들이 그 죽음의 의미를 묻고, 사자들과의 대화를 시도했다. 죽음과 대화를 한다는 것은 자기 마음속의 가장 깊은 곳을 들여다보는 일이며, 생명과 물질의 경계에서 진실한 언어를 끌어내는 일이다. 그것은 다시 말해서 국가가 나라고 이름 붙여준 것, 제도가 나라고 틀 잡아놓은 것, 문화가 나의 얼굴이라고 정해준 것, 이런 사회적·문화적 자아의 뒤에 숨어 있는 것, 흔히 자아 속의 타자라고 부르는 것과의 소통을 시도한다는 것이다. 한 사회에 모욕받고 착취당하는 사람들이 있는 것과 마찬가지로 한 개인 안에도 모욕받고 억압당하는 부분이 있다. 한 개인의 억압받는 부분과 사회적으로 억압받는 계층들은 그 크기가 다를 뿐 그 질과 형식은 동일하다. 광주에서 죽은 자들은 시인들에게 삶 너머에서의 대화를 통해 시인들에게 그 자아의 가장 깊은 부분이 어떻게 사회적 타자들과 동일한 것인가를 가르쳤다. 광주의 시는 우리들에게 이렇게 시인의 정체성을 자아와 사회의 타자들 속에서 확인할 수 있는 길을 열었다. 한 시인이 광주의 영령들을 어디에 모실까를 물으면서 자신의 '육체 속에'라고 자답했을 때, 그는 바로 이 교훈을 되새겼던 것이라고 말해야 할 것이다.

그러나 죽은 자들과의 대화는 먼저 호곡으로 시작하는 것이 마땅했다. 고정희의 장시 「넋이여, 망월동에 잠든 넋이여」(『저 무덤 위에 푸른 잔디』, 창작과비평사, 1989)에서 "누가 그날을 모른다 말하리"의 부분을 옮겨 적는다.

넋이여,
망월동에 잠든 넋이여
하늘이 푸르러 눈물이 나네
산꽃 들꽃 피어나니 눈물이 나네

누가 그날을 잊었다 말하리
누가 그날을 모른다 말하리
가슴과 가슴에서 되살아나는 넋
칼바람 세월 속에 우뚝 솟은 너

진달래 온 산에 붉게 물들어
그날의 피눈물 산천에 물들어
꽃울음 가슴에 문지르는 어머니
그대 이름 호명하며 눈물이 나네

목숨 바친 역사 뒤에 자유는 남는 것
시대는 사라져도 민주꽃 만발하리
너 떠난 길 위에 통일의 바람 부니
겨레해방 봄소식 눈물이 나네

이것은 단순한 진혼가가 아니다. 시는 무가의 형식을 빌려 잠든 넋의 고통과 노래하는 넋의 슬픔이 다시 합해지는 자리, 아니 처음부터 분리 되지 않는 자리, 그래서 한(恨)이 무한(無限)의 힘으로 무한(無恨)이 되 는 자리를 찾으려 한다. 무한(無限)도 무한(無恨)도 역사의 다른 이름이 다. 정의의 이름과 얼굴을 둘러쓴 불의에 의해 희생된 목숨은 역사에 의해서만 두 개의 무한을 쟁취할 수 있다. 고정희의 "민주꽃"도 "겨레 해방 봄소식"도 그 두 무한의 알레고리이다. 그러나 민주주의 꽃은 만발하였는가, 겨레는 해방되었는가. 두 개의 무한은 살아남은 자들의 죄책감으로만 그 전망을 유지하게 되는 것이 당연하다.

그렇다고 광주의 민주화운동 뒤에 살아남은 사람들이 죽은 자들에 대한 죄책감에만 시달렸던 것은 물론 아니다. 그들은 수배를 당하고 체 포되었으며 극심한 고문을 받았다. 그들은 발가벗겨지고 성적인 모욕 을 당하고 손톱이 뽑히면서, 저 권력의 하수인들 앞에 인간의 가장 부 끄러운 부분을 드러내야 했다. 평소에서라면 누구라도 인간의 위엄을 어렵지 않게 지킬 수 있겠지만, 고문당하는 과정에서라면 인간의 조건 이 무엇인가를, 한 인간이 어디까지 견뎌낼 수 있는가를 묻지 않을 수 없었다. 고문당하는 자들이 이 처참한 고통을 당하면서 지키려고 애썼 던 것은 자기 자신이 아니라 다른 사람들이었다. 이 점은 운동에 적극 참여하여 붙잡혀 간 사람들에게만 해당되는 것이 아니라, 가슴속에 분 노와 슬픔만을 안고 속병을 앓던 사람들도 자신이 그 지경에 처한다면 어떻게 행동할 것인가를 스스로 묻지 않을 수 없었을 것이다. 산문으로 밖에는 쓸 수 없었던 이중기의 「악성무좀」(『식민지 농민』, 해성, 1992) 은 이 점에서 가장 처절한 광주시편 속에 들어가야 한다.

그해 오월, 제대를 엿새 남겨두고 갑자기 비상이 걸렸다. 비상? 호루

라기 소리 들리고, 웬일이냐? 느닷없이 귀대한 휴가병들. 비 내리는 철원평야 가로질러 진지로 떠나며 자꾸만 께름칙해지는 엿새 후가 판독이 안 되는 암호문 같아 견딜 수 없었다. 숨어 듣는 라디오는 뉴스 속보를 전해주어도 엿새 후의 상황은 타진해주지 않았다. 빗물에 젖은 발가락이 불편했지만 엿새 후의 걱정보다 한결 나아 참을 만했다.

빗장 걸린 엿새 후를 숨어 보는 가늠구멍 속으로 나는 호남 쪽을 향해 빈총이나 쏘면서 조금씩 발가락이 가려워오는 것을 느꼈다. 발가락이 젖은 채 날이 저물고, 속수무책의 날이 밝았다가 저물고, 간신히 견딜만한 고통으로 날이 밝았다가 저물고…… 전방은 무사했다. 내 발가락만 이상 조짐을 보였고 전방은 아무 이상 없었다.

발가락만 가려워지면 생각나는 그해 오월
PM으로도 지우지 못한 악성무좀 몇 뿌리

발가락의 "악성무좀"은 그해 5월에 "호남 쪽을 향해 빈총이나" 쏠 수밖에 없었던 시인의 회한이다. 발가락의 고통은 전역에 대한 걱정, 곧 "엿새 후의 걱정보다 한결 나아 참을 만했"지만, 그가 평생 떨쳐버릴 수 없는 고황이 된다. 이 무좀은 지울 수 없다. 나는 그날 어디에서 무엇을 했던가를 민주주의의 꽃이 만발하고 겨레가 해방될 때까지, 죽음에 이르기까지 물어야 한다. 내가 늘어놓는 말들이 성실한 것인지, 내 결심이 항상 유효한 것인지, 내가 쓰는 글이 진실한 것인지, 내 삶이 진실로 삶이라고 부를 만한 것인지 시인은 몽매에도 물어야 한다. 이렇게 5월의 광주를 통해 우리의 시인들은 인간 조건의 한계를 체험하였으며, 이 체험은 곧바로 한국 시의 새로운 힘이 되었다. 시는 존재의 극한에서 울려 나오기 시작했다. 우대식은 "오월"이라는 제목으로 이렇게 썼다(『늙은 의자에 앉아 바다를 보다』, 천년의시작, 2003).

> 오월의 세상은 나의 약(藥)이다
> 탄약가루처럼 날리는 송홧가루도,
> 오월의 어느 날 밤
> 추적대는 빗소리도 내겐 중한 약이다
> 그 비가 산성이라면
> 나는 알칼리성의 덩어리가 되어
> 저 비는 내겐 약물이다.
> 오월의
> 저 산은 내겐 약산(藥山)이다
> 저 강은 내겐 약강(藥江)이다
> 저 아침도, 저 밤들도
> 잠 깨어 두드리는 허무의 문짝도
> 저 날들엔 모두 약이다
> 라일락 꽃나무가 꺾여
> 내 등판을 찍어 내리는
> 오월은 나의 약이다
> 오월은 내 푸른 죽음이다

5월의 광주는 처참한 살육과 처절한 투쟁의 현장만은 아니었다. 광주는 좁은 울타리에 갇혀 있었고 그 생명이 짧았지만 엄연한 해방구였다. 사람들은 손에 무기를 들었지만, 그 한 사람 한 사람이 저 자신을 다스리는 정부였다. 사람들은 제 죽음을 두려워하지 않으면서 다른 사람의 죽음에 피눈물을 흘렸다. 5월의 광주는 그 희생적 투쟁으로 우리에게 자신의 삶을 성찰하는 "약"이 되었지만, 또한 자유롭고 평등한 삶의 한 모범이 되고 미래 사회의 기초가 됨으로써 이 강산을 의미와 약속으로 가득 차게 하는 "약"이 되었다. 이 약이 있는 곳에, 이 약속을 상기하는 시간에 허무는 없다. 그러나 이 약은 "라일락 꽃나무가 꺾여/내 등판을 찍어 내리는" 방식으로 우리에게 오는 약이다. 늘 경각하는 자만이 미래의 기초와 손가락을 걸고 약속할 수 있다. 너는 지금 무엇을 하는 누구인지 5월의 광주는 쉬지 않고 묻는다. 질문을 받는 자는 제 생명 전체를 걸고, "푸른 죽음"을 걸고 대답해야 한다.

광주는 불행하였다. 그러나 이 불행이 아름다운 말로 지시되는 모든 것은 마음속에만 있다고 믿는 불행한 의식으로부터 한국 시를 해방시켰다. 광주는 세상으로부터 단절되어 풍편으로만 소식을 전하는 폐쇄된 울타리였지만, 우리 시대가 요구하는 온갖 말들을 그 안에 끌어모아 확대 재생산하였다. 정치적으로건 미학적으로건 두려움을 모르는 한국 시의 언어가 그 튼튼한 체력을 그 죽음과 삶의 경계에서 얻었다. 광주 이후 한국 땅에서 시를 쓰는 사람들은, 그가 민중시인이건 탐미주의자이건 간에, 사실주의자이건 모더니스트이건 간에, 시 쓰는 자아의 정체성과 인간의 한계에 대한 예민한 질문에서 결코 자유로울 수 없었다. 시인들은 역사 속에서 시적 자아의 자리를 정립해야 했으며, 한 사회의 가장 깊은 곳과 자아의 가장 내밀한 곳이 어떤 목소리를 지녔는가를 끊임없이 물어야 했다. 그리고 이 질문은 여전히 계속된다.


[『5월 문학총서 4: 평론』(심미안, 2013) 수록]

# 총과 노래: 2000년대 이후 오월소설에 대한 단상들[1]

## ─김경욱의 『야구란 무엇인가』[2]와
## 공선옥의 『그 노래는 어디서 왔을까』[3]를 중심으로

김형중

## 1. 총에 대하여

총은 이전의 시민들이 사용하던 무기와는 분명히 다른 것이었다.
─최정운, 『오월의 사회과학』에서

### '복수'의 등장

2008년 출간(발표는 2007년)된 손홍규의 단편 「최후의 테러리스트」[4]
에서 주인공 '박노인'은 1980년 5월 이후 평생에 걸쳐 태권도와 선무
술과 젓가락 던지기를 수련한다. 어리석은 일이지만, 전두환을 죽이
기 위해서이다. 이 작품의 연작인 「최초의 테러리스트」[5]에서 '정수'가

---

1  이 글은 평론집 『후르비네크의 혀』(문학과지성사, 2016)에 실린 「총과 노래: 최근 오월소설
   에 대한 단상들 1·2」를 한 편의 글로 다시 구성해 재수록한 것이다.
2  김경욱, 『야구란 무엇인가』, 문학동네, 2013. 이하 『야구』라고 하고, 인용할 경우 본문에 페
   이지만 표기한다.
3  공선옥, 『그 노래는 어디서 왔을까』, 창비, 2013. 이하 『노래』라고 하고, 인용할 경우 본문
   에 페이지만 표기한다.
4  손홍규, 「최후의 테러리스트」, 『봉섭이 가라사대』, 창비, 2008. 최초 발표 지면은 『작가세
   계』 2007년 봄호.

쥔 것은 무모하게도 권총이었고, 2012년 개봉된 영화 「26년」(감독 조근현, 원작 강풀 웹툰 「26년」)에서 '오월 2세대'[6]들이 거리낌 없이 어깨에 들쳐 맸던 것은 저격용 장총이었다. 역시 전두환을 죽이기 위해서였다. 2013년 이해경의 『사슴 사냥꾼의 당겨지지 않은 방아쇠』[7]에서는 주인공 '한수'가 전두환을 죽이기 위해 군용 대검을 갈고, 김경욱의 『야구란 무엇인가』에서는 '종배'가 동생의 살해자 '염소'(1980년 5월 당시 계엄군)를 죽이기 위해 가슴에 칼과 청산가리를 품고 다닌다. 공선옥의 『그 노래는 어디서 왔을까』에서 '정애'와 '묘자'가 고통스러울 때마다 흥얼거리는 '노래'도 빼놓을 수 없는데, 이제 살펴보겠지만 이 소설에서 여성들의 노래가 발휘하는 위력은 남성들이 쥔 총칼의 위력을 훌쩍 뛰어넘는다. 노래를 얕잡아 봐서는 곤란하다. 공선옥의 노래도 복수를 위한 무기다. 그렇다면 손홍규가 〈테러리스트〉 연작을 발표하던 2007년 이후부터 현재까지, 1980년 5월을 다루고 있는 소설들에 어떤 변화가 일어나고 있음은 분명해 보인다.[8] 간단히 말해 '복수'가 등장했다. 법의 판결이나 역사의 평가에 호소하지 않고 학살자를 직접 물리적으로 단죄하려는 주체들의 서사, 곧 공적 처벌이 아닌 사적 복수가 이즈음 오월소설의 중요한 소재가 되고 있다. 이는 상당히 문제적인 현상인데, 서영채도 지적하듯이[9] 오월소설의 정념이 '죄의식'에서 '복수심'

---

5　손홍규, 「최초의 테러리스트」, 같은 책. 최초 발표 지면은 『너머』 2007년 여름호.

6　손홍규의 〈테러리스트〉 연작과 영화 「26년」에 등장하는 사적 복수의 문제를 '오월 2세대'의 정념과 관련지어 살핀 글로는 졸고, 「33년, 광주 2세대의 아포리아」, 『문학들』 2013년 봄호 참조.

7　이해경, 『사슴 사냥꾼의 당겨지지 않은 방아쇠』, 문학동네, 2013.

8　직접 복수를 다루고 있지는 않지만 1980년 5월을 다룬 권여선의 『레가토』(창비)가 출간된 것은 2012년이었고, 박솔뫼의 「그럼 무얼 부르지」(『작가세계』 2011년 가을호)가 발표된 것은 2011년이었다.

9　서영채, 「광주의 복수를 꿈꾸는 일」, 『문학동네』 2014년 봄호.

으로 급격하게 이행해가는 데는 어떤 시대적(혹은 세대적) 감수성의 단절적 변화가 개입하고 있는 듯 보이기 때문이다. 이 글은 그 총과 노래, 그리고 그것들의 가능성과 실패에 대한 기록이다.

## 전두환이 살아 있다

서영채의 경우 이 같은 정념상의 변화 원인을 "이명박 정부를 거쳐 박근혜 정부에 이른 우리 시대 마음의 현실"[10]에서 찾는다. 조연정 역시 최근 1980년 5월을 소재로 한 소설들이 많아지고 있는 이유를 "현재 한국 사회의 민주주의가 심각한 지경으로 역행하고 있는 현실"[11] 때문이라고 말한다.[12] 정확하지만 점잖은 이 말들의 속뜻은 아마도 급격히 퇴행하는 정치 상황에 대한 작가들의 문제의식이 '역사 돌아보기'의 유행과 함께 복수의 정념 또한 낳았을 것이라는 의미로 읽힌다. 충분히 근거 있는 해석이거니와, 거기에 덧붙여 막강해진 대중 서사물들 특유의 영웅주의(복수하는 영웅은 대중 서사의 가장 인기 있는 인물 유형이다)가 소설에도 영향을 미쳤으리라는 점 역시 추론 가능하다. 그러나 나로서는 그 어떤 이유도 아주 단순한 한 가지 사실보다 더 명확하게 오월 소설에서 '사적 복수'의 등장을 설명할 수는 없다고 생각하는데, 그것은 바로 '전두환이 아직 살아 있다'라는 사실이다. 더 정확히 말해 그가 이제 곧 죽음을 맞을 만큼 '늙은 채로' 아직 살아 있다는 사실, 복수심은 아무래도 그로부터 비롯되는 듯하다. 종종 대중 앞에 등장하는 그의 모습에서 노쇠함을 발견하게 될 때, 게다가 아무런 정신적·물질적 충

---

10  서영채, 같은 글, p. 228.

11  조연정, 「'광주'를 현재화하는 일: 권여선의 『레가토』(2012)와 한강의 『소년이 온다』(2014)를 중심으로」, 『대중서사연구』, 20권, 3호, 대중서사학회, 2014, p. 113.

12  참고로 서영채와 조연정의 글이 쓰여진 시기는 박근혜 정부 때이다.

격도 받지 않은 듯 태연자약한 표정을 보건대 이대로라면 그가 그 어떤 반성도 없이 자연사하게 될 것임이 자명하다 싶어질 때, 복수심은 증가한다. 사죄도 복수도 이루어지지 않았다는 사실, 그리고 영영 이루어지지 않게 될 것이라는 사실이 명백하게 환기되기 때문이다. 법은 주권자들(바로 우리들이다)이 위임한 복수에 실패했다. 벤야민이 말하듯 법이란 개개의 주권자가 국가에 위임한 폭력과 다르지 않다. 국가는 항상 연쇄 대응을 불러일으키게 마련인(그래서 항상 과할 수밖에 없는) 사적 복수를 금하는 대신, 등가교환의 원칙에 따라 공정한 법적 처벌을 행사하도록 폭력을 위임받는다. 그런데 국가가 그렇게 위임받은 폭력을 그에게는 행사하지 않았다. 이유는 간단하다. 국가의 수장이 바로 학살자 자신이었고, 이후로는 그의 일파였고, 또 그 이후로는 그의 추종자이거나 최소한 심정적 동조자이자 방관자일 때, 법은 공적 복수의 기능을 완전히 상실한다. 피의자, 그가 바로 최고 주권자이고 법의 집행자일 때, 공적 복수로서의 법은 실효성이 전혀 없다. 그런 의미에서 학살자에 대한 증가하는 복수심은 실은 법에 대한 배신감과 다르지 않다. 그를 저대로 자연사하게 내버려 둘 수 없다는 조바심과 억울함이 사적 복수를 정당화한다. 그리고 작가들이라고 해서 복수심에서 자유로워야 할 이유는 없다.

## 복수하지 못하는 '법'

그런데 이제 와서 법 대신 총을 드는 이는 누구인가? 『야구』의 주인공 종배의 아버지를 보건대 오월 1세대들은 아닌 듯하다.

아버지는 얼마 안 되는 땅뙈기를 처분하고 법원 앞에 담뱃가게를 열었다. 어머니가 동생의 억울함을 부처님께 호소했다면 아버지는 법에 호소했다. M16에는 부처가 아니라 법, 대검에도 부처가 아니라 법, 박달나무 몽둥이에도 부처가 아니라 법. (『야구』, p. 182)

M16에 대해서도 법, 대검에 대해서도 법, 진압봉에 대해서도 법으로 대응하고자 했던 것이 종배 아버지의 태도이다. 기실 이런 태도는 영화 「26년」의 오월 1세대들에게서도 나타나는데, 극중 '마상렬'과 '김갑세'가 그들이다. 와신상담하던 중 정작 '그 사람'을 사살할 수 있는 상황이 오자 "제발, 용서를 빌어!"라는 말로 복수를 유예할 때, 김갑세는 아무래도 대타자(법은 그것의 다른 이름들 중 하나이다)에 대해 아직 기대하는 게 남아 있었던 듯하다. 가차 없이 방아쇠를 당기는 2세대들과 비교해 보면 이 점은 더 명확해진다. 적절한 비유인지는 모르겠으나 집을 떠날 생각은 없는 채로 아버지에게 대들거나 뭔가를 요구하는 아들은 결코 아버지의 권위를 부인하는 것이 아니다. 아버지를 없애고 그 자리에 오르려는 자, 혹은 전혀 다른 집을 지어 스스로 아버지가 되려는 자가 진정한 의미에서 아버지의 권위를 부인하는 자이다. 국가의 권위에 바로 그 국가를 보존하는 법으로 대응하는 자는 결코 국가의 권위를 부인하는 것이 아닌 셈이다. 종배의 아버지 세대는 끝내 법이라는 대타자의 그늘에서 벗어나 본 적이 없다. '법으로' 법에 대항하려 했고, 실제로 '보상법'을 얻어냈으며, '합법적으로' 열리는 도청 앞 광장에서의 기념식을 쟁취했고, 폭도들의 '사태'를 시민들의 '민주화운동'으로 '합법화'해냈으며, 망월묘지를 '국립'묘지로 승격시키는 데에도 성공했다. 그러나 정작 학살자 본인에 대한 복수에는 성공하지 못했는데, 그동안에도 학살자의 머리카락은 그 어떤 손상도 입지 않은 채로, 여느 노인들과 진배없이 하얗고 차분하게 바래가고 있었던 것이다.

**야구란 무엇인가?**

그러나 그들이 기댔던 것이 딱히 법뿐이었을까? 이상한 말이지만 그들은 법에 기대듯 야구에도 기댔다.

아버지는 화병으로 죽었다.

야구 중계를 보다 뒷목을 잡고 쓰러져 병원에 실려 간 아버지는 반짝 정신이 들자마자 대뜸 물었다. 해태는? 사내는 무심코 사실대로 말했다. 7대 4로 깨져부렀어요. 아버지의 얼굴이 검붉게 일그러졌다. (『야구』, p. 87)

1980년 5월을 겪은 광주 시민들에게 야구란 무엇이었을까? 학살자가 선심 쓰듯 만들고 허용한 것이 프로야구였고, 또 모든 스포츠가 그렇듯이 야구 역시 오래된 전투의 흔적을 간직하고 있다면, 그것은 반드시 이겨야 하는 또 하나의 상징적 싸움이었을 것이다. 아니나 다를까 종배의 아버지는 법 앞에서의 굴욕을 야구에서의 승리로 보상받고자 한다. 그들에게 '해태'는 제과회사나 프로야구 구단의 명칭이 아니었다. 그것은 '광주'의 다른 이름이었다. 죽음의 순간까지 종배의 아버지가 야구 결과에 집착하는 데에는 말하자면 일종의 '정치적 무의식'이 작동하고 있었던 것인데, 그는 1980년 5월의 숭고했던 그 며칠을 '겪은' 주체였던 것이다. 실제로 그 며칠을 몸소 겪은 광주 시민들은 대개 그렇게 살았을 것이다. 법에 탄원하고 호소하고 절망하고 우롱당하면서, 그래서 민주당에 한없이 몰표를 던지고, 김대중에게 시민군 지휘관의 면모를 상상적으로 투사하면서, 한 게임 한 게임 야구의 승패에 울분을 토하고 연연하면서, 그렇게 살았을 것이다. 만약 지금 광주라는 도시가 어딘가 고립적이고 배타적이면서, 한편으로 진보적인 듯하지만, 한편으로는 고루해 보이고, 잘 울거나 화를 잘 내고 머리보다는 가슴으로 생각하는 사람들이 많은 도시로 비친다면 다 이런 이유 때문이다.

### 광주란 무엇인가?

그런데 '겪었다'라고 했거니와, 그들은 도대체 무엇을 겪었다는 말인가? 그들이 겪은 그 '무엇'을 해석하거나 전유하려는 여러 노력이 있었지만(특히 그 명칭을 둘러싼 기억 투쟁, 그리고 그 성격을 둘러싼 각종 변혁 이론들 간의 상징 투쟁), 최정운의 말마따나 그것을 사회학이나 계급론으로 온전히 설명할 수는 없었다. 최정운이 묘사한바, '해방광주'는 이런 것이었다.

> 당연히 이곳에는 모든 개인이 지고의 존엄성을 인정받는 이상 계급도 없었다. 나아가서 이곳에는 개인이 죽음의 공포로부터 자유로운 이상 유한성이 극복되고 시간이 아무런 의미를 갖지 않는 영원의 공간이었다. 또한 죽음의 공포를 절대공동체로 극복하는 경험은 모든 세속적 감각과 번뇌로부터의 해방이었다. 여기에는 우리의 일상생활의 모든 욕망과 이상은 아무런 의미가 없는 전체적인 삶, 그 자체만이 있을 뿐이었다.[13]

모든 인간이 존엄성을 획득하고 계급이 없고 죽음의 공포도 없는 시공, 인간의 유한성이 극복되고, 따라서 시간이 의미를 갖지 않는 시공, 어떤 희귀한 열정(마르쿠제식으로 말하자면 '에로스 이펙트 eros effect')이 있어 일단 그것이 주체들을 장악해버리고 나면 세속적 감각과 번뇌

---

13 최정운, 『오월의 사회과학』, 오월의봄, 2012(개정판), p. 186.

마저 사라지게 되는 시공, 그것을 최정운은 '절대공동체'라고 명명한다. 그러고는 "유물론은 결코 5·18이 이루어낸 절대공동체의 정신에 접근할 수 없다"[14]라고 덧붙인다. 만약 우리가 이제 저 말들이 지시하는 어떤 상태를 도저히 상상해낼 수 없다면, 그것은 저런 일이 일어난 적이 없어서가 아니라 저런 일이 너무도 잠시, 순간적으로 일어났다가 흔적도 없이 사라져버렸기 때문이다. 흔히 알려진 바와 다르게 최정운에 따르면 저와 같은 일종의 도취 상태는 항쟁 열흘 중 일주일이나 열흘 내내가 아니라 단 하루 동안만 지속되었다고 한다. 도청을 점령하던 1980년 5월 20일에서 다음 날인 21일까지. 그러나 그 경험은 너무도 강렬해서, 그 하루를 겪은 이는 결코 이전의 삶으로 돌아갈 수 없게 될 것이었다. 오월문학에서는 가장 탁월한 걸작을 쓴 두 소설가가 다음과 같은 말을 하는 데는 이유가 있었던 것이다.

그 여름 이전으로 돌아갈 길은 끊어졌다. 학살 이전, 고문 이전의 세계로 돌아갈 방법은 없다.[15]

그날 밤, 그곳에는 신과 악마, 인간과 짐승이 한꺼번에 뒤엉켜 있었던 거다. 그것이 내가 말하는 5·18 초반 3일의 참된 비밀, 핵심 중의 핵심이다. 인간성이라는 그 엄청난 불가사의, 그 신비가 그야말로 일순간에 우리 눈앞에 현현한 거다. 그걸 목격했는데, 내 눈으로 똑똑히 봤는데 어떻게 예전의 나로 돌아갈 수 있겠나. 그 순간만 생각하면 지금도 막 눈물이 솟구친다.[16]

14 같은 책, p. 198.
15 한강, 『소년이 온다』, 창비, 2014, p. 174.
16 임철우, 「절대공동체의 안과 밖」(최정운과의 좌담), 『문학과사회』 2014년 여름호, p. 340.

그것을 겪은 이상 "이전의 세계"로, "예전의 나"로 돌아갈 수는 없다. 그런데 아이러니하게도 절대공동체는 그것이 '절대적'인 것이라는 바로 그 이유 때문에, 또한 결코 오래가지 못한다. 유물론으로는 설명조차 할 수 없을 만큼의 강렬함, 그러나 다시 체험할 수 없는 우발성과 일회성, 그 사이에 이제 틈이 생긴다. 그리고 짧은 충만 후의 아주 긴 상실, 그 사이에서 발생한 틈이 바로 1980년 이후 우리에게 전수된 기호로서의 '광주'이다. 광주는 틈이다. 누군가 '광주란 무엇인가'라고 묻는다면 그렇게 말할 수밖에 없다. 순간적이었던 절대공동체의 경험과 이후의 긴 상실감 사이에 벌어진 틈, 그것이 광주라는 기호의 의미이다. 바로 그 틈을 메우기 위해 1980년 5월을 겪은 광주 사람들은 야구에 미치고, 법에 매달리고, 민주당(그 이름이 어떻게 바뀌어왔건)에 집착하고, 김대중을 우러르고, 노무현에게 투표했다. 물론 애초에 그런 식으로 메워질 틈은 아니었다. 정당이나 정치인 혹은 스포츠나 기념일로 대신할 수 있는 성질의 것이었다면 '절대'라는 수식어는 아무런 의미도 없었을 것이다. 비유컨대 광주 시민들에게는 민주당도 김대중도 노무현도 야구도 모두 다 일종의 '대상 a'(라캉) 같은 것들이었고, 바로 그것들이 1980년 이후의 광주를 구성했다. 광주는 '자신 안의 더 자신 같은 어떤 것', 1980년 5월의 그 하루 자신들이 겪었거나 겪었다고 여겼던 그 '무엇', 그것을 다른 것들에 투사하면서 지금의 광주가 되었던 것이다.

### 총에 대하여

그런데 절대공동체는 어떻게 와해되었던 것일까? 앞서 '절대공동체'라고 불리는 이 기이한 시공과 상태에 어떤 '집단적 도취'가 작용했을 것이라고 말한 바 있거니와, 돌아가야 할 일상의 무게는 항상 도취 상태를 순간적이게 한다. 완벽한 향유는 항상 불안을 촉발하게 마련인 법이다. 그러나 그런 일반적인 추측에 더해 이런 질문을 던져볼 수는 있겠다. 절대공동체의 일원들을 일상적 시민들로 재호명한 계기는 무엇이었을까? 언뜻 이상한 말처럼 들리겠지만 그것은 '총'이었다. 역설적이게도 바로 그 절대공동체를 가능하게 했던 총이 다시 그 절대공동체를 와해시키는 계기가 되었다.

이전까지 광주 시민들은 자신과 다르다고 생각했던 사람들이 모두 존엄한 인간으로 하나임을 느끼고 감격스러웠다면, 이제는 시민들이 살인 무기를 잡은 순간 서로가 다름을 보고 몸 한 구석이 싸늘하게 식어가고 있음을 느꼈다. 총은 이전의 시민들이 사용하던 무기와는 분명히 다른 것이었다. [……] 이러한 기계가 시민들 손에 쥐어진 순간, 그것을 잡은 시민들이 국가의 힘을 느끼고 '시민군'으로 태어나는 순간, 많은 사람들은 한편으로는 승리를 기대하면서도 홉스적 살인 능력의 보편적 평등과 자연상태의 악몽을 보았다. 이어 다시 그들은 서로가 다른 삶을 사는 집단, 다른 계급에 속해 있다는 것을 느꼈다. 절대공동체가 국가로 변환되어 그의 무력을 갖추어 완성되었을 때 공동체는 금이 가기 시작한 것이다. 이제는 '누구 총에 맞아 죽을지 모르는' 상황이었다. 5·18의 '계급론'과 '민중론'은 바로 여기에서 시작되었고 후일 5·18의 역사를 처음부터 다시 쓰게 되었다.[17]

손에 총이 쥐어지자 절대공동체는 그것을 정당하게 사용하려는 자

17  최정운, 같은 책, pp. 187~88.

와 그것을 꺼려하는 자로 나뉜다. 물론 전자에는 이후 사회과학적 연구들의 설명대로 '기층민중'이 주로 속해 있었을 것이고, 후자에는 '중상계급'이 속해 있었을 것이다. 나아가 이 분리는 수습파와 항쟁파의 갈등으로 이어지고, 더 멀게는 '민주화운동론'과 '민중항쟁론'(혹은 '민중봉기론')의 갈등으로도 이어지게 될 것이다. 총의 소지를 수락한다는 것은 국가 전체를 부인한다는 의미이고, 그것을 거부한다는 것은 설사 시민을 학살한 국가라고 하더라도 그 국가의 권위를 어떻게든 인정한다는 의미이다. 왜냐하면 폭력은 국가에게 위임해야 하는 것이었고, 총은 당시 국가에 대항할 유일한 폭력 수단이었기 때문이다. 총이라는 무기가 그리 호락호락한 물건은 아니었던 것이다. 해방광주 기간 내내 총기 반환이 시민군 간 내부 갈등의 가장 중요한 쟁점이었다는 사실은 그런 의미에서 의미심장하다. 절대공동체는 확실히 총 때문에 성립 가능했고, 동시에 바로 그 총 때문에 최초의 위기를 맞았던 셈이다. 만약 『오월의 사회과학』을 쓸 당시의 최정운이 라캉에 대해 알았다면, 이와 같은 상황을 정신분석학적으로 재구성해볼 수도 있었을 것이다. 총(칼도 마찬가지이다)이야말로 정신분석학에서는 유례가 없을 정도로 권위적인 물건이기 때문이다. 프로이트가 『꿈의 해석』에서 기다랗고 공격적인 물체들 모두를 '팔루스phallus'의 상징으로 설명한 이후로, 정신분석학에서 무기들(불을 뿜고 몸을 쑤시는)이 누려온 상징적 지위는 아주 확고하다. 그리고 물론 팔루스는 라캉적 의미에서 상징적 대타자(아버지, 법)의 '특권적 기표'(실은 텅 비어 있다지만)이다. 그렇게 해석할 때 총을 둘러싼 갈등은 '대타자-아버지'의 '남근-기표'를 어떻게 이해할 것인가를 두고 벌어진 두 아들 사이의 갈등으로 치환 가능해진다. 총을 내 것으로 만든다는 것은 대타자가 설계한 상징적 질서의 권위를 전혀 인정하지 않겠다는 의미일 것이고, 따라서 법의 바깥에서 새로운 법을 창설하겠다는 의지의 표명으로 읽힐 수 있다. 항쟁파와 수습파는 정신분석적 견지에서 이렇게 완전히 갈리는 두 주체였던 셈인데, 이후 사태의 추이는 알려진 바와 같다. 전자에게는 죽음과 투옥이, 후자에게는 끊임없는 죄의식이…… 물론 아버지는 자신의 무대로 귀환했고, 아직도 살아 있다.

## 다시 총을 든다는 것

이와 같은 사태를 김경욱은 이렇게 극화했다.

법원에 출근하는 날은 그나마 나았다. 법원이 쉬는 날이면 새벽부터 술 냄새를 풍기며 주정뱅이 하느님처럼 소리쳤다. 종배야, 니 동상은 어딨다냐? 사내는 카인처럼 항변했다. 몰러라. 나가 동상을 지키는 사람이다요? 주정뱅이 하느님이 노발대발했다. 니 동상은 어딨냐고? 사내는 먼지처럼 소리 없이 외친다. 오매 아부지, 나는 동상을 안 죽였어라. 나는 동생을 안 죽였단 말이오. 나도 죽은 목숨이오. 아부지가 거시기 사망진단선가 확인선가 하는 종이 쪼가리에 실수로 내 이름을 올렸을 때 나도 죽었당께. 동상 곁으로 가부렀당께. 그것도 모자라 아부지는 술에 찌든 밤마다 왜 동상이 아니라 나가 살아 있느냐는 눈빛으로 나를 죽여부렀소. 아부지, 아부지가 나를 죽였소. (『야구』, pp. 182~83)

아버지-법이 종배에게 묻는다. '네 동생은 어디 있느냐.' 아버지 야훼가 아벨을 죽인 카인에게 던졌던 물음, 결코 빠져나올 수 없는 죄의식 속에 살아남은 자를 옭아매고야 마는 이 물음, 그러나 이 물음을 종배만 들었던 것은 아니다. 저 물음은 살아남은 광주 시민들 모두가 들었던 물음이다. 또 작가 최윤이 들었고, 임철우가 들었고, 한강이 들었고 송기숙, 정찬, 황지우, 문순태, 홍희담, 황석영, 권여선 등등이 다 들었던 환청 속의 질문이다. 그런 의미에서 그간 오월의 문학사가 '죄의식'의 문학사였다는 서영채의 지적[18]은 지극히 타당하다. 다만 한 가지 상기해야 할 사실은 남아 있는데, 지금 합법주의자 종배의 아버지는 죽었고, 종배 가슴에는 죽은 동생의 주사위와 자신의 생명을 앗아갈 청산가리가 들어 있다. 그리고 '염소'를 죽이는 데 사용될 칼이, 법원으로 출근하다시피 했던 아버지는 감히 품어보지 못했던 바로 그 칼이 들어 있다. 33년이 지나 이제 더 이상 아버지의 법이 무용하다는 사실이 증명되었을 때, 그 아들이 33년 전 시민군들 손을 떠났던 무기를, 그 특권적인 기표를 다시 쥔다. 물론 그의 복수가 성공할 수 있을지에 대해서는 장담할 수 없다. 그러나 2007년 손홍규의 소설에서 시작된 이 유형의 인물들이 오월소설에서는 상당히 새롭고 돌연한 변이형이라는 사실에 대해서는 다시 한번 강조할 필요가 있어 보인다.

### 다시, 전두환이 살아 있다

그런데 종배의 복수는 성공했을까? 충분히 예상할 수 있는 일이지만, 그러지 못했다.

청산가리를 빠뜨렸다고 발길을 돌린 게 실수였다. 청산가리 없이도 동대문에서 결딴냈어야 했다. 잠자는 심장에 칼을 들이대지 못해 기회를 날려버린 의정부는 또 어땠는가?
후회의 꼬리를 물고 회한이 밀려온다. 아버지의 실망하는 표정, 타이거즈가 질 때면 짓던 표정이 보인다. 아버지를 어떻게 볼까? 마지막 순

18 서영채, 같은 글, p. 239.

간까지 웃는 얼굴로 무서워한 동생. 동생에게 면목이 없다. (『야구』, p. 212)

소설 말미에 이르면 종배가 이전에도 두어 차례 염소를 죽일 기회를 얻은 적이 있었다는 사실이 드러난다. 그러나 그는 청산가리를 빠뜨렸다는 이유로 발을 돌렸고, 마치 햄릿이 숙부에게 그랬던 것처럼 염소가 잠들어 있다는 이유로, 그 몸에 칼을 꽂지 못했다. 실제에서 그는 복수의 자발적 유예를 행하고 있었던 것이다. 이 점에 대해서라면 손홍규의 주인공들도 마찬가지이고, 이해경의 주인공도 마찬가지이다. 박 노인(「최후의 테러리스트」)은 젓가락을 던져본 적조차 없고, 정수(「최초의 테러리스트」)는 탄알을 장전하지 않은 실수를 저지르고, 한수(『사슴 사냥꾼의 당겨지지 않은 방아쇠』)의 군용 대검은 단 한 번 요리하는 데에만 사용될 뿐이다. 무의식적으로 그들은 모두 복수를 미룬다. 게다가 소설은 말미에 이르면 항상 용서를 준비한다. 복수담은 실은 모두 다 복수의 실패담이었던 셈이다. 무슨 이유일까? 우선은 장르적인 고려가 있었을 법하다. 가령 성공한 복수담은 필연코 소설을 대중 서사 장르에 가깝게 하고, 실패함 복수담은 소설을 '비극'의 일종이 되게 한다. 「햄릿」은 그 가장 고전적인 예이다. 만약 덴마크의 유약한 왕자가 (아버지를 죽인 또 다른 아버지에게) 확고하고 신속하게 복수를 감행했다면, 「햄릿」은 고전의 반열에 오르지 못했을 것이다. 엉뚱한 말이지만 생물학적인 이유도 있었을 법하다. 인간을 포함해 사회를 이루고 사는 동물들에게는 복수의 DNA만 있는 것이 아니다. 용서도 DNA 수준에서 각인되어 있는 것이 사회적 동물들의 유전적 특징이다. 복수는 사회에 협조적이지 않거나 위협적인 개체들에 대한 '본보기'로서 필요하지만, 용서 또한 그 사회를 이루는 개체들이 서로 악무한의 파괴 충동(복수는 물질적·정신적으로 엄청난 비용을 지불하게 한다)에 휩싸이지 않도록 하기 위해 반드시 필요한 역량이다.[19] 나아가 서영채가 지적하듯이 복수 자체의 근원적 불가능성을 이유로 들 수도 있을 것이다.[20] 그에 따르면 사적인 복수란 폭력의 일종이어서 항상 부족하거나 너무 과하다. 그러나 나로서는 복수의 실패 이유에 대해서도 또한 자명한 한 가지 사실을 다시 상기시키고 싶다. 그것은 역시 '전두환이 살아 있다'라는 사실 그 자체이다. 실제 인물로서의 전두환이 살아 있는데, 실명이나 대명사로 혹은 알레고리나 상징으로 전두환을 지시하는 인물이 소설 속에서 죽을 수는 없다. 애초에 복수의 대상이 소설적 허구 속에서 창조된 인물이 아니라 실존 인물이었고, 그 실존 인물이 살아 있다면, 그를 소설 속에서 죽일 수는 없는 노릇이다. 아이러니하고도 억울한 결론이기는 하지만 전두환의 생존 자체가 그를 복수의 대상으로 삼은 소설 속 인물들이 실패한 이유이기도 하다. 그러나 이 또한 가장 큰 이유는 아니다.

## 홈 플레이트의 진실

한편으로 어떤 오해가 있었다고 말해도 무방하겠다. 가령 이런 질문

---

19 '복수'와 '용서'의 진화론적 해석에 대해서는 마이클 맥컬러프, 『복수의 심리학』, 김정희 옮김, 살림, 2009, 3~6장 참조.

20 "『베니스의 상인』 샤일록의 경우가 보여주듯이, 보복의 폭력은 언제나 너무 많거나 너무 적어서 등가화라는 것 자체가 불가능하다. 아버지의 원수 앞에서 머뭇거리고 주저하는 햄릿의 경우도 마찬가지였다. 아버지의 원수인 백부에게 아버지가 겪은 것과 정확하게 같은 양의 고통과 불행을 되돌려주는 것은 불가능에 가깝다. 그러니까 그런 의미에서의 복수라면 원천적으로 불가능한 것이다. 따라서 한번 감행된 복수는 또 다른 불균형을 만들어내고, 이로 인해 그 어떤 초월적인 균형점(거기에 도달하는 것은 불가능하다)을 향해 가는 흐름이 만들어진다. 그리고 그 흐름은 어떤 윤리적 결단에 의해 중단되지 않는 한 어느 한쪽의 힘이 완전히 소진될 때까지 무한 반복을 향해 나아갈 수밖에 없다. 이것이 복수의 속성이다"(서영채, 같은 글, p. 238).

이 가능하지 않을까? 사실로서의 복수와 문학적 복수는 같은 것인가? 소설 속에서 실제 인물을 지시하는 어떤 인물이 죽으면 복수는 저절로 실현되는가? 소설 내에서 어떤 인물에게 행해지는 복수의 실패는 혹시 사실로서의 복수와 '문학적 복수'를 구분하지 않았기 때문에 생기는 것은 아닌가? 그렇다면 '문학적 복수'란 무엇일까? 종배의(박 노인의, 정수의, 한수의) 예정된 실패는 이 질문들에 치열하게 응답하지 않았기 때문에 빚어진 결과일지도 모른다. 『야구』의 마지막 장면은 이렇다.

> 집에 가.
> 아이가 홈 플레이트 쪽을 쳐다보며 중얼거린다.
> 뭐?
> 집에 돌아가.
> 아이가 홈 플레이트에게 또박또박 말한다.
> 지금?
> 집에 돌아가.
> 조명등이 하나둘 꺼진다. 하얗게 빛나던 홈 플레이트가 일요일 밤의 어둠 속으로 녹아든다. 순간, 사내의 두개골 아래에 고인 어둠이 번쩍 밝아온다. 빛나던 홈 플레이트가 머릿속에 들어앉는다. 희미해진 파울 라인이, 집으로 돌아가는 길이 부챗살처럼 펼쳐진다. 머릿속에 펼쳐진 새하얀 길이 사내의 눈초리를 팽팽하게 잡아당겨 놀란 표정을 만들어 낸다. 사내는 방금 머릿속에 떠오른 생각에, 아이가 들춘 야구의 진실에 부르르 몸을 떤다. (『야구』, p. 249)

자폐를 앓는 종배의 아들 손에는 '나침반'이 들려 있다. 결국 자신의 손으로 죽이지 못한 염소의 시신을 장사 지낸 종배는 그간 어떤 불안 때문에 볼 수 없었던 '9회 말'을 아이와 함께 막 보고 난 참이다. 연장까지 점수는 나지 않았고, 경기는 무승부였다. 염소와 종배의 전쟁이 그랬듯이 항상 유예되었던 야구의 9회 말은 그렇게 마무리되었다. 그때 아이가 말한다. "집에 가." 물론 아이가 들고 서 있는 나침반이 가리키는 곳은 홈 플레이트, 곧 집일 것이다. 종배는 이제 아이가 들춘 "야구의 진실"을 깨달았다고 생각한다. 야구란 결국 홈 플레이트로 돌아오는 게임이었던 것이다. 이 말은 곧 복수 대신 용서를 택한 종배가 이제야 아버지가 되었다는 말이기도 한데, 아이와 야구를 보고 집으로 돌아가는 성인 남자를 부르는 명칭이 '아버지' 말고는 달리 없을 것이기 때문이다. 이것은 지나치게 낯익은 구조의 서사이다. 아버지에게 반항하며 혹은 새로운 아버지를 찾아 길을 떠난 영웅이 결국 그 길의 끝에서 스스로 아버지가 되는 서사, 아비를 죽인 자에 대한 복수심에 총을 들었던 사내가 결국 원수를 용서하고 원한의 부질없음을 깨닫는 서사, 유구한 역사를 가진 '아비 되기'의 서사이다. 당겨 말하건대 문학적 복수, 특히 소설의 복수란 '형식의 복수'이다. 현실에서 불가능한 복수를 소설은 새로운 '상징 형식'의 창출을 통해 가능하게 한다. 합당한 언어를 찾을 수 없어 보이는 '재현 불가능한 것'조차도 소설은 언어를 통해 '재현'한다. 복수는 따라서 소설 속 인물이나 서사의 전개를 통해 이루어지는 것이 아니라, 소설 자체의 형식을 통해 이루어진다. 종배의 실패는 그런 의미에서 실은 형식의 실패이다. 오월문학에서 복수하는 자들의 등장은 실로 도발적인 변이임에 틀림없다. 그러나 그들의 복수심에 합당한 말의 형식을 작가가 찾아내지 못할 때, 인물의 실패는 그대로 소설의 실패가 된다. 『야구』를 비롯한 복수의 남성 서사들이 그 도발적인 문제 제기에도 불구하고 최윤의 「저기 소리 없이 한 점 꽃잎이 지고」나 한강의 『소년이 온다』, 공선옥의 『노래』에 비해 그 성취에서 미치지 못한다는 평가를 받을 수밖에 없는 이유가 여기에 있다. 모레티의 문장을 약간 비틀어 옮기자면, '작가나 인물보다 형식이 더 강하다.'[21] 그리고 오월소설에 관한 한, 여성들이 부르는 '노래'야말로, 그 강한 형식들 중 하나다.

## 2. 노래에 대하여

> 말은 이미 빼앗긴 사상에서조차 멀어져 있고
> 의미는 원래의 말에서 완전히 박리된다.
> 의식이 눈여겨보는 것은
> 바야흐로 이때부터이다.
> ─ 김시종, 「입 다문 말: 박관현에게」에서

### 형식의 복수

문학적 복수란 '형식의 복수'이다. 상징적 질서를 훌쩍 초과할 만큼 거대한 트라우마여서(아우슈비츠나 5·18처럼) 그에 합당한 언어를 도저히 찾을 수 없어 보이는, 그래서 흔히들 '재현 불가능한 것'의 범주에 넣고 마는 사건조차도 '말로써' 재현(하려고 시도)해야 하는 것이 문학의 아이러니이자 운명이다. 복수심에 가득 찬 인물이나 그가 쥔 총이 아니라 말만이, 오로지 말만이 문학의 유일한 무기이기 때문이다. 말할 수 없는 것을 말해야 한다는 이 역설적 상황은 말의 새로운 형식을 고안함으로써만 돌파가 가능하다. 복수는 따라서 소설 속 인물을 통해 이루어지는 것이 아니라, 소설 자체의 형식을 통해 이루어진다. 종배의

---

21  "인간은 약했지만 형식은 강했던 것이다"(프랑코 모레티, 『근대의 서사시』, 조형준 옮김, 새물결, 2001, p. 352).

실패는 그런 의미에서 실은 형식의 실패이다. 다시 강조하지만 오월문학에서 복수하는 자들의 등장은 실로 도발적인 변이임에 틀림없다. 그러나 작가가 인물의 복수심에 합당한 말의 형식을 찾지 못한 채 낯익은 서사구조(가령 아비 되기의 서사)에 말을 기탁할 때, 인물의 실패는 그대로 소설의 실패가 된다. 어떤 사건이 언어적으로는 도저히 재현 불가능한 것에 가까워질수록, 작가는 그것을 언어화할 형식을 고안해야 한다. 모레티의 말을 약간 비틀어 말하자면, '작가나 인물보다 형식이 더 강하기 때문이다.' 더 오래 살아남은 것은 괴테와 그의 주인공 파우스트가 아니라, 그가 (부지불식간에) 고안한 '형식'(세계 텍스트)이었다.

### 재현 불가능한 것은 없다

그런데 '재현 불가능한 것이 있는가?'[22] 랑시에르는 우리 시대에(플로베르가 출범시킨 미학적 체제의 성립 이후) 재현 불가능한 것 따위는 없다고 말한다. 다큐멘터리 영화 「쇼아」(감독 클로드 란즈만, 1985)에서처럼 아우슈비츠에서 죽은 자는 텅 빈 숲의 과장된 공허를 통해서라도 재현된다. 말하자면 재현 불가능한 것의 모습으로 재현된다. 타자는 절대적 외부에 속하고 우리는 그를 '환대'할 수 있을 뿐 그의 고통을 이해할 수도 대신 겪을 수도 없다는 지극히 윤리적인 태도가, 실은 재현 불가능성의 근거이다. 이때 타인의 고통은 '환기'될 수는 있으되 재현될 수는 없는 것이 된다.[23] 그런데 "재현이 아닌 환기의 방식이란 재현의 불가능성에서 비롯된 처절한 고통의 산물일 것이다. 그리하여 '재현의 위기 자체를 즐기는 것'과는 분명히 구분되지만, 결과적으로는 그 대상

---

22  자크 랑시에르, 『이미지의 운명』, 김상운 옮김, 현실문화, 2014, p. 197.
23  나는 그런 식의 지나치게 염결한(이 염결성은 분명 모종의 심리적 위안이나 보상을 가져다준다) 절대적 '타자 윤리'에 조건 없이 동의하던 시절을 반성한다.

을 미지의 대상으로 남겨둘 수밖에 없다. 그때 나타나는 현상은 그 가려진 대상이 함부로 범접할 수조차 없는 차원으로 신성화되거나 패륜에 가까운 온갖 악의적 상상력으로 왜곡되는 것이다."[24] 재현 불가능한 것은 없다. 다만 재현 불가능해 보이는 영역으로부터 재현을 요구하며 출현하는 무언가가 있을 뿐이다.

### 공백과 증언

도미야마 이치로의 명명에 따라 이렇게 '재현 불가능한' 것의 영역에 있는 것으로 치부되던 어떤 것이 출현하는 지점을 '공백'이라고 불러보자. 그 공백은 어떤 방식으로 출현하는가?

전장의 체험을 녹취하는 작업을 할 때, 종종 어떤 이야기가 기묘한 울림을 자아내는 경우와 맞닥뜨린다. 전장에 떨어져 있던 반합, 눈앞에서 작렬하는 포탄, 달빛이 쏟아지는 정글, 이런 이야기를 활자화해버리면 전장은 아주 개별적이고 구체적이며 신체적인 요소로 구성된 체험기 이외에는 아무것도 아닌 양 묘사되고 말 것이다. 그러나 이야기하던 사람이 반합의 모양을 말하다가 갑자기 허공을 응시하며 울부짖었다면 어찌할 것인가? 애통해하는 이유가 반합에 숨겨져 있다고는 생각할 수 없을 것이다. 구체적으로 말하면 말할수록 이야기된 담론으로는 구성될 수 없는 의미의 영역이 떠오른다. 그러한 이야기의 불안정성, 바로 그것이 그 울부짖음에서 우리가 간파하지 않으면 안 되는 점이다. 체험을 말하면 말할수록, 그 구체적 체험이 구성하는 의미의 연관을 모두 소멸시켜버리는 영역이 그 배후에 다가오는 것이다. 이 영역이 바로 야

---

24 이경재, 「광주를 통해 바라본 우리 시대 리얼리즘」, 『자음과모음』 2014년 여름호, p. 338.

스다가 말한 그 '공백'이리라.[25]

활자화할 수 없는 야스다의 '울부짖음', 말하면 말할수록 의미 연관이 모두 소멸되어버리고 마는 이야기의 불안정성, 그 배후에서 어떤 영역이 모습을 드러낸다. 거기가 '공백'이다. 이 '공백'을 침묵이라고 할 수는 없다. 왜냐하면 증언하는 자의 입에서는 분명 무언가가 발화되고 있기 때문이다. 그러나 그것을 말이라고 할 수도 없다. 왜냐하면 의미에서 박리되어 있기 때문이다. 참된 '증언'은 항상 이런 식으로 침묵과 말 사이에서 이접되어 있다. '증언'의 사전적 의미는 두 가지이다. '사실(事實)을 증명(證明)하는 말' 혹은 '증인(證人)의 진술(陳述).' 증인은 항상 제삼자이게 마련이고, 그가 만약 무언가를 증명하고자 한다면 그는 항상 사실에 입각해 말해야 한다. 그런데 증언해야 할 사건의 당사자가 시신으로 누웠고, 그 사건의 크기 역시 상징화가 불가능할 만큼 외상적일 경우에는 어떨까? 이 경우 사전적인 의미에서의 증언은 완전히 불가능해진다. 침묵이야말로 죽은 자의 언어일진대 누가 죽은 자를 대신해 말할 수 있겠는가? 증인은 침묵을 진술할 수 없다. 말할 수 있는 방식으로 상징화된 경험들의 집합을 '사실'이라고 부를진대 상징화를 초과하는 사건을 누가 말로 발화할 수 있겠는가? 사실 너머의 것은 말을 통한 증명의 대상일 수 없다. 그래서 아감벤은 "증언이란 증언함의 두 가지 가능성 사이의 이접"이라고 말한다. "증언을 하기 위해서는 언어가 비언어가 되어야 하며(즉 비언어에 자리를 내주어야 하며), 언어는 비언어가 됨으로써 증언함의 불가능성을 보여준다."[26] 그러나

25   도미야마 이치로, 『전장의 기억』, 임성모 옮김, 이산, 2002, p. 102.
26   조르조 아감벤, 『아우슈비츠의 남은 자들』, 정문영 옮김, 새물결, 2012, p. 58.

"의식이 눈여겨보는 것은 바야흐로 이때부터이다"(김시종). 말도 침묵도 아닌 그 비식별역으로부터 엄밀한 의미에서의 '증언' 가능성이 열린다. 나오느니 울부짖음뿐이다. 그런데 울부짖음이란 상징화 이전 상태, 곧 그 어떤 국가주의 서사나(오키나와의 경우), 그 어떤 사회과학적 담론에 의해서도(5·18의 경우) 회수당하지 않은 상태의 '공백'이 내는 소리이기도 하다. 언어의 공백이 바로 참된 '증언의 영역'인 것이다. 그 공백이 보존되지 않은 채 기록된 모든 증언은 황국신민화 서사의 일부가 되거나 오키나와 저항 서사의 일부가 된다. 폭도들에 의한 반란 진압 서사가 되거나 의향 광주의 영웅주의 서사가 된다. 문학이 시작되는 것은 바야흐로 이때부터이다. '공백' 그 자체를 보존한 채 그토록 기이한 침묵의 언어에 형식을 부여하는 것, 그것이 문학의 일이다. 그런 의미에서 "유물론은 결코 5·18이 이루어낸 절대공동체의 정신에 접근할 수 없다"[27]라고 쓸 때 최정운은 다분히 문학적이었다. 문학은 언어 너머의 공백을 보존하면서 증언의 영역을 열어놓는 불가능한 언어의 형식이다.

### 최윤과 한강

5·18의 기억에 관한 한 그 불가능한 언어의 형식은 '노래'이다. 이 형식은 작가 최윤이 최초로 고안했다. 「저기 소리 없이 한 점 꽃잎이 지고」의 돌림노래 형식이 그것이다.[28] 기억상실과 실어증에 걸린 소녀는 악곡의 주제부이다. 그러나 소녀에겐 기억도 없고 언어도 없으므로 이 주제부는 '공백'이다. 차마 입에 담지 못할 5월의 기억은 바로 그 공백

27  최정운, 같은 책, p. 198.
28  이에 대해서는 졸고, 「세 겹의 저주」, 『켄타우로스의 비평』, 문학동네, 2004 참조.

속에서 오히려 생생하게 보존된다.

아, 그리고 갑자기……그렇게……빨리……한꺼번에……파도가 더
빨리 사방으로 몰리고……흩어졌다가……다시 모이고……그러고는
또 검은 장막. 그 이후는 아무것도 보이지 않아. 손톱으로 아무리 찢어
내리려 해봐야 다시 휘덮는 휘장. 매 순간 뇌를 휘감는 이 뱀 같은 휘
장.[29]

이렇듯 뱀 같은 휘장에 휘감긴 소녀의 기억은 언어 이전의 형태로만
발화될 수 있으므로, 그 어떤 사후 서사도 그것을 상징화할 수 없다. 그
러나 소녀가 길을 잃은 꽃잎처럼 산하 곳곳을 무작위적으로 누비고 다
닐 때, 5·18은 공백의 형태로 재현되고, 공백이므로 또한 아주 잘 전염
된다. 누구나 그 공백 앞에서는 속수무책이다. '장씨'도 '우리'도 심지
어 독자들조차 감염을 피할 수 없는데, 돌림노래 형식은 원리적으로 종
결을 모르기 때문이다. 감염은 무한대로 계속된다. 소녀가 아직 돌아왔
다는 소문은 없으므로, 매일매일 소녀는 5·18이라는 이름의 전염병을
몰고 다닌다. 이 소설이 마련한 공간이야말로 도미야마 이치로가 말한
바로 그 '증언의 영역'이다. 언어와 비언어가 이접되는 장소, 재현 불가
능한 것이 재현되는 장소가 바로 거기이다. 한강의 『소년이 온다』에 대
해서도 비슷한 말을 할 수 있을 것이다. 화자를 달리하는 총 7개 장으로
이루어진 돌림노래의 형식, 그중 '밤의 눈동자' 에피소드의 화자 '임선
주'의 화법은 이렇다.

29 최윤, 『저기 소리 없이 한 점 꽃잎이 지고』, 문학과지성사, 1992, p. 220.

기억해달라고 윤은 말했다. 직면하고 증언해달라고 말했다.

그러나 그것이 어떻게 가능한가.

*삼십 센티 나무 자가 자궁 끝까지 수십번 후벼들어왔다고 증언할 수 있는가? 소총 개머리판이 자궁 입구를 찢고 짓이겼다고 증언할 수 있는가? 하혈이 멈추지 않아 쇼크를 일으킨 당신을 그들이 통합병원에 데려가 수혈받게 했다고 증언할 수 있는가? 이년 동안 그 하혈이 계속되었다고, 혈전이 나팔관을 막아 영구히 아이를 가질 수 없게 되었다고 증언할 수 있는가? 타인과, 특히 남자와 접촉하는 일을 견딜 수 없게 됐다고 증언할 수 있는가? 짧은 입맞춤, 뺨을 어루만지는 손길, 여름에 팔과 종아리를 내놓아 누군가의 시선이 머무는 일조차 고통스러웠다고 증언할 수 있는가? 몸을 증오하게 되었다고, 모든 따뜻함과 지극한 사랑을 스스로 부숴뜨리며 도망쳤다고 증언할 수 있는가? 더 추운 곳, 더 안전한 곳으로. 오직 살아남기 위하여.*[30]

인용문에서 이탤릭체로 표기된 부분은 발화되지 않은 부분이다. 너무나도 고통스러워 차마 증언조차 하지 못한 말들이다. 그러나 아이러니하게도 그 발화되지 않은 문장들 안에 증언이 자리한다. 증언할 수 없는 것, 도저히 말로 할 수 없는 고통이, 증언되지 않았으나 기록된 문자의 형태로 5·18을 증언한다. 죽은 동호는 말할 수 없다. 그러므로 이 작품의 중심에도 증언 불가능한 영역으로서의 공백이 있다. 그 공백 주위에서 복수의 화자들이 순서를 바꿔가며 부르는 돌림노래, 그것이 『소년이 온다』의 형식[31]이다.

---

30  한강, 같은 책, pp. 166~67.
31  한강의 작품에 대한 좀더 자세한 논의는 졸고, 「우리가 감당할 수 있을까?: 트라우마와 문학」, 『문학과사회』 2014년 가을호 참조.

## 노래의 복수

공선옥의 『노래』도 정애와 묘자가 번갈아 부르는 돌림노래이다. 형식만 그런 것이 아니라 그들은 실제로도 자주 노래를 부른다. 이런 노래이다. "석균이 오목가슴에 가슴에 피는 누가 알아를 주까 박샌 바짓가랑이에 핏자국은 누가 시쳐를 주까……"(『노래』, p. 172). 정애만 아니라 아빠도 노래하고("융구쇼바 승가 아리따 슈바 슈하가리 차리차리 파파"), 엄마도 노래한다("홍웅으으으으으 홍웅으으으으으"). 의미로부터 완전히 박리되어버려 주문처럼 변해버린 말, 그러나 주문과 달리 그 어떤 마술적 힘도 갖지 못한 말, 그것이 이들의 노래이다. 그런데 이 노래의 기원은 어디인가?

어디서 배웠다기보다 그것은 내 마음속 깊은 데서 나오는 소리인데 그 소리들을 나는 아주 오래전부터 알고 있었지요. 그 말은 사람이 말로는 더 어떻게 해볼 수 없을 때 터져 나오는 소리인데 보통의 사람들은 그 말을 알아먹을 수 없는 것이 당연한 것이고 그 소리를 하는 사람의 마음속은 하늘에 닿을 만큼 높아서…… (『노래』, p. 184)

"말로는 더 어떻게 해볼 수 없을 때", 발화된다기보다는 "터져 나오는" 소리가 노래이다. 정애들의 노래는 야스다의 울부짖음과 등가이다. 증언의 영역을 열어놓는 공백의 언어이다. 그런데 노래를 증언의 형식으로 택한 세 작가가 모두 여성이라는 점은 우연일까? 노래에는 성별이 있는 것도 같다. 여기 두 종류의 노래가 있다.

헥켁켁켁꾸억꾸억꾸억우커커커…… 아버지는 밤새 알아먹을 수 없는 소리의 웃음을 웃고 어머니는 알아먹을 수 있는 분명한 소리로 울었다. 어머니는 이렇게 울었다.

홍응으으으으으 홍응으으으으으.

어머니가 내는 소리는 말이었다. 어머니는 울음소리로 말을 대신했다. (『노래』, p. 10)

정애에게 공격적인 된소리와 거센소리로 이루어진 아버지의 노래는 알아들을 수 없는 '소리'에 불과하다. 그러나 둥그런 모음과 비음으로 이루어진 어머니의 노래는 알아들 수 있는 '말'이다. 성별은 이렇게 음소 수준에서도 각인된다. 박정희의 분신으로 보이는 '박샌'이 정애의 노래 앞에서 보이는 두려움에도 이유는 있었던 것이다. 마을의 대표이자, 새마을운동의 주도자, 온 마을 여성들의 겁탈자 박샌이 한갓 소녀의 노래 앞에서 공포에 떤다.

박샌이 덜덜 떨었다. 떨면서 뇌까렸다.

조용히 하랑게 쳐 노래를 하네 이. 노래를 해, 노래를…… 그러면서 박샌이 웃었다. 웃으면서 박샌은 울었다. 아아, 씹할년 쳐 노래를 해, 노래를.

박샌은 욕을 하면서 갔다. 박샌이 가고 나서도 한참 동안 정애는 노래했다.

석균이 오목가슴에 가슴에 피는 누가 알아를 주까 박샌 바짓가랑이에 핏자국은 누가 시쳐를 주까…… (『노래』, p. 172)

박샌의 공포는 노래를 통해 열리는 증언의 영역 앞에서의 공포이다. 자신의 악행들, 그러니까 1970년대 한국의 개발독재가 은폐하고 묻어버린 온갖 저주받을 악행들이 그 노래 속에서 출현한다. 노래는 확실

히 복수의 형식이다. 정애는 훗날 산 채로 육탈하여 바람이 되고 노래
가 된다. 원리적으로 정애의 노래가 도달하지 못할 곳은 없다. "장에 갔
다 온 누군가"는 "장터에서 정애를 봤다고" 하고, "산에 갔다 온 누군
가는 또, 산에서 정애를 봤다고" 하게 될 것이다. "도시 번화가 한복판
에서 정애를 봤다"라고 하는 이도 생길 것이고 "비가 오는 날 빗속에서
정애 소리를 들었다는 사람도" 생길 것이다. 육탈하여 바람이 된 노래
는 도처에 편재하기 때문이다. 도처에 정애가 있고, 도처에 노래가 있
다면, 도처에서 박샌들은 공포에 떨고, 증언의 영역은 도처에서 기필코
열린다.

## 언어 이후의 노래

혹자는 공선옥의 소설을 두고 '마술적 리얼리즘'을 거론하기도 했거
니와,[32] 저 결말은 필시 마술 같은 데가 있다. 말하는 짐승들이 있는 세
계, 꽃구름을 타고 오는 남편이 있는 세계, 사람이 산 채로 육탈하여 바
람이 되는 세계는 분명 마술적 세계이다. 그러나 굶어 죽고, 찔려 죽고,
미쳐 죽고, 겁탈당해 죽는 사람들이 넘쳐 나는 세계도 마술적이긴 마찬
가지이다. 현실이 마치 마귀들의 세계처럼 잔인하다면 그 현실은 마술
적이다. 만약 공선옥의 소설이 마술적 리얼리즘을 닮았다면 그것은 이
작가가 마술적 리얼리즘에 영향을 받아서라기보다는 마귀들이 들끓는
것처럼 극악한 현실에 영향을 받아서일 것이다. 게다가 한국에서 '마

---

32 "찰스 디킨스의 장편에서 흔히 맛보는 민중의 낙천적인 생명감각 같은 것이 감지되는데,
다른 한편 가르시아 마르케스의 '마술적 사실주의'를 연상하게 하는 대목도 여럿 있다. 하
지만 그런 외국 작가들을 떠올리면서도 더 주목하고 싶은 점은, 한의 정서가 짙게 스민, 남
도 특유의 '구전문화'를 작가가 서사에 활용하는 방식이다"(유희석, 「문학의 실험과 증언:
한강과 공선옥의 최근 장편을 중심으로」, 『창작과비평』 2014년 겨울호, p. 103).

술적 리얼리즘'이란 말은 언젠가부터 '가장 민족적이면서도 세계적인' 작품이 노벨문학상 후보로 자주 거론된다는 사실을 간파한 대가들의 전유물이 되어버렸지 않던가? 모레티는 언젠가 마술적 리얼리즘(마르케스의 『백 년의 고독』)을 두고 '희생자로부터 서구에 주어진 사면권'이란 취지의 말[33]을 한 적이 있다. 한때는 식민지였으나 이제는 마술로 가득 찬 마콘도에 누구나 한번쯤 가보고 싶을 것이다. 그러나 말로는 차마 할 수 없어서 노래로 울부짖음을 대신하는 공선옥 소설 속 한국의 1970~80년대로 가보고 싶어 하는 이는 없을 줄 안다. 그곳에 구전문화의 전통이 살아 있다거나, 언어 이전의 노래를 가능하게 하는 공동체가 살아 있다는 말들은 박정희가 독립운동가였다는 말만큼이나 거짓말이다. 공선옥의 노래는 언어 이전의 노래가 아니라 언어 이후의 노래이고, 공동체의 노래가 아니라 그것이 파괴되어버린 뒤에 완전히 의미로부터 박리되어버린 노래이기 때문이다. 오월문학에서 '노래'는 언어 너머의 공백을 보존하면서 증언의 영역을 열어놓는 불가능한 언어의 형식이다. 그리고 형식이 사람보다 강한 법이다. 더 많은 형식이 복수하게 하라.

33 "앞서 『파우스트』에 결백의 수사학이 구사되고 있음을 살펴보았다. 물론 피고 본인에 의해 사면권이 주어진다면 효력이 의심스러운 수사학이 될 것이다. 하지만 사면권이 희생자로부터 주어진다면……. 1960년대. 포함(砲艦)과 군사적 폭력이 아프리카로부터 철수하면서 공개적인 식민지 정복 단계는 종말을 고하게 되었다. 그리고 이러한 백 년의 역사를 마술로 가득 찬 모험으로 이야기하는 소설이 유럽으로 건너왔다. 혹시 이것이 『백 년의 고독』의 비밀은 아닐까?"(프랑코 모레티, 같은 책, p. 382).

# 미끄러지고, 다른 힘을 만들고, 연결되는 것들
## ―2020년에 생각하는 '5월 광주'와 문학의 방법들

김미정

## 1. 민중과 소녀: 1988년, 청문회, 민중, 소녀

1988년 여소야대 정국에서 '5·18광주민주화운동 진상조사특별위원회'가 구성되고, 그해 11월 18일 국회 광주특위를 중심으로 1차 청문회가 열린다. 이후 청문회는 파행적으로 운영되다가 유야무야 마무리되었지만, 그간 왜곡·은폐되던 1980년 광주 상황의 전모가 전국에 생중계된 것의 상징과 그 의미는 컸다. 금지된 발화가 국회 청문회라는 준법정에서 봉인해제되었다는 것, 그리고 5월 광주가 제도정치권의 이해관계로 휘말려가는 과정이 공중파 TV의 스펙터클로 구현되며 시청자-국민의 신체에 단번에 공명했다는 것. 이것들은 이후 5월 광주에 대한 예술·문화적 상상력이 부침을 겪는 조건과도 관련될 것이기 때문이다.

한편 같은 해 한국 문학계에서는 신군부에 의해 강제 폐간된 지 9년 만에 『문학과사회』[1]와 『창작과비평』이 복간된다. 그리고 그해 봄 홍희

---

1 1980년 『문학과지성』이 종간되고, 1988년 『문학과사회』로 제호를 바꾸어 창간호가 발행된 것이다.

담의 「깃발」[2]이 발표되고, 여름에는 최윤의 「저기 소리 없이 한 점 꽃잎이 지고」[3]가 발표된다. 특히 "고통의 미학화"(김병익)라는 의미부여와 함께 등장한 최윤의 소설은, 5월 광주를 미학의 문제로 견인한 의미에서도 주목받아왔다. 훗날 최윤이 회고한 바 있지만, 이 소설은 "여성에게 '할당'된 주제 같은 것이 막연히 있었"던 분위기 혹은 당대의 "문학적 관행"[4]과 길항한 소설이기도 하다.

그녀가 말한 당대의 '문학적 관행'이란 어떤 것이었을까. 예컨대 이 소설 이전까지 서사화된 5월 광주는 임철우·공선옥·홍희담 등의 작품과 그 경향이 암시하듯 고발, 증언의 파토스가 서사를 압도했고, 폭력과 대치하는 '민중'을 주제화하는 분위기가 공유되고 있었다. 가령 5월 광주 속의 여성은, 홍희담의 「깃발」에서처럼 "남성 노동자의 자전거를 얻어 타고 갈지 아니면 호의를 거절하고 씩씩하게 그냥 걸어갈지"를 질문에 부치는 결말이 상징하듯, 건강한 주체성을 발휘할 존재여야 했다. 또한 작가 송기숙은 한 증언의 장에서 "민중이 자발적인 합의에 이를 때 이런 엄청난 도덕성이 나타난다"[5]라고 5월 광주를 기억, 의미화한 바 있다. 최윤이 말한 '여성에게 할당된 주제' 혹은 '문학적 관행'이란, 이런 정황과 무관치 않았다.

실제 이 '민중'의 표상에 비추어볼 때 최윤의 소설 속 주인공인 소녀의 이미지는 좀처럼 연결되지 않는다. 이것은 소녀가 단순히 미성년 여

2   홍희담, 「깃발」, 『창작과비평』 1988년 봄호.
3   최윤, 「저기 소리 없이 한 점 꽃잎이 지고」, 『문학과사회』 1988년 여름호.
4   김미정, 「최윤 인터뷰: 땅에 밀착한 파충류처럼 혹은 전장의 뮤즈처럼」, 『문예중앙』 2006년 봄호.
5   작가 송기숙은 한 증언의 장에서 1980년 5월 25일 계림극장 앞 담배 품앗이 일화를 들려주면서 이렇게 의미화한 바 있다(『광주오월민중항쟁사료전집』, 한국현대사사료연구소 엮음, 풀빛, 1990, p. 164).

성이라서가 아니라, '자발적인 합의' '도덕성' 등의 말이 환기시키는 어떤 성숙함과 건강성의 이미지에 이 소녀가 수렴되지는 않기 때문이다. 물론 그녀를 찾아 헤매는 '우리'(친구들이자 내레이터)는 민중의 표상과 친연성을 갖는다. 하지만 정신을 놓아버린 소녀는 무자비한 폭력의 희생자, 진혼의 대상을 의미하는 한에서만 소설 속 5월 광주와 '우리(민중)'의 의미를 보충할 수 있었다. 이런 점에서 「저기 소리 없이 한 점 꽃잎이 지고」는 확실히 이전 광주소설과 달랐고, 지금도 소녀에 대해서는 재독해되어야 할 것이 많다.

조금 더 이야기해본다.[6] 여타의 광주소설처럼 이 소설 역시 시민/군부, 수동/능동, 피해/가해 대립 구도[7]를 공유하는 측면이 있다. 하지만 이 도식에 근거하게 될 '민중의 도덕성', 이른바 선/악 혹은 가치평가 문제는 이 소설에서 선명하지 않다. 특히 '소녀'와 '남자'의 관계를 읽을 때 그러한데, 어떤 장면들에서 '소녀'는 오히려 이 도식성을 흩트리거나 무화시키는 역할을 한다. 예컨대 이 소설은 프롤로그와 열 개의 절로 구성되어 있다. '우리'(프롤로그, 3, 6, 10절), '남자'(1, 5, 8절), '소녀'(2, 4, 7, 9절)의 시선에 따른 세 층위의 이야기가 교차한다. 여기서 오랫동안 주목받은 것은 '우리'와 '소녀'를 초점 화자로 삼은 절들(프롤로그, 2, 3, 4, 6, 9, 10절)이었다. 이 절들의 내러티브 속에서 소녀는 혼

---

6  이 글에서 최윤, 「저기 소리 없이 한 점 꽃잎이 지고」와 한강, 『소년이 온다』에 대한 분석은 졸저, 『움직이는 별자리들』(갈무리, 2019)의 내용들을 기반으로 재정리했고, 후속 문제의식을 보충했다.

7  주인공 소녀는 자신이 당하는 폭력의 의미를 알지 못하여 속수무책으로 피학의 자리에 있고, 여전히 부재하는 아버지와 오빠를 매개로 연결되는 존재이기에 훗날 "사회적 제관계의 결들이 지워진 순수한 혹은 신비한 실체"이자 "자연으로 수렴될 가능성"이 있다며 비판되기도 한다(이혜령, 「쓰여진 혹은 유예된 광기: 최윤론」, 『한국소설과 골상학적 타자들』, 소명출판, 2007, pp. 283~85).

자 살아남았다는 죄책감과 피해자의 고통을 체현하는 인물이다. 또한 그녀를 찾아 나선 '우리'는 그녀의 고통을 언어화하고 그것을 5월 광주와 연결시키는 역할을 한다. 그리고 이때 1, 5, 8절은 남자가 소녀의 고통에 점점 동화되고 변화되는 과정으로 5월 광주의 의미를 보충한다.

그런데 유독 남자 시점의 1, 5, 8절의 서술에서 두드러지는 바이지만, 거기에는 리얼리티를 교란시키는 소녀의 기괴함, 섬뜩함에 대한 묘사가 빈번하다. 1, 5, 8절의 남자 시점의 내러티브를 잠시 요약해보자. 남자는 소녀를 학대할수록 오히려 기분이 나빠지고 무기력해진다. 남자에게 그녀는 악몽 같고, 위험한 전염병 같고, 관 속의 해골 같은 존재이다. 지독하게 학대해도 무반응이다. 알 수 없는 웃음과 몸짓, 그리고 침묵을 오가는 이 소녀 앞에서 남자는 공포스럽다. 앞서 말했지만 이 과정을 거쳐 남자는 소녀에 의해 동화되며 변해간다고 독해되어왔다. 하지만 소녀가 이 과정에서 결코 무기력한 피해자, 희생자로만 그려지지 않는다는 것은 기억해야 한다.

남자의 폭력은, 소녀에 대한 공포로 행하는 아비규환의 몸짓이다. 남자가 소녀에게 호의를 베풀어도 "매번 남자가 대가로 되돌려받은 것은 한참 동안이나 그의 등골이 오싹 진저리 치게끔 했던 붉은 빛깔이라고 밖에 달리는 표현할 수 없는 웃음"이다. 소설 속 누군가는 "그녀와 동일한 인간인 것이 수치스러웠고 무서웠다"라고도 한다. 말하자면 적어도 남자가 초점 화자인 1, 5, 8절에서 소녀는 무서워하는 희생자, 피해자가 아니다. 그녀는 정체를 알 수 없는, 오히려 남자를 '무섭게 하는' 존재였다.[8] 이것이 광주소설이 아니라면 소녀는, 이쪽 세계에도 저쪽

8   이 소녀의 기괴함은 주로 액체성, 유동하는 이미지에 기대어 묘사된다. 이것은 예컨대 쥘리아 크리스테바의 비체abject 개념, 즉 주체/객체의 경계를 교란시키고 가로지르고, 그렇기에 배제와 축출의 대상이 되지만 힘을 가진 이미지와 그 기능에 겹쳐 읽어도 흥미롭다.

세계에도 속하지 않는, 그리고 그 모두를 교란시키며 불안하게 하는 마
성의 존재로도 읽힐 수 있는 것이다.

즉, 소녀가 1980년 광주의 트라우마를 서사화한 인물이라는 선험적
지식을 지우고 생각하면, 그녀는 '민중의 도덕성'의 의미와 관련 있다
기보다는, 그 '도덕성'이라는 것의 의미를 가능하게 할 능동/수동, 가
해/피해, 주체/대상 등의 도식을 만드는 불온한 존재이다. 나아가 남자
의 환상 속에서 소녀가 기괴한 몸짓으로 묘석들을 흔들고 벽에 금을 내
는 장면은, 감히 말하건대 이 소설의 클라이맥스라고 할 수 있으며, 당
시 항쟁의 이미지와 겹쳐지면서 그 주체의 이미지 역시 복잡하게 만든
다. 즉, 이 소녀를 다시 읽을 때 항쟁 주체의 기존 이미지는 다양하게 확
장, 심화될 수 있다. 이 소설의 미학적 상상력과 역사적 상상력은 여전
히 극복을 기다린다고 할 수 있다.

## 2. 비당사자 세대의 광주: 2010년대 광주 재현의 조건과 상상력

한편 「저기 소리 없이 한 점 꽃잎이 지고」 이후 '광주'의 문화적·예
술적 재현은, 그것을 '자각적·자발적으로' 의미화하지 못한 세대의 과
제로 본격화한다. 시간이 지나면서 사건의 당사자는 소멸해가고 사건
과 기억은 늘 기록이나 기념의 형태를 통해 안정화 절차를 밟는다. 한
예로 1988년부터 구술 채록 작업을 시작하여 1990년 기록물로 발간된
『광주오월민중항쟁사료전집』[9]은, 항쟁에 직접 참여한 이들과 피해자

---

한국에는 1990년대가 되어야 비로소 번역되기 시작한 크리스테바이지만, 최윤 작가가 프
랑스 문학 연구자이자 번역자라는 점과 함께 생각한다면, 이 소설의 인물 형상화에 개재
된 사유·개념의 교섭 관계는 별도로 생각해볼 주제이다.

9  『광주오월민중항쟁사료전집』, 한국현대사사료연구소 엮음, 풀빛, 1990.

및 유족 5백여 명(여 32명, 남 471명, 중복 인터뷰 2, 3명 포함)으로부터 채록한 증언 자료이다. 이 증언은 당시 항쟁을 중심으로 육하원칙에 근거해 기록되었고, 그런 의미에서 기억은 좀더 안정된 형태로 확인, 보존될 수 있었다. 또한 비율적 편향은 있지만 시민군이나 지식인 이외에 다양한 계급, 직업, 연령, 성을 가진 주체를 등장시킨 이 자료는, 이른바 당사자의 가시화라는 점에서도 반드시 거쳐야 할 작업이었다.

그런데 기억을 기록이나 기념의 문제로 이행시킬 때, 기억은 안정화한다고 여겨지지만 그와 동시에 의례의 문제, 곧 망각의 시작이 되기 쉽다. 즉, 5월 광주가 기록되고 기념되는 순간부터 이미 그것은 의례나 망각에 격렬하게 저항해야 하는 아이러니가 생긴다. 사건과 기억의 당사자가 단 한 명도 존재하지 않는 세계에서 미래의 사람들은 그들과 그것을 어떻게 무엇으로 관계 맺어야 하는지에 대해 질문하게 된다. 이것은 사건을 기록이나 기념비로 고착시키지 않고 계속 현재화해야 하는 이유 중의 하나이기도 하다.

여러 편의 글을 통해 문학 속 광주의 문제에 천착해온 문학평론가 김형중은, 특히 2000년대 중·후반부터 광주에 대한 상상력이 달라지는 장면들을 주목했다.[10] 그는 2000년대 중·후반부터 2014년 즈음까지의 작품들을 다루며 "법의 판결이나 역사의 평가에 호소하지 않"는 '복수'가 등장한 것에 주목한다. 특히 '광주 2세대'로 지칭될 작가들의 소설에서 "공적 처벌이 아닌 사적 복수"가 중요한 소재가 되는 작품의 의미를 추적하며, 소설 속 "법 밖에 있(다고 자처하)는 주체들의 행위"가 진짜 법 밖에 있는지, 과연 있을 수 있는지 질문한다.[11]

---

10  김형중, 「33년, 광주 2세대의 아포리아」; 「총과 노래: 최근 오월소설에 대한 단상들 1·2」, 『후르비네크의 혀』, 문학과지성사, 2016.

11  김형중, 「33년, 광주 2세대의 아포리아」(같은 책)에서 손홍규의 「최후의 테러리스트」, 「최

법의 테두리 바깥에서 복수와 응징을 도모하는 듯한 인물들은 광주를 둘러싼 조건 중 하나인 국가의 법 안팎의 문제를 환기시킨다. 이것은 오늘날 5월 광주 재현을 둘러싼 설정과도 확연히 다르다. 뒤에서 더 논하겠지만, 가령 2019년 영화 「김군」(감독 강상우)이 시작하는 장면은 상징적이게도 1988년 청문회 장면이다. 청문회와 법 앞의 증언으로 그들과 그 후배 세대는 다시 돌아갔다. '5월 광주'가 공론화되고 기록, 기념되는 모든 과정은 김형중도 지적했듯 '법적 절차' 속에서 구현되었다. 이때 '법'의 문제를 환기하는 것은 중요하다. '증언testimony' 역시 어원상으로는 법률적이고 종교적인 의미에서 목격을 말하는 행위였다.

물론 5월 광주의 진상규명과 피해보상에는 '법'의 원리만 작동하는 것이 아니다. '보상'의 문제에는 법의 언어뿐 아니라 가치에 대한 유일한 척도로 간주되는 자본주의적 화폐의 논리도 늘 함께 개입해왔다. 일본의 역사학자 도미야마 이치로는 "상흔은 지폐 가치에 의해 교환되었기에 보상의 대상이 되는 것이고, 거기에서 상흔은 보상신청과 구제라는 형태로 사이비적으로 상품화되고 있는 것은 아닌"[12]지 질문한 바 있다. 보상이 화폐라는 물신의 문제로 환원되어버리면서 거기에서 우리가 반복적으로 겪는 부정과 왜곡의 씨앗이 생겨난 것인지 모른다. 그뿐 아니라 국가폭력과 상흔의 문제를, 균질적이라고 가정되는 공동체나 국가가 아닌 장소에서 사유할 상상력을 우리는 가져본 적 없는지 모른다.

---

초의 테러리스트」 「테러리스트들」(『봉섭이 가라사대』, 창비, 2008)과 강풀의 『26년』(재미주의, 2012)이 다루어진다.

12  도미야마 이치로, 「기억이라는 문제, 혹은 사회의 미결성openness에 관하여: 오키나와 전후사(戰後史)를 중심으로」, 박수경 옮김, 『장소성의 형성과 재현』, 부산대학교 한국민족문화연구소 엮음, 혜안, 2010.

즉, 5월 광주는 내내 법을 작동시키는 국가권력과, 화폐의 논리로 보상을 환원시킨 자본주의 장치 속에서 내내 유동해온 것도 사실이다. 그리고 '5월 광주'를 둘러싼 부정과 폄훼의 논리-정동 회로 역시 이 구조를 공유하면서 만들어지고 유통된다. 가령 총을 든 것이 불법이냐 아니냐, 국가유공자라는 보상이 합당하냐 아니냐라는 식의 폄훼의 세력도 국가-자본주의적 법의 언어와 구조를 이용한다. 2017년 대선 당시 새롭게 등장한 5·18 폄훼·왜곡 전략도 단적으로 그러했는데, 당시 공무원 학원가에 5·18 국가유공자 가산점 문제를 선동하는 유인물의 문구는 정확히 우리가 사는 세계 구조의 취약함이 무엇인지 공략한 것이었다.[13] 피해보상과 진상규명을 가능하게 한 조건들이 때때로 '5월 광주'를 역공하는 논리-정동 회로의 자원이 되는 이 아이러니는 김형중이 말한 "광주 2세대들이 처하게 될 정치적 아포리아"[14]와 관련 있을지 모른다. 적어도 비당사자 세대들의 상상력이 이 세계의 구조와 조건 속에서 부침을 겪고 있는 것만은 확실하다.

2000년대 중·후반 이후 광주 서사에 대한 이야기로 돌아오자. 김형중은 비당사자 세대의 서사에서 '사적 복수'를 읽어내는 데에서 나아가 그것이 '총'의 세계와 어떻게 연결되는지 말한다. 그리고 그와 맞은편에 위치할 '노래'의 세계를 읽어낸다.[15] '총'으로 상징될 폭력을 재전유하며 복수와 응징을 꾀하는 서사는 분명 기존 한국 문학 전통 속 유구한, 소위 아들들의 세계이다. 김형중은 "절대공동체는 확실히 총 때문에 성립 가능했고, 동시에 바로 그 총 때문에 최초의 위기"를 맞았다고

---

13 최가영, 「"5·18 유공자 자녀는 금수저" 고시촌에 뿌려진 괴담」, 〈YTN PLUS〉, 2017년 4월 6일 자(http://www.ytn.co.kr/_ln/0103_201704061024228747).

14 김형중, 「33년, 광주 2세대의 아포리아」, 같은 책, p. 32.

15 김형중, 「총과 노래: 최근 오월소설에 대한 단상들 1」, 같은 책.

쓴다. 그가 이 맞은편에 놓은 서사는 최윤, 공선옥, 한강 등 이른바 '노래' 계열 소설들이다. 그리고 그는 절대공동체를 둘러싼 '총'의 역설에 문학의 자리를 나란히 놓는다. 잠시 이런 인용을 보자. "문학적 복수, 특히 소설의 복수란 '형식의 복수'이다. 현실에서 불가능한 복수를 소설은 새로운 '상징 형식'의 창출을 통해 가능하게 한다. [……] 그리고 오월소설에 관한 한 여성들이 부르는 노래야말로 그 강한 형식 중 하나이다."[16]

그의 글들의 문제의식은 단순히 미학이냐 사회냐, 모더니즘이냐 리얼리즘이냐 같은 과거의 논쟁으로 환원될 수 없다. 문학, 예술의 문제는 선험적이고 영속적으로 자율화된 영역이 아니라, 제반 관계 속의 의식적, 무의식적이고 역동적인 교섭의 문제이기도 하기 때문이다. 그렇기에 최윤의 소설 이후에 본격화한 광주 재현의 문제는, 5월 광주소설의 미학적 평가나 과제를 헤아리는 일뿐 아니라, 5월 광주 서사가 어떤 조건에서 만들어지고 변화하고 있는지까지 시야에 두고서 생각해야 한다. 이후 5월 광주 서사의 평가축은 달라져야 하고 달라질 것이 분명하지만, 적어도 2020년 시점에서는 그러하다. 이른바 '광주 2세대'라는 그의 말은 그래서 조금 더 생각하게 하는 것들이 있다. 이것은 강조하지만, '세대의 문제를 넘어서 결국 당사자와 비당사자가 어떻게 관계 맺어야 하는가'라는, 2020년 시점에서 좀더 절박한 주제하에 놓이기 때문이다.


16 김형중, 같은 글, p. 52.

## 3. 신체, 정동, 그리고 이거: 2014년 전후

2014년 출간된 『소년이 온다』[17] 역시 광주 2세대 혹은 비당사자 세대의 작품이다. 그런데 흥미로운 것은, 소설의 설정과 주제가 1980년 5월 광주에 정확하게 직핍하고 있고, 문제의식 역시 발화가 금지되었던 시절의 그것과 강하게 연결된다는 점이다. 작가 한강은 이 소설의 구상을 2012년에 시작했다고 한다. 2012년은 모 극우 이데올로그의 수년에 걸친 광주 왜곡 발언이 법정에서 최종 무죄판결을 받고, 인터넷 유저들 사이에서의 광주 모독, 폄훼가 두드러지게 사건화, 기사화된 해이기도 하다. 지금 이 사건들과 소설 구상 사이의 직접적 인과관계를 살피려는 것은 아니다. 하지만 완료되었다고 믿어진 5월 광주의 문학적 진상규명이 다시 꾀해지는 듯한 이 소설의 미학적 특징은, 분명 어떤 시대적 힘과 경합하거나 길항하는 와중에 돌출되었으리라는 추측을 적극적으로 해볼 수 있다.

또한 앞서 말했듯이 작가는 5월 광주에 대한 소위 경험도 기억도 없는 세대에 속한다. 작가로서의 미학적·윤리적 부담을 감수하면서까지 정공법적 문제의식을 택한 이유가 분명 있을 것이다. 이 소설의 창작 동기와 관련해서 참고가 될 에피소드가 하나 있다. 2017년 2월 어느 강연에서[18] 작가 한강은, 스웨덴 동화(아스트리드 린드그렌의 『사자왕 형제의 모험』)를 읽으며 "어떻게 그들은 그토록 서로를 믿고 사랑하는가? 그들의 사랑을 둘러싼 세상은 왜 그토록 아름다우며 동시에 잔인

---

17  한강, 『소년이 온다』, 창비, 2014.
18  2017년 2월 3일 '노르웨이 문학의 집'에서 열린 "Literary Guiding Stars" 행사의 강연문 「여름의 소년들에게」, *SVD Kultur Söndag*, 2017년 2월 26일 자. 강연문 번역 참조(http://blog.changbi.com/221006983729?Redirect=Log&from=postView).

한가?"를 생각하며 "오래 울었"다는 말을 한다. 흥미로운 것은, 그녀가 1980년 여름 언저리의 기억이라고 믿어왔던 이 일이 실제로는 1983년 여름의 일이었다는 진술이다. 강연문의 이 대목에서 다시 생각하게 되는 것은, 내러티브로서의 기억에는 착오가 있어도 신체의 기억은 또렷하다는 것이다. 1980년과 1983년이라는 연도의 착오에도 불구하고 그녀는 무엇을 느끼고 무엇 때문에 울었는지 그 감정과 그때의 신체적 감각을 또렷하게 밝힌다.

실제 『소년이 온다』에도 오감과 관련되는 감각의 묘사, 감정의 흐름에 대한 구체적이고 생생한 묘사가 특히 두드러진다.[19] 소설에는 유독 치욕, 고통, 분노, 증오, 수치, 죄책감, 슬픔 같은 느낌이나 감정, 정서, 정동을 지시하는 어휘들이 자주 언표화되거나 묘사된다. 이것은 개별 인물 각각의 상태를 지시하는 것을 넘어서 소설 전체의 정조를 이루는 것이기도 하다. 실제로 이 소설에 대한 기존 논의도 이 소설의 혼, 몸, 공통의 느낌 구조, 정동, 감정, 감각의 문제에 특히 집중되었다.[20]

한편 『소년이 온다』에서 빈번하게 묘사되는 치욕, 고통, 분노, 증오, 수치, 죄책감, 슬픔, 우울과 같은 감정들은 표면적으로 서사 속에서 '살아남은 자들'의 것이다. 이 다양한 감정의 조건과 양상은 소설 속 개별

---

19  가령 죽은 정대의 혼이 불타는 자신의 몸을 지켜보면서 '습기 찬 바람, 벗은 발등에 부드럽게 닿던 감촉, 로션과 파스 냄새, 누나가 쓰다듬어준 내 얼굴, 차가운 물, 뭉클뭉클한 맞바람, 멀어지는 목소리, 아카시아 냄새, 혀를 데어가며 후후 불어 먹은 햇감자, 씨앗까지 꼭꼭 씹어 먹은 수박, 꽁꽁 언 두 발' 같은 몸의 감각들을 기억해내기 위해 안간힘을 쓰는 장면은 특히 '몸-기억-감각-감정'의 문제를 두드러지게 가시화했다.

20  심영의, 「5·18소설에서 항쟁 주체의 문제」, 『민주주의와 인권』, 2015; 한순미, 「나무-몸-시체: 5·18 전후의 역사 폭력을 생각하는 삼각운동」, 『인문학연구』, 2016; 정미숙, 「정동과 기억의 관계시학: 한강 『소년이 온다』를 중심으로」, 『현대소설연구』, 2016; 김소륜, 「한강 소설에 나타난 '분노의 정동' 연구: 장편소설 『소년이 온다』(2014)를 중심으로」, 『이화어문논집』, 2018.

인물 각각의 신체에 할당되어 있다. 하지만 인물들 각각이 언표화하는 감정들은 결코 개별적이지 않다. 예를 들어 소설 속에서 '동호'가 '정대'의 죽음을 뒤로하고 달아난 일에 대한 죄책감은 몸(정대라는 타자), 관념(정대에 대한 기억), 역사(정대와의 우정), 장소(1980년 5월 도청 광장) 등의 상호 연쇄적 촉발과 활성화 없이는 불가능한 것이었다.

그렇기에 이것은 개별적이고 심리적인 감정이라기보다, 개체를 가로지르고 몸을 변용시키며 관계를 만드는 '정동affect'적인 것이기도 하다. 소설 속 인물들은 스스로의 몸에 속하지만 다른 몸과의 '마주침'의 결과로서 치욕, 고통, 분노, 증오, 수치, 죄책감, 슬픔, 우울을 말한다. 서로가 서로의 신체에 남긴 흔적인 이것을 무어라 명명해도 상관없다. 중요한 것은 이것이 개인의 도덕적 결단과 신념 이전에, 어떤 폭력으로 인해 죽임당하는 존재들에 대한 측은지심과 연민과 아픔에서 시작해 이행하고 발전한 감정이라는 것이며 그렇기에 이런 감정을 결코 개별적이거나 심리적인 것이라고만 말할 수는 없다는 사실이다. 또한 도덕적 결단, 신념에 비추어 이 감정들이 하찮다고 말해서는 안 된다. 어쩌면 이 수동적이라고 여겨지는 감정과 정동 속에 5월 광주의 잠재력, 핵심이 놓여 있을지 모른다. 『소년이 온다』가 주제화한 것의 하나가 바로 이 지점이다.

사회학자 최정운은 '절대공동체'로서의 광주를 이야기하는 책을 집필하며 "외관으로서의 사실을 지나 시민들이 겪었던 내적 경험을 통해 '우리의 사실'로 사건에 접근"[21]하고 싶었다고 말한 바 있다. 언어로 서사화할 수 있는 경험이 있는 반면, 언어화되지 못한 경험, 쉽게 언어로 설명되지 못하는 경험, 그러나 감각적으로 분명하게 환기되는 경험도

---

21  최정운, 『오월의 사회과학』, 오월의봄, 2012(개정판).

동시에 존재한다. 실제로 1990년 『광주오월민중항쟁사료전집』의 증언자들(특히 시민군 참여자들)의 내러티브에서는 늘 두려움, 분노와 같은 감정의 표현이 생생하게 수반된다. 또한 1980년 5월 당시 초등학생 나이였던 이들 80명을 대상으로 인터뷰한 사진집[22]에서 아이 시점의 경험을 회고하는 내용은, 어른 시점에서 기억하는 그것과 사뭇 다르다. 그들은 자각적으로 그 일을 겪지 않았음을 고백한다. 그들의 경험은 당시에 미처 내러티브로 구성될 수 없는 것이었다. 그들 스스로 경험에 대한 언어를 갖지 못했음이 분명하게 전달된다. 하지만 이 사진집에서도 빈번하고 확신에 차서 회고되는 것은 '무서웠던 일은 생생하다'는 요지로 발화되는, 사소하지만 핵심적인 몸의 기억이다.

한강의 소설 『소년이 온다』가 서사화한 것이기도 하지만, 모든 기억이 서사화될 수 있는 것은 아니다. 기억은 늘 그때마다의 구체적인 장소와 맥락 속에서 조금씩 흔들린다. 하지만 확실한 것은 그럼에도 그 신체를 매개로 하는 정동과 기억들이다. 영화 「쇼아」(감독 클로드 란즈만, 1985) 속 스크린의 균열처럼, 언어화(서사화)될 수 없고 표상할 수 없고 침묵할 수밖에 없고 머뭇거릴 수밖에 없는 무언가가 증언에는 늘 있다. 이 영화에서는 목격자, 생존자, 부역자, 나치 당원 등등의 기억을 집요하게 묻고 그것을 소환하는 인터뷰가 556분 동안 이어지지만, 종종 침묵과 매끄럽지 않은 몸짓으로 인해 인터뷰는 부자연스럽게 끊어진다. 이것은 아무 일도 없었음을 전하지 않는다. 보는 사람은, 침묵과 몸짓이 순수한 공백이 아니라는 사실을 안다. 이것은 분절되고 개념화한 말의 영역이 아니다.

---

22  문선희 찍고 엮음, 『묻고, 묻지 못한 이야기: 담벼락에 묻힌 5월 광주』, 난다, 2016.

## 4. 오늘날 광주, 법정과 증언의 딜레마: 재현의 탈구축을 위해

즉, 기억과 증언은 사실관계를 확인하는 것으로 환원될 수 없다. 하지만 우리는 착각한다. 증언은 반드시 언어화할 수 있고 기록된 것이 전부라고 착각할 때가 많다. 당사자가 등장하면 모든 것이 증명될 수 있으리라는 착시도 생긴다. 하지만 증언은 애초에 자생적인 것이라기보다, 무언가의 부정과 왜곡 앞에서 그렇지 않다는 것을 증거하는 구도를 가지고 있다. 그때 믿을 만하다고 여겨지는 증인이 바로 경험의 당사자=생존자이다.

2019년의 영화 「김군」이 1988년 청문회 장면으로 시작하는 것은 상징적이라고 앞서 말했다. 이것은 곧 오늘날 광주가 어떤 증언의 요구 앞에 다시 직면하게 되었음을 단적으로 환기시키기 때문이다. 실제로 이 영화는 실제 항쟁의 당사자들뿐 아니라, 그들을 부정하는 이데올로그와 그 세력을 함께 소환한다. 사실관계를 해명해야 하고 무언가를 증명해야 하는 요구의 분위기는 이 영화의 설정과 무관치 않아 보인다.

오늘날 법의 언어나 증언, 당사자가 등장하는 설정은 재현예술에서 흔한 설정을 이룬다. 가령 서구에서의 난민 문제를 주제화한 영화 「가버나움」(감독 나딘 라바키, 2018)을 보면서 법정, 고발, 증언이라는 설정이 중요하게 놓인 이유를 내내 생각을 떨칠 수 없었다. 「가버나움」은, 부모의 방치하에 출생기록 없이 살아온 열두 살 소년의 생존, 삶에 대한 영화이다. 안정된 체류자격, 신분증명 체계에 거하지 못해온 실제 난민들을 캐스팅하여 촬영했고, 대본에 따른 연기보다 상황에 따른 연기가 중심이 되었다. 대중적 극영화이지만 전문 배우가 아니라 당사자 배우를 출연시켰고, 영화가 끝난(개봉) 이후에도 가버나움 재단 설립 등을 통해 현실 속 난민 문제에 실제 개입하는 실천을 도모했다.

이 영화에서 당사자가 등장하고 법정 장면이 중요한 설정으로 놓인 것은, 오늘날 5월 광주의 곤경이나 영화 「김군」의 설정과도 내내 겹쳐졌다. 가령 당사자가 스크린에 전면화할 때 관객은 실제 난민이 눈앞에 존재한다고 인지한다. 당사자의 얼굴을 본 관객은 잠시 그것이 당사자의 진정성이라고 이해/오인한다. 또한 법정은 이 영화를 감싸는 중요한 배경이자 설정인데, 관객은 마치 배심원의 자리에 앉아 주인공의 진정성을 판정하는 듯한 상황에 놓인다.

오늘날 일본군 위안부 서사를 둘러싼 사정도 비슷하다. 국문학 연구자 허윤은, 증언, 실화라면 텍스트의 정치적 효과가 발휘된다고 여겨지는 최근 대중 서사의 경향을 분석한다.[23] 오늘날 일본군 위안부 서사들(영화, 소설)은 당사자의 현전을 통해 "진정성의 정치"를 구현하는 경향을 보인다고 비판한다. 문학평론가 소영현은 이를 이어 "위안부 서사가 놓인 당대적 문맥, 즉 읽히는 맥락에 대한 고려 없이 재현물에 대한 새로운 논의가 시작될 수 없"다고 말하며, 텍스트의 '목격-증언'이 독자에게 전이되는 메커니즘을 추적한다.[24]

영화 「김군」은, 실제 북한에서 투입했다고 주장되는 '제1광수'의 정체를 밝히는 것에서 시작한다. 사건을 부정하고 왜곡하는 세력이 가시적으로 여론을 움직이는 영화 밖 상황에서, 그것에 반박하며 광주를 설득시키는 일이 중요했을지 모른다. 그렇기에 이 영화는 부정, 왜곡하는 측의 주장에 가치 평가를 배제한 채 그것을 실증적으로 증명/논박하는 설정을 큰 축으로 삼는다. 하지만 영화 중반부터 문제 설정이 달라진다. 오히려 그것이 증명되어야 할 이유를 질문하게 하고, 이어 수많은

23  허윤, 「일본군 '위안부' 재현과 진정성의 곤경: 소녀와 할머니 표상을 중심으로」, 『여성과 역사』, 29권, 한국여성사학회, 2018.
24  소영현, 「목격-증언의 자리와 공진하는 '위안부'의 몸」, 『구보학보』, 22집, 구보학회, 2019.

'김군'이 전경화된다.

이 김군들은 "그때 뭐 그런 거 알았겠냐?"(영화 속 인터뷰)라고 말한다. 비당사자 관객이 무의식적으로 기대하는 시민군의 익숙한 이미지와도 거리가 있다. 영화는 투철한 신념과 판단력, 역사적 사명감의 소유자로부터 시민군을 탈구시킨다. 하지만 이것이 시민군의 의미를 희석시키는 것일 리 없다. 그들은 모두 누군가가 부당하게 죽임당하는 것에 슬퍼하고 분노했고, 내가 죽을지도 모른다는 두려움에 떠는, 인간이라면 누구나 지닐 측은지심, 슬픔, 분노, 두려움에서 출발했고 이 감정, 정동은 결코 하찮거나 무력하지 않다. 영화 속에서 제1광수를 찾는 여정이 진행될수록 오히려 광주항쟁의 성격, 광주 민중의 주체가 다양하게 부상한다. 결국 제1광수는 다리 밑에 살고 있던 이른바 고아, 부랑자, 거지라고 불리던, 국가의 관리 체계에 등록되지 못한 자였음이 밝혀진다. 광주를 부정하는 세력이 그의 존재를 지목하여 의미부여를 한 것은, 아이러니하게도 광주항쟁의 주체, 주도성이 이 익명의 이름 없는 존재와도 관련되는 것을 인정한 셈도 된다.

이러한 영화의 설정과 흐름은 두 가지 생각할 거리를 지금 우리에게 던진다. 우선 증언 혹은 재현의 물신화에 대해 성찰하게 한다. 과학적 기술 분석 결과 사진 속 시민군이 북한 고위층 사진과 일치하므로 광주에서의 일이 시민항쟁이 아니었다고 주장할 수 없다. 이는 1980년대 서구에서 소각장 굴뚝 개수의 오차를 두고 쇼아는 없었다고 부정하는 역사수정주의의 저열한 프레임일 뿐이다. 숫자보다 중요한 것은 그 일이 거기에서 일어났다는 것이다.

재현과 증언은 결코 숫자와 논리로 증명할 문제가 아니다. 당사자를 등장시키고 증언하게 하여 사실관계의 왜곡을 바로잡는다는 것은 5월 광주 문제에서 부차적이다. "'팩트'로만 답하도록 강제하는 물음의 구조에서 '팩트'로 입증되지 않는 존재들"은 "재현/대의"[25]되기 어렵기 때문이다. 실제로 영화에서도 당사자들의 현재-과거의 편린이 이어질수록 사실관계 증명이 아니라 '연결' '연루'라는 주제로 이행한다.

두번째로 생각해볼 것은, 5월 광주의 주체 문제이다. 원리적으로 바로 앞의 재현/대의/표상representation의 문제와 연결된다. 누가 광주 혹은 시민군을 대표해왔는가의 문제이다. 영화는 결과적으로 5월 광주의 주체를 익명 또는 무명의, 미등록 체류자로 확장시켰다. 주지하듯 그동안 광주에 대한 해석의 주도성은 우선은 제도정치의 정당이 가지고 있었다. 오늘날 이데올로기적 부정과 왜곡이 세를 얻는 것은, 5월 광주의 의미화가 정당 정치의 쟁투(야합) 과정에서 추진된 측면에서 생각해볼 수도 있다. 그 과정에서 선량한 시민, 국민이 아닌 존재를 광주의 주체로 상상하기란 어려운 일이었다.

하지만 제1광수는 그 이미지를 배반한다. 국가에 등록되지 않고 사진 속에 잠시 흔적을 남기고 사라졌기에 외부인(북한군)으로 지목당하기도 쉬운 것이었다. 그들을 증명해준 것은 국가의 등록 체계가 아니라, 그들과 말과 밥을 주고받은 이웃들이었다. 이처럼 국가와 법 체계에 등록되지 않고 살아가는 어떤 이들은 1980년에만 있었던 것도 아니고 광주에만 있었던 것도 아니다. 성원으로 셈해지지 않지만 실재하고 무언가 행위를 한 존재들. 이것은, 장차 5월 광주가 무엇과 연결되어야 할지 강하게 암시하는 것이기도 하다.

---

25  오혜진, 「'내가 모르는 시간'에 대한 상상」, 『씨네21』, 2019년 7월 3일 자.

## 5. 재현되지 않는, 작은, 보이지 않는 것들과의 '연결'에 대해

팩트 체크나 실증을 요구받고 그것에 응답하는 순간 이미 상대의 프레임이 승인되는 효과가 생긴다. 증언은 이런 한계, 딜레마로부터 탈구축되어야 한다. 폭력적으로 요청받은 행위에 응답하는 일이 애초 주어진 프레임으로 회수되지 않을 방식, 그 프레임을 거부하고 깨고 넘어서는 방식을 상상하는 것으로 나아가야 한다. 그렇기에 증언의 애초 프레임, 그리고 법정의 언어로만 환원되기 쉬운 증언의 언어, 주체를 다르게 상상하고 발명하는 것은 긴요하다. 5월 광주는 축자적으로 1980년 5월과 광주라는 시공간적 제약에 갇히면 안 된다. 오히려 시공간을 초월하는 연결, 관계 들이 상상되고 고안되어야 한다.

"'5월' 아닌 것들의 영역으로 외연을 확장"해야 하고 "'5월' 아닌 것들과 부딪쳐야" 한다는 말이 문학의 말로 발화된 것은 2002년이었다.[26] 그때와 지금 얼마나 달라졌을까. '5월 아닌 것들의 영역'은, 영화 「김군」의 마지막에 세월호 추모 장소에서 주먹밥을 주고받는 장면이 암시하듯 어떤 '연결'이다. 영화 「김군」에서는, 주민등록을 갖지 못하고 일정한 거주지 없는 존재가 '제1광수'로 암시되었지만, 이러한 미등록 체류자는 오늘날 난민, 이주자, 탈북인 등 다양한 형태로 존재한다. 하지만 이 존재가 쉽게 소수자, 약자 같은 선험적·관념적 범주로 이해되어서는 안 된다. 이 형상들은 이미 존재하는 것이 아니라 5월 광주와 같은 구조 속에서 상황마다 만들어지기 때문이고, 그렇기에 1980년 5월뿐 아니라 지금도 이후에도, 그리고 광주뿐 아니라 어느 곳에나 존재하기

---

26  김형중, 「『봄날』 이후: 광주항쟁 소재 소설들에 대한 단상」, 『켄타우로스의 비평』, 문학동네, 2004.

때문이다. 또한 나아가 소수자, 약자라는 개념만으로 설명되지 않는 다양한 힘과 주체 형상과 잠재력이 그 각각의 신체에 역동적으로 내재하기 때문이다.

도미야마 이치로는 역사 속 폭력의 문제를 성찰하면서 '겁쟁이'의 비유를 통해 새로운 관계성을 말한 바 있다.[27] 병역이나 집총을 거부한 이들을 제일 처음 움직인 것은 어떤 신념이 아니라, 신체로 다가온 고통과 죽음의 두려움이었다고 그는 말한다. 그는 두려움을 던지고 죽음을 각오하는 쪽이 아니라, 상처받을 것과 사람을 죽이는 일을 두려워하는 겁쟁이들의 관계로부터 역사를 다시 읽는다. 최윤과 한강의 소설 속 소녀와 소년이 암시하듯 '5월 광주'는 건강한 몸과 투철한 정신의 소유자가 아닌 존재에 대한 상상력과도 연결되어왔다. 총이 아닌 '노래'(김형중)의 발명은 오롯한 미학만의 문제가 아닌 것을 지금 적극적으로 생각할 필요가 있다.

어쩌면 5월 광주는 이 작은 것들, 재현＝대의＝표상되지 않아온 존재들의 힘과 연결되고 확장되어야 한다. 재현은 거친 축도(縮圖)이다. 선과 점으로 그려진 윤곽과 명암이 그곳의 흙과 물과 생명을 담지 않았음을 우리는 안다. 그리고 동시에 그 윤곽과 명암 너머의 흙, 물, 생명이 이 지구를 살아 숨 쉬게 하는 것도 안다. 법, 국가, 자본의 균질화하는 언어와 구조에서 자꾸 미끄러지지만 그렇기에 다른 힘을 만들고 연결되는 존재와 사건들. 이것이 지금 2020년에 내내 맴돌고 있는 1980년 5월 광주의 이미지이다.

[『문학들』(2020년 봄호) 수록; 일부 개고]

---

27  도미야마 이치로, 『폭력의 예감』, 손지연·김우자·송석원 옮김, 그린비, 2009.

# 희망을 증언하는 언어들의 역사
## —최윤의 『저기 소리 없이 한 점 꽃잎이 지고』[1]

강동호

**1**

1988년 최윤은 『문학과사회』 여름호에 5월 광주의 비극을 형상화한 작품 「저기 소리 없이 한 점 꽃잎이 지고」를 발표하며 소설가로서의 공식적인 글쓰기를 시작한다. 우리 시대의 "가장 뛰어난 증언의 문학"[2]으로 일컬어지는 이 기념비적 데뷔작은, 그러나 기대와 달리 광주를 둘러싼 역사적 기억을 총체적으로 재현하거나 구체적으로 복원하는 방향으로 전개되지 않는다. 작품을 특징짓는 다양한 시점의 복잡한 교차, 특유의 치밀하고도 섬세한 묘사적 문체, 서사를 끊임없이 지연시키고 밀어내는 느린 서술 방식, 그리고 고통스러울 정도로 화려한 파편적 이미지들은 역사적 사실로서의 광주를 증언하는 일로 직행해야 한다는 당대적 요구로부터 조용히 비켜서 있는 것처럼 보인다.

이야기의 서사적 전개에만 집중하게 된다면 그녀의 소설이 끝내 광

---

1  문학과지성사, 2018(개정3판). 이하 이 책에서의 인용은 페이지만 밝혀 적는다.
2  김병익, 「초판 해설: 고통의 아름다움 혹은 아름다움의 고통」, 『저기 소리 없이 한 점 꽃잎이 지고』, 문학과지성사, 2011(개정2판), p. 320.

주를 증언하는 일로부터 벗어나버린다는 심증은 더욱 강화될 소지가 있다. 소설은 오빠와 엄마를 잃고, 스스로를 광기 속에 유폐시킨 소녀를 되찾으려는 모든 서사적 노력이 실패로 귀결되는 지점으로 독자를 인도한다. 그리고 이 실패는 사실상 언어의 실패와 긴밀하게 관련 있다는 점에서 결정적이다. 소녀를 목격했다고 말하는 사람들의 증언이나 "우리가 알고 있는 그녀의 신원에 대한 외적 정보들은 [……] 아무런 도움도 주지 못하거니와"(p. 260), 그녀의 존재를 알리려는 '장'의 노력이 끝내 침묵으로 맺는 이유 역시 언어적 실패에 대한 자각 때문이다. "그는 난생 해본 적이 없는 심인 광고 문안을 머릿속에서 고치고 또 고쳤다. 위의 사람의 가족이나, 알고 계신 분은 연락 바람. 이름 미상. 나이 약 15세. 신장 140센티미터 정도. 특징…… 남자는 이 부분에서 쓸 말을 잃었다"(p. 312). 쓸 말을 잃은 '장'은 곧 소녀의 존재를 언어화할 수 없는, 말 자체를 잃은 인간이다. "남자가 참을 수 없었던 것은 그녀의 침묵이었다"(p. 248). 하지만 진정으로 참을 수 없는 것, 그럼에도 불구하고 우리가 공유해야만 하는 것은 소녀를 증언해야 한다는 다급한 의무감에도 불구하고 선행적으로 통과할 수밖에 없는 저 침묵이 형상화하는 것, 이른바 말할 수 없는 것 앞에 선 인간의 언어적 무력감이다.

## 2

말할 수 없는 대상과 관련하여 우리가 주목할 수 있는 것은 「저기 소리 없이 한 점 꽃잎이 지고」의 소녀에게 이름이 없다는 사실이다. "난 단숨에 늙어버렸어. 그리고 나는 불러서는 안 되는 이름을 배 속에 뭉쳐뒀어. 나는 혼자야. 혼자"(p. 271). 부를 수 없고 불러서도 안 되는 이름, 소녀로 하여금 끔찍한 죽음을 상기시키는 엄마와 오빠의 이름은 소녀의 광기 어린 침묵 속에 봉인되면서, 그녀의 이름까지도 영원히 사라지게 만든다. 이름 없는 소녀, 소녀의 이름 없음과 함께 잃게 되는 것은 그녀의 고유명에 국한되지 않는다. 침범 불가능한 고독 속으로 스스로를 완전하게 가두어버린 소녀의 고집스러운 의지와 광기 어린 발화로 인해 점차적으로 모호해지는 것은 세상의 모든 고유명이다. 소녀를 목격했다고 고백하는 사람들, "위험한 전염병이 더 이상 퍼지지 못하게끔 격리시키는 절박한 기분"(p. 248)으로 소녀를 감금시켰던 '장', 그리고 소녀를 추적하는 오빠의 친구들 모두 온전한 이름으로 불리지 못하기는 마찬가지이다. 불리지 못하는 것은 그녀의 기억과 이름을 잃게 만든 장소, "핏빛의 소용돌이의 도시" "소문의 도시" 등으로 암시되는 광주 역시 동일하게 해당된다(p. 303). 소설에서 가끔씩 스쳐 지나가듯 제시되는 '옥포' '장항' '대천' 등의 지명은 '소문의 도시'로부터 지역적으로 멀리 떨어진 곳에 불과하며, 그녀를 추적하는 데 무용한 정보들만 불길한 풍문처럼 실어 나를 뿐이다. 이름 없는 소녀는 총체적 역사 서사 속에서 재현될 수 없고, 한 시대의 역사적 비극을 대변하는 상징으로 거듭날 수도 없다. 그런 의미에서 소녀의 독백에 자주 등장하는 단어 '구멍'은 엄마의 훼손된 신체, 그리고 그 트라우마로 인해 발생한 기억의 공백을 상징하는 동시에 언어로 재현될 수 없는 근본적인 사태, 즉 언어의 결여를 가리키는 알레고리적 공백을 지시할 것이다. 요컨대 이름 없는 소녀, 말할 수 없는 소녀는 모든 고유명의 구멍이자, 언어의 구멍이다.

### 3

그러나 언어의 무능함과 소통 불가능성을 설명하는 데 그친다면, 그리하여 소설이 전망 없는 언어적 절망을 확인하는 지점에서 멈춘다면, 이에 대한 글쓰기가 무슨 소용이 있을까. 언어의 무력감을 공유하고 소통의 불가능성에 초점을 맞추는 소설적 글쓰기는, 필연적으로 그 자신이 수행하는 글쓰기의 정당성에 관한 자기 검토를 요구받을 수밖에 없다. 이러한 자기 검토에 대한 요청은 소설적 글쓰기의 능력과 권한, 그리고 윤리적 자격과 연관된 근본적 딜레마를 고민하고, 타인의 고통을 증언하는 소설적 글쓰기의 한계를 사유하는 과정과 필연적으로 겹칠 것이다. 그러니 우리가 최종적으로 강조해야 할 점은 "말로 되어질 수 없는 일을 언어화하는 것"[3]으로 자신의 소설 쓰기를 명료하게 규정했던 작가의 의도, 그리고 그것을 통해 관철되고 있는 특별한 글쓰기 의지이다. 이를테면 소설의 첫머리를 개시하는 대목 역시, 그와 연관된 작가의 의지와 그것이 수반하는 고뇌를 동시에 반영하고 있는 것으로 보인다.

당신이 어쩌다가 도시의 여러 곳에 누워 있는 묘지 옆을 지나갈 때 당신은 꽃자주 빛깔의 우단 치마를 간신히 걸치고 묘지 근처를 배회하는 한 소녀를 만날지도 모릅니다. 그녀가 당신에게로 다가오더라도 걸음을 멈추지 말고, 그녀가 지나간 후 뒤를 돌아보지도 마십시오. 찢어지고 때 묻은 치마폭 사이로 상처처럼 드러난 맨살이 행여 당신의 눈에 띄어도, 아무것도 보지 못한 듯 고개를 숙이고 지나가 주십시오. 당신이 이십대의 청년이라면, 당신의 나이에 어쩔 수 없이 갖게 되는 야생의 빛나는 시선을 가지고 있다면, 먼지 긴 때에 절어 가닥 난 긴 머리채

---

3    최윤, 「말로 할 수 없는 것을 말하기: 「저기 소리 없이 한 점 꽃잎이 지고」」, 『수줍은 아웃사이더의 고백』, 문학동네, 1994, p. 100.

에 시든 꽃송이로 화관 장식을 하고 꼭 당신을 바라보고 있지만은 않은 초점 잃은 시선으로 그녀는 머리채에 꽂힌 꽃보다 더 붉은 웃음을 흘리면서 당신 뒤를 쫓아올 것입니다. 그녀가 당신의 상의나 팔꿈치를 뒤에서 잡아당길 때, 원컨대, 무엇을 하는지도 모르고 당신에게 자석처럼 접근하는 그녀의 손을 되도록이면 부드럽게 떼어놓아 주십시오. 그녀를 무서워하지도 말고, 그녀를 피해 뛰면서 위협의 말을 던지지도 마십시오. 그저 그녀의 얼굴을 잠시 관심 있게 바라보아 주시기만 하면 됩니다. (pp. 241~42)

서술자의 입을 빌려 개진되는 저자의 간곡한 당부에는 앞으로 전개될 이야기를 통해 마주치게 될 소녀를 대하는 독자들의 태도에 직접적인 영향을 행사하려는 의지가 비교적 명확하게 드러나 있다. 이러한 작가의 발화가 모종의 위험을 감수한 결과라는 점을 잊지 말자. 작가의 서술적 개입을 극도로 제한하는 근대소설의 금기를 감안한다면, 작가의 목소리를 직접적으로 전경화하는 소설의 첫대목은 작가에게 장르적 규약을 상회하는 더 중요한 목적, 즉 소통에 대한 요구가 담겨 있다는 의중을 간접적으로 증명한다. 소녀를 복원하는 데 실패하는 이 소설은 사실상 복원될 수 없는 소녀, 말해질 수 없는 소녀를 그 누구보다도 실제적인 인물로 마주할 수 있기를 이 소설이 희망한다는 사실, 그리고 무엇보다 독자가 그렇게 대해주기를 바라고 있다. "아무것도 보지 못한 듯 고개를 숙이고 지나가" 달라는, 독자를 향한 요청은 소설이 제시하는 소녀를 부디 "야생의 빛나는 시선"으로 대상화하지 말 것을 주문하고 있거니와, 이러한 당부에는 타인의 고통을 증거하는 일과 그것을 탐닉하는 일을 구별하는 것이 쉽지 않다는 근본적 불안과 염려가 내포되어 있을 것이다. 타인의 고통을 이해하려는 선의는 때로 자신의 이해

범주 안에서 타인의 고통을 축소하고 왜곡시키는 서사적 폭력과 분리되기 어렵다. 그렇다면 타인의 고통을 전달하려는 윤리적 서사 의지와, 그것을 관음증적 시선으로 대상화하는 탐닉 행위를 어떻게 구별할 수 있을까. 이 질문은 고통을 증언해야 하는 소설이 가닿을 수 있는 윤리적 한계에 대한 물음을 함축하면서, 말할 수 없는 현실을 기어이 언어화하는 일의 가능성 여부를 모두 시험할 것이다.

## 4

최윤이 작가로 거듭나기 이전, 그러니까 최현무라는 고유명으로 불리는 것이 더 익숙했던 시절에 그녀가 직면해야만 했던 근본적인 시대적 간극과 실존적 고립감을 눈여겨볼 필요가 있다. 이 간극과 고립은 최현무로 하여금 우리 사회의 현실적 비극을 증언하는 작가 최윤으로 거듭나게 한 계기와 원리를 해명할 수 있게 해주는 중요한 실마리로 읽힌다.

이 작품은 내가 겪지 못한 광주항쟁에 바친 내 나름의 헌사이다. 그러므로 이 작품은 헌시(獻詩)를 쓰는 마음으로 썼다. 광주항쟁이 일어났을 때 나는 프랑스의 한 소도시의 유학생이었고, 지구상의 수많은 나라 중 바로 내 나라에서 일어난 일에 대해 이국어로 쓰여진 온갖 보도 기사들을 한옆에 쌓아놓은 채로 할 수 있는 것이 아무것도 없었다. 사정을 모르는 친구들은 어떤 지방신문의 한 모서리에 마치 시대착오적인 토픽감이나 될 만한 사건처럼 보도된 기사 조각을 오려서 주기도 했다. 이런 일 앞에 고립된 젊은이는 육체적으로 앓게 된다. 아주 원시적으로. 당시의 나는 신체적으로, 그리고 언어적으로 명실공히 고립된 젊은이, 그 이상도 이하도 아니었다. 얼마나 자주 우리는 젊은이들의 이러한 원시적인 몸앓이를 무기력한 것으로 처단하는가.

시간이 지나 몸앓이에서 벗어났다고 해도, 여전히 고립되어 있던 젊은이가 할 수 있는 것은 더더욱 없었다. 조금씩이나마, 그리고 서투르게나마, 그에 대해 쓰는 일밖에는. 왜냐하면 그 같은 역사적 불행에 익숙해지는 것은 애당초 불가능하기 때문에.[4]

1980년 5월, 최현무는 "프랑스의 한 소도시의 유학생"으로서 광주에서 자행되고 있는 학살을 "이국어로 쓰여진 온갖 보도기사들"을 통해 접할 수 있었다. "이 작품은 내가 겪지 못한 광주항쟁에 바친 내 나름의 헌사"라는 말은, 「저기 소리 없이 한 점 꽃잎이 지고」가 광주의 비극을 직접 체험하지 못한 주체, 즉 당사자성에 근거할 수 없는 주체가 비로소 실천할 수 있는 사후적 글쓰기라는 점을 직접적으로 고백하는 중이다. 그녀는 광주로부터 멀리 떨어진 장소에서, 광주의 비극으로부터 비켜 서 있는 대부분의 운이 좋은 생존자들의 상황과 운명을, 뼈아프게 공유하고 있다.

그런데 작품을 쓰게 된 계기를 회상하는 과정에서 그녀는 광주에 대한 분노, 안타까움, 그리고 절망을 내세우는 대신 스스로가 느꼈던 고립감을 더욱 강조한다. 왜 그럴까. 우선, 그녀가 말하는 고립은 당시에 자행되고 있는 학살과 관련하여 "할 수 있는 것이 아무것도 없었"던 한 젊은이의 절망적인 무력감을 대변할 것이다. 그러나 아무것도 할 수 없는 그녀는 단순히 현장으로부터만 동떨어져 있는 존재에 그치지 않는다. 그녀는 언어로부터 고립되어 있고, 거의 동일한 의미에서 시간으로

---

4   최윤, 같은 글, p. 99.

부터도 고립되어 있다. 그녀가 스치듯 언급하는 '시대착오'는 민주화를 이루지 못한 1980년대 한국의 정치적 후진성을 지시하면서 그것을 넘어서는 어떤 근본적 사태, 즉 시간성 자체의 완전한 박탈까지도 가리킨다. 먼 이국땅에서 광주에 대한 소식을 낯선 언어로 접해야만 했던 작가는 고립감 속에서 그 자신의 존재가 역사의 시간으로부터 완전히 탈구되어 있다고 직감한다. 이때 그녀가 언급한 시대착오는 개인의 시간과 역사의 시간을 이어주는 근본원리의 부재를, 즉 개인과 역사 사이에 발생한 근본적인 간극을 표현한다. 이른바 박탈된 시간성은 곧 인간의 역사가 느리지만, 점차적으로 나은 방향으로 전개될 것이라는 최소한의 믿음마저도 배반되었음을 보여주는 징표인 셈이다.

그러나 인간 최현무가 감각하는 시대착오적 간극에도 불구하고, 역사적 시간과 개인적 시간 사이의 간극이 모든 말의 가능성을 완전히 소진시키는 것은 아니다. 고립 속에서 그녀는 역사적 시간으로부터 주변화되고 언어로부터 소외되어버린 자신을 발견하는 한편, 자기 자신을 소외된 타자로 감각하는 과정에서 비교적 정확하게 그녀 자신의 육체를 응시할 수 있었기 때문이다. "이런 일 앞에 고립된 젊은이는 육체적으로 앓게 된다." 육체적인 고립과 언어적인 고립이 별개일 수 없는 이유는, 앓고 있는 몸이야말로 현장으로부터나 시대로부터 이탈되어 있는 자기 자신의 주변부적 성격을 증거하고, 더 나아가 그것이 시대와 개인 사이의 벌어진 간극을 매개하는 언어적 원리를 제공해주기 때문이다. 작가는 그 원리와 방법에 관해 이렇게 쓴다. "조금씩이나마, 그리고 서투르게나마, 그에 대해 쓰는 일밖에는. 왜냐하면 그 같은 역사적 불행에 익숙해지는 것은 애당초 불가능하기 때문에." 평범해 보이는 이 진술이 중요한 까닭은 익숙해질 수 없는 불행이 사실상 육체적 고통의 낯섦에 대응되며, "왜냐하면"이라는 인과관계의 접속어가 영원히 낯설 수밖에 없는 신체적 고통과 글쓰기를 이어주는 당위와 정당성을 제시해주기 때문이다. "육체적으로 앓게 된다"라는 최현무의 자기 진술이 당시 그녀가 겪었던 고통을 수사하기 위한 회고적 발언에 국한되지 않는다는 사실을 증명하는 것은 8년 후라는 미래의 시간대에 씌어지게 될 최윤의 작품들이다.

5

고통의 육체성에 관한 작가의 집중적인 천착은 「저기 소리 없이 한 점 꽃잎이 지고」 도처에서 확인된다. 작품 전체를 감도는 모호한 분위기 속에서도 분명하고 선명하게 초점화되고 있는 유일한 대상은 미친 소녀의 육체, 그리고 그것을 대면하는 사람들의 육체적 반응이다. 남자가 소녀의 실존을 감각하고, 그것으로부터 공포를 느끼게 만드는 근원지 역시 육체이다.

예쁘다거나 추하다거나 하는 느낌조차를 무화시키는 다른 어떤 것이 무어라고 말로는 되어 나오지 않지만, 이 작은 몸뚱어리가 머물러 있는 세상은 남자가 알고 있는 그것과는 전혀 다른 곳이리라는 결정적인 느낌이 그의 본능적인 방어적 근육들을 수축시켰다. 숲 저쪽 위의 포도에서 차들이 굴러가는 소리가 충동처럼 그의 관자놀이를 울렸다. 남자는 그가 느낀 이런 불편한 감정을 육체적인 공포라고 생각했다. 아니면 그는 모든 느낌을 육체적인 반응으로 번역해내는 사람이었고 모든 종류의 육체적인 공포를 공격으로 해소하는 데 습관화된 사람이었을지도 모른다. (p. 245)

작가는 남자의 시선을 통해 소녀의 육체를 인지하고, 그로부터 느끼는 "불편한 감정을 육체적인 공포"로 "번역"한다. 소녀의 인상은 "예쁘다거나 추하다거나 하는 느낌조차를 무화"하면서 익숙한 언어로 환원되지 못하며, 다만 "본능적인 방어적 근육들을 수축"시킨다는 낯선 표현이 환기하듯, 철저히 육체의 불수의적 반응을 이끌어낸다. 단순히 남자가 자신이 받아들이는 "모든 느낌을 육체적인 반응으로 번역해내는 사람"이기 때문만은 아닐 것이다. 소녀의 "작은 몸뚱어리"가 파생시키는 "결정적인 느낌"은 대상화될 수 없고, 관음증적 시선으로 향유될 수 없는 소녀의 몸이 사실상 이 소설의 소녀가 불러일으키는 기괴함과 섬뜩함의 진원지임을 알려주는 징후에 가깝다. 소녀의 독백이 주를 이루는 절들에서도 사정은 다르지 않다.

이 액체가 창피스러운 나의 호흡을 정지시키고, 구더기들이 우글거리는 심장을 터뜨리고, 바싹 마른 여름 나뭇가지에 불이 붙듯이 삐뚤게 삐뚤게만 흐르는 나의 핏줄들, 수치스러운 기억처럼 질길 대로 질겨진 채 뼈에 달라붙어 있는 나의 살가죽, 그리고 윙윙대며 신음 소리만을 울리는 내 뼈를 남김없이 태워, 수분 한 방울 남기지 않고 태워, 흔적 없이 먼지로 사라지게 해달라고 빌고 빌었지. 그렇지만 나는 깨어날 때마다 어김없이 어느 한구석 부서지지도 사라지지도 않은 내 몸을 동그마니 발견하곤 했어. 누군가가 나를 놀리고 저주하고 있는 거야. 그래서 나는 달갑게 이 저주를 받아들였지. 어느샌가 배 속 저 깊은 곳에서 공허한 공기가 자유롭게 이동하고 나는 그 공기를 밖으로 내보내려고 입을 벌렸지. 사람들은 내가 웃는다고 다시 때리고 윽박질렀어. 나는 죽을힘을 다해 입을 다물었지.

갑자기 내가 입을 벌리면 악취 나는 오물이나 흑록색의 벌레들, 번들

거리는 가죽에 덮인 파충류가 기어 나올까 봐 무서웠던 거야. 어떤 사람들은 내가 입을 다물면 다물수록 더욱더 이를 악물고 내게 덤벼들었지. (p. 295)

엄마를 잃은 고통, 그리고 엄마의 죽음으로부터 도망쳤던 소녀는 그 원죄와 같은 죄책감으로부터 벗어날 수 없으며, 급기야 자기 자신이 소멸되기를 원하기까지 한다. 일종의 자기처벌의 의식적 산물처럼 보이는 이 인용 대목에서 우리의 눈길을 끄는 것은 자신이 겪은 고통을 치밀하면서도 파편화된 형태로 연출하는 고백적 언어들, 그리고 그를 통해 현상되는 분절된 육체이다. "구더기들이 우글거리는 심장" "수치스러운 기억처럼 질길 대로 질겨진 채 뼈에 달라붙어 있는 나의 살가죽" 등의 끔찍한 이미지들로 자신의 훼손된 몸을 증언하는 이유, 나아가 자기 자신의 육체가 "흔적 없이 먼지로 사라지게 해달라고 빌고 빌었"던 원인은, 그녀를 광기로 몰아가게 한 모든 기억을 흔적처럼 간직하고 있는 장소가 바로 그 자신의 육체이기 때문일 것이다. "그녀의 몸은 감당하기 힘든 많은 얼굴을 녹음해두느라 피폐해버렸을지도 모른다"(p. 263). 그런 의미에서 소녀의 고백을 실질적으로 이끌고 있는 주체, 그녀의 광기에 감염되어버린 주변인들의 심정을 대변하는 주체, 즉 증언의 주체는 피폐해질 정도로 훼손된 소녀의 몸이라고 해야 한다. 소설 속 증언의 주체가 몸이며, 이들의 말을 듣는 주체 역시 몸일 수밖에 없다는 결론은 우리로 하여금 고통을 증언하는 언어적 행위와 관련된 물음, 즉 타자의 고통을 증언하는 행위의 주체적 성격과 관련된 근본적 물음으로 향하게 한다.

물론 육체는 언어를 소유하지 못하며, 언어를 관장하는 존재는 인간의 정신일 것이다. 그러나 몸이 아플 때, 주체는 정신에 의해 지배될 수 없는 몸을 비로소 타자로 체험한다. 정신의 세계에서 영원히 이방인일 수밖에 없는 육체, 타자화된 육체는 정신의 언어가 지배하는 세계에 균열을 낳으면서, 그간 주변부적이고 고립되었던 자신의 위치를 설명해주는 언어가 존재할 수 없다는 사실을 정신에게 각인시킨다. 주체의 주인 자리를 차지하고 있던 정신은 육체의 붕괴를 체험하면서 그간 노예처럼 다루었던 몸에게 자신의 자리를 내어줄 수밖에 없는데, 정신이 오히려 육체의 인질이 되는 위계 관계의 변증법적 역전 속에서 필연적으로 강제되는 것이 언어의 변형이다. 육체에게도 언어가 있을 수 있다는 말은 실제 언어가 있다는 뜻이 아니라, 정신이 지배했던 과거의 언어가 직면하는 실패로 인해 감행되는 말 자체의 변혁과 쇄신을 뜻한다고 해야 할 것이다.

이때 변형된 언어는 타자로서의 육체에 대응되며, 최윤의 소설에서 문체가 차지하고 있는 독특한 위상과도 연결될 수 있다. 육체와 정신의 역전이 발생한 것처럼, 고통을 육체적 언어로 증언하는 데 초점을 맞추는 최윤의 소설은 주요 서사보다 그 주변을 이루는 요소들, 제라르 주네트의 표현을 빌리면 담론discourse의 영역에 더욱 집중하도록 만든다. 「저기 소리 없이 한 점 꽃잎이 지고」가 쉽게 요약될 수 없는 소설이라는 사실은 그런 맥락에서 의미심장하다. 소설에 대한 요약이 선택적 망각과 배제를 통해 실현될 수 있다는 점을 감안한다면, 광주를 재현하고자 하는 최윤의 글쓰기는 전통적으로 중요시되는 이야기의 중심성으로 쉽게 환원될 수 없는 소설의 주변부, 이야기의 시간적 진행을 더디게 만드는 부차적인 담론의 영역에 특별한 주의를 기울인다. 이것은 지금까지 이야기를 단지 보조하는 수단 정도로 인정되면서, 은밀히 배제되고 망각되었던 언어의 물질성 자체에 육체의 위상을 부여하는 일과 다르지 않다. 최윤에게 문체의 중요성은 단순히 미학적 열정의 소산이라기보다는, 이 육체와 정신의 관계를 전복하는 실천 행위, 즉 고통받는 언어의 신체에 귀 기울이게 하는 윤리적 방법과 원리라고 해야 한다.

**6**

최윤의 소설적 증언이 지닌 육체적 성격에 주목하게 된다면, 우리는 증언의 가능성과 관련된 근본적인 사유를 좀더 밀고 나갈 수 있을 것이다. 그것은 광주의 비극을 증언하는 저 말할 수 없는 소녀의 고통이 내용적으로는 모호한 증언처럼 들릴 수 있지만, 증언의 가능성 자체의 한계를 근본적인 층위에서 확장하고 쇄신하고 있다는 사실을 파악하는 과정이기도 할 것이다.

"이 소설은 심리적 바이러스와 같아서, 읽고 난 그 누구도 작품 속의 소녀에 대해, 그 소녀가 체험한 오월에 대해, 화자들이 '우리'나 '장'과 같은 부채의식에서 벗어나지 못한다."[5] 이런 고백은 5월 광주에 대한 역사화가 충분히 진행된 지금의 시점에서도 어떻게 유효할 수 있을까? 우리는 어째서 행위와 관련하여 그 어떤 죄책감도 느낄 필요가 없는 저 먼 과거의 비극으로부터 영원히 해방되지 못하는가? 역사적 사실로 광주의 비극을 지각하는 행위와 최윤의 작품을 읽는 행위는 어떻게 다른 결과와 반응 들을 초래하는가?

이 질문에 답하기 위해서는 최윤 소설이 안겨주는 부채의식이 단순히 과거의 역사적 사실과 연관된 주체의 행위와 그에 따른 책임 문제로

---

5    김형중, 「세 겹의 저주: 최윤, 「저기 소리 없이 한 점 꽃잎이 지고」 다시 읽기」, 『문학동네』 2000년 여름호, p. 84.

소급될 수 없다는 사실을 이해해야 한다. 동일한 맥락에서 최윤의 증언이 야기하는 부채의식이 단순한 죄책감보다는 수치심과 공포에 가까운 느낌을 불러일으킨다는 점은 좀더 강조될 필요가 있다. "난생처음으로 자신이 그녀와 동일한 인간인 것이 수치스러웠고 무서웠다고 했다"(p. 289). 여기서 말하는 수치와 공포는 죄의식과 같은 종류일 수 없다. 죄의식이 자기 자신의 행위에 관한 처벌의 두려움에서 기인하는 감정이라면, 사라진 소녀를 되찾으려고 애쓰는 우리들이 정확한 개념적 의미로서의 죄의식을 느낄 이유가 없을 것이기 때문이다.

공포에 가까운 수치심은 주체의 행위와 무관한 지점에서 발생하며, 더 구체적으로는 타자의 응시 앞에 놓인 자기 자신의 처지에서 비롯되는 근본기분Grundstimmung에 가깝다. 최윤의 소녀가 야기하는 공포스러운 수치는 타자의 육체를 통과하며 발생하는 자기인식에 비견된다. 소녀가 기차의 창에 비친 자신의 얼굴을 확인하고 거부할 수 없는 수치의 힘을 느끼게 된 계기 역시 거기에 있다. "그것은 순간이었고 하나둘 모든 사람의 희미한 모습이 창에 비치자 그 유혹보다 더 큰 힘, 수치의 힘이 내 몸을 온통 경련하게 했어"(p. 300). 소녀는 일종의 거울이다. 그리고 그것은 거울인 한에서 우리들 "자신이 그녀와 동일한 인간"임을 자각하게 만드는 토대이기도 하다. 요컨대 수치와 공포는 소녀의 존재가 지닌 예외성과 고유성, 즉 차이가 아니라 어떤 근본적인 같음으로 구체화되어야 한다. 차마 인간이라고 부를 수 없는 그녀의 육체, 살아 있는 시체에 비견되는, 의미화할 수 없는 소녀의 몸은 그 자체로 인간이 근거하고 있는 휴머니즘적 믿음을 해체하고, 우리를 하나로 묶어주었던 '인간'이라는 단어의 관념주의적 허상을 폭로한다. 소녀의 몸이 입증하는 것은 우리 모두가 근거하고 있는 근본적인 비인간성으로서의 육체를 통해 확인되는, 회피할 수 없는 동일성이다. 정신이 주관하는 자기 성찰적 반성이 주체를 설명하는 고유하고도 개별적인 특징들에 집중한다면, 수치를 통해 지각되는 자아는 그 모든 개별성과 특수성을 벗어버린 헐벗은 육체, 감출 수 없는 육체로서의 자기 자신을 타자 앞에 노출시킨다.

7

만일 수치심이 나타난다면, 이는 우리가 감추고 싶은 것을 감추지 못한다는 사실을 의미한다. 자기 자신을 감추기 위한, 이 도주의 필연성La nécessité de fuir은 자기 자신에 대한 도주 불가능성으로 인해 실패로 끝나게 된다. 따라서 수치심에서 나타나는 것은, 바로 자아가 자기 자신에게 못 박혀 있는 존재라는 사실이요, 자기 자신을 숨기기 위한 자기로부터의 철저한 도주 불가능성이요, 자기 자신에 대한 자아의 벗어날 수 없는 현전이다. 벌거벗음은, 그것이 우리 존재가 지닌 궁극적인 내밀성에 관한 순전한 가시성으로 나타날 때 부끄러움이 된다.[6]

레비나스가 정확하게 지적했듯, 수치로부터의 도주 불가능성은 육체가 강제하는 자기인식이 처한 모순적 딜레마를 요약적으로 대변한다. 수치와 함께 우리는 자기 자신의 벌거벗은 육체를 관찰하지만, 우리는 그 육체의 헐벗음을 감당하지 못하고 그로부터 도주하려는 욕망을 피력하기에 이를 것이다. 그럼에도 불구하고 소녀로부터 도망칠 수 없고, 그녀의 붕괴된 몸을 끝내 회피할 수 없는 이유는 그녀의 증언하는 몸이 곧 주체가 근거하고 있는 스스로의 육체와 다르지 않기 때문이

6   엠마누엘 레비나스, 『탈출에 관해서』, 김동규 옮김, 지만지, 2009, pp. 52~53.

다. 개인을 규정짓는 무수한 특수성이 제거되고, 벌거벗은 육체로서의 타자로 자기를 인식하는 탈주체화를 통해, 즉 수치의 두려움 속에서 우리는 그 무엇보다도 명확하게 타자 앞에 내몰리듯 불려 나온 자기 자신의 수동성을 감각할 수 있다.

그러므로 역설적인 의미에서 우리가 증언에 대해 말할 수 있는 원리 역시 그러한 피폐해진 몸이 야기하는 고통스러운 수치를 통해 확보될 수 있다. 최윤의 소설이 실천하는 증언이 육체의 증언을 기록하는 일과 결부되어 있다는 지적은 그런 의미로 읽혀야 할 것이다. 그녀는 육체에 기록되어 있는 타자의 고통을 따라가는 행로가 그 어떤 이성적 추리보다 진실할 수 있다고 믿는다. "그녀가 살붙이와 생면부지의 사람을 혼동하고 어제와 오늘, 과거와 현재를 혼동하고 잊어버렸을 때에도 육체만은 어느 구석엔가 사건의 냄새를 녹음해두고 있어서 어떤 이성적 추리보다도 정확한 방향 감각으로 여정을 채우고 있었을 것이다"(p. 294). 여기서 언급된 "정확한 방향 감각"을 일컬어 역사라고 부를 수 있다면, 육체에 각인된 고통의 흔적은 주류 역사로부터 이탈해 있는 역사, 시대와 개인 사이에 벌어진 심연들을 통해 비로소 가시화될 수 있는, 어떤 흔적과 같은 타자들의 역사라고 해야 할 것이다.

훼손된 몸과 그에 대한 반응으로서의 수치는 타인의 몸과 자기 자신의 몸의 구별 불가능성을 자각시킨다는 점에서 개별화 불가능한 인간의 형상을 제시할 수 있는 토대이다. "이미 그녀에게 있어서 모든 사연은 군더더기에 불과했는지도 모른다. 고통에는 종류도 구별되는 색채도 없다. 모든 고통은 한길로 통하는지도 모른다. 한번 들어서면 감염될 수밖에 없는 그 길 위에서 모든 사연은 그저 강도로 치환될 뿐 서로를 알아볼 수밖에 없었을 것이다"(p. 292). 하나의 강도로 치환될 수밖에 없는 고통, 개별성이 무화되는 육체의 언어를 통해 타인들의 개별화된 아픔들이 비로소 하나로 모인다. 한데 모인 이 아픔들은 그러나 특정한 정체성을 지닌 주체도, 혹은 대의정치 속에서 재현될 수 있는 구체적 계급도 지칭하지 않는다. 소녀의 몸에 기록된 수많은 얼굴, 정치적 이념으로 인해 희생되었던 은폐된 죽음들은 그와 같은 주체 자체의 불가능성을 증언하는 탈주체화의 과정을 증명한다. 최윤의 텍스트가 사유하는 소설의 증언은 이러한 자기소멸에 대한 증언이라고 할 수 있다. 자기 자신을 소멸시키고 그 내밀한 자기타자성을 복원하는 과정은, 주류 역사에 기록되지 않았던 은폐된 역사, 승리의 서사로 점철된 목적론적 역사로부터 망각되어 있는 고통이 머물러 있는 장소의 역사적 성격을 가시화한다. 타자화된 고통이 소진될 수 없음을 증언하는 일. 우리가 만약 글쓰기의 참여적 성격에 대해 말할 수 있다면, 그것은 바로 이 소진될 수 없는 고통으로의 육체적 참여를 통해서만 가능할 것이다. 그러므로 이 참여는 그 자체로 역사적 태도를 요구한다. 개인과 시대 사이에 발생한 간극을 다시 매개하는 원리로서의 희망을 새롭게 제시할 수 있는 가능성 역시, 그와 같은 역사적 기억을 통해 마련되기 때문이다.

8

나는 가끔 희망이라는 것은 마약과 같은 것이 아닌가 하는 생각을 할 때가 있다. 그것이 무엇이건 그 가능성을 조금 맛본 사람은 무조건적으로 그것에 애착하게 된다. 그렇기 때문에 희망이 꺾일 때는 중독된 사람이 약물 기운이 떨어졌을 때 겪는 나락의 강렬한 고통을 동반하는 것이리라. 그리고 그 고통을 알고 있기 때문에 희망에 대한 열망은 더 강화될 뿐이다. 김희진이 도착하던 날, 그녀의 피곤에 지쳐 눈 감긴 얼굴을 쳐다보면서 나는 이미 오래전부터, 나도 모르게, 그 성격을 규정하기 어려운 희망이란 것에 감염되었음을 알아차렸다. 그리고 그것이 결국은 어떤 형태로든 일생 동안 나를 지배하리라는 것도. 나는 막연한 희망에 대한 막무가내의 기대로 김희진을 돌보았다. (pp. 76~77)

「저기 소리 없이 한 점 꽃잎이 지고」가 고통과 절망의 '감염'에 대해 말하는 것과 달리, 「회색 눈사람」에서 최윤은 '강하원'이라는 인물을 통해 "그 성격을 규정하기 어려운 희망이란 것에 감염"된 존재를 우리 앞에 제시한다. '강 양'이라고도 불리는 이 담담하지만 강인한 여성이 말하는 희망은 막연한 것이고, 그녀의 말처럼 성격을 규정하기 어려운 종류의 것이다. 강하원이 희망에 대해 말하는 상황과 시점은, 그 모호한 성격을 더욱 심화한다. 그녀에게 희망을 상기시킨 또 다른 여성 인물인 '김희진'은 강하원이 간접적으로나마 참여했던 급진주의 지하조직이 탄압과 검열로 인해 와해된 절망적 현실을 확인시키는 인물이다. 아울러 김희진은 강하원이 은밀하게 연정을 품었던 '안'이 사실상 그녀를 이용한 남성 지식인이었음을, 그녀 자신이 철저하게 소외되고 주변에 머물러 있었음을 적나라하게 자각시키는 존재이기도 하다. 그렇다면 김희진이라는 인물의 등장과 함께 강하원의 희망이 사실상 배반당했다고 해야 상황에 더 적합할 것이다. 이러한 사정에도 불구하고 그녀가 담담하게 '희망'에 대해 말할 수 있는 근거, 급기야 자신의 여권을 내어주면서까지 김희진을 도피시킬 수 있었던 선택의 근거는 무엇일까? "나는 그 시절, 내가 틀림없이 곧 죽게 되리라고 생각하고 있었다" (p. 45)라고 말하길 주저하지 않았던 비관주의적 여성을 다시, 삶의 편으로 정향되도록 만들었던 힘은 무엇일까?

사실 그녀의 선택을 이해할 수 있게 만들어주는 단서는, 그 이후에 이어지는 강하원의 삶을 통해 비로소 확인된다는 의미에서 그 자체로 역사적인 회고의 성격을 띤다. 조직이 와해된 이후 강하원은 "내가 맛본 희망의 색깔을 주변과 나누려고 여러 가지 일을 벌이"(p. 81)지만, 그렇다고 그녀의 일상이 예외의 사건들로 채워졌다고 할 수는 없어 보인다. 단지 일상을 조용하게 살아가던 어느 날, 그녀는 강하원의 이름으로 발생한 죽음, 한동안 잊고 있었던 김희진의 죽음을 통해 비로소 다시, 희망에 대해 언급할 계기를 얻을 뿐이다. 그 누구도 관심 갖지 않을 김희진의 죽음이 그녀에게 특별할 수밖에 없는 것은, 강하원이라는 이름으로 죽은 김희진이 오랜 시간 망각하고 있었던 그 자신의 과거, 일상에서 소외되어 부재하는 과거를 기억의 수면 위로 끌어올리기 때문이다. 가난하고 소외되었지만, 한편으로 그녀를 "외로움의 감옥에서 완전히 벗어나"게 했던 20년 전의 과거, "눈과 연탄재가 범벅이 된 회색의 비탈길"과 "볼이 튼 어린아이들이 재와 흙으로 범벅이 된 회색 눈"으로 만든 회색 눈사람이 서 있던 과거의 풍경, 절망과 희망이 공존하고 있는 망각된 시간이 그렇게, 현재와 대면한다(p. 66).

　　나는 시골로 내려가는 기차를 타기 위해 역 쪽으로 걸었다. 어쩌면 이 계절의 하늘은 이토록 무연히 맑을까. 그리고 그 시절의 아픔은 어쩌면 이리도 생생할까. 아픔은 늙을 줄을 모른다. 아픔을 치유해줄 무언가에 대한 기구가 그만큼 생생하고 질기기 때문일까. 이번 겨울에는 동네 아이들을 모아 비어 있는 들판에 커다란 눈사람을 만들어볼까. 며칠 전에 지구를 뜬 그녀의 별에 전파가 닿게끔 머리에 긴 가지로 안테나도 꽂고…… 그러나 사람이 죽은 다음에 별이 되지 않는다는 것은 누구보다도 그 아이들이 더 잘 알고 있지 않은가. 아프게 사라진 모든 사람은 그를 알던 이들의 마음에 상처와도 같은 작은 빛을 남긴다. (p. 82)

하늘의 무연한 맑음과 그 시절의 아픔이 서로 대조되는 풍경 속에서 과거의 아픔은 더욱 생생하게 소생된다. 이렇게 복원되는 과거의 고통은 어쩌면 현재를 살아가고 있는 그녀에게 그 상처를 재각인시키는 고통스러운 과정이었을지도 모른다. 끝내 늙을 수 없는 아픔 속에서, 주체는 갑작스럽게 현재로 출몰한 과거가 일상으로 침입해 들어오는 것을 허용하고, 마침내 자신의 탈주체화를 체험해야만 할 것이다. 그때, 망각된 기억은 현재의 육체로서 스스로의 존재를 입증한다. 그러나 과거와 현재가 마주하는 시간 속에서 익숙해지지 않을 저 과거의 아픔을 감각하는 현재의 강하원은 과거의 자신에게 단순히 종속되어 있지도 않다. 어쩌면 애도라고도 부를 수 있는 이 과정을 통과하면서, 강하원은 비로소 과거를 현재화하고, 현재화된 과거와의 관계 속에서 다시 현재에 대해 글쓰기를 실천할 수 있는 주체로 변모한다.

"아프게 사라진 모든 사람은 그를 알던 이들의 마음에 상처와도 같은 작은 빛을 남긴다." 그 작은 빛은 그녀가 들판에 만들게 될 커다란 눈사람, 결국 시간이 경과함에 따라 자연스럽게 녹게 될 눈사람처럼 결국 사라질지 모르지만, 그것이 언젠가 다시 되돌아올 날이 있을 것이라고 믿는 것은 여전히 가능하다. 결코 영원히 사라질 수 없을 과거의 기억을 증언하는 역사적 태도에 대한 신뢰로 인해 '작은 빛'이라는 희망의 이미지는, 그 무엇보다 은은하지만 단단하게 빛나면서 자신의 존재를 증언하게 될 것이다. 설령 역사의 시계가 거꾸로 흐르는 것처럼 느껴지는 엄혹한 현실이 펼쳐진다고 해도, 그 빛은 잠시 보이지 않게 될지언정 영원히 없어지지는 않을 것이다. 별은 세상의 빛이 완전히 소멸된 것처럼 보이는 짙은 암흑 속에서, 가장 밝게 빛난다.

[『저기 소리 없이 한 점 꽃잎이 지고』 3판 해설(문학과지성사, 2018);

일부 개고]

# 언어를 넘어, 재현을 넘어
##—『봄날』의 재현 형식에 관하여

김주선

　감당할 수 없는 사건에 대한 우리의 첫 반응은 대개 혼란이다. 사건에 적절히 대응할 방법을 찾지 못하는 인식적·정서적 불능과 불안정은 극도의 긴장과 흥분 상태를 만든다. 발화는 처참하다. 비명이나 신음이 갈라져 나오고 오직 표현만을 위한 언어가 튀어나온다. 사건 초기 서사화가 불가능에 가까울 수밖에 없다. 날것만이 가능한 상황 속에서 기교와 정제를 통한 사건의 전체적 정리는 모욕이다. 1980년 5월 광주역시 마찬가지였다. 인류가 쌓아온 문명과 문화가 사실은 허상에 불과함을 가장 참혹한 방식으로 알려준 5·18은 소설가들에게 침묵을 강제했다. 5·18 당시의 감정을 토해내며 응전했던 시와 달리, 소설은 사건에 대한 좀더 정확한 이해와 판단을 위한 시간(여러 사태에 대한 소설적 가공을 위한 시간)이 지나고서야 처음으로 등장할 수 있었다. 1980년대 중반부터 발표된 오월소설은 저마다 다른 모티프를 갖고 있었지만 목적은 동일했다. 그것은 결국 5·18이란 무엇인가에 대한 답이었다. 누군가는 죄책감, 부끄러움, 트라우마 등의 개인적 체험을 통해 5월을 이해하려고 했고 누군가는 5·18이라는 사건의 정치적 성격을 밝힘으로써 5월을 이해하려고 했다. 그리고 임철우는, 1980년 5월의 사도 임철우는

『봄날』(전 5권, 문학과지성사, 1997~98)을 통해 그 어떤 누구와도 다른 방식으로 5월을 그리는 데 성공했다. 그는 『봄날』을 통해 5월 광주 전체를 처음으로 전면화했고, 구체적 개인들과 전체의 연관을 가장 복잡하고 정교하게 그렸으며, 5월에 대한 소설적 사실 복원 작업의 끝을 보여주었다. 그리고 무엇보다도 5월이 무엇인지를 전체적으로 체험하게 했다. 『봄날』은 여러모로 오월문학사의 한 정점이자 증언문학의 한 정점이다.

## 1. 과소평가된 『봄날』

그러나 『봄날』은 대단히 과소평가되었다. 『봄날』을 다룬 연구와 평론은 몇 되지 않고, 『봄날』의 학술적 의미를 밝힌 연구는 손에 꼽는다. 대부분의 학술 연구자에게 『봄날』은 5·18에서 살아남은 임철우의 부끄러움과 죄책감이 만들어낸 역사적 기록물에 불과하다. 작가의 말에 나타난 역사적 사실에 대한 충실성과 5·18에 적극적으로 참여하지 않았다는 자기고백은 연구의 정확성을 보증해주는 알리바이가 되었다. 이후 『봄날』에 대한 임철우의 글이나 이런저런 대담 역시 이러한 사정을 강화하는 데 한몫했을 것이다.

역사적인 실재 사건을 소설로 다루는 데는 작가의 상상력이란 필수적이면서 또한 위험 부담이 따른다. 사실과 상상력 —— 그 둘 사이에서, 적어도 이번 소설에 관한 한, 나는 최대한 사실성에 의지하려 했다. [……] 솔직히 고백하건대, 나로서는 이것이 단지 소설로서만이 아니라 비교적 사실에 충실한 하나의 기록물로서도 남을 수 있기를 바라면서 이 작품을 써왔던 것이다.[1]

물론 『봄날』은 증언소설이다. 증언소설로서의 『봄날』은 역사적 사실성을 지향한다. 임철우가 소설을 쓰던 당시에도 5·18은 진상규명이 되지 않은 채 왜곡되어 존재했다. 항전에 참여했던 시민들은 여전히 폭도였고, 온갖 비방과 날조된 유언비어가 돌아다녔으며, 책임자는 끝내 밝혀지지 않았다. 진실은 1980년 5월 광주를 비켜 흘러가고 있었다. 그러니 임철우는 필사적으로 사실적이었다. 『봄날』을 쓰기 위해 5·18과 관련된 모든 자료를 강박적으로 수집하고 정리했다. 도대체 1980년 5월 18일부터 5월 27일까지 어디서 무슨 일이 벌어졌는지, 신군부가 앞세운 공수부대의 폭력은 얼마나 끔찍했고, 그에 맞서는 시민들은 어떻게 존재했는지 알려야만 했다. 그것이 임철우가 생각하는 5·18에 대한 증언소설이었다. 그러나 그것만으로 5·18을 전달할 수 있다는 말인가. 그 형언할 수 없는 광경들, 총칼을 든 공수부대의 무지막지한 폭력과, 죽음을 각오하고 그들과 백병전을 치른 시민들의 모습을, 그 내면을, 어떻게 표현해야 한단 말인가.

5월 20일 밤부터 새벽녘까지, 노동청 앞에서 백병전이 있었습니다. 말 그대로 맨손의 시민과 총검으로 무장한 공수부대가 격돌했던 것입니다. 당시 시내 중심가에는 전기가 완전히 나갔어요. 그리고 문화방송 건물이 통째로 화염에 휩싸여 있었지요. 그 불빛에 어마어마한 수의 시민들이 모여들었습니다. [……] 마침 계엄군은 도청을 중심으로 한 일대에만 집결해 방어 중이어서, 시내 중심가로 가까이 갈수록 시민들로 발 디딜 틈이 없었습니다. 저도 그 속에 있었는데, 거리가 온통 만원 버

---

1  임철우, 『봄날 1』, 문학과지성사, 1997, pp. 13~14.

스처럼 **빽빽**이 차 있어서, 가만히 서 있어도 저절로 앞으로 떠밀릴 정도였어요. 그러다 갑자기 페퍼포그가 터지고 진압 작전이 시작된 겁니다. [……] 그날 밤 엄청난 싸움이 벌어졌지요. 그 열흘 기간을 통틀어 가장 극렬하고 처참한 시가전을 순전히 육탄전으로 시민들은 치러냈던 것이지요. 수많은 이들이 그날 밤 거리에서 죽었어요. 지금 이 순간에도 저는 그때 일을, 그 장면들을 잊을 수가 없습니다. 거짓말만 같았어요. 죽음을 눈앞에 두고도 어떻게 저 평범한 사람들이, 이렇게 한 덩어리로, 그야말로 미친 듯 물러서지 않고 싸울 수 있을까. 결국 계엄군은 그다음 날 도청을 내놓고 퇴각합니다. 바로 그 전날 밤부터 새벽까지의 싸움에서 계엄군은 무너진 거지요. 저는 지금도 그 순간들을 생각하면 온몸에 전율이 일어납니다. 도저히 상상할 수 없는 일이 내 눈앞에서 벌어졌던 거예요. 그것이 혹 꿈이었을까, 내가 꿈을 꾼 건 아닐까. 가끔씩 그런 생각마저 들어요. 그러면 또 마구 눈물이 쏟아집니다. 그 순간에는 나 같은 겁쟁이도 막상 죽음이 두렵지가 않았어요. 기이한 일이지요. [……] 제 나름의 리얼리즘은 인물 내면의 중요성, 그러니까 의식의 흐름이나 내면 심리를 얼마나 제대로 포착해내느냐 하는 문제까지를 당연히 포함합니다. 아주 먼 얘기 같아도, 한때는 소설 기법에 있어서조차 리얼리즘/모더니즘을 대단히 좁은 시각 안에 가둬놓고 논의하던 시절이 있었지요. [……] 하지만 당시에도 저는 그런 편협성을 받아들이고 싶지 않았어요. 인물 내면의 심리, 내면의 리얼리티 역시 당연히 문학이 탐색해야 할 몫이라고 생각했어요. [……] 『봄날』에서도 제게는 그것이 핵심적인 관건이었어요. 기사, 르포, 구술사로 담아낼 수 없는, 문학이 감당해야 하는 것이 분명히 존재합니다. 사람들이 그때 무엇을 느꼈고, 그 고통을 어떻게 받아들였는가 하는 것이지요.[2]

그러니까 『봄날』은 단순히 '객관적' 사실만을 최대한 그려내려고 한 증언소설이 아니다. 임철우의 『봄날』은 도저히 상상할 수 없는 사건과, 그 사건을 만들어낸 사람들의 생각과 심리, 즉 "사람들이 그때 무엇을 느꼈고, 그 고통을 어떻게 받아들였는가"를 담아내려고 한 소설이다. 저 평범한 사람들이 죽음을 두려워하지 않았던 "거짓말" 같은 상황, 육탄전으로 공수부대를 몰아낸 "도저히 상상할 수 없는" 결과, 형용할 수 없는 기적 같은 항전을 만들어낸 시민들의 내면은 "기사, 르포, 구술사"로는 결코 담아낼 수 없는, 오직 문학만이 감당할 수 있는 영역이다. 그렇다면 『봄날』은 이를 어떻게 표현하는가. 소설 언어는 도저히 상상할 수 없는 기적을 어떻게 표현할 수 있는가. 우리는 『봄날』의 형식을 주목해야 한다. 여기에 『봄날』의 숨겨진 의미가 거주한다.

『봄날』의 형식에 주목한 극소수의 논의 중 가장 탁월한 성과는 양진오[3]에게서 나왔다. 그는 증언문학으로서의 『봄날』을 세 가지 특징으로 정리한다. 첫째, 『봄날』은 진상을 명확히 밝히기 위해 시간순으로 쓰인 연대기적 소설이지만, 각 장의 내용은 동시적이며 중층적이고, 각 장의 관계는 서로 대화하는 열린 관계이자 역동적 관계이다. 이것이 『봄날』의 구성적 특징이다. 둘째, 『봄날』은 사실적 재현인 동시에 감각 지향적인 언어의 재현이다. 이는 독자들에게 다양한 심리적 반응을 촉발하는 한편 광주항쟁에 관한 독자들의 사회적 인식을 형성하는 근거가 된다. 심리적 반응과 무관하게 형성되는 사회적 인식은 없기 때문이다. 나아가 그는 『봄날』의 감각 지향적인 언어가 신군부와 시민들의 이미지적 대립을 낳는다고 본다. 그는 죽음·피의 이미지와 불씨의 이미지

---

2   임철우·김정한, 「아래로부터의 문학사: 대담—역사의 비극에 맞서는 문학의 소명」, 『실천문학』 2013년 겨울호, pp. 89~99.
3   양진오, 『임철우의 『봄날』을 읽는다』, 열림원, 2003.

를 대립시킨다. 불씨는 저항의 이미지, 부정한 것에 대한 분노, 인간에 대한 지순하고도 소박한 사랑, 행복감과 완벽한 평화로움의 상징이 되며, 이 이미지성은 5·18의 비극을 더 강하게 인지하게 만든다고 주장한다. 셋째, 『봄날』은 작중인물들의 시점으로 구성되는 5·18에 대한 진실이다. 따라서 주요 인물들의 시점을 읽어내는 작업은 5월 광주에 대한 여러 의미론적 접근이 된다. 양진오는 무석, 명기, 명치의 시점을 중심으로 『봄날』을 분석하며, 5월 광주는 추한 현실, 죄의식을 갖게 하는 사건, 추악한 범죄라고 정리한다. 즉 양진오는 『봄날』의 장들이 갖는 특징과 『봄날』의 (의미론적 서술이 아니라) 감각적 서술이 갖는 이미지적 특징, 그리고 다양한 인물의 시점이 지닌 특징을 통해 『봄날』의 형식적 원리를 나름대로 규명하고 『봄날』에 나타난 5·18의 성격을 보여주었다.

이 글은 그가 멈춰 서거나 방향을 튼 지점에서 시작된다. 핵심은 소설 전체를 감싸는 이미지적 서사이다. 『봄날』의 이미지적 서사는 사건을 그리는 독특한 방식을 보여주는데, 독자가 사건을 최대한 체험[4]할 수 있도록 진행되고, 사건을 설명할 수 있는 재현[5]적 의미를 모델적 차원에서 종결 없이 생성한다.[6] 이미지적 서사는 비슷한 내용의 반복을

---

4　여기서 '체험'은 '경험'과 달리 쓰인다. 경험은 우리가 겪는 현실을 구성적으로 종합하는 표상, 재현의 차원에 존재하지만, '체험'은 우리가 겪는 현실이 명료하게 의식화되기 이전의 감각적이고 질적인 차원에 한정된다. 이에 관해서는 뒤에서 상술할 것이다.

5　재현은 한 대상에 대한 의식의 정립적 종합 활동이며 동일성, 유사성, 유비에 의해 구성된다.

6　이는 『봄날』의 서사가 여느 작품과 마찬가지로 해석에 열려 있는 의미론적 다면체라는 것을 뜻하진 않는다. 『봄날』의 이미지적 서사는 해석을 정립시킬 수 있는 몇몇 의미론적 서술을 초과해서 존재하기 때문에 제 의미론적 층위 자체를 결코 명료하게 만들 수 없다. 『봄날』에서 의미론적 차원을 만들어내고 권위를 부여할 수 있게 하는 것만 같은, 비슷한 내용의 반복은 이를 간신히, 일시적으로 허락한다. 『봄날』에서 읽어낼 수 있는 재현적 의미는 『봄날』이 보여주고자 하는 것을 결코 고정시키지 않는다.

통해 의미론적 차원을 증식하되 그것에 종속되지 않음으로써 독자의 어떤 정동affect[7]의 차원을 증폭시킨다. 정동은 의미론적 차원에서 규제되고, 이미지에서 해방되기 때문이다. 『봄날』의 체험적 성격과 의미론적 연관이 어떻게 존재하는지 살펴보는 일은, 『봄날』이 재현과 언어의 문제를 뛰어넘은 소설임을 드러내는 과정이 될 것이다.

## 2. 이미지적 서사와 정동의 증폭

임철우의 『봄날』의 기록은 철저하다. 소설 속에 등장하는 여러 작은 사건의 시·공간적 정황은 실제 사건이 발생한 시·공간적 정황과 일치한다. 현실과 일치하지 않는 소설 속의 상황은 임철우가 각주로 설명함으로써 사실로 복귀시킨다. 소설은 분명 역사적 '사실'에 육박한다. 그런데 『봄날』에 나타난 사실은 역사서에 기록된 사실과 그 성격이 크게 다르다. 역사적 기록에는 어떤 사건이 일어난 시·공간적 배경과 사건의 성격이 정확하게 설명되어 있지만, 『봄날』은 5·18의 성격이 무엇인지 불분명한 채로 나타낸다. 임철우는 5월 광주에서 있었던 수많은 일을 명백하게 이해할 수 있는 의미론적인 서술을 최소화했다. 게다가 『봄날』에서 5·18은 감각 인상적으로 그려져 있다. 수많은 문장을 꿰어 지배할 수 있는 틀의 부재는 『봄날』이 보여주는 5·18을 5·18 그 자체로서 겪게 만든다. 『봄날』의 목적은 5·18이라는 사건에 대한 정의가 아니라 5·18을 체험하게 하는 것이다. 이는 사실 임철우의 고백에도 나타난다.

---

7  여기서 affect는 연속적인 변이, 끝없이 이행하는 어떤 변화의 차원에서 운동-이미지와 연관된다는 점에서 '정동'으로 규정한다. 이는 결국 코드화되지 않은 채 존재하는 감각 인상의 강도(强度)적 체험이다.

내가 말하는 '총체적 진실'의 목록은 이를테면 세세한 상황일지, 전개과정, 배후 책임자 규명, 사건에 대한 성격 규정과 평가 따위 같은 구체적이고 객관적인 사실만이 아니었다. [……] 작가로서 내게 더욱 중요한 것은 그 열흘 동안의 시간과 그 도시의 살아 있는 구체적인 인간들이었다. 즉 80만 시민이 겪어낸 공포와 분노, 고통과 슬픔, 절망과 환희의 순간들을, 말하자면 그 실존적 극한상황에서의 체험의 총체를 소설 속에 최대한 생생하게 되살려내는 일이었다.[8]

그런데 익히 알다시피 삶의 체험을 사실적으로 쓴다는 것은 어떤 잉여를 남긴 채 쓴다는 말과 다르지 않다. 게다가 언어는 애초부터 어떤 흐름으로서의 삶에서 그 일부를 절단하고 응축시켜 존재한다. 언어는 기본적으로 삶을 구획 짓고 구성하게 하지 체험하게 하지는 않는다. 이 난제를 어떻게 풀 것인가. 소설의 언어는 어떻게 해야 5·18을 '정면으로'[9] 증언하는 동시에 체험하게 할 수 있는가. 도저히 재현할 수 없어 (물론 언어는 언제나 어떤 것도 완벽히 규정할 수 없지만) 보이는 5·18의

---

8  임철우, 「나의 문학적 고뇌와 광주」, 『역사비평』 2000년 여름호. 이러한 열망은 다른 글에서도 확연하다. "초반 사흘, 18일 날 아침부터 20일 날 밤 21일 새벽까지, 광주 시민들에게 일어난 그 엄청난 변화, 그러니까 어떤 이론이나 설명을 동원하더라도 다 담아낼 수 없는 거대한 변화가 일어난 것이다. 내 눈으로 보고 내 온몸으로 확인했던 그것을, 그 엄청난 과정을 생생히 구현해내자. 그런 생각으로 달려들었다"(임철우 외, 「절대공동체의 안과 밖: 역사, 기억, 고통 그리고 사랑」, 『문학과사회』 2014년 여름호, p. 349).

9  『봄날』 이후, 아니 어쩌면 최윤의 「저기 소리 없이 한 점 꽃잎이 지고」 이후, 증언과 관련한 많은 작품이 한 시대의 헤게모니적 정신 속에서 언어 자체와 재현을 문제 삼으며 존재했다. 그러나 비언어적 증언과 재현 불가능성에 바쳐진 증언, 그리고 분위기로서 거대 사건을 환기시키는 일부 소설들은 그 소설 자체의 성과와 무관하게 거대 사건의 실제 상황과 그 속에서 간파할 수 있는 여러 진실에서 멀어질 수밖에 없기도 했다.

사건성은 어떻게 해야 재현 가능한가. 수많은 개별적 존재의 내면과 집단적 상황, 동시다발적으로 이루어지는 사건들과 그 무게는 또 어떻게 보여줄 것인가. 그것은 불가능한 게 아닌가? 우리는 언어를 믿을 수 있는가? 하지만 '사실fact'은, 그리고 '사실'을 만들어내는 사고(思考)는 결국 언어를 떠나서 존재할 수 없다. 분명 언어는 삶의 무차별적인 흐름 속에서 '현실'을 만들어낼 수 있는 가장 정교한 수단이다. 이는 수사가 아니다. 차이를 만들어내는 시니피앙의 활동 없이 '현실'은 존재하지 않는다. 언어로 지시될 수 없는 현실은 버팀목을 잃은 채 무차별적인 흐름으로 전락한다. 결국 언어를 통해 비언어적인 것을 전달하는 방식의 발명만이 이 난제를 해결한다. 그렇다면 5·18을 정면으로 다루는 『봄날』은 체험을 어떻게 소설화한 것인가. 『봄날』은 어떻게 씌어져 있는가.

『봄날』은 에필로그를 포함해 87개의 장으로 이루어져 있다. 각각의 장 초입에는 시나 성경 구절, 희생자의 묘비에 새겨진 문장, 신문 기사, 5·18과 직간접적으로 연관되어 있는 인물의 발언 등이 제사(題詞)로 등장해 그 장의 통일적 내용과 감각적 관계를 맺는다. 장은 시간순으로 병렬되어 있지만 단속적이다. 한 장에서 다음 장으로 넘어가면 장속의 초점 화자와 시·공간적 상황이 변화하고 어떤 경우 특정한 시간과 장소는 여러 인물이 만들어낸 다양한 시점을 통해 입체적으로 중첩되기도 한다. 한데 소설 속의 여러 상황은 의미론적으로 규정하기 어렵게 존재한다. 『봄날』의 서사는 동적인 장면이나 광경 위주로 진행되고 세세하고 촘촘한 극사실주의적 묘사로 이루어져 있으며, 무엇보다 감각 인상적으로 채워져 있다. 과도한 묘사는 언제나 독자에게 서사의 총체적인 파악보다 인물들의 움직임, 심리, 공간 배경 등에 더 집중하도록 만들어서 이미지적 성격을 강화하고, 사물의 형상이나 인물들의 행위 및 사태를 더욱 감각적으로 느끼게 할 비유와 형용사, 부사 역시『봄날』내내 다발적으로 출현하여 소설이 보여주는 장면장면을 사진이나 영상처럼 느끼게 한다.『봄날』의 서사가 만들어내는 장면들은 마치 이미지처럼 생생하게 현현epiphanic된다. 게다가『봄날』의 압도적인 묘사는 수많은 장면을 설명하거나 규정할 수 있는 의미론적 서술을 침식한다. 다음 인용문을 보자.

'이 새끼들이 날 죽이려 했다. 내 머리통을 박살내려고 화분을 던졌어. 이 개자식들이!

분노가, 증오심이 그의 팔을 정신없이 휘두르게 만들었다.

이윽고 명치는 숨을 몰아쉬며 동작을 멈추었다. 발 앞에 축 늘어져 있는 두 개의 몸뚱이가 비로소 시야에 들어왔다. 미동도 없이 늘어진 둘. 그중 하나는 머리가 터져 피를 흘리고 있었다. 바르르르, 기이하게 경련하고 있는 그들의 팔다리. 꿈에서 깨어난 사람처럼 명치는 눈을 크게 떴다.[10]

여기서 명치는 시민군의 폭력에 대한 증오와 분노에 끌려 무자비한 폭력을 행사한다. 그는 일순간 자신을 잃어버린다. "분노가, 증오심이 그의 팔을 정신없이 휘두르게 만들었다." '명치가' 자신의 증오심 때문에 물리적 폭력을 무자비하게 휘두르는 것이 아니라 '증오가' 명치의 주인이 되어 무자비한 물리적 폭력을 명령한다. 증오는 자신의 대상이 되는 존재가 미동도 없이 늘어져 팔다리만이 기이하게 경련하는 몸뚱이로 환원될 때까지 자신을 표출한다. 증오와 결합된 분노는 다른 인간

---

10  임철우,『봄날 1』, 문학과지성사, 1997, p. 154.

을 파멸시킬 수 있는 감정이다. 증오는 계획도 없고 목적도 없이 정당함과 부당함의 경계를 무너뜨리는 잔혹한 폭력을 발생시킨다.[11] 『봄날』은 공수부대의 폭력성이 증오의 폭력이라고 말하는 것만 같다. 한데 이 인용문에 뒤이은 문장들의 행렬은 공수부대의 폭력성을 증오의 폭력이라고 못 박는 것이 가능한지에 대해 의문을 제기한다.

일단 붙잡혀 온 사람들에겐 또 한 차례 지독한 몽둥이질과 발길질이 무차별로 퍼부어지는 게 순서다. 이미 녹초가 되어 몸을 가누지 못하는 사람의 경우에도 예외가 없다. 다음엔 무조건 옷을 벗기고 팬티 한 장만 입게 한다. 그러고는 두 손목을 뒤로 돌려 각자 풀어낸 허리띠로 결박한 다음, 트럭 옆으로 끌고 간다. 거기서 한꺼번에 이삼십여 명씩 집합시킨 뒤, 본격적인 구타와 기합이 퍼부어지는 것이다.
"앞으로 취침. 뒤로 취침. 좌로 굴러. 우로 굴러. 앞사람의 목에 두 발을 걸어. 좌로 굴러. 우로 굴러. 삼백육십 도로 한 번 굴러. 두 번 굴러……"
벌거숭이들 사이를 뛰어다니며 병사들이 구령을 붙이고 있었다. 두 손이 등뒤로 묶인 채 아스팔트 바닥에 한사코 머리를 거꾸로 박으려고 버둥거리는 벌거숭이들. 그러다가 고꾸라지는 살덩이들을 병사는 군홧발로 짓이기며 욕을 퍼부어댄다. 서로의 목에 다리와 다리를 걸고 이리저리 길바닥을 굴러다니는 살덩어리들. 그것은 마치 꼬챙이에 줄줄이 꿰어진 채 불 위에서 빙글빙글 구워지고 있는 통닭 같기도 하고, 맹렬히 꿈틀거리는 한 무리의 벌레들 같기도 했다.[12]

11  자크 아순, 『증오의 모호한 대상』, 김승철 옮김, 동문선, 2002 참조.
12  임철우, 같은 책, pp. 155~56.

간단히 말해 팬티 한 장만 입혀놓고 아스팔트 위를 굴러다니게 하는 폭력, 인간을 맹렬히 꿈틀거리는 벌레로 만들어버리는 폭력을 증오의 폭력이라고만 할 수 있을까. 이는 인간의 존엄성에 대한 심각한 훼손이나, 인간을 인간으로서 존재하게 만드는 사회적 의미망 자체를 탈구시켜버리는 폭력, 혹은 또 다른 어떤 폭력이라고 해야 하지 않을까. 공수부대의 폭력을 무엇으로 정의하는 것이 올바른 것인지 알 수는 없으나 최소한 증오의 폭력으로만 한정시킬 수 없다는 것은 자명하다. 사실 저보다 더 지독한 이미지적 서사가 자신에 대한 해석적 서술을 말소시킨 채 『봄날』 전체에 뻗쳐 있어서 어떤 재현적 의미도 권위를 발휘하지 못한다. 이것은 시민들이 겪는 고통의 의미나 항전의 의미 등에 대해서도 똑같이 말할 수 있다. 3절에서 상술할 테지만 『봄날』의 이미지적 서사는 이미지로서의 범례적 특징 때문에 자신의 상징적 성격을 얼마든지 바꾼다. 이와 같은 감각 인상적 이미지는 『봄날』의 체험적 성격의 핵심이다.

브라이언 마수미에 따르면 우리는 감각 인상적 이미지를 두 가지 차원에서 수용한다. 하나는 저마다의 방식에 따라 수용된 이미지의 다층적인 의미화이고, 또 다른 하나는 이미지가 만들어낸 감각적 차원의 효과의 세기 혹은 지속으로 표현되는 강도, 곧 정동이다. 그런데 이미지의 수용에는 정동(강도)이 가장 우선한다. 정동(강도)은 언제나 어떤 것과 어떤 것 사이에서(가령 개인과 이미지 사이에서) 비의식적 수준의 감각들이 서로 참여하고 있음을 함축한 채 초기발생하는 것이고, 초기발생의 작용이자 표현이며 선택의 기원이다. 이미지의 특질을 고정시키는 형식/내용적 차원의 의미화나 코드화는 정동을 감산하고 제한하며 등장한다. 정동은 자격이 부여되고 위치가 정해진 지각과 인식에 의해 포획되고 갇힌다. 잠재적 상태인 정동은 의식에 의해 걸러지며 현실화된다. 때문에 의미화 질서와 정동(강도) 사이에는 단절이 있다고 할 수 있다. 이는 둘의 관계의 부재를 뜻하지는 않는다. 둘의 관계는 의미화 질서에 대한 순응과 불응의 관계가 아니라 공명·증폭 혹은 저해·방해의 양상을 띤다.

예컨대 의미화 질서가 의미론적 차원에서 완결되면 감상자의 정동은 더 이상 자극되지 못한다. 의미론적인 차원에서 일어나는 모든 사태는 결국 자기동일적인 집합 속에서 정지된다. 조직화된 세계, 구조화된 세계는 구체적인 정동을 삭감한 추상적 세계이다. 여기에서는 아무것도 일어나지 않는다. 모든 사태는 불변의 질서 속에서 예측 가능하다. 의미화 질서가 형성한 감정의 차원은 이와 다르지만 비슷하다. 감정emotion은 정동의 가장 수축된(가장 강렬한) 표현이다. 감정은 정동을 규격화한 결과이다. 감정은 주관적 내용이자 경험의 질적 차원을 객관적 실재로서의 재현적 관념으로 고정하는 것이다. 감정은 틀에 박혀 있다. 감정은 의미론적이며 기호학적으로 형성된 진행 과정 속으로, 내러티브화할 수 있는 회로 속으로, 기능과 의미 속으로 강렬함이 삽입된 지점이다. 감정은 완전히 체험된 관계보다는 이미 규정되어 있는 객관적 차원의 작동을 명시한다. 하지만 감정을 형성한 포괄적인 분위기나 느낌feeling, 즉 재현적 관념으로 환원되지 않은 미분화된 '감정적' 특질의 '복합성'을 만들어낸 내용, 혹은 내용의 흐름은 그들끼리 충돌하고 중첩되며 진동한다. 달리 말해 일상적 경험에서 분노의 긴장과 흥분이 계속 유지되는 이유는 분노로 '파악'된 감정 때문이 아니다. 분노는 그것이 발생하게 된 순간에 소속되었던 것처럼 이어지는 순간에 소속된다. 분노로 파악된 감정은 그것을 끌어가는 현실적인 말이나 제스처 같은 것들이 만들어내는 어떤 정동적 차원의 배경을 통해 미시적인 차원에서 다층적으로 충돌하며 유지된다. 즉 이미 고정되어버린 감정 자체가 정동을 끌어내는 것이 아니라 감정이 존재하는 배경, 지각되지 않는 배경에 연속되는 어떤 잠재적 차원의 사건이 정동의 질적인 차원을 실어 나른다. 감정은 이 같은 이행의 경험적 소실점이다. 소실점에는 확장적 전이가 없다.

따라서 감각 인상적 이미지와 연관된 내러티브의 경우 의미론적이고 객관적인 사실이 덧붙여질 때(감정의 상태를 명료하게 지정할 때도) 강렬도는 꺾인다. 이미지 내러티브에 객관적 설명과 해설이 덧붙여질수록 감상자의 정동은 고요해진다. 반면 내러티브 속의 어떤 말이나 상황이 만들어낸 '감정적·정서적' 특질이 자신의 상태를 등록하기 위해 내러티브의 연속성을 부지중에라도 깨뜨린다면 감상자의 정동은 증폭된다. 감정적·정서적 특질은 내러티브의 선형적 진행을 순간적으로 정지시킬 만큼의 강도를 가짐으로써 감상자의 정동과 공명한다. 내러티브 속의 언어적 표현이 만들어낸 어떤 감정적·정서적 내용은 고정된 의미의 흐름을 중단시키고 감상자의 예상과 기대를 배반하거나 초월함으로써 감상자를 자극한다. 그때에는 어떤 기쁨이나 어떤 슬픔 같은 모순적인 감정의 공존도 정동을 배가한다. 때문에 감각 인상적 차원과 감정적·정서적 차원이 내러티브 속에서 어떻게 존재하는지에 따라 감상자가 겪게 될 정동의 강도가 달라지며, 체험의 강도는 감상자의 정동이 자극되어 증폭될 때마다 더 강하게 느껴진다고 말할 수 있다.[13]

그렇다면 『봄날』의 이미지적 특징은 체험적 성격을 한없이 끌어올린다. 앞서 인용문 분석에서 확인했듯이 『봄날』의 서사가 만들어내는 감

---

13 이미지와 정동, 감정 등의 관계에 관해서는 브라이언 마수미의 『가상계』(조성훈 옮김, 갈무리, 2011, pp. 46~68)와 『가상과 사건』(정유경 옮김, 갈무리, 2016, pp. 119~20) 참조.

각 인상적인 이미지적 장면들은 다의적으로 존재하되 의미론적 재현 속으로 환원되지 않는다는 점에서 독자의 정동을 끊임없이 요동치게 한다. 그것은 폭풍이다. 원고지 7천여 매에 이르는 이미지적 장면들이 장과 장의 관계 속에서, 장을 초월하여 지시되는 어떤 장면이나 인물들의 심리, 상황에 대한 이미지적 서사 속에서 어떤 감정적·정서적 특질과 정동을 끝없이 때리며 5·18이라는 사건성이 만들어내는 어떤 체험성을 무차별적으로 변화시키고 움직인다.『봄날』은 5·18이라는 형용 불가능한 체험적 사건에 대한 소설적 구성이자 소설의 체험적 구성이다.

## 3. 이미지적 서사의 운동과 5·18에 대한『봄날』의 의미론적 증식

아이러니하게도『봄날』이 5·18에 대한 규정된 의미론적 연관 관계로서 존재하지 않으려고 한다는 점이『봄날』에 대한 몇 되지도 않는 연구를 편향되게 했다.『봄날』의 이미지적 특성은『봄날』을 역사적 기록물로 환원시켰고, 역사적 사실을 총체적으로 그려내려는 다소 무리한 시도를 한 소설로 격하되게 했으며,『봄날』을 임철우의 죄의식이 만들어낸 산물로 규정하게 했다. 의미론적 관계를 확연하게 드러낼 수 없었던(않았던) 체험을 위한 소설이, 임철우의 (비)재현적 모험이, 소설『봄날』을 작가의 몇 마디에 종속되게 만든 셈이다. 그런데 사실 그 길고긴 장편에서, 그리고 5·18이라는 하나의 첨예한 사건성에 대해서, 임철우가 아무런 의미론적 재현 관계도 만들어내지 않았다는 단정은 받아들이기 어렵다.『봄날』에서 5·18을 '파악'할 수 있게 하는 설명과 의미론적 서술이 전무한 것도 아니고, 무엇보다 이미지적 서사에서 의미론적인 층위를 분석해낼 수 없는 것도 아니다. 87개의 장으로 이루어진『봄날』의 이미지적 서사는 반드시 소설 전체와의 연관 속에서 판단해야 하는 재현적 의미를 만들어낸다. 전체는 여러 장에서 전개되는 이미지적 서사의 배치를 결정하고 그 이미지적 서사의 다양한 이행에서 발생할 의미를 규제하는 거대한 관계망으로 존재한다. 전체가 전제되어 있지 않다면 각각의 장은 다른 모든 장과의 연관 속에서 아무런 의미 연관도 얻지 못한 채 부유할 뿐이다. 이미지적 서사의 접촉은 전체의 관계성으로 표현되는 어떤 이념을 벗어나지는 않는다.

때문에 각각의 장은 다른 장들과 접촉할 때마다 『봄날』 전체의 차원에서 질적으로 변화하며 의미론적으로 갱신된다. 『봄날』의 이 같은 형식적 특징을 이미지적 서사의 운동이라고 정리해볼 수 있지 않을까. 이미지적 서사의 운동이라는 정리는 저 유명한 들뢰즈의 『시네마 I: 운동-이미지』에서 운동-이미지로서의 플랑plan개념을 모델링한 것이다. 운동-이미지로서의 플랑 개념을 설명하려면 먼저 들뢰즈가 이야기하는 운동이 무엇인지부터 밝혀야 한다. 그는 우선 운동에 대한 기존의 논의를 비판한다. 그에 따르면 운동에 대한 기존의 논의는 끊임없이 변화하는 운동의 순간들을 무수히 분할시키고 그 단면의 종합을 통해 운동을 이해할 수 있다고 믿었던 추상적 시도이다. 예컨대 말[馬]의 운동을 카메라에 담아 분할된 사진의 종합으로 파악하려고 했던 시도가 있었다. 말이 뛰어가는 장면들을 연속으로 촬영해 이를 늘어놓음으로써 말의 운동을 포착할 수 있다고 믿었던 것이다. 그러나 이는 공간적 위치와 시간적 순간들의 질적 연속성을 배제한다. 말의 운동은 공간과 시간을 양적으로 분절함으로써 분석될 수 없다. 말의 운동이 매번 나뉠 때마다 그 속성은 변화된다. 말의 운동이 가로지른 공간들은 모두 하나의 균질적인 공간이지만 운동들은 서로 이질적이므로 서로에게 환원되지 않는다. 운동은 끝없는 변화이다.

들뢰즈는 바로 이 운동의 연속적 다양성을 베르그송의 개념을 빌려와 '지속'이라고 칭한다. 지속은 끝도 없이 나누어지나, 본성상의 변화 없이 나누어지지 않는다. 한편으로 지속은 전체와도 관련이 있다. 지속의 운동은 언제나 어떤 것과 어떤 것을 포함하는 전체의 차원에서 이루어진다. 전체는 지속이 만들어내는 부분들의 집합이되 분할의 매 단계마다 자신의 성질을 바꾸며 분할된다. 거꾸로 전체는 어떤 질적인 상태의 집합을 또 다른 질적인 상태의 집합으로 이끌어가며 스스로를 끝없이 재창조한다. 전체의 운동은 닫힌 체계를 가로지르는 수많은 동적인 단면의 운동이다. 이때 지속으로서의 운동이 끝없는 이행, 끝없는 변화라는 점에서 정동과 연관된다. 앞서 살펴보았듯이 정동은 어떤 것과 어떤 것 사이에서 발생하는 최초의 운동이자 끝없는 운동이다. 정동은 운동의 지속 안에서의 변화이다. 영화는 이 모든 것을 가장 정확히 보여주는 매체이다. 영화는 분할된 동적인 단면(집합)이 이어지며 운동을 재생산하는 운동–이미지이다. 그렇다면 플랑은 무엇인가.

플랑은 운동–이미지를 가장 명료하게 보여줄 수 있는 지속으로서의 동적인 단면이다. 우선 플랑(특정한 시간 동안 움직이는 시·공간적으로 한정된 이미지)은 자기 내부의 다양체(시점과 스케일, 인물들의 행동 등) 간의 운동을 포괄하는 집합으로 존재하는 동시에 하나의 전체에서 분할된 질적으로 상이한 단일체이다. 만약 전체와 부분이 일치한다면 끊임없이 변화 중인 구체적이고 실재적인 운동으로서의 '지속' 자체가 존재할 수 없기 때문이다. 그러나 플랑은 이 분할된 이질적인 단일체들의 운동을 하나의 지속으로 재통합하기도 한다. 플랑은 영화 내에 존재하는 다양한 동적인 집합들(예컨대 아주 짧은 plan에서 plan-sequence에 이르기까지)과 접속되며 집합들을 질적으로 변화시키는 동시에 집합들의 관계 그 자체인 전체 또는 지속을 끊임없이 변화시킨다. 즉 닫힌 집합이었던 플랑은 운동을 통해 전체 혹은 지속과 다시 결합되고, 거꾸로 지속 혹은 전체는 플랑 간의 접속 운동에 자신을 열어놓은 채 끊임없이 변화한다. 따라서 플랑은 부분들 사이의 관계를 만들어내는 한편, 전체의 감정적(정서적)/신체적 변용affection 작용[14]을 만들어낸다. 플랑은 한 집합 안에서 혹은 여러 집합 사이에서의 상대적 위치 변화를 보여주며 지속의 '변화의 상태를 표현affection'한다.[15] 때문에 관객 역시 영화 속에서 어떤 끝없이 이행 중인 정동과 그 정동 속에서 감정적(정서적)/신체적 변용 작용을 느낀다.

그렇다면 영화에서 의미론적 차원은 어떻게 생성되는가. 우리는 영화가 편집의 산물임을 기억해야 한다. 관계적 해석의 차원에서 봤을 때[16] 편집은 하나의 이념이자 전체, 관념, 말하자면 지속하는 시간의 간접적인 이미지를 끌어내기 위해 운동-이미지에 대해 이루어지는 조작이다. 편집된 이미지들은 간격 속에서 간접적 시간을 표현하는 기호가 되어 존재하는데, 이때 각각의 기호는 또 다른 기호와의 관련 속에서, 즉 모든 기호와의 관련 속에서 해석됨으로써 하나의 해석체로 변화하며 하나의 해석체는 또다시 기호가 되어 서로의 관계에 의한 또 다른 해석체를 만들어낸다. 궁극적으로 모든 기호는 관계 속에서 어떤 해석(재현적 의미)의 차원을 얻는다.[17]

---

14  Affection은 신체적 변용과 감정적·정서적 변화를 동시에 표현한다. 그 변화, 변용은 관념으로만 표상할 수 없는 신체적 상태들의 변이와 관련된다는 점에서 지속되는 affect의 표현이 된다.

15  마찬가지로 변용은 정동의 상태를 나타낸다. 마수미가 밝힌 이미지의 감정적 특질 역시 주관적 의식이 정동에 대(의)해 만들어낸 하나의 ― 육체가 의식보다 우선한다는 의미에서 재등록된 ― '상태'이다.

16  운동-이미지에서 이미지에 대한 기호와 해석의 관련은 관계적 해석의 차원에서 종합된다. 이때 만들어지는 총체성은 하나의 이념 내에서 무한히 열린 유기적 총체성이다.

17  이지영, 「운동-이미지와 운동의 통일성」, 『철학사상』, 27호, 서울대학교 철학사상연구소, 2008; 데이비드 노먼 로도윅, 『질 들뢰즈의 시간기계』, 김지훈 옮김, 그린비, 2007; 질 들

따라서 들뢰즈의 플랑, 지속으로서의 운동(정동), 감정적(정서적)/신체적 변용 작용은『봄날』의 이미지적 서사가 만들어내는 정동(지속으로서의 운동)의 체험적 성격과 그 정동의 변화의 상태인 감정적(정서적)/신체적 변용 작용이 만들어내는 체험적 성격을 설명하는 데 유용한 참조점이 된다. 87개의 장으로 나뉘어 서술된『봄날』이 전통적인 서사처럼 서술을 통해 서사의 부분과 전체를 종합하는 의미론적 총체를 만드는 데 관심이 없고, 오히려 5·18이라는 초유의 사태를 감각 인상적 차원에서 그려냄으로써 그나마 존재하는 의미론적인 서술마저 침식하게 하는데, 그 감각 인상적 장면 하나하나는 마치 지속으로서의 플랑처럼 전체에서 정동과 감정적(정서적)/신체적 변용을 만들어내며 존재한다. 아주 간단히 예를 들어보겠다. 임철우가 곧잘 쓰는 정동의 증강 방식 중 하나는 장(章) 내 이미지적 서사의 대립이다. 16장에는 광주의 중심가 한복판에서 벌어지는 공수부대의 미쳐버린 폭력과 아무것도 모른다는 듯이 환호하는 TV 속의 야구 경기 화면이 대비되고, 54장에는 도청에서 집단 총격을 가하는 공수부대원 뒤로 '봉축-부처님 오신 날' 플래카드가 무감히 나타난다. 또 다른 주요 증강 방식은 장(章) 간 이미지적 서사의 대립인데, 54장의 학살을 지나 55장에 이르면 남편을 기다리는 아내 — 최미화의 태동과 사랑, 생에 대한 환희가 상세히 묘사되고,[18] 56장에서는 도청 학살 이후 미친 듯이 돌아가는 병원 상황

뢰즈,『베르그송주의』, 김재인 옮김, 문학과지성사, 2009; 질 들뢰즈,『시네마 I: 운동-이미지』, 유진상 옮김, 시각과언어, 2002 참조.
18  54장이 끝나갈 즈음 그녀는 죽는다. 동네 골목길에서 부른 배를 손으로 받치고 돌아오지 않는 남편을 기다리던 그녀의 머리에 공수부대의 조준한 총알이 박히고, 배 속의 아이는 살기 위해 불뚝불뚝거리며 임부의 살가죽을 뒤튼다. 물론 실화다. 나는 특별히 그녀의 이름을 소개하고 싶은데, 작중 이름인 최미화의 실제 이름은 최미애(25세)이고 당시 임신 8개월째였다.

이 펼쳐진다. 이와 같은 이미지적 서사의 대립은 일일이 셀 수도 없어서 온갖 장면과 장면이, 장과 장이 독자의 머릿속에서 수만 가지 방식으로 조립, 재조립되며 끝없이 충돌한다. 이때 각각의 장 그리고 장마다 존재하는 수많은 감각 인상적 장면은 임철우가 새겨넣은 전체 배치의 이념에 따라 기호로 작동하여 다른 수많은 기호와 탈-접속한다. 『봄날』의 서사는 독자의 해석에 따라 기호와 해석체 사이를 무한히 오가며 5·18에 대한 무한한 해석을 만들어낸다. 『봄날』은 5·18이라는 재현 불가능해 보이는 사건을 해석에 무한히 열어놓음으로써 5·18의 의미를 종결시키지 않는 재현 형식을 갖는 셈이다. 이를 정확히 증명하려면 모든 부분과 부분, 부분과 전체의 관계를 일일이 분석해야겠지만 그것은 불가능에 가깝고 허락된 지면은 턱없이 부족하다.[19]

## 4. 『봄날』과 소설의 이론

그런데 여기서 『봄날』만의 것으로 보이는 체험의 차원이 사실은 다른 소설에서도 나타나는 현상이라는 점은 반드시 언급해야 한다. 새삼 놀라운 일은 아니다. 소설은 언제나 자신의 의미론적 구조 속으로 용해되지 않는 강도(強度)적 요소를 갖고 있게 마련이다. 도대체 누가 문장과 문장 사이에서, 문단과 문단 사이에서, 혹은 전체적인 흐름 속에서 표현되는 어떤 것을 완벽하게 포착하고 설명할 수 있다는 말인가. 불가능하다. 그것은 다만 감각될 뿐이다. 이때의 감각은 몸으로 체감하는 정동의 차원에 있다는 점에서 오감을 뛰어넘는다. 그것은 몸 전체에

---

19 이에 대한 조촐한 분석은 김주선, 「임철우 『봄날』의 재현 형식에 관한 연구」, 조선대학교 박사학위논문, 2017 참조.

서 이루어지는 알 수 없는 미지의 체험이다. 정동은 혹은 몸은, 소설 앞에서 자신의 바깥과 내부를 향해 열려 있고 어떤 무엇인가와 공명하며 어떤 리듬 속에서 움직인다. 소설은 자신의 경향성 속에서 언제나 (비)재현적 재현을 이미 하고 있다.[20] 이렇게 보면 『봄날』의 특이점은 소설이 이미 갖고 있었던 정동과 변용, 즉 체험적 요소를 앞서 언급한 제 형식을 통해 극단적으로 밀고 나아갔다는 점에서 비롯된 것이기도 하다. 『봄날』은 소설이 본래 가지고 있는 체험적 요소를 끝까지 밀어붙임으로써 소설이라는 장르의 가능성 하나를 확장했다. 소설은 의미론적 질서를 가능하게 하는 어떤 핵심 문장들로 구조화되는 것이 아니라 이미지적 표현을 통해 '체험'의 요소를 극대화하는 방식으로 의미론적 질서를 산출할 수도 있다(시는 이미 대개 그렇게 존재한다).[21] 우리는 『봄날』을 통해 이를 확인하게 되었다. 때문에 『봄날』의 형식적 특징이 만들어 낸 성과를 다음과 같이 추가할 수 있다. 5·18이라는 사건성을 해석에 끝없이 열어놓기. 사건의 성격을 체험하게 하기. 언어의 의미론적 요소를 포기하지 않은 채 언어를 뛰어넘기. 언어를 통해 언어로 표현할 수 없는 것을 만들어내기. 재현할 수 없는 것으로 분류되곤 하는 거대한 사건을 비재현적인 방식으로 (비)재현하기.

---

20 따라서 재현의 가능성과 불가능성은 소설의 언어가 갖는 정동적 차원을 간과한 담론이다. 소설의 정동적 강도는 소설마다 달라도 소설은 언제나 재현 이상의 것을 재현한다.

21 나는 조강석의 작업이 이와 연관되어 있다고 생각한다. 그의 치밀한 사유에 관해서는 조강석, 『이미지 모티폴로지』, 문학과지성사, 2014 참조.

# '광주'를 현재화하는 일

## —권여선의 『레가토』와 한강의 『소년이 온다』를 중심으로

조연정

## 1. 부인된 애도

5·18 광주를 다룬 소설로 임철우의 『봄날』(전 5권, 문학과지성사, 1997~98)은 여러모로 기념비적인 작품이라고 할 만하다. 그간의 많은 연구가 확인했고 작가 스스로 밝혔듯, 광주에서의 열흘간 항쟁을 최대한 사실적으로 복원하는 것을 목표로 삼은 『봄날』은 "사실에 충실한 하나의 기록물"(「작가의 말」)로서의 가치를 지닌다고 할 수 있다. 광주 항쟁에 관한 사회학 분야의 대표적 역작으로 평가되어온 『오월의 사회과학』(풀빛, 1999)의 저자 최정운도 자신의 저서가 많은 부분 『봄날』에 빚지고 있음을 최근의 한 대담에서 밝힌 바 있다.[1] 계엄군이 일시 퇴각하고 시민군이 도청을 점령한 21일 이후의 상황에 대해서는 비교적 확실한 증언들이 남아 있지만, 18일부터 20일까지, 그러니까 공수부대의 비인간적 학살과 그에 맞서는 시민군의 초인적 저항이 펼쳐진 초반

---

1  최정운·임철우, 「절대공동체의 안과 밖: 역사, 기억, 고통 그리고 사랑」, 『문학과사회』 2014년 여름호.

3일의 상황에 대해서는 정확한 복원이 쉽지 않았는데, 그 3일간의 사정을 『봄날』을 통해 확인할 수 있었다고 최정운은 말한다. 임철우 역시 『봄날』을 완성해가는 과정에서 광주항쟁의 초반 3일에 집중했음을 강조한다.

　광란의 카니발과도 같았던 공수부대의 잔인한 폭력과 이에 맞서는 시민들의 "절대공동체"(최정운)가 정말로 실재했음을 증언하기 위해, 나아가 '살아남은 자'로서의 부채감을 부분적으로나마 해소하기 위해 임철우는 『봄날』을 집필하는 데 10여 년의 시간을 온전히 투자할 수밖에 없었다. 1980년 5월 당시, 전남대 학생으로서 '들불야학'과 '광대'에도 관여했으며 광주항쟁을 직접 목격하고 체험한 그는 소설가가 된 이후 "처음부터 그냥 오월을 세상에 전하겠다"[2]라는 목표뿐이었다고 고백한다. 한국 현대사의 아픈 비극을 공유하고 있는 한 명의 시민으로서는 물론, 소설가로서의 그에게도 "오월은 어떤 초자아 같은 것"[3]으로 작용했다고 할 수 있다. 덕분에 우리는 광주항쟁의 최초 기록물인 황석영의 『죽음을 넘어 시대의 어둠을 넘어』(풀빛, 1985)[4] 이후 12년 만에, 그것을 뛰어넘는 더 정확하고 치밀한 기록물로서 『봄날』을 얻게 된 셈이다.

　1980년 당시에는 '광주사태'라는 명명을 통해 폭도들의 반국가적 난

---

2　같은 글, p. 343.

3　같은 글, p. 345.

4　오랫동안 황석영의 저작으로 알려져 있던 이 책은 광주항쟁에 관한 기초 자료를 바탕으로 하여 황석영이 윤문을 하고 대표 집필자로 이름을 올린 책이다. 발간 즉시 집필자가 구속될 수 있다는 점을 우려해 국제적으로 명망 있는 작가인 황석영이 저자로 선택되었다고 한다. 이 책이 발간된 직후 실제로 황석영은 수사기관에 연행되고 풀빛 출판사의 나병식 대표는 구속되었다. 황석영, 이재의, 전용호가 집필한 이 책의 개정판이 2017년 창비에서 출간되었다.

동 행위로 왜곡·이해되었으며, 제6공화국의 출범 이후 '광주민주화운동'으로 그 이름이 수정된 광주항쟁은 한국 근현대사의 가장 비극적인 사건으로 '기억'된다. 광주에서의 비극은 정권 장악을 시도한 신군부가 12·12로부터 5·17에 이르기까지 철저히 기획한 "다단계 쿠데타multi-stage coup"의 일부로 이해되어야 한다는[5] 시각이 지배적이다. 쿠데타의 마지막 단계로서 정치권과 민중 세력을 굴복시키기 위해, '진압기계'로 훈련된 공수부대에게서 전시적 폭력을 이끌어낸 것이 5·18의 비극을 만들었다는 것이다. 광주에서의 이 같은 비극적 사태에 대해 그간 다양한 경로를 통해 그 진상을 확인하는 작업이 이루어져 왔으며, '광주사태'라는 모호한 명명이 '광주민주화운동'이라는 상징적 명명으로 변모하면서 광주항쟁은 공식 역사 속으로 자리매김하게 되었다. 광주항쟁을 분석하는 다양한 담론이 제출되었고,[6] 1980년 5월 광주에서 벌어진 열흘간의 형용 불가능한 비극은 얼마간 재현이 가능하며 어느 정도 의미화가 완료된 과거의 사건으로 화석화되어가고 있는 것도 사실이다. '5·18 기념일'의 제정과 더불어 광주항쟁은 그저 기념되어야 할 사건으로 점점 잊히고 있는 것이다. 임철우의 『봄날』 이후 한동안 광주를 전면적으로 다루는 눈에 띌 만한 작품이 출간되지 않았다는 사실도 이러한 사정과 관련하여 자못 의미심장하다. 『죽음을 넘어 시대의 어둠을 넘어』의 대표 필자인 황석영이 15년간의 침묵을 깨고 발표한 『오래된 정원』(전 2권, 창비, 2000)에서도 광주가 적극적으로 재현되지는 않는다. 광주항쟁의 현장에 부재했던 지식인 운동가의 부채감을 바탕으

---

5   손호철, 「'5·18 광주 민중항쟁'의 재조명」, 『이론』 1995년 봄/여름호.
6   최정운은 광주항쟁을 둘러싼 담론을 "폭도론" "불순 정치집단론" "유언비어론" "과잉 진압론" "민주화론" "민중론" "혁명론"으로 나누어 면밀히 분석한다. 최정운, 『오월의 사회과학』, 오월의봄, 2012(개정판), pp. 80~108 참조.

로 '광주 이후'를 다루는 이 소설은 광주항쟁의 진상을 증언하거나 항쟁의 의미를 새롭게 현재화하는 작업과는 무관한 것으로 읽힌다.

의도적으로 계획된 참극이라는 점에서 광주항쟁의 사후처리 과정이 뒤늦게나마 책임자 처벌과 희생자 보상에 관한 실질적인 작업들을 우선시한 것은 마땅한 처사라고 할 수 있다. 그러나 '처벌'과 '보상'이 이미 일어난 사태를 되돌릴 수 없음은 분명하다. 책임과 희생의 크기와 정확하게 일치하는 처벌과 보상은 애초에 불가능하기 때문이다. 죽은 자가 살아 돌아오지 않는 이상, 훼손된 정신과 육체가 완벽히 복원되지 않는 이상, 잊고 싶은 기억들이 영구 삭제되지 않는 이상 처벌과 보상은 애초에 불충분하거나 어쩌면 무의미한 것이 될 수도 있다. 이미 벌어진 비극에 관해서라면 적당한 처벌과 보상이 그 사태를 처리하는 최후 과정이 되어서는 곤란한 것이다. 오히려 처벌과 보상의 불가능성을 인정함과 동시에 이미 벌어진 사태를 명명 불가능한 사건으로 지속적으로 현재화하는 일이 비극의 희생자들을 재차 희생시키지 않는 유일한 방법이라고 할 수 있다. 그런 점에서 광주항쟁에 대한 상징화, 의식화(儀式化)를 거절하고 그것을 "이름을 거부하는 현전"이자[7] "후사건적 실천"을 이끌어낼 수 있는 여전히 살아 있는 "선언"으로 취급해야 한다는 반복되는 주장들은[8] 충분히 음미될 필요가 있다.

---

7   김상봉, 「응답으로서의 역사: 5·18을 생각함」, 『민주주의와 인권』, 6권, 2호, 전남대학교 5·18연구소, 2006.

8   서용순, 「5·18의 주체성과 후사건적 주체의 미래에 대한 소고」, 『민주주의와 인권』 7권 2호, 전남대학교 5·18연구소, 2007. 서용순은 이 글에서 바디우의 개념을 참조하여 광주항쟁에 관한 '사건에의 충실성'이 사유되어야 한다고 말한다. 바디우가 말하는 '사건에의 충실성'이란 "사건이 발생한 고유한 질서 속에서 사고되고 실천되는 실질적 단절"로서 의미를 지니는 것이다(알랭 바디우, 『윤리학: 악에 대한 의식에 관한 에세이』, 이종영 옮김, 동문선, 2001, p. 55). 이때 중요한 것은 '단절'이다. 사건 이전과 이후는 완벽히 구분되어야 하고 이러한 단절을 실천하는 것은 주체의 윤리와 관련 있다.

광주를 역사적 사건으로 '기억'하면서 결국 현재적 가능성을 '망각' 해가는 것이 아니라, 광주에 대한 "부인된 애도disavowed mourning"[9]의 태도를 유지하면서 그로부터 정치적 가능성을 새롭게 이끌어내야 할 필요가 있는 것이다. 광주를 소환하는 소설들이 일차적으로 해야 할 일은 당연히도 이처럼 광주에 대한 애도를 멈추지 않는 일을 끊임없이 요청하는 것이 되어야 한다. 물론 이때 중요한 것은 이러한 애도의 지속이 현재의 시점에서 구체적으로 어떤 역량으로 응집되고 발현될 수 있는가를 타진해보는 일이다. 폭력과 상실의 사태 이후 애도mourning를 부인하고 우울melancholy의 감정을 유지함으로써 인간의 근본적인 취약성과 서로의 물리적 삶에 대한 집단적 책임을 확인할 수 있다는 버틀러식의 애도의 정치학은 우리에게 이미 익숙하다. 광주의 비극을 다루는 소설로부터 이처럼 애도 중지의 당위성을 확인해보는 일은 여전히 중요하지만 여기서 멈추어서는 안 된다. "애도를 유지함으로써 정치적 영역에서 뭔가 얻을 수 있는 것이 있지 않을까?"[10]라는 버틀러의 질문에 대해, 그 가능성만을 재차 확인하는 것이 아니라 이에 관한 구체적 실천의 방법을 사유할 수 있게 될 때, 문학의 정치성은 좀더 명확해질 수 있다. 이와 더불어 광주의 돌이킬 수 없는 희생과 이를 목격한 한국 사회의 집단적 상처도 서서히 치유될 수 있다.

## 2. '광주'를 현재화하는 일

광주가 이처럼 현재적 사건으로서 끊임없이 재소환되어야 하는 이

---

9    주디스 버틀러, 『불확실한 삶: 애도와 폭력의 권력들』, 양효실 옮김, 경성대학교출판부, 2008, p. 15.

10   같은 책, p. 59.

유는 광주항쟁이 그 무자비함과 비인간성에서 동시대의 비극 중 유례가 없었다는 특수성 때문만은 아니다. 광주항쟁은 그 자체로 한국의 민주주의 전개 과정에 결정적 역할을 한 사건이라고 할 수 있다. 이와 관련하여 광주항쟁이 '민주주의로의 이행' '민주주의의 공고화' '민주주의에 대한 실망'이라는 한국 사회의 민주화 전개와 관련하여 각각의 계기에서 어떻게 재의미화되고 있는지를 살피는 최장집의 논의를 참조해보자.[11] 최장집에 따르면 1987년의 6월항쟁이 유혈사태 없이 민주주의를 성취할 수 있었던 것은 광주항쟁이라는 역사적 경험이 존재했기 때문이다. 1980년 당시 곧바로 민주주의가 실현되지는 못했다는 이유로 '성공한 쿠데타'이자 '실패한 항쟁'으로 인식된 광주항쟁은 한국 사회가 민주주의로 이행하는 데 결정적 계기로 작용한 것이다. 1987년의 상황에서 7년 전의 광주는 전두환 정권의 군사력 동원을 불가능하게 만든 중요한 제약 조건이 된다. 광주에서와는 비교할 수 없을 정도의 엄청난 저항과 희생을 초래할 것이 분명했기 때문에 군사력 동원은 포기될 수밖에 없었고, 결국 전두환 정권은 붕괴하게 된다.

최장집에 따르면 광주항쟁은 '민중'이라는 집단을 정치 무대에 등장시켰다는 점에서도 중요한 의미가 있다. 권위주의 정치 체제와 권위주의 산업화가 야기한 정치적 억압과 경제적 불평등이라는 이중의 고통에 노출된 집단으로서의 민중을 민주주의 투쟁의 주체로 부각시킨 것이 광주항쟁의 성과라는 것이다. 그러나 "운동에 의한 민주화"[12]로 특징지어지는 한국의 민주주의는 '민중'이라는 집단을 '운동'의 주체로

---

11　최장집, 「한국 민주주의와 광주항쟁의 세 가지 의미」, 『아세아연구』, 50권, 2호, 고려대학교 아세아문제연구소, 2007. 이하 두 단락의 내용은 이 글을 요약·정리한 것이다.

12　최장집, 『민주주의의 민주화: 한국 민주주의의 변형과 헤게모니』, 박상훈 엮음, 후마니타스, 2006, p. 29.

부터 '정치'의 주체로 성장시키는 데 실패한다. 최장집에 따르면 '운동의 정치'가 '정당 정치'로 일상화되어가는 과정 속에서, 즉 "집단적 요구로 표출된 민중적 에너지를 어떻게 정당으로 조직할 것인가"[13]의 문제를 구체적으로 해결해나가는 과정 속에서 민주주의의 성패가 갈리게 된다. 그러나 IMF 외환위기 이후 신자유주의의 성장제일주의가 한국 사회의 강력한 헤게모니가 되면서, 더불어 한국의 고질적인 '지역당 체제'의 문제로 인해 각 정당이 성숙한 대의기구로서의 역할을 제대로 수행하지 못하게 되면서, 한국의 민주주의는 안정적으로 성장하지 못하게 된다. 이러한 상황과 관련하여 최장집은 한국의 지역당 구조를 "민주화의 원천이었던 광주항쟁이 국지화된 결과물"[14]로 분석한다. 요컨대 광주항쟁 이후 민주주의의 주체로 등장한 '민중'은 신자유주의의 습격으로 정당한 "경제적 시민권"을 얻지 못하게 되고, 광주는 민주주의 대의를 위한 투쟁 공간이 아닌 지역의 이익을 위한 투쟁 공간으로 축소화되면서, 한국의 민주주의는 성숙된 발전을 이루지 못하게 되었다는 것이다. 최장집은 이처럼 민주주의 이행의 결정적 동력이었던 광주항쟁이 결과적으로 민주주의를 공고히 하는 데 별다른 역할을 하지 못하게 된 사정에 주목해본다.

광주에서의 희생이 왜 그 희생에 값하는 성취로 이어지지 못했는가를 분석해보는 그의 논의는, 거꾸로 광주항쟁이 여전히 진행 중인 사건이라는 사실을 입증한다. 2014년 현재 한국 사회가 실패한 민주주의로 인해 고통받고 있는 현실은 민주주의 이행의 결정적 동력이었던 광주항쟁의 의미를 무화시킬 위험마저 지니고 있다. 민주주의가 온전히 달

13  같은 글, p. 153.
14  같은 글, p. 157.

성되지 않는 한 광주의 트라우마는 어떤 형태의 보상 행위를 통해서도 온전히 치유될 수 없을 것이라는 뼈아픈 자기반성의 자리에 광주가 놓여 있는 것이다.

그렇다면 '민주주의에 대한 실망desencanto'으로 인해 민주주의의 반동기에 접어든 2000년대 이후의 상황에서 광주는 어떤 형태로 현재화되어야 하는 것일까. 성숙한 민주주의는 "집단적으로 표출된 민중적 에너지를 어떻게 정당으로 조직할 것인가"의 문제를 해결함으로써 성취된다는 최장집의 주장을 다시 한번 환기해보자. 운동을 통한 민주화가 정당 정치로 조직화되지 않을 경우, 민중은 정당을 매개로 국가를 운영하는 주체가 되지 못하고 그저 "외부적 비판자"에 머물게 될 뿐[15]이라는 그의 주장을 참조하자면, 광주항쟁을 현재화하는 일은 역사적 사건으로서의 광주가 증명한 민중적 에너지를 재차 확인하는 것에만 국한될 수 없다. 최정운은 광주 시민들의 투쟁 동기가 민주주의라는 근대의 정치 이념이나 제도에 대한 요구로 귀착될 수 없으며, 광주항쟁이 보여준 익명의 '절대공동체'는 인간의 존엄성과 생명의 가치를 수호하기 위한 위대한 싸움의 공동체였음을 강조한다.[16] 적에 대한 분노와 죽음에의 공포를 믿을 수 없는 용기와 사랑으로 극복한 '절대공동체'는 인간의 존엄성 회복을 위해 투쟁한 숭고한 공동체로 격상될 수 있다는 것이다. 하지만 이처럼 광주항쟁이 증명한 민중적 에너지의 정체를 정확히 확인하는 일과, 이를 현재적 실천으로 구체화하는 것을 별개의 문제이다. 끔찍한 재난의 상황 속에서 오히려 놀랄 만한 상호부조와 이타주의가 실천된다는 사실을 확인하는 일과 더불어, 그러한 이타주의가 평소

---

15 같은 글, p. 116.
16 최정운, 같은 책, pp. 114~15.

에 어떤 질서에 의해 묻혀버리는지를 확인하는 작업도 동시에 필요한 것이다.[17]

요컨대 광주를 재소환하는 작업은, 희생자에 대한 애도를 지속하는 일, 그리고 광주항쟁이 보여준 '절대공동체'의 가능성을 확인하는 일을 넘어선 곳에 있어야 한다. 죽음을 초월하는 사랑의 감정과, 애도의 완료를 거절한 슬픔의 감정이 지금-여기의 현실에서 어떤 가능성으로 구체화될 수 있을지를 생각해야 하는 것이다. 최근 광주항쟁의 의미를 숙고하는 여러 사회학적·철학적 논의들은 이러한 주장을 반복하고 있지만 기본적인 방향성을 확인하는 선에 그치고 있는 듯도 하다.[18] 가령 광주에 관한 '애도'를 중지하는 일의 '슬픔'은 정확히 어떤 감정으로 구체화될 수 있을지, '슬픔'의 감정이 특정한 행위로 이행되는 메커니즘은 어떻게 설명될 수 있는지, 광주가 증명한 '절대공동체'로부터 현실의 우리는 어떤 형태의 공동체를 꿈꾸어볼 수 있을지, 이러한 질문들이 도출되고 이에 대한 해답도 논의되어야 할 것이다.

광주를 소환하는 최근의 소설들이 이와 같은 일을 하고자 한다고 말할 수 있을지도 모른다. 최근 몇 년 사이 비슷한 연령대의 작가들이 광

17 재난의 상황 속에서 발현되는 상호부조와 이타주의를 실증적으로 확인하는 레베카 솔닛의 『이 폐허를 응시하라』에서 우리가 주의 깊게 읽어야 할 부분도 다음과 같은 질문에 관한 것이다. "우리가 진짜 해야 할 질문은 왜 이런 짧은 상호부조와 이타주의의 천국이 나타나는지가 아니라, 왜 평소에는 그런 천국이 다른 세계의 질서에 묻혀버리는가이다"(레베카 솔닛, 『이 폐허를 응시하라』, 정해영 옮김, 펜타그램, 2012, p. 15).

18 최장집의 글도 다음과 같은 당위적 주장을 재확인하는 것으로 마무리된다. "광주항쟁의 정신과 역사적 의미가 민중이 주체가 되는 민주주의의 실현이라고 할 때, 광주항쟁의 의미를 민주화 이행과 공고화 시기에 대한 역할로 한정하거나 고착시키는 것만으로는 충분치 않다. 광주항쟁의 의미와 정신이 민중적 삶의 문제를 민주적 방법으로 개선하는 데 영향을 미칠 수 있고, 그럼으로써 정치적 민주화가 사회경제적 시민권의 진전에 기여할 수 있는 방향으로 발전할 때, 그것은 긴 유산을 남길 것이라고 믿는다"(최장집, 같은 글, p. 170).

주를 전면적으로 다루는 장편들을 잇달아 출간하고 있는 현상은 유의미한 경향으로 지적될 만하다. 권여선의 『레가토』(창비, 2012)와 이해경의 『사슴 사냥꾼의 당겨지지 않은 방아쇠』(문학동네, 2013)는 1980년대를 이십대로 보낸 청년들의 이야기이다. 이 두 편의 소설에서 서사를 추동하는 결정적인 계기로 작동하는 것이 바로 1980년 광주이다. 광주에서 무자비하게 살해당한 어린 동생의 복수를 감행하기 위해 30여년 만에 살인자를 찾아 나서는 추적담의 형태를 띠는 김경욱의 『야구란 무엇인가』(문학동네, 2013)와, 광주항쟁의 초반 3일 이후로부터 이야기를 시작하여 도청을 마지막까지 지킨 자들의 죽음과 그 죽음 이후를 그리는 한강의 『소년이 온다』(창비, 2014)는 훨씬 더 전면적으로 광주를 소환한다. 광주항쟁 이후에 태어난 1985년생 작가 박솔뫼의 단편 「그럼 무얼 부르지」(『그럼 무얼 부르지』, 자음과모음, 2014)도[19] 이 목록에 추가될 수 있다.

역사적 비극이 서사로 재현될 때 대체로 다음과 같은 목적을 지니게 된다. 첫째 선악의 구도를 확인하는 '고발'로서의 서사, 둘째 망각을 거절하기 위한 '증언' 혹은 '기록'으로서의 서사, 셋째 반복강박을 통한 트라우마의 '치유'로서의 서사 등이 그것이다.[20] 그렇다면 최근 문단

---

19  광주항쟁이라는 과거의 비극과, 원전 사고라는 미래의 가능한 비극을 주로 다루는 박솔뫼의 소설에 대해 김홍중은 "현장이 없는 세대의 이야기이며, 동시에 현장 없음을 현장 삼아 사는 세대의 이야기"[김홍중, 「탈존주의(脫存主義)의 극장: 박솔뫼 소설의 문학사회학」, 『문학동네』 2014년 여름호, p. 97]라고 정리한다. 박솔뫼의 소설은, 이미 역사화한 사건으로서 '광주'를 듣고 배워온 세대에게 '광주의 현재화'가 어떤 양상으로 가능할지를 타진해보는 소설로 읽힐 수 있다. '광주'를 현재화하는 작업이 작가의 세대별로 어떤 차별적 양상을 드러내는지에 대해서는 별도의 논의가 필요할 것이다.

20  이와 관련하여 로스버그가 트라우마의 리얼리즘이 수용해야 할 세 가지 요구를 정리한 것을 참조해볼 수 있다. 첫째 기록의 요구, 둘째 재현의 형식적 한계에 대한 성찰의 요구, 셋째 홀로코스트 담론들의 위험을 감수한 대중적 유통에 대한 요구가 그것이다.

의 한 경향으로까지 논의해볼 수 있는 일련의 광주 관련 소설들은 어떤 요구를 충족시키고 있는 것일까. 우선은 문단 내부 혹은 외부의 정치적 요구와 관련이 있을 것이라고 짐작해볼 수 있다. 2000년대 이후 다양한 미학적 실험에 몰두하는 새로운 세대의 작품에 열광해온 한국 문단은,[21] 2008년 이명박 정권의 출범 이후 한국 사회가 경제적 생존과 정치적 실존을 위협하는 여러 폭력에 노출되는 상황을 목도하면서, 문학의 정치성을 적극적으로 요청하게 된다. 특히 2009년 용산사태 이후 문인들은 다양한 경로를 통해 '문학의 정치'를 구체적으로 실천했으며, 특히 평단은 때마침 활발하게 번역·소개된 랑시에르J. Rancière의 '감성의 정치'라는 개념을 차용하며 '미학'과 '정치'에 관한 치열한 논의를 펼쳤다.[22] 창작보다 재빠른 비평은 문학의 정치성에 관해 서둘러 여러 가지 논제를 제출할 수 있었다.[23]

M. Rothberg, *Traumatic Realism: The Demands of Holocaust Representation*, Minneapolis: University of Minnesota, p. 7; 임경규, 「문화산업과 5/18의 재현: 〈화려한 휴가〉의 한계와 가능성」, 『라깡과 현대정신분석』, 12권, 2호, 한국라깡과현대정신분석학회, 2010, pp. 93~94에서 재인용.

21 '2000년대 문학'이 보여준 미학적 새로움에 대해서는, 현실 경험의 중력과 무관한 "무중력의 문학"이라는 진단과, '사회(학)적 상상력'의 문학적 재현이라는 진단이 서로 팽팽하게 대립해왔다. 전자의 대표적인 글로는 이광호, 「혼종적 글쓰기, 혹은 무중력 공간의 탄생: 2000년대 문학의 다른 이름들」, 『이토록 사소한 정치성』, 문학과지성사, 2006를, 후자의 대표적인 글로는 김영찬, 「2000년대 문학, 한국소설의 상상지도」, 『비평극장의 유령들』, 창비, 2006을 참조.

22 2008년 후반부터 2009년 사이 평단이 랑시에르의 입론을 적극 수용하며 '문학의 정치성'에 관한 논의를 문학 혹은 비평에 관한 원론적인 질문으로 확장시키는 장면에 대해 비판적으로 검토하는 글로는 소영현, 「캄캄한 밤의 시간을 거니는 검은 소 떼를 구해야 한다면」, 『분열하는 감각들』, 문학과지성사, 2010, pp. 63~67을 참조.

23 '문학'과 '정치'에 관해 논하는 비평들이 쏟아져 나온 것은 2008년에서 2009년 사이의 일이다. 이 시기의 '문학'과 '정치'에 관한 평론들에 대해서 필자는 이미 「무심코 그린 얼굴: '시'와 '정치'에 관한 단상」(『만짐의 시간』, 문학동네, 2013)에서 정리한 바 있다. 2000년대 이후 평단의 담론들이 '진정성' '윤리' '정치'라는 개념을 어떻게 전유해왔는지를 정치하

그렇다면 '정치'와 관련된 평단의 반복되는 논의들이 피로감을 느끼게 할 때쯤 광주와 관련된 소설들이 잇달아 출간되는 현상은 문학을 향한 이 같은 '정치'에 대한 요청이 만들어낸 결과라고 볼 수 있지 않을까. 특히나 광주에 관한 소설을 써낸 작가들이 비슷한 세대로 묶일 수 있다는 사실은 흥미롭다. 1965년생 권여선은 1987년 6월항쟁의 주역인 소위 '386세대'라고 할 수 있으며, 광주 출신 1971년생 김경욱과 1970년생 한강은 대학생의 신분으로 1991년의 분신정국을 통과한 운동권 마지막 세대이다.[24] 민주주의에 대한 열망과 실망을 몸소 체험했으며, 현재 한국 사회의 민주주의가 심각한 지경으로 역행하고 있는 현실을 목도하고 있는 이들은, 민주화 성취의 결정적 계기가 되었던 1980년 5월의 광주로 시선을 돌리고 있다. 광주로 돌아가는 일, 아니 광주를 현재화하는 일은 이들 작가에게 시대의 요청이자 세대의 요청이라고 할 수 있을 것이다.[25] 역사적 사건으로서 광주의 비극을 애도하기 위한 목적으로, 혹은 현재의 정치 현실에 대한 분노를 표출하기 위한 수단으로 손쉽게 광주를 소환하는 것이 아니라, 아직 완료되지 않은 민주화 투쟁의 '원-사건'으로서 광주를 재점검하려는 것이 이들 소설의 근본적 목적이라고 할 수 있을 듯하다. 스무 살의 나이로 광주에서 실종되었다가

게 정리하는 글로는 강동호, 「파괴된 꿈, 전망으로서의 비평」, 『문학과사회』 2013년 봄호를 참조.

24  직접적으로 광주를 다루는 소설은 아니지만 1971년생 작가 천운영이 '고문 기술자' 이근안의 도피 생활을 재현해보는 장편 『생강』(창비, 2011)도 이러한 관점에서 함께 읽힐 수 있을 것이다.

25  김경욱과 이해경의 소설을 '광주'와 관련하여 읽는 서영채는 이들의 소설과 더불어 광주에 관한 서사가 비로소 "죄의식"이 아닌 "복수"에 눈을 돌리게 되었다고 말한다. 그러나 결국 확인되는 것은 '복수 불가능성'이라는 점에서, 이 소설들은 "분노와 복수심의 종말에 대한 일종의 제문"으로 읽힌다고 분석한다(서영채, 「광주의 복수를 꿈꾸는 일: 김경욱과 이해경의 장편을 중심으로」, 『문학동네』 2014년 봄호).

30여 년 만에 되돌아온 『레가토』의 '오정연'은 광주 이후의 시간들에 관해 우리에게 어떤 윤리적 판단을 강요하는가. 한강의 『소년이 온다』가 1980년 광주의 현장으로 돌아가 재현하는 끔찍한 육체의 고통들은 우리에게 정확히 어떤 감정을 환기하는가. 이러한 질문들에 답하는 과정은 광주를 현재화하는 일과 밀접하다.

## 3. 되돌아온 죽음과 애도 불가능성—권여선의 『레가토』

### (1) 초자아로서의 '광주'

광주를 다룬 소설들이 '증언'의 목적을 가질 때, 주로 공수부대의 비인간적인 잔인성과 시민군의 초인적인 희생이 강조되곤 한다.[26] 흥미로운 점은 이처럼 광주에서 확인된 끔찍한 폭력성과 그것에 저항하는 시민들의 용기가 재현될 때 여성의 육체와 목소리가 전면에 등장하는 경우가 많다는 사실이다. 실제로 그 당시 '임산부의 배를 갈랐다' '여성의 유방을 도려냈다'라는 식으로 여성의 몸이 처참히 난자되었다는 유언비어들이 광주 시민들을 공포에 떨게 했다는 사실은 잘 알려져 있으며, 공수부대원들의 행동을 통해 이 유언비어들이 거의 사실에 가까운 것이라는 점도 증명되었다. 광주를 다루는 많은 소설에서도 이러한 참상들이 실제적으로 혹은 유언비어의 장치를 통해 어김없이 등장한다. 최윤의 「저기 소리 없이 한 점 꽃잎이 지고」(『저기 소리 없이 한 점 꽃잎이

---

26 정명중의 최근 연구는 『봄날』을 광주항쟁에 관한 기록물로 읽으면서 "진압기계"로서의 계엄군에게서 나타나는 공격적 폭력성과 시민군으로부터 나타나는 수동적 저항성의 "감정적 동역학"을 분석해본다. 계엄군의 공격적 폭력성을 "남자다움의 가상을 타자에게 공격적인 방식으로 과시"하는 것으로 읽어내는 부분이 흥미롭다(정명중, 「증오에서 분노로: 임철우의 『봄날』 읽기」, 『민주주의와 인권』, 13권, 2호, 전남대학교 5·18연구소, 2013).

지고』, 문학과지성사, 1992)가 대표적이거니와, 광주의 폭력성을 기록하는 많은 소설은 여성의 육체를 무자비하게 훼손하면서 광주의 비인간성을 고발해왔다.

그런가 하면 광주항쟁을 다룬 소설에서 언제나 빠짐없이 등장하는 것은 시민들의 참여를 촉구하는 여성의 목소리이기도 하다. 물론 이는 실제 상황을 반영한 것이다. 광주항쟁 당시 20일경부터 마이크를 통해 시민들의 참여를 촉구하는 여성(전옥주)의 목소리가 울려 퍼졌다는 점에 대해서 많은 사람이 인상적으로 증언한다. 광주를 다루는 소설들이 이 인상적인 목소리를 잊지 않고 들려주는 것은 광주에서 증명된 초인적 저항의 힘이 이성적 판단보다는 감성적 반응의 결과였다는 점을 은연중 강조하려는 것일 수 있다. 즉 광주를 다루는 소설에서 재현되는 여성의 훼손된 육체는 일차적으로 공포심을 유발하고, 나아가 수치를 불러일으키며 결과적으로 분노를 이끌어내는 효과적 장치로 활용되고, 시민의 참여를 촉구하는 여성의 낭랑한 목소리는 공포를 이기고 분노를 행동화하는 결정적 매개로 작동하는 것이다. 광주항쟁을 분석하는 다양한 논의가 논리적으로 접근하기 힘들어하는 결정적 지점은, 한 명의 인간으로서 공수부대원들이 어떻게 그토록 잔인할 수 있었는지, 역시나 한 명의 인간으로서 시민들이 어떻게 그토록 용감할 수 있었는지에 관한 것이다. 인간으로서 불가능한, 하지만 인간이기에 가능한 이 같은 불가해한 행위들에 대해 해명을 시도하는 것이 바로 문학의 일이라면, 광주를 다루는 소설들은 특히 '여성'이라는 기표를 매개로 하여 광주가 보여준 '인간을 넘어서는' 행위들의 감성 체계에 접근해보곤 한다고 말할 수 있다.

권여선의 『레가토』에서도 서사의 중심에 오정연이라는 여성 인물이 '부재하는 현존'으로 놓여 있다. 79학번 신입생으로 서울에 있는 대학을 다니며 운동 서클에 몸담았던 오정연은 그해 가을 학교를 휴학하고 고향으로 돌아와 이듬해 아이를 낳았으며 1980년 5월 우연히 광주 거리에 서게 되었고, 거기서 젖과 피를 함께 흘리며 실종되었다. 에필로그에서 밝혀지듯, 당시 강연차 광주를 방문했던 프랑스 교수의 헌신적 도움으로 오정연은 죽지 않고 살아남을 수 있었고 기억을 잃은 채로 프랑스에서 30여 년을 살게 된다. 이 소설은 오정연을 언니로 알고 자란 서른의 유하연이 사라진 언니(엄마)를 찾는 과정, 결국 자신의 아버지가 누구인지를 찾는 과정을 다룬 소설이다. 결론을 먼저 말하자면 추리담의 형태를 띤 이 소설이 결국 찾아내는 것은 프랑스에서 아델이라는 이름으로 살아 있는 오정연의 육체인 것만도, 운동권 서클의 존경받는 리더였으나 오정연을 성폭행하고 임신시킨 박인하라는 인물의 실체인 것만도 아니다. 이 소설이 오정연의 귀환을 통해 드러내는 것은 정확히 말해 '광주 이후'의 30여 년이라는 시간의 허망함일지도 모른다.

오정연이 운동권에 몸담으며 피세일, 농활, 합숙 등을 통해 의식화되어간 1979년의 3월부터 10월까지의 시간들과, 30여 년이 흐른 현재의 시간을 교차적으로 서술하는 『레가토』는 그때-그곳의 열정적이고 미숙했던 대학생들이 지금-여기의 한국 사회에 안정적으로 자리매김한 현실을 냉소적 시선으로 그려낸다. 생사도 불확실한 채로 육체와 함께 이름마저 사라지고 잊힌 오정연과 달리, 같은 공동체의 일원이었던 선배와 동료 들은 명망 있는 정치인으로, 출판사 대표로, 대학의 교수로 모두 어느 정도의 상징적 지위를 누리는 기성세대가 되었다. 프롤로그는 이들이 재벌의 젊은 미망인 염 여사가 주최하는 비밀 사교 모임에서 자연스럽게 조우하는 모습을 그린다. 1980년 이후 성공적으로 살아남은 박인하, 신진태, 이재현, 조준환 등 이들 "반오픈 반언더"(p. 52)[27] 서클의 멤버들은, 민주화의 주역이라는 세대적 우월감을 누리며 과거를 낭만화할 권리까지 부여받은 인물들이다. 그런 점에서 이 소설은 아주 긴 시간이 지난 후 씌어진 후일담 소설이라고 할 수 있다. 1990년대 이후 씌어진 많은 후일담 소설이 과거의 미숙한 열정을 은연중 낭만화하면서, 이데올로기가 붕괴한 현실에 대한 환멸과 그러한 현실에 무력하게 적응해온 자신에 대한 환멸을 동시에 고백하는 일을 주로 해왔다면, 뒤늦게 씌어지고 있는 후일담 소설로서 『레가토』는 그러한 환멸마저 사라진 탈내면 혹은 '탈진정성 시대'(김홍중)의 수치를 냉철히 증언하고자 한다고 할 수 있다.

중요한 사실은 권여선이 현재의 수치, 정확히 말하면 수치를 모르는 수치를, 세월의 흐름에 따른 자연스러운 타락의 결과로서 이해하는 것이 아니라, 이를 '무지' 혹은 '외면'이라는 과거의 과오와 강력하게 연결시키고 있다는 점이다. 『레가토』의 냉소가 가닿는 곳이 현재일 뿐 아니라 낭만화된 과거이기도 하다는 사실은 무척 중요하다. 요컨대 『레가토』는 이미 벌어졌으나 잊힌 과거의 과오를 추적함으로써, 신화화된 과거에 균열을 일으키고 특정 세대와 특정 계층의 이념적 우월감을 꼬집는 소설이 된다. 그런 점에서 이 후일담의 기원에 '광주'가 있다는 사실은 의미심장하다. 한국 사회에서 광주라는 '사건'은 단순히 누군가의 비극의 시원인 것이 아니라, 우리 모두의 윤리의 척도가 된다는 점을 『레가토』가 다시 한번 증명하고 있는 셈이다. 민주주의를 열망했으나 성취된 민주주의를 성숙한 단계로까지 올려놓지 못했으며 결국 퇴보하고 있는 민주주의에 대한 실망과 분노를 앓고 있는 세대에게는 물론, 대체로 이에 무심한 광주 이후의 모든 세대에게 각자의 과오가 무엇인지를 물을 수 있는 유일하게 근본적인 척도가 바로 '광주'라는 사건임

27 이하 『레가토』(창비, 2012)에서의 인용은 괄호 안에 페이지만 밝혀 적는다.

을 『레가토』가 재확인한다.

광주의 광장에서 살아남은 임철우는 "오월은 어떤 초자아 같은 것"이라고 말했지만, 사실 이 말은 광주 이후의 모든 생존자에게 유효하다. 『레가토』는 이른바 '산죽음undead'으로 돌아온 정연의 육체를 빌려 이러한 초자아로서의 광주를 소환한다. 임신한 정연이 학교를 휴학하기 전 동료들에게 마지막으로 던진 질문은 바로 다음과 같은 것이었다. "내가······ 내가······ 만약 죽거나 병신 되면, 내가 혹시 잘못되면 니가 다 책임질 수 있니?"(p. 234) 초자아로서의 광주를 현재화하는 일은 바로 이러한 날것의 질문에 답하는 일과 관련 있다고 작가는 말하려는 듯하다.

### (2) 훼손된 여성성과 되돌아온 죽음

그렇다면 겨우 이십대 초반의 나이였던 그들이 행한 과오란 과연 무엇일까. 운동의 공동체이자 생활의 공동체였던 "카타콤"에서 집단의 이름으로 행해진 폭력들이 무엇인지 살펴보아야 한다. 인하를 회장으로 정연, 진태, 재현, 준환 등이 속했던 전통연구회라는 '반언더' 서클은 이념연구회, 문학연구회와 함께 "카타콤"이라고 불리는 서클룸을 공유하고 있었다. 민주투사를 길러내는 이념화의 공간인 카타콤은 실상 폭력적 획일성이 강요된 명백한 남성공동체라고 할 수 있다.[28] 염 여사의 사교 파티가 그렇듯 이 공동체에도 "초대장"(p. 8)을 받은 사람만이 입장할 수 있고 그 "초대장"은 개인의 정체성을 포기한 사람만이 얻

---

28 『레가토』가 보여준 폭력적인 남성적 공동체와 이에 저항하는 여성적 "우애의 공동체"를 대조적으로 분석한 최근의 연구로는 김은하의 「폭력의 기억과 우애(philia, 友愛)의 공동체: 권여선의 『레가토』를 중심으로」(『인문과학』, 54권, 성균관대학교 인문학연구원, 2014)가 자세하다.

을 수 있는 것이었다. 인하에 대한 사랑이라는 사사로운 목적으로 서클에 가입했던 부유한 집안 출신 정민경이 결국 카타콤의 이방인이 될 수밖에 없었던 것, 인하가 자신이 유명 여배우의 사생아라는 신분을 숨겨야 했던 것도 모두 이러한 보이지 않는 억압 때문이었다. 그러나 카타콤이라는 공간에서 가장 심각하게 희생된 것은 일체의 여성성이다. 숭고한 대의명분 앞에 개인의 특수성을 무화시키고 모두가 똑같은 혁명적 투사로 길러져야 하는 그곳은 실상 여성성에 대한 타자화를 은폐한 남성적 공동체였다고 할 수 있다. 피세일 직후 두려움을 호소하는 여자 후배의 뺨을 갈기며 "부끄럽지도 않냐, 이 연놈들아"(p. 64)라고 호통치는 폭력성이 용인되는 곳이었으며, 이념연구회, 전통연구회, 문학연구회를 각각 "이년" "저년" "무년"으로 부르는 철저한 남성적 호명이 무반성적으로 통용되는 곳이었다. 그곳에서 철저히 희생당한 것은 물론 정연의 건강한 여성성이다.

인하는 분명 정연과 폭력적으로 몸을 섞으려고 했지만 정연은 결국 "침묵과 수동성"(p. 77)으로 응대했다. 급체한 그의 손을 따주고 편안히 재워주고 지쳐 잠든 그에게 먹을 것을 사다 주며 모성적 안식처가 되어주었다. 폭력을 통해서였지만 난생처음 타인과 온전히 살을 맞댄 인하는 "어쩌면 자신이 여성을 혐오하거나 냉소하지 않고 진심을 다해 사랑할 수 있을지 모른다는 희망을 품"(p. 143)기까지 하며 정연의 품을 그리워한다. 하지만 그는 자신의 충동적 성폭행을 사랑이라는 이름으로 책임질, 나아가 자신의 취약한 육체를 타인에게 온전히 내어 맡기는 완벽한 공동체를 체험할 기회를 더는 얻지 못한 채, 불시에 연행된다. 그리고 30여 년간 그날의 기억을 "나는 성폭행범입니다. 강간범입니다"라는 "자술의 욕망"(p. 177)과 함께 떠올린다. 정연이 비밀을 간직한 채 사라짐으로써 인하는 동료들 사이에서의 명예를 지킬 수 있었지만, 내내 죄의식에 시달려야 했다.

정연을 성폭행한 당사자는 인하지만 사실 카타콤의 모든 동료가 무지와 미숙함으로 정연의 육체를 함께 훼손했다고 할 수 있다. 배 속의 생명을 지키려는 육체의 건강한 본능에 충실했던 정연은 임신 사실을 눈치채지 못한 동료들의 눈에는 그저 투쟁의식이 해이해지고 탐욕스러워진 이기적 개인으로 비칠 뿐이었던 것이다. 정연은 자신을 비난하는 동료들에게 역겹다는 말을 남기고 그들 곁을 떠난다. 1979년의 카타콤으로부터 30여 년 이후의 사교 파티에 이르기까지, 이들의 남성공동체는 정연의 사라짐을 통해 유지될 수 있었다. 하지만 동시에 그들이 투쟁을 통해 이룩하고자 한 진정한 공동체는 정연을 배척한 그 순간 사실 실패한 것이 되었다고 해야 한다.

하지만 그 남성적 공동체로부터 배척당한 정연은 광주의 거리에 홀로 선다. "몸 안팎이 부풀고 터지고 비틀렸다 가지런히 줄을 맞춰 정돈되는 [……] 잔혹하고 경이로운" 출산의 체험을 겪으며 "그 과정을 묵묵히 함께 견뎌낸 오래된 전우와도 같"았던 자신의 육체를 앞세워 그거리에 선다.

인하형은 도망치지 않았을 것이다. 오난이도, 재현이도, 진태도, 경애와 명식이도, 주춤거리면서도 끝끝내 자리를 지켰을 것이다. 그녀는 문득 울고 싶었다. 그녀만이 살아야 할 이유가 있는 게 아니었다. 누구나 다 살아야 할 이유가 있었다. 살아야 할 이유들이 곧 싸워야 할 이유였다. 해산을 마치고 회복된 몸처럼 헝클어지고 혼란에 빠졌던 생각들이 일목요연하게 정리되는 느낌이었다. 그래도 가슴 깊은 곳에서 울컥울컥 스며 나오는 섬뜩한 두려움은 여전했다. (p. 324)

죽음에 대한 두려움을 무릅쓰는 정연의 용기는 어디서 온 것일까. 그것은 짧은 시간 동안 학습된 의식화의 결과라기보다는 함께 살을 맞댄 동료들에 대한 알 수 없는 믿음과 삶에 대한 의지로부터 비롯된 것이라고 할 수 있다. 그리고 이러한 믿음과 의지에서 비롯된 용기가 출산이라는 여성의 고유한 체험과 결부된다는 사실은 (이 체험을 신비화할 위험에도 불구하고) 의미심장하다 하겠다. 자신의 몸이 전적으로 이타적인 목적에 의해 비틀리고 찢긴 체험, 그리고 그 몸이 놀라운 복원력으로 제자리를 찾게 된 체험을 통해 정연은 은연중, 타인에게 자신을 의탁할 수밖에 없는 인간 육체의 취약함과 타인의 취약한 육체를 책임지는 인간 육체의 건강함에 대해서까지 확신하게 되었는지 모른다. 이러한 용기와 믿음은 결국 정연의 육체를 돌이킬 수 없는 지경으로 훼손한다. 그러나 30여 년이 지난 후 기억을 상실하고 다리가 절단된 채로 돌아온 정연의 망가진 육체는, 정연의 건강한 육체를 짓밟고 망각한 카타콤의 동료들에게, 그리고 그들과 별다를 바 없이 지금-이곳을 무탈하게 통과하고 있는 우리들에게도, 진정한 공동체의 의미를 반성하게 하는 계기로 작동한다. 죽은 줄로 알았던 정연이 돌아옴으로써, 아니 존재조차 몰랐던 정연의 딸이 나타남으로써 이들은 그간 망각해온 자신들의 과오와 수치를 기억해낼 기회를 얻은 셈이다. 정연은 이른바 광주에 대한 '애도 중지'를 요청하는 '산죽음'인 것이다. "내가 혹시 잘못되면 니가 다 책임질 수 있니?"라고 물었던 정연의 질문과 마침내 온전히 대면한 정연의 동료들은 자신들의 현재가 어떤 과오를 망각하고 은폐한 결과인지를 반성하게 되는 것이다.

자신이 운동권이 되고 안 되는 것이 전적으로 우연에 달려 있었다는, 어느 날 갑자기 떠오른 생각이 한때 그를 어리둥절하게 만든 적이 있었다. 신입생 헌터의 역할을 맡은 선배들은 한 달 안에 낙점을 끝냈고, 낙점된 신입생들은 대개 한 학기 안에 마음의 결정을 끝냈다. 운동권에 몸담고 지낸 십수 년의 기간에 비해 한 달과 반년은 얼마나 짧은가. 그 짧은 동안 일어난 몇 가지 단편적인 사건들의 우연성이 그 후의 기나긴 청장년의 삶을 결정지었다는 사실에 그는 당황했다. [……] **그들이 그 시절 그녀와 나눈 것은 무엇이었나, 그들은 저마다 무엇이 그토록 다급하고 분주해 그녀의 변화를 살피지 못했는가.** 왜 임신한 그녀가 마지막 닭날개 한 조각도 다 먹고 가지 못하도록 매섭게 다그쳤는가. 통닭집에서 미안하다는 말을 하고 떠날 때 그녀의 눈빛에 담긴 비애와 슬픔을 왜 일제히 외면했는가. 왜 그들은 그토록 메마르고 무지한 정신으로 왜 그렇게 근본적인 단절의 포즈를 고수했나. 왜 그렇게 동화될 수 없는 것들에 대한 동경을 품었으며 왜 그렇게 자신들의 무효성을 앞당기기 위해 날뛰었던가. 그녀의 조각배가 죽음의 해협을 지날 때 그들의 배는 어디쯤 항해하고 있었나. 모든 시대의 청춘들과 마찬가지로 그 역시 어디서건 제 운명을 읽어내고야 말겠다는 광적인 과잉에 사로잡힌 영혼으로 한 시절을 살아냈을 따름인데, 신진태, **그를 구성하는 기억의 허구는 무엇인가. 이게 바로 자신이 그토록 두려워하던 판도라의 상자였나.** (p. 391, 강조는 인용자)

동료들의 곁을 떠나 고향에 돌아온 30여 년 전의 정연에게 어떤 일이 벌어졌었는지를 그녀의 어머니를 통해 전해 들은 신진태가 "미친놈처럼 뭐라 뭐라 중얼거리"(p. 392)는 넋두리는 몇 페이지에 걸쳐 씌어진다. 이 부분은 가히 이 소설의 클라이맥스라고 할 만하다. 장황하지만 정곡을 찌르는 이 넋두리는 작가가 속한 세대의 자기반성의 목소리처럼 들린다. 신진태의 입을 빌려 작가는 "운동권"으로의 투신이 신념의 선택이 아닌 우연의 결과일 수 있었다는 진실에 대해, 그리고 이러한 우연이 신념으로 포장되어 그들의 청춘 시절이 신비화된 사실에 대해, 나아가 집단의 이름으로 행해진 수많은 과오에 대해 고백하고 있는 것이다. 운동권 세대에 대한 이러한 성찰들이 그 자체로 새로운 것이라고 할 수는 없겠지만, 이러한 통찰이 그 세대에 연루된 자에 의해 자기반성의 목소리로 제출되고 있다는 사실은 『레가토』의 중요한 성과라고 할 만하다. 권여선은 신진태의 입을 빌려 자기 세대의 과오와 허위를 스스로 꼬집고 있는 것이다.

『레가토』가 그려내는 '386세대'의 운동권 공동체의 모습이나 그 시절을 통과한 그들의 현재 모습은 사실 꽤 전형적이다. 남성적 공동체에 의한 여성성의 훼손이라는 통찰도 그다지 새로울 것은 없다. 나아가 하연이 자신의 딸이라는 사실을 알게 된 순간 박인하가 교통사고를 당하는 것은 상투적인 징벌처럼 여겨지며, 에필로그에서 하연의 친구인 석빈과 정연의 선배인 은수가 파리에서 우연히 정연을 발견하는 장면은 작위적으로 읽힐 수 있다. 게다가 프랑스 교수 리샤르가 총상을 입은 정연에게 가족을 찾아줄 시도를 하긴 했는지, 왜 그녀를 30여 년간 이국땅에서 다른 이름으로 살아가게 한 것인지에 대해서도 이해하기는 쉽지 않다.[29] 이처럼 장편소설로서의 『레가토』는 서사의 전형성이나

---

29  이경재는 최근 광주를 다루는 소설에 나타나는 특징을 "광주를 보편성의 차원에서 사유하려는 경향"과 "사건 자체의 증언 불가능성을 부각하려는 경향"으로 분석해본다. 그에 따르면 『레가토』가 프랑스인 교수를 등장시킨 것은 광주를 "보편성의 차원"에서 바라보려는 의도로 해석될 수 있다. 프랑스인 교수의 시선이 삽입됨으로써, 광주가 대한민국에서만 공감할 수 있는 비극이 아닌 "인류적 차원의 비극"으로 확장된다는 것이다[이경재, 「소년이 우리에게 오는 이유: 한강, 『소년이 온다』(창비, 2014)」, 『자음과모음』 2014년 가을호]. 이러한 분석은 『레가토』의 또 다른 성과를 증명하는 것이기는 하나, 이처럼 광주의 비극이 인류 보편의 비극으로 확장되는 일이 오늘날의 한국 사회에서 광주를 현재화하는 일과 관련하여 어떤 의의가 있는지에 대해서도 숙고될 필요가 있다.

작위성의 측면에서 미학적 결함이 없지 않은 장편이라고도 할 수 있다. 하지만 이 모든 결함이 광주를 단지 비극적 서사의 소재로서 소비하지 않기 위한 작가의 의도였다고 볼 수는 없을까. 정연이 실종된 것이 아니라 결국 죽은 것이었다면, 『레가토』는 그저 역사적 사건으로서의 광주의 비극을 다시 한번 확인하는 소설에 그쳤을지도 모른다. 하지만 권여선은 정연을 오랫동안 실종된 상태로 그렸으며, 결국 실종되었던 정연을 다시 돌아오게 했다. 이러한 설정에는 광주를 모든 세대의 '초자아'로서 현재화하기 위한 의도가 반영된 것으로 보인다. 『레가토』는 이 '되돌아온 죽음'과 더불어, 즉 '애도의 중지'와 더불어 오정연이 사라진 30여 년의 시간에 대해, 즉 1980년 광주 이후의 시간에 대해 우리가 반성적으로 사유할 것이 무엇인지를 묻는다. 기본적으로는 민주화를 위해 투신한 운동권 세대의 과거와 현재를 윤리적으로 점검하도록 하는, 그들의 세대적 우월감과 기만적인 나르시시즘에 균열을 일으키는 소설로 읽히지만, 그 반성의 중심에 광주가 있다는 사실을 잊지 않고 강조한다는 점에서, 『레가토』는 광주를 망각하는 것은 물론, 광주를 '애도'라는 형식 속에서 기념하고 추모하는 것조차 거절하기 위해 씌어진 소설이라고 할 수 있다.

특히나 『레가토』에서는 광주를 지속적으로 현재화하는 일이 그것의 역사적 의미를 되새기는 식의 상징화와 무관하게 이루어져야 한다는 사실이 거듭 강조된다는 점에서 의미를 지닌다. 광주의 상실과 슬픔은 머리로써의 이해가 아닌 몸의 감각을 통해 기억되어야 한다는 사실은, 정연과 일시적으로나마 한 몸의 공동체를 이룬 적이 있었던 인하와 하연을 통해 드러난다. 정연을 잃은 상실감은 인하와 하연의 몸에 기입되어 있다. 감옥에서 모진 고문과 취조를 당하며 "자신이 그들 말대로 정신으로 '불온'한 게 아니라 '불구'라는 생각"(p. 173)이 들었던 때를 떠올릴 때마다, 인하는 정연에 대한 "깊은 자술의 욕망"(p. 177)을 동시에 느낀다. 누구의 몸과도 일체의 접촉을 거절하는, 심지어 눈물조차 마음껏 흘릴 수 없는 하연의 피부병 역시 그녀의 몸에 기입된 상실의 흔적이라고 할 수 있다. 흡사 무균 처리된 듯한 하연의 무성(無性)적 육체는 정연의 건강한 여성적 육체와의 단절을 기억하기 위한 장치처럼 보인다. 인하와 하연의 몸에 기입된 이러한 상실의 자국은 자신과 한 몸을 이루었던 대상에 대한 죄의식의 표상이라고 할 수 있다. 권여선의 『레가토』는 몸으로 기억하는 '초자아로서의 광주'에 대해 이야기하는 소설로 읽히는 것이다.

## 4. 죽지 못한 치욕과 증언 불가능성—한강의 『소년이 온다』

### (1) 죽음의 불가해성과 '사건'으로서의 '광주'

『레가토』가 '살아 돌아온 죽음'을 통해 광주라는 초자아를 환기하는 소설이라면, 한강의 『소년이 온다』는 직접 그 죽음의 현장으로 돌아가 보는 소설이다. 좀더 직접적으로 광주라는 사건과 조우하는 소설이라고 할 수 있다. 특히나 이 소설은 열흘간의 광주항쟁 기간 중 초반 3일이 지난 이후의 시간들에 집중한다는 점에서 의미가 있다. 광주의 폭력성을 증언하는 것이 이 소설의 목적이기도 하겠지만, 공수부대의 비인간적 잔인성이나 이러한 폭력성에 무방비로 노출되었던 희생에 초점을 두기보다는, 공수부대의 사격이 개시되어 많은 사상자가 발생하고 시체들이 도청으로 옮겨진 이후의 시간들에 초점을 둠으로써, '사건' 이후의 시간들에 주목한다. 특히 1980년 5월 27일 새벽 계엄군이 도청에 들어오기 바로 전날의 상황으로부터 새벽의 참사에 이르는 시간이 이 작품의 뼈대가 된다. 주지하듯 이때 시민군은 무기를 반납하고 계엄군과 타협하자는 온건파와, 윤상원 등을 필두로 하여 결사 항쟁을 주장하는 강경파가 대결하고 있었다. 결국 타협점을 찾지 못한 채 항쟁파는 도청에 남았고, 27일 새벽 무장한 계엄군에 의해 2백여 명의 시민이 연행되었다. 사망자 수는 정확히 알려지지 않았으나 최소 160명에서 최대 4백여 명에 이르는 것으로 추정된다.[30] 26일 밤까지 도청에 있던 사람들은 이렇게 죽거나 살아남았다. 계엄군이 들어오기 직전 도청을 빠져나와 살아남은 사람들도 있고, 끝까지 도청을 지키다가 그곳에서 살아남아 연행된 사람들도 있다. 『소년이 온다』는 그때 그곳에서 죽은 열다섯 살 동호를 중심으로, 죽지 않고 살아남은 사람들의 이후의 삶을 그린다.

어떤 이들은 죽을 것을 알면서도 왜 도청을 떠나지 않았는지, 그곳에서 죽지 않고 살아남은 사람들은 그 이후의 삶을 어떻게 견디며 살았는지 등이 이 소설의 주요한 테마가 된다. 특히 『소년이 온다』에서는 '살아남은 자의 죄책감'이 '죽지 못한 자의 치욕'으로 구체화되어 있다. 광주의 비극을 다루는 많은 소설이 그때의 참상을 전시적으로 재현함으로써 여기의 우리 모두가 광주와 연루되어 있다는 사실을 강조하는 데 주력했다면, 『소년이 온다』는 그때 그곳에 있었던 자들이 왜 '알고도 행한' 것인지, 그리고 그 이후 어떤 치욕을 감내하며 살아야 했는지에 대해 좀더 실존적으로 접근하고 있다고 할 수 있다. 권여선의 『레가토』와 함께 읽는다면 아마도 기억을 잃지 않은 정연의 이야기라고도 할 수 있을 것이다.

이 소설의 주요 인물은 26일 마지막 밤까지 한 조를 이루어 도청을 지킨 중학생 동호, 수피아 여고 3학년생 은숙, 그리고 양장점의 미싱사

30  최정운, 같은 책, p. 273.

로 일하는 선주, 대학생 진수이다. 이들의 이야기가 에필로그를 포함하여 일곱 개의 장으로 나뉘어 서술된다. 그리고 각각의 장은 초점 화자를 달리하고 있다. 1장은 동호가 "너"라는 이인칭으로 서술되고, 2장은 동호의 죽은 친구인 정대의 목소리가 일인칭으로 서술된다. 3장에서는 도청의 마지막 밤에 무사히 집으로 돌아온 여고생 은숙의 이야기가, 4장에서는 도청에서 연행된 대학생 시민군의 이야기, 5장에서는 마찬가지로 총기 소지자로 분류되어 도청에서 연행된 선주의 이야기가 씌어져 있다. 그리고 마지막 6장은 죽은 동호 어머니의 목소리가 생생히 그려지며, 마지막 에필로그에는 실제 작가를 연상시키는 인물이 등장한다. 동호와 정대가 함께 살던 집에서 얼마 전 서울의 수유리로 이사 온 "나"는 열 살의 어린 나이에 처음으로 광주에 대한 이야기를 듣는다. 어른들이 수군거리는 말들 속에는, 얼마 전까지 "내"가 살던 집에 살게 된, 하지만 그 집으로 다시 돌아오지 못한 어린 중학생들의 이야기가 있다. 그 후 작가된 "나"는 마침내 광주에 관한 소설을 쓰기 위해, 아니 동호의 죽음에 관한 이야기를 쓰기 위해, 옛집이 있던 곳으로 향한다. 이처럼 여러 인물의 목소리가 생생히 들리도록 함으로써, 결정적으로는 에필로그를 통해 작가의 목소리가 중요하게 개입됨으로써 이 소설은 논픽션에 가까운 소설임이 환기된다.

도청을 찾아온 엄마와 형에게 곧 집에 들어갈 것이라고 약속한 동호는 결국 집으로 돌아오지 못했다. 『소년이 온다』는 죽은 동호를 중심으로 그 죽음을 목도하고 살아남은 사람들의 이야기를 그린다. 동호는 죽은 정대에게도, 살아남은 은숙, 선주, 진수, 그리고 동호의 어머니에게도 "너"라는 이인칭으로 호명된다. 동호의 죽음은 이들의 남은 삶에 온전히 기입되어, 자신들의 살아남음의 의미를 생각하게 하는 결정적인 계기로 작용한다. 그렇다면 우선 어린 나이의 동호가 왜 도청에 오게 되었으며 끝까지 도청을 지킬 수밖에 없었는지에 대해 살펴야 할 것이다. 1장은 같은 집에 사는 친구 정대를 찾아 거리로 나온 동호의 이야기이다. 정대와 동호는 집에 오지 않는 정대의 누나 정미를 찾으러 함께 거리로 나왔고, 거기서 정대는 총에 맞는다. 동호는 총에 맞은 정대를 거리에 남겨둔 채 두려움에 떨며 도망쳤다. 그렇게 살아난 동호는 정미와 정대의 시신을 찾기 위해 도청에 제 발로 걸어 들어오게 된다. "너, 시간 있으면 오늘만 우리 도와줄래? 손이 너무 모자라. 어려운 건 아니고……"(p. 15)[31]라는 선주의 말에 그저 얼결에 도청에 남은 듯 보이지만, 사실 동호를 도청에 남게 한 것은 마지막 순간에 정대의 손을 놓쳤다는 죄책감 때문인 것으로 그려진다. 1장에서 동호를 "너"로 지칭하는 화자는 동호의 입을 통해 "그때 쓰러진 게 정대가 아니라 [……] 형들이었다 해도, 아버지였다 해도, 엄마였다 해도 달아났을 거다. [……] *아무것도 용서하지 않을 거다. 나 자신까지도*"(p. 45)라고 말하게끔 하지만, 사실 이러한 시선으로 동호의 진실을 정확히 알 수는 없다. 친구에 대한 죄책감이 동호로 하여금 죽음을 무릅쓰는 용기를 감행하게 했다는 것은 동호의 죽음을 희생시키지 않기 위한 타자적 시선의 이해일 뿐이다.

동호가 도청을 빠져나가지 않은 이유에 대해서는 사실 누구도 정확하게 알 수 없다. 동호는 이미 죽고 없기 때문이다. 어쩌면 죽은 정대에 대한 죄책감 때문이기보다는 그저 "왜 누군 가고 누군 남아요"(p. 28)라는 단순한 의문이 떠올랐기 때문일 수도 있다. 동호를 비롯하여 그 자리에서 죽어간 많은 어린 죽음에 대해서 살아남은 자들은 끝까지 명료한 대답을 내릴 수 없다. 자신들이 그랬듯, 도청에서 살아남아 "평생

---

31  이하 『소년이 온다』(창비, 2014)의 인용은 괄호 안에 페이지만 밝혀 적는다.

동안 부끄러움 없이 살아갈 수 있을 거란 막연한 낙관에 몸을 실었던"
(p. 113) 것일 수도, "양심이라는 눈부시게 깨끗한 보석을 [……] 죽음
과 맞바꿔도 좋다고 판단했을"(p. 116)지도 모른다. 하지만 누구도 동호
의 죽음을 온전히 설명할 수는 없다.

하지만 이제는 아무것도 확신할 수 없습니다. 총을 메고 창 아래 웅
크려 앉아 배가 고프다고 말하던 아이들, 소회의실에 남은 카스텔라와
환타를 얼른 가져와 먹어도 되느냐고 묻던 아이들이, 죽음에 대해서 뭘
알고 그런 선택을 했겠습니다. (p. 116)

사실 이러한 죽음의 불가해성이 『소년이 온다』를 문제적인 작품으로
만드는 지점 중 하나이다. 광주라는 비극이 왜 일어났고, 그 안에서 어
떤 비인간적인, 동시에 어떤 초인적인 일들이 일어났는지에 대해서는
여러 가지 분석과 해명 들이 가능하지만 아무리 다양한 담론이 제출된
다고 해도 저 어린 죽음이 이해될 수도, 정당화될 수도 없는 것은 분명
하다. 『소년이 온다』가 완결된 서사를 지향하기보다는 초점 화자를 달
리하며 여러 인물의 목소리에 집중하는 것, 그리고 이러한 인물들의 목
소리가 다소 파편적으로 나열되는 특징을 지니는 것은 광주의 비극과
그 중심에 놓인 동호의 죽음이 온전히 설명될 수 없다는 이유 때문이기
도 하다. 이처럼 죽음의 불가해성을 강조함으로써 『소년이 온다』는 의
미화 혹은 역사화가 애초에 불가능한 '사건'으로서 '광주'를 인식하고
자 한다. 어른들이 시킨 대로 "두 팔을 들고, 줄을 맞춰 걸어오고 있었
던"(p. 133) 동호를 포함한 다섯 명의 아이는 나란히 총에 맞아 직선으
로 쓰러져 죽었다. 이와 같은 죽음을 목도하고 살아남은 사람들의 삶에
는 결코 지울 수 없고 해결될 수도 없는 균열이 남게 된다. 『소년이 온

다』는 그 균열을 '증언 불가능'이라는 장치를 통해 재현한다.

## (2) 증언 불가능성과 재현 가능성

도청에서 살아남은 은숙, 진수, 선주의 이야기가 펼쳐지는 장에서 반복되는 것은 살아남은 데 대한 죄책감이기보다 오히려 '죽지 못한 육체'에 대한 치욕이다. 한강은 이러한 치욕이 말로 전달될 수 없다는 불가능성을 강조한다. 첫번째 인용은 은숙의 이야기, 두번째 인용은 진수와 함께 고문을 받은 대학생의 이야기이다.

묵묵히 쌀알을 씹으며 그녀는 생각했다. 치욕스러운 데가 있다, 먹는다는 것엔. 익숙한 치욕 속에서 그녀는 죽은 사람들을 생각했다. 그 사람들은 언제까지나 배가 고프지 않을 것이다, 삶이 없으니까. 그러나 그녀에게는 삶이 있었고 배가 고팠다. 지난 오 년 동안 끈질기게 그녀를 괴롭혀온 것이 바로 그것이었다. 허기를 느끼며 음식 앞에서 입맛이 도는 것. (p. 85)

순간 깨달았습니다. 그들이 원한 게 무엇이었는지. 우리를 굶기고 고문하면서 그들이 하고 싶었던 말이 무엇이었는지. *너희들이 태극기를 흔들고 애국가를 부른 게 얼마나 웃기는 일이었는지, 우리가 깨닫게 해주겠다. 냄새를 풍기는 더러운 몸, 상처가 문드러지는 몸, 굶주린 짐승 같은 몸뚱어리들이 너희들이라는 걸, 우리가 증명해주겠다,* [……] 묽은 진물과 진득한 고름, 냄새나는 침, 피, 눈물과 콧물, 속옷에 지린 오줌과 똥. 그것들이 내가 가진 전부였습니다. 아니, 그것들 자체가 바로 나였습니다. 그것들 속에서 썩어가는 살덩어리가 나였습니다. (pp. 119~20)

은숙은 도청에서의 마지막 밤 진수의 보호를 받으며 무사히 집으로 돌아왔다. 그리고 총성을 들었다. 고등학교를 졸업하고 대학에 들어갔으나 적응하지 못하고 휴학한 은숙은 출판사에 취직한다. 은숙의 이야기가 그려지는 3장은 그녀가 취조관으로부터 일곱 대의 뺨을 맞는 장면으로부터 시작한다. 수배 중인 번역자의 책을 내주었다는 이유로 그녀는 취조관과 마주하고 있는 것이다. "일곱 대의 뺨을 그녀는 이제부터 잊을 것이다"(p. 66)라고 말하는 그녀에게는 이보다 더 큰 치욕이 살아 있다는 사실 자체로부터 온다. 도청으로 다시 뛰어 들어가던 동호의 마지막 모습, 그리고 자신을 집 앞에 데려다주고 돌아가던 진수의 마지막 얼굴은 내내 은숙에게 살아 있음의 수치를 환기시킨다. 이러한 부끄러움이 의식적인 죄책감의 수준에서가 아니라 앞의 인용에서처럼 일상적인 "허기"와 같은 일종의 육체적 무력감으로부터 확인된다는 사실은 중요하다. 진수와 함께 연행되었던 대학생이 서로가 모진 고문을 당하는 것을 목도하고 매끼 그와 하나의 식판을 나누며 느꼈던 육체적 무력감도 이와 같은 성격의 것이라고 할 수 있다. 그저 "썩어가는 살덩어리"에 불과했던 자신을 바라보며 이들이 느꼈던 수치는 살아남았다는 죄책감으로 온전히 설명되지 않는다. 끔찍한 육체적 고통 앞에서 이들은 살아남았음을 안도하거나 윤리적 수치를 느낄 여유를 누리지 못한다. "*지금 제발, 지금 내 몸이 지워지기를*"(p. 121) 바라고 있는 것이다.

이들이 느낀 수치는 레비나스를 인용하며 아감벤이 말한바 "부끄러움 그 자체로부터 벗어날 수 없고 그로부터 단절할 수 없는 우리 존재의 무능력에 근거를 두고 있"[32]는 것이라고 할 수 있을 것이다. "부끄러움을 느낀다는 것은 곧 감당이 안 되는 어떤 상황에 놓인다는 것을 말한다."[33] 즉 이러한 수치는 스스로의 동물적 한계와 대면하는 인간이 느끼는 감정이라고 할 수 있다.[34] 『소년이 온다』는 이처럼 살아남은 자의 수치를 도덕의 차원이 아닌 육체적 감각의 차원에서 다루어본다. 『레가토』가 그리는 죄의식의 감각보다 훨씬 더 즉물적이다. 이러한 종류의 수치를 통해 자신의 비인간성과 대면한 인간은 이 수치를 해소하는 과정에서 주체로 성장할 가능성을 얻게 된다.[35] 그것은 어떻게 가능한 것일까. 아마도 자신의 고통스러운 경험들에 대해 증언하고 고백하는 과정을 통해 그 형용 불가능의 고통들을 의미화하며 수치를 해소할 수 있을지 모른다. 그러나 한강의 소설에서는 아무도 그런 방식으로 치유되지 못한다. 자살한 진수가 그랬듯 이들이 저 끔찍한 수치로부터 해방되는 것은 죽음뿐일지도 모른다. 광주에 관한 논문을 작성하기 위해 "심리부검"을 요청하는 연구자 윤에게 이들은 "무슨 권리로 그걸 나에게 요구합니까"(p. 132)라며 분노한다. 끔찍한 고문을 당했던 선주 역시 "증언. 의미. 기억. 미래를 위해"(p. 166)라는 단어들이 띄엄띄엄 보이는 윤의 메일을 보며 "그러나 그것이 어떻게 가능한가"(p. 166)라고 자문할 뿐이다.

*삼십 센티 나무 자가 자궁 끝까지 수십 번 후벼들어왔다고 **증언할 수 있는가**? 소총 개머리판이 자궁 입구를 찢고 짓이겼다고 **증언할 수 있는가**? 하혈이 멈추지 않아 쇼크를 일으킨 당신을 그들이 통합병원에 데*

32  조르조 아감벤, 『아우슈비츠의 남은 자들: 문서고와 증인』, 정문영 옮김, 새물결, 2012, p. 157.
33  같은 책, p. 158.
34  김홍중, 「삶의 동물/속물화와 존재의 참을 수 없는 귀여움」, 『마음의 사회학』, 문학동네, 2009, p. 67.
35  같은 곳.

려가 수혈받게 했다고 *증언할 수 있는가*? 이 년 동안 그 하혈이 계속되었다고, 혈전이 나팔관을 막아 영구히 아이를 가질 수 없게 되었다고 *증언할 수 있는가*? 타인과, 특히 남자와 접촉하는 일을 견딜 수 없게 됐다고 증언할 수 있는가? 짧은 입맞춤, 뺨을 어루만지는 손길, 여름에 팔과 종아리를 내놓아 누군가의 시선이 머무는 일조차 고통스러웠다고 *증언할 수 있는가*? 몸을 증오하게 되었다고, 모든 따뜻함과 지극한 사랑을 스스로 부숴뜨리며 도망쳤다고 *증언할 수 있는가*? 더 추운 곳, 더 안전한 곳으로. 오직 살아남기 위하여. (pp. 166~67, 강조는 인용자)

이들은 증언할 수 없다. 아니 엄밀히 말하면 '그것을 어떻게 증언할 수 있겠는가'라며 불가능을 인정하는 방식을 통해서만 증언할 수 있다. 물론 이 증언은 혼자의 것이다. 혼잣말처럼 내뱉어진 이 불가능한 증언들을 되살리는 일을 하는 것이 바로 작가의 '재현'이다. 그런 점에서 『소년이 온다』의 마지막 장이 에필로그라는 형태로 작가의 목소리를 담고 있는 것은 주의 깊게 읽힐 필요가 있다. 분명 작가의 말에 씌어져야 마땅한 내용들이 작품 안에 삽입되어 있는 것은 그만큼 이 소설의 모든 재현에 대해 작가가 어떤 식으로든 해명을 하는 일이 중요하다는 사실을 보여준다. 에필로그에서 작가인 "나"는 광주를 증언하는 일의 책임감과 부담을 동시에 고백한다. "너무 늦게 시작했다고 나는 생각했다"(p. 200)라며 일종의 사명감을 확인해보지만, "*아무도 내 동생을 더 이상 모독할 수 없도록 써야 합니다*"(p. 211)라는 동호의 형 말에 심장의 통증을 느낄 정도의 압박을 느낀다. 1980년부터 지금까지 지하밀실에 가둬둔 5·18 연행자들 수십 명이 비밀리에 곧 처형될 것이라는 사실을 누군가로부터 전해 듣는 끔찍한 꿈을 꾸기도 한다. 이 에필로그는 그 자체로, 작가가 죽은 자들의 슬픔과 살아남은 자들의 치욕을 내 몸의 일처럼 느끼며 그들 대신 '증언'하기로 결심했다는 점을 적극 표명하는 역할을 한다. 어쩌면 증언을 거절당한 작중인물 윤과 소설가인 '나'는 같은 처지에 놓여 있다고 할 수 있다. 하지만 이 '증언 불가능'이라는 상황에 직면하여 소설가인 '나'는 그 불가능을 재현하는 작업을 시도할 수 있다. 요컨대 '살아남은 죄책감'보다 오히려 '죽지 못한 치욕'을 그리는 데 집중하는 한강의 『소년이 온다』는, 치욕에 관한 개개인의 '증언 불가능'을 강조하며 오히려 광주의 참상을 더 정확히 재현하는 소설이 된다고 할 수 있다.

이제껏 광주를 다룬 많은 서사는 이 엄청난 비극에 관한 '재현 불가능'을 반-미학적 태도로 실현하는 일에 몰두해왔다고 할 수 있다. 앞서 지적한바 『소년이 온다』의 파편적 구성들도 이러한 태도를 공유한다고 이해된다. 최윤의 「저기 소리 없이 한 점 꽃잎이 지고」를 분석하는 한 연구자는 이러한 "반-미학적 태도와 일체의 종합을 거부하는 일관된 고집"은 "5·18의 역사성에 대한 종합되고 균형 잡힌 이해, 즉 5·18의 파토스와 5·18의 이성은 무엇인가라는 질문을 동시에 중지시키고 있다"[36]라고 비판적으로 논평하기도 한다. 사적 체험으로서가 아니라 이 사회 전체가 관여된 집단적인 병리로서 광주항쟁에 접근해야 하며 "병리적인 개체의 왜곡된 시야 속으로 사태를 축소"하는 위험을 거절해야 한다는 것이다. 그러나 이미 일어난 비극을 다루는 소설은 사태의 원인을 종합적으로 이해하고 트라우마를 온전히 치유하기 위한 목적으로만 쓰이지는 않는다. 소설은 오히려 여타의 담론들이 의미화하고 남은 지점들에, 즉 의미화를 벗어나는 지점들에 몰두한다. 『소년이 온다』는 단순히 광주의 비극에 대한 '증언 불가능성'을 확인하는 소설이 아니

---

36  차원현, 「5·18과 한국소설」, 『한국현대문학연구』, 31집, 한국현대문학회, 2010, p. 460.

라, 그 '증언 불가능성'을 '재현 가능성'으로 극복하는 소설로 읽힐 수 있다. '증언 불가능성'을 드러냄으로써 사태를 좀더 정확히 재현하는 일이 문학을 통해 가능해지는 것이라면, 한강의 『소년이 온다』는 광주에서 일어난 비인간적 참상에 관한 가장 정확한 기록물 중 하나로 평가될 수 있다.

## 5. 결론을 대신하여

최근 몇 년 사이 '광주'를 다루는 소설들이 연달아 출간되고 있는 현상에 대해서는 한국 사회의 정치적 위기와 관련하여 분석될 여지가 크다. 이 글은 광주항쟁을 서사의 중요한 동력으로 호출하는 권여선의 『레가토』와 한강의 『소년이 온다』를 분석하며, 아직 완료되지 않은 사건으로서의 '광주항쟁'을 현재화하는 일이 어떤 방식으로 가능한지를 타진해보고자 했다. 권여선의 『레가토』에서 '광주'는, 이미 사회적으로 안정된 지위를 얻고 있는 이른바 엘리트 출신의 운동권 세대들에게 자신들의 현재와 과거를 성찰하게 하는 계기로 작동한다. 권여선 특유의 직설 어법으로 운동권 세대의 허위와 위선을 신랄하게 지적하는 이 소설이 '초자아로서의 광주'를 소환한다는 사실은 의미심장하다. 광주의 현장으로부터 30여 년 만에 살아 돌아온 정연의 훼손된 육체는 광주를 역사적 사건으로 화석화시키려는 현재적 기억의 방식이 지닌 폭력성을 문제 삼는 역할을 한다.

한강의 『소년이 온다』는 비극을 재현하는 진정한 방법이 무엇인가에 관해 고민하는 소설이다. 흔히 광주를 다루는 소설들은 죽은 자의 훼손된 육체를 묘사하거나 살아남은 자의 고통받는 영혼을 그림으로써 광주의 비극을 재현하곤 한다. 한강의 『소년이 온다』는 이와는 반대로 죽은 자의 고통스러운 영혼의 목소리를 들려주거나, 살아남은 자의 육체적 수치를 '증언 불가능'이라는 장치를 통해 그려냄으로써 광주의 참상을 좀더 정확히 재현하고자 한다. 나아가 『소년이 온다』는 광주를 다루는 기존의 소설에서 온전한 목소리를 부여받지 못했던 어린 소년과 소녀 들, 그리고 여성 노동자의 증언을 들려주고자 한다는 점에서도 의미가 있는 소설이다. 광주를 익명의 집단적 비극으로 의미화·역사화하는 일에 저항하며 고통의 개별성에 주목하는 것이 『소년의 온다』의 성과라고 할 수 있을 것이다. 기존의 서사들이 실패한 지점들을 채워나가는 이러한 소설들을 통해 광주를 현재화하는 일의 의미와 가능성을 재고해볼 수 있다.

[『대중서사연구』, 20권, 3호(대중서사학회, 2014) 수록]

# 5·18민주화운동의 영화적 재현

## —광주 비디오를 넘어 다시, 광주로

배주연

2017년 겨울에 개봉한 장준환 감독의 「1987」은 박종철 열사에서 시작해 이한철 열사로 끝나는 1987년의 한 국면을 보여주지만, 서사 이면에는 1980년 5월의 광주에서 시작해 1987년 6월의 서울시청 광장으로 마무리되는 제5공화국의 시간이 있다. 영화 속에서 만화 동아리를 통해 은밀하게 상영되는 '광주사태' 비디오는 이를 본 사람들에게 충격과 죄책감, 그리고 일종의 소명의식을 남겼다. 이 비디오를 보던 연희(김태리 분)는 눈앞에서 벌어지는 참혹한 장면에 흐느끼다 더 이상 보기를 거부한 채 뛰쳐나오지만, 결국 선배 이한열(강동원 분)의 죽음을 계기로 거리에 나선다.

영화 속에 짧게 삽입된 이 장면은 광주의 최초 재현과 그 이후의 재현 방식에 관해 많은 것을 시사해준다. 이른바 '광주 비디오'는 1980년대와 1990년대 대학가에서 끈질긴 생명력을 가지고 끊임없이 회자되었다.[1] 반복된 복제와 상영으로 인해 너덜해질 대로 너덜해진 비디오

---

[1] 이 비디오는 독일의 위르겐 힌츠페터가 5·18 당시 촬영했던 영상들을 모아 만든 40여 분가량의 다큐멘터리 「기로에 선 한국」으로, '광주민중항쟁의 진실'이란 제목으로 1980년대 중·후반 대학가에 유통되었다(정흠문, 「기억의 영화화 과정에서 나타난 영화적 장치의 매개

속 이미지들은 형태조차 제대로 알아보기 힘든 저화질의 비디오였음에도 많은 이들에게 충격을 주었다. 아니, 역설적으로 그 저화질의 이미지가 주장하는 절박함이야말로 '모든 것을 무릅쓴 이미지'[2]가 되어 보는 사람에게 상상하고 행동하기를 요청했다. '광주 비디오'는 그 자체로 원형의 이미지였다.

1990년대에 등장한 5·18 영화들은 마치 이 원형의 이미지를 넘어선 그 이상의 시각적인 재현이 불가능하다는 듯, 광주의 주변을 맴돌았다. 무언가를 말해야 하지만, 그 이상 말할 수 있는 것은 없다는 듯이 말이다. 영화 속 주인공들은 할 말을 잃은 채 전형적 외상후스트레스증후군에 시달렸다. 1980년 광주에서 5월 18일부터 27일까지 열흘간의 사건을 직접적으로 재현한 최초의 극영화 「화려한 휴가」(김지훈, 2007)가 나오기 전까지 광주는 언제나 죄의식과 트라우마로 점철되어 심연 속에 가라앉아 있었다. 그리고 이들의 직접적 증언의 영화적 재현은 장르를 달리해, 다큐멘터리 「오월愛」(김태일, 2010)에 와서야 이루어졌다. 극장에서 5·18에 대한 직접적 발화가 가능하기까지 30여 년의 시간이 걸린 셈이다.

그러나 5·18을 기념하며 부르던 「임을 위한 행진곡」의 제창이 금지된 후 광주는 다시 침묵의 시간으로 들어간 듯했다. 마치 금지된 것이 '그 노래'가 아닌 '그 영화'인 것처럼 한동안 1980년 5월의 광주를 다루던 영화를 스크린에서 만나기 힘들었다. 이후 촛불이 가져다준 새로운 광장의 경험이 있은 후에야 광주의 이야기는 다시 스크린에 등장했다. 2017년 「포크레인」(이주형)과 「택시운전사」(장훈), 「외롭고 높고 쓸쓸

---

성 연구: 1980년, 광주, 시공간을 중심으로」, 서강대학교 신문방송학과 박사학위논문, 2019).

2  조르주 디디-위베르만, 『모든 것을 무릅쓴 이미지들: 아우슈비츠에서 온 네 장의 사진』, 오윤성 옮김, 레베카, 2017.

한」(김경자), 2018년 「임을 위한 행진곡」(박기복), 「5·18 힌츠페터 스토리」(장영주), 2019년 「김군」(강상우) 등의 극영화와 다큐멘터리가 공개되어 관객을 만났다. 이 글은 최근 몇 년 사이 공개된 몇 편의 영화를 통해, 다시 세상 밖으로 나온 광주의 이야기가 40여 년의 시간을 넘어 지금 우리에게 말하는 것들에 관해 살펴보고자 한다. 역사적 사건을 다루는 영화들은 언제나 동시대의 관객에게 말을 걸고 있다. 그렇기 때문에 영화는 과거에 고정된 시간의 재현이 아닌, 가장 현재적인 기억의 담론장을 열어준다.

## 광주로의 선회

「1987」보다 몇 달 앞서 개봉한 「택시운전사」는 5·18민주화운동을 다룬 영화 중 가장 많은 관객을 동원했다.[3] 혼자서 딸을 키우는 가난한 택시운전사 김만섭(김사복/송강호 분)이 독일 외신 기자 위르겐 힌츠페터를 태우고 광주로 향하게 되면서 5·18을 목격하게 되고, 이후 서서히 광주 시민들에게 동화되어가는 1박 2일을 중심으로 이야기가 전개된다. 실화에 기반하고 있지만 많은 부분 상상을 통해 극화되었다. 계엄군의 무자비한 폭력이 비교적 생생하게 묘사되어 있고, 무사히 광주를 탈출해야 한다는 위험한 미션이 도사리고 있지만, 군데군데 유머를 삽입함으로써 기존 영화들의 사뭇 진지하고 무거운 접근과 거리를 둔다.

그러나 「택시운전사」를 이전에 5·18을 다룬 영화와 구별할 수 있다면, 그것은 이 영화가 처음으로 광주로 다시 돌아가는 이야기이기 때문

---

3  「택시운전사」의 누적 관객 수는 영화진흥위원회 통합전산망에 집계된 기준으로 1천 2백만 명을 넘어섰다. 「화려한 휴가」(730만), 「스카우트」(315만), 「26년」(296만) 등의 영화가 그 뒤를 잇는다.

이다. 그동안 광주에 관한 영화들은 광주에 있었던 사람들의 이야기이 거나, 광주에 있지 않았던 데서 오는 부채감을 다루었다. 특히 5·18을 재현했던 초기의 영화나 소설 들은 '최후의 날'에 도청에 있지 않았다 는 죄책감에 시달리는 사람들의 이야기를 담았다. 이들은 광주에 고립 된 채 정박해 있거나, 몸은 빠져나왔으나 영혼은 여전히 광주를 맴돌고 있는 인물들이거나 둘 중 하나였다. 광주에 있었거나, 없었거나. 그 이 상의 선택은 없었다.

반면 「택시운전사」는 만섭이 광주로 다시 돌아가는 순간을 다룬다. 대학생들의 시위를 배부른 투정쯤으로 여기고 5·18을 광주 '폭도'들의 짓이라고 믿던 만섭은 광주에서 구재식(류준열 분)과 황태술(유해진 분)의 가족을 만나면서 언론 보도가 사실이 아님을 알게 된다. 그러나 집에 혼자 있는 딸아이를 위해 만섭은 다음 날 아침 광주를 나와, 순천 터미널 근처 카센터에 잠깐 들른다. 그러다 광주의 소식이 외부에 잘못 알려지고 있음을 목도한 만섭은 다시 차를 돌려 광주로 들어간다. 많은 평론가가 지적하듯 이 장면은 만섭이 자신의 양심을 좇아 광주로 돌아 가는 장면으로, 광주의 부름에 화답하는 순간이다. 영화가 시종일관 만 섭의 시점으로 이루어져 있기 때문에, 관객 역시 만섭에 동일시한다는 점에서 만섭의 방향 선회는 관객의 방향 선회이자 각성을 요구하는 장 면이기도 하다.

그러나 이 장면에서 내가 이야기하고 싶은 것은 외부인이었던 만섭 이 마침내 광주로 동화되어가는 데서 오는 희열이 아니다. 가난하지만 착한 소시민 아버지가 꽃분홍 구두를 사 들고도 딸에게 가지 못하는 눈 물겨운 부성을 드러내는 신파적 장면의 불편함을 이야기하려는 것도 아니다. 나의 관심사는 '만섭이' 광주로 다시 돌아간다는 것이다. 현실 에서 힌츠페터는 5·18 도중 광주에서 빠져나가 영상을 독일로 송출한

후 다시 광주로 돌아간다. 김사복은 힌츠페터를 광주에 내려준 후 힌츠페터 일행과 헤어졌고, 힌츠페터는 다음 날 현지 택시를 이용해 비교적 쉽게 광주를 빠져나왔다.[4] 그러나 영화는 만섭이 다시 광주로 돌아가서 힌츠페터를 데리고 나오는 것을 선택하는데, 만섭이 다시 광주로 돌아감으로써 광주 시민들을 외면했다는 그 오랜 부채의식에서 이 영화는 비로소 자유로워진다.[5] 특히 무사히 광주를 빠져나와 영상을 해외에 송출하는 미션에 성공함으로써 5·18민주화운동에 대한 기억은 승리의 기억으로 마무리된다. 이때 카체이싱 장면은 승리의 기억을 가장 전시적으로 보여주는 스펙터클이 된다. 평범한 시민 만섭이 시민의 양심을 지켜 일군 투쟁의 기록. 이것은 영화가 개봉하던 2017년, 촛불 이후 시민의 승리라는 감각과도 닿아 있다. 같은 해 개봉한 영화 「1987」에서 영화의 마지막 장면이 시청 앞 광장에 운집한 시민들인 것 역시 우연은 아니다. 1980년 5월의 광주는 2017년 승리의 기억과 맞닿으며 힘을 얻는다.

그러나 「택시운전사」가 5·18을 승리의 기억으로 남겨놓으려고 시도한다고 해도, 영화가 재현하는 1980년의 광주는 매끈하고 균질화된 가상 이미지를 통해서만 재현 가능하다는 점에서 역설적으로 5·18민주화운동의 정치적 다층성을 닫아버리는 아쉬움을 남긴다. 이 영화의 오프닝으로 돌아가 보자. 익숙한 기계음을 내는 「단발머리」가 흘러나오고, 만섭이 운전하는 초록색 택시가 터널을 빠져나오면 그 시절의 올드카들이 거리를 달리고 있고, 그 뒤에 한강과 남산을 중심으로 하

---

4 자세한 내용은 「5·18 힌츠페터 스토리」의 인터뷰 장면 참조.
5 영화를 연출한 장훈 감독은 1980년 당시에는 5·18에 대해서 잘 모르고 있었지만, 대학에 가서 '광주 비디오'를 보고 부채의식을 느끼게 되었다고 말한다(이화정, 「「택시운전사」 장훈 감독, "만섭의 시선이 지금 우리의 시선"」, 『씨네21』, 2017년 8월 3일 자).

는 1980년대 서울 도심이 그려진다. 이 지극히 사실적인 복원 장면들은 CG와 세트라는 완전한 가상의 장치를 통해 구현된다. 이 사실적 가상 이미지들은 공동체의 기억 속 노스탤지어의 감각을 환기시키지만, 그사이 실제의 이미지들은 사라지고, 공동체의 구성원들은 "상투적인 관념으로 대상화"[6]된다. 즉, 영화가 재현하는 1980년 5월 광주의 시민 공동체는 대중에게 익숙한 '코드들'을 통해 소환되고, 다시 평범한 아들, 평범한 가장 들이라는 '평범성'과 '소시민성'의 관념으로서만 남게 된다.

또한 영화는 당시의 광주를 보여주기 위해서 힌츠페터가 촬영한 실제 영상들을 사용하지 않는다. 그 대신 엑스트라 배우들을 동원하여 실제 1980년 5월에 촬영된 영상을 거의 그대로 재연하는데, 이는 직접적인 시각 이미지의 재현이 불러올 수 있는 불편한 문제를 피해가기 위한 윤리적 선택이기보다 미학적 선택에 가까워 보인다. 저화질의 비디오 속에 남아 있던 실존 인물들은 영화의 사실적 재현을 위해 삭제되고, 그 자리를 현재의 배우들이 채운다. 그러므로 시각적 이미지의 보정을 통한 승리의 기억은 말 그대로 현실에 없는 가상적 이미지로서만 존재하며, 역설적으로 5·18에 관한 기억을 1980년 5월 광주의 시공간 속에 고립시키는 결과를 낳는다.

---

6  서동진은 유행과 습속의 집적으로 재현되는 1980년대에 대한 기억은 그때 무엇을 듣고 무엇을 입었고 무엇을 하며 놀았나와 같은 것들의 디테일에 집착하지만, 정작 이로 인해 "감각적인 것을 역사적 경험으로부터 고립시킨 채 미적 경험을 자기반영적으로 취미의 세계로 마비시킨 시대"(p. 92)로서 1980년대를 소비한다고 말한다(서동진, 『동시대 이후: 시간-경험-이미지』, 현실문화A, 2018, p. 76).

# 애도와 책임의 문제

2017년과 2018년에 개봉한 영화 「임을 위한 행진곡」과 「포크레인」은 각각 「꽃잎」(장선우, 1996)과 「박하사탕」(이창동, 1999)의 모티프를 반복하며, 피해자와 가해자로서 5·18에 참여한 '미사(未死)'의 인물들을 다룬다. 미사는 한자어 그대로 아직 죽지 못한 삶을 뜻한다. 김정한은 5·18을 다루고 있는 소설들에서 인물들은 종종 미사의 삶을 살고 있다고 말하는데, 그것은 극단의 폭력을 경험한 존재들이 마주하게 되는 삶으로 "살아 있기는 하지만 죽음에 너무 가깝게 맞닿아 있는" 삶이다.[7] 이런 미사의 존재들은 5·18을 재현하는 영화들에서도 끊임없이 반복되는 모티프이다.

「임을 위한 행진곡」은 5·18민주화운동 기간 중 머리에 총을 맞고 정신착란에 시달리는 명희(김부선 분)와 그런 엄마를 원망하며 자라온 딸 희수(김꽃비 분)를 중심으로 과거와 현재를 오간다. 과거 속에 명희는 철수(전수현 분)를 좋아하게 되면서 민주화운동에 참여하게 되고 5·18을 맞이한다. 현재 장면에는 가족사로 인해 파혼을 맞이한 희수가 명희에 대한 오랜 원망을 풀어가는 내용이 담겨 있다. 명희는 그야말로 머릿속에 죽음의 인장(총알)을 각인하고 살아가는데, 그런 명희에게 딸 희수는 "그때 죽었으면 열사라는 소리라도 듣지. 미친 여자 소리 들어가면서 왜 살아남으셨어요?"라고 묻는다. 아직 죽지 못한 삶, 차라리 그때 죽었으면 나았을 삶이라는 인식은 미사의 존재들에게 지속적으

---

7   김정한, 「5·18학살 이후의 미사(未死): 아직 죽지 못한 삶들」, 『상허학보』, 47권, 상허학회, 2016, p. 165. 김정한은 랑시에르의 몫 없는 자들에 조응하는 말로 '미생'을, 아감벤의 벌거벗은 생명에 조응하는 말로 '미사'를 이야기하는데, 미생이 구조적 폭력에 노출된 존재라면, 미사는 극단적 폭력에 노출된 존재를 의미한다고 지적한다.

로 반복되는 질문이다. 결국 명희는 전일빌딩에 올라 스스로 죽음을 선택한다. 자살의 모티프는 영화에서 '아직 죽지 못함'이 주는 삶의 수동성을 능동성으로 바꾸려는 시도로 종종 등장한다.

영화는 「임을 위한 행진곡」이라는 노래의 탄생이 그러했듯 죽은 자를 위로하는 의식을 담고 있다. 「임을 위한 행진곡」은 박기순과 윤상원의 영혼결혼식 이후 황석영과 극단 '광대'의 단원들이 이들을 위로하고자 만든 노래인데, 영혼결혼식이라는 모티프는 영화 속에서도 반복된다. 웨딩드레스를 연상시키는 하얀 원피스를 입고 전일빌딩에 오르는 명희, 자신의 결혼식장에서 명희와 철수(5·18 당시 희생된 희수의 생부)의 사진을 들고 홀로 행진하는 희수, 그리고 엔딩 크레딧에 등장하는 박기순과 윤상원의 묘에 이르기까지 영화의 후반부는 못다 이룬 사랑에 아파하던 명희의 영혼을 달래고 저승으로 떠나보내기 위한 애도 의식에 가깝다. 이는 영화의 오프닝과 엔딩에서 죽은 자 사이를 가로지르며 춤을 추는 무희들로 강화된다.

그러나 「임을 위한 행진곡」은 애도라는 형식만 있을 뿐, 정작 무엇을 애도하고 있는가라는 질문에 충실히 답하지 않는다. 「빗속의 여인」에 맞춰 디스코를 추고 상추튀김을 먹으며 행복해하는 연인의 기억으로 대체되는 1980년 5월의 광주는 감상적 연민 이상으로 재현되지 않는다. 게다가 5·18 투쟁의 기록은 여기저기 짜깁기되어 현실성을 잃어버린다. 반대로, 절대악으로 묘사되는 계엄군의 재현은 기괴하다. '광주 폭도들의 사진'이라며 피 흘리고 죽은 사람들의 시신을 보며 낄낄대는 전두환과 장교들, 잠복 중에도 고문 중에도 아내에게 전화해 '노망난 어머니'를 잘 보살피지 않는다고 타박하는 형사, 그리고 비밀작전을 짜고 있는 계엄군 사령부에 이르기까지, 하나같이 냉전 시대의 프로파간다 영화에 등장하는 악당을 보는 듯 기괴한 모습들이다.

그 절정은 공수부대가 광주로 진입하는 장면이다. 흑백의 화면 위로 터널 속에 한 무리의 군인이 출격 준비를 하고 있다. 진압 신호에 맞춰 고개를 드는 군인들은 짙은 화장과 무표정한 얼굴을 한 채 망토 모양의 우비까지 갖춰 입어 마치 좀비처럼 보인다. 그리고 이들의 진압에 사용되는 음악은 「임을 위한 행진곡」을 록rock풍으로 편곡한 버전이다. 진압 작전만 보고 있자면 작정하고 만든 할리우드 B급 무비 같다. 이런 상투성과 B급 무비적 감성으로 인해, 저항의 목소리는 공허한 구호가 되어 날아가고, 폭력의 몸짓은 우스꽝스러운 전시거리가 되어 여기저기에 나뒹군다. 공들여 촬영한 애도의 춤사위가 무색해질 지경이다.

반면 「포크레인」은 5·18민주화운동 당시 투입되었던 공수부대원들이 주인공이다. 포클레인 운전기사로 일하는 김강일(엄태웅 분)은 어느 날 땅을 파다 유해를 발굴하고 과거의 기억을 떠올린다. 20년 전 5·18 당시 광주에 투입된 공수부대원이었던 강일은 부대원들의 사진을 들고 동료들을 찾아 나선다. 누군가는 극도의 신경증 속에서 살아가고 있고, 누군가는 알코올 중독자가 되어 자해와 자멸의 삶을 살아가고 있다. 반듯한 은행원이 된 또 다른 동료는 위선적이고 이기적인 인물이 되었고, 경찰이 된 그의 상사는 권위적인 가부장의 모습을 드러낸다. 강일은 그렇게 자신의 부하와 상사 들을 찾아다니며, 자신들을 광주로 내몰았던 명령의 윗선을 향해 다가간다. 강일이 만난 인물들은 5·18민주화운동의 가해자들이자 그들이 원하지 않는 폭력에 노출된 피해자들로 묘사된다. 이들 역시 미사의 존재인 것이다. "왜 우리를 거기에 보냈냐"라는 강일의 심문이 향하는 최후의 목적지는 단 한 사람이다. 그러나 전두환의 집 앞에서 저항하는 강일의 포클레인은 맥없이 나가떨어지고, 권총을 손에 쥐고 온 강일의 선임은 자결한다. 여전히 최후의 1인은 털끝 하나 다치지 않은 채, 강일의 심문은 끝이 난다.

이 영화는 진압에 투입되었던 공수부대원들 역시 명령에 따라야만 했던 시스템의 피해자들이라는 점을 분명히 한다. 가해자들 역시 피해자라는 인식은 「박하사탕」과 연결되지만, 「박하사탕」이 순수의 시대를 향수하던 것과는 달리, 「포크레인」은 폭력의 정점에 있는 인물의 책임을 묻는 것으로 나아간다. 그런 점에서 이 영화는 하라 가즈오 감독이 연출한 「가자 가자, 신군(ゆきゆきて, 神軍)」(1987)을 연상시킨다.[8] 그러나 「가자 가자, 신군」의 주인공 오쿠자키와 겐조와는 달리 「포크레인」의 강일은 어떤 신념과 자기정당성으로 움직이는 인물이 아닌, 처음부터 자기연민의 상황에 빠져 있다. 영화는 강일이 진압 당시 사람을 죽이지 않았다고 말함으로써, 그럼에도 폭력을 행사한 당사자라는 비난을 미리부터 차단한다. 여기에서 피해와 가해의 복잡한 양상은 단순화되고, "그들 역시 피해자"라는 말로 면죄부가 주어진다.

역사학자 테사 모리스-스즈키는 홀로코스트나 일본의 전쟁책임과 같은 잔학한 사건들에서 서술의 차이에 따라 과거의 잘못된 유산을 대하는 책임의 문제가 어떻게 달라지는지를 분석한 바 있다. 그는 특정한 개인이나 조직의 구체적인 죄에 중점을 두는 방식과 탈식민주의적 시각을 대비시키는데, 탈식민주의적 역사 서술에서는 과거 역사와 결부되어 있다는 '연루'의 감각이 환기된다고 말한다.[9] 즉, 과거사의 책임에 관해 논하기 위해 중요한 것은 내가 어떻게 그 역사와 연루되어 있는가를 깨닫고 그 책임을 다하는 것이다. 「포크레인」의 강일은 책임을 따

---

8  일본 다큐멘터리 「가자 가자, 신군」은 제2차 세계대전 당시 참전했던 오쿠자키 겐조라는 인물이 패전 이후 천황이 "나는 신이 아니라 한 인간이다"라고 선언하는 것에 분노해 당시 동료 살해 명령을 내린 상관을 찾아 살아남은 동료들을 만나러 다니는 이야기를 다룬다.

9  테사 모리스-스즈키, 『우리 안의 과거: media, memory, history』, 김경원 옮김, 휴머니스트, 2006, p. 30.

져 묻는 주체이지만, 단 한 번도 과거의 잘못에 자신이 어떻게 연루되어 있는지 생각하지 않는다. '연루'의 감각 없이는, 그들 역시 피해자라는 말로, 연민으로 과거의 폭력을 변호할 수 없으며, 현재의 폭력을 정당화할 수는 더더욱 없다. 그들이 애써 과거를 변명하고, 현재의 아픔을 이야기하는 동안에도, 한두 컷으로 등장하는 영화 속 여성들은 그들이 휘두르는 폭력의 희생양이 되어 사라지고 있지 않은가.

## 증언과 진실 너머의 기억

반면 기존에 5·18민주화운동을 다룬 영화에서 잘 다루어지지 않던 항쟁 주체들을 조명한 작품도 있다. 「김군」은 '시민군'으로 통칭되던 기동타격대를 본격적으로 조명했고, 「외롭고 높고 쓸쓸한」은 항쟁의 뒤쪽에 물러나 있던 여성들을 스크린 전면에 내세웠다. 이 두 영화는 그동안 시각적 재현장에서 '남성'화된 '시민'계급으로 상정된 저항 주체들 내부의 상이한 젠더와 계급을 다루고 있다는 점에서 주목할 만하다.

「김군」을 만든 강상우 감독은 이 영화가 광주 5·18 당시에 촬영된 한 장의 사진에서부터 시작되었다고 말한다.[10] 감독은 1983년 서울 출생이고, 영화에 인터뷰어로 등장하는 조연출이나 프로듀서, 그리고 현장에 있었던 다른 스태프들 모두 1980년 이후 출생자들로 5·18을 동시대적으로 경험하지 않은 세대들이다.[11] 이들은 '광주'에 대한 관심이 아닌

---

10 이 글에서 언급된 감독의 변은 2019 인디다큐페스티벌에서 진행된 영화 「김군」의 '관객과의 대화'(2019년 3월 24일)와, 같은 날 진행된 '포럼1_경험하지 않은, 당사자성 너머의 역사에 관한 영화적 재현'에서 이루어진 감독의 질의응답의 녹취를 푼 것이다.

11 즉, 다른 독립 다큐멘터리들이 느슨하게 공유하고 있는 정치의식/윤리의식을 감독 본인은 공유하고 있지 않다고 말한다.

'김군'을 찍은 사진이 가진 매혹으로부터 영화를 시작했다고 말한다. 물론 정지혜 평론가가 지적한 것처럼 이 영화에서 '광주'라는 맥락이 완전히 제거되었다고 말하긴 어렵다.[12] 그러나 5·18민주화운동이라는 사건에 대한 관심이 아닌, 사진 자체의 강렬함에서 시작된 영화였기 때문에 「김군」은 이전의 영화들이 가지고 있던 부채감이나 소명의식으로부터 비교적 자유롭다.

이 영화는 5·18의 전개 과정이나 사후적 평가를 담는 대신, 지만원이 이 사진에서 '제1광수'[13]로 지목한 인물인 '김군'을 찾아 나서는 과정을 담고 있는데, 지만원의 엉성한 유사과학 담론을 직접적으로 반박하기보다 김군을 알고 있거나, 김군이라고 추정되는 시민군을 만나 인터뷰를 하면서 김군의 실체를 밝히려고 한다. 그래서 제작진은 '김군'을 찾으려는 감독의 시도가 오히려 지만원의 논리를 따라가거나 역설적으로 강화시키는 것은 아닌지 질문을 받기도 했다.

그러나 이런 반응에 대해 감독은 5·18을 경험하지 않은 자신이나 영화의 다른 스태프들과 같은 세대들에게 '민주화'라는 말이 당위가 될 수 없었고, 그래서 지만원에 대한 반박이나, 5·18민주화운동의 진실을 다루는 것보다 매혹의 실체를 찾아가는 것이 중요했다고 말한다. 그래서 영화는 실제 인물을 찾아가는 추리물 형식으로 구성되어 있다. 영화가 추리물 형식으로 구성되면서 지만원과 보수 세력들이 주장하는 5·18 민주화운동의 배후가 있다는 음모론자들의 반지성주의적 태도는[14] 사

12 '포럼1_경험하지 않은, 당사자성 너머의 역사에 관한 영화적 재현'에서 이루어진 정지혜 평론가의 토론 녹취에 기반한다.
13 지만원과 보수 세력들은 5·18이 북한 공작원들이 일으킨 것이라고 주장하며, 이들을 통칭하여 '광수'라고 지칭한다.
14 우치다 다쓰루는 음모사관에 대해 "모든 것을 통제하고 있는 '장본인'이 어딘가에 있다는 가설"을 내세운다고 말하며, 이런 식의 음모사관이야말로 반지성주의자들이 끝없이 매달

건을 경험했던 당사자들의 증언으로 자연스레 기각된다. 이 영화가 증언을 사용하는 방식은 피해자의 증언을 중심으로 인터뷰를 활용하던 기존의 다큐멘터리들과는 차이가 있다. 「김군」 역시 5·18민주화운동에 참여했던 인물들과 그 주변 인물들이 중요한 인터뷰로 등장하지만, 영화는 이들을 증인의 자리에 세우기보다 참고인의 자리에 세운다. 그래서 역설적으로 그동안 광주의 맥락에서 다루기 까다로웠던 주제인 넝마주이나, 기동타격대가 재현의 장에 등장한다.

「김군」의 이러한 선택은 우리가 5·18민주화운동을 어떻게 기억하고 재현할 것인가에 관해서 많은 질문을 던진다. 반지성주의자들의 논리를 반박할 증거를 찾는 것이 또 다른 증거주의로 흐르지는 않을까? 제 1광수로 지목된 '김군'을 찾는다고 해도 또 다른 광수를 지목하면 그만일 뿐일 테니 말이다. 혹은 당시 시민군이었던 오기철이 영화에서 제기하고 있는 것처럼, '김군'을 찾기 위해 과거사를 집요하게 캐묻는 행위가 또 다른 윤리적 문제를 남기지는 않을까? 당사자들은 잊고 있던 과거의 고통스러운 기억을 또다시 끄집어내야 할지도 모른다. 그럼에도 불구하고 「김군」의 재현 방식은 5·18을 동시대적으로 경험한 세대들이 아닌, 그 이후의 세대들이 5·18을 어떻게 기억하고, 연루의 감각을 획득해 가는가에 대한 흥미로운 질문을 남긴다. 그리고 그것은 분명 새롭게 펼쳐지는 기억의 장을 형성한다. 모든 기억은 잊히는 것이 아니라 새로운 국면들 속에서 끊임없이 새로운 모습으로 등장할 것이다.

한편 2017년에 첫 선을 보인 「외롭고 높고 쓸쓸한」은 5·18민주화운동에 참여했던 여성들의 이야기에 온전히 초점을 맞춘다. 그동안 당시

리는 가설이라고 지적한다(우치다 다쓰루 엮음, 『반지성주의를 말하다』, 김경원 옮김, 이마, 2016).

광주에 있었던 여성들의 이야기는 크게 주목받지 못했다. 재현의 중심에는 박관현이나 윤상원과 같은 5·18 전후의 운동 지도부나 총을 들고 무장했던 시민군 남성들이 있었고, 광주에서 싸우던 이들의 모습은 쉽게 남자들의 얼굴로 대변되었다. 반면 여성들은 주먹밥을 날라주던 선량한 이웃, 혹은 박영순처럼 애절한 목소리로 광주 시민의 동참을 호소하던 어린 여성들로 기록되었다. 때로는 「꽃잎」이나 「오! 꿈의 나라」(이은·장동홍·장윤현, 1989)에서처럼 지켜주지 못한 오누이로 남기도 했다. 그러나 광주에 대한 여러 기록이 보여주듯 여성들은 5·18민주화운동에 적극적인 가담자들이었고, 운동을 이끌어나갔던 인물들이다.[15] 그런 여성들에 대한 영화적 재현이 나온 것이 반가우면서도 왜 이제야 나왔나 싶어 의아스럽기도 하다. 5·18민주화운동에서 대안적 여성 형상화를 연구한 안혜련은 그동안 5·18문학이 남성적 힘의 서사라는 평가를 받았던 데는 역사의 변혁 주체의 근간이 남성이라는 인식 때문이라고 지적하며, 기존의 문학적 재현에서의 여성형상을 새롭게 분석한다.[16] 그럼에도 불구하고 소설과 영화에서 여전히 압도적인 비율을 차지하는 것은 남성들의 서사였다.

「외롭고 높고 쓸쓸한」은 오월민주여성회 여성들을 중심으로 인터뷰를 진행한다. 영화는 이들이 5·18 이전에 어떤 활동들을 했고, 어떤 경로를 통해서 5·18민주화운동에 닿아 있었는지에 대해 구술사적 접근을 취하는데, 구술사적 접근은 공식 역사에 등재되지 못한 억압된 집단

---

15  5·18 당시 여성들의 활동에 대해서는 지난해 출간된 『녹두서점의 오월』의 정현애 씨 부분을 참조하라(김상윤·정현애·김상집, 『녹두서점의 오월: 80년 광주, 항쟁의 기억』, 한겨레출판, 2019).

16  안혜련, 「5·18문학의 대안적 여성성 구현 양상 연구: 공선옥·송기숙·최윤·홍희담의 소설을 중심으로」, 『민주주의와 인권』, 2권, 1호, 전남대학교 5·18연구소, 2002, pp. 261~79.

의 목소리를 서술하는 방법이자 또한 '아래로부터의 역사 쓰기'의 가능성을 내재하고 있다.[17] 인터뷰이들은 송백회, 극단 광대, 들불야학, 백제야학, 현대문화연구소, 가톨릭노동청년회 JOC 등을 중심으로 노동운동과 문화운동을 통해 조직되었거나, 혹은 시장 상인인 동시에 적극적 모금운동을 펼쳤던 인물들이다. 이들이 스스로의 운동을 조직하고 만들어가고 있었음을 보여주는 몇몇 인터뷰이의 증언은 그 전에 우연성과 공동체적 심성으로만 이야기되던 5·18민주화운동의 참여 동기를 좀더 확장시킨다. 무엇보다 스스로의 운동을 명확하게 규명하고 있다는 점에서 그 이전의 재현 양상들과 차이를 보인다.

70년대 말 광주 지역 여성들의 조직적인 움직임은 크게 두 가지 흐름이 있었는데, 생존권 확보와 민주노조 결성을 위해 소그룹 활동을 하고 있었던 여성 노동자들 그룹인 JOC나 들불야학이 있고, '송백회'를 중심으로 한 민주화운동 그룹이 있었다.[18]

1980년 5월 18일 이후 계엄군이 투입되자 이들은 각자의 자리에서 싸웠다. JOC 회원들은 학생들 투쟁에 먹을 것을 사서 보냈고, 김순이 등은 집에 가만히 있을 수 없어 도청 앞으로 나섰다. 극단 '광대'의 회원들은 항쟁 당시에 홍보를 맡았다. 차명숙과 박영순은 방송을 하러 나갔고, 성화맨션 주민이던 송희성은 마스크를 제작해 배포했다. 대인시장 상인이던 곽근례와 김정단은 시장 상인들에게 모금을 해서 도청 앞 시민군들에게 필요한 물품을 마련하고 주먹밥을 만들어 보냈다. 그럼

---

17 함한희, 「구술사 연구의 새로운 패러다임 모색」, 『구술사연구』, 1권, 한국구술사학회 2010, pp. 7~47.
18 「외롭고 높고 쓸쓸한」에서 윤청자 씨 인터뷰 중.

에도 5월 27일 최후의 날에 많은 여성이 도청을 떠나야만 했고 그 기억은 두렵고 아픈 기억으로 남은 듯하다.

계엄군이랑 통화 후 여성들 다 모이게 해서 2층에 모여가지고, 여성들은 다 나가라고 했어요. 정확하지는 않지만 13명에서 15명 정도 있었는데 지도부들이 여성들은 나가라고 하니까, 여성들 한쪽에서는 우리도 죽더라도 함께 싸우겠다라고 했어요. 남자들이 (여성들이) 다 나가야 우리가 마음 놓고 싸운다고 했고, 그래도 끝까지 함께 싸우겠다는 사람들이 있었어요. 저기는 총 들고 오고 탱크 몰고 오는데, 빈손으로 뭘 가지고 싸울래라고 했어요. 어떤 여성들은 총을 가르쳐달라고 했지만, 총을 가르쳐줄 시간도 없고, 가르쳐줘도 우리를 쏠 수도 있고 너네가 계엄군이 총 들고 온다고 한들 쏠 수 있냐고 해서 그냥 나왔어요.[19]

도청을 빠져나오는데 뭐가 무서웠냐면 총소리가 무서운 게 아니라 주인 없는 시체들이 너무 많이 있었어. 관도 없고 천으로 말아서 사람들 찾아가라고 얼굴만 내놓은 시체들이 있었는데, 거기를 지나오기가 너무 무서워서 제일 나이 많은 언니 등에 얼굴을 묻고 눈을 감고 나왔던 기억이 있어.[20]

그 누구보다 열심히 5·18민주화운동에 참여했음에도, 영화 속의 여성들은 그 자리에 함께하지 못했다는 죄책감, 나만 살아남았다는 부채감, 그리고 5·18민주화운동 이후 계엄군에게 끌려가 고문당했던 일들

19 「외롭고 높고 쓸쓸한」에서 최정님 씨 인터뷰 중.
20 「외롭고 높고 쓸쓸한」에서 김순이 씨 인터뷰 중.

을 떠올리며 쉽사리 광주의 기억으로부터 벗어나지 못하는 듯하다. 이 것은 이들이 37년 동안이나 5·18민주화운동 기념식에 공식적으로 참석하지 못했던 이유이다. 당시 스무 살의 나이로 가두방송에 참여했던 차명숙은 5·18 당시 끌려가 고문을 당했던 505보안부대를 37년 만에 찾아가 기억을 더듬는다. 오래도록 알고 싶었지만, 차마 그곳이 어디인 시 기억이 나지 않아 찾지 못했다는 차명숙은 자신의 기억 속 장면에서 아주 좁은 공간이었던 고문실이 실제로는 꽤 큰 사무실이었던 데 당황한다.

그러나 차명숙의 기억은 거짓 기억이 아니라 증언이 담지할 수 없는 정동을 담아내는 감정-기억에 가깝다. 라카프라는 왜곡된 기억조차 풍부한 정보의 원천이라고 말하는데, "이는 기억이 대상을 정확하게 재현해서가 아니라 사건이 당사자와 후세 사람들에 의해 어떻게 감정적으로 받아들여지고 수용되었는지를 보여주기 때문"이다.[21] 변영주 감독은 「낮은 목소리 2」(1997)의 10주년 기념 상영 후 가진 인터뷰에서, 할머니들의 기억은 서로 모순되는 지점들도 있어 당시에는 사실 확인이 되지 않은 내용들을 삭제했지만 10년이 지난 지금 돌이켜보면 그것 역시 진실의 일부일 수 있다고 생각한다고 말한 적이 있다. 그 서로 충돌하고 모순되는 기억과 감정이야말로 피해자가 느낀 폭력의 강도이자 사건을 바라보는 실체적 이해 고리가 될 수 있기 때문이다.

그러나 영화는 여성들이 경험한 트라우마나 고통에 머무르지 않고 이들이 어떻게 현재적 투쟁을 이어가며 살고 있는지에 대한 이야기로 나아간다. 이들은 사드 배치 반대 투쟁을 하고 있는 성주 주민들과 제

---

21 도미니크 라카프라, 『치유의 역사학으로: 라카프라의 정신분석학적 역사학』, 육영수 엮음, 푸른역사, 2008, p. 82.

주4·3기념관, 강정마을을 방문해 직접 수놓은 「임을 위한 행진곡」 노랫말 걸개그림을 전달하며 연대의 마음을 전한다. 그리고 영화의 마지막은 '5·18등 민중항쟁정신 헌법 전문 수록을 위한 국민운동전국본부' 발족을 위해 국회를 찾은 박영순과 윤청자의 모습을 보여준다. 이런 점에서 영화는 광주에 참여한 여성들의 기억을 피해나 패배의 기억으로 남겨두지 않는다. 영화는 마지막에 영화에 출연했던 한 명 한 명의 여성들을 카메라 앞에 세우는데, 이러한 호명은 이들의 삶에 대한 감독의 응원이자 공감을 잘 보여준다. 이렇게 1980년 5월의 광주는 시공간을 넘어 현재의 삶으로 이어진다.

## 나가며

5·18민주화운동을 다룬 이야기들의 변천을 말하며, 정근식은 시의 시대, 노래의 시대, 소설의 시대, 사진의 시대로 변화해왔다고 말한다.[22] 비슷한 맥락에서 안혜련은 1980년대 5·18에 관한 이야기는 시의 시대에서 소설의 시대로 옮겨왔다고 지적한다.[23] 직접적 재현이 불가능한 시대에 시나 노래의 울림이 있었다면, 소설과 사진의 시대는 그것을 재현할 언어를 찾기 위한 과정이었다. 영화의 시대도 마찬가지이다. 1990년대에 5·18민주화운동을 다룬 영화들이 등장했지만, 정작 이 영화들은 광주에 대해서 말하지 못하고 흩어진 파편들을 찾아 헤매었다. 그것은 또한 '광주 비디오'의 생생한 시각적 충격을 스크린에 옮기기 위해 윤리적 언어를 찾는 과정이었다. 최근의 영화들은 어떤 면에서는

---

22　정근식, 「「임을 위한 행진곡」: 1980년대 비판적 감성의 대전환」, 『역사비평』 2015년 가을호, pp. 252~77.
23　안혜련, 같은 글.

기존의 영화적 관습을 답습하고 있지만, 그럼에도 5·18민주화운동을 재현하는 데 있어 선명한 언어들을 구사하며 새로운 변화들을 보여준다. 어쩌면 우리는 오랫동안 억눌렸던 부채의 무게를 딛고 정말로 광주에 대해서 '이제는 말할 수 있'게 된 것인지도 모른다. 물론, 이제는 말할 수 있게 된 것이 언제나 진실이고 언제나 옳을 수는 없다. 본문에서 살펴본 것처럼 그 재현의 층위는 여전히 다양하고 모순적이고 충돌을 거듭한다. 하지만 수많은 층위의 충돌과 부침 속에서 1980년 5월의 광주는 현재의 기억 장 안에서 한층 의미를 더해갈 수 있을 것이다.[24]

[『문학들』(2020년 봄호) 수록; 일부 개고]

24  이 글은 2017년 정부(교육부)의 재원으로 한국연구재단의 지원을 받아 수행된 연구임 (2017S1A6A3A01079727).

제4부 　김현과
　　　　5·18

# 그 밤의 재구성
## ─김현과 5·18

김형중

## 1. 어떤 밤

김현이 한국 문학에 대해 쓴 최후의 글들 중 하나(확정할 수만 있다면 나는 이 글을 그의 최후의 글로 읽고 싶다. 아니, 그렇게 읽을 참이다)로 보아 무방한 「보이는 심연과 안 보이는 역사 전망」에는 이런 구절이 있다.

도시가 본다기보다는, 만나는 사람들마다 보고 있다. 그 눈들은 시인을 감시하고 있다. 무엇 때문에? 이 시의 핵심은 여기에 있는 것이지만, 놀랍게도 시인은 꽃 때문이라고 말한다. 눈들은 한쪽으로는 시인을 감시하면서, 한쪽으로는 꽃을 감시하고 있다. 그 꽃은 싱싱한 아름다운 꽃이 아니라, 하늘의 상석에 올려진 꽃이다. 거기에서 주목할 것은 아직도라는 말이다. 의미론적으로 보자면, 그 아직도는 피비린내 나는에 걸린다. 그러나 시인은 아직도와 피비린내를 분철시켜 ─전문적인 용어로는 척치시켜, 아직도와 상석을 은연중에 결부시킨다. 꽃은 아직도 피비린내 나며, 아직도 하늘의 상석에 올려져 있다. 그 꽃에 대해 시인은

ⅰ) 아직도 하늘의 상석에 올려져 있다;

ⅱ) 아직도 피비린내 난다;

ⅲ) 눈부시고 눈부시다

라고 말한다. 그 묘사에는 광주 사태의 모든 것이 간결하게 함축되어
있다.[1]

저 순간 김현이 읽고 있는 시는 (의미심장하게도) 1980년대의 마지
막 겨울, 『문학과사회』에 실린 최하림의 「죽은 자들이여, 너희는 어디
있는가」이다. 그러니까 김현은 아마도 그 시를 1989년 말부터 1990년
5월 사이(1980년 5월로부터 정확히 10년이 지난 시기)에 읽었겠다. 그는
1990년 6월에 죽었고 마지막 병상에서는 글을 쓸 수 없었기 때문이다.

최하림의 시에서 김현이 "광주사태의 모든 것이 함축되어 있다"라고
말한 문제의 묘사 부분은 이렇다. "이 도시의 눈들이 내 모든 것을 보고
있다/오오 나를 감시하는 눈들이 보는 저 꽃/하늘의 상석에 올려진 아
직도/피비린내 나는/눈부시고 눈부신 꽃/살가죽이 터지고/창자가 기
어 나오고/신음 소리도 죽은/자정과도 같은,/침묵의 검은 줄기가/가슴
을 휩쓸면서/발끝에서 정수리로/오오 정수리로……" 이미 자신의 죽
음을 예감한 (남도 출신의) 한 예민한 비평가가, 저토록 아름다운, 아니
저토록 '아름답게' 시를 읽던 순간은 밤이었을 것이라고 상상되는데,
그것은 비단 시의 어두운 분위기 때문만이 아니다. 평생 감상을 그토록
싫어했던 김현은 이 글을 이런 문장으로 마무리한다. "오십의 나이에

---

1 김현, 「보이는 심연과 안 보이는 역사 전망: 최하림과 임동확」(1990), 『분석과 해석/보이
는 심연과 안 보이는 역사 전망』(김현문학전집 7), 문학과지성사, 1992, p. 297. 이하 이 글
은 「심연과 전망」으로 적고, 나머지 김현의 글은 제목과 집필 연도, 그리고 전집 권수 및
페이지만 밝혀 적는다.

울음은 가슴 아프다."² 쉰의 나이(정확히는 마흔여덟이었을 텐데 그는 마치 쫓기듯 서둘러 50이라고 말한다)에 누군가 시를 읽고 운다면 아마도 그 시간은 홀로 앉은 밤, 게다가 모든 글에는 (김현 자신이 자주 '신의 몫'이라 부르곤 했던) 독자 몫의 잉여가 남겨져 있는 법, 그래…… 최선을 다해 그의 글을 읽은 독자로서 나는 마흔여덟의 병든 비평가가 시를 읽고 울던 저 순간을 밤으로 확정한다. 저 '각별하게 문학적인' 밤에 죽음을 눈앞에 둔 김현이 5·18과 독대했다. 나는 그 밤을 재구성해보기 위해 이 글을 쓴다.

## 2. 불화

김현의 본명은 김광남, 전남 진도에서 태어났고 목포에서 자랐으며 대학 1학년 때 4·19를 겪었다. 이 몇 가지 전기적 사실들은 김현이 5·18에 대해 남긴 문헌들의 빈약함을 의아하게 만든다. 남도 출신의 4·19세대 기수, 문학으로 유토피아를 꿈꾸던 사람, 그러나 기대와 달리 김현은 최하림의 시와 대면한 후 「심연과 전망」을 쓰기 이전까지는(그러니까 죽기 직전까지도) 5·18에 대해서도, 오월문학에 대해서도 그다지 많은 발언을 하지 않았다. 게다가 행한 발언들마저 대부분 단편적이었고 삽화적이었으며 문학의 구호화를 경계하자는 원론 수준에서 크게 벗어나지 않았다. 그나마 오월시에 대한 견해를 길다 싶게 밝힌 것은 아래 곽재구론의 서두 정도이다.

80년초에 남도에서 일어난 사건이 시의 지평을 거의 완전히 바꿔버

---

2  같은 글, p. 307.

렸다는 진술은 어느 면에서는 옳고 어느 면에서는 옳지 않다. 그것이 민중시라고 폭넓게 불리는, 그러나 사실은 노동시라고 부르는 것이 더 타당할 새 시의 지평을 연 것은 사실이지만, 그 노동시까지를 포함하여, 그것이 새로운 시적 상상력을 열기는커녕 오히려 70년대에 유행하던 여러 이미지들을 상투적으로 재생산한 것도 사실이다. 그러한 것들은 그러한 것들에 너무 가까이 있어 그러한 것을 잘 볼 수 없었던 시기에 비해 그것과 어느 정도의 시적 거리를 유지할 수 있게 된 지금에는 비교적 잘 보인다. 그래서 그러한 상투적인 세계에 갇혀 자신의 목소리를 찾지 못한 시인들의 상당수는 목소리를 더욱 높여 탈출구를 찾거나 시 자체를 팽개치고 실천의 세계라고 불리는 곳으로 거의 완전히 이사를 한다. 몇 안 되는 시인들만이 어렵게 자기의 목소리를 찾으려 애를 쓰고 있는데, 어떤 시인들은 어느 정도 성공을 거두기도 하고 어떤 시인들은 끝내 모방의 세계에서 빠져나오지를 못한다.[3]

5·18이 촉발한 1980년대 한국 시의 지평 변화가 그 실제에서는 1970년대 시들의 상투적 재생산이라는 것(그것은 진정으로 새로운 이념형이 등장하지 않았다는 말에 다름 아니다), 그런 의미에서 그것은 시적 자아의 체험과 반성을 거치지 않은 모방에 불과하다는 것이 저 문장들의 요지이다(나는 지금 저 말들에 대체로 동의한다. 그러나 당시로서는 저 말들이 형식주의적이고 문학주의적으로 들렸다는 고백 정도는 해야겠다. 말은 항상 정황 속에서 발화되고 수화되는 법이다).

김현이 공식적으로 발표를 염두에 두지 않고 썼던(훗날 출간을 결정하고 손을 봤다고는 하지만) 일기들 속에서도 사정은 마찬가지이다. 아

---

3  「추상적 정열에서 구체적 사랑으로: 곽재구의 시적 확대」(1990), 『김현문학전집 6』, p. 259.

니 일기라는 글쓰기의 특성상 오월문학과 자신의 불화(나는 5·18과 김현의 불화라고는 쓰지 않는다)를 드러내는 직설적인 어휘와 어조들이 되레 도드라진다. 예를 들면 이런 식이다.

그 넋두리는 때로 절실하게 느껴지기도 하지만 삶의 구체성이 진솔하게 표현되어 있지 않아 지루한 다짐 같아 보인다. 술취한 사람이 내지르는, 그에게는 굉장히 중요하게 느껴지지만, 다른 사람에게는 안 그럴 수도 있는 것들과 같이, 끈질기게 지루하다. 지루한 것은 되풀이 때문인데, 그 되풀이는, 광주는 고난의 자리이다, 우리는 통일을 위해 싸워야 한다, 우리는 쇠붙이를 미워하고 생명력을 길러야 한다로 요약될 수 있다. 다른 사람들은 그런 것에 전연 관심이 없다는 듯, 자기만이 거기에 관심을 쏟고 있다는 듯, 그 되풀이는 지루하게 끈질기다. 그런데 그의 사유의 거의 대부분은 김지하의 생명 사상에 기대어 있다. 힘있던 시인이 갑자기 스메르자코프가 되어버린 것을 보는 슬픔![4]

전라도 말로, 광주 사태를 찜쪄먹고 달려들기는 드는데, 그 달려듦의 난폭함은 미숙하게 술취한 사람의 난폭함 같다······[5]

반성과 성찰 없이 내뱉어진 시어(구호)에 대한 질타를 담고 있는 조롱조의 저 문장들은 각각 김준태(최초의 오월시인!)와 황학주를 향해 있다. 저럴 때 김현은 모질다고 해도 좋을 만큼 오월문학과 거리를 두고 불화를 자초한다. 말하자면 그 밤이 오기 전까지 김현은 5·18과 그

---

4 「행복한 책읽기: 1987. 1. 9.」, 『김현문학전집 15』, pp. 59~60.
5 「행복한 책읽기: 1987. 6. 26.」, 같은 책, pp. 98~99.

다지 화해롭지 못했던 것으로 보인다. 그러나 최하림의 시를 읽은 후, 이례적으로 「심연과 전망」은 이렇게 시작한다.

> 1980년대는 광주와 죽음-죽임의 연대이다. 그 연대는, 한국의 지식인들에게는, 40년대 후반의 아우슈비츠와 유대인 학살을 상기시키는, 아니 그것을 실제로 느낄 수 있었던, 불행한 연대이다. 처음에는 분노와 비탄과 절망, 그리고 침묵으로 점철되었던 광주는, 그 뒤에는 일종의 원죄의식으로 변화하여, 그것에 어떤 식으로든 반응하지 않고서는 살 수 없는, 물론 육체적으로는 살 수 있겠으나, 정신적으로는 살기 힘든, 그런 장소가 된다. 그곳은 더구나 오랫동안 소외되어온 곳이어서 역사적 숙명론의 흔적 — 흔적? 차라리 실체가 아닐까? — 까지 보여준다. 시인들도 그 원죄의식에서 자유롭지 못하다.[6]

저 구절들로 미루어보건대 그의 불화는 5·18이라는 '사태' 자체와의 불화는 아니었던 듯하다. 시 한 편을 읽은 저 밤에 말 못 했던 내심이 드러난다. 그에게도 5·18은 죄의식의 원천이었다. 다만 그는 당대의 '오월문학'과 불화했었다. 말 못 했던 내심의 드러남, 그 밤이 김현의 문학적 연대기에서 각별했던 첫번째 이유이다.

## 3. 문화(문학)의 고고학

오월문학과 김현 간 불화의 이유는, 초기 저작들에서 이미 어느 정도 완성을 본 김현의 체계가 쉽사리 5·18이라는 '사태'를 포섭하기 힘들

---

6  「심연과 전망」, 같은 책, p. 294.

었다는 데서 찾을 수 있다. 김현은『한국 문학의 위상』과『현대한국 문학의 이론』『사회와 윤리』등에서 다음과 같은 도식으로 요약 가능한 거시적인 체계를 구축하려고 시도한다.

| 전통 1 | 전통 2 | |
|---|---|---|
| 전통 2-1 | | 전통 3 |

이른바 '단절과 감싸기'[7]로 명명되곤 하는 저 변증법적 과정에서 예외적인 개인과 그의 문학작품은 특권적인 자리를 점한다. 하나의 전통, 그것은 고유의 풍속과 이념을 배태하는데, 예외적인 개인으로서의 작가야말로 작품을 통해 그 굳어버린 제도로서의 풍속과 이념을 질문에 부치고, 그 속에서 안주하고 있는 우리들의 의식을 '고문'하기 때문이다. 김현이 종종 비평을 '문화의 고고학'[8]이라 부르고, 스스로를 '분석적 해체주의'에 속하는 비평가로 자리매김하는 이유도 여기에 있는데, 그에게 문학이란 "우리가 익히 아는 경험적 현실의 구조 뒤에 숨어 있는, 안 보이는 현실의 구조를 밝히는 자리"[9]이기 때문이다. (내가) 성

7 전통 1과 전통 2 사이에는 단절이 있다. 그러나 전통 1은 전통 2에 흡수되어 전통 2-1을 이루며, 그것은 전통 3과 단절되어 전통 3의 한 내용을 이루게 된다. 그 변증법적 과정을 전통의 '단절과 감싸기'라는 말로 표현하고 싶다. 전통의 단절은 그러나 흔히 생각하듯 그렇게 갑작스러운 현상이 아니다. 앞의 도표를 계속 이용하자면, 전통 1은 그 자체 내의 구조적 모순에 의해서, 다시 말하자면, 그 자체 내의 규칙을 벗어나는 요소에 대한 오랫동안의 억압에 의해서, 전통 2의 씨앗을 그 속에서 키우는 것이며, 그 씨앗이 예외적인 개인이나 집단에 의해 표면화되었을 때, 전통의 단절이라고 부를 수 있는 현상이 생겨난다. 전통 2는 전통 1의 어떤 요소의 부인이며, 어떤 요소의 긍정이다. 전통 2는 전통 1 속에 내재해 있던 어떤 것이 표면화되면서 전통 1의 어떤 요소를 의식적으로 배척하는 것이다[「한국 문학은 어떻게 전개되어왔는가」(1976~77),『김현문학전집 1』, p. 95].

8 「한국 문학의 가능성」(1970),『김현문학전집 2』, p. 52.

9 「비평의 유형학을 향하여」(1985),『김현문학전집 7』, p. 234.

글게 정리한 이 체계가 "어두운 시절을 보내고, 새 시대를 바라다보고 있"[10]던 1980년 3월, 평론집 『문학과 유토피아』를 세상에 내놓을 때까지 김현의 사유를 지배한다. 그러나 어두운 시절은 끝나지 않았고, 고작 두 달도 지나지 않아 5·18이라는 한국 현대사 초유의 사태가 발생한다.

그리고 1980년 5월 이후, 5·18을 소재로 한 문학작품들이(주로 시 쪽에서) 간헐적으로, 그리고 얼마 지나서는 폭발적으로 생산되지만, 앞서 살펴본 것처럼 그는 그것들과 거리를 유지한다. 이제 얼마간 그 이유는 추측이 가능하다. 그가 초기에 세운 저 체계에 대해 오월문학은 (아직) 이질적이었다. 일단 그것들이 개화기로부터 시작된 전통 부재의 '문화 접변기'를 돌파할 만한 새로운 이념형을 제시하고 있는지가 그에게는 의문이었을 것이다. 따라서 앞의 곽재구론에서 그가 "노동시까지를 포함하여, 그것이 새로운 시적 상상력을 열기는커녕 오히려 70년대에 유행하던 여러 이미지들을 상투적으로 재생산"하고 있다고 비판할 때, 그것은 단순히 한 비평가의 개인적 취미 판단이 아니었다. 그는 그 문장들(그리고 김준태나 황학주, 박몽구, 임철우 들을 향해 산발적으로 발화된 문장들)을 통해 침전된 내용으로서의 형식(그것들이 한 시대의 양식을 이루게 된다)을 새로이 창출하지 못할 때, 그것은 진정한 의미에서 '촉발적'일 수도 문학적 사건일 수도 없음을 경고하고 있었던 셈이다.

어쩌면 그렇게 거리를 두고 가급적 침묵하면서 김현은 기다리고 있었는지도 모를 일이다. 저 도식에 비추어 볼 때 그는 기다릴 수밖에 없었을 것인데, 왜냐하면 5·18이 문학적으로 사건성을 획득할 수 있다면 그것은 작품들을 통해서일 것이고, 새로운 언어의 형식과 새로운 이념

---

10 「문학과 유토피아: 책머리에」(1980), 『김현문학전집 4』, p. 9.

형의 창출을 통해서일 것이기 때문이다. 그러나 그가 보기에 당대의 오월시에서는 그 전범을 찾을 수 없었고, 그런 사정은 소설에서도 마찬가지였다. 왜냐하면 최윤이 오월소설의 걸작 「저기 소리 없이 한 점 꽃잎이 지고」[11]를 발표한 것은 1988년이었지만, 임철우의 『봄날』이나 정찬의 『광야』, 황지우의 『오월의 신부』, 송기숙의 『오월의 미소』, 한강의 『소년이 온다』, 김경욱의 『야구란 무엇인가』 등등이 누적적으로 발표되면서 '오월문학'이 한국 문학에서 일종의 하위 장르로 자리를 잡은 것은 그가 죽고 나서도 한참 뒤의 일이기 때문이다.

그러던 차, 그 각별한 문학적 밤에 김현은 우연히 최하림의 시를 읽었으리라. 내면화되지 않은 구호도 아니고, 1970년대식 이미지와 운율의 재생산도 아닌 오월시 한 편을…… 우리가 흔히 오월시를 읽어오던 (비분강개의) 방식이 아니라, 그토록 꼼꼼하게, 리듬과 행갈이와 호흡과 이미지들의 충돌까지를 (왜냐하면 형식이야말로 침전된 내용이니까) 모두 다…… 그러고는 투명한 몇 방울의 눈물이 흘렀을 텐데, 그 밤이 각별했던 두번째 이유는 그것이다.

---

11  김현은 최윤의 이 작품을 읽은 흔적을 일기에 남겼다. 1988년 7월 12일의 일기에서 그는 이렇게 쓴다. "'폭력에서의 도피'라는 제목으로 쓰고 싶은 글: 아주 심한 폭력은, 육체의 자기 방어 본능 때문에, 그 폭력과 관계된 상황에 대한 기억상실증을 유발하기도 한다. 예: 김국태의 어떤 소설(육이오 때 강간당한 어머니에 대한 아이들의 기억상실증. 그 제목이 뭐더라?), 임철우의 「사산하는 여름」, 최윤의 데뷔작. 조금 더 작품을 모아볼 것"(「행복한 책읽기: 1988.7.12.」, 같은 책, pp. 146~47). 그러나 그는 이 글을 쓰지 못했다. 만약 더 많은 작품이 있었더라면 아마도 그는 (아도르노를 읽었으니) 외상적 폭력과 재현 (불)가능성의 문제에 봉착하지 않을 수 없었으리라. 그리고 프리모 레비나 파울 첼란 쪽으로 경사했을 수도 있었으리라.

## 4. 하늘의 상석에 올려진 꽃

김현은 부지런하기로 소문이 자자했던 비평가로, 5·18이 촉발했을지도 모를(왜냐하면 어떤 사건의 사건성은 사후에 증명되는 법이므로) 진정 새로운 문학의 도래를 기다리는 동안 (수동적이라는 비판을 면하기는 힘들겠지만) 그가 나태했으리라고 상상하기는 힘들다. 전범적인 작품이 눈앞에 없고 또 당분간 생산될 기미도 보이지 않을 때, 그는 이제 자신이 그간 구축해온 체계를 바꾸어놓을지도 모르는 연구에 착수한다. 알다시피 연구의 주제는 '르네 지라르의 이론을 통한 폭력의 이해'였다. 그 연구가 국가폭력으로서의 5·18을 근본적인 수준에서 이해하기 위한 우회로였다는 사실은 이미 알려진 바이다. 『르네 지라르 혹은 폭력의 구조』(나남, 1987)의 「글머리에」에서 그는 이렇게 쓴다.

욕망은 폭력을 낳고, 폭력은 종교를 낳는다! 그 수태 분만의 과정이 지라르에겐 너무나 자명하고 투명하다. 그 투명성과 자명성이 지라르 이론의 검증 결과를 불안 속에 기다리게 만들지만, 거기에 매력이 있는 것도 사실이다. 나는 그래서 지라르의 이론을 처음부터 자세히 검토해보기로 작정하였다. 거기에는 더구나, 1980년 초의 폭력의 의미를 물어야 한다는 당위성이 밑에 자리잡고 있었다. 폭력은 어디까지 합리화될 수 있는가? 지라르를 통해 던지는 그 질문에는 또 다른 아픔이 배어 있다.[12]

지라르를 통해 1980년 5월의 폭력을 성찰하기, 그러나 당겨 말하건

---

12 「르네 지라르 혹은 폭력의 구조: 글머리에」(1987), 『김현문학전집 10』, pp. 18~19.

대 그 작업은 모순적인 결과를 낳는다. 모순적이라기보다는 양가적이라는 말이 맞을지도 모르겠는데, 문제는 지라르의 이론 자체에 내재된 이율배반, 즉 '평화적 파시즘'(나의 명명이다)에서 비롯된다. 지라르의 모방욕망 이론에서는 '차이 없음', 즉 '무차별 상태'가 폭력의 원인이다. 인간의 모든 욕망(어머니에 대한 오이디푸스의 욕망까지도)은 중개자를 매개로 하는 삼각형의 욕망인데, 중개자와 욕망의 주체 간에 차이가 없으면 욕망의 대상을 둘러싼 경쟁 상태가 발생한다(해볼 만하니까). 결국 둘(짝패) 간의 과도한 경쟁이 이중간접화를 통해 폭력을 유발하게 되는데, 만인이 만인에게 적인 상태(현대)가 그것이다. 표면적인 의미와 달리 지라르의 '사람들은 서로에게 신으로 비칠 것이다'라는 고귀한 명제는 실은 잔인한 명제였던 셈이다. 나(욕망의 주체)와 별 차이도 없어 보이는 타인들(중개자)이 모두 신적인 것을 소유하고 있을 것이라는 믿음, 그래서 경쟁을 통해 그것을 쟁취하려는 욕망이 폭력을 부른다.

반대로 중개자가 나와 완전히 차이 날 때(신분상으로나 능력에서나) 욕망의 주체는 경쟁을 포기하고 그를 숭배한다. 완연한 차이, 곧 숭배는 폭력을 부르지 않는다. 그러나 현대는(고대에도 종종 그랬지만) 차이가 없는 시대여서(민주주의) 결국 만연한 이중간접화가 만장일치의 폭력을 낳게 된다. 그 만장일치의 폭력에서 희생당하는 자가 바로 속죄양이다. 그러므로 속죄양의 역할은 희생을 통해 죽임을 당함으로써 만연한 폭력을 질서의 상태로 복귀시키는 것이다. 그리고 이 악순환은 되풀이된다.

다행히 (기독교에 깊이 침윤당한 지라르의 사유 구조 내에서) 출구는 있다. 벤야민이 이른바 '신적인 폭력'(법 제정적 폭력이나 법 보존적 폭력과 달리 이 폭력은 폭력 자체를 끝장낸다)이라고 부른 것과 유사한 폭력, 가령 예수(지라르는 예수의 희생을 역사상 최대의 스캔들이라고 말한다)에게 가해진 폭력 같은 것이 있을 수 있다. 그 폭력은 이후의 모든 폭력을 끝장내는 폭력이다. 그리고 나머지 하나의 길, 그것은 '용서와 화해'이다. 그런데 말이야 그럴듯하지만 현대에 예수 같은 희생양이 등장할 리 없고, 이유 없이 인류 전체가 한날한시에 자신의 욕망을 내려놓고 화해할 리 없다. 게다가 지라르의 이론 속에서라면 민주주의는 '차이 없음'의 상태, 곧 무차별적 희생 위기를 부른다.

이상이 거칠게 요약한 지라르 이론의 요체인바, 꼼꼼한 독서가 김현이 그 모순(평화적 파시즘)을 파악하지 못했을 리는 없다. 게다가 그는 이런 문장을 쓴 적이 있는 비평가이다. "차라리 그들이 돌아가야 할 세계는 세계 그 자체일 따름이다. 고난의 시인들에겐, 현실 밖에 극락이나 천국이 존재하지 않는다. 극락과 천국이 있다면, 이 땅에 있어야 한다."[13] 초월도 유토피아도 그에게는 지상에서 일어나야 할(일어나지 못하겠지만) 일이다. 그래서 그는 최종적으로 지라르를 이렇게 읽는다.

『속죄양』에서의 지라르의 결론은 "이제 서로서로 용서할 때가 왔다. 아직도 기다린다면 시간이 없다"라는 절박한 권유이다. 지금 서로 용서하지 않으면 파멸이 온다는 지라르의 경고는 충분히 납득이 가는 경고이지만, 그것의 처방이 서로 용서하라는 것이라는 것은 해답을 위한 해답이다.[14]

지라르의 가설은 여러 분야에 자극을 주고 있으나, 그 자극이 긍정적

13 「고난의 시학」(1988), 『김현문학전집 7』, p. 270.
14 「르네 지라르 혹은 폭력의 구조」(1987), 같은 책, p. 70.

인 결과를 낳을지 부정적인 결과를 낳을지는 아직 확실치 않다. 그러나 그의 가설이 신화·설화 분석에는 대단히 유용하다고 확실하게 말할 수 있다.[15]

첫번째 인용문은 지라르 이론의 허황됨에 대한 명백한 비판이다. 그리고 두번째 인용문은 지라르 이론에 대한 적용상의 제한이다. 신화와 설화 분석에는 쓸모가 있는 이론…… 그러나 현대 문명이나 국가폭력의 문제에는 적용하기 불가능한 이론…… 이 두번째 인용문이 그의 기나긴 지라르 연구를 결산하는 마지막 문장이었다는 사실은 어딘가 억울하고 씁쓸한데, 아니나 다를까 김현은 지라르 이론을 차용한 완결된 글을 단 두 편 남긴다. 안정효의 『갈쌈』(책세상, 1987)과 전상국의 「외딴길」(1981)을 지라르 이론에 따라 분석한 글 한 편,[16] 그리고 제주 개벽 신화를 분석한 글 한 편.[17] 둘 다 이론의 단순 적용에 가까운 시론적인 성격의 글이다.

그러나 지라르의 이론이 김현과 오월문학의 관계에 아무런 영향도 미치지 않았다고는 말하기 힘든데, 그것은 서로 얼마간 모순되는 다음의 두 구절 때문이다.

기초적 폭력은 복수를 낳고 그것은 또 폭력을 낳는다. 그 악순환은 합법적인 것과 비합법적인 것 사이의 차이를 지워버리며 그 상태는 문화의 종말을 부른다라는 지라르의 추론은 끔찍한 추론이다. 광주 사태 이후, 비합법적인 것 사이의 실제적인 차이가 자꾸만 없어져간다. 피고

15  같은 책, p. 102.
16  「증오와 폭력: 만인 대 일인의 싸움에 대하여」(1988), 『김현문학전집 7』.
17  「폭력과 왜곡」(1988), 같은 책.

가 재판관을 꾸짖고, 재판관은 피고를 훈계한다. 서로가 서로를 훈계한다. 끔찍한 일이다.[18]

광주청문회는 1988년 11월의 일이니, 1987년에 쓰인 인용문의 '피고'가 전두환 일파를 지시하지 않는 것은 분명해 보인다. 그렇다면 피고는 학살당하고 투옥당한 광주 시민들, 혹은 역사적 정의의 이름으로 대항 폭력을 행사하려는 이들일 수밖에 없다. 1980년 5월의 기초적 폭력(법 제정적 폭력이다. 왜냐하면 광주에서의 학살을 통해 제5공화국이 탄생했으므로. 그러나 법 보존적 폭력이기도 하다. 왜냐하면 군부독재를 연장했으니까) 이후의 대항 폭력, 거기서 김현은 지라르가 말한 '이중간접화' 현상을 본다. 악순환될 것임에 틀림없는 폭력의 난무, 그 앞에서 그는 끔찍함을 느낀다. 말하자면 그에게 광주에서의 학살로부터 비롯된 대항 폭력은 모든 폭력을 끝장낼 신적인 폭력이 아니다. 이때 광주는 폭력의 악순환을 정지시킬 최종적인 속죄양의 지위에 놓이지 않는다. 그러나 김현은 그보다 한 해 전, 이청준에 대한 한 편의 글에서는 이렇게 쓴 적이 있다.

그 마적 정신주의는 고통의 세계에서 모두 예수의 아들이 되어 그 차이를 잃어버리는 경향에 대항하여, 차이를 드러내고 강조한다. 차이를 강조하는 것을, 차이를 지우려는 사람들은 파괴적 폭력이라 부른다. 그러나 그 파괴적 폭력은 새 의미를 낳는 기초적 폭력이다. 차이를 강조하지 못하는 한, 억압적인 현실은 파괴되지 않는다. 내가 용서하지 않으면, 너는 용서받은 것이 아니다라는 전언은 이청준의 마성이 전하는

18 「행복한 책읽기: 1987. 3. 20.」, 같은 책, p. 80.

핵심적 전언이다.[19]

김현이 다루고 있는 텍스트는 이청준의 「벌레 이야기」(1985)이다. 이 작품이 5·18 이후 용서와 구원의 문제를 다루고 있다는 사실은 잘 알려져 있다. 그런데 저 문장들에서 '아내'의 폭력(자살)은 어딘가 신적인 폭력의 지위를 부여받는다. 그녀의 죽음이 차이를 지우려는 사람들(우리 모두 하나님의 아들딸이오) 사이에 차이를 도입한다. 모두가 화해를 말할 때, 죽음으로써 화해를 거부하는 속죄양이 그녀이다. 그러나 그녀의 폭력은 악순환의 고리에 말려들지 않는 폭력이다. 왜냐하면 폭력을 부르는 폭력이 아니라 이 질서가 만장일치의 폭력 위에 설립되어 있음을 드러내는 폭력(지라르는 예수의 죽음이 바로 그런 폭력이라고 말한다)이기 때문이다.

한편에 폭력의 악순환, 그리고 다른 한편에 신적인 폭력의 속죄양……, 어떻게 된 일일까? 아마도 지라르 연구 이후 김현에게는 5·18과의 관계에서 어떤 갈등이 존재했던 듯하다. 그것은 신적인 폭력인가, 아니면 악순환의 폭력인가? 그리고 1990년 죽기 얼마 전의 그 밤이 찾아온다. 최하림의 시에서 그는 수수께끼 같은 시구를 발견한다. 이제 원래의 행갈이와 호흡을 살려 그 부분을 다시 인용해본다.

이 도시의 눈들이 내 모든 것을 보고 있다
오오 나를 감시하는 눈들이 보는 저 꽃
하늘의 상석에 올려진 아직도
피비린내 나는

19 「떠남과 되돌아옴: 이청준」(1986), 『김현문학전집 7』, p. 156.

눈부시고 눈부신 꽃
살가죽이 터지고
창자가 기어 나오고
신음 소리도 죽은
자정과도 같은,
침묵의 검은 줄기가
가슴을 휩쓸면서
발끝에서 정수리로
오오 정수리로……

　최하림도 남도(목포) 출신이었으니, 죄의식은 컸으리라. 그가 어떤
도시에서 피비린내 나는 꽃들에 대해 노래했다면 그 도시는 물론 광주
이다. 이제 김현이 그가 쓴 저 죄의식의 시를 읽는다. 그러고는 특히 세
번째 행의 '아직도'에 주목한다. 척치를 통해 '아직도'는 충격적으로 행
갈이됨으로써 같은 행의 '하늘의 상석에 올려진'과 다음 행의 '피비린
내 나는'을 동시에 수식하게 된다. 꽃에서는 아직도 피비린내가 날 뿐
아니라, 아직도 하늘의 상석에 올려져 있다.
　김현은 거기서 두 가지 사실을 알아본 듯하다. 하나는 내용은 침전된
형식이라는 평소의 신념. 그러니까 문학작품의 경우 5·18의 고통은 구
호를 통해 전해지는 것이 아니라 시적 언어의 형식을 통해 전해진다는
것, 척치로서 행갈이 하나를 바꾸는 형식이 의도보다 강하다는 것(마치
괴테보다 그가 부지불식간에 고안한 '세계 텍스트' 형식이 더 오래 살아남
았듯이), 그런 시가 지금 내 앞에 실제로 존재한다는 것……
　그리고 나머지 하나는 희생양으로서의 광주, '아직도 하늘의 상석에
올려진' 그리고 '아직도 피비린내 나는' 눈부신 꽃 광주……(나는 피비

린내를 풍기며 하늘을 향한 제단에 봉헌된 존재를 '희생양' 외에 달리 부르는 방법을 모른다). 예수처럼 초월적이지 않으면서도(그러나 예수처럼 아무런 죄도 없이), 이 땅의 질서가 폭력 위에 세워진 것임을 10년이 지난 그 시점까지도 증언하는 죽은 자들…… 그러자 오십의 나이에 눈물. 저 시에 "광주사태의 모든 것이 간결하게 함축되어 있다"라고 했으니, 김현은 아마도 지라르를 통해, 그러나 그를 무시하고 변형시키면서, 저 구절들 위에서 광주와 독대하고 화해했던 것이리라. 그 밤이 각별하게 문학적이었던 세번째 이유이다.

## 5. 보유: '사태'에 대하여

김현은 5·18을 단 한 번도 '항쟁'이나 '봉기'로 명명하지 않는다. 더러 '남도에서 일어난'이라거나 '80년 초의' 같은 두루뭉술한 관형구들을 사용할 때를 제외하고는, 대부분 '광주사태'란 말을 고수한다. 그가 '항쟁'이란 표현을 쓰는 경우를 나는 단 한 번 발견했을 뿐인데(더 있을 수 있겠으나 그렇다고 그가 '사태'란 명칭을 선호했다는 사실이 달라질 것 같지는 않다). 그 글은 한승원의 『우리들의 돌탑』(문학과지성사, 1988)에 대한 것이다. 인용해보면 아래와 같다.

장사 이야기와 가족소설의 결합을 통해 작가가 보여주려 하고 있는 것은, 속죄·참회의 마음은 그것이 정성스러우면 속죄를 낳는다는 것이었는데, 놀랍게도 그는 광주 항쟁의 경우 아직 속죄–화해의 마음이 나설 때가 아니라고 주장하고 있다. [……] 광주 항쟁은 근대사의 모든 움직임과 관계 있다. 그것은 3·1운동, 6·10만세 사건,…… 4·3사태, 여순 반란 사건…… 등과 관련되어 있으며, 더 나아가 동학운동…… 등과 관계되어 있다. 그러니 모든 운동은 역사적이다. 광주 항쟁은 80년에 일어난 것이 아니라 수백 년 전에 일어난 것이다(정여립은?).[20]

흥미로운 것은 인용문에서 김현이 사용하고 있는 '광주항쟁'이란 명칭이 한승원 소설의 주제를 요약하면서 등장한다는 점이다. 따라서 저 문장들에서 김현이 사용하고 있는 '항쟁'이란 명칭은 자신의 것이라고 보기 힘들다. 생략되어 있지만 '한승원에 따르면'이란 제한 속에서만 그는 그 명칭을 사용한다.

'광주민주화운동'이란 명칭이야 1997년 즈음에 공식화되었으므로 김현이 고려할 만한 대상은 될 수 없었다 치더라도, 1988~89년 사이 벌어진 이른바 '5·18 성격 논쟁'에 대해 그가 전혀 몰랐을 리는 없다. 사회 구성체 논쟁, 그와 연동된 민족문학 주체 논쟁에서 5·18의 명칭은 이른바 '노선 투쟁'의 각축장과 같았다. '민중항쟁' '무장봉기' 등의 명칭들이 누가누가 더 과격한가를 과시하기라도 하듯 제출되었고, 대체로 지금은 '5·18광주민주화운동'(공식적으로 발언할 경우) 혹은 '광주항쟁'(공식적 명칭보다는 좀더 급진적으로 발언할 경우)이라는 이름으로 자리를 잡은 듯하다.

그러나 김현은 생애 마지막 날까지, 마치 그러저러한 사정에는 관심이 없다는 듯 '광주사태'라는 명칭을 버리지 않는다. 물론 그가 애초에 5·18을 일종의 '소요사태'로 묘사하고자 했던 전두환 일파의 의도에 동의했으리라고는 믿기 힘들다. 이에 대해서는 곳곳에 산재해 있는 그의 죄의식의 파편들을 찾아낼 것도 없이, 앞서 인용한 여러 글만으로도 충분한 반증이 될 줄 안다. 그렇다면 그가 '사태'라는 명칭을 끝내 고수

20 「행복한 책읽기: 1988. 11. 23.」, 같은 책, p. 168.

한 이유는 다른 데서 찾아야 한다.

'사태'의 사전적 의미는 이렇다. "1) 산비탈이나 언덕 또는 쌓인 눈 따위가 비바람이나 충격 따위로 무너져 내려앉는 일. 2) 사람이나 물건이 한꺼번에 많이 쏟아져 나오는 일을 비유적으로 이르는 말." 그렇다면 원래 이 단어의 의미에 가치 판단은 개입되어 있지 않다. 애초에 전두환 일파가 5·18을 '소요사태'라는 말로 명명해 부정적인 의미를 부여하지 않았다면 말이다.

이 글에서 나 역시 항쟁이나 봉기란 단어를 쓰지 않고 '5·18'이라는 가치 중립적인 기호만을 사용했다(이전에는 항쟁이라고 쓰기도 했다). 왜냐하면 5·18은 마치 무한텍스트와 같아서(나는 그렇게 되기를 바란다), 특정한 명칭으로 그 성격을 제한하고 고정화시키는 일을 피하고 싶었기 때문이다. 그래서 나는 항쟁이나 봉기 같은 명칭보다 가령 바디우의 '사건', 최정운의 '절대공동체' 같은 개념들을 더 선호하는 편이다. 그 개념들은 5·18의 성격을 특정한 가두리 안에 가두지 않고, 그 잠재적 역량을 보존한다. 나는 그런 이유로 김현이 '사태'란 명칭을 고수했으리라고 생각한다. 실제로 5·18은 모든 근거ground가 일시에 '무너져 내리는', 그리고 많은 사람이 한꺼번에 정치와 문학의 장으로 '쏟아져 나오'게 한 사건이었다.

그러나 김현에게는 지금 우리가 가지고 있는 '사건'이나 '절대공동체'라는 명칭의 선택지가 없었다. 물론 그 말에 붙어 관습화된 부정적 의미를 고려할 때, '사태'라는 용어를 대신할 다른 명칭을 찾으려고 시도하지 않은 것, 그것은 어쩌면 오류였을지도 모른다. 그러나 만약 그것이 오류였다고 해도, 그것은 염결한 오류였으리라. 그는 죽기 직전에야 "하늘의 상석에 올려진" 5·18과 온전히 독대할 수 있었으니까.

# 부재하는 현존, 현존하는 부재, 그 5월의 심연

우찬제

## 1. 절대공동체의 얼굴들

"아아 광주여 무등산이여/죽음과 죽음 사이에/피눈물을 흘리는/우리들의 영원한 청춘의 도시여//우리들의 아버지는 어디로 갔나/우리들의 어머니는 어디서 쓰러졌나/우리들의 아들은/어디에서 죽어 어디에 파묻혔나/우리들의 귀여운 딸은/또 어디에서 입을 벌린 채 누워 있나/우리들의 혼백은 또 어디에서/찢어져 산산이 조각나 버렸나."[1] 이렇게 시작되는 김준태 시인의 「아아 광주여! 우리나라의 십자가여!」가 『전남매일신문』 1980년 6월 2일 자에 게재될 때까지도 광주 밖의 사람들은 거기서 도대체 무슨 일이 일어났는지, 제대로 알 수 없었다. 온갖 유언비어들만 난무했고, 도무지 믿기지 않는 소문들로 흉흉했다. 진실에 대한 의지는 가망 없는 희망처럼 보였다. 진실이, 아니 최소한 사실이라도 제대로 소통될 수 있는 미디어는 없었다. 물론 신문이나 방송

---

1   김준태, 「아아 광주여! 우리나라의 십자가여!」, 5월문학총서간행위원회 엮음, 『5월문학총서·1 시』, 5.18기념재단, 2012, p. 18.

매체가 없지 않았지만, 그것이 곧 진실의 소리를 전하는 책임 있는 미디어 역할을 하고 있다고 믿기 어려운 상황이었다. 그러다 보니 광주 안에 있었던 사람들이 얼마나 간절하게 S.O.S를 요청하고 있는지, 광주 밖의 많은 사람은 헤아리기 어려웠다. "여기는 남쪽나라 무풍지대/조국이여, 우린 난바다 속에 갇혀 있음/바람을 기다림. 긴급구조는 불가능한 것으로 판단됨/식량은 열흘간의 물과 건어물뿐임." 이런 상황에서 긴급구조를 요청하지만 구조는커녕 응답조차 받을 수 없는 고립무원의 상황이었다. "오, 난파당한 조국이여/아직도 우리는 애국가를 부르고 있음/바다에 빼앗기지 않은 시신을 싣고/바람의 궐기를 기다리고 있음/어떤 배도 근처를 지나지 않음."² 그래서일까. 당시 5월 광주 현장에 있었던 임철우는 오월문학의 한 절정을 보인 장편 『봄날』의 앞머리에 이런 헌사를 바친다. "끝내 아무도 달려와 주지 않았던 그 봄날 열흘, 저 잊혀진 도시를 위하여 이 기록을 바친다."³ 이를테면 이런 풍경과 얼굴들이 그해 5월 남쪽의 어느 도시에 있었다는 사실을, 증언해야 한다는 소명을 임철우는 보여준다.

불현듯 그날 밤 광장에서의 횃불 시위의 광경이 눈앞에 떠올랐다. 연시빛 불빛에 따스하게 젖어 흔들리던 그 이름 모를 수많은 얼굴들. 어둠이 깔린 거리를 따라 흐르던 그 평화롭고 아름다운 행렬. 수천 수만의 목소리를 한데 모아 부르던 노래…… 이내 짙은 잿빛의 수면 위로, 누군가의 얼굴들이 물방울처럼 하나둘 돋아나기 시작했다. 윤상현, 무석형, 칠수, 순임이, 민태, 민호…… 친구들, 선배들, 그리고 이름

---

2  임동확, 「긴급송신(S.O.S)」, 『매장시편』, 민음사, 1987, pp. 46~47.
3  임철우, 『봄날 1』, 문학과지성사, 1997, p. 5.

모를 수많은 얼굴들. 그 하나하나는 저마다 작은 불꽃으로 변해 어느 덧 작은 개울을 이루고, 강을 이루고, 마침내 바다를 향해 뜨겁게 굽이 쳐 흘러가고 있었다. 명기는 조용히 두 눈을 감았다. 목 안에서 울컥 솟 구치는 불덩이 하나를 명기는 아프게 되삼켰다. 뜨거운 눈물이 뺨 위로 흘러내렸다.[4]

『봄날』의 에필로그에서 도망자 처지가 된 명기의 회상 장면인데, 그 얼굴들 사이에는 가공할 만한 폭력으로 인해 죽임을 당한 얼굴들이 굽 이쳐 흐른다.[5] 항쟁 40년이 지난 지금과는[6] 달리 명기가 회상하는 이 에

4    임철우, 『봄날 5』, 문학과지성사, 1998, p. 436.
5    『봄날』의 여러 곳에 그런 고통스러운 얼굴들이 제시된다. 광주 바깥에 있었던 작가 최윤
     은 그 얼굴을 이렇게 묘사한 바 있다. "그 소리 지르는 얼굴, 쓰러지는 얼굴, 위협하고 구타
     하는 얼굴, 피 흘리고 쓰러지는 수많은 얼굴, 발가벗겨진 채 붕어처럼 팔딱거리며 경련하
     는 얼굴, 헉 하고 소리 지를 시간도 없이 사라져버리는 얼굴, 쫓기는 얼굴, 부릅뜬 얼굴, 팔
     을 내휘두르며 무언가를 외치는 얼굴, 굳어진 얼굴, 영원히 굳어진 얼굴들, 깔린 얼굴, 얼
     굴 없는 얼굴, 앞으로 나아가는 옆얼굴, 빛나는 아름다운 이마의 얼굴, 뒤로 나자빠지는 얼
     굴, 다시 깔리는 얼굴, 그녀의 이름을 부르다 말고 꺼지는 눈빛의 얼굴……"(최윤, 『저기 소
     리 없이 한 점 꽃잎이 지고』, 문학과지성사, 1992, p. 225).
6    1980년 5월 18일부터 열흘 동안 전개되었던 이 광주항쟁에 대해서는 그동안 국내외에서
     다양한 논의가 전개된 것이 사실이다. 가장 최근의 문헌에서 신기욱은 이렇게 정리했다.
     "5·18광주민주화운동이 한국의 근현대사에서 차지하는 비중은 결코 작지 않다. 5·18에서
     흘린 피와 땀이 현재 한국이 누리고 있는 민주주의의 토대가 되었음은 부인할 수 없다. 더
     구나 1919년의 3·1이 아시아의 반식민지·반제국주의 운동의 기폭제가 되었다면, 1980년
     의 5·18은 아시아 지역의 민주화의 물결을 가져오는 중요한 계기가 되었다. 3·1과 5·18
     모두 독립과 민주화라는 눈앞의 목표를 달성하는 데는 실패하였지만 장기적으로는 한국
     을 넘어서 더 큰 영향을 미쳤던 것이다. 따라서 5·18을 단순히 대한민국의 역사유물로 간
     직하는 데 그치지 말고 그 정신을 좀더 보편화하는 노력이 필요하다"(신기욱, 「5·18정신의
     보편화를 위하여」, 백낙청·임형택·도진순 외, 『백년의 변혁: 3·1에서 촛불까지』, 백영서 엮음,
     창비, 2019, p. 282). 2015년 5·18기념재단이 실시한 '5·18인식조사'(만 19세 이상 일반 국
     민 6백 명 표본 조사)에 따르면 한국의 역사적 사건 중 가장 관심이 높은 사건을 5·18민주
     화운동으로 꼽았고(54.8%), 다음으로 4·19혁명(25.4%) 등을 지목했다. 5·18민주화운동

필로그의 시점에서 그 얼굴들은 풍경을 지닐 수 없었다. 임철우가 "인간과 짐승들이 한데 엉켜 지냈던 그 야만의 시간들"(「관광객들」)이라고 표현했던 그 열흘을 경험한 임철우나 임동확 같은 이들에게 그 시간은 가히 디스토피아의 시간이었을 것이다. 제대로 얼굴을 지닐 수 없었던 그들에게 걸맞은 얼굴을 되돌려주는 데 많은 시간이 소요되었다. 그 진상을 밝히고 그 얼굴들의 명예를 회복하려는 여러 노력을 거친 후에 나온 담론 중의 하나가 이른바 '절대공동체'론이다.

정치학자 최정운은 당시 광주의 5월 공동체는 "폭력에 대한 공포와 자신에 대한 수치를 이성과 용기로 극복하고 목숨을 걸고 싸우는 시민들이 만나 서로가 진정한 인간임을, 공포를 극복한 용기와 이성(理性) 있는 시민임을 인정하고 축하하고 결합한" 절대공동체였다고 그 성격을 논의한다. "시민들이 공포를 극복하고 투쟁하며 추구하던 인간의 존엄성은 이제 비로소 존엄한 인간끼리의 만남 그리고 바로 이 공동체에서 서로의 인정과 축하를 통해 객관화되었"고, 이 "절대공동체에서 시민들은 인간으로서의 정체성(正體性, identity)을 찾았고 [……] 다시 태어"[7]날 수 있었다는 것이다. "모든 시민들이 인간이 되기 위하여 적과 목숨을 걸고 싸우며 그들이 동료 시민들과 만나 존엄한 인간임을 확인하는 과정에서, 죽음을 넘어선 한계상황에서 성령의 계시처럼 내면적 과정으로 이루어진 것"이었으니 이 절대공동체는 "성스러운 초

의 성격에 대해서는 57.4%가 '대한민국의 민주주의와 인권 신장에 기여한 운동'이라고 답했다. 또 5·18민주화운동에 대한 인식은 민주화 기여도(68.2%) > 시민의식 및 인권신장 기여도(67.0%) > 민주주의 상징성(62.4%) > 평화통일 기여도(26.3%) > 진상규명 여부(24.1%)의 순으로 나타났다(같은 책, p. 280).

7  최정운, 「폭력과 사랑의 변증법: 5·18 민중항쟁과 절대공동체의 등장」, 『5·18 민중항쟁과 정치·역사·사회 3: 5·18민중항쟁의 전개과정』, 5·18기념재단, 2007, p. 264.

자연적 체험"[8]이었다고 언급한다. 인간 존엄성을 짓밟는 무차별적 폭력에 대한 분노와, 생명과 인간 존엄성에 대한 사랑이 얽히고설키면서 "'대단한 인간', 인간 이상임의 느낌"[9]을 절감할 수 있었을 것이라고 말하는데, 이런 해몽의 대상은 사실상 이루 형언할 수 없을 정도의 악몽이었음에 틀림없다.

그 절대공동체를 형성했던 많은 동료가 항쟁하다 피 흘리며 처참하게 죽어갔고, 그런 가운데 살아남은 이들도 죽음보다 더한 고통에 시달려야 했다. 뒷날 작가가 된 임철우도 그중 한 사람이다. 비록 살아남긴 했지만, 그것이 그를 더 괴롭혔다. 더할 수 없는 죄의식과 불안에 시달리게 했다. 27세에 체험했던 광주항쟁은 인간적인 측면에서건 작가의 측면에서건 임철우에게 결정적인 체험으로 작용했다. 살아남은 자의 죄책감을 덜기 위해서라도 광주의 현장과 고통을, 그 절대공동체의 얼굴들을 소설화하겠다고 결심했고, 또 그 결심을 소설로 완성했기 때문이다.[10] 그런 임철우가 아직 본격적으로 5월 광주 절대공동체의 얼굴을

8   같은 글, p. 276.
9   같은 글, p. 281.
10  광주항쟁 체험과 그 트라우마 경험에 대해 임철우는 다음과 같이 밝힌 바 있다.
    "나는 한동안 제정신이 아니었다. 그게 아니라고, 당신들은 모르고 있다고, 혼자 흥분해서 입에 게거품을 물고 그때의 일을 얘기해주다가 보면 모두들 잠자코 나를 바라보고만 있었다. 호기심과 반신반의, 혹은 냉소에 찬 눈빛들, 그 한없이 차분하고 이성적인 눈빛들 앞에서 나는 숨이 막히고 가슴이 터질 것만 같았다. 술에 취하면 갑자기 목소리가 높아지고 사나워졌다. 그 냉정하고 영리한 눈빛들을 빛내며 마주 앉아 있는 그들의 모습에 나는 끝없이 절망하고 분노하고 그리고 난폭해졌다. 그때부터 눈물이 부쩍 흔해졌다. 며칠씩 잠 한숨 자지 않았다. 길을 가다가도 광주 생각만 하면 눈물이 쏟아지고, 광주 사람들 생각만 하면 울음이 북받쳤다.
    그렇게 거의 보름 가까이 잠을 자지 않았더니, 낮에는 두 다리가 구름 속을 떠도는 것만 같았다. 그런 어느 날 밤, 별안간 가슴이 터지고 머리가 빠개질 듯한 극도의 압박감에 나는 방바닥에서 벌떡 일어났다. 이러다간 미치고 말겠구나. 한순간, 나는 내가 극히 위험한 수위에 도달해 있다는 사실을 깨달았다. 나도 모르게 방바닥에 엎어지자마자 엄청난 울음이

소설화하기 이전에 비평가 김현은 신진 작가 임철우의 내면에서 불안·부끄러움 등으로 읽어낸다. 임철우 소설의 인물들이 보이는 자폐적 의식의 이면에서 그런 심리를 파악하면서 김현은, "불안·부끄러움 등은 폭력적 정황과 맞서 있는 개별자들의 심리적 반응"이라면서, "불안은 그 폭력이 자신의 삶을 어떻게 만들어버릴지 알 수 없다는 데서 생겨나는 심리적 반응이며, 부끄러움은 그 폭력에 대항하지 못하는 데서 생겨나는 심리적 반응"[11]이라고 진단한다. 불안과 부끄러움! 여러 위기사에서 그랬지만 특히 1980년 5월 광주에서 남은 자들이 보인 대표적 심리가 그렇지 않았을까. 기형도의 유고 시집을 해설하면서 김현은 "죽은 사람의 육체는 부재하는 현존이며, 현존하는 부재"[12]라고 적었는데, 그해 5월 광주에서 죽은 절대공동체의 얼굴들이야말로 부재하는 현존이며, 현존하는 부재 아니었을까. 적어도 80세대들에게는 어김없이 그렇게 다가온다. 1980년대 내내 아니 그 이후에도 줄곧 1980년 5월로부터 결코 자유로울 수 없었다. 광주의 폭력과 대결하는 진실의 싸움, 그것은 가장 핵심적인 시대정신이었으며 비평정신이었다. 4·19세대 비평가 김현이 광주 문제와 관련하여, 그 불안과 부끄러움의 심리, 폭력과 진실의 대결, 고통의 심연에서 시적 외침이 터져 나오는 자리에 대한 성찰과 그 리듬에 대한 관심, 그리고 폭력적 현실에서 문학적 욕망 등 여러 문제에 대해 어떤 비평적 궁리를 했었는지 살펴보는 것이 이 글의

---

폭포처럼 터져 나왔다. 마치 더 이상 버티지 못할 만큼 팽창한 공기가 튜브를 찢어내며 격렬하게 터져 나오듯이 그렇게. 이불을 뒤집어쓰고 그렇게 한바탕 통곡을 토해내고 나자 비로소 조금씩 숨이 쉬어졌다. 그러자 나도 모르게 입에서 이런 기도가 터져 나왔다.

"하느님, 제가 그날을 소설로 쓰겠습니다. 목숨을 바치라면 기꺼이 바치겠습니다. 저를 도와주십시오""(임철우, 「낙서, 길에 대하여」, 『문학동네』 1998년 봄호, p. 59).

11  김현, 「아름다운 무서운 세계」, 임철우, 『아버지의 땅』, 문학과지성사, 1984/1996, p. 333.

12  김현, 「영원히 닫힌 빈 방의 체험」, 기형도, 『입 속의 검은 잎』, 문학과지성사, 1989, p. 129.

과제이다.

## 2. 남은 자들의 부끄러움과 고통의 심연

"1980년대는 광주와 죽음-죽임의 연대이다"[13]라는 문장으로 시작되는 「보이는 심연과 안 보이는 역사 전망」의 도입부는 김현이 5월의 광주에 대해 비교적 일목요연한 의견을 보인 대목에 속한다. "40년대 후반의 아우슈비츠와 유대인 학살을 상기시키는, 아니 그것을 실제로 느낄 수 있었던, 불행한 연대"인 1980년대에 광주는 "처음에는 분노와 비탄과 절망, 그리고 침묵으로 점철되었"다가, 나중에는 "일종의 원죄의식으로 변화하여, 그것에 어떤 식으로든 반응하지 않고서는 살 수 없는, 물론 육체적으로는 살 수 있겠으나, 정신적으로는 살기 힘든, 그런 장소"가 되었다고 말한다. 더욱이 "오랫동안 소외되어온 곳이어서 역사적 숙명론의 흔적" 내지 실체까지 보여준다면서, 시인들도 그 "원죄의식"에서 자유롭지 못하다는 점, 특히 "80년대에 시작 활동을 한 거의 모든 시인들은 어떤 형태로든지 그 원죄 의식을 드러낸다"[14]는 점을 강조한다. 요컨대 첫째, 1980년 광주는 남은 자들로 하여금 원죄의식을 갖게 한다. 부끄러움과 원죄의식이 으뜸 되는 핵심어이다. 시인들역시, 아니 더더욱 그러한데 성실하게 광주와 마주치려 하면 할수록 더고통스럽다고 김현은 말한다. "광주 체험은 그러나 너무나 압도적이어서 그것을 시화시키는 데 시인들은 큰 고통을 겪는다. 광주를 노래하는 순간, 그 노래는 체험의 절실함을 잃고, 자꾸만 수사가 되려 한다. 성실

---

13  김현, 「보이는 심연과 안 보이는 역사 전망: 꽃을 보는 두 개의 시선」, 『분석과 해석/보이는 심연과 안 보이는 역사 전망』(김현문학전집 7), 문학과지성사, 1992, p. 294.

14  같은 곳.

한 시인들의 고뇌는 거기에서 나온다. 광주에 대해 눈을 감을 수는 없다. 그렇다고 절실하게 느껴지지 않는 시를 시라고 발표할 수도 없다. 그 고뇌를 예술적으로 현명하게 헤치고 나온 시인들은 불행하게도 많지 않다."[15] 이렇게 둘째로, 김현은 절실한 체험과 수사의 관계를 언급한다. 그러면서 그는 "그 고뇌를 성실하게 받아들이고 거기에서 자기 나름의 시적 공간을 확보하는 데 성공한" 시를 분석하면서 "시는 외침이 아니라 외침이 터져 나오는 자리라는 것"이 밝혀지기를 희망한다.[16] 그러니까 셋째는 시적 외침이 터져 나오는 자리, 그 미학적 재현 체제에 대한 김현의 도저한 관심을 분명히 한 것이라 볼 수 있다.

먼저 부끄러움 내지 원죄의식에 대해. 이성부의 시집 『빈산 뒤에 두고』를 논의하는 자리에서 김현은 이성부 사례에 대해 이렇게 적었다.

그의 고향은 광주이며, 80년 5월에 그는 서울에 있었다. 그는 고향에서 일어나고 있는 일들을, 숱한 사람들의 죽음을 멀리서 바라보고만 있었다. 고향 사람들은 죽어갔는데, 그는 비겁하게 살아남았다. 그는 아무것도 하지 못했다. 그것이 그의 상처이다. 그 상처는 개인적 상처이면서 역사적 상처이며, 그는 거기에서 자신의 먼 데 있음, 비겁함을 확인한다. 그러나 그가 아무것도 하지 않은 것은 아니다. 그는 자신이 가까운 데 있지 않고, 먼 데 있으며, 비겁하다는 것을 반성하며, 고향 사람들의 죽음을 통해, 죽음은 바로 태어남이라는 것을 깨닫는다. 그 반성과 깨달음은 역사적 상처를 통해 당연히, 자연히 얻어지는 것이 아니라, 자기 자신의 내면의 상처를 뒤집어 까발림으로써 얻어지는 것이다.

15  같은 곳.
16  같은 글, pp. 294~95.

그 과정의 성실성이 이성부 시의 힘의 근원이다.[17]

이성부의 비겁함이나 부끄러움이 시적 근원이 되는 것은 역사적 상처에 대면하는 자기 개인의 상처를 절실하게 현시하기 때문이다. 특히 이성부의 시 중에서 「몸」을 주목하면서 김현은 언제나 밖에 있는 몸과 '불타는 말' 사이의 길항과 긴장을[18] 파고든다. "피투성이가 된 몸은 불타오르는 말이다. 그것은 아름답다. [……] 불타오르는 말은 살아 있어서 아름답다. 사람이 가야 하는 곳은 그 말이 있는 곳이며, 써야 하는 시는 그 말이 있는 시이다."[19] 더 풀어 보일 필요도 없이 이성부의 부끄러움에서 시적 외침에 이르는 경로를 단적으로 비평한 대목이다.

최하림도 이성부처럼 사십대에 일어난 광주의 5월을 광주 밖에서 겪었다. 일상적 사회인으로서 추체험한 최하림과 달리 임동확은 주변인으로 현장에서 체험한다. 이미 사회에 편입되어 있던 연배인 최하림과 달리 임동확은 아직 편입되어 있지 않기 때문에 역사적 사건에 영웅적으로 뛰어들어 자신의 몸을 바치는 경우도 있을 수 있지만, 임동확 역시 그렇지 못했다고 적으면서, 김현은 4·19 때 "자기 자신의 내면의 상처를 뒤집어 까발린"다. 그럼으로써 부끄러움과 원죄의식의 패러다임을 조성한다.

그러지 못한 것이 그뿐이겠는가. 나 역시 그러했다. 60년 봄에 나는

---

17  김현, 「죽음과 태어남: 이성부의 『빈산 뒤에 두고』」, 『분석과 해석/보이는 심연과 안 보이는 역사 전망』(김현문학전집 7), p. 285.

18  "몸이 쓰러지며 던지는 한마디 말/아스팔트 위에 피투성이가 된 말/거짓으로 살아 있을 줄을 모르는 말/불타는 말//몸은 언제나 밖에 있다./총칼과 文字와 화려함의 문 밖에/서울의 금줄 밖에/우리들 사랑 밖에"(이성부, 「몸」 2·3연, 『빈산 뒤에 두고』, 풀빛 1989, p. 65).

19  김현, 「죽음과 태어남: 이성부의 『빈산 뒤에 두고』」, p. 291.

경무대 앞까지 갔으나, 총소리가 났을 때, 내 몸은 한 가게 목판 밑에 있었다. 나는 내가 비겁한 놈이라는 자학을 하면서, 경무대 앞에서 장충단까지를 터덜터덜 걸어갔다. 햇빛은 밝게 빛나고, 날씨는 알맞게 쌀쌀했다.[20]

햇살 밝은 외면 풍경과 대조되는 어두운 내면 정경을 이런 식으로 드러낸 것은 김현 특유의 4·19세대의 자의식 내지 자기반성성을 거듭 드러낸다. 부끄러움이나 원죄의식은 진정성의 어떤 단초를 제공할 수 있다. 그러나 그것이 곧 좋은 문학을 형성할 수 있는 것은 아니다. 충분조건일 수 없다. 그러기 위해서 시인은 더욱 절실하게 고통의 심연으로 내려가야 한다. 김현이 최하림의 시를 주목한 것도 그런 맥락에서이다. 「죽은 자들이여 너희는 어디 있는가」를 분석하면서 김현은 심연의 눈을 응시한다. "이 도시의 보이지 않는/눈이 나를 보고 있다"[21] 이렇게 시작되는 이 시를 놓고 비평가는 보임/보이지 않음의 대립을 극적으로 부조하는 리듬을 찾아내고, 그 리듬과 더불어 아름다운 것을 넘어 충격적인 이미지로 꽉 차 있는 이미지들을 분석하면서, 그 이미지들의 메타포에서 침묵의 외침을 감각한다. 무엇보다 "나를 보고 있는 이 도시의 보이지 않는 눈이라는 이미지"를 강조한다. "이 도시에서는 모든 것이 눈이다. 눈만으로 이뤄진 릴케의 천사와 다르게 이 도시의 눈은 침묵하는 심연의 눈이다."[22] 그런데 그 심연의 눈은 뭔가 끔찍한 사태를 경험한 침묵의 도시의 눈이기에 범상치 않다. "아무 말 없이 눈을 부릅뜨고 낯선 것들을 주시하고 있는 침묵의 도시, 그 도시에서 전율하지 않을

20  김현, 「보이는 심연과 안 보이는 역사 전망: 꽃을 보는 두 개의 시선」, p. 301.
21  최하림, 「죽은 자들이여 너희는 어디 있는가」, 『문학과사회』 1989년 겨울호, p. 1408.
22  김현, 「보이는 심연과 안 보이는 역사 전망: 꽃을 보는 두 개의 시선」, p. 298.

사람이 어디 있으랴!"[23] 그 심연의 눈이 보고 있는 꽃의 심상은 더 전율케 한다. "오오 나를 감시하는 눈들이 보는 저 꽃/하늘의 상석에 올려진 아직도/피비린내 나는/눈부시고 눈부신 꽃/살가죽이 터지고/창자가 기어 나오고" 부분에서 꽃은 일반적인 미적 대상일 리 만무하다. 이 피비린내 나는 최하림의 꽃에 대해 김현은 "시인의 꽃에서는 피비린내가 난다. 그러면서도 눈부시고 눈부시다. 끔찍한 꽃이다. 그 꽃은 더구나 살가죽이 터지고 창자가 기어 나온 꽃이다. 아름다운 것이 견딜 수 없을 정도로 훼손된 것이 시인의 꽃이다. 그 꽃은 또한 자신이기도 하다. 이 끔찍함이 이 시의 기본 동력 중의 하나이다"[24]라고 해석한다. 도시의 눈에 보이는 꽃이 그토록 끔찍하기에 시인은 "검은 바다에 철침 같은 비가 꽂힌다"[25]는 '검은 바다'의 '심연 속으로' 내려간다. "속이 비치는 심연 속으로/가고 있었네"처럼 "속이 보이는 심연"이라는 일종의 패러독스로 눈길을 끄는 최하림의 「심연 속에서」라는 시에서 "심연은/시간이었고 고통이었네" "심연은/시간이었고 아픔이었네"[26]로 작은 변주를 동반한 반복의 리듬을 김현은 주목한다. "심연이 시간인 것은 그 심연을 낳은 사건이 역사적 사건이기 때문이며, 그것이 고통이며, 아픔인 것은 그것은 어떤 방식으로든 치유되기 힘든 상처이기 때문이다. 관념적 사건이 아니라 역사적 사건으로 존재하며, 아직도 우리의 의식을 짓누르는 깊은 상처를 우리는 어떻게 치유해야 할 것인가?"[27] 역사적 사건에서 비롯된 깊은 상처를 응시하면서, 그 상처를 외치는 목

23  같은 글, p. 299.
24  같은 곳.
25  최하림, 「검은 바다」, 『문학과사회』 1989년 겨울호, p. 1409.
26  최하림, 「심연 속으로」, 『문학과사회』 1989년 겨울호, p. 1411.
27  김현, 「보이는 심연과 안 보이는 역사 전망: 꽃을 보는 두 개의 시선」, p. 301.

소리가 아닌 그 상처와 고통을 성찰하고 상상하게 하는 심연의 자리를, 즉 시적 외침이 터져 나오는 자리를 분석함으로써 심연에서의 오월문학의 형성 가능성을 보이고 있다는 점에서 인상적이다.

최하림이 묘사한 침묵의 도시, 검은 바다, 저주받은 내면에서도 짐작할 수 있는 일이지만, 1980년 5월의 사건은 역사적 이성의 진보 가능성을 배반하고 환멸감에 빠지게 하는 치명적 상처였다. "그 공포의 도시, 저주받은 도시에서 일어났던 일은 인간은 할 수 없는, 짐승의 짓이다. 짐승의 짓을 체험한 사람은 순진하게 역사의 진보를 그대로 믿을 수가 없다. 역사는 때로 우회한다라는 변명도, 압도적인 짐승의 시간을 체험한 사람에겐 췌사이다. 밖에서, 뒤에서, 그것을 체험한 사람은 역사의 우회적 진보에 대해 믿을 수가 있다. 그러나 그는 그럴 수가 없다."²⁸ 그럼에도 불구하고 젊은 시인 임동확이 "그럴 수가 없었음을, 그저 절망의 심연에 빠져 있지만은 않았음을" 분석한다. "그를 절망의 심연에 빠지지 못하게 하는 것은, 저주받은 도시에 대한 회상·기억과 풀꽃처럼 져간 동료들에 대한 추모의 정이다. 그는 그것 때문에 차라리 산다. 그의 시적 승리는, 공포의 도시에서, 좌절하여, 가난한 시인 지망생으로 만족하지 않고, 풀꽃처럼 져간 동료들의 뒤를 흔들림 없이 뒤따르려는 결의를 보여준 데 있다."²⁹ 임동확의 경우 사변적 논리가 아닌 '체험적 동지애'로, 의식적이라기보다 '전신감각적'으로 죽은 이들의 넋을 진혼하여 그 뒤를 따르려 한다는 것이다. 최하림도 그렇지만 임동확도 고통스러운 현실을 외면하지 않음은 물론이거니와 그렇다고 고통의 스펙터클이나 비명을 그대로 노정하지도 않으면서, 그 고통의 심연으로

28  같은 글, p. 303.
29  같은 글, pp. 304~05.

독자들을 곡진하게 안내하는 데 성공하고 있다고 김현은 평가한다. 외침이 아니라 외침이 터져 나오는 자리를 엄정하게 조망하고 분석한 결과라 하겠다. 그 외침이 터져 나오는 자리는, 반복이 되겠지만, 고통의 심연이다.

## 3. 현실의 부정성을 현시하는 문학의 리듬

김현이 거듭 '외침'이 아니라 '외침이 터져 나오는 자리'를 강조하고, 고통의 심연을 응시한 것은 고통을 넘어서기 위해서는 고통을 통해서만 가능하다는 인식에 바탕을 둔 것 같다.

고통스러운 세계를 부정할 수 있는 것은 그 고통스러운 세계를 통해서이다. 그 부정의 행위는 자신을 속죄양으로 만듦으로써 세계의 무의미를 부수는 행위이다. 나는 의미 없는 사람으로 살아가지 않겠다, 나는 내가 나 자신의 주체가 되도록 하겠다, 그것만이 고통의 세계에서 벗어날 수 있는 길이다. 자기 자신을 파괴하는 것은 자기 자신이 그 한 부분을 이루고 있는 부정적 세계를 부수는 것과 같다─그 도저한 자기 인식을 나는 마적이라고밖에 다른 말로 부를 길이 없다. 그 마적 정신주의는, 고통의 세계에서 모두 예수의 아들이 되어 그 차이를 잃어버리는 경향에 대항하여, 차이를 드러내고 강조한다. 차이를 강조하는 것을, 차이를 지우려는 사람들은 파괴적 폭력이라 부른다. 그러나 그 파괴적 폭력은 새 의미를 낳는 기초적 폭력이다. 차이를 강조하지 못하는 한, 억압적인 현실은 파괴되지 않는다. 내가 용서하지 않으면, 너는 용서받은 것이 아니다라는 전언은 이청준의 마성이 전하는 핵심적 전언이다. '그 가열한 정신주의'는 정신주의의 패배를 정신주의로 극복하는

현실적 정신주의이다.[30]

중·고등학교 시절을 광주에서 보낸 까닭에 광주를 제2의 고향으로 여겼던 이청준 역시 이성부처럼 그해 5월에 광주가 아닌 서울에 있음으로써 그 고통을 고향 사람들과 함께하지 못한 것에 대해 무척 미안해하고 원죄의식을 느꼈던 작가이다. 「비화밀교」(1985), 「벌레 이야기」(1985) 등은 그 나름대로 광주의 고통과 대면하려 한 작품이었는데, 김현은 「벌레 이야기」에서 용서할 수 있는 권리를 강조한 이청준의 '가열찬 정신주의'를 각별히 주목한다. "이제 서로서로 용서할 때가 왔다"[31]라고 했던 르네 지라르의 결론과는 달리 이청준은 종교적으로 타협하지 않고 인간 스스로 용서할 수 있는 권리를 지닌 주체가 되기를 바랐던 것인데, 종교적 계율에 의탁하지 않은 이청준의 '가열찬 정신주의'를 성찰하면서 김현은, "고통스러운 세계를 부정할 수 있는 것은 그 고통스러운 세계를 통해서이다"라는 명제를 제출한다. 그러면서 희생양, 파괴적 폭력, 기초적 폭력 등을 언급한다. 광주 충격 이후 그 고통스러운 세계를 통해, 그것을 부정하기 위한 비평적 작업으로 김현이 천착한 것이 "문학의 자율성을 보장하면서 사회학적으로 그것을 설명"[32]하기위한 『문학사회학』과 문제의식을 문화인류학적으로 확대 심화한 『르네 지라르 혹은 폭력의 구조』였는데, 「벌레 이야기」 등을 다룬 「떠남과 되돌아옴」만 보더라도 그 문제의식의 상당 부분을 확인할 수 있다. 비

30 김현, 「떠돌아옴과 되돌아옴: 이청준」, 『분석과 해석/보이는 심연과 안 보이는 역사 전망』
　　(김현문학전집 7), pp. 155~56.
31 김현, 「속죄양의 의미」, 『폭력의 구조/시칠리아의 암소』(김현문학전집 10), 문학과지성사,
　　1992, p. 70.
32 같은 책, p. iii.

록 광주에 대해 직접적으로 자주 드러내지는 않았지만, 한 사람의 비평가로서 시대사적 사건을 어떻게 감당할 것인가 하는 문제에 대한 자의식과 책무감이 상당했던 것으로 보인다.

『르네 지라르 혹은 폭력의 구조』의 「글머리에」에서 김현은 "욕망의 뿌리가 심리적이며 사회적인 것"이라는 것, 그리고 "모든 욕망은 역사적"[33]이라는 것을 강조한다. 그러면서 욕망과 폭력에 대한 관심이 1980년 5월의 일과 깊이 연계되어 있음을 밝힌다. "1980년초의 폭력의 의미를 물어야 한다는 당위성"이 밑에 자리 잡고 있었으며, 지라르를 통해 던지는 "폭력은 어디까지 합리화될 수 있는가?"[34]라는 질문에는 또 다른 아픔이 배어 있음을 분명하게 환기한다. 르네 지라르를 따라 혹은 비판적으로 희생양, 폭력의 무차별적 현실, 폭력적 상호성, 상호적 폭력에서 일인에 대한 만인의 폭력으로의 이행, 폭력의 환상적 육화, 초석적 폭력, 욕망과 욕망의 욕망 등 핵심 논점을 다루었다. 무차별적 폭력 현상이 끔찍한 수준으로 전개되었던 "1980년 초의 폭력의 의미"를 탐문하기 위한 문화인류학적 성찰은 「폭력과 왜곡」 「증오와 폭력」 등의 평문에서 더 구체적인 실감을 얻게 된다. 「폭력과 왜곡: 미륵하생 신앙과 관련하여」에서 김현은 한국의 개벽 신화로 함흥에서 채록된 「창세가」와 제주도에서 채록된 「천지왕 본풀이」를 다루면서 "왜 악인이 선인을 이기는 것일까?" "권선징악의 멋있는 전통은 왜 신화에서는 발견되지 않는가?"[35]와 같은 질문을 제기하는데, 이는 1980년대 초반의 정치적 무의식에서 발원된 질문처럼 보인다. 신화의 기능 단위들

---

33  같은 책, p. 18.

34  같은 책, p. 19.

35  김현, 「폭력과 왜곡」, 『분석과 해석/보이는 심연과 안 보이는 역사 전망』(김현문학전집 7),
    p. 196.

을 분석하면서 그는 "폭력에 의한 질서 수립은 또 다른 폭력(속임수)을 낳고, 그 폭력은 수립된 질서가 일시적으로 기능하게 할 뿐"이라는 사실을 발견하고 질문한다. "왜 전면적 질서는 오지 않는 것일까?" 폭력에 의해 수립된 질서에서 그 답을 찾는다. "그 질서는 사랑과 양보에 의한 질서가 아니라 폭력과 억압에 의한 질서이다. 폭력과 억압이 있으면 피해자가 있게 마련이고 피해자가 있으면 원한이 있게 마련이다. 원한은 그 질서도 파괴하고 싶다는 새 욕망을 낳고, 그 욕망은 새 무질서를 낳는다."[36] 특히 악인이 승리하는 나쁜 폭력의 경우 니체적 의미에서 원한을 배태하고, "원한은 내재화되어 공격성으로 전환"되며, 공격성이 전면화될 때 "파괴 자체를 즐기려는 이상심리"[37]가 나타날 수 있고, 그 파괴 충동을 제어하기 위해 종교-문화에 도피하는 경향이 있는데, 이와 관련해 "초월적 욕망에 의한 폭력의 약화"를 김현은 "종교-문화적 왜곡"[38]이라고 부른다. 이청준의 「벌레 이야기」에서 종교에 귀의하여 보복의 폭력을 약화하려고 했던 주인공이, 용서할 권리마저 빼앗겨버린 상황에 절망한 나머지 원한 맺힌 자살을 하는 것으로 비판적 성찰의 지평을 형성하는데, 이를 두고 김현이 '가열찬 정신주의'라 명명한 것도 이런 맥락과 관련되는 것일 터이다. 어쨌거나 폭력과 억압에 의한 질서를, 김현은 단호하게 거부한다. 물론 그런 성향이 김현만의 전유물일 수는 없다. 그러나 일찍이 『한국 문학의 위상』에서 펼쳤던 김현의 핵심 문학관과 관련하여 그런 성향을 각별하게 초점화해도 좋을 것으로 생각한다. 문학은 억압하지 않으면서 억압하는 부정성을 인식하게 하고 그것을 통해 세계 개조에의 의지를 갖게 한다는 생각 말이다.[39]

36 같은 글, p. 200.
37 같은 글, p. 210.
38 같은 글, p. 197.

'만인 대 일인의 싸움'이라는 테마로 안정효의 『갈쌈』과 전상국의 「외딴 길」을 분석한 「증오와 폭력」 또한 가해자와 피해자의 문제, 개인의 진실과 집단의 폭력 문제, 혹은 억압당하는 집단과 억압하는 독재자의 문제 등과 관련하여 많은 생각거리를 제공한 글이다. 1980년대 현실과 대결하고 성찰하면서도, 그 성찰의 범위를 넓혀 인류학적인 '성화'의 문제로 확대하면서 의미심장한 질문을 제출한다. 가령 "만인의 증오의 대상인 사람이 죽은 뒤에" "성화되는 경향"이 있다는 것을 논의한 대목을 보자. "만인의 증오의 대상이었던 인물은, 외디푸스처럼, 죽어 성화되어 마을을 지키는 사람이 된다. 과연 그럴까? 임꺽정이나 장길산의 성화를 보면, 그럴듯해 보이기도 한다. 만인의 증오의 대상이 되어 죽어간 사람은 그 사람이 대표하는 집단 때문에 성화되어 거룩하게 취급된다. 기존의 이익 집단은 그를 죽여 그에 적대적인 집단에게 위협을 가하고, 그를 성화시켜 그에 적대적인 집단을 위로한다. 누가, 어떻게 증오의 대상이 되었는가와 마찬가지로 누가, 어떻게 성화되는가를 따져봐야 할 필요성은 거기에 있다. 나는 오늘 누구를 왜 미워하고 있는가, 나는 오늘 누구를 왜 성화하고 있는가라는 질문은 피할 수 없는 질문이다. 나는 동물이 아니라 사람이기 때문이다."[40] 특히 "나는 오늘 누구를 왜 미워하고 있는가, 나는 오늘 누구를 왜 성화하고 있는

39 "문학은 유용한 것이 아니기 때문에 인간을 억압하지 않는다. 억압하지 않는 문학은 억압하는 모든 것이 인간에게 부정적으로 작용하는 것을 보여준다. 인간은 문학을 통하여 억압하는 것과 억압당하는 것의 정체를 파악하고, 그 부정적 힘을 인지한다. 그 부정적 힘의 인식은 인간으로 하여금 세계를 개조하지 않으면 안 된다는 당위성을 느끼게 한다"[김현, 「문학은 무엇을 할 수 있는가」, 『한국 문학의 위상/문학사회학』(김현문학전집 1), 문학과지성사, 1991, p. 50].

40 김현, 「증오와 폭력」, 『분석과 해석/보이는 심연과 안 보이는 역사 전망』(김현문학전집 7), p. 195.

가"란 질문은 1980년대 초의 매우 심각한 시대정신과 관련 있는 질문에 속한다. 이런 문제들을 다른 맥락에서 거듭 성찰하기 위해 김현은 미셸 푸코 연구에도 공을 들였다. 권력의 생산 및 작동 방식과 언어와 담론의 계보와 맥락 등을 푸코를 따라 『시칠리아의 암소』에서 성찰한 것 역시 1980년대 한국 사회의 권력과 담론의 현상에 대한 김현의 비평적, 인문학적 응답이라고 하겠다.

위기사에 값하는 5월항쟁은 문학과 사회에 대한 총체적 성찰을 엄중하게 요구한 역사이기도 했다. 1960년대 논쟁이 진행되던 무렵부터 강조한 것이기는 하지만, 김현은 저간의 순수·참여 논쟁이 가짜 논쟁이라는 것을 거듭 환기하면서 문학과 사회의 관계, 혹은 문학과 그것을 둘러싼 맥락에 대한 전체적 통찰이 어떻게 가능한 것일지 궁리한다. 『문학사회학』에서 김현은 문학과 사회를 각각 비현실적 기능과 현실적 기능으로 파악하면서 프로이트의 맥락에서 쾌락원칙과 현실원칙과 관련짓는다. "문학은 사회적 갈등이나 모순을 있는 그대로 표출하여 그것의 부정적 성격을 승화시키려 하며, 사회는 제도적으로 그것을 억압하려 한다. 문학은 꿈이며 사회는 제도이다. 문학은 꿈이며 행복에의 동경이지만, 그것은 앞뒤가 어긋나지 않는 형태를 요구한다. 사회는 제도이지만, 그것 역시 앞뒤가 어긋나지 않는 형태를 요구한다. 그 두 형태가 동형인 것을 구조주의 인류학은 점차로 드러내고 있다."[41] 그에 따르면 사회를 문학적으로 이해한다는 것은 "인간이 질서있게 살아가기 위해 제도화시킨 것을, 쾌락 원칙에 의거해서 인간이 갖고 있는 꿈에 비추어 재반성하는 것"[42]을 뜻하고, 문학을 사회적으로 이해한다는 것

41  김현, 『한국 문학의 위상/문학사회학』(김현문학전집 1), p. 199.
42  같은 곳.

은 "문학이 어떤 형태로 제도화되었는가를 생각하고 그것의 의미를 반성하는 일"[43]이다. 그런 맥락에서 문학의 자율성과 사회적 제도화, 나아가 문학과 사회의 관계는 매우 긴밀하면서도 긴장감을 연출한다.

이 사회에서는 어떠한 꿈이 어떠한 형태로 제도화되어 있는가, 그 제도화는 어떠한 모순을 드러냈는가, 그 모순은 어떻게 극복될 수 있는가를 문학은 꿈·행복에 비추어 드러내는데, 문학의 특수한 점은 그 드러냄이 결핍에 의지해 있다는 점이다. 꿈을 꿈 자체로 드러내는 방식을 문학은 취하지 않는다. 그것은 아마도 예언적 철학자가 할 임무이리라. 문학은 꿈에 비추어 어떤 것이 어떻게 결핍되어 있는가 하는 것을 부정적으로 드러낸다. 문학의 자율성이 획득한 최대의 성과는 현실의 부정적 드러냄이다. 그 부정적 드러냄을 통해서 사회는 어떤 것이 그 사회에 결핍되어 있으며, 어떤 것이 그 사회의 꿈인가를 역으로 인식한다.[44]

그러니까 문학은 인간의 꿈과 행복에 대한 욕망을 드러내는데, 그것은 결핍의 동공에서 부정적으로 현시되는 것이다. 꿈이 그 자체의 날것으로 문학에 드러날 수 없다는 것, 다시 말해 '문학의 자율성'이 획득한 최대 성과가 '현실의 부정적 드러냄'이라는 김현의 논리는 이『문학사회학』전체의 구조 안에서 다시 논증된다. 현실을 부정적으로 드러내기 위한 시학적 재현 체계나 심미적 이성, 문학의 내용과 형식을 변별적으로 파악하는 것이 아니라 내용-형식의 전체적 통찰 문제 등을 이론적으로 정리한다.『문학사회학』작업을 수행하면서도 그는 "문학

---

43  같은 책, p. 200.
44  같은 책, pp. 199~200.

적 형태는 문학적 꿈이 문학으로 표시되기 위한 최소한도의 규제"라는 것, "어떠한 경우에도 문학은 언어적 표현이라는 궁극적 제약을 벗어날 수가 없다"[45]는 것을 기본 전제로 삼는다. 거의 당연한 말임에도 거듭 강조하는 것은, 김현이 현실의 부정성을 드러내는 문학적 언어의 리듬에 매우 민감한 비평가였기 때문이다. 생전에 출간된 마지막 평론집인 『분석과 해석』의 「책머리에」에서 김현은 그 이후 오래 인구에 회자된 이런 발언을 했다. "내 육체적 나이는 늙었지만, 내 정신의 나이는 언제나 1960년의 18세에 멈춰 있었다. 나는 거의 언제나 사일구 세대로서 사유하고 분석하고 해석한다. 내 나이는 1960년 이후 한 살도 더 먹지 않았다."[46] 4·19세대 비평가로서의 자의식을 분명히 거듭 천명한 다음에 김현은 "리듬에 대한 집착, 이미지에 대한 편향, 타인의 사유의 뿌리를 만지고 싶다는 욕망, 거친 문장에 대한 혐오…… 등은 거의 변화하지 않은 내 모습"[47]이라고 밝혔다. "진리는 숨어서 드러나지 그대로 드러나지는 않는다는 것을"[48] 언제나 예민하게 자각했던 김현은 부정적 세계를 통해 현실의 부정성을 드러내고 진리를 환기하는 복합적인 맥락과 구조를 전면적으로 성찰하고자 했던 비평가인데, 이때 문장과 리듬에 대한 강조는 단지 언어적이거나 형식적이거나 구조적인 관심에 국한되는 것이 아니었다. 그것을 포함하여 심리적이고 사회적이고 역사적인 그리고 신화적인 것까지 포괄하는 경로가 바로 문장이고 리듬이라고 생각했던 것 같다.

45  같은 책, p. 200.
46  김현, 「분석과 해석: 책머리에」(1988), 『분석과 해석/보이는 심연과 안 보이는 역사 전망』 (김현문학전집 7), p. 13.
47  같은 글, p. 14.
48  김현, 『행복한 책읽기/문학 단평 모음』(김현문학전집 15), 문학과지성사, 1993, p. 222.

## 4. 새로운 비평정신과 미학의 형성

20세기 초의 과학적 변모를 과학적 '혁명'으로 파악하려 했던 토머스 쿤과 달리 가스통 바슐라르는 "새로운 정신의 형성"으로 보았다고, 김현은 1970년대 중반에 논의한 바 있다. "위기나 혁명은 과거의 생각을 완전히 무효화시켜버리지만, 새로운 정신은 과거의 것을 하나의 인식론적 방해물로 생각하면서, 그것을 감싼다enveloper. 그것을 또 새로운 정신이 감싸게 될 것이다. 그가 계속적인 끼워 맞추기les emboîtements successifs라고 부르는 것이 바로 그것이다."⁴⁹ 마찬가지로 김현의 비평 역정은 계속 감싸고 끼워 넣고 성찰하고 모색하면서 새로운 정신과 미학을 형성하기 위한 탐문을 계속한 역동적 형성의 역사였다고 말해도 크게 틀리지 않을 것이다.

"방황하지 않고 열심히 주장하고 선동할 수 있는 자는 행복할진저!"⁵⁰라고 썼던 그는 새로운 형성을 위해 무던히도 방황한 것으로 보인다. 그는 제도 안에 있으면서 제도 밖을 꿈꾸었고, 현실 안에서 현실 너머를 동경했다. 그 욕망의 뿌리는 깊은 것이었고, 욕망의 욕망에 대한 탐문 또한 도저했다. 특히 1980년 5·18을 거치면서 부재하는 현존 혹은 현존하는 부재에 대한 사회적·역사적·심리적·신화적·인류학적 관심을 넓고 깊게 했던 것 같다. 비평가 김현에게, 그리고 1980년대의 많은 사람에게 5월 광주는 물리적으로는 이미 지나간 사건이면서도 정신 현상학적으로는 여전히 문제적이며 현재 진행 중인 심연의 사건이었다. 그해 5월 절대공동체의 얼굴들은 그야말로 부재하는 현존 혹은

---

49  김현, 『행복의 시학/제강의 꿈』(김현문학전집 9), 문학과지성사, 1991, p. 27.
50  김현, 「보이는 심연과 안 보이는 역사 전망: 꽃을 보는 두 개의 시선」, p. 303.

현존하는 부재였다. 결핍이었고 욕망이었다. 광주를 감싸고 끼워 넣고 성찰했던 김현의 비평정신을 끼워 넣고 감싸며 새로운 비평정신과 미학을 형성할 이유는 매우 넉넉한 편이다.

# 김현과 5·18


한래희


## 1

부끄러움이 김현의 의식 기저에 놓인 기본적 정조(情調)라는 것은 굳이 그의 기독교적 배경을 거론하지 않더라도 그의 비평 곳곳에서 확인할 수 있다. 춘원의 『무정』을 읽다가 들켜 혼나고, '써먹지 못하는' '문학 나부랭이'를 했다는 꾸지람을 어머니가 돌아가시기 전까지 들었다는 일화는 '아무짝에도 쓸모없는' 문학을 하는 데서 오는 부끄러움과 죄의식이 뿌리 깊은 것임을 보여준다. 아래 인용문은 김현이 부끄러움이란 기제에 어떻게 접근하고 있는가를 이해할 수 있는 단서를 제공한다.

글쓰기에 세계관이나 진실 내용이 중요하다고 해서 그것을 내용이 형식에 우선한다거나, 내용이 중요하지 형식은 중요하지 않다는 뜻으로 이해해서는 안 된다. 글쓰기에 세계관이나 진실 내용이 중요한 것은 사실이지만 세계관이나 진실 내용은 전이성적 관계에서 이해되는 것이지, 이성적 관계에서 이해되는 것은 아니기 때문이다. 작품 자체는 침전된 내용이라는 형식을 갖고 있다. 그 내용은 형식 속에만 갇혀 있는 것이 아니라, 그 형식을 뛰어넘으면서 살아 있는 힘이 된다. 윤동주를 예로 들자면, 그는 부끄러움이라는 전이성적 감정으로 세계를 파악한다. 그 부끄러움은 그의 시의 침전된 내용이다. 그것은 동시에 식민지 시대의 어려움을 시라는 형식을 뛰어넘어 보편화시키고, 그런 어려움을 사는 사람들에게 살아 있는 힘으로 작용한다. (『한국 문학의 위상/문학사회학』, pp. 68~69)

골드만과 아도르노의 대화를 소개하며 글쓰기에 세계관이나 진실 내용이 중요하다고 해서 내용이 형식에 우선하는 것은 아니라는 입장을 윤동주를 예로 들어 설명하고 있는 대목이다. 김현이 윤동주 시에서 파악한, 침전된 내용으로서의 부끄러움은 김현 자신에게도 적용될 수 있는 것이기도 하다. 김현의 분석력이 잘 드러난 글을 보면 부끄러움과 그로 인한 죄의식이라는 주제와 관련된 경우가 많다. 최인훈 소설론「책읽기의 괴로움」에 나오는, "자기가 어른이라는 것을 감추기 위해 남들 앞에서는 책읽기를 숨기고, 자기가 아직 어린애라는 것을 드러내기 위해 어머니 앞에서는 버젓하게 드러낸다"와 같은 내면 분석은 부끄러움의 심리기제에 그가 얼마나 민감한가를 단적으로 보여준다.

김현 비평에서 부끄러움은 대개 '금지된 것의 욕망/처벌' '안주의 욕망/해야 할 의무' 간의 갈등에서 발생하는 것으로 나타나지만 이것으로 모든 것이 설명되지 않는다. 김현의 부끄러움에 대해서는 다른 관점의 접근이 필요하다. 부끄러움이 하나의 감정에 그치지 않고 존재 전체를 지배하고 규정하는 정조라고 보는 하이데거의 관점이나, 부끄러움이 일종의 존재론적 감정으로 인간과 존재 사이의 만남에서 탄생하는 감정이라는 아감벤의 이론은 5·18 이후 김현의 부끄러움의 개념을 새롭게 조명하는 데 도움을 준다.

김현이 추구하는 비평적 전략에 따라 그것을 뒷받침하는 문학적 주체는 시기마다 다른 모습으로 나타난다. 이러한 주체의 구축에 부끄러움이 핵심적 요인으로 개입하고 있는데 '1980년 광주' 이후의 비평에는 이것이 더 두드러진다. 문학적 주체의 구성에는 이성적·미적·윤리적 요인들이 복합적으로 작용한다고 할 때, 부끄러움을 충분히 고려하지 않으면 이런 요인들의 상호 관계와 문학적 주체의 성격을 이해하기 어렵다. 여기서는 김현을 평생 사로잡았던 부끄러움이 문학적 주체의 구축에 어떠한 방식으로 나타났는가에 대한 탐색을 통해 5·18이 김현의 비평에 미친 영향과 그가 평생에 걸쳐 옹호하고자 했던 '문학적 저항'의 귀결점을 탐색해볼 예정이다.

## 2

김현이 파악한 1960년대 우리 사회는 한마디로 '규범 부재의 시대'이다. 한 사회가 존속하고 발전하려면 풍속과 이념의 조화가 필수적인데, 당시 우리 사회는 풍속과 이념 사이의 간극이 커지고 양자의 갈등이 심화되고 있었다. 또한 '성과 양식의 적절한 분배' 방법이자 금기 체계로서의 풍속이 위기에 처하고 풍속의 방향을 잡아줄 관념 체계로서의 이념 또한 유명무실하거나 붕괴된 상황으로 파악된다. 규범과 풍속의 부재로 규정된 당시의 사회에서 김현이 돌파구를 찾은 곳은 다름 아닌 '개인'이다. "믿을 만한 규범이 없다면 자신의 판단이 가장 중요하지 않을 수 없다. 마찬가지로 준수해야 해야 할 풍속이 없다면 자기 마음대로 살아나가는 수밖에 없다"라는 선언은 1960년대 김현의 문제의식을 압축한다. 우리가 여기서 초점을 맞추어 분석하려는 부분은 '개인'의 미적 측면과 윤리적 측면의 연관성이다.

1970년대 김현 비평에서 문학은 기존 윤리와 이념의 억압성에 대해 반성하고 비억압적인 새로운 금기 체계를 모색하는 자리이다. 억압성의 인식과 반성을 위해서는 특정한 윤리를 갖춘 미적 주체의 구축이 요구되는데, 미적 주체의 형성에는 새로운 윤리적 주체에 대한 요청이 필수적이다. 이 시기 김현 비평에서 부끄러움은 미적 과제를 수행할 윤리적 주체를 구성하는 주요한 요인이라고 할 수 있다. 윤리적 주체의 형성에 부끄러움이 미친 영향을 파악하려면 다음 글을 참고할 필요가 있다.

> 문학은 인간의 실현될 수 없는 꿈과 현실과의 거리를 자신의 의사에 반하여 드러낸다. 그 거리야말로 사실은 인간이 얼마나 억압되어 있는가 하는 것을 나타내는 하나의 척도이다. 불가능한 꿈이 아름다우면 아름다울수록, 삶은 비천하고 추하다. 그것을 깨닫는 불행한 의식이야말로 18세기 이후의 문학을 특징짓는 큰 요소이다. 아무리 불가능한 것이라 하더라도, 꿈이 있을 때 인간은 자신에 대해서 거리를 취할 수 있다. 다시 말해서 반성할 수 있다. 꿈이 없을 때, 인간은 자신에 대해 거리를 가질 수 없으며, 그런 의미에서 자신에 갇혀버려 자신의 욕망의 노예가 되어버린다. (『한국 문학의 위상/문학사회학』, pp. 52~53)

문학은 현실과 욕망의 억압성에 대한 인식을 통해 현실과의 거리뿐만 아니라 자신과의 거리 두기를 가능하게 한다는 점이 부각된다. 김현의 문학론에서 억압은 억압당하고 있다는 사실에 대한 무지에서 비롯되고 이러한 무지로부터의 탈피를 위해서는 무지했던 자신에 대한 인식과 부끄러움이 필수적이다. 자신이 저급한 욕망의 노예였다는 사실에 대해, 그리고 자신이 좁은 세계에 갇혀 더 아름다운 세계의 존재를 몰랐다는 사실에 대해 부끄러움을 느끼지 못한다면 문학을 통한 자유는 불가능하기 때문이다. 그런데 김현의 사유에서 특이한 것은 반성을 위해서는 이른바 '고문'이 필요하다는 점이다. 미적 체험에 고문이라는 불쾌한 요인이 개입하는 이유는 무엇일까.

우선적으로 감정을 세척시키는 문학을 조심할 필요가 있는 것은 그 것이 고문하지 않기 때문이다. 고문하는 문학은 보다 높은 의미에서 감정을 규제하고 억압하여 정신이 비판 능력을 잃어버리는 것을 막는다. 그것은 삶의 이유와 세계를 이해하는 방법에 대한 끈질긴 탐구를 가능케 함으로써 개인적인 감정을 억압하여 타인과 그를 관련 맺게 한다. (『현대 한국 문학의 이론/사회와 윤리』, p. 161)

김현의 관점에서 볼 때 이른바 카타르시스를 느끼게 하는 문학은 일시적인 쾌락을 가져다줄 수 있지만 자기 자신과 거리를 두게 하지 못한다. 고문하지 않는 문학은 개인을 일상적 만족 속에 안주하게 만드는 문학이라고 할 수 있다. 고문은 감정이 이성적 비판 능력을 마비시키는 것을 막고 자기와 세계에 대한 탐구로 독자를 이끈다는 점에 김현은 주목한다. 그런데 고문이 가능하려면 고문당하는 자아와 그것을 반성하는 자아의 분리가 필요하다는 점이 중요하다. 자신을 고문당하는 자아로 만들고 그런 자아에 대한 거리 두기를 성취한 자아로 스스로를 구성함으로써 고문은 반성의 계기가 될 수 있다. 이렇게 볼 때 김현의 해방적 주체는 고문당하는 상태에 내맡겨지는 수동성과 욕망의 노예였음을 확인하고 그것에서 벗어나는 능동성의 이중 운동의 결과로 탄생하는 셈이다.

1970년대 김현 비평에서 문학을 통한 자유의 해방적 가능성에 대한 기대는 바슐라르 이론의 뒷받침을 받아 반복적으로 등장한다. 그렇다면 문학을 통한 자유가 지니는 사회적 의미는 무엇인가.

> 그러나 그 유용한 것에 대해 근본적으로 회의의 눈초리를 보내는, 사회의 여백에 있는 사람들이 있다. 그들은 사회의 여백에서 떠돌아다님으로써 그 사회 자체를 회의케 만든다. [……] 떠돌이들의 자유는 제한된 자유가 아니라 완전한 자유이다. 그것은 사회 기구에 종속된 자들의 자유가 아니라, 그것을 부인할 수도 있는 자유이기 때문이다. [……] 진정한 예술은 본질적으로 무용한 것이며, 그래서 인간에게 완전한 자유를 누릴 수 있는 유일한, 그러나 유일한이 지나친 표현이라면, 가장 바람직한 장치로 작용한다. (『현대 비평의 양상』, pp. 204~05)

김현에게 쓸모없는 문학이 일으키는 반전은 개인적 초월에 머물지 않는다. 인용문에서 김현은 문학적 경험을 통해 완전한 자유를 성취할 수 있음을 '떠돌이'란 단어로 표현하고 있다. 떠돌이의 자유란 사회적 제약에서 완전히 해방된 상태이고, 이것은 억압적 사회를 거부할 수 있는 위치에 있는 상태를 의미한다. 떠돌이는 사회의 바깥에 서 있는 주체, 완전히 자유롭고 보편적인 주체의 은유적 표현이다. 완전한 자유를 경험한 주체는 억압 있는 사회에 대한 거부와 억압 없는 사회에 대한 갈망이라는 해방적 운동을 수행할 수 있다는 점이 부각된다.

여기서 던져야 할 질문은 완전한 자유를 누리는 주체와 사회의 성격일 것이다. 김현이 말하는 완전한 자유의 주체는 방법적 회의를 통해 특수한 문화적·민족적 뿌리로부터 벗어난 데카르트적 주체나 특수한 공동체에 제약된 미성숙한 개인을 뛰어넘어 보편적 이성의 차원에서

사고하는 칸트적 주체에 가깝다. 문제는 이러한 추상적 개인은 특수한 생활세계와 문화적 맥락 속에 사는 주체이기 때문에 '사회의 여백'에서 떠돌면서 삶을 살아갈 수 없다는 점이다.

1970년대 김현이 주목한 사회적 문제는 일차원적 사고와 거짓 욕망을 주입하는 문화산업과 상업화 논리이다. 산업소비사회의 문제를 극복할 방법으로 제출된 것이 문학의 유토피아적 기능과 비판적 기능의 극대화이다. 감춰진 사회적 모순에 대한 인식을 유도하는 고통의 문학과 억압적 현실에서의 초월을 가능하게 하는 유토피아적 역할이 문학에 요구된다. 문학의 자율성은 유토피아적 가상의 제시를 통해 소비사회의 거짓 만족과 조화의 허상을 폭로하고 상품화와 소외에 저항하는 방식으로 의미 부여된다. 그러나 문학의 유토피아적 가상은 부정적 현실과의 관계에서 그 자체가 하나의 물신이 되어 사회와 무관한 상태로 전락할 수 있다는 위험성을 피할 수 없다.

사회와 예술 간의 관계를 억압적 사회/해방적 문학의 대립 구도로 파악해온 김현에게 1980년 광주는 이러한 구도를 근원적으로 의심하게 만든다. 소비사회와 문화산업의 억압적 측면의 극복과 예술적 유토피아의 해방적 가능성이라는 측면에 비평적 관심을 집중해온 김현에게 광주에서의 폭력은 '불가능성'이 분출된 사건이라고 할 수 있다. 존재할 수 없고 존재해서도 안 되는 사건과 직면했을 때 기존의 이항 대립적 구도는 더 이상 유지될 수 없게 된다. 문학적 유토피아를 통한 소외의 극복이나 거짓 욕망과의 거리 두기라는 것이 사회의 핵심적 모순을 건드리는 듯했지만, 1980년 광주에서 벌어진 참상 앞에서는 이것이 '수치스러운 환영'이라는 점이 드러난다. 광주에서의 폭력과 이어진 군부의 지배는 문학적 유토피아의 정체에 대해서도 근본적인 질문을 제기한다. 1980년 5월의 참상 이후 떠돌이의 자유가 가지는 의미는 무엇일까. 5·18 이후의 김현 비평은 이런 문제와의 싸움의 결과물이다.

## 3

1970년대에 구축된 문학론과 비교해볼 때 1980년 광주 이후의 작업에는 이전 시기와의 연속성뿐만 아니라 미묘한 차이도 감지된다.

복음서의 진정한 독창성은, 완전한 예수의 무죄성을 통해 박해 체계의 폭력성을 탈신비화시킨 데 있다. 그도 다른 희생자처럼 죽지만, 그는 신비화되지 않는다. 그는 드러내고 죽는다. 예수의 죽음으로 희생제의적 기제의 허구성이 폭로된다. (『시칠리아의 암소/폭력의 구조』, p. 71)

앞서 살펴본 바와 같이 김현의 문학론은 유용성/무용성, 현실/꿈의 이항 대립을 기초로 한다. 문학이 보여주는 유토피아에 비추어 현실의 억압성을 인식함으로써 부정적 현실을 거부하고 자유를 향한 지향을 가질 수 있음은 이미 살펴본 바와 같다. 위 인용문에서 우리는 그가 성서에 대한 지라르의 관점을 앞서의 문학론의 체계에 입각해 설명하고 있음을 확인할 수 있다. 비억압적 문학을 통해 보이지 않던 현실의 억압이 드러나는 것처럼 희생양을 박해하는 현실의 폭력성이 폭로된다는 점이 강조된다. 예수가 완전한 무죄성을 통해 사회 체계의 폭력성을 폭로했듯이 문학도 완전한 자유를 통해 사회의 억압을 드러낼 수 있다는 점은 1980년 5월 거치면서도 변하지 않았던, 김현의 일관된 문학적 태도임을 확인할 수 있다.

그런데 이러한 태도는 1980년 5월 이후 '자율적 문학이 지향하는 사회나 체제는 무엇인가' '문학은 현존하는 억압적 체제의 변화에 조금이라도 기여할 수 있는가' '문학적 자유는 사회 외부에 존재하는 것인가' 라는 회의적 의문에 직면하지 않을 수 없다. 앞서 검토했던 떠돌이의 자유는 억압적 사회를 비판할 수 있는 상태로 간주되지만, 아도르노가 우려한 바와 같이 그것은 동시에 사회와 무관한 또 하나의 '물신'으로 전락할 위험성도 있다. 문화 전반을 황폐화시킨 군부의 강압적 통치와 당시 문화계 전반을 감싸고 있던 회의의 시선들은 이런 질문에 대한 응답을 더욱 강하게 요구한다. 푸코에 대한 다음과 같은 평가는 이에 대한 김현의 답변을 담고 있다.

> 그의 우리 자신의 비판적 존재론은 프로그램 비-제시적이다. 그것은 반성적이라는 철학적 태도를 뜻한다. 거기에서 그의 태도를 비-정치적이라고 비판할 수 있는 근거가 생기는 것이지만, 거기에는 모든 프로그램 제시적 움직임을 비판할 수 있는 힘이 생겨나는 것도 사실이다. [……] 그는 정말 신-보수주의자나 무정부주의자인가? (『시칠리아의 암소/폭력의 구조』, p. 226)

푸코에 대한 여러 비판에 대해 김현은 푸코의 이론이 비정치적으로 보일 수 있지만 오히려 특정한 정치적 입장을 보이지 않기 때문에 이념이나 권력을 비판할 수 있다는 점을 강조한다. '그는 신보수주의자인가 무정부주의자인가'라는 질문은 자신에게 던지는 물음이기도 하다. 김현은 푸코의 무정부주의에 대해 '반-명령적이고 비-억압적이며 반-획일적'이란 해석을 제시하기도 하는데 이 문장의 주어를 문학으로 바꾸면 김현의 푸코 해석은 곧바로 김현 자신의 문학론과 같아진다. '비판적 존재론에 기초한 문학적 입장이 무정부주의나 역사허무주의가 아닌가, 5·18과 같은 사건을 앞에 두고 과연 문학은 무엇을 할 수 있는가'

와 같은 비판적 질문에 대한 응답이 어디로 귀결되는가를 파악하려면 유고집『말들의 풍경』에 대한 검토가 필수적이다.

『말들의 풍경』에는 1980년 광주를 소재로 한 시를 분석한 평론이 두 편 실려 있다. 광주의 비극이 일어난 지 10년 가까이 지난 시점에 와서야 1980년 광주와 관련된 김현의 평론이 나왔다는 점은 더 깊이 분석해봐야 할 사안이나, 여기서는 앞의 논의에 집중하기로 한다. 두 평론에서 다룬 시는 공히 살아남은 자의 상처와 죄책감을 주요한 모티프로 한다. '사람들은 죽어갔는데' '아무것도 못 했다'라는 자책과 부끄러움이 최하림과 이성부의 시를 지배한다. 이 책에 실린 「고난의 시학」에서 윤동주 시에 나타난 부끄러움의 성격에 대해 김현은 다음과 같이 설명한다.

> 교육을 받으면 받을수록 그것이 나쁜 욕심이라는 것이 분명해진다. 부끄러움은 그 갈등에서 생겨난다. 지켜야 할 원칙을 알고 있으면서도, 그것을 자꾸만 깨뜨려버리려는 마음의 움직임이 부끄러움을 낳는다. [……] 그 부끄러움은 의식이 자아가 해야 할 일을 못하고 있다고 느낄 때 생겨난다. 사유 주체가 자기를 파괴하려는 혹심한 욕망에 시달리고 있음을 알고, 그것의 파괴성을 최소한도로 줄이려 애를 쓸 때, 부끄러움이 생겨난다. 부끄러움은 자아 포기·방기의 길을 가지 않으려는 의식의 마지막 몸부림이다. (『말들의 풍경』, p. 137)

이 인용문에는 두 가지 종류의 부끄러움이 나타난다. 첫번째 부끄러움은 편안함에 대한 욕망과 해야 할 의무 간에 발생하는 갈등에서 비롯된다. 두번째는 자아 포기·방기에 대한 욕망과 그것을 거부하려는 의식 사이의 싸움에서 생기는 부끄러움이다. 그러나 이성부와 최하림의 시에 나타난 부끄러움은 인용문에 나타난 부끄러움의 개념으로는 설명되지 않는 면이 있다. 김현이 명시적으로 개념화하지는 않았지만 이성부와 최하림 시에 대한 김현의 해석에는 다른 성격의 부끄러움이 존재한다는 점을 놓치지 않을 필요가 있다. 이를 제대로 해명하지 않으면 김현의 '광주시'론의 시사점을 충분히 드러낼 수 없을 것이다.

아감벤은 『아우슈비츠의 남은 자들』에서 부끄러움이란 감당이 안 되는 상황에 놓인다는 것을 의미하는데, 여기서 '감당이 안 되는 것'이란 외부적인 것이 아니라 우리 고유의 친밀함에서 오는 것이라고 말한다. 아감벤의 논의를 계속 따라가자면, 부끄러움은 인간적 감정의 차원을 넘어 존재 자체와 관련된 정조로 자신이 어떤 존재 앞에 노출된다는 의식에서 나온다. 자신이 누군가에 의해 보인다는, 더 나아가 간파된다는 사실을 인식할 때 부끄러움이 발생한다. 이렇게 보이는 것을 보는 것, 즉 보인다는 사실과 마주하는 경험이 부끄러움이라고 할 수 있다. 누군가의 시선 앞에 노출되고 보인다는 것은 자신의 존재 전체가 박탈되는 경험으로, 이는 탈주체화라고도 표현할 수 있다. 이렇게 볼 때 부끄러움은 탈주체화된 나를 보는 증인이 되는 경험의 소산이라고 할 수 있다. 이러한 부끄러움의 개념을 참고하면 부끄러움에 대한 김현의 해석과 1980년 광주의 의미에 대한 김현의 관점을 새롭게 조명할 여지가 생긴다.

최하림의 시 「죽은 자들이여, 너희는 어디 있는가」는 몇 가지 상징을 통해 죽은 자들에 대한 기억을 환기하는 방식으로 1980년 광주가 남긴 상처를 다룬다. 김현은 이 시에서 '보이지 않는 눈'과 '훼손된 꽃'의 이미지에 특히 주목한다. '보이지 않는 도시의 눈'은 비겁한 나와 고문당하는 나의 소환을 촉발하고 '눈'은 침묵하는 자를 소환한다. 여기서 침묵하는 자는 '말할 수 없어 침묵하는 자'뿐만 아니라 '말할 수 있지만 침묵하는 자'를 포괄한다. '눈'의 이미지를 통해 비로소 말할 수 있지만 침묵하는 자가 비로소 노출된다. '눈'이 아니었다면 침묵하는 자는 비가시성의 상태로 동물적 '생존'을 지속할 것이다. 최하림 시에서 '눈'은 '말할 수 있지만 침묵하는 자'가 고문당하는 탈주체화의 경험을 할 것을 요청하고 독자로 하여금 자신이 '보인다는 사실과 마주하는 경험'을 하게 함으로써 말하는 주체임을 상기시키는 기능을 한다.

1980년 광주의 폭력 이후 살아남았다고 생각하는 사람들에게 최하림 시에 나온 '보이지 않는 눈'을 피할 수 있는 사람은 없을 것이다. 그 도시에서 살아남았든, 멀리서 살아남았든 참아낼 수 없는 것을 참았고, 이러한 인내는 죄의식과 자기 파괴 욕망이라는 한층 더 큰 고통으로 이어진다. 보이지 않는 눈의 이미지는 광주의 폭력 이후를 살아가는 사람들로 하여금 광주에서 살아남지 못한 자의 고통과 무관하지 않은 것임을 깨닫게 한다. 탈주체화와 주체화의 이중 운동 개념을 통해 우리는 김현의 시 해석이 부끄러움의 심리기제를 이면에 깔고 있음을 확인할 수 있다.

1980년 광주의 고통은 중단되지 않을 것이고 더 나은 미래에 대한 기대도 가질 수 없다고 할 때 문학이 할 수 있는 일은 무엇일까. 이성부 시론은 1980년대 내내 김현을 사로잡고 있던 부끄러움과 죄의식을 그가 문학적으로 어떻게 극복하려고 했는가를 보여주는 예라고 할 수 있다. 이성부의 시는 1980년 5월 광주에서 일어난 죽음을 멀리서 바라보고만 있던 화자를 중심으로 전개된다. 이성부의 시에서 김현이 찾은 답은 '말'의 저항성과 시인의 '의지'이다.

피투성이가 된 말, 불타오르는 말은 밖에 있는 말이며 몸이다. 그것은 살아 있다. 그것은 규제되어 있지 않다. 그래서 시인은 과감하게 말한다. 배반할 수 있는 정신보다 몸을 더 믿을 수 있다. 피투성이가 된 몸은 불타오르는 말이다. 그것은 아름답다(라고 쓰는 나는 가까운 죽음보다 먼 바다를 그리워하는, 물을 부으면 소리 없이 사라질 설탕 같은 사람이 아닐까!) (『말들의 풍경』, pp. 146~47)

이 절절한 시인의 시 앞에서, 무엇을 더 덧붙이고, 무엇을 더 빼겠는가. 다만 한마디 췌사로 덧붙인다면, 아름답다! 아름다운 것은, 물론 이 시의 이미지들이 아니라, 이 시를 쓴 시인의 의지이다. (같은 책, p. 149)

정신은 길들여지고 편안함을 추구하면서 억압적 현실에 안주할 수 있지만 살아 있는 말은 언제나 부정적이고 전복적 역할을 수행할 수 있음을 강조한다. 그런데 불타오르는 말은 저절로 나오는 것이 아니라 자신의 내면의 상처에 대한 치열한 성찰이 뒷받침되어야 가능하다는 점이 김현에게는 특별히 중요하다. 상처에 대한 치열한 성찰과 모색을 통해 탄생한 시는 현실과의 타협을 거부하고 새로운 세계를 향한 움직임의 기초가 될 수 있기 때문이다. 이런 의미에서 최하림 시의 '눈'과 '꽃'은 불타오르는 말의 전형이라고 말할 수 있다. 보이지 않는 눈과 훼손된 꽃은 살아남은 자의 부끄러움과 죄의식을 고통스럽게 환기하지만 그 이면에는 죽은 자의 영혼이 위로받고 살아남은 자의 상처가 아무는 세계의 도래를 희망하는 욕망이 담겨 있다.

그렇다면 김현이 아름다운 것은 시의 이미지가 아니라 시인의 의지라는 말을 덧붙인 것은 무엇일까. 1980년의 '짐승의 짓'을 경험한 사람이라면 인간과 역사의 발전에 대한 기대를 갖기란 불가능에 가깝다. 회의와 절망이 지배하는 시대에 죽음과 부패에서 생명을 보게 하는 문학적 이미지의 탄생은 '말'과 '아름다운 세계'에 대한 의지 없이는 불가능하다. 아름다운 이미지는 아름다운 세계에 대한 의지의 뿌리이지만 짐승의 시간을 사건을 겪은 사람에게 그러한 의지를 갖는 것은 쉬운 일이 아닐뿐더러 내면의 상처가 치유되는 세상의 도래를 꿈꾸는 문학적 이미지를 창조하는 것은 더욱 힘든 일이다. 김현의 관점에서 볼 때 아름다움에 대한 의지는 '그렇기 때문에' 오히려 더 절실히 요청된다. 이곳이 '개인'에게서 탈출구를 찾았던 김현의 탐색이 도달한 지점이다.

1980년 광주 이후 살아남은 이들에게 가장 견딜 수 없는 것은 정신적 고통과 무관하게 이전과 다름없이 이어지는 생물학적 생존이다. 자신의 존재 자체가 보이지 않는 존재 —— 살아남지 못한 자와 살아남은 자를 모두 포함하는—에 노출되어 있다는 것에서 오는 부끄러움은 견디기 힘든 고통이고, 거기서 벗어날 방법은 없다는 사실은 주체를 죽음과 다름없는 상태로 이끈다. 1980년 이전에는 자신이 동물적 욕망의 노예임을 아는 것에서 오는 부끄러움을 통해 문학적 주체가 구성되었다면 1980년 광주 이후에는 보이는 눈앞에 노출되어 자신의 존재 전체가 박탈당하는 탈주체화의 경험을 통해 문학적 주체가 구성된다. 이전 시기와는 달리 탈주체화의 경험이 억압에서 완전히 자유로운 해방적 주체로 이어지지 않는 것은 비극적이다. 그러나 불모의 시간 속에서도 더 나은 세계에 대한 의지를 담은 '말'에 대한 기대가 김현의 문학적 주체를 지탱한다.

## 4

1980년 광주를 겪은 사람은 죽은 사람이건 살아남은 사람이건 자기 파괴의 욕망을 경험하기 쉽다. '누군가 나 대신 죽었기 때문에 내가 살아 있는 것이 아닌가'라는 감정에서부터 '많은 사람이 죽은 것은 내가 비겁하게 나서지 않았기 때문이 아닌가'라는 자책에 이르기까지 부끄러움과 죄책감에 자신을 숨기거나 자신의 생존을 부정하고 싶은 충동을 느낀다.

1980년 광주에서 일어난 학살과 그에 이은 군사정권의 지배는 기존의 윤리학으로는 이해할 수 없는 불가능한 사건이다. 가해자에 대한 처벌은 생각할 수 없는 상황이고 용서나 망각도 불가능하다. 유대인 학살 같은 극악무도한 범죄에 대해서라면 원한이라는 자세를 가질 때에만 범죄를 제대로 처리할 수 있다는 지젝식의 해법은 김현의 선택지에 없다. 김현은 "타기해야 할 것은 공식 문화의 지배 이념뿐만 아니라, 같은 방식으로 거기에 대응하는 대응 이념의 폭력성"이라는 말로 원한의 악순환이 낳을 파괴적 결과에 대해 경계심을 표명한다.

김현에게 문학은 말할 수 있는 것과 말해질 수 없는 것의 교차점에서 말하기의 불가능성을 자발적으로 떠맡아, 이전에 없었던 담화-사건을 만드는 작업이다. 문학이라는 담화-사건은 말의 불가능성과 탈주체화를 증언함과 동시에 유토피아적 기능을 포기하지 않아야 한다. 김현의 관점에서 볼 때 '오지 않았지만 오고야 말 희망'을 내장하지 않는 문학은 문학이라는 이름에 맞지 않다. '아름다운 것은 이 시의 이미지들이 아니라 이 시를 쓴 시인의 의지'라고 할 때, 김현이 말한 의지는 오고야 말 희망의 다른 표현일 것이다.

김현은 '시는 외침이 아니라 외침이 터져 나오는 자리라는 것'이 밝혀지기를 희망한다는 말로 최하림의 시 분석을 시작한다. 여기에 바로 '광주 이후 시를 쓰는 것이 가능한가' '문학주의는 역사 허무주의가 아닌가'라는 비판에 대한 김현의 최종적 답변이 함축되어 있다. '역사주의'의 외침과 '눈'의 이미지 중 지금까지 살아남아 외치고 있는 것은 누구인가.

# 참고문헌

## 최정운 「저항의 논리」

박남선, 『오월 그날: 시민군 상황실장 광주 상황 보고서』, 도서출판 샘물, 1988.

『세계화시대의 인권과 사회운동: 5·18광주민주화운동의 재조명』, 한국사회학
    회 엮음, 나남, 1998.

한승원 외, 『일어서는 땅: 80년 5월 광주항쟁 소설집』, 인동, 1987.

Benedict Anderson, *Imagined Communities*, Revised Edition, London: Verso, 1991.

Karl Marx & Frederick Engels, *Manifesto of the Communist Party*, 2nd Edition,
    Peking: Foreign Languages Press, 1973.

Max Weber, *Economy and Society*, vol. 2, Guenther Roth & Claus Wittich Eds.,
    Berkeley: University of California Press, 1978.

## 김상봉 「항쟁공동체와 지양된 국가: 5·18공동체론을 위한 철학적 시도」

강신준, 『그들의 경제 우리들의 경제학: 마르크스 『자본』의 재구성』, 도서출판
    길, 2010.

『광주5월민중항쟁사료전집』, 한국현대사사료연구소 엮음, 풀빛, 1990.

김남주, 『나와 함께 모든 노래가 사라진다면』, 창비, 2004.

김성국, 「아나키스트적 시각에서 본 5·18」, 『5·18민중항쟁에 대한 새로운 성
찰적 시선』, 조희연·정호기 엮음, 한울, 2009.

이진경·조원광, 「단절의 혁명, 무명의 혁명: 코뮌주의의 관점에서」, 『5·18민중
항쟁에 대한 새로운 성찰적 시선』, 조희연·정호기 엮음, 한울, 2009.

정근식, 「5·18의 경험과 코뮌적 상상력」, 『저항, 연대, 기억의 정치』, 김진균 엮
음, 문화과학사, 2003.

조대엽, 「광주항쟁과 80년대의 사회운동문화」, 『5·18민중항쟁과 정치·역사·
사회 5』, 이홍길 엮음, 5·18기념재단, 2007.

조정환, 『공통도시: 광주민중항쟁과 제헌권력』, 갈무리, 2010.

조지 카치아피카스, 「역사 속의 광주항쟁」, 『5·18민중항쟁에 대한 새로운 성
찰적 시선』, 조희연·정호기 엮음, 한울, 2009.

조희연, 「급진 민주주의의 관점에서 본 광주 5·18」, 『5·18민중항쟁에 대한 새
로운 성찰적 시선』, 조희연·정호기 엮음, 한울, 2009.

최정운, 『오월의 사회과학』, 풀빛, 1999.

함석헌, 『함석헌 전집』 2권; 11권, 한길사, 1993.

게오르그 빌헬름 프리드리히 헤겔, 『법철학』, 임석진 옮김, 지식산업사, 1990.

게오르그 빌헬름 프리드리히 헤겔, 『대논리학 II: 본질론』, 임석진 옮김, 지학
사, 1989.

Baruch Spinoza, *Tractatus Theologico-Politicus*, Wissenschaftliche Buchgesellschaft
Darmstadt, 1979.

Georg Wilhelm Friedrich Hegel, *Wissenschaft der Logik*, Bd. 1, Suhrkamp Verlag,
1986.

정문영 「'부끄러움'과 '남은 자들': 최후항전을 이해하는 두 개의 키워드」

*『성경』의 인용은 문맥을 정확히 하기 위해 다른 판본을 이용한 것이 아니라면 모두 한국천주교주교회의에서 편찬한 『성경』(2010)에서 취한 것이다.

『5·18민중항쟁사』, 광주광역시5·18사료편찬위원회, 2001.

『광주5월민중항쟁사료전집』, 한국현대사사료연구소 엮음, 풀빛, 1990.

박남선, 『오월 그날: 시민군 상황실장 광주상황보고서』, 샘물, 1988.

에릭 홉스봄, 『극단의 시대: 20세기 역사』(상·하), 이용우 옮김, 까치, 1997.

윤영규, 『멀리 보고 가는 길: 민족·민주·인간화 교육의 참스승, 윤영규의 삶 이야기』, 사회문화원, 1995.

이영진, 「전후 일본의 특공 위령과 죽음의 정치」, 서울대학교 인류학박사학위논문, 2012.

임철우, 『봄날』(전 5권), 문학과지성사, 1997~98.

정상용 외, 『광주민중항쟁: 다큐멘터리 1980』, 돌베개, 1990.

최정운, 『오월의 사회과학』, 풀빛, 1999.

─────, 「절대공동체의 형성과 해체」, 『5·18민중항쟁사』, 광주광역시5·18사료편찬위원회, 2011.

황석영 외 기록, 『죽음을 넘어 시대의 어둠을 넘어: 광주 5월 민중항쟁의 기록』, 전남사회운동협의회 엮음, 풀빛, 1985.

황석영 외, 『5·18 그 삶과 죽음의 기록』, 풀빛, 1996.

홍성담, 『오월에서 통일로: 통일화가 홍성담 문집』, 홍의담 외 엮음, 청년사, 1990.

酒井直樹, 『日本/映像/米国: 共感の共同体と帝国的国民主義』, 青土社, 2007.

Alain Badiou, *Saint Paul: The Foundation of Universalism*, Stanford, CA: Stanford UP, 2003.

Bradley Martin, "Yun Sang Won: The knowledge in those eyes", in *The Kwangju Uprising: Eyewitness Press Accounts of Korea's Tiananmen*, Henry Scott-Stokes and Lee Jai Eui eds., Armonk, NY: M.E. Sharpe, 2000.

Charles Petit-Dutaillis, *The French Communes in the Middle Ages*, Amsterdam: North-Holland Publishing Company, 1947[1978].

Emiko Ohnuki-Tierney, *Kamikaze, Cherry Blossoms, and Nationalisms: The Militarization of Aesthetics in Japanese History*, Chicago, IL: Chicago UP, 2002.

Emmanuel Levinas, *On Escape*, Stanford, CA: Stanford UP, 2003.

Eric Hobsbawm, *The Age of Extremes: The Short Twentieth Century 1914-1991*, London: Abacus, 1994.

Giorgio Agamben, *Remnants of Auschwitz: The Witness and the Archive*, NY: Zone Books, 1999.

——, *The Time That Remains: A Commentary on the Letter to the Romans*, Stanford, CA: Stanford UP, 2005.

——, *The Sacrament of Language: An Archaeology of the Oath*, Stanford, CA: Stanford UP, 2011.

Hannah Arendt, *Eichmann in Jerusalem*, Penguin Books, 1994.

Iris Marion Young, *Responsibility for Justice*, New York, NY: Oxford UP, 2011.

Longinus, "On the Sublime", in *Classical Literary Criticism*, Penelope Murray and T. S. Dorsch eds., Harmondsworth, UK: Penguin, 2000.

Pierre Bourdieu, *Outline of a Theory of Practice*, Cambridge, MA: Cambridge UP, 1977.

———, *Distinction: A Social Critique of the Judgment of Taste*, Cambridge, MA: Harvard UP, 1984.

Ruth Benedict, *The Chrysanthemum and the Sword: Patterns of Japanese culture*, Boston, MA: Houghton Mifflin Harcourt, 1946[2005].

Walter Benjamin, "One-Way Street." In Marcus Bullock and Michael W. Jennings. eds., 1996, *Walter Benjamin: Selected Writings, Vol. 1, 1913-1926*, Cambridge, MA: The Belknap Press of Harvard UP, 1996.


## 이영진 「부끄러움과 전향: 오월 광주와 한국 사회」

김소진, 『열린사회와 그 적들』, 솔출판사, 1993.

———, 『고아떤 뺑덕어멈』, 솔출판사, 1995.

———, 『자전거 도둑』, 강, 1996.

김종엽, 「분단체제와 87년체제의 교차로에서」, 『창작과비평』 2013년 가을호, pp. 41~43.

김현, 「보이는 심연과 안 보이는 역사 전망: 꽃을 보는 두 개의 시선」, 『분석과 해석/보이는 심연과 안 보이는 역사전망』(김현문학전집 7), 문학과지성사, 1992[1990].

김형중, 「『봄날』 이후」, 『내일을 여는 작가』 2002년 여름호.

김홍중, 『마음의 사회학』, 문학동네, 2009.

———, 「마음의 사회학을 이론화하기」, 『한국사회학』, 48집, 4호, 2014.

다케우치 요시미, 『루쉰』, 서광덕 옮김, 문학과지성사, 2003[1944].

———, 「근대란 무엇인가」, 『일본과 아시아』, 서광덕 · 백지운 옮김, 소명출판, 2004[1948].

──────, 「전쟁체험의 일반화에 대하여」, 『다케우치 요시미 선집 1: 고뇌하는 일본』, 윤여일 옮김, 휴머니스트, 2011[1961].

도미야마 이치로, 『유착의 사상: 「오키나와 문제」의 계보학과 새로운 사유의 사상』, 심정명 옮김, 글항아리, 2015[2013].

레나토 로살도, 『문화와 진리: 사회분석의 새로운 지평을 위하여』, 권숙인 옮김, 아카넷, 2000[1989].

루스 베네딕트, 『국화와 칼: 일본 문화의 틀』, 김윤식 · 오인석 옮김, 을유문화사, 2012[1946].

르네 지라르, 『폭력과 성스러움』, 김진식 · 박무호 옮김, 민음사, 1993[1972].

문부식, 『잊어버린 기억을 찾아서: 광기의 시대를 생각함』, 삼인, 2002.

미셸 푸코, 『안전, 영토, 인구: 콜레주드프랑스 강의 1977~78년』, 오트르망 옮김, 난장, 2011[2004].

박명림, 「87년 헌정 체제 개혁과 한국 민주주의: 무엇을, 왜, 어떻게 바꿀 것인가」, 『창작과비평』 2005년 겨울호.

발터 벤야민, 「역사의 개념에 대하여」, 『발터 벤야민 선집 6』, 최성만 옮김, 도서출판 길, 2007[1940].

서영채, 『문학의 윤리』, 문학동네, 2005.

에밀 뒤르켐, 『종교생활의 원초적 형태』, 노치준 · 민혜숙 옮김, 민영사, 1992[1912].

우카이 사토시, 「어떤 감정의 미래: 〈부끄러움(恥)〉의 역사성」, 『흔적 1: 서구의 유령과 번역의 정치』, 나오키 사카이 · 유키코 하나와 편, 박성관 옮김, 문화과학사, 2001.

윌리엄 M. 레디, 『감정의 항해』, 김학이 옮김, 문학과지성사, 2016[2001].

윤상철, 「87년 체제의 정치지형과 과제」, 『창작과비평』 2005년 겨울호, 2005.

이영진, 「'帝國'의 그림자와 마주한다는 것: 竹內好와 동아시아」, 『일본연구』,

59호, 2014.

──, 『죽음과 내셔널리즘: 전후 일본의 특공위령과 애도의 정치학』, 서울대학교출판문화원, 2018.

임동확, 『매장시편』, 민음사, 1987.

임철우, 『아버지의 땅』, 문학과지성사, 1984.

──, 『그리운 남쪽』, 문학과지성사, 1985.

──, 『달빛 밟기』, 문학과지성사, 1987.

──, 『봄날』(전 5권), 문학과지성사, 1997~98.

정근식, 「사회 운동과 5월 의례, 그리고 5월 축제」, 『축제, 민주주의, 지역 활성화』, 정근식 엮음, 새길, 1999.

정문영, 「광주 '오월행사'의 사회적 기원: 의례를 통한 지방의 역사 읽기」, 서울대학교 대학원 인류학과 석사학위논문, 1999.

정호기, 「5·18 기념행사와 기념사업」, 『5·18민중항쟁사』, 광주광역시5·18사료편찬위원회 엮음, 광주광역시5·18사료편찬위원회, 2001.

자크 데리다, 『마르크스의 유령들』, 진태원 옮김, 이제이북스, 2007[1993].

조르주 디디-위베르만, 『반딧불의 잔존』, 김홍기 옮김, 도서출판 길, 2012[2009].

──, 「감각할 수 있게 만들기」, 알랭 바디우 외, 『인민이란 무엇인가』, 서용순 외 옮김, 현실문화, 2014.

조르조 아감벤, 『아우슈비츠의 남은 자들: 문서고와 증인』, 정문영 옮김, 새물결, 2012[1998].

지주형, 『한국 신자유주의의 기원과 형성』, 책세상, 2011.

최정운, 『오월의 사회과학』, 풀빛, 1999.

──, 『한국인의 탄생: 시대와 대결한 근대 한국인의 진화』, 미지북스, 2013.

최정호, 「무사상(無思想)의 사회, 그 구조와 내력: 현대 한국의 정신적 상황에 관하여」,『계간 사상』 창간호, 1989.

클리퍼드 기어츠,「문화체계로서의 종교」,『문화의 해석』, 문옥표 옮김, 까치, 1998[1973].

프란츠 파농,『대지의 저주받은 사람들』, 남경태 옮김, 그린비, 2012[1961].

프리모 레비,『휴전』, 이소영 옮김, 돌베개, 2010a[1963].

―――,『지금이 아니면 언제?』, 김종돈 옮김, 노마드북, 2010b[1982].

―――,『가라앉은 자와 구조된 자』, 이소영 옮김, 돌베개, 2014[1986].

하비에르 세르카스,『살라미나의 병사들』, 김창민 옮김, 열린책들, 2010[2001].

한병철,『심리정치: 신자유주의의 통치술』, 김태환 옮김, 문학과지성사, 2015[2004].

한홍구,『유신』, 한겨레출판, 2014.

황석영,「항쟁 이후의 문학」,『창작과비평』, 14~16호, 1988.

황석영 외 기록,『죽음을 넘어 시대의 어둠을 넘어: 광주 5월 민중항쟁의 기록』, 전남사회운동협의회 엮음, 풀빛, 1985.

후지타 쇼조,『전향의 사상사적 연구』, 최종길 옮김, 논형, 2007[1975].

―――,『정신사적 고찰: 붕괴와 전환의 순간들』, 조성은 옮김, 돌베개, 2013[1982].

マリタ・スタ―ケン,『アメリカという記憶: ベトナム戦争、エイズ記念碑的表象』, 岩崎稔[他]訳, 東京: 未來社, 2004.

作田啓一,『恥の文化再考』, 東京: 筑摩書房, 1967.

思想の科学研究会編,『[改訂増補]共同研究 転向 上-下』, 東京: 平凡社, 1978.

鶴見俊輔, "序言 転向の共同研究について,"思想の科学研究会編,『[改訂増補]共同研究 転向 上』, 東京: 平凡社, 1978.

戸坂潤,『科学論』,『戸坂潤全集第一券』, 東京: 勁草書房, 1967[1953].

羽賀祥二,『明治維新と宗教』, 東京: 筑摩書房, 1994.

橋川文三, "幻視の中の「わだつみ会」". 『橋川文三著作集5』, 東京 : 筑摩書房, 1985[1960].

吉本隆明, "転向論", 『マチウ書試論・転向論』, 東京 : 講談社, 1990.

Martin Jay, *Refractions of Violence*, New York: Routledge, 2003.


영상자료

5·18기념재단 제작, 「기억을 기억하라: 5·18 민중항쟁 그 10일간의 기록」, 2006.


## 김영희 「'5·18 광장'의 기억과 '여성'의 목소리」

강갑생 외, 『갈치가 갈치꼴랭이 끊어 먹었다 할 수밖에: 제주 4·3 구술자료 총서 1』, 제주4·3평화재단 제주4·3연구소, 2010.

강천송 외, 『산에서도 무섭고 아래서도 무섭고 그냥 살려고만: 제주 4·3 구술자료 총서 3』, 제주4·3평화재단 제주4·3연구소, 2010.

고계연 구술, 김서령 지음, 『여자전(女子傳): 한 여자가 한 세상이다』, 푸른역사, 2007, pp. 11~49.

광주전남여성단체연합 기획, 『광주, 여성: 그녀들의 가슴에 묻어둔 5·18 이야기』, 이정우 엮음, 후마니타스, 2012.

권김현영 외, 『한국 남성을 분석한다』, 교양인, 2017, pp. 1~235.

김귀옥, 「구술사와 치유: 트라우마 치유의 가능성을 모색하며」, 『통일인문학』, 55권, 건국대학교 인문학연구원, 2013, pp. 131~65.

김동춘, 「분단이 낳은 한국의 국가폭력: 일상화된 내전 상태에서의 '타자'에 대한 폭력 행사」, 『민주사회와 정책연구』, 23권, 민주사회정책연구원,

2013, pp. 110~41.

김상봉, 『철학의 헌정』, 도서출판 길, 2015.

김성례, 「여성주의 구술사의 방법론적 성찰」, 『한국문화인류학』, 35권, 2호, 한
　　국문화인류학회, 2002, pp. 31~64.

―――, 「한국 무속에 나타난 여성체험: 구술 생애사의 서사분석」, 『한국여성
　　학』, 7집, 한국여성학회, 1991, pp. 7~43.

김성일, 『대중의 계보학: 모던 걸에서 촛불 소녀까지, 대중 실천의 역사와 새로
　　운 대중의 시대』, 이매진, 2014, pp. 1~346.

김연숙·이정희, 「여성의 자기발견의 서사, '자전적 글쓰기': 박완서, 신경숙,
　　김형경, 권여선을 중심으로」, 『여성과 사회』, 8호, 한국여성연구소,
　　1997, pp. 192~210.

김영, 「밀양 765kV송전탑건설반대운동에 대한 젠더 분석: 젠더 점핑의 과정과
　　원인을 중심으로」, 『한국여성학』, 31권, 2호, 한국여성학회, 2015, pp.
　　1~53.

―――, · 설문원, 「구술생애사 기록을 통해 본 사회운동참여의 맥락: 밀양
　　765kv 송전탑건설반대운동에 참여한 여성주민들의 구술생애사 분석
　　을 중심으로」, 『기록학연구』, 44권, 한국기록학회, 2015, pp. 101~51.

김영희, 「구술 기억과 서사적 표상: 밀양 765kV 송전탑건설반대운동 참여자들
　　의 구술 서사를 중심으로」, 『언어사실과 관점』, 42권, 연세대학교 언어
　　정보연구원, 2017a, pp. 1~34.

―――, 「표현의 갈망과 청취의 윤리: 여성 구술의 사회적 역능」, 『상허학보』,
　　51권, 상허학회, 2017b, pp. 51~102.

김인근 외, 『아무리 어려워도 살자고 하면 사는 법: 제주 4·3 구술자료 총서 2』,
　　제주4·3평화재단 제주4·3연구소, 2010.

김정경, 「자기 서사의 구술시학적 연구: 여성생애담을 중심으로」, 『한국문학이

론과 비평』, 13권, 3호, 한국문학이론과 비평학회, 2009, pp. 177~207.

김정숙 구술 후 정리, 황선금 지음, 원풍동지회 기획, 『공장이 내게 말한 것
　　들: 민주노조의 전설 원풍노조 노동자들의 구술생애사』, 실천문학사,
　　2016.

김정한, 『1980 대중 봉기의 민주주의』, 소명출판, 2013.

김현경, 『사람, 장소, 환대』, 문학과지성사, 2015, pp. 1~297.

노에 게이치, 『이야기의 철학: 이야기는 무엇을 기록하는가』, 김영주 옮김, 한
　　국출판마케팅연구소, 2009.

도미야마 이치로, 『전장의 기억』, 임성모 옮김, 이산, 2002.

린다 맥도웰, 『젠더, 정체성, 장소: 페미니스트 지리학의 이해』, 여성과 공간 연
　　구회 옮김, 한울, 2010, pp. 1~443.

문철부 외, 『지금까지 살아진 것이 용헌 거라: 제주 4·3 구술자료 총서 4』, 제주
　　4·3평화재단 제주4·3연구소, 2010.

박기남, 「개인화 시대의 여성운동 방향 탐색: 한국여성민우회의 회원 인터뷰
　　를 중심으로」, 『페미니즘연구』, 12권, 1호, 한국여성연구소, 2012, pp.
　　73~116.

박혜숙, 「여성 자기서사체의 인식」, 『여성문학연구』, 8권, 한국여성문학학회,
　　2002, pp. 7~30.

『빌레못굴, 그 끝없는 어둠 속에서: 제주 4·3 구술자료 총서 6』, 제주4·3연구
　　소 엮음, 한울, 2013.

사이토 준이치, 『민주적 공공성』, 윤대석 외 옮김, 이음, 2009. [※추가함]

신경아, 「여성노동자의 생애이야기에 나타난 '개인'의 의식」, 『젠더와 문화』,
　　6권, 2호, 계명대학교 여성학연구소, 2013, pp. 215~52.

신동호, 『70년대 캠퍼스 2: 군사독재와 맞서 싸운 청년들의 이야기』, 환경재단
　　도요새, 2007.

안성례, 「그 말이 너무 쟁쟁해 눈물이 나더라고」, 『구술생애사를 통해 본 5 · 18의 기억과 역사 2』, 5 · 18기념재단 엮음, 5 · 18기념재단 엮음, 2006, pp. 102~23.

염미경, 「여성의 전쟁경험과 기억: 좌익관련 여성유족의 구술생애사」, 『정신문화연구』, 28권, 4호, 한국학중앙연구원, 2005, pp. 137~64.

유정숙 구술, 유정숙 외, 『나, 여성 노동자 1 · 2』, 유경순 엮음, 그린비, 2011.

유철인, 「구술된 경험 읽기: 제주 4 · 3 관련 수형인 여성의 생애사」, 『한국문화인류학』, 37권, 1호, 한국문화인류학회, 2004, pp. 3~39.

──────, 「구술된 경험과 서사적 주체성: 여성 사업가의 구술생애사 읽기」, 『한국여성학』, 33권, 3호, 한국여성학회, 2017, pp. 427~54.

윤택림, 「여성은 스스로 말 할 수 있는가: 여성 구술 생애사 연구의 쟁점과 방법론적 논의」, 『여성학논집』, 27권, 2호, 이화여자대학교 한국여성연구원, 2010, pp. 77~111.

──────, 「치유를 위한 자기서사: 한 실향민 여성 구술생애사와 자서전 비교 분석」, 『구술사연구』, 2권 2호, 구술사학회, 2011, pp. 97~131.

──────, 『인류학자의 과거 여행: 한 빨갱이 마을의 역사를 찾아서』, 역사비평사, 2003.

이광영 씨 증언, 이광영 · 전춘심 외, 『광주여 말하라: 광주민중항쟁 증언록』, 한국현대사사료연구소 엮음, 실천문학사, 1990.

이나영, 「페미니스트 인식론과 구술사의 정치학: 일본군 '위안부' 문제를 중심으로」, 『한국사회학』, 50권, 5호, 2016, pp. 1~40.

이성숙, 「서구 여성구술사 현황과 쟁점」, 『여성과 역사』, 5호, 한국여성사학회, 2006, pp. 1~24.

이재경 외, 『여성주의 역사쓰기: 구술사 연구방법』, 아르케, 2012.

이총각 구술, 박민나 지음, 한국여성노동자회협의회 기획, 『가시철망 위의 넝

쿨장미: 여성노동운동가 8명의 이야기』, 지식의날개, 2004.

이희영, 「여성주의 연구에서의 구술자료 재구성: 탈성매매 여성의 생애체험과 서사구조에 대한 사례연구를 중심으로」, 『한국사회학』, 41집, 5호, 한국사회학회, 2007, pp. 98~133.

정근식, 「한국에서의 사회적 기억 연구의 궤적: 다중적 이행과 지구사적 맥락에서」, 『민주주의와 인권』, 13권, 2호, 전남대학교 5·18연구소, 2013, pp. 347~94.

정상용 외, 『광주민중항쟁: 다큐멘터리 1980』, 돌베개, 1990.

정지영, 「침묵과 망각으로 말하는 '구술/사'」, 『동북아문화연구』, 43권, 동북아시아문화학회, 2015, pp. 117~35.

정희진, 「죽어야 사는 여성들의 인권: 한국 기지촌여성운동사, 1987~98」, 『한국여성인권운동사』, 한울, 1999.

――――, 「탈식민주의 관점에서 보는 '5·18의 반미'」, 『5·18민중항쟁에 대한 새로운 성찰적 시선』, 조희연·정호기 엮음, 한울, 2009, pp. 95~127.

조르조 아감벤, 『예외상태』, 김항 옮김, 새물결, 2009.

조희진, 「생애담에서 드러나는 '정체성 재현'의 양상과 기제: 옛 역촌에 거주하는 반가 출신 여성의 경험과 자기인식을 중심으로」, 『한국문화』, 56권, 서울대학교 규장각한국학연구원, 2011, pp. 185~221.

진양명숙, 「여성노동운동에 나타나 계급과 젠더: 1970~80년대 전북지역 여성노동자의 구술생애사를 중심으로」, 『민주주의와 인권』, 7권, 2호, 전남대학교 5·18연구소, 2007, pp. 445~85.

차경희·김경신, 「구술생애사를 통해 본 여성 활동가들의 여성주의 정체성 형성과정」, 『젠더와 문화』, 10권, 1호, 계명대학교 여성학연구소, 2017, pp. 191~225.

천유철, 『오월의 문화정치: 1980년 광주민중항쟁 '현장'의 문화투쟁』, 오월의

봄, 2016.

천혜숙, 「여성생애담의 구술사례와 그 의미분석」, 『구비문학연구』, 4권, 한국
　　구비문학회, 1997, pp. 71~87.

최성만, 『발터 벤야민 기억의 정치학』, 도서출판 길, 2014.

최정운, 『오월의 사회과학』, 풀빛, 1999.

한강, 『소년이 온다』, 창비, 2014.

한정훈, 「한 여성 빨치산의 구술생애담을 통해서 본 정체성의 서사」, 『한국
　　문학이론과 비평』, 15권, 1호, 한국문학이론과 비평학회, 2011, pp.
　　359~88.

함한희, 「한국전쟁과 여성」, 『역사비평』 2010년 여름호, pp. 22~52.

『혁명광주는 지금도 계속되고 있다』, 전남대학교 총학생회 학술부 및 각 단대
　　학술부연합 엮음, 남풍, 1988, pp. 55~68.

황석영·이재의·전용호, 『죽음을 넘어 시대의 어둠을 넘어』, 광주민주화운동
　　기념사업회 엮음, 창비, 2017

『5·18 광주 민중항쟁 증언록 1: 무등산 깃발』, 5·18 광주 의거 청년동지회 엮
　　음, 광주, 1987.

5월 여성 연구회, 『광주민중항쟁과 여성』, 한국기독교사회문제연구원, 민중사,
　　1991.

Maurice Halbwachs, *On Collective Memory*, Univ. Chicago Press, 1992.

한래희 「김현과 5·18」

김현, 『한국 문학의 위상/문학사회학』(김현문학전집 1), 문학과지성사, 1992.

─────, 『현대 한국 문학의 이론/사회와 윤리』(김현문학전집 2), 문학과지성사,

1991.

──, 『문학과 유토피아』(김현문학전집 4), 문학과지성사, 1992.

──, 『책읽기의 괴로움/살아 있는 시들』(김현문학전집 5), 문학과지성사, 1992.

──, 『폭력의 구조/시칠리아의 암소』(김현문학전집 10), 문학과지성사, 1993.

──, 『현대 비평의 양상』(김현문학전집 11), 문학과지성사, 1993.

──, 『분석과 해석』, 문학과지성사, 1991.

──, 『말들의 풍경』, 문학과지성사, 1993.

슬라보예 지젝, 『폭력이란 무엇인가』, 이현우·김희진·정일권 옮김, 난장이, 2012.

조르조 아감벤, 『아우슈비츠의 남은 자들: 문서고와 증인』, 정문영 옮김, 새물결, 2019.

테리 이글턴, 『반대자의 초상』, 김지선 옮김, 이매진, 2003.

테오도르 아도르노, 『미학이론』, 홍승용 옮김, 문학과지성사, 2005.

허버트 마르쿠제, 『미학과 문화』, 최현·이근영 옮김, 범우사. 1999.

# 필자 소개

## 최정운

서울대학교 정치외교학부 명예교수. 서울대학교 외교학과를 졸업하고, 같은 학교 대학원을 거쳐 미국 시카고대학 정치학과에서 박사학위를 받았다. 지은 책으로 『지식국가론』 『오월의 사회과학』 『한국인의 탄생』 『한국인의 발견』 등이, 주요 논문으로 「푸코의 눈: 현상학 비판과 고고학의 출발」 「권력의 반지: 권력담론으로서의 바그너의 반지 오페라」 「국제정치에 있어서 문화의 의미」 「새로운 부르주아의 탄생: 로빈슨 크루소의 고독의 근대사상적 의미」 등이 있다.

## 김상봉

전남대학교 철학과 교수. 독일 마인츠대학 철학과 박사학위를 받았다. 그리스도신학대 종교철학과 교수를 지냈으나 해직되었고, 그 후 민예총 문예아카데미 교장으로 일한 바 있다. 지은 책으로 『자기 의식과 존재사유: 칸트철학과 근대적 주체성의 존재론』 『호모 에티쿠스: 윤리적 인간의 탄생』 『그리스 비극에 대한 편지: 김상봉 철학이야기』 『학벌사회: 사회적 주체성에 대한 철학적 탐구』 『도덕교육의 파시즘: 노예도덕을 넘어서』 『서로주체성의 이념: 철학의 혁신을 위한 서론』 『기업은 누구의 것인가: 철학, 자본주의를 뒤집다』 『철학의 헌정: 5·18을 생각함』 『네가 나라다』 『만남의 철학』(공저) 등이 있다.

## 정문영

5·18민주화운동진상규명조사위원회 조사1과 조사팀장. 서울대학교에서 인류학을, 코넬대학교에서 역사학을 공부했다. 5·18기념재단 연구실장, 전남대학교 5·18연구소 전임연구원 등으로 일한 바 있다. 지은 책으로『너와 나의 5·18: 다시 읽는 5·18 교과서』(공저),『이미지 테크놀로지 생명정치』(공저) 등이 있으며, 옮긴 책으로『언어의 성사』『아우슈비츠의 남은 자들』등이 있다. 주요 논문으로「'문제적' 복종: 밀라이로부터 광주로 도래시켜야 할 어떤 지성사」「5·18광주민중항쟁 시기 '광주폭격계획' 의혹과 미국인의 광주 소개」「침묵의 고고학, 혹은 '유언비어'에 관하여」「광주 '오월행사'의 사회적 기원」등이 있다.

## 이영진

강원대학교 문화인류학과 교수. 서울대학교 인류학과를 졸업하고, 같은 학교 대학원에서 박사학위를 받았다. 서강대학교 트랜스내셔널 인문학연구소 인문한국 연구교수로 일한 바 있다. 지은 책으로『죽음과 내셔널리즘: 전후 일본의 특공 위령과 애도의 정치학』『애도의 정치학: 근현대 동아시아의 죽음과 기억』(공저),『세월호 이후의 사회과학』(공저) 등이 있으며, 주요 논문으로「파국과 분노: 3·11 이후 일본 사회의 脫원전 집회를 중심으로」「위험한 기억들: 중첩되는 연루를 이야기하기」「지역적 상상력과 영웅 만들기: 가고시마의 '사이고 전설(西郷傳說) 형성을 중심으로」등이 있다.

## 박준상

숭실대학교 철학과 교수. 프랑스 파리 8대학 철학과에서 박사학위를 받았다. 지은 책으로『떨림과 열림: 몸·음악·언어에 대한 시론』『빈 중심: 예술과 타자에 대하여』『바깥에서: 모리스 블랑쇼와 '그 누구'인가의 목소리』『암점』등이, 옮긴 책으로『밝힐 수 없는 공동체, 마주한 공동체』『기다림 망각』『무위의 공동체』『카오스의 글쓰기』등이 있다.

### 김항

연세대학교 문화인류학과 부교수. 연세대학교 신문방송학과 및 서울대학교 언론정보학과 대학원을 졸업하고 일본 도쿄대학교 대학원에서 박사학위를 받았다. 지은 책으로『말하는 입과 먹는 입』『제국일본의 사상』『종말론 사무소』, 옮긴 책으로『근대초극론』『예외상태』『정치신학』『세계를 아는 힘』『중국의 체온』등이 있다.

### 한보희

인문학 강사. 연세대학교 신문방송학과를 졸업하고, 같은 대학교 비교문학 협동과정 박사과정을 수료했다. 연세대학교, 카이스트, 다중지성의 정원 등에서 미학과 비평이론을 강의했다. 지은 책으로『인문학의 최전선』(공저), 옮긴 책으로『전체주의가 어쨌다구?』가 있다.

### 김영희

연세대학교 국어국문학과 부교수, 연세대학교 젠더연구소 소장. 연세대학교 국어국문학과를 졸업하고 같은 학교 대학원에서 박사학위를 받았다. 지은 책으로『연행주체란 누구인가?』『구전이야기 연행과 공동체』『한국 구전서사의 부친살해』『밀양을 듣다』『송전탑 뽑아줄티 소나무야 자라거라』『구전이야기의 현장』(공저),『숲골마을의 구전문화』(공저) 등이 있다. 주요 논문으로「한국 구술서사와 여성혐오」「밀양 탈송전탑/탈핵 운동 주체로서의 '여성'」「표현의 갈망과 청취의 윤리: 여성 구술의 사회적 역능」등이 있다.

## 이광호

문학평론가, 문학과지성사 대표. 고려대학교 국어교육과와 같은 학교 대학원에서 박사학위를 받았다. 1988년『중앙일보』신춘문예 문학평론 부문에 당선되며 비평 활동을 시작했다. 지은 책으로『위반의 시학』『환멸의 신화』『소설은 탈주를 꿈꾼다』『미적 근대성과 한국문학사』『움직이는 부재』『이토록 사소한 정치성』『익명의 사랑』『도시인의 탄생』『시선의 문학사』등의 비평서와,『사랑의 미래』『지나치게 산문적인 거리』『너는 우연한 고양이』등의 산문집이 있다.

## 황현산

고려대학교 불어불문학과를 졸업하고, 같은 대학 대학원에서 박사학위를 받았다. 문학비평가이자 번역가로서 활동하였으며, 한국번역비평학회 초대 회장 및 고려대학교 불어불문학과 교수, 고려대학교 명예교수를 역임했다. 지은 책으로『밤이 선생이다』『잘 표현된 불행』『말과 시간의 깊이』『아폴리네르—《알코올》의 시 세계』『얼굴 없는 희망』『밤이 선생이다』『황현산의 사소한 부탁』등이, 옮긴 책으로『파리의 우울』『알코올』『초현실주의 선언』『라모의 조카』『시집』『프랑스 19세기 문학』(공역)『프랑스 19세기 시』(공역) 등이 있다. 2018년 지병으로 타계했다.

## 김형중

문학평론가, 조선대학교 국어국문학과 교수. 전남대학교 영문과를 졸업하고 같은 학교 대학원 국문과에서 박사학위를 받았다. 2000년 문학동네 신인평론상을 수상하며 비평 활동을 시작했다. 지은 책으로『켄타우로스의 비평』『변장한 유토피아』『단 한 권의 책』『살아 있는 시체들의 밤』『후르비네크의 혀』『평론가K는 광주에서만 살았다』등이 있다.

## 김미정

문학평론가, 『문학3』 기획위원. 성균관대학교 국어국문학과를 졸업하고 같은 학교 대학원에서 공부했다. 2004년 문학동네 신인평론상을 수상하며 비평 활동을 시작했다. 지은 책으로 『움직이는 별자리들』 『민중이 사라진 시대의 문학』(공저), 『민주주의, 증언, 인문학』(공저), 『문학을 부수는 문학들』(공저), 『#문학은_위험하다』(공저) 등이, 옮긴 책으로 『살게 해줘!: 프레카리아트, 21세기 불안정한 청춘의 노동』 『전후라는 이데올로기』 『정동의 힘』 『군도의 역사사회학』 등이 있다.

## 강동호

문학평론가, 인하대학교 한국어문학과 교수, 『문학과사회』 편집동인. 연세대학교 경제학과를 졸업하고 같은 학교 국어국문학과 대학원에서 박사학위를 받았다. 2009년 『조선일보』 신춘문예 평론 부문에 당선되며 비평 활동을 시작했다.

## 김주선

문학평론가. 조선대학교 국어국문학과를 졸업하고 같은 학교 대학원에서 박사학위를 받았다. 2015년 문학과사회 신인상 평론 부문을 수상하며 비평 활동을 시작했다.

## 조연정

문학평론가, 『문학과사회』 편집동인. 서울대학교 국어국문학과를 졸업하고 같은 학교 대학원에서 박사학위를 받았다. 2006년 『서울신문』 신춘문예 평론 부문에 당선되며 비평 활동을 시작했다. 지은 책으로 『만짐의 시간』 『#문학은_위험하다』(공저)

등이 있다.


## 배주연

시네-미디어 기억 연구자, 서강대학교 트랜스내셔널인문학연구소 연구교수, 서울국제여성영화제 집행위원. 대학과 대학원에서 수학, 정치학, 영화이론, 영화사, 문화영상미디어학을 공부하였다. 현재는 영화를 비롯한 다양한 매체가 기억의 문제를 다루는 방식에 관해 연구하며, 아시아 영화들이 표상하는 국가 폭력과 식민의 기억, 포스트메모리와 젠더, 기억의 정치 등에 관한 글을 쓰고 있다.


## 우찬제

문학평론가, 서강대학교 국어국문학과 교수. 서강대학교 경제학과를 졸업하고, 같은 학교 국어국문학과에서 박사학위를 받았다. 지은 책으로 『욕망의 시학』 『상처와 상징』 『타자의 목소리』 『고독한 공생』 『텍스트의 수사학』 『프로테우스의 탈주』 『불안의 수사학』 『나무의 수사학』 『애도의 심연』 등이 있다.


## 한래희

숭실대학교 베어드교양대학 교수. 연세대학교 정치외교학과를 졸업하고, 같은 학교 국어국문학과에서 박사학위를 받았다. 옮긴 책으로 『장르: 역사, 이론, 연구, 교육』(공역) 등이, 주요 논문으로 「김현의 공감의 비평 연구」 「〈시〉에 나타난 속죄와 용서의 가능 조건에 대한 고찰」 등이 있다.